Handbook of Self-Regulation of Learning and Performance

自己調整学習ハンドブック

B・J・ジマーマン
D・H・シャンク ❖編
塚野州一
伊藤崇達 ❖監訳

北大路書房

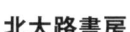

HANDBOOK OF SELF-REGULATION OF LEARNING
AND PERFORMANCE

by Barry J. Zimmerman & Dale H. Schunk
Copyright © 2011 by Taylor & Francis
All Rights Reserved. Authorized translation from
English language edition published by Routledge, part of
Taylor & Francis Group LLC.
Japanese translation published by arrangement with
Taylor & Francis Group LLC through The English
Agency (Japan) Ltd.

本書の特色

　自己調整学習（あるいは自己調整）は，学習者が個人で学習目標に到達することを目指して体系的に方向づけられた，認知，感情，行動を活性化し継続することである。本書は，自己調整学習の領域のすべての見方を1冊にまとめあげた最初のものである。扱われた内容は，基本領域，個別の分野への応用，指導上の課題，方法論的課題，個人差についてである。本書は，認知心理学，教育心理学，臨床心理学，社会心理学，組織心理学などの多様な領域の諸研究に基づいている。

　おもな特徴は次のとおりである。

章の構成　章全体を通して統一性と一貫性を保証するために，各章の執筆者は，テーマのベースとなる理論的構想，その構想を支持する研究結果，今後の研究方向，教育実践への提言を共通して述べている。

国際性　自己調整研究はますますグローバルなものになってきており，国際的に活躍している著者たちがほとんどの内容を執筆している（目次を参照のこと）。

読みやすさ　読者が親しみやすいように，全章が，明解かつ簡潔で，構成上，一貫性をもつように配慮して編集されている。

高度な専門性　全章が，世界の主導的研究者たちによって書かれている。彼らは，それぞれのテーマについての卓越した専門家たちで，それぞれの分野で活躍している執筆者たちである。

　Barry J. Zimmerman は，ニューヨーク市立大学大学院センターの教育心理学の特別教授（Distinguished Professor）である。

　Dale H. Schunk は，ノースカロライナ大学グリーンズボロ校の教育学部長で教科教育学の教授である。

■ 謝辞

　私たちは自己調整の諸研究への発展に尽力してきてくれた多くの方々に感謝申し上げたい。とくに，本ハンドブックの各章執筆者である同僚たちに感謝する。何年にも及ぶ彼らの研究，学識，研究結果の普及によって，思いもよらなかった自己調整に対する賛辞と関心が寄せられたのである。

　私たち自身の考えは Albert Bandura の影響によるところが大きい。彼の著作によって，私たちは，自己調整を教授と学習の環境に適用するやり方を探究できたのである。

　また，私たちの考えを明確にし，洗練させることを支援してくれた優秀な同僚たちや学生たちとの専門の研究会やそこでの討論にも感謝している。

　私たちは，Taylor & Francis の編集スタッフ，とくに本企画の支援に対して，編集者 Lane Akers と編集助手 Alexandra Sharp にも感謝したい。さらに事項索引の支援をしてくれた Darshanand Ramdass に対して感謝する。

　最後に，学生たちが自己調整学習者へと育っていくことを日頃から支えている数多くの教師たち，保護者たち，コーチたち，メンターたちに心からの御礼を申し上げる。

■ 日本語版への序文

　これまで塚野州一教授たちには多数の自己調整学習書の日本語訳の仕事によく尽力して頂いてきた。自己調整学習の大多数の研究は，多数の国際的分野の研究者たちによって執筆されてきたのだったが，英文だけで発刊されてきた。本書『自己調整学習ハンドブック』こそは，塚野教授たちによって日本語訳されたなかの最新の包括書である。本書に収められた内容は広範に及ぶ。すなわち，基本領域，指導上の課題，方法論上の課題，集団および個人差，数学，ライティング，読解，科学，音楽，スポーツなどの点から自己調整学習者たちの多くの議論を読者の方々に提供している。各章の執筆者たちはその分野で最も著名な人たちである。自己調整学習は，学習者がそれぞれの学習目標に到達するために考えぬいた認知的，情動的，行動的過程を自分で活性化しそれを続ける努力のことである。本ハンドブックで報告された諸研究は，熟達した自己調整者たちが，学習目標を設定し，効果的学習方略（たとえば，組織化，リハーサル，ノートをとること）を実行し，目標の進行をモニターし評価し，学習にとって豊かな環境を設定する全容を明らかにしている。動機づけの点からみると，彼らは，学習の自己効力感をもち，努力し，粘り強く，誤りの原因を統制できる方略に帰属し，成功への満足感と喜びの感情を味わうのである。最後に，本書の著者たちは，教師たち，コーチたち，保護者たちの関心事である，自己調整過程と動機づけの信念を高める点で効果が検証された多くの指導のしかたについて論究している。この最先端の研究についての塚野教授たちの訳出から，日本語圏の読者たちは英語圏の読者たちと同様にハンドブックの活用を享受できるに違いない。

バリー・J・ジマーマン
ニューヨーク市立大学大学院センター名誉教授

profile バリー・J・ジマーマン

　バリー・J・ジマーマンはニューヨーク市立大学大学院センターの教育心理学の名誉教授である。彼は，児童，青年，成人の社会的学習と自己調整過程の役割について専門的に研究し，執筆してきた。200本以上の研究論文，分担執筆，討議論文を書き上げた。さらに，児童，青年の学習における社会的認知と自己調整過程に関する14の書籍およびジャーナル雑誌の編者者であった。彼の近著は自己調整学習と学力に関係したものであり，*Theoretical Perspectives*（2001），*Educational Psychology: A Century of Contributions*（2002），*Motivation and Self-Regulated Learning: Theory, Research and Application*（2007），そして *Handbook of Self-Regulation of Learning and Performance*（2011）である。

　彼はアメリカ心理学会第15部門（教育心理学）の委員長を務めた。卓越した長年の実績によりアメリカ心理学会第16部門（学校心理学）のシニア科学賞と学習と教育に関する優れた研究に与えられるアメリカ教育研究学会のシルビア・スクリブナー賞を受賞している。さらにアメリカ心理学会の教育心理学部門の教育部門の優秀な心理学著作者を讃えるエドワード・L・ソーンダイク賞も授与された。

　アメリカ心理学会の3部門（7, 15, 16）のフェローであり，またアメリカ心理学協会のフェローであり，またアメリカ教育研究学会のフェローでもある。1991年スタンフォード大学，2006年イタリア・パドヴァ大学の客員教授でもあった。

　学習関係の研究に加えて，肺疾患の研究も行なってきて，アメリカ胸部学会の行動科学議員とアメリカ肺学会の審議会メンバーの議長に選出された。彼は小児ぜんそくの研究によってアメリカの健康協会から研究助成金を受け，また小児ぜんそくの予防に尽力したことでニューヨーク市から健康賞も受賞している。さらにアメリカ教育省の教育科学研究所，および問題を抱えた生徒たちへの教育介入を支援する国家科学基金からも研究助成金を受けてきている。

目次

本書の特色　i
謝辞　ii
日本語版への序文　iii

第1章　自己調整学習：序論と概観　1

序論　1
自己調整学習についてのこれまでの研究　2
概観　4
結論　10

第1部　自己調整学習の基本領域　11

第2章　自己調整学習の認知的ならびにメタ認知的分析　12

知識が学習の基本的役割をする　12
認知の容量には制限がある　13
知識は認知の1つの形態である　13
認知はほとんど内潜的である　14
学習は絶えず潜在的に自己調整されている　15
基本的認知的操作　16
自己調整学習の簡潔な概観　17
自己調整学習におけるメタ認知　18
メタ認知的モニタリング　18
基準はどこで生じるか？　19
メタ認知的モニタリングの測定　19
相対精度　19
メタ理解とその正確さは？　20
メタ認知は文脈による　21
メタ認知的コントロール　21
再学習するかしないか　22
何が再学習されるべきか　23
学習者たちはメタ認知的コントロールするときに何をすべきか　23
エージェンシーの判断　24
要約と今後の方向性　25

第3章　学業的な自己調整プロセスの発達に対する影響要因　26

予見と計画の段階　27

遂行モニタリングの段階　31
　　反応と内省の段階　34
　　研究の方向性と実践への示唆　35

第4章　自己調整学習の動機づけの源泉と結果　……………………………………… 38

　　生徒の学習に関する自己調整における動機づけの役割　39
　　自己調整学習の動機づけの源泉　39
　　SRL の動機づけおよびメタ認知的要素についての研究　47
　　教育実践に対する SRL および動機づけ研究の示唆　47
　　SRL における動機づけに関する研究の将来の課題　48
　　結論　49

第5章　自己調整学習，共調整学習，社会的に共有された調整学習　……………… 50

　　学習の調整における社会の役割　50
　　自己調整学習，共調整学習，社会的に共有された調整学習の概念比較　51
　　自己調整，共調整，社会的に共有された調整に関する研究　55
　　学習の調整に関する理論と研究への展望　63

第2部　自己調整学習の指導の問題　65

第6章　小学校の児童の宿題遂行を通じた自己調整のトレーニング　……………… 66

　　小学校の児童による自己調整学習　66
　　小学校における時間管理と宿題のスキルのトレーニングモジュール　70
　　今後の研究への評論と展望　76
　　実践への示唆　76

第7章　自己調整学習を評価し伝えるためのハイパーメディアの利用　…………… 78

　　ハイパーメディアを用いた自己調整学習　78
　　自己調整学習：理論的枠組み　79
　　ハイパーメディアを用いた自己調整学習を評価すること　80
　　メタチューター：自己調整学習を評価し伝えるよう設計されたハイパーメディア環境　82
　　自己調整学習を伝え評価するためのメタチューターの利用　83
　　自己調整学習を評価し伝えるためにメタチューターを利用するための指導上の提言と課題　88
　　将来の方向性　93

第8章　教室における自己調整学習に関する研究　……………………………………… 94

　　自己調整学習とは何か？　教室におけるあり方はどのようであるか？　94
　　理論的な基礎づけ　96
　　方法論上の利点　98
　　教室での研究　101
　　今後の方向性と実践への示唆　105

■目次

第9章　メンタリング・アプローチによる博士課程学生の自己調整学習の促進　108
　本章の議論の枠組み　108
　大学院でのメンタリングの文脈　108
　博士課程学生のメンタリングと学習に関する理論　109
　メンタリング概念と問題点に関する研究上のエビデンス　114
　研究の将来展望　117
　革新的教育実践へのメンタリングの考え方の応用　118

第3部　個別内容領域における自己調整学習　123

第10章　数学的知識とスキルの自己調整　124
　数学の適応的能力の要素としての「自己調整」の定義　125
　数学の自己調整学習における信念の役割　126
　自己調整と関連する信念の学習と発達　129
　自己調整と構成的信念のための効果的な学習環境に向けて　131
　教育実践への示唆と今後の研究の展望　133

第11章　読解関与指導をとおして自己調整的な読み手を育てる　135
　読解における自己調整学習　138
　自己調整的読解の理論的モデルとしての読解関与　139
　今後の研究課題　145

第12章　自己調整学習プロセスと子どものライティング　147
　ライティングにおける自己調整の役割　147
　特定の自己調整プロセスやライティングに関する知見　149
　自己評価と修正　152
　複数のコンポーネントへの指導における自己調整　154
　特別支援の生徒における自己調整，SRSD，ライティング　157
　求められる重要な研究　157
　結論　158

第13章　意図的な概念変化：科学学習の自己調整　159
　理科の自己調整学習の基本となる要素　159
　自己調整から見た概念変化　161
　自己調整的な理科学習に関する実証的研究　166
　教育実践への応用：理科における自己調整学習の支援　168

第14章　スポーツのスキルと知識の獲得：自己調整プロセスの役割　171
　運動選手のスキル獲得に関する社会−認知的視点　172
　自己調整プロセスに関する研究　172
　動機づけの構成概念と自己調整研究　175
　運動学習とパフォーマンスにおける自己調整の循環モデル　179
　動機づけ雰囲気が集団場面での自己調整と動機づけに果たす役割　180

社会的認知に基づく自己調整の発達の多段階モデル　181
　　初心者，非熟達者，熟達者による運動機能の自己調整　182
　　自己調整訓練の教育への応用　183
　　今後の研究の方向性　184
　　結論　184

第15章　自己調整と音楽スキルの熟達　185

　　音楽スキルの習得に関する理論　185
　　自己調整の段階と下位段階　186
　　自己調整研究の音楽分野への応用：行動での循環段階　193
　　結論と今後の研究の方向性　194

第4部　自己調整学習の評価の問題　197

第16章　日誌法を用いた大学生の自己調整学習の評価　198

　　1. 序論　198
　　2. プロセスとしての学習　199
　　3. 自己調整学習における自己モニタリングの役割　201
　　4. 自己調整学習における日誌の利用　202
　　5. 日誌の分析法　203
　　6. 標準化された日誌法を用いたプロセス研究　206
　　7. 日誌法の教育実践への応用　208
　　8. 展望　209
　　9. 結語　209

第17章　援助要請研究における方法論とアセスメントの問題　210

　　援助要請プロセス　210
　　グループにおける援助要請　214
　　援助要請パターンとタイプ：変数中心のアプローチと人物中心のアプローチ　214
　　情報通信技術の進展　216
　　要約と実践への示唆　218

第18章　自己調整学習における自己効力感の評価　220

　　社会的認知理論　220
　　自己調整プロセス　221
　　自己効力感　222
　　自己効力感のアセスメント　226
　　今後の研究　229
　　実践のための示唆　230
　　結論　231

第19章　動機づけの自己調整方略のアセスメント　232

　　自己調整学習の構成要素としての動機づけの自己調整　233

動機づけの自己調整方略と動機づけ，取り組み，成果との関係について　235
　　動機づけの自己調整方略のアセスメント　237
　　実践への示唆　240
　　動機づけの自己調整方略に関する研究の方向性　242

第20章　発話思考法を使用した自己調整学習の測定　　244

　　関連する理論的考え　245
　　発話思考プロトコルの方法論　246
　　研究のエビデンス　250
　　今後の研究の方向　253
　　教育実践への提言　255
　　結論　256

第21章　自己調整学習マイクロ分析の台頭：時代的背景，主たる特性，研究と実践への提言　　258

　　マイクロ分析査定法の概観　259
　　自己調整学習マイクロ分析の歴史的影響と進展　260
　　最新の自己調整学習マイクロ分析のプロトコルの特徴と進展　262
　　教育的提言　267

第22章　綿密な事例研究法を使用した自己調整学習の研究　　270

　　自己調整学習を学ぶための方法論的方略としての事例研究法　271
　　事例研究はどのように自己調整学習の研究に貢献できるか　275
　　さらに広範な例：自己調整学習を研究するための多面的で綿密な事例研究　279
　　今後の研究の方向：自己調整学習の研究における事例研究の展望　281

第23章　学習の自己調整習慣　　283

　　定義と関連理論　283
　　教育における自己調整習慣の評価：いくつかの例　284
　　結論と今後の研究への提案　292

第24章　メタ分析による自己調整学習スキルの習得に関する評価　　295

　　自己調整学習の研究における諸理論と歴史的問題　296
　　教育研究の統合　296
　　教育実践のためのメタ分析の研究結果からの提言　299
　　自己調整学習分野におけるメタ分析の今後の研究の方向性　305

第5部　自己調整学習の個人差と集団差　　307

第25章　教科における自己調整学習　　308

　　教科の自己調整学習に関する理論的仮説　309
　　自己調整学習が教科間で共通か固有かに関する検証：文献調査　310
　　教科の学習：今後の方向性　316
　　結論　318

第 26 章　情動，情動調整と学習の自己調整 …………………………………………………… 320

教室における情動と感情の役割　320
情動調整と自己調整学習とのつながり　321
自己調整のさまざまな目的　322
情動，感覚，感情　324
情動調整　327
情動調整方略　330
実践への示唆　334
今後の研究の方向性　335

第 27 章　自己調整学習におけるジェンダーの影響 …………………………………………… 336

自己効力感と自己調整学習　336
自己調整学習と学業達成における性差　337
ジェンダーがもつ自己効力感への影響　337
自己効力感の根源　338
自己効力感の形成　339
自己効力感の自己調整学習への影響　340
社会的反応と自己調整学習　342
教育現場への応用　345
研究の将来展望　346
結論　347

第 28 章　文化と教育における自己調整：文化的背景と自己調整に関する考察 …………… 348

文化と自己調整の理論的背景　348
自己調整の性質と関連要素，および学習成果との関係　349
養育スタイルと家族のきずな　357
ここまで紹介してきた文献の批評　359
研究の教育現場への応用と今後の研究展望　361

引用文献　365
人名索引　417
事項索引　427
訳者あとがき　433

第1章　自己調整学習：序論と概観

Barry J. Zimmerman and Dale H. Schunk

塚野　州一（訳）

■ 序論

　自己調整学習は，学習者たちが自分たちの目標を達成するために，体系的に方向づけられた認知，感情，行動を自分で始め続ける諸過程のことである。学習者たちは自らの目標を設定して，自己指向的フィードバック・ループをつくり出す。そのループによって，学習者たちは自分の有能さをモニターし自分の働きを調整するのである。自己調整のできる人は，目標設定に積極的に取り組み自己調整サイクルを使うので，支えとなる動機づけ信念もまたしっかりともつ。一般的見方と反対に，自己調整は個人的な学習のかたちとして定義されていない。というのは，仲間，コーチ，教師に対する援助要請のような社会的学習のかたちを含むからである。

　自己調整学習（SRL）を研究する第1の理由は，自己調整過程が児童・生徒間の学力差の重要な源だということを示している研究（Zimmerman & Martinez-Pons, 1986, 1988）があるためであり，第2の理由は，自己調整学習が習熟度に格差のある学力を改善する効果的方法（Schunk, 1981, 1984）だからである。たとえば，これらの研究によって，積極的な自己調整者は，(a) 学習目標の設定，(b) 効果的学習方略の遂行（たとえば，体制化，リハーサル，ノートをとる），(c) 目標の進行をモニターし評価する，(d) 学習のしやすい環境をつくる，(e) 学習に対する自己効力感（つまり，認知されたコンピテンス）をもち続ける，ことが明らかになってきた。これらの自己調整過程についての自分へのフィードバックによって，学習者たちは必要なときに援助を要請し，努力し，それを続け，方略を向上させ，今の目標が達成されると新しい目標を設定するのである。

　このハンドブックは，シリーズ6冊目のテキストであり，このシリーズの私たちの全体の目標は，読者に，理論的原理，研究成果，教育場面への自己調整原理の実践的適用の方法を提供することである。第1巻（*Self-Regulated Learning and Academic Achievement: Theory, Research, and Practice*, Springer-Verlag, 1989）は，学習の自己調整におけるさまざまな理論的見方と研究を紹介した。第2巻（*Self-Regulation of Learning and Performance: Issues and Educational Application*, Erlbaum, 1994）は，自己調整研究の概念的枠組みを提示し，自己調整のおもな4領域，動機づけ，方法，遂行結果，環境リソースを扱う諸章を紹介したものである。第3巻（*Self-Regulated Learning: From Teaching to Self-Reflective Practice*, Guilford, 1998）[☆1]では，執筆者たちは，教室や他の学習場面への自己調整原理の詳細な適用のしかたを論じた。第4巻は，理論に中心を置いた第1巻の改訂版（*Self-Regulated Learning and Academic Achievement: Theoretical Perspectives*, Erlbaum, 2007）[☆2]である。第5巻（*Motivation and Self-Regulated Learning: Theory, Research, and Applications*, Erlbaum, 2007）[☆3]は，目標，帰属，自

己効力，結果期待，自己概念，自尊感情，社会的比較，情動，価値，自己評価のような，自己調整学習の動機づけ過程の役割についての最近の研究に焦点をあてたものである。

自己調整学習についての多くの重要な研究が，アメリカはもちろん海外でも行なわれているので，私たちは，アメリカだけでなく，オーストラリア，ベルギー，フィンランド，ドイツ，香港，オランダのかなりの数の国際的研究者たちに執筆を依頼した。最後に，私たちは，この分野で定評のある研究者たちに加え，自己調整学習の第2世代の研究者たちを代表する新進気鋭の研究者たちも選んだ。

章全体の統一性を保つために，執筆者たちに，次の諸点の論述を要請した。(a) 自己調整学習のテーマの基礎になっている関連のある理論的考え方，(b) これらの考え方を支持する研究のエビデンス，(c) 将来の研究展望，(d) 教育実践への提言である。この構成は次にあげる読者，機関の要望に答えるために企図されたのである。

- 教育心理学，発達，授業デザイン（instructional design）の教育研究者たちと教育者たち
- 教育と心理学の学術図書館
- 自己調整学習をある程度専門的に教えているコース，たとえば，学習，人間発達，動機づけ，認知，教授の専門課程はいうまでもなく，学習心理学，発達心理学，教育心理学，授業デザインなどの授業のための教科書

後の章を概観する前に，まず自己調整が総合的研究に到達するまでの歴史的出来事をみていく。

■ 自己調整学習についてのこれまでの研究

1960年代から1970年代にかけて，人間の発達における自己調整過程の役割に対して研究者たちの関心が高まった。第1の研究グループは，**メタ認知と認知**の問題に焦点をあてた。たとえば，生徒は，数学の割り算の多段階解決（multi-step solution）のような，学習を促進する方略の使用を指導される。これらの認知方略によって，特別支援学級の生徒でも，たいてい学習の高いレベルに到達するようになる。研究者たちは，これらの方略が学習され指導されたすぐ後に出会う同種の問題に転移できることを見いだした（Pressley, Heisel, McCormick, & Nakamura, 1982）。だが，これらの認知方略は，生徒には，実際の文脈で学び実行するようには記憶されず，新しい課題に一般化されない，また自然に使われることもない（Pressley & McCormic, 1995）。学習のこの限界は，方略の有用さを評価できない，生徒のメタ認知不足のせいにされることがありがちであった。

そこでBrownたち（Brown, Bransford, Ferrara, & Campione, 1983）は，生徒が方略利用をいっそう効果的にモニターし評価することを促すために，方略の指導を，生徒が一定の方略使用を自覚するように自己言語化を含むまで広げるべきだと主張した。教師が方略の効果についての情報を与えると，転移が促進されるが，生徒は自分で学ぶときには，方略の効果をモニターし自己制御することを怠りがちなのである（たとえば，Hunter-Blanks, Ghatala, Pressley, & Levin, 1998）。この結果から自己調整の別の側面を検討する必要が示唆された。だが，方略の有効さに気づくだけでは不十分である。生徒は，楽しみがないときや成果よりも努力のコストが大きいと方略を使わない（Rabinowitz, Freeman, & Cohen, 1992）。こうした動機づけ反応のおかげで，生徒の学びの自己調整の説明に，自己効力信念のような動機づけという他のソースが検討されることになった。自己調整過程は自ら始めることだと定義されている（Zimmerman & Martinez-Pons, 1986）ので，動機づけを重視することは妥当な研究の流れだと考えられた。

第2のグループは，本来は**社会的であり動機づけ的である**自己調整過程に取り組んだ。Banduraたちは，生徒の学習方略の獲得と使用は，仲間，親，教師のモデリングによる影響が大きいことを明らかにした。学習方略の効果についての自己効力信念から，課題興味（Bandura & Schunk, 1981），課題選択（Zimmerman & Kitsantas, 1997），持続（Schunk, 1984; Zimmerman & Ringle, 1981）のよ

うな，さまざまな動機づけの結果が予測されてきた。

Bandura (1986) によれば，自己調整は，自己観察，自己判断，自己反応という3つの過程を含むという。自己観察は，数学方略の使用のような，学習の一定の領域の跡をたどることである。自己判断は，1日に少なくとも1時間数学を勉強する場合のような，自分の遂行を基準と比較するものである。自己反応は，自己効力についての信念のような，学習者が遂行結果から引き出す動機づけや行動にかかわる推論である (Bandura, 1986)。こうした自己反応は，学習の次のサイクルにおいて自己観察あるいは自己判断の調整ができる。たとえば，生徒が成功しないのは，方略が適切に修正されていないか，達成目標が変えるべきものだからだ。自己調整のこれらの修正は，1つのフィードバック・サイクルが完了し，次の新しいサイクルが始まるときに行なわれる。

この Bandura の3つの自己調整過程についての多数の研究が，数学問題解決，ライティング，読解のような多様な領域で，Schunk たちによって行なわれてきた (たとえば，Schunk, 1984; Schunk & Gunn, 1986; Schunk & Rice, 1986)。

第3のグループは，多動性と不安のような，臨床的問題に対処するための**行動的**あるいは**認知行動的**過程の生徒の使用に焦点をあてた。これらの自己制御の問題は，ライティングの完了の先延ばし (Beneke & Harris, 1972)，問題解決中の衝動性 (Meichenbaum & Goodman, 1971) のような，生徒の学習活動にまでしばしば拡張された。これらの研究によって，学習の促進に役立つ自己教示 (Meichenbaum, 1977)，自己報酬，自己罰 (Jackson & Van Zoost, 1972) の使用などの介入がされるようになった。

認知行動理論的視点 (Thorsen & Mahoney, 1974) では，自己調整は，先行するもの，結果，内潜的反応に働きかける顕在的反応ととらえられている。たとえば，学習に**先行するもの**は，気を散らすものを取り除こうとして寝室を整理して，行動的にコントロールすることである。**結果**は，今度の小テストで試験されるキーワードのリストを覚えた後で自分自身におやつを与えるように，自分を随伴的に褒めたり罰したりして，行動的にコントロールすることである。**内潜的反応**は，スピーチするときの不安感情への対応のように，「自分は大丈夫だ」とはっきり言葉にすることによって行動的にコントロールすることである。このように，自己調整の行動的見方であるか認知行動的見方であるかは，個人の顕在的あるいは内潜的な結果のいずれをコントロールするかによって区別される。

第4のグループは，**発達**の問題を扱った。このテーマは，自己調整は幼児でははっきりしないが年齢上昇とともに機能が明らかになってくるので，部分的に取り組まれてきた。Vygotsky は，子どもの自己調整の成長を多段階からなる発達として説明した (Diaz, Neil, & Amaya-Williams, 1990)。彼は，言語こそ子どもが思考と行為をコントロールするための基本的道具であると考えた。彼の社会文化的観点によれば，子どもは，親や教師のような社会的養育者からの社会的言語を内面化し，その社会的言語は，ついには，自己方向づけ機能をもつ私的言語ないし内的言語になるという。

子どもの自己調整を促そうとして，発達研究者たちは，子どもの発達の最近接領域 (ZPD) のなかで，足場としての自己言語化の訓練の指導をした。自己言語化は，他者からの調整的支援でできる個人の機能の最高レベルである。学習者が高い発達段階に移行すると，足場づくりの支援はしだいに控えられた (たとえば，Gallimore & Tharp, 1990 を参照)。この社会文化的観点によれば，子どもの自己調整の発達は，学習機能をコントロールする言語の内面化に直接由来するという。

もう1つの発達的問題は，満足の先送りである。Mischel たちは，子どもたちは発達するにつれて，一定時間遅らせてからもらえるもっと大きな目標 (たとえば，30分後のもっとたくさんのクッキー) を待つために目前の報酬 (たとえば，クッキー) を我慢できるのだと考えた。満足の先送りが増えることは，子どもの達成への強い願望と社会的責任の自覚と関係がある (Mischel, 1961; Mischel & Metzner, 1962)。子どもが，満足を先送りする大人のモデルを見た後では，次の満足の先送りが増加するというエビデンスが得られている (Bandura

& Mischel, 1965)。

以上のような，認知とメタ認知，動機づけ，行動コントロール，発達過程について4つの大きな研究の流れが，1980年代半ばの自己調整の総合的研究の出現の舞台を用意したのだった。その後，自己調整の総合的観点の創出には2つの節目があった。第1は，1986年のアメリカ教育研究学会研究大会におけるシンポジウムのプレゼンテーションであり，その内容は Contemporary Educational Psychology（Zimmerman, 1986b）の特別号として刊行された。第2は，1990年のボストンのアメリカ心理学会大会のシンポジウムであり，その内容は，Educational Psychologist（Zimmerman, 1990）の特別号として発刊された。

これら2回のシンポジウムの重要な結果は，生徒が自分の学習過程にメタ認知的，動機づけ的，行動的に積極的に参加する程度に応じた，学習の自己調整についての包括的定義がされたことである（Zimmerman, 1986a）。そして次の25年で自己調整学習の研究は，さらに飛躍的に成長した。本ハンドブックの後続の章では，著者たちはこの研究の重要な結果を要約し，分析し，まとめている。

■ 概観

本書の大きな特徴は，1冊の総合的な本のなかに自己調整学習の次の見方を包括したことである。基本領域，具体的領域への適用，指導論，方法論，個人差と集団差である。次に，各章の簡単な要約を述べる。

◆◆第1部　自己調整学習の基本領域

本書の最初のセクションでは，自己調整学習とパフォーマンスの4つの基礎的領域を扱う。認知とメタ認知，発達，動機づけ，社会と環境である。

Winne は，**認知とメタ認知**領域の第2章を執筆し情報処理（IP）の理論的見方を紹介している。彼は，認知とメタ認知過程は，効果と費やされた努力量の認知の結果をモニターするために使われると提案し，その努力量を情報処理研究者たちは「認知的負荷」とよんでいる。だが Winne は，多くの認知活動は潜在的（つまり，無意識）であり，その結果，学習者は，自分の認知モニタリングの正確さに気づかないことが多いと注意を促している（Winne & Jamieson-Noel, 2002）。これらの場合，学習者たちは，自己調整しようとしないかもしれない。というのは，認知は彼らにとって潜在的なもののようにみえるからである。Winne は，メタ認知モニタリングの正確さは，もし学習者が自分自身のはっきりした基準を設定するなら，向上すると説いている。

Wigfield, Klauda, & Cambria は，第3章で自己調整に関係している**子どもの発達の領域**の3側面について議論している。まず，年少の子どもは自分たちの行為を調整する知的能力が劣っている。そのように彼らがいろいろな年齢でどれだけ調整できるかには生物的限界がある（Winne の第2章を参照）。第2に，子どもの知識，方略，技能は，年齢や生物的成熟と結びついているが，認知－メタ認知スキルの発達においては同年齢の子どもの間でも経験の違いがある。第3に，調整の年齢差は子どもの自己調整の下位過程の発達による。たとえば，学齢期では，子どもの目標は年齢とともに変わり，自己効力信念，言語スキル，認知方略使用，情動反応も同じように変わる。このように，子どもの自己調整の発達は，これらの調整過程に影響する生物的，経験的要因はもちろん，調整過程自体（たとえば，目標設定と方略使用）の変化によって生じるのである。

Zimmerman は，**動機づけ領域**の第4章を担当し，自己調整過程，感情，信念を検討している。それらは，学習を続ける間，学習者が，自己効力信念，目標志向，内発的興味あるいは価値づけ，結果期待，帰属，自己反応を，選択し始動し継続することを動機づけるのである。この討論は，自己調整学習におけるこれらの動機づけ信念の誘因と評価に関する理論と研究を含んでいる。彼は，学校のアンダーアチーバーのほとんどは個人の努力不足のせいにされてきており，先延ばしは次の結果をもたらすというエビデンスがあるという。(a) 学習とパフォーマンスの低いレベル，(b) 不満とストレスの高いレベル，である。最後に，彼は，自己調整学習の社会的認知モデルについて説明して

いる。そのモデルは，3つの循環段階（予見段階，遂行段階，自己内省段階）におけるメタ認知的過程と動機づけ変数を統合している。明らかに，動機づけは自己調整学習の研究と教育において基本的役割をしているのである。

Hadwin, Järvelä, & Miller は，**社会的領域**の第5章を執筆し，構成主義的観点から，学校の社会的雰囲気と生徒の自己調整過程を検討している。彼らは，家庭や学校の社会環境が目標の達成を促進するためにそれぞれに調整可能であることを強調している。たとえば，自己調整のできる生徒は，教師とコーチに援助要請することや，学習グループに参加することによって，支援的社会環境をつくり出す（Karabenick の第17章も参照）。Hadwin たちは，第5章のなかで，共有した知識構成の観点から自己調整学習を論じ，また，学習の自己調整，共調整，社会的に共有された調整までの社会的学習の多様なモデルを討論している。このように，社会的作用は，生徒の自己調整コンピテンスの発達に重要な役割を果たしているのである。

◆◆第2部　自己調整学習の指導の問題

第2セクションは，教室での指導，宿題の完遂，コンピュータとハイパーメディアによる学習，メンターによる学習におけるような，多様な文脈において自己調整スキルを教える指導の問題に焦点をあてた。

Stoeger & Ziegler は，小学生の**宿題**の完遂をテーマとする第6章を担当し，時間管理とセルフ・モニタリングに中心を置いた自己調整訓練プログラムの効果を論じている。自己調整学習の特性を年少の子どもに教えるのは何歳が望ましいのか，その指導はどんな場面が適切なのかを確かめることは，研究者たちにはやりがいのある課題だった（Wigfield たちの第3章を参照）。これまで，生徒が宿題をやり遂げるときの自己調整過程への取り組みを扱った研究はほとんどない。Stoeger & Ziegler は，自己調整学習と宿題の研究の他に小学生向けの自己調整の指導プログラムについて説明している。そのプログラムは，4年生児童で効果的な訓練プログラムだっただけでなく，ドイツ教育における重要な入学試験でもはっきりと高い合格率をもたらしたのである。明らかに，基本的な自己調整過程は，年齢に合わせた宿題によって比較的年少の生徒に教えることができるのである。

Azevedo, Johnson, Chauncey, & Graesser は，**ハイパーメディア**がどのように理科の自己調整学習を伝え評価するうえで利用できるか，その指導のあり方について述べている（Sinatra & Taasoobshirazi の第13章も参照）。非線形の，多肢表示の，開放式の学習環境における学習は，一般に多くの自己調整過程の実行をともなうが，学習者はこれらの過程を必ずしも使わない。この欠点のため，複雑で意欲をそそるテーマを伝えるハイパーメディア環境の指導効果は限定される。この限界を乗り越えようと，Azevedo たちは，メタ・チューターを開発した。メタ・チューターは，ハイパーメディアに基づいたマルチエージェント（多重実行者）の学習環境である。それは，いくつかの人間の生物的組織について学ぶ文脈のなかで，学習者に自己調整学習のモデルを示し，追跡をし，促進するように企図されている。このコンピュータ化したチューターの効果を明らかにする研究が議論されている（Greene たちの第20章を参照）。

Perry & Rahim は教室学習の第8章で，**教室環境**を観察し調整することを教師たちに教える体系的な努力を述べている。それは教師が，生徒に学習をいっそう自己調整することを支援するものである。このなかには，教師が，学習者の自己調整学習方略の獲得を援助する足場づくりを行なうことがある。既述したように，足場づくりは共有する問題解決活動中に，外的モデリングと道具的フィードバックを与えることを含んでいる。この足場づくりは，生徒が自分自身で，学習上効果的に自己調整できるようになると実行が控えられる。自己調整の足場づくりの指導効果の研究は，教室環境の他の自己調整の特性とともに，Perry & Rahim によって分析され議論された。

Mullen は，**メンタリング**による介入が，どのように，成人の学習者の自己調整学習と成功を促進できるかを述べている。その内容には実際場面の指導者による訓練期間，モデリング，教授もよく含まれている。メンタリングは，かつては，学習に困難を抱えている生徒と力量不足のグループ

の補習的な援助だけにとどまっていたが，いまは，高等教育の必須の指導法として認められている。自己調整学習過程の習熟こそは，メンタリングの目的の中心である。というのは，この過程は，生徒が学習経験を積む間に，自分の認知と情動をコントロールできるようにするからである。Mullenは，自己調整的メンタリングが自己調整学習の統合，拡充を促進する研究について述べている。

◆◆第3部　個別内容領域における自己調整学習

第3のセクションは，数学，読解，ライティング，スポーツ，音楽のような，個別の学習とパフォーマンス課題に，自己調整の原理を適用することに中心が置かれている。De Corte, Mason, Depaepe & Verschaffel は，**数学指導**の第10章を執筆し，数学を学び教える真の目的は，生徒が，多様な文脈と場面において既有知識とスキルを柔軟かつ独創的に使う能力のような，適応的コンピテンスを獲得することであると述べている。自己調整はよくできる数学の学習者のおもな特性としてみられている。しかし，生徒は自ら進んで自己調整のできる学習者になるという数学の文献のなかのエビデンスはほとんどない。そこで，自己調整学習スキルが数学指導の中心とならなくてはならない。これらのスキルは，与えられた問題を解決するために注意と動機づけを維持するための動機づけ過程と情動的過程はもちろん，メタ認知と認知過程も自己調整することを含んでいる。De Corte たちは，数学における自己調整学習訓練の効果に関する重要な研究を論じているのである。

Tonks & Taboada は，生徒に読解を向上させる自己調整スキルの使用を指導する**概念志向型読解指導**（Concept Oriented Reading Instruction: CORI）を論じている。自己調整のできる読み手は，質問する，背景知識を活性化する，要約するなどのような，知識と読解の方略を連携させる。これらの読み手は，理解のために方略を使うこと，概念知識を獲得すること，リテラシー活動について他の生徒と交流することにも動機づけられる。CORI はすべての読者の動機づけ的過程と認知的過程を発達させようとするので，Tonks & Taboada は，どのようにその概念志向的な読解の指導の原理と実践が，自己調整モデルの原理と実践と連携するかを議論している。

Harris, Graham, MacArthur, Reid, & Mason は，生徒における**ライティングの指導**の第12章を担当し，自己調整学習過程の役割を論じている。ライティングをしているときの生徒の自己調整過程に対する彼らの関心は，この活動が通常，自己プラン，自己始動，自己持続であるという事実から生じる。彼らは，目標設定，自己指導，自己強化，セルフ・モニタリング（または自己評価あるいは自己記録とよばれる）のような，ライティングをしている間の多くの基本的自己調整の技法の役割に中心を置いている。また，ライティングの過程では修正はたいせつなので，Harris たちは自己評価（自己管理ともよばれる）と修正に関しての研究結果を論じている。最後に，彼らはライティングの指導の自己調整方略発達（SRSD）の固有の要素を記述し，それぞれの要素の効果を論じている。

Sinatra & Taasoobshirazi は，自己調整のできる**理科指導**がほとんど必要とされてこなかったといっている。だが今では，理科ができるには，知識，スキル，方略の高度な共調整が必要なことがよく知られている。理科の認知の基本的側面には，問題解決，質問，批判的思考が存在する。自己調整のメタ認知成分は，概念の知識とコントロール，それに理科の習熟に必要な問題解決のスキルを含んでいる。理科（たとえば，生物）を学ぶときの自己調整の熟達の2つの基本的動機づけの成分には，学習を開始し続けることと慎重に実践すること（たとえば，詳細な分析と測定）が必要である。Sinatra & Taasoobshirazi は，理科の学習におけるメタ認知側面と動機づけ側面の効果についての研究を論じている（Azevedo たちの第7章も参照）。

Kitsantas & Kavussanu は，**スポーツ指導**の第14章を執筆し，アスリートが，長期間にわたる効果的練習をするには，厳しい自己訓練と自己調整が必要だと強調している。成功したアスリートたちは，目標設定，方略使用，セルフ・モニタリング，自己評価が毎日の練習に欠かせない自己調整過程であると常に報告している。とくに，セルフ・モニタリングは，アスリートたちに，目標に向け

ての進歩を妨げたり促進したりする行為と過程に気づかせる。Kitsantas & Kavussunu は，コーチが練習期間に研究協力者たちの自己調整と動機づけを高低させる点で大事な役割をどうやったら果たせるかを討論している。自己調整過程を教えるコーチの努力の結果が分析され論じられている。

McPherson & Renwick は，**音楽指導**の第15章を担当し，成功した音楽専攻の生徒が，長期間にわたって学習を続け，競争的な学習環境の課題に立ち向かい，自己不信の時期やパフォーマンスがスランプの時期を乗り越えるために，自己調整過程をどのように実行しているかを述べている。McPherson & Renwick は，また，教師は，指導の際の生徒による自己調整過程の実行と生徒自身のための音楽練習に集中させることによって，どのようにして生徒の音楽スキルの習熟を向上させるかを論じている。最後に，彼らは，生徒の音楽スキルの習熟における効果的な自己調整訓練を明らかにする研究努力の結果を概説している。

◆◆第4部　自己調整学習の評価の問題

第4セクションでは，学習とパフォーマンスをしている間に自己調整を評価する方法的手段を検討している。それは，個人的出来事の毎日の記録，援助要請の方法，自己調整学習尺度としての自己効力，動機づけ方略の質問紙，発話思考のプロトコル，マイクロ分析測度，量的/質的測度を扱う事例研究，自己調整学習の習慣測度，メタ分析のための統合的な測度などである。

Schmitz, Klug, & Schmidt は，生徒の自己調整を評価する方法としての**日誌法**をテーマとする第16章で，目標設定，セルフ・モニタリング，宿題の際の方略使用のような，生徒の自己調整過程の実行の頻度と質を測定した。日誌法は自己調整学習のくり返されるオンラインの測度を含む優れた点がある。それは，自宅のような学校外でも使うことができる（Stoeger & Ziegler の第6章を参照）。日誌法は，テスト結果のような出来事の客観的観察と同様に，自己効力判断のような主観的反応も評価できる。Schmitz たちによれば，日記の結果は，生徒に対する自己調整過程の効果に関するフィードバックのソースとしても役立つという。

Karabenick は，自ら執筆した第17章で，直接観察，質問紙による測定，面接などの，これまで査定されてきた**援助要請**の多様なやり方について討論している。彼は，課題分析，目標設定，プランニングのような，自己調整の他の測度と統計的に関係のある援助要請の測度についても述べている。援助要請は，技術に媒介されコンピュータによってネットワーク化された学習文脈においても，主要な役割をする（Azevedo たちの第7章を参照）。そこでは，コーチからの援助は，複雑な環境を通して学習者を導いていくうえで，とても貴重なものとなる。自己調整の未熟な生徒は，援助を求める努力が非常に不足しているというエビデンスが増えている。たとえば，自己効力の過大評価と課題困難の過小評価は，実際に必要なときの援助要請を失敗させてしまう。明らかに，援助要請は，高レベルの自己調整および動機づけが必要なのである。

Schunk & Usher は，自己調整学習における**自己効力**の測定について，第18章を執筆しているが，この自己効力のタイプがどのように測定されるかを述べ，生徒の学業達成における自己効力の役割を論じている。とりわけ，彼らは Bandura（2006）が作成した11項目の尺度について，この尺度は因子構造が単一だというエビデンスとともに論じている。この尺度を使った縦断的研究は，自己効力が小学生から高校生にかけて減少することを明らかにした。その減少は，男子よりも女子で多い（Bussey の第27章も参照）。自己調整学習における自己効力の他の測度も議論された。Schunk & Usher は，教育的提言として，自己効力評価は，生徒が自己調整する能力があると自覚したりしなかったりする学習の領域を明らかにする道具として使用できることを示唆している。

Wolters, Benzon, & Arroyo-Giner は，生徒が自分の動機づけをコントロールするために使う方略を評価する質問紙法の発展について述べている。これらの**動機づけ方略**の測度は，他の自己調整過程の測度と生徒の学習結果に結びついていた。動機づけの調整は自己調整のできる学習者になる中核であることが明らかにされているが，その調整は，メタ動機づけ，自己動機づけ，動機づけの調

整，動機づけのコントロールのように，研究者たちの理論的志向により，別々に名前がつけられている。Woltersたちは，動機づけの調整が自己調整学習のそれぞれの段階のなかでどのように働いているかの豊かな図式を提供するために，動機づけ測度とともに，生徒のモニタリング，プランニング，自己反応の測度を包括したほうがいいという（Zimmermanの第14章も参照）。

Greene, Robertson, & Costaは，生徒の理科における自己調整学習を評価する**発話思考プロトコル（TAPs）**の使用について述べ，同時（つまりオンライン）の言語報告は個人の認知に関しては回想的報告よりも有効であるという。ビデオ・データは，とくに，学習者が行動を記述するために身体活動を点検する手段として，オーディオ・データを補強するために使われる。オンラインの発話思考法は，なぜ生徒が学習に失敗するかを診断するために自己調整学習の研究において広く使用されてきた。落ちこぼれのおそれのある生徒は，ふつうの生徒よりも，時間や努力のプランニングあるいは援助要請のような，自己調整過程を言語化することが少ない。発話思考法は生徒の推論に1つの手がかりを与えるので，Greeneたちは，生徒が自分の学習活動のモニターとコントロールを支援するために発話思考の使用をすすめている（Azevedoの第7章参照）。

Clearyは，生徒の自己調整学習を評価するためにどのように**マイクロ分析**を使うかということと，この方法が落ちこぼれの生徒がもっと自己調整的な学習者になることを支援するために学校カウンセラーがどのように使用できるかを述べている。マイクロ分析は，高度に個別化され，きめの細かい測定の形態として述べられている。それは，行動や過程が実際の場面でリアルタイムに生じるのに応じて，それらの行動や過程を対象にしている。研究者たちはこの方法論を採用してきているが，なぜなら彼らは，自己調整は，個別の文脈で変わる，可塑性のある力動的な力だとみているからである。マイクロ分析評価は，生徒が学習活動に参加するときに生徒の調整過程を促進するために開発されたのだが，自己調整開発プログラム（Self-Regulation Empowerment Program）のような，介入プログラムを生み出した。Clearyは，教師によるマイクロ分析の質問によって，生徒は自分たちの方略思考を認知的に再構成するようになるという（Zimmermanの第4章を参照）。

Butlerの第22章では，生徒の自己調整学習を評価するための**事例研究**の使用が取り上げられている。彼女は，この方法を，文脈に位置づけられているときのこれらの過程の深い理解のソースとして論じている。彼女は，事例研究は力動的な循環する活動として自己調整学習を研究するために適したものだという。事例研究のデザインは，自己調整学習がどのように具体化していくか，自己調整学習が実際の場面で展開する個人的過程と社会的過程間の相互作用はもちろん，文脈によってどのように形成されるかを研究する厳密な方法を提供することができる。事例研究は，自己調整の事象間の因果関係を調べるために使用される。その自己調整の事象は，足場づくりの使用のような計画的介入の間に徐々に展開していくのである（Schmitzたちの第16章を参照）。

習慣の測度は生徒の自己調整学習を評価するために使われてきた。Cornoの第23章では，習慣については，学校において学業や対人関係における課題に直面したときに，学習者がほとんど意識せずに適用するルーティンとしてのやり方だと説明している。習慣の視点からは，カリキュラムの内と外の両方を学習するための方策と方略の適切な使い方によって，自己調整の手順は徐々に発達すると考えられている。Cornoは，自己調整学習過程はくり返しの実行と予測可能なフィードバックで習慣にあるいは内潜的になると考えている（Winneの第2章も参照）。この習慣の自動化された特性によって，課題に向けて心的リソースを有効活用できるようになるが，それはまた，ありがたくない，効果のない習慣すなわち自己調整のアンチテーゼも生み出すのである。Cornoは，学校で役立つことがわかってきた，次の重要な自己調整習慣を述べている。学級に参加すること，宿題をきちんとやること（方略的なオンラインでの読解を含む），責任を取ることである。

Dignath van Ewijkは，生徒の自己調整学習を評価する**メタ分析**の使用についての第24章で，こ

の方法が生徒の自己調整学習スキルの獲得に及ぼすさまざまな指導の介入の効果を評価できる程度を論じている。この方法は，さまざまな研究の結果を，生徒の学習の自己調整を評価するための多様な道具を使う介入を比較するための共通なメトリック（metric）に変換する。さらにある介入のさまざまな特性の効果は，介入の長さ，対象とされる自己調整過程のタイプ，根底にある理論などによって，量的に検討される。Dignath van Ewijk は，小学生と中学生を対象にした自己調整訓練の効果についての2つのメタ分析の結果を報告している。さらに彼女は，これらの分析がどの訓練法が最も効果的であるかについての重要な質問にどのように答えられるかを討論している。

◆◆第5部　自己調整学習の個人差と集団差

最終セクションで，生徒たちの既有知識，感情と情動，ジェンダー，文化における違いによる，自己調整学習への影響について説明されている。

Alexander, Dinsmore, Parkinson, & Winters が担当した第25章で，学習しているときの生徒の既有の**領域知識**の自己活性化における個人差が論じられている（Winne の第2章も参照）。彼らは，数学と理科のような学習領域を越えて，体系的に自己調整学習の差を検討したのはごくわずかな研究だという。そのかわり，多くの研究者たちは，ただ1つの学習領域に焦点をあててきた。それは，ライティングにおいて学習障害のある生徒のような，特定の課題ないし欠陥のタイプに関する問題についてである（Harris たちの第12章も参照）。Pintrich, Smith, Garcia, & McKeachie （1993）は，領域固有の学習分野における自己調整学習を評価するために，「学習の動機づけ方略質問紙」（MSLQ）を開発したが，領域を横断する研究はほとんどなされてこなかった。Alexander たちは，今後はそのような研究が必要なのだという。

Boekaerts は，個人差と集団差をとりあげ，情動はどのように測定されるか，学習および学習結果と情動の関連などの自己調整学習における**情動**（emotions）の役割を述べている。彼女は，情動について，感情を帯びた認知，感情，気分，幸福感と定義した。不安のような否定的情動は，自分の目標への進歩が認知されないと生じるのである。Boekaerts は，自己調整は，人間の発達にきわめて重要だといい，それは，怒り，恐れ，抑圧のような否定的情動の管理ができないと，個人の成功に欠かせない動機づけとメタ認知過程をそこなうせいだと説明している。否定的情動反応をコントロールすることについての生徒のメタ動機づけ信念が，学習の成功を促進できることを示す研究が進んできている（Wolters たちの第19章も参照）。

Bussey は，生徒の遂行的な自己信念と自己調整に及ぼすジェンダー差の影響について述べている（Schunk & Usher の第18章も参照）。子どもたちは，社会に価値が認められ自分が習得できると信じているスキルを発達させる。学習領域で社会的に価値づけられた活動は，生徒のジェンダーによって大きく影響されている。たとえば，男子は女子よりも，数学に取り組んでよくできると励まされる。男子と女子は成績が同じレベルであっても，男子は自分たちがよくできると信じているのである。最終的に，Bussey は，特定の課題を成し遂げる能力を男子と女子でジェンダーによるバイアスをかけて賞賛することで，課題に費やす努力の量が異なってくること，また，失敗や不十分な成功に直面してもなお，どのくらい課題に取り組み続けようとするかに対して異なった影響が及ぶことを示す研究を論じている。

McInerney は，生徒の学習の自己調整に及ぼす文化差の役割を論じた。たいていの文化の定義は，社会集団の価値と信念，体系に言及したものであるが，彼は，文化は，公式の研究では操作的にきちんと定義されていないと注意を喚起している。たとえば，国民という集団は，文化の適切な測度なのかそれともそれは範囲が広すぎるのか？ McInerney は，個人の結果の責任を，集団的規範か個人的規範に帰するかのような，自己調整の定義における文化差の可能性についても関心を寄せている。研究は，文化を問わず，以前から定義された生徒の自己調整方略の使用と生徒の学力には正の関係があることを示している。たとえば，McInerney は，遂行目標志向は，文化を越えて自己調整をそこなうようにみえるが，熟達目標志向は，文化を越えて自己調整を促進するようにみ

えるというエビデンスを報告している。明らかに，自己調整学習における文化の役割について今後研究しなければならない多くの未解決な問題がある。

■ 結論

自己調整学習の理論は1980年代半ばの統合的研究のテーマとして登場した。引き続きこの先数十年間，研究者たちと教育者たちの関心をよぶことになろう。それは，理科と数学のような学習の問題から，音楽とスポーツまでの学習者の活動の多くの領域で，たくさんの研究を生み出してきた。私たちの概観で明らかなように，自己調整学習の現在の構想の範囲は，メタ認知と動機づけ領域はもとより社会的，発達的領域を組み込んでいて多岐に及んでいる。またこの概観は，個人の日誌法，質問紙法，事例研究，直接観察法のような伝統的方法から発話思考プロトコル，マイクロ分析，メタ分析，文脈に根ざした尺度のような新しい方法にいたるまで，自己調整学習を測定するために使われてきた方法の豊かな多様性についても明らかにした。さらに，自己調整学習における既有知識，情動，ジェンダー，文化の個人差と集団差の存在と影響についての研究が不足していることも示している。これらの領域は今後の研究の主要な焦点となるであろう。

本ハンドブックの最終目標は，読者に，どのようにして学習者が自分の学習過程の主人公になるかについての最新の科学的情報を伝えることである。編集者たちも，担当の執筆者たちもみな，優れた研究と効果的な教育的介入を紹介することによってこの目標をやり遂げたと信じている。執筆者たちの記述は，このテーマに強い関心をもつ心理学者たちだけでなく，自己調整学習をほとんど理解していない教育者たちにも，生き生きとした豊富な情報で，広い範囲にわたって興味を喚起するものとなっている。各章はわかりやすく，興味深いもので，重要な新たな理論的分野を開いている。明らかに，この活気のある重要なテーマの研究の未来は輝いているのである。

【訳注】
- ☆1：塚野州一編訳『自己調整学習の実践』 2007 北大路書房
- ☆2：塚野州一編訳『自己調整学習の理論』 2006 北大路書房
- ☆3：塚野州一編訳『自己調整学習と動機づけ』 2009 北大路書房

第1部

自己調整学習の基本領域

第2章　自己調整学習の認知的ならびにメタ認知的分析

Philip H. Winne
Faculty of Education, Simon Fraser University, Burnaby, Canada

塚野　州一（訳）

　心（mind）は知識の貯蔵庫である。世界は私たちにたくさんのことを学ぶ膨大な機会を提供しているが，すべての機会が利用されるのではなく――人は選択する――人は学習を自己調整するのである。学ぶ対象と方法をどのように自己調整するかの検討のために，まずいくつかの要点を述べよう。

■ 知識が学習の基本的役割をする

　基本的に，学習に取り組むには3つ要件がある。まず知識である。たとえば，「オーボアール（さよなら）」はどういう意味か，分数の引き算の手順，自分の読書クラブがサイエンス・フィクションを選んだときに覚える安堵感などである。知識は，人が複合的ネットワークに情報を選んで結びつけるときに産出される。知識は多様な認知的操作とメタ認知的操作に取りかかる用意もする。これらについては後述する。

　第2の要件は，情報である。情報は，それが知識と一貫して結び付けられるなら潜在的知識である。たとえば，マクベスのプロット，音楽のシンコペーション，分数の原理などである。

　第3の要件は，経験である。たとえば，だれかが話をするときに聞こえる音，人間の象徴システムのなかにキャラクターやアイコンのようなものとして見えたり見えなかったりするなぐり書きのような像，新しい場面での意欲や心配のような感情である。経験は，心のなかの他の情報と並行した，まだ知識にならない学習されていない知識によって，感情を解釈して，情報を組み立てる機会を与えるのである。

◆◆示唆

　知識，情報，経験を区別することは，2つの重要な示唆を与えてくれる。まず，知識は経験を情報へまた情報を知識へ変換する役割をする。知識抜きでは，経験は感覚のない感情のようで実感がわからない。

　また学習者たちは，情報を組み立てるために経験に基づいて，また知識を産出するために情報に基づいて，学ばなければならない。記憶から知識を想起することは，これらの事象の基本である。他の認知的操作が，新しい経験や情報を知識に統合するために使われている。

　メタ認知と自己調整学習の場合は，認知的操作はさらに2つの基本的役割をもつ。まず，認知的操作をすると，学習者は，たとえば，どれくらいの努力が行なわれ，それがうまくいったかどうか，といったように，点検ができるようになる。次に多くの認知的操作がコントロールできる。これらは，とりもなおさず自己調整学習の中心テーマであるメタ認知とエージェンシーの問題である。

■ 認知の容量には制限がある

経験から情報を組み立て，また情報と知識を認知的とメタ認知的に操作する「仕事」は，**ワーキングメモリ**とよばれる仮想の心的位置のなかで行なわれる。ワーキングメモリは容量に制限がある。あらゆる役立ちそうな経験，情報，知識のなかから選択したごくわずかなものだけが，認知的操作とメタ認知的操作に役立つのである。生物学の授業中の学習者は，かわいい少女が自分のパーティの招待をなぜ受けないのかと考えたり，試合を決める力強いショットを心のなかで想像したり，空中に浮かぶホコリに注意したりはしない（できれば）。あれこれの考えは有益かもしれないがワーキングメモリのなかの焦点ではない。

◆◆示唆

心的内容の認知的操作，メタ認知的操作には限定された容量があることから，いくつかの推論が出てくる。第1に，学習者は内容をより大きなパッケージにまとめる。これらは，その内容が，チョコレートはどんな味がするか，算数の「交換可能（＝）」の定義はどのようなものか，あるいは教科書の共通項目の構成である——タイトルページ，目次，頁，語彙などのような，**宣言的知識**であれば，**チャンク**，**スキーマ**，**フレーム**などとよばれる。知識のもう1種類のパッケージは，**産出**（production）である。それは，いつ「どうぞ」と言うか，どうやって二次不等式を立てるか，期末レポートを作成する段階のような，特定の条件下で活動を完了させるいくつかの段階を編成する。

第2に，学習者は複雑な課題や時間制限のある課題のまちがいに悩むことがある。そのいくつかは，関連する経験，情報や知識が学習者の視野からはずれたときの手抜かりによるまちがいである。他のものは，やってしまうまちがいである。学習者は，これまで経験しなかった内容をでっちあげ，あるいは，過去の同じ場面で通例だった内容だけを使う。

第3に，ワーキングメモリがいっぱいだったり，情報や知識が不足していると，学習者は学習内容と使う操作を調整しようとする。これらの限定された容量という示唆は，自己調整学習が学習活動固有のものだという推論を支持する（Winne, 1995）。自己調整学習は自然なもので，学習者は教示の有無にかかわらず自己調整学習をするのである。

■ 知識は認知の1つの形態である

豊富で整理され自動化された知識は，知識を産出する認知において重要な役割をする。この主張を説明するために，歴史，天文学，音楽，思考スキルなどの多様な領域についての知識の2つの形態——宣言的知識と手続き的知識——を考えてみよう。

表象知識の宣言的形態（文字通り，知識を再度表象すること）は，テーマが何であるか，それについて知られていること，予測されること，好まれること，推論されることは何であるか説明することである。たとえば，好き嫌いをあげること，定義，推敲，類推，比喩的説明，判断，スキーマやアウトラインのような枠組み（たとえば，フーガの標準形）をつくること，あるカテゴリー内のもののリスト（たとえば，不活性ガス）である。知識は確率的である——今日，雨の確率は80％である。こうした方法は，次の複数のステップで説明できる。要領よく要約すること。不要な情報を消し，冗長な情報を消し，情報のクラスターを説明するために上位の用語を使い，主題についての文章をつくる（Brown & Day, 1983）。

手続き的形態は課題を遂行する知識のことである。それは，IF-THEN-ELSEの**産出**と**産出システム**を形成する産出のパターン化されたセットとしてモデル化されたものである。手続きは宣言的形態で書き出されるが，それは手続き的知識ではない。手続き的知識は課題をやり遂げるための活動を実行することを意味する。たとえば，**もし（IF）**今読んでいる論文にわからない単語があると——**そのとき（THEN）**，読むのをやめて語の定義を調べる。でも**もし（IF）** 辞書やコンピュータが使えない（バスのなかにいて）なら，**そうでないとき**

(ELSE），語の意味は後の文脈ではっきりすると期待をして読み続ける。手続き的知識のほかの例は，複雑な文章を区切るために文法の規則を使う，代数式を因数分解する，教師が文中で期待していることを推論して「行間」を読む，などである。

標準の道筋は，行為のための宣言的知識（手順のリスト）を，認知リソースのすべてを使い，組織化の十分でない行為へと変換し（熟達した遂行の初期），そして，限られた認知リソースにほとんど負荷をかけず，滑らかで自動化された行為（熟達）に変換していく。この変換にはフィードバックつきの豊富で入念な練習が必要である（Ericsson, Krampe, & Tesch-Römer, 1993）。自動化された産出システムは，学習者たちが，読んだり，書いたり，ノートを取ったりするような，毎日の課題に取り組むために使う役に立つ道具である。産出の中断や停止は自己調整学習の初期の出来事である。

学習者が知識のチャンクに注意するとき，メモリ・ネットワークの近くの他の知識のチャンクが波及効果のように活性化する。活性化が扇形に広がるこの過程は，**活性伝播**とよばれる。手続きが新しい情報を生み出すと，活性伝播は眠った状態にある知識をワーキングメモリの焦点にする。

宣言的知識と手続き的知識はともに，学習者が何をどのように考え，自己調整学習をどのようにするかの大きな割合を占めている。たとえば，学習者が1つの章を勉強しているとき，言葉の意味は，考えずとも活性化する。段落の字下げは新たな大事な考えへの移行を示している。太字スタイルの活字は「たいせつだ」と認知される。「要約すると」のようなフレーズは，学習方策を引き起こす。その学習方策には，たとえば，本章ではもともと何が書かれていたか，また，精緻化するのに必要な努力はどのくらいであるか，これらについて見積もるために，要約にある各項目がどのくらい完全におさえられているかをモニタリングすることが含まれているかもしれない。これらの2つの結果に基づいて，学習者は再学習するかどうかを調整するのである。

◆◆示唆

宣言的知識は時々，固有な効果がないので不活性であると誤って考えられている。学習者が宣言的知識の1つの項目に注意をするとき，そこには2つの効果がある。まず，宣言的知識の特定のパッケージがワーキングメモリを占めると，他の知識は限定された容量のせいで注意されない。課題の取り組みの点で有効な知識の範囲は，課題の内容についての学習者の熟達度に直接比例している。次に，知識のある項目に注意するとほかの知識が活性化する。たとえば，知っている数学的表現のときは，活性伝播が次を引き起こす。(a) 部分に分解する，のように，数学的表現を理解しようと試みる際の方法の活性化，(b) どの部分の数学的表現も省略されないならば，「分解する」という方法がこれまでに有効であった記憶の想起，そして(c) こうした知識が活性化された結果，学習者はある程度の自己効力感を抱く。

学習された領域の手続き的知識は，学習者が課題にどのように取り組み，何を調整できるかについて非常に多くのことを説明する。簡単に言えば，どのように学習者が考えるかは，たいていの場合，彼らが何を知っているかということである。大事なことは，手続き的知識は，教科学習を越えて，動機づけと不安を管理する方略はもとより，社会的相互作用の規則と手続きにまでに広がることである。自己調整学習に関しては，学習者が調整する産出システムの重要な集積は，学習方策であり学習方略である。これらが，毎日の学習課題を遂行するための認知の手段である。

■ 認知はほとんど内潜的である

計画的に認知を働かせる必要のない学習者や，認知が作用していく詳細なプロセスをコントロールする必要のない学習者であっても，ほとんどの場合，認知の働きは生じるものである（Bargh & Williams, 2006; Koriat, 1997）。ある研究者たちにはその認知を「無意識」と説明するが，内潜的とよんだほうがよいと思う。認知的操作は直接調べられないので，学習者たちや研究者たちも，創り出された産物の特徴を確かめて，操作に使われた時期と利用の質を推論するのである。

なぜ，産物と産出システムが内潜的にみえるかにはもう1つの説明がある。「おのずから」という心（mind）が，長期記憶である知識のネットワークのなかに組織された情報を活性化するという（Anderson, 1991）。学習者がこの後の体験的なデータに直接注意を向けて，事前の知識との関連でそれをたいてい自動的に解釈するときに，こうした事態が生じる。たとえば，地球科学の専門の学生が，太陽系の1つのダイアグラムを見ると，土星の軌道だと「すぐにわかる」ようにみえる。これは，活性化がスキーマに届くまで経路を広げているので生じるのだ。そのスキーマは，太陽，惑星，それらの軌道，小惑星とカイパーベルト天体群，その他についての知識を統合している。これらの知識のすべてが役立つ可能性はあるが，認知能力の制限のせいで，いくつかだけの知識にしか焦点があたらないのである。

学習者たちは，一生涯の数千日にわたって毎日多数の学習機会を体験しているので，彼らは，情報の非常に複雑でまったく個人的で，また社会文化的に比較できるネットワークを築き上げ，またつくり直す。彼らは知識の要素を，熟知度や優先性などの属性に価値づけていくことで，精緻なもの，そして，識別できるものにしていく。

学習者たちは，活性伝播を「管理する」知識のネットワークの場所を調整するためにいくつかコントロールをすることがある。彼らは，ワーキングメモリの内容をスキャンし，何を注意するか，どこで活性伝播が起こるかをモニターして，コントロールするのである。このように，体験，情報，知識のある一定の要素が，瞬間的に取り上げられる。しかし，伝播には本来注意はまったく必要ではない。それは人間の認知体系には固有のものだからだ（Anderson, 1991）。

◆◆示唆

認知活動は非常に内潜的なので，学習者たちは自分たちの認知にめったに気づかない。2つの条件がある。まず，認知はエラーや障害が生じたときに内潜的なものから顕在的なものに変化する。だが，第2に，もし学習者たちが具体的表象としての認知的産出——たとえば，自分のためのノートや要点を区別する下線——を追跡しなければ，継時的な認知的出来事に関する軌跡は不確かで一過性のメモリにすぎないものとなる。

認知に関する追跡ができないと，学習者たちは認知とメタ認知を明らかにするためにあてにならないメモリに頼ることになる。彼らは，実際の認知の正確なデータを想起するよりも，存在したらしいものをしばしば再構築することになる。また，学習者たちは，認知を説明する豊富ではっきりした特徴のある概念がふつうは不足しているので，認知心理学者がいうように，学習者たちの認知の説明は十分でなく，述べられた特性には鮮明さがないようにみえる。要するに，認知について正確に検討する訓練をされていない学習者たちは，見落としややりすぎのまちがいをする。そして自分たちが考えていたことをどうやってやるかを説明する際のバイアスで悩むのである（Winne, Jamieson-Noel, & Muis, 2002）。自己調整学習へのインプットが信頼できないと，調整はそれほどの効果は発揮しない。

■ 学習は絶えず潜在的に自己調整されている

自己調整学習者は，認知的にもメタ認知的にも非常に能動的であると定義されている。自己調整学習のモデルはそれぞれ異なる特色があるが（他章を参照），1つの共通点は，自己調整学習で使われている認知的操作はたいてい努力が必要であることだ。一般に，人は自分が課題に注ぐ努力を調整しようとする。

なぜ学習には努力が必要か？　理論とデータから少なくとも3つのおもな理由が示唆されている。第1に，課題に学習者がもたないあるいは内潜的には（活性伝播によって）思い出せない知識が必要なとき，学習者たちは，このギャップを埋めるために認知活動をしなくてはならない。情報の探索は学習者たちが努力の必要性を認知する意図的認知活動である。

第2に，学習は，ワーキングメモリの限定された容量のなかで扱われるよりも多い知識を絶えず

必要としている。忘れることを補い知識を保持するために，学習者は，たとえば，窒素の循環のようなあるシステムを要約した概念地図を描き出すなど，内容を環境の側に委ねるかもしれない。情報を管理することと情報を知識と結びつけることは努力の要ることだと認知される。

第3に，認知自体が認知のテーマになるとき——学習者がメタ認知的であるとき——認知的リソースが，まずリソースがもたなくてはならない質の認知の産物，ついで努力のような認知自体の質を，モニターするために使われる。モニタリングで使われている基準は，ワーキングメモリが限られた多くの容量を消耗する。そこでモニタリングは骨が折れると認知されるのである。

◆◆示唆

認知とメタ認知についてのこの見方は，自己調整学習に重要な結果をもたらす。

1. 学習者たちは自己調整学習する。というのは，彼らが課題に働きかける道具として手続き的知識の多様なパッケージを選べるからである。
2. 学習者たちは時々自己調整しないようにみえる。というのは，認知は彼らにとってまた観察者にとって「1人で行なわれる」ようにみえるからである。この見かけ上認知のないことは，スキーマと自動化された手続き的知識のすべてにわたる活性伝播によるのである。それでも，認知はやはり自己調整されている。
3. 自己調整学習の理論には，学習方略，動機づけ，プランニング，それに他のテーマのさまざまな研究を統合してくれるという期待が寄せられる。これはなぜかというと，知識とどのように学習者が知識を使うかがモデルにできる範囲で，学習者たちが課題の学習に使う認知的操作とメタ認知的操作をモデルにできるからである。

■ 基本的認知的操作

認知のすべてが知識に基づいているのではない。私たちは知識でない一組の「基本的操作」を想定する必要がある。筆者は，認知的操作が，もしそれ以上小さな部分に分解すると役に立たないとき，基本的だと考えている。操作のそれぞれがインプットする情報と操作が生み出す産物によって区別される，5つの基本的認知操作を提案しよう（Winne, 1989, 2001）。それらは，検索，モニタリング，組み立て，リハーサル，翻訳である。

検索は操作である。それによって，学習者は，特定の情報やメモリのなかの他の知識と関連すると予想される知識に注意するようになる。ひとたび，このインプットが学習者の関心を引くと，心の活性伝播が，学習者のワーキングメモリに「産物」——知識——を呼び戻すのである。

モニタリングは，2種類の情報をインプットする。1つは，基準のセットである。もう1つは，学習者がターゲットを説明していると認知している特性のセットである。モニタリングするときに，ターゲットの特性は基準のものと比較される。モニタリングは，基準とターゲットの特性間の一致の指標を作成する。基準の特性はターゲットの特性にもあるのか？　もしあるのなら，どの程度までターゲットの特性は基準の特性と一致しているのか？

組み立ては，以前に別々だった項目間にネットワークの連結をつくる。インプットは，知識の2つの項目である。アウトプットは1つの構造である。組み立ては，知識のメモリ・ネットワークの「輪郭」を説明する。連結は，私たちが何か感情をもっていてもはっきりと説明できないように，精巧でない場合もある。しかし知識のたいていの構造は，連結の質的，量的特性で拡充されているのである。2, 3の例をあげると，これがあれを説明する（政府は不信任が通過すると倒れる）。AはBに先行する（光は雷鳴が聞こえる前に見える）。概念 g は概念 G の特性を受け継ぐ（1頭の犬は毛皮をもち，4室の心臓をもち，哺乳類なので胎生出産である）。概念 K, J, I は M とよばれるセットに属する（ネオン，アルゴン，クリプトンは不活性ガスである）。概念 N はスキーマを形成している属性 p, q, r, s, t をもつ（1つの十分に議論されたケースは，主張，データ，データの論拠,

主張の限定，論拠を支持する裏づけ，反論に対する論駁を含んでいる）。

リハーサルは，学習者が今学習している情報をインプットし，くり返し情報に注意を向けさせる。アウトプットするのは同じ情報か知識である。リハーサルは，学習者を，ワーキングメモリの容量の限界のせいで，そうしないと減ってしまうか押しのけられてしまう情報や知識に集中させる。

翻訳は，知識や情報を別の表現に改めることである。1例をあげると，どのように法案が法律になるかを説明する文章に基づいてフロー・チャートをつくることである。理論上は，言い換えはインプットされた基本的意味を変えないが，実際は，それぞれの表現が異なるアフォーダンスを有しているのである。さまざまな国々の人口のリストとこれらの人口の棒グラフは，さまざまな国々の人口がどんなふうに違うかについて異なる印象を与える。

SMART（Searching Monitoring Assembling Rehearsing Translating）操作の展開を考えてみよう。クラーク先生はABCを頂点とする三角形を描く。角Aは90度でAC，ABは長さ4である。彼女は「∠ABCの正接（タンジェント）はいくらですか？」と尋ねる。アランは，この音声とクラーク先生の描いた図をワーキングメモリの情報に自動的に変換する。彼は「正接」概念に注意を集中し，内潜的に活性伝播によってメモリから命題を検索して「正接＝対辺（オポジット）／隣辺（アジャセント）」を見つける。彼はその結果をモニターし，それが変数——対辺と隣辺——で数式を満たすと判断し，操作——割り算——する。解答のために彼はこれらの変数の数値を見つける必要がある。彼は，4の値だと活性伝播が返す「対辺」に集中する。彼は「隣辺」でもこれをくり返す。アランは，「／」をそれが表わしている算数の産出のしかた，すなわち，割り算に変換し，結果を自動的に計算する。彼は「クラーク先生，それは1です」と答える。

■ 自己調整学習の簡潔な概観

Winne & Hadwin（1998; Winne, 2001）のモデルは，4つの緩やかに連続した循環する段階を進展させるものとして自己調整学習を特徴づけている。

◆◆段階1：課題の定義

学習者たちはアフォーダンスと制約の文脈で課題に出会う。あるアフォーダンスと制約は，目標が与えられ，時間は自由であるか，仲間に援助要請が頼めるかのように，外的である。他のものは，テーマの知識，それをやる動機づけ，それがうまくできるか（あるいはできないか）の結果の見通し，制限された容量，課題をやるのに役立つ方策と方略を含んでいて，内的である。

この自己調整学習の段階では，学習者たちは，もし課題についての理解が確認されると，メタ認知的モニタリングができる。その後，学習に一通り取り組んでみて，課題を再定義することもある。学習者たちは，もし課題のパラメーターがはっきりせず，パラメーターをはっきりさせる努力に価値があるとみるとき，多くの情報を探すなら，メタ認知的コントロールも実行する。

◆◆段階2：目標と計画の設定

課題をなんとか理解すると，学習者たちは，目標を立てそれにどうやって到達するかの計画を立てる。たとえば，もし学習者が自分はテーマについてほとんど知らないと判断すると，何が達成の基準に合ったレベルになるのだろうか？　新しい概念のリハーサルを強調する厳しい強制的方法が選ばれるか，あるいは，制限された知識を前提として情報をできるだけ精緻化するような，もっと骨が折れて可能性としてはあまり予想通りには役立ちそうもない方策が選ばれるか？　ここで，メタ認知が課題の遂行される理由と方法を具体化するのである。

この段階では，理論上は，学習者たちが達成できると予想する認知についての目標と計画のさまざまな選択肢の有効性について比較検討することを，熱心に，たいてい内潜的に行なうと説明される。

◆◆段階3：実行

　学習者は今や課題に取り組もうと構えている。方策は活性化され，産物は組み立てられている。学習が進むにつれて，メタ認知的に意欲的な学習者は，「急いで」メタ認知と課題に使う認知を交互に配置する。産物は段階2で設定された基準のもとに「質の点検」がなされる。また，認知的経験の属性は，努力などの性質についてモニターされる。

◆◆段階4：大幅な修正

　学習者の選択の時点で，ふつうは課題の終わりで，学習する方法全体が評価される。その目的はその後の類似課題を容易にし，おそらくよい結果にし，さらに満足が得られるようにすることである。Salomon & Perkins（1989）はこれを**前に進める転移**とよんだ。

■ 自己調整学習におけるメタ認知

　自己調整学習のどの段階でも，学習者たちは，情報，宣言的知識と手続き的知識の性質と認知的体験を，メタ認知的にモニターする機会をもつ。ターゲットの特徴とこれらのターゲットの基準の一致と違いは，次に何をするか，つまり，メタ認知的コントロールをどのようにやるか，の選択肢を示している。次節では自己調整学習のメタ認知的モニタリングとメタ認知的コントロールを検討する。

■ メタ認知的モニタリング

　学習者たちは学習の様相を頻繁にモニタリングする。「45度の角度の正接はいくらか？」「ローマ帝国の崩壊の原因は何か？」と尋ねられると，彼らは自分たちの解答が正しいかどうかほとんどいつもモニターする。これはおそらく，メタ認知的モニタリングの最も基本的な例である。大事なことは，基準は題材の「なかに」だけあるのではない。

メタ認知的モニタリングの基準は，**学習者たちが適切だと考えるもの**である。

　なぜローマ帝国が滅んだかと尋ねられたとき，メタ認知的にモニターされやすい再生される知識の特性は次のものである。答えは合っているかどうか（はいと言ってもいいか？），答えを知っていると判断する程度（はい，私は西ゴート族がおもな役割をしたと思う），そして答えの一貫性（ゲルマン族の侵入を含めると筋が通るか？）。どのように産出が行なわれるかのモニタリングの基準になる手続き的知識の特性は次のものである。求められる努力（あるいは**認知的負荷**）と手続きが期待される結果を生み出す信頼性——それはアルゴリズムかヒューリステックスか？　認知的体験の特性もまたモニターされる。しかし，学習者たちはおそらく認知に直接接近できないので，認知的操作の結果に加えて体験的な「副作用」をモニターし，基本的なこれらの結果に基づいて認知について推論する（Koriat, 1997）。

　もう一度アランにもどろう。もしアランがメタ認知的なら，彼は授業の教師の質問に答えるのに，簡単なIF-THEN手順に従う。もし答えられるなら（つまり，「私は答えを知っている」とアランは心のなかで考える），そのとき，答える前にできているかと一貫性の特性があるかを検討する（前回のまちがいはくり返さない！）。モニタリングはこの場面では2度起きている。まず，アランが活性伝播によって活性化された知識の特性をモニターする。何が活性されたのか？　活性化された知識は，質問に答えられる基準と一致するのだろうか。∠ABCの正接の場合は，検索が答えを出せるかをモニターするのは容易である。「ローマ帝国の滅亡の原因は何か？」についての質問のような場合，答えの正確さをモニターするのはむずかしい。というのは，その答えは，多くの不明確な基準を含むからである。

　モニタリングの第2の機会は，アランがどのように教師の質問に答えるかをメタ認知的に問題にするときに起きる。たとえば，∠ABCの正接の問いに答えるために，アランは三角法関係を定義する用語の最初の文字を示す記憶術を活性化する。「Some old horses can always hear their owner's approach.」(Sine=opposite/hypotenuse(正弦＝対辺／斜辺), etc.)。もし (IF) それが今回うまくいけば，そのとき (THEN) この方法をまた使おう。そうでないとき (ELSE)，他の何か──おそらく公式の想起を高める強制的リハーサル──を使おう。

■ 基準はどこで生じるか？

　学習者たちに学習対象を割り当てる教師や研究者たちは，学習者たちがメタ認知的モニタリングのなかで使うことができる基準を与える。たとえば，「本章で検討される3つのテーマについて，賛成か反対か，の議論を発展させる」を考えてみよう。討論のためのトゥールミンの図式について知っている学習者たちは，十分な論議を構成する5か6のカテゴリー（主張，データ，論拠，裏づけ，反駁，限定）に基づいて，本章の情報（そしておそらくインターネット）をモニターするための基準を設定する。

　多様な分野における多数の研究が，学習者たちに目標（基準）を与えると達成度が上がることを示している（Hamilton, 1985）。Kiewra, Benton, Kim, Risch, & Christensen（1995）は，学習者たちにさまざまなアウトラインとマトリックスを与えた。それらは大学院生に，ビデオによる講義を視聴するとき確認し注釈をつけなくてはならない情報についてのテーマに注意をさせる。扱う教材の選択とどのようにそれを処理するかの基準をもつと，ノートを取ることと学習が向上した。

　学習者たちの知識は，自分自身の基準として役立つ。これらの基準は先行の遂行の記憶であり，今後の遂行のレベルと質についての期待である。たとえば，情報の項目が再生できるかどうかモニターするときに，2つのまったく異なる基準が役に立つ。それは，現実的な検索可能性の程度と，検索する知識と関係した経験の2つである。たとえば，「検索されるべき」情報の熟知度に関する判断が，学習者がその検索可能性を判断するために使う基準であるかもしれない（Begg, Anas, & Farinacci, 1992）。さて，セルフ・ハンディキャッピングをする生徒を考えてみよう。彼は，低い能力帰属を避けようとして悪い成績の言い訳のために，テスト勉強をしないことをよく考えて選択する。「勉強すればテストに楽々合格するのだが，私はピアノの練習をしなくてはならないのだ」。この場合では，基準は，よい成績のために勉強することと悪い成績を取り繕うために勉強しないという対抗的なものになる。

　生徒のメタ認知的モニタリングの自己選択による基準は，必ずしも学習を妨げるものではない。たとえば，よくある問題は，学習者たちの自信過剰である──彼らは実際には知らないことを知っているという幻想をもつのである（Glenberg, Wilkinson, & Epstein, 1982）。自信過剰の程度は，実際の能力によく反比例する。このように，もっと知りたい学習者たちはさらに再学習しようとする。再学習は，とくに多くの練習を必要とするスキルでは知識を強固にするが，それは新情報を学ぶ時間を奪う欠点がある。

■ メタ認知的モニタリングの測定

　メタ認知的モニタリングを調べたほとんどの研究は，「ねこ－フォーク」の対連合リストのような簡単な素材を使った。通常のプロトコルは次のようなものだ。まず，学習者たちは，手がかりとして第1項目を与えられると第2項目が再生できるようになるために，対連合リストを学習する。学習した後で，実験者たちはランダムに手がかりを与え，学習者に次の試行で2つ目の語が再生できるか判断してもらう。これは**学習判断**（JOL）である。学習判断の後で，学習者は新たなランダム順に，手がかりが再度示され，2つ目の項目を再生しなさいといわれる。これらのデータから，研究者は再生の予測におけるメタ認知的モニタリングの正確さを引き出せるのである。[1]

■ 相対精度

　メタ認知的モニタリングを測定する相対精度法

においては、相関係数が計算される。一人ひとりの学習者のデータはそれぞれの対連合の1対の得点である。初めの得点は学習者の予測である。2番目の項目は与えられた手がかりで再生できるだろうか？　もし予測が当たれば得点は1であり、はずれは0である。2番目の得点は2番目の項目が正しく再生できるかどうかである。再生できれば1点であり、そうでないと0点である。それでは、学習者の再生予測と実際の再生得点の関連をみてみよう。

非常に正確な判断をする学習者は、＋1.0に近い相関がある。学習判断に多くのまちがいのある学習者は、──想起できない可能性のある場合に2番目の項目が再生できると予測し、正確に再生されたときに2番目の項目が想起できないだろうと判断するので──−1.0に近い相関である。ランダムに予測する学習者の相関はほぼ0である。この相関は相対精度を測定している。というのは、相対的な形で項目に対するメタ認知的正確さを測っているからである。まちがって判断されている項目は負の相関に寄与するのに対して、正確に判断されている項目は正の相関に寄与している。

◆◆キャリブレーション

キャリブレーションの計算には4段階がある。学習者が対連合の1枚のリストを学習した後で、それぞれの対の手がかりを提示し、2番目の項目の再生可能性について0%〜100%尺度を設けて予測を尋ねる。次に、対連合リスト全体の予測を平均する。さらに、学習者が実際に再生した2番目の数を数え、項目の全体数で割って、正確な再生のパーセントを計算する。終わりに、予測の平均パーセントから正確な再生パーセントを引く。完全なキャリブレーションは0となる。この場合は予測と再生はピタリと一致する。学習者たちは、予測が再生を上回る範囲だと自信過剰であり、反対なら自信不足だと指摘される。

相対精度とキャリブレーションは何が違うのか？　相対精度とキャリブレーションはメタ認知的モニタリングについてのさまざまな特性を明らかにする。相対精度の指標は、学習者が自分の知っている項目の範囲を説明する。相対精度は、学習者が一定の知識が再生されるかどうかあるいは課題に使用されるかどうかを判断する必要があるときに役立つ。キャリブレーションは、学習者が知っていることについてのかたよった判断の傾向を説明する。彼は自信過剰なのだろうか、それとも自信不足なのだろうか？　メタ認知モニタリングのキャリブレーションは、類似課題に対する学習者の傾向を推論するのに役立つのである。

■ メタ理解とその正確さは？[*2]

相対精度とキャリブレーションは、対連合学習についてのメタ認知的モニタリングを説明するだけではない。他の研究では、学習者たちは理解テストを受ける前に教科書を勉強する場合を取り上げている。通常、文章は1セットのさまざまな節か段落として提示されている。学習者たちはそれぞれ理解しているかどうかを予測する。達成テストはそれぞれの節で提示されている情報の理解度を測定する。メタ理解の精度は、相対精度アプローチ、ここではメタ理解精度とよぶ、を使って測られる。

学習者たちが、2言語間の語の定義や言い換えのような単純な教材を勉強するとき、学習判断はかなり正確である。高い精度に最も役立つのは、学習者が対の2つ目の項目を実際に再生することを経験することである。やってみると、相対精度は0.93の高さになった（Nelson & Dunlosky, 1991）。

学習者たちが文章を読んで理解度を予測するとき、相対精度による指数で示されるメタ理解モニタリングは、驚くほど低い。Maki（1998）は、25の研究をレビューし、0.27の平均係数を報告した。Dunlosky & Lipko（2007）は、さまざまな研究のレビューで同じ結果を報告した。他のレビューでも同じであった（Lin & Zabrucky, 1998; Weaver, Bryant, & Burns, 1995）。さまざまな方法論的要因がこの低調な結果に関係してきた。そしてこれらの諸要因は実験者たちと学習者たちにも同じ示唆を与える。

まず広い意味で方法論的特性を考えてみよう。

メタ理解の精度の係数は，計算に使われたデータの信頼性にもともと影響されている。理解テストのほとんどはおおまかで，そのため実験者たちの測定の信頼性を低下させることがよくある。これがメタ認知精度の予想される係数の最大値を制限するのである。

次に，研究や教室での理解の測定は，学習者たちが勉強している情報すべてをサンプルにすることはめったにない。テストはサンプルでありサンプルはかたよっている可能性がある。そうだとすると，学習者たちの理解についての推論は，もしテストされたために学習者たちが理解したこととまちがって対応させられると，あてにならないものになる。同様のまちがった対応が学習者たちが学習したことと教材のキャリブレーションとの間に起きることがある。これらの方法論的特性は，ともに，メタ理解の精度の指標をかたよって押し下げる。

これらの問題は学習者たちにも影響する。もし学習者たちが自分たちの理解度を，情報のサンプル，つまり，章末に載せてある基本用語の理解，研究者たちの対連合課題と似たものであるが，に基づいて判断すると，これらの判断の精度は低下する。もともと下にかたよった理解の簡略な「測定」は，内容の広範なテストと相関がある。メタ理解のモニタリングの対象に基本用語を使うことは，これらの基本用語が教科書の章の領域を非常によく説明しても，教師の目的にかなったサンプルをかたよらせるかもしれない（Rawson, Dunlosky, & Thiede, 2000; Wiley, Griffin, & Thiede, 2005）。たとえば，基本用語は，重要な事象を分析し，討論を発展させることにはほとんど対応しない（Metcalfe, Schwartz, & Joaquin, 1993）。

■ メタ認知は文脈による

学習者たちは，ほとんどどの学習課題の多様な特徴もモニターするし（Winne & Marx, 1982），多様な学習者たちは多様な特徴をモニターする（Winne, 1996）。メタ認知的モニタリングの産物は，学習者たちに学び方の選択をさせるので，学習者の文脈の知覚が重要である。もし学習者たちが課題の条件，自己調整学習の段階1をまちがって知覚すると，彼らは役に立たない前提に基づいたメタ認知的コントロールをすることになる。このことは，実り豊かな自己調整学習に3つの必要条件があることを示唆している。まず，学習者たちは，課題の特性と課題に適用できる知識を正確に認知する必要がある。次に，彼らは課題に取り組む少なくとも1つの効果的な選択肢——選択肢がないと調整は妨げられる——をもつ必要がある。第3に，メタ認知的モニタリングを実行する通常の学習者には，妥当な診断を行なうことが求められる。

Koriat（1997）は，学習者たちがメタ認知的コントロールをメタ認知モニタリングの妥当でない結果に基礎を置く理由について有効な推論を紹介した。**手がかり利用仮説**は，学習者たちが認知をモニターするとき，勉強している新しい教材の情報の知っている程度，文章の読みの流暢さ，知識の検索や検索の待ち時間に必要な努力のような，認知体験の多様な特性に関心を払うのだという。通常，もし情報が知っているものなら，読みは流暢で，知識は容易にすばやく検索され，学習は快適に進行すると考えられている。都合の悪いことに，これらはよい理解には役に立たない指標なのである（Begg, Duft, Lalonde, Melnick, & Sanvito, 1989; Koriat, 2008）。一般に，学習者たちは「簡単に」認知できるとよくわかり十分学習したと誤解してしまう。時々，むずかしい認知こそが役に立つのである。メタ理解のモニタリングの基準が，学習者にわかっていると誤解させてしまうような検索に関する経験上の質（検索のしやすさ）よりも，実際に検索され得る内容に関係しているときに，とくに役に立つといえるのである（Bjork, 1994）。

■ メタ認知的コントロール

対象が基準とどれほど一致しているかをモニタリングした後で，学習者たちは次のことを実行する。**もし（IF）**，モニタリングが両者の違いを明らかにしたら，**そのとき（THEN）**，違いを減らす方策や方略を選びなさい。新しい用語が盛られた教

科書を読む例を考えてみよう。もし（IF），メタ認知的モニタリングが，「抗生物質」の意味は意欲的に学習したい範囲以下だという判断を支持するなら，多くの学習方策を十分もっている学習者だといくつかの学習法から選ぶことができる。そのとき（THEN），用語集の「抗生物質」を調べなさい。そうでなければ（ELSE），仲間に聞きなさい。そうでなければ（ELSE），次の素材で意味が明らかになるまで読み続けなさい。そうでなければ（ELSE），意味を語の部分（接頭語，接尾語，語幹）……等から検討しなさい，などなど。学校教育の成否を測定するために標準化されたアチーブメントテストの使用をすすめるかあるいは反対する議論の輪郭を描くような，「より広い」，より複雑な課題の管理は，IF-THEN-ELSE 成分の連鎖を使って説明できる。

学習者は，認知の課題の管理をメタ認知的コントロールする3つの基本的選択をする。1つは課題が埋め込まれている環境条件を変えることである。たとえば，学習者は学習にあてられた時間と再学習のスケジュールのような外的条件をコントロールできる。内的条件も，エラーを改善する機会だと解釈するか能力についてのネガティブ・フィードバックと解釈するかを選ぶようにコントロールできる。

メタ認知的コントロールの第2の形は，学習と再学習の内容を選択することである。たとえば，学習者は，章全体よりも1人の著者の章の要約だけを勉強することか，「基本概念」のリストの記述を再生しようとして知識の自己テストのいずれかを選択する。

メタ認知的コントロールの第3の形は，情報処理と知識の認知的操作を選択することである。たとえば，学習者は，章を最初に学習したときに強調した教材をリハーサルするより，いくつかのキーワードをつくって章を要約することを選択する。

■ 再学習するかしないか

メタ認知的コントロールの基本的でよく研究されるテーマは，学習者たちが再学習を選択するか否かである。まず，以前に学習したもののすべてを読み直すかどうかという，最も単純な決定を考えてみよう。Callender & McDaniel（2009）は，大学院生が授業中に使われる教科書の章と論文を学習しすぐに再学習する場面で，このテーマを研究した。院生たちはすぐに再読することは何の役にも立たないと報告した。なぜだろうか？

まず，実験でも授業でも，学習者たちは学んだことを「理解する」ようにたびたび指導された。学習者たちは目標（自己調整学習の段階1）を立てる。それからメタ認知的にモニタリングするための基準を設定する（段階2）。そのモニタリングは，学習の間（段階3）と再学習の間（段階3，くり返し）に，自分たちは理解しているかどうかと理解のしかたについてである。段階3では，最初の学習体験に基づいて学習のしかたを改善する（段階4）機会をもつのである。学習者たちが熟達した読み手であり，理解したいと思い，学んだことを理解するのに必要な知識をもち，積極的に学習する十分な機会が与えられると仮定する。そして彼らはさらに理解を深めようとして再学習することを選択する。彼らはうまくできるはずのようにみえる。だが，うまくいかない。問題の原因は理解をメタ認知的にモニタリングする際の基準にあるように思われる。彼らはこの基準を段階2で設定し，段階3で使用するが，段階4を飛ばしてしまうために変更がなされないのである。とくに，学習者たちが文章の表面的特徴を理解する基準——**教科書どおり**とよばれる命題のセット——をたいてい設定するときである。彼らは，情報の基本的構造——文章の状況モデル——それはスキーマと命題間の相互関係を示すのだが，それほど注意を向けない（Kintsch, 1988）。

なぜ直後の再学習が成績を向上させないかについての第2の仮説は，学習者たちが理解自体をモニターするよりも再学習の体験のモニターに使う基準を指摘する。学習者がすぐに再学習するとき，教材はほとんど初めに学んだときよりも知っているようにみえる。たとえば，ローマ帝国の滅亡の説明を再読したとき，内容を再認できることが本当の理解とまちがわれる。そのうえ，学習者たちが最初の学習時に，むずかしい語彙の複雑な文章

構造に頭を悩ますと，再学習のときすらすら読めるようになる。学習者たちは，すらすら読むことと理解していることと取り違えるのである（Levy, 1993）。これらのまちがいのせいで，学習者たちは，理解に関して過剰な自信をもってしまい，認知的処理が少しずつ変化することになる。

■ 何が再学習されるべきか

学習者たちは，再学習のとき文章全体を再読することはめったにしない。その代わり，彼らは特定の内容を選んで再学習する。適切な選択をすることは，メタ認知的モニタリングがよくキャリブレーションされていて相対精度があるかどうかにかかっている。前述のように，テーマの知識に自信過剰の学習者は，ためになるときでもおそらく再学習しない。相対精度が低い学習者は，まちがった情報を再学習することがある。

学習者たちが再学習に何を選ぶかは広範に研究されてきた。代表的な研究では，専門用語とその定義や小さい範囲の文章が研究されている。まず，学習者たちは，それぞれの用語の定義を再生する可能性や文章のそれぞれの範囲の理解度を評定する。次に，すべてが再学習できるのではないという条件が付けられたりして，彼らは再学習する用語や文章の範囲を選ぶよう求められる。最後に彼らはテストされる。

この計画では，2つのモデルが，学習者たちが再学習に何を選択するかの説明に提案された。Dunlosky & Hertzog（1998）の不一致低減モデルは，学習者たちはほとんど知らないと判断した項目が，再学習の最初の最も重要な対象だと判断されると仮定した。Metcalfe & Kornell（2005）は，近接領域学習モデルという対照的モデルを提起した。彼らは，学習者たちがよく知っていると判断した教材（その特性が知識の判断に使われる基準と一致する）をまず除いて再学習すると提案した。それから，学習者たちは，最もやさしいものから最もむずかしいものの順に項目を選んで再学習する。

研究はいく分近接領域学習モデルを裏付けている。時間的制約のような，外的条件は，何を再学習するかの選択に影響する。そのような場面では，学習者は，彼らが「ほとんど」知っていると判断した教材を再学習する。つまり，その教材は，学習の確信のある判断が，知識が再生されるとき記述するターゲットと基準間の最小の不一致を表わしている（たとえば，Thiede & Dunlosky, 1999）。やさしい教材を選ぶことによって，学習者たちは，学ぶのに時間がかかるむずかしい項目で悩むことに対して再学習する限られた機会を考慮しながら，多くの情報を知識に変換できる。

また，再学習のメタ認知的コントロールも，もしメタ認知的モニタリングで使われている基準が，進行の速度にあわせ変化する学習の速度の判断であるなら，影響を受ける。Metcalfe & Kornell（2006）は，次のことを示した。もし学習の速度についての認知が学習者に固有の閾値下になるなら，学習者はこれらの項目の学習を止める。それは知識の改善の蓄積があまりゆっくりなので，注意がもっと効果のある方へ向けられるからである。Son（2004）は，再学習をやめるルールの重要なパターンを調べた。学習者たちは，知識が不足しているため教材の学習率の変化が大きいと判断すると――つまり，項目はむずかしいので再学習は非常に役に立つ――学習者たちは「詰め込み勉強をした」。彼らは，**集中学習**とよばれるパターンでくり返しそれぞれの項目を学習した。しかし，学習者たちは，項目をかなりよく知っていると判断し，学習率の変化がわずかなとき，その再学習をやめてしまう。これは**間隔学習**とよばれるパターンをつくる。皮肉なことに，詰め込みや他の集中学習のやり方はほとんど効果がない。

■ 学習者たちはメタ認知的コントロールするときに何をすべきか

教材を再学習したほうがよいとメタ認知的にモニターし判断したら，学習者たちは再学習するために何をしたらよいのか？　どの学習方策を使ったらよいのか？　課題の周辺の条件をどんなふうに変えたらよいのだろうか？

メタ認知的コントロールが，知識を豊かにする学習方策を選ぶ場合の，選択肢の長い一覧表がある。これまでの研究は広範でさまざまな効果的学習方策と学習方略を明らかにしてきた。筆者の知る限りでは，一覧表はこれまで研究されてきたのではないが，学習者たちが今学習している情報が知識に変換されないとき教材を再学習し努力を向けなおすためにこれらの方策と方略を使うと，同じ効果がおそらく生じるであろう。

たとえば，ソフトウェアを学んでいるとき，情報をメモにコピーし貼りつけることは，高校生の間で非常にはやっている技法である（Igo, Bruning, McCrudden, & Kauffman, 2003）。Igo, Bruning, & McCrudden (2005) は，この方策がどのように学習に影響するかを調べた。実験では学習者たちの1つのグループはメモでは7語だけ使うように制限された。無制限のコピーとペーストの許された学習者たちと比べると，7語のメモに制限された学習者たちはより多くの事実を再生し，より概念的理解を示し，学んだ情報の関係を再生する点で優れていた。インタビューのなかで，情報を7語のメモに圧縮させられた協力者たちは，メタ認知的モニタリングと，表面的で無関係な「事実」だけにとどまらない一貫性と意味に対処する基準の使用が，有意に多かったと報告した。

Igo et al. (2005) の研究は，メモを管理するメタ認知的コントロールが，学習のメタ認知的判断で使用される基準を変えるためにフィードバックできることを示している。メタ認知的コントロールを示す他のいくつかの方法も，同様の効果をもつ。1つは，学習された教材が再生できる知識に変換されたかどうかを判断する前に，ワーキングメモリをクリアにすることである。これは，次のことを遅らせることによってできるのである。学習判断 (Thiede & Dunlosky, 1994)，教材の骨子を反映したキーワードをつくること（Thiede, Dunlosky, & Griffin, 2005），あるいは教材の要約である (Thiede & Anderson, 2003)。

■ エージェンシー[☆1]の判断

『教育におけるメタ認知のハンドブック』の編集者たち（Hacker, Dunlosky, & Graesser, 2009）は，同書全体におよぶ共通テーマに注意を払っていた。それはエージェンシーである。「エージェンシーは，行為と，行為を通して外的世界の事象をコントロールする人の能力のことである」（Haggard & Tsakiris, 2009, p.242）。

Haggard & Tsakiris (2009) によれば，人はエージェンシーの感覚（FoA）とエージェンシーの判断が結びついたときにエージェンシーを自覚する。**エージェンシーの感覚**は，遂行するときに行為をコントロールする内潜的体験である。**エージェンシーの判断**（JoA）は，行為が目に見える変化を生じさせる範囲のはっきりした決定である。たとえば，1つの図表を再検討するために章の冒頭部分を見直す学習者は，図表を探してページをめくり，それを見つけ，再検討すると，エージェンシーの感覚を内潜的に体験する。図表について熟考するのでなく，探索のコントロールについて経験し，表現するのである。図表を検討しながら，生徒は「ああ，いま私は，供給がどのように需要に影響するかがわかった。私は検討してよかった」と考えるのかもしれない。自分がわかったのは図表を見直したからだといってエージェンシーの判断を表現するのである。

Haggard & Tsakiris のレビューは「ふつうの状態では，エージェンシーの感覚は，エージェンシーの判断の**必要**条件である……しかし，エージェンシーの感覚はエージェンシーの判断の正しい**十分**条件ではない」（2009, p.243）ことを示している。前文の主張は，学習者には一定の認知活動に取り組む体験が必要だということであり，体験がないと，変化（あるいは変化のないこと）は，これらの認知的出来事に帰属されない。だが，一定の認知的活動をやり終えれば，学習者はエージェンシーの判断をしなくともよい。エージェンシーの判断は，学習者に認知的出来事の結果のモニターを求めるのである。

この研究は何を意味しているのか？　まず，エ

ージェンシーの感覚は有意義な自己調整に必要なことである。エージェンシーの感覚がないと，学習者たちが実行の調整を検討する根拠がない。というのは，学習者たちは調整することが大事だとは考えていないからである。第2に，学習者たちは認知の結果と認知の体験を結びつける援助を必要としている。たとえば，学習者たちは自分たちの認知操作に気づかないなら，一定の産物とそれを創り出す認知を対応させられない。そこで，一定の認知的操作が基準と比較してプラスに評価される産物を生み出したかどうかをモニターできない。筆者の知る限り，この分野はこのようなテーマの研究が不足している。実際の教室で活動に取り組んでいる学習者たちは，どのようにして**一定の産物の原因となる操作としての方策や方略を特定するのであろうか？**

■ 要約と今後の方向性

　認知とメタ認知は，ある程度，2つの心理学に左右されている。1つは，ものごとのあり方——心理学的現象，についての心理学である，原則として，学習者の間でも教科領域を越えても共通的であって，おそらく学習者たちのコントロール下にはない（Winne & Nesbit, 2010, p.654）。もう1つは，学習者たちがエージェントであり，学習者がものごとを生成するやり方の心理学である。自己調整学習の分野は，2つの心理学と両者の間の相互作用を調節しなければならない。たとえば，知識は，認知をするための限定された容量という文脈において認知を形成する。これは，ものごとのあり方の心理学からの命題である。課題に取り組むことという生成の心理学では，学習者たちは，どれかの知識——信念，方策，あるいは事実——を使うことを選ぶ。学習者がやること（反射に制御された行動を除いて）は，2つの心理学に基づいた相互作用を反映している。これらの特性を精査することは今後の研究の主要な課題である。

　自己調整学習研究の実践的提言については，このテーマを支える多くの研究を，紙数不足のせいで検討できなかった。筆者の選択したレビューをもとに，以下の提言をする。まず，この分野は多様な研究の徹底的分析が非常に必要である。解釈とメタ分析によるレビューがまず優先する。

　次に，学習者たちは不安定な，信頼できない，時には無関係なデータに基づいて，学習をたいてい調整するようにみえる。私は，自己調整学習のメタファー（比喩）は，学習者たちを，それぞれが個人的に，自らの学習について説明をし，予測をし，よりよいものにコントロールしていく研究プログラムに取り組んでいる者として，とらえることができると考えている。自然科学者たちのように，成功の基本的要因は，高品質のデータをもつことである（Kornell & Bjork, 2007; Winne, 2006）。そこで大事な課題は，研究者たちと同様に学習者たちが自己調整学習の効果を求める必要があるように，データとして認知とメタ認知の出来事を跡づける方法を創り出すことである（Winne et al., 2002; Winne & Perry, 2000）。未検討の研究内容としては，学習者たちにもわかるように認知とメタ認知に関する記録の報告をどのように形式化するか，学習者たちが認知やメタ認知のプロセスに関するフィードバックを受けたときにどのような効果が生じるかについて明らかにすることである（Butler & Winne, 1995）。研究の未来は明るく，学習者と研究者の実り豊かな協働が実現するであろうし，学習を前向きに調整していくことの有効性と特質について協働して明らかにしていく研究を進めていくことになるだろう。

【謝辞】
　本章の研究は，カナダ研究講座プログラムの支援とカナダ社会科学および人文科学研究協議会からの助成金（#410-2007-1159）を受けた。

【原注】
★1：研究者は正確さのさまざまな指標から選択できる。Schraw（2009）の記述と批判的分析を参照のこと。
★2：この節で検討された資料は，Serra & Metcalfe（2009），Thiede, Griffin, Wiley, & Redford（2009）による優れた分析から多くが引用された。

【訳注】
☆1：第18章224頁の「エージェンシー」を参照。

第3章　学業的な自己調整プロセスの発達に対する影響要因

Allan Wigfield, Susan L. Klauda, and Jenna Cambria
Department of Human Development, University of Maryland

岡田　涼（訳）

　人がいかにして自分の行動を調整するかに関する研究は，教育心理学と発達心理学の領域で発展してきた。今日では，子どもが自分の行動を調整するための効果的な方法や，その際に多くの子どもが直面するであろう困難についての理解が深まっている（Boekaerts et al., 2000）。学校生活のなかで自分の行動を調整することができる子どもは，学業達成が高い傾向にあり，発達面でポジティブな特徴を有していることが示されている（Zimmerman & Cleary, 2009）。自己調整と学業達成とのつながりを考えれば，自己調整プロセスの発達をよく理解することが必要である。そして，自分の行動を調整することに困難を示す子どもたちがいる一方で，効果的に自分の行動を調整できる子どもがいることを知り，彼らがどのようにして効果的な調整のしかたを身につけていくのかを知ることが不可欠である。

　自己調整の社会的認知モデルのなかで，Pintrich & Zusho（2002）やSchunk & Ertmer（2000），Zimmerman（2000）は，自己調整の各段階について論じている。最初の段階は，**予見と計画の段階**である。この段階では，人は自分の一連の行動を計画し，さまざまな動機づけ信念や価値，目標が活性化される。次の段階は，学習状況における**遂行モニタリング**の段階である。この段階では，自分の遂行と動機づけをモニタリングし，それらをコントロールしようとする。たとえば，児童や生徒は自分の遂行をモニタリングすることで，自分が使っている方略をいつ変更すべきかを決めることができる。

研究者のなかには，この段階を**モニタリング**と**コントロール**という2つの段階に分けるものもいる（Pintrich & Zusho, 2002）。3つ目の段階は，**遂行に対する内省**の段階であり，学習活動が終わったあとに生じるものである。内省の間，児童や生徒はなぜそのような結果が生じたのかを理解しようとし，達成の結果にともなって生じる感情をうまく処理しようと試みる。あるいは，経験したばかりの学習状況に関して，自己評価や内省を行なおうとする。Pintrich & Zusho（2002）は，調整すべきいくつかの領域として，認知，動機づけと感情，行動をあげている。

　本章では，自己調整プロセスの発達について，これら3つの段階の観点から議論を進めていく。そして，それぞれの段階と関連する認知的要因，動機づけ的要因，感情的要因，行動的要因について論じる。もう少し詳しく述べると，**予見の段階**に関しては，言語や目標，自己効力感，コンピテンスの認知，課題価値などが，学習活動に対する予見の段階で果たす役割について論じる。**遂行モニタリング**の段階に関しては，認知的方略の使用，満足の遅延，持続性の発達について論じ，それらの要因と自己調整との関連について述べる。**反応と内省**の段階に関しては，子どもが行なう成績に対する帰属，成績に対する感情的反応，将来に行なうべき学習活動の選択について論じる。本章でこれらの要因を選んだのは，自己調整の研究文脈で多く取り上げられているという理由からである。

　もう少し広い言い方をすれば，自己調整に関し

て発達する基礎的なものが3つあると考えることができる。1つ目に，生物学的な意味での調整の**能力**が発達する。年齢が低いほど，子どもは自分の行動を調整するための精神的な能力をもっておらず，そのため年齢によって調整の能力に生物学的な限界が生じるのである。2つ目に，さまざまな領域における子どもの知識や方略，熟達度が発達し，そのことによって自分の行動をより効果的に調整することができるようになる（Pintrich & Zusho, 2002）。知識，方略，熟達度の発達は，年齢や生物学的な意味での成熟と関係しているが，その発達には同じ年齢の子どものなかでも大きな個人差がある。この個人差が，同年齢の子どものなかでの調整スキルに関する大きな差を生じさせているのである。3つ目に，自己調整に関連する要因自体が発達する。たとえば，子どもがもつ目標は，学齢期の間に重要な変化を遂げる。それは，自己効力感や言語スキル，認知的方略の使用，感情的反応などについても同様である。これらの要因の変化は，子どもがさまざまな年齢で自分自身をいかにして調整するかに影響を与える。したがって，自己調整の発達は，調整プロセスそのものの変化とその調整プロセスに影響を与える要因の変化が複雑に混ざり合った結果であるということになる（Demetriou, 2000）。

■ 予見と計画の段階

◆◆言語発達

これまで長きにわたって，子どもの遊び場面や問題解決の活動中に観察される独語や自発的な発話が果たす自己調整的な役割について研究がなされてきた。Piaget（1923/1962）は，独語の特徴は自己中心性であると考え，それが認知発達を促すうえで重要な役割を果たすとは考えていなかった。しかしながら，Vygotsky（1934/1987）の考え方はそれと異なっており，多くの研究がVygotskyの考え方を支持している（Berk, 1992）。その考え方とは，独語には社会的な起源があり，子どもの認知発達と行動の調整を反映し，しかも認知発達や行動の調整を促すというものである。Vygotskyによると，親や教師，きょうだいといった他者は，文化的に価値づけられた活動に導こうとして子どもと会話をする。発話能力が発達するにつれて，子どもは自分の活動をさし示すために他者と同じ言語を使うようになり，しだいにその言語を思考へと内面化させていくのである（Berk & Harris, 2003; Vygotsky, 1934/1987）。

Vygotsky（1934/1987）は，独語が幼児期の間に増加してピークに達し，その後に減少しながら，8歳から10歳ごろまでにほぼ消失することを発見した。以降の多くの研究から明らかにされているのは，独語の使用が逆U字型に変化し，発声をともなうひとりごとがしだいにみられなくなっていくことである。その一方で，独語の使用がピークに達する年齢や減少し始める年齢は，たとえば学習障害（Berk & Landau, 1993）などの子どもの特徴によっても異なるし，用いられる課題のタイプや領域によっても異なるようである（Berk, 1992; Winsler, 2009）。さらに，子どもは簡単な課題やよく知っている課題に取り組むときよりも，困難な課題や新奇な課題に取り組む際に，より独語を用いることが多くの研究から示されている（Duncan & Pratt, 1997; Winsler, 2009）。また，独語は，小学校の終わりごろまで，完全には内的なものにならないことも知られている。たとえば，Winsler & Naglieri（2003）の研究では，さまざまな課題に取り組む間に，11歳から17歳の子どもの10%から33%が発声をともなうひとりごとを発していた。ただし，ひとりごとの使用が達成度と関連していたのは，年少の生徒だけであった。

独語の発達を考えると，それはとくに自己調整の予見の段階と関係している。Vygotsky（1934/1987）によると，独語は，活動と関連しながら時間的にも機能的にも変化していく。最初，独語は，行動の後に発せられたり，あるいは同時に発せられたりすることで，コメントや評価の役割を果たす。その後，独語は，行動する前に発せられ，計画を行なうための手段となっていく。このような計画の機能への移行と一致して，Azmitia（1992）は次のことを明らかにしている。それは，レゴを組み立てる課題に取り組んでいる間，熟達

している子ども（6歳と8歳）は，慣れていない子どもよりも，複数の段階からなる計画に関する発言が多いということである。幼稚園児を対象とした研究で，Duncan & Pratt（1997）は，折り紙課題をたった一度経験するだけでも，計画のための独語が増加することを示している。また，Feigenbaum（1992）は，4歳児，6歳児，8歳児にボードゲームをさせるという横断研究において，計画に関する発言は年齢にともなって多くなることを明らかにしている。しかしながら，計画のための独語の使用が年齢によってどのように変化するかについての研究には限界がある（Berk, 1992）。小学生を含む横断研究では，Feigenbaum（1992）の結果と異なり，計画に関する発言に年齢差がみられていない（Azmitia, 1992; Matuga, 2003）。

全体として考えると，独語の発達と，その内面的な思考への変化は，学習や問題解決にかかわる活動を自己調整する能力の重要な一要素であるといえる。計画の段階において，内面的なものであれ外面的なものであれ，言語の使用はきわめて重要である。子どもが自分の目標を定義し，効力信念を表現し，自分にとって意味のある課題とそれに影響する文脈的な特徴を描くうえで，言語は重要な役割を果たすのである。

◆◆目標設定と目標志向性

予見と計画の段階には，近い将来取り組むことになる学習課題や活動，宿題などについて考えることと，それらに取り組む方法を計画することが含まれる。Pintrich（2000b）やZimmerman（2000, 2008）が記しているように，このプロセスにおいて目標設定はとくに重要な部分である。目標は，達成状況で自分がどのようにふるまうべきかを判断するための基準にもなるし，その時に行なっている活動を調整し続けるべきか変更するべきかを決めるための基準にもなる。近い目標（短期的な目標）と遠い目標（長期的な目標）については，これまで多くの研究がなされてきた。そして，すぐに行なう課題の成績に関していえば，遠い目標に焦点化させるよりも，適切な近い目標を設定できるように子どもをサポートするほうが効果的であることがさまざまな研究において示されている（Bandura & Schunk, 1981; Zimmerman, 2008）。しかし，遠い目標もまた自己調整にとっては重要である。とくに，生徒が年齢を重ね自分の将来について考えるようになるにつれて，遠い目標がより重要となってくる（Husman & Shell, 2008）。それと同様に，目標がどのように組織化されるかも大事な点である。Zimmerman（2000）は，うまく自己調整を行なっている人が，自分にとっての優先順位をもとに目標を階層化しているようすについて論じている。また，その階層における近い目標が，やり遂げようとしている遠い目標と明らかに関連していることも述べている。

これらの目標に関する基本的な発達上の問いは，さまざまな年齢の児童や生徒がどのような種類の近い目標を設定するのかということ，そして，それらの目標がどれだけ正確で現実的であるかということである。研究によって明らかにされてきた近い目標で最も効果的であるのは，次のようなものである。それは，個人にとって適度に挑戦しがいがあり，課題に特化しており，他の目標と一貫しているような目標である（Schunk, 1983; Zimmerman, 2008）。これらのポイントの背景には，ものごとの挑戦のしがいや，課題との関連，目標との一貫性を子どもが判断できるという前提がある。このような判断をするスキルは，早くても小学校低学年の間はあまり発達しておらず，（理想的には）学年が上がるにつれて発達していくものである。

2つ目の問いは，さまざまな年齢の子どもがどのような種類の遠い目標をもつかということである。小学校低学年の子どもにとっての遠い達成目標は，たとえば週末に行なわれる綴りのテストのようなものである。大学に進学するなどの遠い目標を，低年齢の児童がうまく思い描くことはむずかしい。子どもが年齢を重ねていけば，遠い目標はより明確なものとなり，より長い期間をカバーすることができるようになる。そのことによって，現在の達成にかかわる活動に対して遠い目標がよりよい指針となり得るのである。たとえば，医学校に進みたいという目標をもち，そのためには入学の条件として特別な課程を修了しなければいけないということを知ったとする。そのことは，生

徒が高校で適切な課程を選択するための助けとなるはずである。3つ目の問いは，いかにして子どもが自分の近い目標と遠い目標を意味のある階層構造として組織化するかということである。意味のある階層構造とは，さまざまな達成にかかわる活動に対するアプローチを導くものである。多様な目標のバランスをとり，過去の目標と未来の目標とを関連づけるには，精緻化された認知的プロセスが必要であり，そのような認知的プロセスは子どもにとって困難をともなうものである（Dowson & McInerney, 2003）。これらの要因とプロセスの発達に関する研究はまだあまり行なわれていない。

動機づけと自己調整に関する研究領域では，児童や生徒の目標志向性に対しても多大なる関心が寄せられてきた（Maehr & Zusho, 2009; Pintrich, 2000b; Pintrich & Zusho, 2002）。研究者たちは，熟達目標と遂行目標という2つの目標志向性を定義し，それらの目標志向性に関する研究を行なっている。また，それぞれの目標志向性については，接近と回避の側面があるとされている。熟達接近目標は，学習や改善，スキルの向上に関する目標であり，熟達回避目標は，まちがった理解を避けることや完全主義に関する目標である。遂行接近目標は，自分の有能さを示して他者に勝とうとする目標であり，遂行回避目標は，他者に自分の無能さを露見しないようにする目標である（Elliot, 2005; Maehr & Zusho, 2009; Pintrich, 2000b）。

これらの目標志向性には，いずれも自己調整に対して示唆すべき点がある。ここでは予見の段階に焦点をあてるが，目標志向性がもつ示唆は調整のプロセス全体に関係するものである。近い将来に出される課題について考えているとき，熟達接近目標をもつ児童や生徒は，その課題によって自分のスキルがどのように改善されるかや，改善するためにはどのような方略を用いるべきかに焦点をあてる。熟達志向的な児童や生徒は，学力が高くても低くてもこのアプローチをとる。それは，彼らはみな自分の成績を改善することができると信じているからである。遂行接近目標をもつ児童や生徒は，課題に取り組むときに，どうすれば他者に勝つことができるかということや，どうすれば少しでも高い点数を取れるかということに焦点をあてる。遂行回避目標をもつ児童や生徒は，課題に取り組んでいる間，いかにして無能にみられないようにするかを計画する。そのような遂行回避目標は，とくに学力の低い児童や生徒に顕著である。彼らは他者に劣る可能性が高いために，無能さを示してしまうような活動を避けたがるのである（Zimmerman & Cleary, 2009）。回避の1つの例は，さまざまな課題に関する成績の低さに対する逃げ道や言い訳をもつことであり，それをすることによって自分の能力から他者の目をそらすことができる（Covington, 2009）。

目標志向性に関しても興味深い発達的な問いがある。それは，子どもがそれぞれの目標志向性をどのように理解しているか，そしてそれらの目標志向性をいつごろもつようになるのかという問いである。これまでの研究では，子どもの年齢が上がるにつれて遂行目標が目だつようになってくることや，遂行目標はとくに中学校に移行したあとに顕著になることが示されている（Anderman & Anderman, 1999）。子どもの学年が上がっていくにつれて，学校ではより成績が強調されるようになっていくからである（Maehr & Zusho, 2009）。このような変化は，児童や生徒の自己調整にとって重要な意味をもっており，彼らが学習やスキルの改善よりも成績の重要性に注目するようになっていくことを示している。このことから次のようなことが考えられる。つまり，課題が成績にかかわることを知っているときには，多くの児童や生徒が効果的な自己調整方略を使おうとするが，たんに新しいことを学習しようとする場合には，あまり自己調整方略を使おうとしないということである。

◆◆自己効力感とコンピテンスの知覚

自己効力感の定義は，自分がさまざまな課題をやり遂げることができるという個人的な信念であり，コンピテンスの知覚は，自分がさまざまな活動をどれぐらい得意としているかという感覚をさすものである（Bandura, 1997; Wigfield et al., 2006; Schunk & Pajares, 2009）。これらの信念は，いずれも児童や生徒の達成と正の関連を示す。2つの

信念はそれぞれ異なるものであるが、お互いに関連しており、自己調整の予見の段階に対して重要な示唆を与えるところがある。自己効力感の高い児童や生徒は、高い目標を立て、困難な課題を選択し、そして課題をやり遂げるための方略に関して計画的である（Pajares, 2008; Zimmerman & Cleary, 2009）。

目標や目標志向性と同様に、自己効力感あるいはコンピテンスの知覚と自己調整との関連に影響し得る発達的問いがある。検討すべき問いの1つは、児童や生徒がさまざまな活動に対する自分のコンピテンスを正確に知覚し始めるのはいつかということである。年少の子どもはコンピテンスの知覚が過度に楽観的であり、実際の達成の指標とあまり関連しないことを明らかにしている研究者もいる。コンピテンスに関連する信念と実際の達成度との関連は、年齢が上がるにつれてしだいに強くなっていく（Wigfield et al., 1997）。もし子どもが課題をこなす自分の能力に対して過度に自信があるとすると、高すぎる目標を設定したり、むずかしすぎる課題を選んだりするかもしれない。自己効力感と実際の達成度を一致させることは、自己調整にとって重要な意味をもつ発達的プロセスである（Schunk & Pajares, 2009）。子どもが自分の効力感を正確に判断できるようになるにつれて、自分で実際にやり遂げられるような目標を設定したり、より効果的に目標を達成するための方略を計画したりするようになっていくのである。

さまざまな学習活動に対して子どもがもつコンピテンスに関する信念は、学年が上がるにつれて減少していくことが多くの研究において示されている（Wigfield et al., 2006）。また、それと関連する研究知見として、Pajares & Valiante (2002) は、中学生よりも小学生のほうが、学習方略を自己調整する能力に関して強い自信をもっていることを明らかにしている。これら2つの研究結果は、自己調整に対して重要な（そして、厄介な）示唆をもっている。児童や生徒は年齢が上がるにつれて、困難な課題をやり遂げる能力や学習を調整する能力に対して自信を失っていく。そして、そのために簡単な目標を設定したり、（おそらくは）学習に関する肯定的な結果を導くような方法で挑戦しなくなっていくのである。

◆◆課題価値

達成に対する子どもの価値づけは、さまざまな活動をすることに対する誘因や理由として定義される（Wigfield et al., 2009）。EcclesやWigfieldらの研究チームは、達成に関する価値の多様な側面を定義して研究を進めている。興味価値は、活動を行なうことから得られる楽しさである。獲得価値は、個人にとっての課題の重要性であり、自己の感覚と一致している程度のことである。有用性価値は、活動の有益さである。これまでの研究から、子どもの課題価値は課題の選択と関連しており、間接的には活動の成績に対して短期的にも長期的にも関連することが示されている（Durik et al., 2006; Meece et al., 1990）。Wigfield et al. (2008) とZimmerman (2000) は、各段階での行動の自己調整において、達成価値が果たす重要な役割について論じている。予見の段階で、もし自分が取り組んでいる課題に対して児童や生徒が価値を見いださなければ、彼らは課題をやり遂げるための明確な目標を設定しないだろうし、そのために必要な方略を計画することもしないだろう。仮に児童や生徒が課題をやり遂げられると思っていたとしても、そのようなことが生じ得るという点に注意が必要である。課題をやり遂げることができると信じるとともに、取り組もうとしている活動に価値を見いだしていることが不可欠なのである。

さまざまな学習活動に対して児童や生徒が見いだす価値は、学年が上がるにつれて低下していく（Wigfield et al., 2006）。彼らは学習課題をおもしろくないもの、重要ではないもの、そして役に立たないものと考えるようになっていく。このような変化は、児童や生徒の自己調整にとって否定的な意味をもっている。もし児童や生徒が学習活動に価値を見いださないのであれば、学習活動に取り組むことを選ばないようになっていくだろう。とくに、学習以外の活動に取り組むことができるときや、学習活動にともなうコストが大きいときに、そのようなことが起こってくる。あるいは、学習活動を選んだとしても、彼らが立てる目標は、学習に十分取り組むことよりも早く終わらせること

に焦点をあてるかもしれない。そのため，児童や生徒が学習活動に価値を見いだせるように促すことは，達成行動の調整につながるのである。この点については，後でもう一度述べたい。

■ 遂行モニタリングの段階

◆◆認知的方略の使用

Pintrich & Zusho（2002）は，モニタリングとコントロールの段階について次のように述べている。うまく自己調整を行なっている学習者は，取り組んでいる課題にとってふさわしい認知的方略を選択し，それを柔軟に用いている。そして，方略を用いることの効果に対するフィードバックが得られるようなメタ認知的プロセスを働かせる。リハーサルや組織化，情報の精緻化など，いくつかの認知的方略のなかには，幅広い領域や課題に応用できるものもあるが，一方で読みの理解を促す要約などのように，特定の領域や課題に限られたものもある（Pressley & Hilden, 2006）。

子どもの方略使用の発達は，暦年齢よりも経験や学校生活による影響が大きい（Alexander et al., 1998）。また，領域や課題を熟知し，その経験を積むにつれて，子どもの方略使用の発達は，一般的に次の5つの点で変化していくと Alexander らは主張している。(a) 経験を通して習慣化されるにつれて，子どもはより効率的に方略を用いるようになっていく，(b) いつ方略を適用すべきかとどの方略を使用すべきかを判断できるようになるにつれて，子どもはより効果的に方略を用いるようになっていく，(c) 特定の課題に適合するように方略を修正したり，結びつけたりしながら，子どもはより柔軟に方略を用いるようになっていく，(d) 教科の知識が増えたり，熟知することによって，共通の問題を自動的に解決できるようになり，子どもはあまり方略に頼らなくなっていく，(e) 子どもの方略使用には質的な移行が生じる（たとえば，再読のようなレベルの低い方略から要約や概念地図化のような深い情報処理を含む方略に変化する）。Kron-Sperl et al.（2008）は，小学生の時期における記憶方略の使用に関する縦断調査を行ない，これらの点のいくつかを明らかにしている。

中学や高校のさまざまな対象者において，熟達目標，自己効力感，課題価値は認知的方略の使用を予測することが，おもに自己報告によるデータを用いた多くの研究によって示されている（Miller et al., 1996; Nolen, 1988; Wolters & Pintrich, 1998）。しかしながら，このような関連性がより年少の児童においてもみられるのかどうかを調べた研究は少ない。また，動機づけは生徒の学業達成に直接はつながらず，認知的方略の使用を促すことによって間接的に学業成績を高めることを示す研究もある（Mettalidou & Vlachou, 2007; Pintrich & De Groot, 1990; Wolters & Pintrich, 1998）。

認知的方略に関する重要な発達的問題は，認知的方略の使用と動機づけとの関連がいつどのようにして始まるのかということ，そしてその関連が学校段階のなかでどのように変化していくかということ，その因果の方向性がどのようなものであるかということである。残念なことに，前の段落で引用したものも含めて，認知的方略の使用と動機づけとの関連を調べた研究のほとんどは，5年生以上の子どもを対象としている。たとえば，中学校の3学年の生徒を対象に調査を行なった Bouffard et al.（1998）は，次のことを明らかにしている。低学年の生徒（平均年齢が12歳）のなかでは，熟達目標だけが認知的方略の使用を予測したのに対し，高学年の生徒では，熟達目標と遂行目標の両方が認知的方略の使用に正の関連を示していた。このような関連パターンの違いが示すのは，大学への合格や成績が鍵となるような将来の可能性に直面するとき，高学年の生徒にとっては遂行目標が適応的なものになり得るということである。

加えて，数学の授業における方略使用の変化に目標志向性が果たす役割について，2つの縦断研究からいくぶん矛盾するような結果が得られている。Patrick et al.（1999）は，中学1年生と2年生を対象とした1年にわたる調査で，女子生徒では数学に対する熟達目標志向性が認知的方略の使用の増加を予測するが，男子生徒では予測しない

ことを明らかにしている（その代わりに，男子においてのみ，外発的目標志向性が認知的方略の使用の減少を予測した）。一方で，Pintrich（2000a）は，最初に熟達目標が高かった生徒は，男子でも女子でも中学2年生から3年生にかけて認知的方略の使用が減少することを明らかにしている（それは遂行目標が高い生徒においても同じであった）。明らかに，認知的方略の使用に関する発達的研究から示される方向性は豊富であり，研究から自己調整のモデルに含まれる他の要素との関連を明確にすることができる。

◆◆満足の遅延

満足の遅延について最初に研究したのはMischel（1958; Mischel & Moore, 1973）であり，満足の遅延は将来のより価値のある報酬のために目の前の報酬を先送りにする方略やプロセスとして定義されている。Bembenutty（2009）は，学業面での満足の遅延に関する研究をレビューし，次のように結論づけている。その結論とは，満足の遅延が自己調整において鍵となるプロセスであることが研究から支持されているということである。学業面での満足の遅延に関する研究の大部分は，大学生を対象に行なわれているため，その発達についてはあまり知られていない。

満足の遅延は，モニタリングあるいはコントロールの段階と最も関連が強い。モニタリングとコントロールの段階では，クラスでうまくやっていくというような長期的なより大きい報酬のために，テレビを見たりTVゲームをするといった目の前の報酬を先送りする必要がある。満足の遅延は，Pintrich et al.（1993）が論じている熱い情動的システムと冷たい認知的システムとも関連する。なぜなら，満足の遅延は，熱い衝動的な反射を抑える冷たい認知的システムの力として考えることができるからである（Tobin & Graziano, in press）。

長期的な将来の目標に関心を示すようになるにつれて，学業に関する満足の遅延は発達していく。たとえば，Steinberg et al.（2009）の実験では，10歳から30歳の実験参加者に遅延割引課題を与えたところ，16歳以上の実験参加者は，すぐに受け取ることができる小さい報酬よりも，将来受け取ることができる大きい報酬を選ぶ傾向があった。また，このような発達的変化は，将来に対する志向性の高まりによって生じ，衝動性の低下によるものではないことも示された。同じように，Bembenutty（2009）は，将来に対する時間的展望や課題の道具としての有用性と結びついたときに，学業に関する満足の遅延が最大になることを報告している。

学業とは関係のない満足の遅延に関する研究からは，発達面での3つの結論が導かれている。その結論からは，学業に関する満足の遅延についても示唆を得ることができる。1つ目は，Tobin & Graziano（in press）の文献レビューに基づくもので，次のような方法で満足の遅延を幼児に教えられるということである。その方法とは，モデリング，自分で気をそらしたり，他者が気をそらせたりすること（Peake et al., 2002; Yates et al., 1981），後の大きな報酬を選ぶべき理由についてのひとりごとを促すこと（Nisan & Koriat, 1984），遅延された報酬の表象を与えること（Mischel & Moore, 1973）である。これらの方略は，宿題や勉強をさせるために，すぐに満足が得られるような活動，たとえば友だちと集まったり，テレビを見ることを後にさせ，児童や生徒の学習を促すことに使えるかもしれない。2つ目に，学業面で満足を後に遅らせる能力も，満足を後に遅らせる一般的な能力も，将来に対する時間的展望や未来志向といった重要な発達的ポイントを示す能力と同時に獲得される（Bembenutty & Karabenick, 2004; Husman & Shell, 2008; Steinberg et al., 2009）。

3つ目に，満足を後に遅らせるスキルの発達は，他の重要な側面の発達を引き起こす。Shoda et al.（1990）は，満足を遅延する幼児のスキルが，青年期におけるストレスに対処する能力と関連していることを明らかにした。Bembenutty & Karabenick（2004）によると，満足を遅延させる能力がよく発達している大学生は，将来に対する肯定的な信念をもちやすく，学業課題を最後までやり遂げる傾向がある。また，満足の遅延が学業面での重要な結果と関連していることを示した研究者もいる。Shoda et al.（1990）は，幼児期に長く満足を遅らせることができる子どもほど，青年

期に入ってから自己コントロールができ，標準学力テストの成績もよい傾向にあることを明らかにしている。Mischel & Gilligan (1964) は，6年生の男子児童において，すぐ手に入る報酬を選ぶことはカンニングと関連していることを見いだしている。明らかに，目の前の満足を遅らせることは，自己調整と学業面での結果にとって重要な要因である。

◆◆持続性

自己調整のモニタリングとコントロールの段階において，持続性は自己調整的な能力の重要な行動指標である。持続性は，挑戦的な学習場面や問題解決状況で意志をもって続けることをさす (Peterson & Seligman, 2004; Lens & Vansteenkiste, 2008)。持続できる傾向を発達させている生徒がいる一方で，挑戦的な課題を避けたり，すぐにあきらめてしまう生徒がいるのはなぜだろうか。予見に関するそれぞれの節で論じた重要な概念は，部分的に答えを提示している。熟達目標を設定し，肯定的な自己効力信念をもち，課題によって得られる結果を強く価値づけている生徒は，むずかしい課題をやり遂げるために必要な努力と時間を価値のあるものと考えており，そのため実際に長く取り組む傾向がある (Bandura, 1997; Pintrich & Zusho, 2002; Wigfield et al., 2008)。加えて，Dweckとその共同研究者 (Burhans & Dweck, 1995; Dweck & Master, 2008) は，次のことを示している。高い持続性と挑戦を示す熟達志向的な行動パターンを示すか，あるいは持続性が低く挑戦を回避する学習性無力感の行動パターンを示すかに対しては，個人がもつ知能観が強く影響する。たとえば，知能は固定的な能力を示す（実体理論）と信じている高学年あるいは青年期の子どもは，類似の課題に失敗してしまった後には持続的に取り組まない。一方で，知能は可変的なものである（増大理論）と信じている子どもは，努力と持続性を示す傾向がある。

多くの研究で，持続性の発達あるいはその欠如に影響する小学校から中学校，高校の環境的な要因が調べられている。Dweckとその共同研究者は，成績に関するフィードバックと知能観に対する教示が，困難な課題に対する児童や生徒の努力と持続性にどのような影響を及ぼすかを調べる実験を行なった (Dweck & Master, 2009)。たとえば，Blackwell et al. (2007) は，次のような知見を報告している。最初，知能を固定的な特性だと考えていた中学生は，勉強に関するスキル訓練とともに知能の増大理論を教授される介入を受けた後で，数学に対する努力と持続性が高まり，同時に達成度も高まった。逆に，勉強に関するスキル訓練だけを受けた生徒は，努力や持続性，達成度が低下した。環境的な要因の影響に関する他の研究からは，両親や教師，その他の大人からの自律性支援あるいは一般的なソーシャル・サポートが，子どもや青年の学業とスポーツに対する持続性を高めることが示されている (Somers et al., 2008; Pelletier et al., 2001)。

最後に，言及すべき重要な発達的問題は，学齢期において持続性に年齢差があるかどうかということである。幅広い年齢間で差はないということを示す研究はいくつかある。たとえば，Lufi & Cohen (1987) は，7歳から13歳までの子どもにおいて有意な差はみられないことを報告しているし，Duckworthらの研究チームも，Scripps National Spelling Bee に参加した7歳から15歳の子ども (Duckworth et al., 2007; Duckworth & Quinn, 2009) や，マグネット・スクールの11歳から17歳の子ども[☆1] (Duckworth & Quinn, 2009) において年齢と粘り強さとの間に関連を見いだしていない（粘り強さは，長期的な目標の達成に対する興味の感情的側面と，持続性の行動的な側面を含むものである）。ここから明らかなように，持続性の個人差は，発達的な差異として生じるというよりも，もっと一般的なものである。しかしながら，先に紹介した研究では，持続性や粘り強さが自己報告式の質問紙で測定されていた。そのため，観察法を用いたり，他の評定者を用いることによって，持続性の年齢差について異なる結果が得られるかどうかを調べることも興味深い試みになるだろう。

■ 反応と内省の段階

◆◆ 成績に対する帰属

　帰属とは，児童や生徒が自分で得た結果に対して自分で行なう説明である（Graham & Williams, 2009）。帰属は結果が生じた後に行なわれることを考えると，児童や生徒が自分の成績を理解しようとするとき，自己調整の反応と内省の段階においてとくに帰属が重要となる。一方で，Schunk（2008）は，帰属が予見の段階においても重要となると述べている。前の成績に対する帰属は，次の課題をどのように考えるかに影響し，そのために設定する目標の種類や課題に対するアプローチのしかたにも影響するのである。とはいえ，ここでは内省の段階における役割に焦点をあてることとする。

　Weiner（1979）は，さまざまな成績や結果に対して最もよくなされる帰属を特定した。その帰属とは，能力，努力，課題の困難さ，運である。自己調整にとって，帰属理論がもつとくに重要な側面は次の点である。つまり，成功や失敗に対するある種の帰属は，後の活動に対する肯定的な動機づけを導く一方で，他のタイプの帰属は動機づけを導かないということである。たとえば，成功を能力や努力に帰属することは，児童や生徒の自己効力感や，今後も自分はうまくやれるという期待と関連している。失敗を努力不足に帰属するということは，もしもっと一生懸命に勉強すれば，今度はよい成績をとることができると児童や生徒が考えていることを意味する（Weiner, 1979; Graham & Williams, 2009）。一方，失敗を能力不足に帰属することは，後の動機づけや達成行動の自己調整をかなり弱めてしまう。能力不足のために失敗したと考えている児童や生徒は，次に似たような課題に取り組むときにも早くにあきらめてしまう。彼らは，課題に取り組もうとする努力はきっと成功しないだろうと考えるのである。再帰属訓練，とくに失敗を能力不足に帰属する児童や生徒の帰属を努力不足と不適切な方略の使用に帰属させるように働きかける訓練は，後の動機づけや自己調整，成績に対して肯定的な効果をもつ（Graham & Williams, 2009）。Schunkとその共同研究者は，よい成績やうまくいったことに対して能力と努力に関するフィードバックを与えることは，自己効力感や改善しようとする自己調整的な努力を促すことを示している（Schunk, 1984; Schunk & Rice, 1987）。

　この点についての発達に関する重要な問題は，子ども（とくに年少の子ども）は複数の原因の次元を常にはっきりと区別できるわけではなく，各次元に対する理解は年齢とともに変化していくということである。たとえば，年少の子どもは，能力と努力を相補的なものであると考えており，その2つを完全には区別できていない。つまり，かしこい人は一生懸命に取り組んでおり，能力は努力を通して改善されていくと考えているのである（Nicholls, 1978）。11歳か12歳ごろまでに，子どもは努力と能力との双方向的で補完的な関係を理解し始める。つまり，能力が低い人が，能力が高い人と同じレベルで成功するためには，より一生懸命に取り組む必要があると考え始めるのである。このような発達的な移行が意味するのは，Weiner（1979）のモデルで想定されているような明確な原因カテゴリの区別は，どの年齢の子どもに対しても適用できるわけではないということである。そこから示唆されるのは，どの年齢の子どもにおいても同じように帰属のパターンが動機づけや自己調整と関連するとは限らないということである。子どもの年齢段階ごとに，帰属と自己調整との関連を調べる研究が必要である。

◆◆ 成績に対する感情的反応

　情動調整とは，遂行に対する自分の感情的反応に気づくようになることと，自分の情動的経験をモニターする能力をもつことに関するプロセスである（Schutz & Davis, 2000; Thompson, 1994）。Pekrun（2009）は，学習に関する肯定的な感情がいかにして自己調整学習を促すかについて論じている。これらのプロセスは，自己調整の反応と内省の段階でとくに重要となる。なぜなら，児童や生徒は，今後の学習に関する心構えを修正するために，情動的反応と課題に対する評価を用いるからである（Linnenbrink, 2006; Schutz & Lanehart,

2002)。

学校における情動調整は，認知や動機づけ，経験された情動の相互作用的なプロセスであるとされてきた（Schutz et al., 2006）。7歳から10歳の児童を対象としたRice et al.（2007）の実験では，児童に指導上の悲しい映像を見せた。そのとき生じる情動に対して認知的に目を向けないようにする能力をもつ児童ほど，映像に関して多くのことを記憶していた。動機づけに関していえば，Roth et al.（2009）は，子どもの自律的な学習習慣に対する親のサポートが，学習課題に取り組むという選択や学習に関する否定的な情動の調整と関連していることを明らかにしている。また，その選択と情動の調整は，学校に対する興味を予測していた。

学習に関する情動には，領域による差や年齢差がある。Goetz et al.（2007）は，怒りや誇り，退屈さ，楽しさを経験する個人差は，クラスでの成績や達成領域の違いによって生じ，また，その差は中学2年生から高校2年生にかけて大きくなることを示している。情動の経験と調整がお互いに関連しているとすると，これらの知見が示すのは，情動調整もまた領域や年齢グループによって異なる可能性があるということである。しかしながら，これらの関連性が学年によってどのように発達するかについてはまだあまり知られていない。

◆◆選択

達成に関する活動への取り組みについてフィードバックを受けた後で，児童や生徒は次に何をすべきかに関する多くの選択に直面する（Schunk & Ertmer, 2000; Wolters, 2003）。生じ得る結果について不確かなことが多い達成状況では，そのような選択は複雑になることがある（Busemeyer & Townsend, 1993; Byrnes, 1998）。Carver & Scheier（2000）は，フィードバック・ループと感情的反応，成功への期待を通した情報処理が，活動を続けるか否かの決定の基礎となることについて論じている。明らかにこれらのプロセスは複雑なものである。つまり，年少の子どもにとっては，将来の達成課題に対してどのように取り組むべきかについて理性的な選択をするのは困難なのである。

先に述べたように，数学や英語のコースを受けるといったさまざまな活動に対する持続性について，その意思や実際の行動を児童や生徒の主観的な課題価値が予測することが明らかにされている（Bong, 2001; Durik et al., 2006）。その関連性は，学年を追うごとに強まっていくが，1年生ごろからみられるようになる（Meece et al., 1990; Wigfield, 1997）。子どもがもつ達成価値は，長期的な面でも結果につながる。Durik et al.（2006）は，4年生児童が読みに対して感じる重要性は，彼らが高校で受ける英語の授業数と関連することを報告している。

特定の学習課題やその他の課題に関する子どもの選択に注目した研究は少ない。小学生の間，児童が取り得る選択肢は限られている。年齢を重ねるにつれて，子どもはどの課題を行なうべきか，どこにエネルギーと努力を費やすべきか，いくつかの異なる領域での活動のバランスをどのようにとればよいかに関して，より多くの選択肢をもち，決定が行なえるようになる。必要とされているのは，さまざまな年齢の子どもが明らかに優先すべき選択に関する研究と，子どもがその決定を行なうプロセスに関する研究である。ここではとくに児童や生徒の目標が重要となる。先行研究からも，さまざまな活動に対して，ときには葛藤し（たとえば，宿題をすることと友だちに電話をすること），ときにはうまくまとまるような（たとえば，宿題を手伝ってもらうために友だちに電話をする）多様な目標を子どもがもつことが示されている（Dowson & McInerney, 2003）。これらのパターンが年齢とともにどのように発達していくかを理解することは，自己調整の研究における重要事項であるといえる。

■ 研究の方向性と実践への示唆

本章では研究から得られた数多くの示唆を紹介してきた。この最後の節では，いくつかの付加的な示唆について述べたい。本章の最初のところで，自己調整スキルとそれに影響する要因は，学年を経るごとに発達していくと述べた。このことは，

自己調整スキルと他の要因との関連も時間とともに変化していくということを示している。ある種の要因と自己調整とがさまざまな年齢においてどのように関連しているかを調べた研究はあるが，多面的な認知的要因や動機づけ要因，自己調整の間の関連性を検討した研究は少ない。おそらくWoltersらの研究チーム（Wolters, 1999; Wolters et al., 1996）による研究が，数少ないなかでのよい研究例である。彼らは，目標と課題価値，自己効力感，方略の使用，自己調整がお互いにどのように関連しているかを示している。しかしながら，彼らの研究の対象者は，最年少でも中学校の生徒であった。より低年齢の児童に対しても同様の研究が必要である。

そのような関連性についての研究を行なう前に，次のことを知っておかなければならない。それは，子どもがさまざまな課題に対する自己効力感や価値づけをどのように理解したり，見定めたりするのか，どのような課題や活動にとってどのような認知的方略が最も適しているのか，そしてどれぐらいの子どもがそのような方略を効果的に用いているのか，ということである。たとえば，もし自己効力感に対する子どもの判断がうまく成績と一致していないとしたら，自己効力感と自己調整との関連も影響を受けるだろう。子どもは自分の能力について過度に楽観的であるということを先に述べたが，それは彼らが自己効力感の判断をうまくできていないということを意味する。同じことは，認知的方略の使用と自己調整との関連，目標と自己調整との関連などについてもいえることである。

本章では，自己調整についてやや一般的な観点で論じてきた。しかし，自己調整というものは達成の領域や教室の文脈によって異なる部分もある。重要な研究設問は，学業の領域（たとえば，読みと数学）によって異なる種類の調整スキルが必要とされるのかどうか，そして本章で論じてきたさまざまな要因は領域や自己調整に対する影響に関して異なる働きをするのか，というものである。たとえば，本のなかの一章を読んで要約するのに必要とされる調整スキルは，数学の宿題を行なうのに必要とされるスキルとは異なるかもしれない。

Pintrich & Zusho（2002）は，教室の文脈を自己調整にとっての重要な領域としてとらえている。そのような教室の文脈は，特定の内容領域のなかでも大きく異なることがあり得る。研究者たちは，動機づけや方略使用，自己調整が異なる教室の文脈の間でどのように異なるかに興味をもち始めている（Nolen & Ward, 2008; Perry et al., 2006）。そのため，自己調整とその影響要因に関する研究は，両者の関連性に対して文脈が果たす役割に焦点をあてなければならない。

教授方法の実践に関しては，次のようなことが示されている。学習場面で自己調整を行なうように子どもを訓練することで，学業成績は改善される（Paris et al., 2001; Schunk & Ertmer, 2000）。1つの例は，Cleary & Zimmerman（2004）による自己調整力向上プログラム（SREP）である。このプログラムには，次のような要素が含まれている。自己調整の問題がいかにさまざまな学業領域での成績の低さに影響するかを理解するために自己調整スキルを診断すること，調整スキルを訓練するための作業を行なうこと，成績と調整に対して明確なフィードバックを与えること，自己調整と成績の変化を査定することである。このプログラムは，中学生や高校生に対しても有効性が示されている（Zimmerman & Cleary, 2009）。

本章で論じてきたように，児童や生徒の自己調整，あるいは自己調整と動機づけ要因，認知的要因，感情的要因との関連に対して，学校や教師はもっと目を向ける必要がある。Zimmerman（2000）が述べているように，児童や生徒は，観察したり，真似したりすることができるような効果的なモデルを介することで最もよく調整スキルを学ぶことができる。そして，スキルが発達するにつれて，足場づくりを心掛けた実践が必要となる。子どもたちがたんなる成績だけでなく，学習活動の計画のしかたややり遂げたことに対する内省のしかたに重要性を見いだせるように，自己調整の各段階（予見，遂行，内省）を重視すべきである。自己調整プログラムに関して検討すべき重要な発達的問題は，さまざまな年齢の子どもたちに実施するうえで，プログラムにどのような修正が必要かということである。

【訳注】
☆1：米国における特別な教育カリキュラムや教師設備を有する公立学校の一種であり，地域社会全体から生徒を受け入れている。

第4章　自己調整学習の動機づけの源泉と結果

Barry J. Zimmerman
Graduate Center of City University of New York

中谷　素之（訳）

　自己調整学習のテーマは，生徒の学業上のコンピテンスおよびコントロールの獲得についての日常的な葛藤に関する広範にわたる課題があるため，多くの関係者の注意を惹き付けてきた。学校での達成の低さの原因は，自己調整の欠如にあるとされることが多く，遅延が低レベルの学習やパフォーマンスおよび高レベルの不満足感とストレスを生じさせることが示されてきた（Schmitz & Wiese, 2006）。しかしながら，自己調整はわかりにくい構成概念であることもわかってきている。教師や親は，生徒の自己調整学習（self-regulation of learning: SRL）を，自分１人で学習をすすめる能力とみなしているが，研究者らは，自己調整できる生徒とそうでない者の違いは，どこで，どのように，なぜ生じるのかを理解しようともしている。**どこで**という問いは，パフォーマンスと課題の文脈に関するものであり，**どのように**は，SRLのメタ認知に関連する。**なぜ**は，自己調整の動機づけの側面に関するものであり，本章の中心課題である。

　これらの問いに取り組むため，近年の研究者らは，SRLの多次元的な定義を発展させてきた。たとえば次のようなものである。すなわち，生徒は自分自身の学習プロセスにおいてメタ認知，動機づけ，行動の面で積極的な参加者であるほど自己調整的である。より具体的には，これらのメタ認知プロセスには，目標設定，セルフモニタリング，自己評価フィードバックループが含まれる。動機づけ感情と信念は，自己調整学習者の個人的な主導性，粘り強さ，適応的スキルに関連する。行動面での自己調整は，記録，環境調整，援助要請など，特定の利益をもたらす行為に関連する。しかしながら，SRLに関する研究は当初，多次元的であることはほとんどなかった。

　たとえば，1970年代および1980年代に，学業上の自己調整の概念は，メタ認知プロセスと認知プロセスに主として焦点をあてていた。通常，生徒たちは，学習後にイメージや自己言語化などの方略を使用するよう教育を受けていた。これらの研究は，こうした方略がより優れた学習――たとえ落ちこぼれる恐れのある生徒であったとしても――を導くのに効果的であることを示してきた。しかしながら，初期の成功にもかかわらず，生徒が本来の文脈のなかで学習したり実践する際に，これらの方略が維持され，転移し，自発的に用いられることはめったになかった（Pressley & McCormick, 1995）。学習におけるこれらの欠点は，メタ認知の問題に原因がある。たとえば，生徒が，方略の利用を十分に理解していないということがある。この問題を解消するため，Ann Brownら（Brown, Bransford, Ferrara, & Compione, 1983）は，生徒の方略利用のモニター・評価，方略使用を各自で想起させる自己言語化を促す"自己コントロール"の要素を含むよう，方略のトレーニングが拡大されるのがよいと推奨した。方略の結果に関する指導者による情報の提示は転移を促進するかもしれないが，生徒は自分にとって方略がどの程度有効に機能するのかをモニターすることができ

ない（Hunter-Blanks, Ghatala, Pressley, & Levin, 1988）。明らかに，生徒が個人的にこれらの方略を応用することができないときに，自己調整の他の側面が検討されるべきである。たとえば，生徒たちはある方略の使用を楽しめないまたは獲得されるものが努力に値しないと感じることから，効果的と知っている方略でも使用しないかもしれない（Rabinowitz, Freeman, & Cohen, 1992）。動機づけに関する先行研究では，第1の欠点は，**自己満足／感情**における欠陥，2つ目は**結果期待**の不足として議論されてきた。これらの2つの動機づけの源泉の詳細は後述する。

本章ではまず，生徒のSRLにおける動機づけのさまざまな役割について焦点をあて，次に，SRLにおける動機づけの主要な構成概念，その理論的起源や実証的な重要性について概説する。そして，動機づけの変数をメタ認知プロセスに統合するSRLのモデルを紹介し，SRLの動機づけおよびメタ認知のそれぞれの役割について考察する。最後に，実践および今後の研究課題について検討する。

■ 生徒の学習に関する自己調整における動機づけの役割

肯定的な動機づけ感情や信念は，生徒が学習を自己調整するのになぜ有益なのか？　まず，高い動機づけは，学習プロセスや結果に対する生徒の**注意**を高める。たとえば，自分のフィードバックを十分に探知できる生徒は，より効果的に学習する傾向がある。次に，高い動機づけは，生徒の**課題選択**を向上させる。外国語学習に打ち込んでいる生徒は，自由時間にも練習しようとする課題を選択する傾向をもつ。第3に，高い動機づけは，生徒が困難な課題を学習しようとする**努力**をも増加させる。たとえば，学級でトップの成績をとろうとする生徒は，それほど高い望みをもたないクラスメートと比較して，学業により励む。第4に，高い動機づけは，複雑なスキルの習得などの時間がかかる課題に**粘り強く取り組む**傾向も高める。ピアノ協奏曲のむずかしい一節が弾けるまで練習を続ける生徒は，2, 3回練習するだけの生徒に比べて成功する傾向が高い。明らかに，生徒の動機づけの程度が，生徒の学習の自己調整の努力を開始し，導き，維持するのに重要な役割を果たすのである。しかし，何が動機づけの高まりの源泉となるのだろうか。

■ 自己調整学習の動機づけの源泉

◆◆動機づけに関する構成概念：理論的起源とSRLとの関連性

目標志向性理論とSRL

これらの視点は，学習者の達成の目的や理由に関連する。目標志向性は2種類に区別されてきた。すなわち遂行目標と学習目標である。**遂行**目標志向の目的は，現在の個人的コンピテンスの肯定的評価を得て，否定的評価を回避することにある。**学習**目標志向性の目的は，実際に自分のコンピテンスを高めることで，肯定的な自己評価を得ることである。学習目標志向性は，遂行あるいは課題目標志向性ともよばれ有益であることが明らかにされてきた。しかし，生徒に遂行目標ではなく学習目標を設定させるのは何であろうか。

Dweck & Leggett（1988）によれば，遂行目標志向は，固定的な心的態度を反映しており（Dweck, 2006），基本となる**固定**理論に基づいている（例：知能は固定的である）。この自己調整の示唆の点で，固定志向は，自信のある学習者が自分たちの優れた力を示す機会を追求するのを動機づけるが，自信のない学習者のやる気をなくし無力感をもたらす。しかしながら，学習目標志向性は，成長しようとする心的態度を反映し，**増大**理論に基づき（例：知能は可変的である），自信がある学習者も自信のない学習者のどちらもが，機会を追求し自分たちの能力を向上しようとする動機づけとなる。生徒の自己調整の動機づけについての目標志向性が示唆するものは明白である。すなわち，遂行目標をもつ自信のない生徒が，都合がよくない社会的比較を回避しようとするのに対し，学習目標をもつ生徒は向上しようとするのである。

成績不振の中学生に学習目標志向性を教えるこ

とができ，最終的に達成の改善をもたらすことを示唆する研究がある（Blackwell, Trzesniewski, & Dweck, 2007）。数学の成績が低下している生徒が，目標設定，時間管理，数学の学習方略，記憶術などの自己調整的学習スキルの授業を受けた。実験群の生徒たちは，困難に直面したときには粘り強く取り組めば，人間はより賢くなることを教えられた。これらの生徒は，彼らにとってむずかしいが断固とした努力で課題を記憶するように伝えられ，最終的に習得していた。統制群の生徒たちは，同じ自己調整的学習スキルを教えられたが，増大的な信念は教え込まれなかった。研究者らは，実験群の生徒が学習の価値，学習を自己調整する努力の意図を高め，数学の成績の下降を逆転させることを明らかにした。対照的に統制群の生徒の数学の成績は下降し続けた。明らかに，自己調整に関するトレーニングは，増大的目標志向性信念をもつときに，生徒の学習を有意に向上させていた。

興味とSRL

学業上の動機づけと学習におけるこの源泉の重要性は，ヘルバルトとデューイの時代から，教育者らによって強調されてきた。近年の分析では（Hidi & Ainley, 2008），興味は，特定の種類の対象，活動，アイデアに再度取り組むための心理的属性であるとされている。これまでにいくつかの種類の興味が研究されてきた。たとえば，**状況的興味**は通常，直近の文脈から転移しないとされる動機づけであり，それは特定の活動に根差したものである。たとえば，読書の専門家らは，文章についてのさまざまな見方が，どのように学習者側の興味を引き出し維持できるかを調査してきた。野球に興味をもつ若者は，バスケットボールに関する読書にはほとんど興味をもたないかもしれない。興味の2つ目の形態は，**個人的興味**とよばれ，多様な文脈での固有の活動，対象，アイデアを選択し関与するための比較的持続する属性である。

Hidi & Renninger（2006）は，これら2種類の興味を自己調整につながる4段階の進行を形成するものとみている。段階1では，状況的興味が自発的に生じる。たとえば，友人のテニス選手に付いていっしょに公園に行くことを決めることである。段階2では，生徒の状況的興味が，環境によって維持される。公園で，愛想のいいテニス選手によって興味が維持されるというものである。最後の2つの段階は，個人的興味に関連する。段階3では，生徒は外的なサポートなしに，課題や活動にくり返し関与し始めるようになる。たとえば，テニス教室に申し込むということがあろう。段階4では，発達した興味によって，課題や活動に取り組む機会を積極的に求めるようになり，個人的な同一化を行なうようにもなる。テニス選手が高レベルなスキルを身につけようとするなどである。この興味の段階4は，学習への自己調整された努力を強く支えるものとみなされている（Hidi & Ainley, 2008）。

状況的および個人的興味の両方が，SRLのポジティブな先行要因であることを示した説得力のある研究がある。たとえば，研究者（Schiefele, 1992）は，大学生の個人的興味が，やり遂げること，問題に直面したときの情報収集，批判的思考，自己報告された時間と努力の使用などの自己調整方略の使用との間に正の関連をもつことを見いだした。Sansone, Weir, Harpster, & Morgan（1992）による研究は，学業状況で自分の興味と学業パフォーマンスを向上するため，大学生がSRL方略を用いることを示唆した。これらの結果は，状況に関する興味が，SRLを刺激する役割を果たすことを明らかにした。

内発的動機づけとSRL

内発的動機づけには，楽器の演奏など生徒が価値あるものとする活動についての，さまざまな報酬の役割の認知が含まれる。自己決定理論の支持者ら（Deci & Ryan, 1987）は，ありふれた課題の完了などのような簡単な承認が与えられたとき，報酬が統制的機能をもつと主張した。しかしながら，報酬が，新たなスキルの学習など個人のコンピテンスと自律についての情報をもつときに，情報的機能をもつ。鍵となる問いは，報酬の2つの側面のどちらが重要かということである。統制的機能が重要な文脈では，生徒の活動に対する統制の位置は外的なものまたは**外発的動機づけ**に移行する。外発的動機づけは，他の結果を獲得する際

の活動の道具的な価値を意味する。情報的機能が重要な文脈では，生徒たちは帰属次元の統制の位置の内的または内発的動機づけに変化させる。**内発的動機づけ**は，課題や活動の喜びや満足に関する興味を意味する。

自己決定理論の研究者らは，内発的動機づけに加え外発的動機づけの4つのレベルを区別している（Reeve, Ryan, Deci, & Jang, 2008）。外発的動機づけのこれらのレベルは，統制の位置の連続体を形成している。すなわち，レベル1：外的統制，外的随伴性を含む（外的統制），レベル2：取り入れ的調整，他者からの承認を含む（ある程度外的統制），レベル3：同一化的調整，活動の価値づけでの自己関連づけを含む（ある程度内的統制），レベル4：統合的調整，内的・外的情報の自己スキーマへの結合を含む（内的統制）である。内発的動機づけと，外発的動機づけのうち2つの内的形態は，学習の維持に役立つものとみられている。

生徒の自己調整に関して鍵となる自己決定の概念は，**自律的自己調整**であり，生徒たちは興味深く個人的に重要な学習課題を選択できるので，開始し持続することができる。自律的自己調整を促進するため，自己決定研究者らは（Reeve et al., 2008），生徒が目標設定をし，自分たちの行動を方向づけ，最適な挑戦を求め，自分自身の関心や価値観を追求し，問題解決のための自分たちのやり方を選択し，より柔軟に積極的に考え，より成熟した対処（コーピング）方略を選択し，自分や学習についてのより肯定的な感情経験の援助を推奨している。先行研究からは（Vansteenkiste, Simons, Lens, Sheldon, & Deci, 2004），内発的目標を採用するよう教えられた生徒は，外発的目標を採用した生徒に比べ，持続性，学習の深さ，転移が高いことが示された。明らかに，自律的学習のこれらの測度が，生徒の内発的動機づけと因果的に結びついていた。

課題価値とSRL

課題価値は，数学など特定の課題について生徒が認知する価値を意味する。期待－価値理論の提唱者らは（Wigfield & Eccles, 2000），価値の4つの階層を特定した。すなわち，達成価値または重要性，内発的価値，有用性価値または有益性，コストである。第1の達成価値は，物理など特定の課題に対する，生徒のコンピテンスの認知を意味しており，生徒が将来物理学者になることを思い描くなど，生徒のアイデンティティの感覚に関連する。内発的価値は，課題を行なう際に直に得られる楽しさを反映している。有用性価値は，課題の機能的価値を意味しており，例として，生徒がある学期間に外国に滞在する計画がある場合に外国語を勉強する動機をもつということがある。第4のコストに関する価値は，価値ある課題追求の認知される結果に関連する。コストには，所要時間，費やされる努力，他の選択肢をとることができないということが含まれる。価値に関するこのリストは十分なものであるが，生徒が自分1人で学習することを動機づけるには不十分とみられている。期待－価値理論によれば，生徒は，十分に達成できる安定的な**期待**をもたなければならない。

学習を自己調整するための生徒の努力に関して，生徒が課題や活動の重要性を価値あるものとするとき，より頻繁に遂行を選択するとの証拠がある（Battle & Wigfield, 2003）。対照的に，活動のコストがかかるときには，生徒が活動に従事しない傾向にある。これらの動機づけの結果に加え，Pintrich & De Groot（1990）は，中学生の課題価値は，認知方略やその他の自己調整過程の行使に関連すると報告した。他の研究（Wolters & Pintrich, 1998）では，生徒の課題の価値評定が，認知的方略および自己調整方略の使用を有意に予測していたが，学業パフォーマンスは予測しなかった。また，生徒の課題価値が目標志向に関連していることも報告されている。Wolters, Yu, & Pintrich（1996）は，生徒の学習目標志向性と自己評価と課題価値と認知方略およびSRL方略の使用の間に正の関連を見いだした。反対に，遂行目標志向をもつ生徒は，課題価値は低くSRL方略の使用は少なかった。明らかに，生徒が学業上の課題に肯定的な価値をもつとき，彼らはそれを学ぶために自己調整過程を行使する傾向がある。

自己効力感とSRLにおける結果信念

社会的認知理論の研究者らは（Bandura, 1997），

期待を2種類に区別している。すなわち自己効力感および結果期待である。**自己効力感**とは，一連の行為を構成し実行する個人的能力についての期待であるのに対し，**結果期待**は自分の行為の結果を意味する。自己効力感の信念は，生徒の活動の選択，費やす努力，持続など多様な動機づけの結果を予測する。自分の能力に自信のある生徒は自分の能力に疑いをもつ生徒に比べ，より努力し持続することが期待される。自信の文脈によらない測定と異なり，自己効力感測定は，課題の形式的な特性だけでなく，数学のテストの厳格な時間制限などのように，学習や課題遂行の特定の条件にも焦点をあてる。

Pajares（2008）は，学業上の自己効力感が，自己調整の多様な側面に影響を与えることを見いだした。自己効力感をもつ生徒は自己懐疑的な生徒に比べ，認知的方略およびメタ認知方略を用い，より熱心に取り組み，困難に直面してもやりぬく傾向がある。たとえば，Collins（1982）は，数学の能力と自己効力感の点で異なる生徒たちを対象に研究を行なった。事前テストの後，生徒たちは数学の授業を受け，新たに解く問題と過去に解答できなかった問題に改めて取り組む機会を与えられた。生徒の数学の能力レベルにかかわらず，自己効力感の高い生徒たちは低い生徒たちに比べ，問題を正しく解き誤りのあった問題に改めて取り組んでいた。

Bouffard-Bouchard, Parent, & Larivée（1991）は，自己効力感の高い生徒が低い生徒に比べ，自分たちの課題遂行を良好にモニターして適応することを明らかにした。自己効力感の高い生徒は，自分たちの学習時間をより正確にモニターし，学業上の困難に直面すれば，より粘り強く取り組み，正しい仮説を早い段階で棄却してしまうことが少なく，より概念的な問題を解決した。Zimmerman & Martinez-Pons（1990）は，数学に関する生徒の自己効力感は，ノートを復習するSRL方略の使用と正の関連を示し，大人への不適応的な援助要請と負の関連を示すことを報告した。Schunkら（たとえば，Schunk & Hanson, 1985）は，自己調整学習方略の利用のトレーニングを受けた生徒は，トレーニングを受けていない統制群の生徒に比べ，自己効力感のみならず学業達成の向上がみられることを報告した。さらに，Schunk（1984）は，自己調整学習への介入が，生徒の自己効力感のみならず辛抱強さと数学スキルを向上させることを報告している。

生徒の結果期待は，学業達成を上昇または下降させる動機づけのもう1つの重要な源泉である。たとえば，効果的な学習をするとよい成績が得られると期待している生徒たちは，自分自身の学習を自己調整することに動機づけられている。Bandura（1997）は，結果期待は自己効力感から，理論的には独立しているとみているが，実際は，高い結果期待は安定的な効力感に依存している。たとえば，学習の利益に関する生徒の信念は，学習の自己調整についての個人的効力の信念に部分的に依存している。結果期待，自己効力感，SRLの組み合わせの効果については，ほとんど研究がなされていない。Shell, Murphy, & Bruning（1989）は，結果期待が学業成績の重要な予測因であるとした一方，自己効力感のほうがよりよく予測していることを見いだした。

将来展望とSRL

将来展望（future time perspective: FTP）の構成概念は，自己調整の努力の結果についての信念に焦点をあてている。将来展望の研究者らは，自己調整を直近と遅延した結果の間の葛藤の点からとらえている。たとえば，生徒が重要な試験のために楽しみごと（例：テレビを見る）をあきらめるような場合である。DeWitte & Lens（2000）は，生徒は，特定の目標に到達するまで遅延できる時間には個人差があることを示唆した。長い将来展望をもつ生徒は，短い将来展望の生徒に比べて長く動機づけを保っている。この理論は，**満足遅延**理論（Mischel & Ayduk, 2004）に類似している。満足遅延理論は，より大きな遅延された報酬の獲得のために，小さな直近の具体的な報酬に抵抗する就学以前の子どもの能力に焦点をあてる。この理論モデルの変形には，学業的満足遅延（Bembenutty & Karabenick, 2004）があり，これは生徒の学習意図を評定し，遅延された学習目標が達成されるまで直近の楽しみを延期するもので

ある。

　将来展望の理論家は，遅延の期間に加え，結果の内容を内発的あるいは外発的特性の点で検討すべきであると警告している。この区別は，現在または将来に起こる内発的・外発的結果を含む4つのセルからなる理論モデルに結びつく。このモデルを支持し，Simons, DeWitte, & Lens（2000）は，大学生が，将来の外発的結果に到達するための道具と認知している現在の活動に外発的に動機づけられているときに，自己調整が最も低いことを明らかにした。対照的に，生徒が将来のキャリア（将来の内発的結果）での有用性によって現在の活動が動機づけられているときに，学習の深さ，粘り強さ，学業達成の高さなど広範囲の自己調整の特徴が現われる。明らかに，学習を自己調整する生徒にとって，将来展望は鍵となる動機なのである。

意思とSRL

　意思決定過程は，生徒が個人と環境に関して気を散らすものを扱う際の集中と努力に焦点をあてることができるようにする。意思決定モデルによれば，動機づけは，個人の目標選択につながる意思決定前のプロセスであり，意思決定は方略の実行と目標獲得を扱う決定後のプロセスを意味する（Corno, 2001）。しかしながら，自己調整学習者らは，有害な認知，感情，動機から目標関連の意図を保護するため意思決定方略を使用すると仮定されている。たとえば，外的誘因による増大方略は，課題の失敗や成功の結果について焦点をあてさせ，生徒の動機づけを促進するために用いられてきた。

　先行研究からは，生徒の意思決定方略の使用は，学業上の自己調整の源泉として機能する可能性があることが示されてきた。方略的な意思決定の志向性は，Kuhl（1985）が「アクション・コントロール」とよんでいるものに相当し，反すうや優柔不断への服従を含む，方略的でない「感情状態」とよばれる意思決定の志向性よりも効果的である。生徒の意思決定機能を自己調整する他の努力も成功的であることが検証されている。Oettinger, Honig, & Gollwitzer（2000）は，生徒に方略的なアクションプランを教えることが，方略を使わない統制群の生徒に比べ，課題達成の向上をもたら

すことを報告した。

原因帰属とSRL

　帰属理論は，動機づけの源泉である個人的結果の認知された原因に焦点をあてている。生徒の帰属は，Weiner（1992）によって，3つの原因の次元に分類されている。すなわち，統制の位置，安定性，統制可能性である。統制の位置の次元は，個人的結果の原因を内的あるいは外的なものと認知するかどうかに関係している。たとえば，良好な試験の結果は，難易度の低さ（外的原因）または高レベルの学習（内的原因）に帰属させられるであろう。後者の帰属は学習する努力を動機づけ，前者の帰属はそのような動機づけをしないと考えられる。**安定性**の次元は，結果の原因を可変的（不安定）あるいは固定的（安定的）とみなすかどうかである。たとえば，ライティングの授業の生徒が，成績の悪さを課題の題目に帰属させれば，次のレポートで題目が書きやすそうなものとみなされれば，彼らの書く動機づけは維持される。**統制可能性**次元は，原因が個人的に統制できるかどうかの可能性に関連している。たとえば，生徒が試験結果の良好さを効果的な方略使用に帰属させる生徒は，結果を運に帰属させている生徒に比べて，継続して学習するであろう。このように，原因を内的，可変的で統制可能な学習方法に帰属させている生徒は，学習する努力を自己調整し続けるよう動機づけられている。

　原因帰属がSRLに密接に関連することについて，多くの証拠がある。Schunk & Gunn（1986）は，長除法を学習し自己調整的に練習している生徒に対して介入研究を行なった。彼らは，生徒の肯定的結果の運への帰属が自己効力感と負の相関を示す一方，肯定的結果の能力への帰属は自己効力感と正の相関があることを明らかにした。また，研究者らは，帰属が，学習や動機づけの結果の重要な原因であることを見いだした。たとえば，Schunk & Cox（1986）は，生徒が自己調整による練習を行なっているときに，数学の引き算の教示をし，帰属なフィードバックを行なった。1つのグループの生徒は，教示プログラムの前半に教師から努力帰属のフィードバックを受けた。2つ

目のグループは，教示プログラムの後半に努力帰属を受けた。3つ目のグループは努力についてのフィードバックを受けなかった。研究者らは，努力フィードバックは，フィードバックなしに比べ，自己効力感および引き算のスキルを向上させることを明らかにした。研究者らの予想どおり，教師の努力帰属の指導は，フィードバックなしに比べて努力に関する生徒の帰属の上昇に関連していた。さらに，教示プログラム前半に努力についてのフィードバックを受けた生徒は，後半にフィードバックを受けた生徒に比べ，努力を成功の重要な原因と判断していた。これらの結果は，努力帰属の動機づけ上の有効性についての Weiner の理論と主張を支持するものであった。また，この研究からは，生徒の帰属判断と自己効力感の間の密接な関係が明らかにされた。

◆◆ SRL の間の動機づけの循環的視点

動機づけの多様な測度が SRL の重要な側面に関連しているのは明らかである。しかし，動機づけの源泉のそれぞれは，動機づけの他の源泉や特定のメタ認知プロセスとどのように関連しているのだろうか？　実際の学習の試行中の，これらの変数間の相互作用を説明するため，統合的な理論モデルが求められている。社会的認知の視点によれば，SRL は 3 つの循環的段階に分割される。すなわち予見，遂行，自己内省である（Bandura, 1997; Schunk, 2001; Zimmerman, 2000）。予見の段階で，メタ認知プロセスと動機づけ感情／信念は，学習活動に先行し，生徒に自己調整の準備をさせる。遂行の段階で，メタ認知プロセスと動機づけ感情／信念は，学習活動の間に生起し，注意と行為に影響を与える。内省段階のメタ認知プロセスと動機づけ感情／信念は，学習活動の後に生起し，これらの経験に対する当事者の反応に影響を与える。これらの内省はさらに，その後の学習活動についての予見とプロセスに影響を与え，自己調整の循環を終了する。この定式化された視点は，動機づ

遂行段階
セルフ・コントロール
　課題方略
　意思方略
　自己教示
　想像方略
　時間管理
　環境構成
　援助要請
　興味促進
　自己結果
自己観察
　メタ認知的モニタリング
　自己記録

予見段階
課題分析
　目標設定
　方略プランニング
自己動機づけ信念
　自己効力感
　結果期待
　課題への興味／価値
　目標志向性

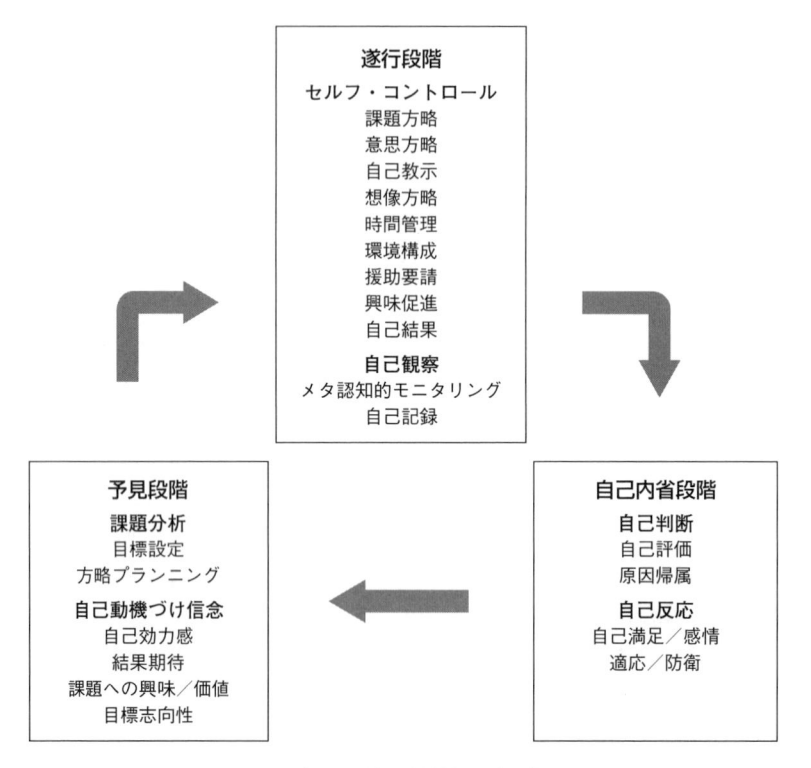

自己内省段階
自己判断
　自己評価
　原因帰属
自己反応
　自己満足／感情
　適応／防衛

図 4.1 自己調整の段階と下位プロセス

（B. J. Zimmerman & M. Campillo (2003) Motivating self-regulated problem solvers. In J. E. Davidson & R. J. Sternberg (Eds.). *The psychology of problem solving* (p. 239). New York: Cambridge University Press.）

け感情／信念が3つの段階を通してメタ認知プロセスと密接に関連するものとみている（図4.1を参照）。

動機づけの予見段階の源泉

　この段階では，2つの主要な自己調整の源泉がある。課題分析と自己動機づけ感情／信念である。課題分析の1つの鍵となる側面は**目標設定**である。自己調整的な生徒の目標体系は，より遠い目標への近接した経路として機能する短期的目標と統合される。一方，十分に調整のできない生徒は，あいまいな遠い目標を設定する。課題分析のもう1つの側面は**方略プランニング**である。自己調整学習者は，認知処理，感情コントロール，運動の実行を管理する方略を選択しまたは創出する（Pressley & Woloshyn, 1995）。一方，十分に調整できない生徒は，明確な計画をもたず，学習を促進するためのフィードバックに対する自発的な反応に頼っている。しかしながら，課題分析のこれら2つのメタ認知の使用の開始と継続は，これらの目標，方略プランニング，実行の際の個人的スキルの有効性に関する動機づけ感情／信念と関連している。

　たとえば，生徒の**自己効力感**は，自分たちの予見段階での目標設定や方略の選択のみならず，学習時間の管理，嫌な仲間からの圧力に耐えること，セルフモニターなど遂行段階の自己調整努力の動機づけにおいて主要な役割を果たす（Bandura, 1997）。また，**結果期待**も予見の目標設定および方略選択，遂行段階の学習活動を動機づける（Shell et al., 1989）。結果期待は，Wigfield & Eccles（2000）が有用性価値と名づけ，課題の将来計画への組み込まれ方と類似する。また，結果期待は，とくに短期的条件が長期的結果と葛藤する際に，学習者の将来への焦点化を評価する点で将来展望と類似している。

　さらに，生徒の予見段階の動機づけは，他の結果を得る際の道具的な特性ではなく本来備わっている特性のための課題や活動についての**興味や価値づけ**によって影響を受ける。この動機は，興味価値に類似している。興味価値は，Wigfield & Eccles（2000）によって，将来の結果ではなく本質的な特性による課題や活動の恩恵と定義づけられている。また，この構成概念は Hidi & Renninger（2006）が個人的興味と名づけているものや，自己決定理論者（Deci & Ryan, 1987）が，内発的動機づけと名づけていることと類似する。課題興味は，生徒の学業達成を予測することが明らかにされた（Sansone et al., 1992）。課題への興味／価値づけは，単純に課題や活動を好むというところから，遂行段階で実際に選択し追求するところまで拡張する。

　自己調整の予見段階のもう1つの動機づけは，生徒の**目標志向性**である。学習目標志向性は，自身の学業コンピテンスの増大（能力の増大的見方）を追求するため，自己調整にとって利点がある。対照的に，遂行目標志向性は，学習経験に挑戦することを回避しようとするため（能力の固定的見方），SRLにとっては不利である。しかしながら，生徒の自己効力感が高い場合には，遂行目標志向は学習を動機づけることができる。この仮説を支持するものとして，予見時の大学生の目標志向性が，課題遂行および内省段階でのSRLに影響を与えることが明らかにされている（Grant & Dweck, 2003）。動機づけの多様な源泉が，予見段階において生徒のSRLに影響を与える可能性があるのは明らかである。

動機づけの遂行段階の源泉

　この段階で用いられるSRLプロセスは，おもに2つに分類される。すなわち自己コントロール方略と自己観察である。先に議論したように，自己調整の高い生徒は，学習のために**課題方略**や**想像**方略などメタ認知方略を使用することができるが，自己調整が低い生徒は，学習方法が方略的ではない。また，前者は，過去の過ちを反すうしないような行動コントロールや感情コントロールの方略をとるよう，**意思**に焦点化しそれを維持する方略をとる。自己調整の高い生徒は，動機づけ方略と同様にメタ認知および意思決定方略を用いることができる。Wolters & Rosenthal（2000）は，生徒が自分自身を動機づけるために使用する多くの方略を特定した。これらのなかには，自分自身に報酬や罰を与える**自己結果**，課題をやり終えるため

に物理的環境を整える**環境構成**，生徒の学習目標志向を促進するための**自己教示**，困難な課題をやりがいある挑戦に転換する**興味促進**がある。動機づけ方略が，重要な動機づけの結果を予測することが明らかにされている。たとえば，生徒の熟達目標に関する自己発話が，遂行目標の自己発話に比べ，努力や持続を的確に予測していた（Wolters, 1999）。

遂行段階プロセスの2つ目は，自己観察である。このプロセスは，自分自身の課題遂行，周囲の条件，その結果の特定の側面についての**メタ認知的モニタリング**や**自己記録**を意味する。自分の学習結果の変化の追跡は，学習者により多くの努力を促すことで，反応の動機づけ効果を創出する。たとえば，Lan（1998）は，学習時に記録をとる大学生が，多様なSRLを用いることを報告した。面接によって自己記録の動機づけ上の影響について尋ねられ，大学生らは，自己記録は途中経過でどの程度時間を費やすべきか実感するのに役立ち，さらに長い時間学習するように「後押し」した（例：**時間管理**）と報告した。他の研究では，自己調整の高い学習者らが，それほど高くない学習者に比べより多くの自己記録をとっていた（Zimmerman & Martinez-Pons, 1986）。明らかに，モニタリングと記録は，生徒が費やす時間と努力に強い影響を与えていた。

動機づけの自己内省段階の源泉

内省プロセスの2つの主要なものには，自己判断と自己反応がある。自己判断は，自分の学習パフォーマンスの自己評価と，原因の意味の結果への帰属を意味する。**自己評価**は，自分の課題遂行と標準や目標との比較を含むため，その動機づけの特徴は，自分のフィードバックの客観的特徴（例：テストで合格した項目の数）のみならず標準の適切性にも依存する。たとえば，絶対的な高い基準は，嫌悪的な自己反応を生じさせることがある（Kitsantas & Zimmerman, 2006）。また，**原因帰属**は，生徒の学習の動機づけに対して重要な影響をもつ（Weiner, 1979）。学習者らは自分たちの原因についての考えを主観的に評価するため，結果を能力の低さなど統制できない原因に，誤って帰属させるかもしれない。このことは，生徒が継続して学習しようとする動機づけを弱めることがある。しかし，幸いなことに，生徒の原因帰属は，自己調整プロセスや前段階の信念に大きく依存している。たとえば，予見段階で特定の方略を使用しようと計画していたり，遂行段階でそれを実行する学習者らは，失敗を低い能力ではなく方略のまずさに帰属させる傾向にある（Zimmerman & Kitsantas, 1999）。方略は，個人的結果の統制可能な原因とみなされるため，その使用の帰属によって，学習者を否定的な自己反応から守ったり，その後の学習上の適応を促進することができる。

自己反応の2つの形態は，内省段階の研究において検討されている。**自己満足**は，意気揚々とした状態から抑うつまでの情動的反応を生じさせる幅があり，満足と肯定的感情についての生徒の知覚が，学習への持続的な努力を動機づけることを示唆する研究がある（Zimmerman & Kitsantas, 1999）。密接に関連する自己反応には，防衛あるいは**適応的推論**があり，これらはその後の学習への持続的な努力を行なう際のアプローチを変えることについての判断である。ある程度満足し，よくない結果を方略の問題に帰属させる生徒は，適応的推論を行なう傾向がある（Zimmerman & Bandura, 1994）。対照的に，自分たちの成績に不満で，これらの結果を統制不可能な原因に帰属させる生徒は，無力感，遅延，課題回避，認知的な関与の低さ，無関心など防衛的推論に陥る傾向にある。

これら内省段階の反応は，予見の目標設定，計画，その後の学習への努力に関する動機づけ信念に影響を及ぼす。たとえば，高レベルの自己満足を経験する生徒は，自己効力感の増大や学習課題の価値づけといった，動機づけの予見段階の源泉の増加を示す（Zimmerman & Kitsantas, 1999）。これらの動機づけ面での利益に加え，有益な適応的推論は，方略計画の向上や必要なときに目標における有利なシフトを導く（Cleary & Zimmerman, 2001）。対照的に，高レベルの不満足は，生徒の継続の動機づけを減少させ，適応の不足は，その後の学習への努力の質をそこなう。それぞれの自己調整の循環の長さは，学習者の目標

やフィードバックに加え，他の自己調整プロセスによって，分単位から年単位にわたることに留意されたい。このように，個人のフィードバックの頻度と質は，十分に自己調整されるのである。自己調整モデルの循環的性質は，学習中の急速な推移と同様に，長期間を通した漸進的推移の説明を可能にするのである。

■ SRLの動機づけおよびメタ認知的要素についての研究

　SRL介入プログラムに動機づけ方略および測度を含めることで，どのような学業達成の獲得が期待されるのだろうか？　最近のメタ分析において（Dignath, Buettner, & Langfeldt, 2008），小学校児童を対象に行なった自己調整トレーニングの効果に関する文献がレビューされた。これらの研究は，動機づけと同様，認知的およびメタ認知的方略を含んでおり，教室場面で行なわれた。認知方略は，数学の計算方略など，学習された情報についての直接的な調整を意味している。メタ認知方略は，方略知識のような学習や認知的活動をコントロールし，モニターし，評価するための二次レベルの認知を意味する。動機づけ方略には，自己効力感，帰属志向性，行動コントロール法，フィードバックが含まれる。

　メタ分析の結果，自己調整介入研究のほとんどが，生徒の学力面だけではなく，方略的な行動や動機づけ上の効果があることが明らかになった。自己調整学習トレーニングの効果量は，全体的な学業達成については中程度，方略の使用の向上については中程度，動機づけの向上についても中程度であった。データ分析において，全般的学業成績を向上するために実行された**方略の種類**の効果についても分析された。認知的方略のみに依存した介入の効果は小さかったが，動機づけ方略またはメタ認知と動機づけ方略の組み合わせを強調した介入は，生徒の全般的学業達成に大きな効果をもたらした。

　また，生徒の全般的学業達成に対する，さまざまな**動機づけ方略**の効果に従ってデータが分析された。最も大きな効果量は，フィードバック方略によって引き出された。フィードバック方略は，生徒の学業上の目標に到達するために費やす時間と努力に関するフィードバックを提供することで，生徒の内省を手助けしようとするものである。学習への影響に加え，フィードバック方略は生徒の動機づけに非常に大きな影響力をもっている。原因帰属方略およびアクション・コントロール方略は，中程度の効果量を示していた。明らかに，最も効果的な動機づけトレーニング法は，生徒に方略的学習に関する内省的フィードバックを提供するものであった。

■ 教育実践に対するSRLおよび動機づけ研究の示唆

　動機づけの低い生徒に対するSRL介入の実施は，非常に挑戦しがいのあるものである。小論文を書く前にアウトラインを書いてみるなどの自己調整方略は，とくにスキル発達の初期段階で余分の時間と努力を要することが多い。SRLを指導する者らは，消極的な生徒が自己調整プロセスを適切に実行する特別な努力をするよう動機づける準備をしておかなければならない。メタ分析で報告されたとおり，SRL方略トレーニングは，生徒の自己効力感や原因帰属など多くの動機づけを促進するが，学習や実践のくり返しの循環が必要なため，トレーニングの効果はしばしば遅延して現われる。学習がつまらない時期に生徒の努力を維持するため，社会的認知理論の研究者らは，保護者，教師，仲間モデルの利用を主張している（Schunk & Zimmerman, 1997）。これらの社会的学習経験は観察以外の初期の努力をほとんど必要としないが，対処モデルが持続的に取り組み学業上の課題で最終的には成功しているのを見ている生徒は，それをモデルとし，個人として成功を遂げるよう，代理的なかたちで動機づけられるであろう（たとえば，Schunk & Hanson, 1985）。これらのモデリングの経験は，学習がゆきづまったときに，自分自身で学習したり助けを求める生徒の自己効力感を有意に高める可能性がある。学習者の適応的援助

要請が，重要な SRL スキルであることが明らかにされてきた（Newman, 2008）。学業不振にある学習者らは，援助を求めることで自分たちの限界をさらすことになるという理由で，しばしば援助を求めたがらない。しかしながら，望ましい動機づけ信念を発展させた（例：自己効力感）生徒たちは，援助を求めることでより適応的な学習の循環につながるという自信があるため，援助を求める傾向が高い。

モデリングに加え，動機づけの低い生徒を受けもつ教師たちは，興味深い課題を選択して SRL を高めようともしてきた。学習課題をより興味深いものにすることは，とくにスキル開発の初期段階で，生徒たちを動機づけるのに有益である。しかしながら，理科で化学記号を暗記するなど，退屈でくり返しの多い学習とみられる学習の側面もある。パズルやコンピュータの使用により生徒の興味を高める努力は生徒の興味を活性化させるがその興味を持続させはしないことが明らかにされている（Mitchell, 1993）。自律性を推奨された生徒は，学習の「基本的」部分を回避しようとするかもしれず，この選択は長期的な動機づけの出現をそこねるかもしれない（例：化学者としてのキャリアに関する結果期待または将来展望）。生徒らに自らむずかしい目標を設定するよう勧めることは，彼らの動機づけと課題遂行を有意に増加させることが実証されている（Locke & Latham, 2002）。

オペラント志向の教師らは，十分に動機づけられていない生徒の SRL を引き出すため，報酬や賞賛の使用を主張している。賞賛やほめることはうまく機能することが明らかになっているが，有形の報酬は，自分自身で学習しようとする長期的な動機をそこねるものとして批判されている。内発的動機づけの研究者ら（たとえば，Deci & Ryan, 1987）は，学習を動機づけるために教師が有形の報酬を使用すれば，生徒たちはそのような報酬に依存するようになり，報酬を提供しない課題にたいしては継続して関与しなくなると議論している。しかしながら，Cameron & Pierce (1994) はこの結論に挑戦し，生徒の動機づけに対する有形の報酬は，個人的スキルの増大に対して連続して与えられると肯定的結果をもたらすと示唆した。この

ような報酬は，個人的なコンピテンスの情報を伝達し，またおそらく外発的動機づけの望ましい形である個人的な同一化的動機づけを促進することで，動機づけを行なうことが考えられる。明らかに，学業不振の生徒が SRL に取り組むための動機づけについては多くの疑問が残る。これらの疑問に答えるためには，直近また長期的な循環段階の結果に対する動機づけの役割について，より詳細な情報が必要である。この目標を達成するため，SRL 研究者らは，新たな方法論を開発している。

■ SRL における動機づけに関する研究の将来の課題

SRL の動機づけ研究の主要な部分には，質問紙など文脈外の**個人**に関する測度の使用が含まれる。通常，生徒たちは，反応，動機，方略の使用を想起したり投影することを求められるが，これらの報告は，誤った想起や不十分なキャリブレーション（23頁参照）の可能性ももっている（Winne & Jamieson-Noel, 2003）。これらの問題を回避するため，多くの SRL 研究者らは，学習活動におけるメタ認知プロセスおよび動機づけ感情／信念の，**出来事**（event）の測定の使用を主張してきた。これらリアルタイムのデータは，循環的段階モデルで記述してきた連続する SRL の循環の間の変数間の力動的相互作用をとらえることができる。

SRL のイベントについての研究を実施するため，新たな研究法が開発されてきた。例として，コンピュータによる追跡，発話思考プロトコル，構造化された日誌法，直接観察，マイクロ分析がある（Zimmerman, 2008）。**追跡**は，生徒が課題に取り組むときに創出する観測可能な指標を意味する。たとえば，数学の問題を解いているときの逐次的選択のコンピュータの記録である。これらの履歴は，リアルタイムで生徒の学習方法を学業結果に結びつけるのに使用されてきた。追跡の測度は，難易度の高い数学の問題を解いているときの持続時間等，さまざまな動機づけの形態を対象とすることができる。**発話思考**プロトコルは，SRL の間の生徒の思考と認知プロセスの言語化を評定す

る。これらのプロトコルは，ハイパーメディア学習環境において，オンライン・イベントとして生徒の動機づけの源泉を評価するのに用いられてきた。**構造化された日誌法**は，課題の興味についての記述など，学習セッションに関する一連のイベントについて質問を用いて生徒のSRLを評価する。たとえば，学習に対する生徒の動機づけは，次のような項目を用いて尋ねられる。すなわち，私は内容がおもしろいと思う（内発的興味），私は次のテストでよい点がとりたい（外発的興味），私は自分の能力に頼ることができるので学習上の困難に直面しても冷静でいられる（自己効力感），などである。

自己観察測度は，教室での学習イベントの間のあらゆる種類の自己調整に焦点をあてる。研究者らは，レポートの課題に関する援助要請など，動機づけの測度など学習活動の記録について高レベルの信頼性を確立してきた。**マイクロ分析**は，学習中および学習前後の鍵となる時点の，十分に確立された自己調整プロセスや動機づけ信念を測定する開いた質問または閉じた質問によって行なわれる。質問は，学習の妨害を最小化するよう簡潔で課題特殊的である。これらの質問は，自己調整やメタ認知プロセスなど，動機づけの源泉を扱う。

■ 結論

学校での生徒の学業達成の低さは，自己調整の欠如に原因を求められることが多いが，基本的なメタ認知プロセスを教える教師らの努力は，これまで一貫した結果をもたらしてこなかった。より最近の介入は，学習**前**の生徒の準備や開始，学習**中**の努力や持続，および学習**後**の満足や方略調整を説明する動機づけの測定を含んでいる。近年のメタ分析研究から，SRL介入に動機づけ方略や測定を行なうことで，生徒の学業成績を十分に改善し得ることが明らかになっている。しかしながら，いつ，どのように，なぜ，ある者が学習の動機づけをもち他の者がそうでなくなるのか理解するためには，より詳細なSRL研究が必要とされている。循環モデルの説明力をとらえるためには，SRLの

リアルタイムでの出来事の測定法が開発されている。具体的には，追跡，発話思考プロトコル，構造化された日誌法，直接観察，マイクロ分析である。これらの測定法によって，実際の学習活動の際の生徒の動機づけ感情や信念の**源泉**と**結果**に関するより十分な説明が示され始めている。これらの自己調整の出来事の測定がめざすところは，消極的な生徒が持続的な学習の循環を始めるよう動機づけるより効果的な助言を，SRLの指導者らに提供していくことである。

第5章　自己調整学習，共調整学習，社会的に共有された調整学習

Allyson Fiona Hadwin
University of Victoria, Canada

Sanna Järvelä
University of Oulu, Finland

Mariel Miller
University of Victoria, Canada

佐藤　礼子（訳）

　現代の学習理論では，知識や理解の能動的な構築が強調される（Brown & Campione, 1996; Bruning, Schraw, & Ronning, 1999）。これまでは自己調整学習（self-regulated learning: SRL）を個人的な認知的構成活動とし（たとえば，Winne, 1997; Zimmerman, 1989b），自己効力感，メタ認知，目標設定，学習の結果などの自己調整学習と関連した個人差に焦点がおかれてきた。社会的文脈については，自己調整の3つのプロセスの構成要素としてとらえられてきた（たとえば，Schunk & Zimmerman, 1997）。新しい学習の視点では，共有された知識構築が強調されているが，その結果，調整学習のモデルは，個人的構成主義から社会的構成主義（social constructionist perspectives）へと移ってきている（Meyer & Turner, 2002）。

　本章では，学習の調整について，自己調整（self-regulation）・共調整（co-regulation）・社会的に共有された調整（socially shared regulation）を比較し，学習の調整における社会的な側面についての研究の現状を総合的に扱う。そして，(1) 自己調整学習における社会の役割，(2) 自己調整学習・共調整学習・社会的に共有された調整の比較，(3) 自己調整学習・共調整学習・社会的に共有された調整に関する調査研究，(4) 学習の調整についての理論と研究の展望，の4点について述べることとする。

■ 学習の調整における社会の役割

　この分野では，自己調整，他者による調整，共調整，高いレベルの共調整，社会的な場面調整での自己，共有調整について定義し使用する際，過剰な使用と一貫性の欠如に悩まされてきた。これらの構成概念を定義，対比，検討する試みもあったが（たとえば，Hadwin & Oshige, 2011; Järvelä, Volet, & Järvenoja, 2010），理論的もしくは実証的な一致が意外なほど不足した状態である。そこで，本章は，「何が学習における調整を構成するのだろうか」という問題に答えることから始める。そして用語の使用のわかりやすさと一貫性を求め，これらについての定まった見解について議論する。

◆◆何が学習における調整なのか？

　現代の学習観では，学習者が自分の学習と結果を能動的にコントロールするととらえる。行為主体（agency）——私たちを人間的にするもの（Bandura, 1986）——は自分の行動に対して意図的に計画を立て，それをコントロールし，ふり返る能力である。自己調整学習理論の主要な焦点は，学習者が目的を定め，計画し，実行し，内省的に学習を調整するプロセスについて理解することである。本章ではまず，調整について広く認められた3点にふれるが，これらを少しでも対象としない研究は，調整学習についての研究でないと考える。

調整学習は意図的で目標志向的である

　目標は，学習課題の解釈と学習の評価をするための基準であり，自己評価に使われる個々の基準または結果に学習者を関与させる。目標は，個別性や近接性，階層的な性質，合致，困難さ，プロセス／成果志向（Locke & Latham, 1990, 2002; Zimmerman, 2008 を参照）によって異なるが，目標は調整の熟達と成功のための基礎である。目標について知ることは，学習者の志向や動機づけ，意図を研究者が知ることである。目標は，方略を文脈にあてはめ，モニタリング・評価・調整で用いられる基準についての情報を提供する。課題について，あるいは学習者が課題を目標として解釈する方法について知ることは，学習活動や方略，対話を調整する性質を研究するために重要である。

調整学習はメタ認知的である

　調整の理論ととくに自己調整にとって，メタ認知的プランニング，モニタリング，制御プロセスは，主要な役割を果たす。モニタリングは，現在の状態を望まれる状態（目標基準）と比較し，続いて目標達成について判断（評価）することをさす。モニタリングと評価は，調整学習を活気づけるものである。学習者の（個別的または集団的）状態とめざす状態との矛盾に気づくとき，考えや感情または行動を変える機会が生じる。調整学習についての理論と研究は，モニタリングと制御プロセス，たとえば，自己やグループの活性化，課題，方略知識，プランニング，モニタリング，評価，または方略的な適応の取り組みに明示的に注目しなければならない。メタ認知プロセスが測定・観察されない，または体系的に分析されない場合，学習の調整についての研究とはいえない。

学習者は，行動，認知，動機づけ／感情を調整する

　調整学習についての研究は，領域知識の構築についてのものではなく，むしろ目標に達するための思考，信念，方略をモニタリングしコントロールすることである。学習者は認知・動機づけ・行動を調整して，周囲の文脈，自分自身，そしてグループを変化させる。調整学習について実証的な要求を理解する／つくり出すには，知識，分散知または共構成された意味についてのデータを収集するだけでは不十分である。調整学習研究においては，これらの構成要素（行動，認知，動機づけ）の少なくとも1つが研究の焦点でなければならないと考える。

　上述した内容に，学習の調整における社会的側面に関する文献の読解とレビューに強く影響してきた明示されていない2点を加える。

調整学習は社会的である

　調整を，周囲の文脈によって影響されるとみるか，参加を通して獲得したとみるか，または社会活動システムと位置づけられるとみるかのいずれにしろ，調整は社会的である。調整を理解するためには，社会的環境や相互作用について知る必要がある（Schunk & Zimmerman, 1997; Volet, Summers, & Thurman, 2009）。

意欲をそそる出来事は，学習の方略的調整を引き起こす

　成功する学習者の特徴は，（個人的に，または共同で）やる気をうまく獲得する能力にある。挑戦の性質はさまざまであるが，その一方で，動機づけ，認知，行動におけるやる気は，学習者に能動的に学習を調整する機会をもたらす。Perry (1998) は，やる気（と，やる気のコントロール）が自己調整を促進する課題環境の鍵となる特徴であるとしている。われわれは，単独または協働的な学習環境における意欲をそそる出来事を特定することを，調整学習研究の中心と位置づけている。

■ 自己調整学習，共調整学習，社会的に共有された調整学習の概念比較

　本章は，(a) 定義，(b) 研究の構成概念，(c) 課題と教育的文脈，(d) データ収集，(e) 分析手法，(f) 現場への成果と貢献について，自己調整学習，共調整学習，社会的調整学習とで異なる点に着目する。Volet et al. (2009) によると，適切なタイプの課題と社会的状況において，調整の3

表5.1 自己調整学習，共調整学習，社会的に共有された調整学習の比較

	自己調整学習	共調整学習	社会的に共有された調整学習
定義	方略的プランニング・モニタリング・認知の調整，行動，動機づけ	調整的活動をもたらす創発的交流参加者や活動システムのなかに熟達者が配置される	共有された結果のために計画された，相互依存的・共同的に共有された調整プロセス
課題*	個人もしくは協働的	個人もしくは協働的	協働的
目標	調整的活動における個人的な適応や自立	個別的な適応と調整能力の媒介（自己調整学習への手段）	協働的なプロセスでの集団的適応と調整 自己調整学習を促進しない可能性
教育的仕組み	モデリング，フィードバック，援助を得るために自分より優れた他者が必要	自己調整学習に影響を及ぼすことに慣れた熟達者の配置が必要（状況的アフォーダンスと制約を含む）	チームメンバー間での公平で創発的な共同構築 チームはモニタリング，評価，適応過程を共有する
研究手法	個人や状況に関するデータ 自己報告，観察，追跡データ	相互作用や媒介のプロセスについてのデータ マイクロ分析的なディスコース分析手法 活動システムや社会文化的影響の分析	グループレベルのデータ マクロレベルでの文脈にあてはめたマイクロ分析的なディスコース分析 個人の目標，認識，評価のキャリブレーション

＊個人課題では個人の成果が第一の目標となる。学習者は個人課題を共同で作業することも可能である。協働的な課題では，共通の成果や結果が求められる。

つのすべての形が発生し体系的に研究されることが可能である。表5.1に，自己調整学習，共調整学習，社会的に共有された調整学習の概要を示す。

◆◆自己調整，他者調整，共調整と共有調整の定義

自己調整学習（self-regulation of learning: SRL）は，学習課題や目標の達成に向けた，学習者によるプランニング，モニタリング，認知面・行動面・動機づけ／情動面のプロセスの調整のことをさす（図5.1を参照）。社会的認知理論に基づくと，自己調整は，個人に，方略をとらせ・発達させ・洗練させ，モニターさせ，評価させ，目標を立てさせ，プランニングさせ，信念のプロセスをとらせ変化させるような周囲の文脈・条件に左右されるのである。自己調整は，個人的，協同的，もしくは協働的な課題のなかで生じ，(a) 個人が新しい課題文脈に向かうための知識，信念，方略の変化，そして (b) 周囲の構造および条件の変化，を引き起こす。そして，最終的な目標は，調整活動における自立または個人的な適応である。

自己調整学習についての研究は，個人での，計画・モニタリング・行動のコントロール（行動）・考え（認知）・動因・自己の信念（動機づけ）・感情（情動）に焦点がおかれている。自己調整学習の構成概念は，異なる環境の条件下（たとえば，モデリングの有無，または，足場づくりの有無）で検討されるかもしれないが，自己調整学習研究は常に個人の調整プロセスと成果に着目する。自己調整学習は，単独の課題から先に述べた協働学習のような課題まで，広範な課題の種類にわたって調査されることが重要である。学習者が「グループの目標」に向かって自己調整することもありうる。そして，それは時に「社会的場面の調整における自己」もしくは「グループ内の自己調整」と定義される。自己調整学習における社会的要因の役割を調査する研究には次の3つ，(a) 課題への関与や自己調整学習をうながす社会的援助のタイプの比較，(b) 自己調整学習を促進するためのプログラムまたは介入において提供される社会的援助についてのマクロレベルの研究，(c) 自己調整学習を促進する社会的文脈上の特性の研究，がある。

共調整学習（co-regulation of learning: CoRL）は，自己と他者の間で一時的に自己調整を協調させることである（図5.2を参照）。一般的に，共調整は，調整作業（方略，モニタリング，評価，目標設定，動機づけ）を一時的に媒介する創発的な交流で構成される。創発的な交流は，学習における

第5章 ■ 自己調整学習，共調整学習，社会的に共有された調整学習

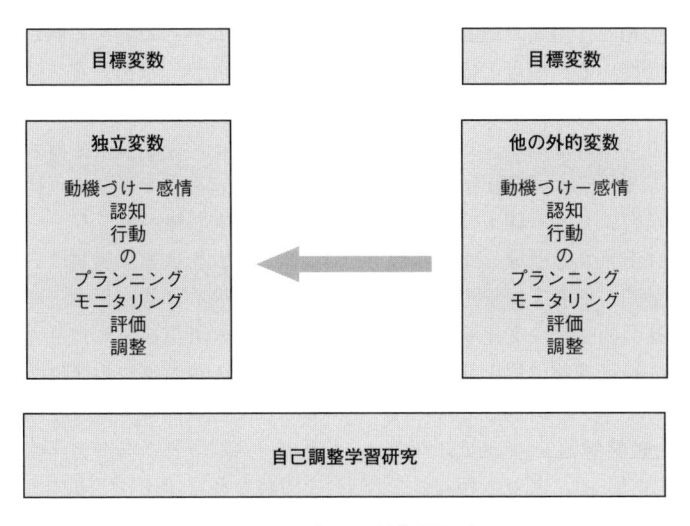

図5.1 自己調整学習研究

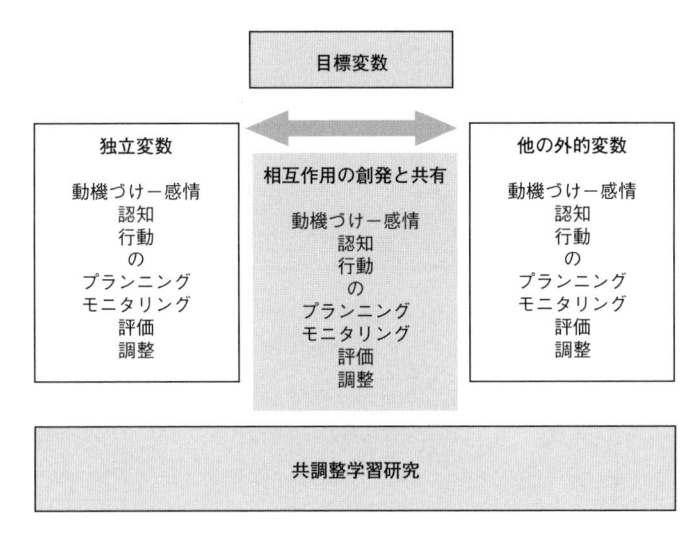

図5.2 共調整学習に関する研究

自己調整プロセスの内化を引き起こす（たとえば，McCaslin & Good, 1996）。共調整はいっしょに処理され，異なる種類の自己調整の課題と創発的調整の熟達を抱えた参加者の相互作用を通して，自己調整学習の熟達が生じるとされる。教師または仲間は，調整プロセス，方略，信念をうながすことによって，互いを共調整する。共調整学習は，(a)相互作用の発生，(b) 自己調整中の一時的な修正された援助，(c) 社会的な圧力または手がかりを通して自己調整学習を導いたり影響を与えたりする媒介的特性，(d) 自己調整的なスキルとプロセスの共有をうながし後押しする，と特徴づけられる。共調整は，単独，共同，協働で成果を得るようにデザインされた課題において起こる。その一方で，課題に関する社会的な交流とその目標は，(a) 自己調整への移行，または (b) グループメンバーの間で独立した自己調整の協調である。

共調整についての研究は，調整学習プロセスに

53

関する個人と他者の間の相互作用またはダイナミックなプロセスに着目している。他者とは，一個人あるいは個人の集合をさすが，より広く文化的もしくは社会的影響をさす場合がある。共調整学習についての研究には，次の3つの傾向がある。それは，(a) 自己調整学習における個人の間の調整学習の一時的な媒介に着目する研究，(b) 協働的作業の文脈において仲間が他者を調整することに着目する研究，(c) 社会的文脈や文化を通した相互作用とプロセスが，自己調整学習を可能にしたり制限したりすることに着目する研究，である。

社会的に共有された調整学習（socially shared regulation of learning: SSRL）は，相互依存もしくは集団で共有された調整プロセス，信念，知識であり，これらは共構成もしくは共有された結果／成果の統合によるものである（図5.3を参照）。共有された調整は，共同的な課題や協働的な課題において起こる。社会的に共有された調整学習の最終的な目標は，複数の個別に調整を行なっている個人が，共有した結果に向かって，方略，モニタリング，評価，目標設定，計画，信念を協同で構築し総合することである。たとえば，グループのメンバーが，問題に対する共通課題を協同で構築するために課題を同じように認識するとき，共有されたメタ認知が起こる。

共有された調整学習についての研究は，(a) 自己調整学習の知識，信念，プロセスについて，そして，(b) 共構成された計画，モニタリング，評価，方略の調整プロセスについて（たとえば，共有された課題認識，共有された目標，共有された計画，共有されたモニタリングと評価，共有された方略など），何が共有的または共依存的であるかに着目している。分析には，ミクロレベルの対話の動きよりもむしろ，協働的な作業のエピソードが向いている。データは，個人から，または協働的な相互作用をとおして集められるが，分析の焦点は，共有された，メンバー全員に共通した，そして協同で構築された調整学習プロセスと構成概

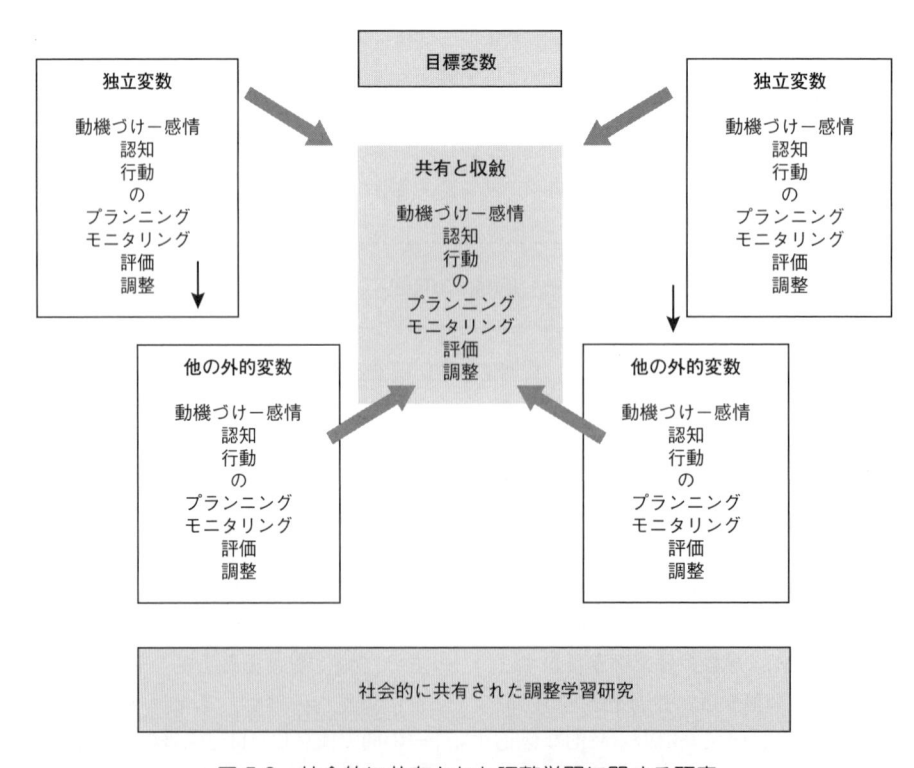

図5.3　社会的に共有された調整学習に関する研究

念にある。

■ 自己調整，共調整，社会的に共有された調整に関する研究

◆◆ 自己調整学習研究

さまざまな自己調整学習研究において，社会的文脈が自己調整学習において重要であることが示されている。主としてZimmerman（1989a，1989b）の社会的認知モデルに基づくと，研究は次の原則（a）自己調整学習において社会的文脈と環境が相互的な役割を果たす，そして，（b）自己調整学習は社会的文脈と社会的影響のなかに埋め込まれている，によって導かれる。時として自己調整学習研究には，社会文化的な解釈（たとえば，Vygotsky, 1978）があてられる。その解釈とは，もっと力量がある他者との社会的相互作用が，学習者に認知プロセスをモデルとして内化させて自己調整学習の発達をうながすというものである。そこで，自己調整学習研究を以下の3つのカテゴリーに分類してまとめる。

◆◆ 自己調整学習研究における社会的サポート

自己調整学習研究についての最初のカテゴリーでは，自己調整学習での社会的な援助の作用を検討するために，社会的援助を独立変数として扱う。研究では，モデリング，足場づくり，他者調整（たとえば仲間，教師，親，きょうだいによるサポート）を含む多種多様な社会的援助を検討する。この研究の前提は，自己調整学習が内的プロセスであり社会的相互作用にうながされ影響されている，ということである（たとえば，Zimmerman, 1990）。

モデリング

モデルの観察が，学習者にモデルの行動，プロセス，関連した結果についての情報を獲得させて，自己調整学習を促進することが示されている。また，観察されたモデルの特徴はモデリングの効果に影響する（たとえば，Zimmerman & Kitsantas, 2002）。たとえば，Kitsantas, Zimmerman, & Cleary（2000）は，女子高校生のダーツのスキル習得に関して，コーピング・モデルの提示，熟達モデルの提示，モデルなしの影響を比較した。モデルを提示された学習者は，自己効力感，自己満足感，内発的興味の自己調整測度，さらにダーツ投げの結果において，モデルを観察しなかった学習者を上回った。さらに，コーピング・モデルを観察した学習者の結果は，熟達モデルを観察した学習者を上回った。この結果は，作文書き直し課題でコーピング・モデルと熟達モデルを比較したその後の研究において，追証されている。

足場づくり

足場づくりに関する研究は，学習者が必要なときに援助することが自己調整学習を促進する重要な側面であると主張する。足場づくりについての自己調整学習研究は，参加者間の相互的な移行に重点をおくことよりも，独立変数や条件として扱われた足場づくりにおける個人の調整プロセスに着目している。学習者の概念的知識，メタ認知，学習手順，方略使用に対する固定的または適応的な足場づくり（足場づくりツール，方略，ガイドの遂行による）の効果が検討されている（たとえば，Azevedo, Cromley, & Seibert, 2004; Manlove, Lazonder, & de Jong, 2006）。

たとえば，Azevedo et al.（2004）は，次の3つの足場づくり条件における学習者の概念学習と自己調整学習について調査した。（a）概念知識獲得を全体の学習目標とした足場づくりなし条件，（b）同様の全体の学習目標と，教材の概念理解を手助けするよう意図した10の領域固有の質問もしくは2次目標のリストを提示した固定的な足場づくり条件，（c）学習目標の提示に加えて，人間のチューターも利用できる適応的な足場づくり条件，そのチューターは10の領域固有の下位目標をカバーしつつ自己調整学習の適応的な足場づくりを与える。そして，概念知識の事前事後テストと，学習者が課題中に行なう自己調整学習プロセスについての発話思考プロトコルが検討された。その結果，適応的な足場づくり条件では，固定的な足場づくり条件や足場づくりなしの条件と比べて，概念知識の獲得と自己調整学習の取り組み（プランニン

グ，モニタリング，方略の実行，課題のむずかしさと要求への対応）がよりみられた。

その他のサポート

モデリングと足場づくりに加えて，仲間，教師，家族，きょうだいなどの他者によるサポートと援助が，自己調整的プロセス（たとえば，方略使用，メタ認知的モニタリングとコントロール，情報処理）をうながすことが示唆されている（たとえば，Spörer & Brunstein, 2009; Zimmerman & Kitsantas, 2002）。これまでに，援助要請，仲間に援助された学習，熟達したチューターと仲間のような外部サポート（他者調整）の効果が検討されてきた（たとえば，van den Boom, Paas, & van Merriënboer, 2007）。

たとえば，Spörer & Brunstein (2009) は，読解と方略知識の指導について，PALSプログラムを受けた学習者と伝統的な指導を受けた学習者を比較した。PALSプログラムは，仲間に援助された学習（peer-assisted learning: PAL）をすることによって，学習者の学習方略の使用とふり返りを促進するものである。プログラムでは，教師が学習者に方略を紹介したり実際にやってみせたりした。その後，学習者は2人1組で，方略使用や方略使用についてのフィードバックを練習した。プログラムの結果，PALSでは，統制条件の学習者と比べて，読解と宣言的および手続き的な方略知識を使った学習者では事後テストでより高い得点が得られ，向上がみられたことが実証された。

第2の研究カテゴリーでは，自己調整学習の多面的な介入に社会的援助を組み込み，その介入の効果を検討した。介入研究では，自己調整学習を促進する社会的要因の特定のタイプの役割を検討することよりもむしろ，学習における社会的影響の役割についてより全体論的な検討をすることに重点をおいた（たとえば，Butler, 1998; Harris & Graham, 1992）。

Butler (1998) の方略的内容学習（strategic content learning: SCL）アプローチについての研究では，課題をやり遂げたり自己調整学習の認知プロセスを実行したりする際に，学習者を援助するための適応的な足場づくりや専門家のフィードバック，指導された練習が含まれている。具体的には，学習者を援助するために，指導者は，課題を定義し，課題固有の目標を設定し，課題に合った方略を明確にする。学習者は，他の方法についてよく考えるだけでなく，方略を実行して評価することも援助される。調査の結果，方略的内容学習が自己調整学習プロセスにおけるメタ認知的知識，効率的な方略使用，動機づけ，課題成績のような自己調整学習のいくつかの側面の向上と関係していることが示された。さらに，方略的内容学習をすることが文脈や課題を越えた方略の転移をうながすことも示されている（Butler, 1992, 1993, 1994, 1995, 1998）。

最後の研究カテゴリーは，自己調整学習の発達を援助する特性，要因，文脈特徴を検討する研究である（たとえば，Perry, Vandekamp, Mercer, & Nordby, 2002; Turner & Patrick, 2004; Whipp & Chiarelli, 2004）。

たとえば，Perry (1998) は，2年生および3年生の自己調整学習の高い教室と低い教室を対象に，作文の習得を促進する教室文脈の役割を検討した。5つの基準――作文課題の選択と挑戦のレベルのコントロールを学習者に任せること，自己評価をうながすこと，教師と仲間からの援助の機会を提供すること――をもとに，教室を自己調整学習に対する援助の度合いが高いか低いかによって分類した。各クラスから教師評価によって4人の学習者が選ばれ，それぞれのクラスの教師が作文がよくできる学習者2人とあまりできない学習者2人を指名した。そして，自由記述式アンケート，インタビュー，観察データを用いて，学習者の教室信念，作文に関する価値と期待，教室での個人の統制感や教師の支援に関する認知，自己調整学習への取り組みが，教室場面によってどの程度異なってくるかについて評価された。この結果，自己調整学習の程度が高い教室の学習者は，低い教室の学習者と比べて，より自己調整学習者に特徴的なスキルと態度を示した。

◆◆**自己調整学習のための課題と教育的文脈**

自己調整学習を研究するうえで，課題文脈に関する4つの傾向がある。第1に，自己調整学習に

第5章 ■ 自己調整学習，共調整学習，社会的に共有された調整学習

おける社会的影響の研究は，読解や作文書き直し課題から解釈を求める探求課題やクラス参加にいたるまで幅広い課題に及ぶ（たとえば，Manlove et al., 2006; Järvenoja & Järvelä, 2005; Turner & Patrick, 2004; Zimmerman & Kitsantas, 2002）。第2に，過去10年間で，学習文脈の設計および研究データ収集のためにコンピュータ技術の可能性を活かし，オンラインでの活動や授業における自己調整学習を検討することが増えてきた（たとえば，Pedersen & Liu, 2001; van den Boom et al., 2007; Whipp & Chiarelli, 2004）。第3に，協調的な学習課題が社会的影響と個別的な自己調整的プロセスを検討するための豊かな文脈を提供するという事実にもかかわらず，個別的な学習課題の研究のほうが優勢であることである。結局，研究は，小学生（Perry, 1998）から大学生（Azevedo et al., 2004）までの発達レベル，力量のある学習者（Neber & Heller, 2002）から困難のある学習者や学習障害の学習者（Harris & Graham, 1992; Butler, 1998）までの多様な学習能力とスキルレベルにわたるのである。

◆◆自己調整学習研究で収集されるデータのタイプと分析手法

　自己調整学習研究は，個人の自己調整における社会的要因の影響を調べる際に，自己報告と達成度の測定に大きく依存してきた（Pintrich, Wolters, & Baxter, 2000; Winne & Perry, 2000 を参照）。長所としては，自己調整学習の様相を操作できるような，学習の動機づけ方略質問紙（motivated strategies for learning questionnaire: MSLQ; Pintrich, Smith, Garcia, & McKeachie, 1991），メタ認知尺度（metacognitive awareness inventory: MAI; Schraw & Dennison, 1994），学習・勉強方略インベントリー（learning and study strategies inventory: LASSI; Weinstein, Schulte, & Palmer, 1987）のような信頼できる自己報告測度が確立され広く用いられていることである。1つの批判は，自己報告測度は，自己調整学習を示した学習セッション内および全体でのきめ細かいダイナミックな適応をとらえることができないということである（たとえば，Winne, Jamieson-Noel, & Muis, 2002; Zimmerman, 2008）。そのため，最新の研究は代替的な方法を探っており，それには，発話思考プロトコル（Azevedo et al., 2004），コンピュータ追跡データ（たとえば，Hadwin, Nesbit, Jamieson-Noel, Code, & Winne, 2007），観察と質的分析（Perry et al., 2002），そして社会的文脈と相互作用した周期的な性質をもつ自己調整学習へのきめ細かいマイクロ分析（Zimmerman & Kitsantas, 2002）などがある。

◆◆共調整学習研究

　共調整（co-regulation）という用語は，過去10年間文献で広く用いられ，（初期の定義の）調整学習を構成するものを越えて用いられている。共調整学習は，ヴィゴツキー派の，より高次の精神的なプロセスは社会的に埋め込まれるもしくは文脈に埋め込まれている（Vygotsky, 1978）という見方，そしてWertsch & Stone（1985）の高次の精神的なプロセスが社会的相互作用を通して内化されるという考えに基づいている（McCaslin, 2009）。McCaslin & Hickey（2001）は，共調整が発達の最近接領域のなかの創発的な交流の発現であると理論づけているが，この観点は本章で紹介する研究でも共有されている。共調整は，自己調整学習を支えている社会的相互作用と教育的な文脈を必要とする。

◆◆共調整学習研究の3つのカテゴリー

共調整学習研究の第1のカテゴリーでは，自己調整学習を進める手段としての，調整学習の一時的な媒介に着目している

　この領域の研究は，学習者が独立した自己調整学習に向けて行動するときの発話における相互作用とトランザクションを検討する。この観点は，発現した言語と発話に関する研究（たとえば，Diaz, Neal, & Amaya-Williams, 1990）から始まり，高校生（Karasavvidis, Pieters, & Plomp, 2000）と大学院生（Hadwin, Wozney, & Pontin, 2005）を対象とした共調整学習の調査にも応用された。

　たとえば，Hadwin et al.（2005）は，教師から大学院生への自己調整的コントロールの移行を，指導者対学生の自然なミーティング／相談を通して検討した。複雑な研究ポートフォリオ課題に取

り組む学生は，年3回指導者に会い，30分間の教師対学生の相談を行なった。対話は発話行為に分割され，次のようにコード化された。(a) 教師の直接調整：教師が引き起こした自己調整学習行動または学生のための考えについての事例。たとえば，教師が，何をやるべきかとなぜそれが与えられたかを言いかえることによって，学習者に方略を示し課題を分析すること。(b) 教師の間接的調整：教師が学習者に自己調整学習の行動や考えをうながした事例。たとえば，教師が，学習者にどの方略が以前うまくいったかについて考えさせたり，課題の理解が完全で正確かどうか評価させること。(c) 学習者の間接的調整：学習者が自己調整学習への援助または情報を求める事例。たとえば，学習者が特定の方略がうまくいったか，または，きちんと課題を解釈できたかどうかをたずねたこと。(d) 学習者の直接調整：学習者が自己調整学習行動を始めた，または1人で考えた事例。たとえば，学習者がどの方略を用いたかやなぜその方略が適切だったかを説明した，または，学習者が課題の一部を正しく理解しなかったと評価したこと。教師の間接的調整もしくは学習者の間接的調整が共調整と定義された（上述のbおよびc）。

調査の結果，(a) 教師による調整の減少と学習者による調整の増加，(b) 課題理解重視から方略利用重視への変化，(c) 共調整学習での認知に対する対話の減少と共調整および自己調整学習でのメタ認知的プロセスについての対話の減少，が示された。教師による共調整学習は，情報を求めること，学習者に言い直したり言いかえたりすること，学習の判断を求めること，考えをモデリングすること，考えやふり返りの促進を援助することによる。学習者の共調整学習は，情報を求めること，学習の判断を求めること，要約すること，考えをモデリングすること，言い直しを求めることによる。学習者は1人で学習を調整するために徐々に自己調整的な活動――自分自身に関連した情報を選ぶこと，および能力と学習についての自身の判断を引き起こすこと――を行なう。相互作用と共調整は，学習者が自身の自己調整的なプロセスを使い始めるように援助するプロセスであった。

共調整学習研究の第2のカテゴリーでは，協働的な活動の文脈において，互いの学習での分散された調整に着目している

先行研究では「共有されたメタ認知」とされているが，共通の目標に向けた共同のプロセスをモニタリングとコントロールするよりむしろ，互いのメタ認知的かつ認知的行動を媒介する仲間に重点がおかれているので，この研究を共調整学習に分類する。

たとえば，Iiskala, Vauras, & Lehtinen (2004) と Vauras, Iiskala, Kajamies, Kinnunen, & Lehtinen (2003) は，「共有されたメタ認知」を協働的な問題解決活動の文脈で検討した。「銀のフクロウを探せ」というコンピュータ・ベースのゲームで，4年生が2人1組で数学問題を解いているようすをビデオ録画した。そして，協同で問題解決している間のペアの口頭の相互作用（やりとり）のコーディングの分析に中心をおいた。個人間レベルのメタ認知的および認知的な相互作用は文字化され，そして図示された。また，共同での問題解決の間，仲間がどのように互いの調整学習とメタ認知を成立させるかについて示した。分析の結果，個人内のレベルでなく，個人間のレベルのメタ認知を検討することの重要性が示された。

共調整学習研究の第3のカテゴリーはマクロ分析的アプローチをとり，相互作用と社会的環境（文化）が学習を共調整するプロセスに着目している

この観点では，適応的に自己調整学習を行なう個人の能力は，その時々の相互作用だけによるのでなく，より幅広い社会文化的な文脈によってもたらされ，制約される。

たとえば，Stone & Gutiérrez (2007) は，放課後のプログラムで展開される問題の提示と援助プロセスについて調査した。調査では，仲間と仲間，そして仲間と学部学生の組み合わせにおける相互作用を，時間を追って微視発生的に分析することと，支援／援助の発生した文化についてマクロ分析的に考察することとを結合させた。Stone & Gutiérrez は，問題の明確化と関連のある調整学習の2つの側面――課題理解と目標設定――を検討した。文脈およびプログラムの目的は，自己調整

学習能力と信念を発達させることであった。課題空間は，共同であるか共有された（コンピュータゲーム上での）数学的な問題空間だった。しかし，分析のきめの細かさは，Vauras et al.（2003）とは対照的に，ダイナミックな個人間のやりとりから，放課後コミュニティ内やそれを越えたところでのより広いダイナミックなやりとりに変わった。分析に対する，このよりエスノグラフィックなアプローチは，学習者の参加者役割とアイデンティティが参加を通してどのように変わるかについて探索するものである。

　McCaslin & Burross（2010）は，より大きいスケールで，学校と教室コミュニティの社会文化的な文脈における共調整学習を検討した。McCaslin（2009）の共調整のモデルに基づくと，それが学校で出現するとき，個人的・文化的・社会的な影響がそれぞれに合わさってアイデンティティを共調整することが示唆されている。この研究は，教育的な機会と学習者の参加／活動が，相互的な実体として教室での学習者アイデンティティを提供，形成，共調整するように操作する方法を検討している。McCaslin & Burross は，個人の自己調整的な特徴だけに重点をおくよりはむしろ，個人的な影響（レディネス，能力，高く評価され社会的に認められたポテンシャルの個人差），社会的影響（機会と経験に影響する，もしくは実践的な機会／現実を提供する機会や関係），文化的な影響（学校教育における可能性を文脈化する規範または挑戦）の間のダイナミックな相互作用を探った。彼らは，教育実践と学習者の活動または適応的学習が学力と教室のコミュニティを活気づける教室における共調整のダイナミクスに重点をおいた。ここでの適応的な学習の考えは，個人の自己調整を越えて実践のコミュニティに広がっている。学習のコミュニティが変化し出現する方法は，個人的，社会的，文化的な影響が一体となることである。

◆◆共調整学習のための課題と教育的文脈

　共調整学習の研究は，自己調整学習研究と比較してまだ初期段階にあるが，注目に値する3つの傾向がある。第1に，最新の実証的研究は，相関問題（Karasavvidis et al., 2000）を解くような個人課題から，共同的問題解決課題（Iiskala et al., 2004; Vauras et al., 2003）のような共同もしくは共有された課題活動から教室活動まで（McCaslin & Burross, 2010）の幅広い課題タイプにおいて，共調整学習の諸側面を検討している。第2に，研究の対象は，就学前の学習者の遊びを通した学習（Whitebread, Bingham, Grau, Pasternak, & Sangster, 2007）から，研究方法を学ぶ大学院生（Hadwin et al., 2005）までの発達レベルに及ぶ。第3に，共調整は，両親と幼児の間の創発的言語や相互作用，あるいは2人1組の間の相互作用に限定されない。個人の自己調整学習の活動や能力を利用可能にし制約もする，分散された調整の熟達と考えられる。

◆◆共調整学習研究における調整の構成概念

　共調整学習の研究において，調整学習の構成概念は，メタ認知的なモニタリングとコントロールから，課題理解と目標設定のような自己調整プロセスの段階までの範囲で検討される。しかし，共調整は一定の調整的構成概念やプロセス（動機づけ，認知，行動，メタ認知）に固定されないので，知識の共構成をさす共調整という用語の使用は，文献を混乱させている。たとえば，Volet et al.（2009）は，（a）複数のグループメンバーが内容処理に対して言葉を使って寄与する事例としての共調整，（b）1人の話し手である（または，1人に独占されている）ことが特徴である事例としての個人の調整，と定義した。われわれは，共調整学習は2人以上の学習者（または声）が必要と考えるが，それだけでなく，計画，モニタリング，評価，あるいは変化する特定の信念や動機づけ・認知・行動の方略が，意図的に介在することも必要である。たとえば，精緻化方略は，（a）特定の精緻化目標のために精緻化のための特定の方策が他者から提案されたとき，もしくは（b）互いの考えを精緻化してたんに知識を共構築することよりもむしろ，他のグループメンバーから特定の目標の達成を助けるための精緻な方策の例が求められたときに，示される。

◆◆共調整学習研究におけるデータ収集と分析

共調整学習についての研究は，おもに2人1組の間の対話とやりとりを対象とした対話データと観察による。対話交流のマイクロ分析は，学習の調整を一時的に援助する際のメカニズムを解明するために重要である。これは，共調整学習を理解することは，相互作用が自己調整学習過程の段階的な発生をどのように援助し，押し進め，引き出し，アフォーダンスをつくり出すかについてのデータを有することを意味するからである。一方で，今後の研究は，(a) 共調整学習を検討するための方法と解析手法を向上・拡張すべきであり，そして，(b) 共調整のプロセスと関連した単独／協働的な遂行の結果を検討すべきである。

共調整プロセスを発見するための研究として，代替的なマルチメソッド・アプローチがある。McCaslin & Burross (2010) は，教室でのダイナミクスの観察，知識や信念についての学習者の自己モニタリングと調整の追跡，そして，それらを学力の測度と関連づけることによって，教室活動と個人の調整の創発的な関係を検討した。この研究は，共調整の変化だけでなく，文化的な文脈と要因に対する感受性についても，体系的に検討している。

Hadwin, Oshige, Miller, & Wild (2009) は，課題についての教師と学習者の認識のキャリブレーションについてと，彼らがどのように学期中のコースを動的に変化させるかについて検討した。この調査によって，課題が教師と学習者間の相互作用を向上・変化させる動的な文化的なツールであることが認められた。そして，課題理解に関する共調整の基準の1つが，学習課題に対する学習者と教師間の認識のキャリブレーションであり，キャリブレーションの改善が学習者と教師間のより生産的な共調整学習を示した。Stone & Gutiérrez (2007) は，活動理論 (activity theory) をもとに，マイクロ分析的な技法（ゲームについての対話における特定の黙り込んで考えた出来事）とマクロ分析的な技法（その出来事に対するアフォーダンスと制約を生み出した幅広い社会文化的な文脈）を組み合わせて共調整学習を検討した。このアプローチは，調整学習方略のアプローチと信念を幅広い尺度に変化させると同時に，その時々の共調整的な相互作用を文脈化するという点で有望である。

◆◆社会的に共有された調整学習の研究

社会的に共有された調整学習 (socially shared regulation of learning: SSRL) は，グループのメンバーが共同の活動を調整するプロセスをさす。活動が成功するグループは，個人が動機づけ，認知，行動を調整するように，グループのプロセスの調整を共有する。社会的学習論 (Levine, Resnick, & Higgins, 1993) から当初出現した，メタ・コミュニケーション的な気づきと成功する方略調整（社会的に共有された調整学習の側面）の重要性は，協働学習研究において増している（たとえば，Barron, 2000）。しかし，学習者がどのようにこれらの調整プロセスを共同的に共有するかについて，体系的に検討している実証的研究は不足している。

社会的に共有された調整学習の研究には2つの動向がある。第1に，一連の研究は通常，革新的に社会的，協働的，もしくはテクノロジーに支援された学習文脈における，「一般的レベル」の学習の調整を対象としている。これらの研究では，集団的問題解決における調整プロセスの役割を強調するが，グループ課題がうまくいくために必要な多様な調整プロセス（たとえば，方略，目標，動機づけ）は明らかにされていない。これら研究において，出現した相互作用の分析に，集団レベルのデータ（たとえば，ビデオ・エピソード）が用いられてこなかったのである。研究の第2の動向は，観点の共有に特定の焦点をあてた協働学習課題に着目したものである。これら研究は，グループ作業における調整を考慮するとともに，個人からグループへのオーナーシップの移行に焦点をあてる。そして，その結果として，社会的な位置づけを強調している。データ収集には，グループ目標の範囲内で，個人の調整活動に一貫性が必要である。社会的に共有された調整学習の観点では，協働的活動での生産的な参加につながる動的なプロセスは，個人的および社会的な連続的プロセスによって調整されるのである (Järvelä et al., 2010)。

◆◆社会的に共有された調整学習研究のための課題と教育的文脈

協働では，問題を解決したりいっしょに課題を実行したりするために，参加者の協調的な努力を必要とする。協働的学習課題（参加者が共有された目標と問題解決に取り組んだり参加したりする）(Roschelle & Teasley, 1995) は，他者との相互作用による共有理解の構築を含まなければならない。時に協働(collaboration)と協同(cooperation)は同義の用語として用いられる。その一方で，作業の分配がどのくらい異なるかをさすためにもこれら用語が用いられる。協同においては，学習者たちは作業を分割し，個別に2次的な課題を解決し，最終成果に向けて部分的な結果をまとめる。協働においては，学習者たちはいっしょに作業をして，共有の目標への行動で一定程度相互依存している (Dillenbourg, 1999)。

社会的に共有された調整学習についての実証的な研究は乏しく，これは，何が「協働学習」を構成するかについて一部混乱していることと関係している。社会的に共有された調整学習を研究するために用いられる協働的文脈は，仲間との相互作用，協同学習，コンピュータ・ベースの協働から，協働的学習場面へと変わってきた。教室において実際の問題事例を解決しようとするとき，課題が学習者たちの数学や科学の問題解決方略および考えを共有させるのである。

学習者が学習の調整を共有するとき，成功する協働がグループに出現すると考える。協力し合うことは，共有された課題表象や共有された目標を共構築することを意味するだけでなく，動機づけ・認知・行動のメタ認知的モニタリングとコントロールを通して学習を調整することも意味する。協働的な作業は，共有された課題表象と共有された目標がなければ，失敗であったり学習者にとって不十分なものとなったりするだろう。社会的に共有された調整学習研究において課題文脈の特徴には明確な違いがあるのだが，研究では協働がうまくいくときに中心的な役割を果たす複雑で特別なプロセスとしての社会的に共有された調整に焦点をあてている (Kempler & Linnenbrink-Garcia, 2007)。研究結果は，学習者が個別にだけでなく，共同で感情・動機づけ・メタ認知を調整しうることを示している (Järvenoja & Järvelä, 2009; Hurme, Merenluoto, & Järvelä, 2009)。そして，調整を理解するには個別レベルのデータおよびグループレベルのデータの両方が必要であることを示している (Salomon & Perkins, 1998)。

◆◆社会的に共有された調整学習研究で検討される構成概念

社会的に共有された調整学習研究において，社会的に共有された調整学習の構成概念の範囲が検討されている。Järvelä らは協働学習の一部としての個別的な調整プロセス——たとえば，(a) 社会・感情的な挑戦や (b) 協働的な作業において挑戦を克服するために活性化された動機づけ調整方略，について検討した。研究結果は，学習者が協働学習グループで作業し，学習と参加を調整するように一貫して努力するときに，社会的に構成された自己調整が出現することを示す。学習者は特定の状況の挑戦に合わせた動機づけ調整方略を使用し，動機づけのための新しい方略（たとえば，「社会的強化」(Järvelä, Järvenoja, & Veermans, 2008)) を活性化した。

コンピュータの支援による共同的問題解決において，メタ認知的調整の3つの主要なタイプ——(a) 参加者間で共有されたメタ認知：方略的な解決案を共同で構築すること，もしくはその解決案の効果を共同でモニタリングすることなど，(b) 目に見えるが共有されていないメタ認知：励ましや質問によってグループのプロセスを調整する個人の試みなど，(c) 共同の問題解決を調整する個人の試みとしてのメタ認知：答えを用意したり発話をモニタリング・評価したりする個人の試みなど——が確認されている (Hurme, Merenluoto, Salonen, & Järvelä, 2009)。研究の結果，社会的に共有されたメタ認知のプロセスが，共同問題解決プロセスにおいて意図的，相互性，参加を必要とすることが示された。

グループメンバー間の目標の一致についても検討されている (Summers, 2006)。200人の学習者を対象として学年度の間に2回，学力と社会的目

標についての調査が個別に行なわれた。達成目標についてのデータ分析に階層線形モデリング法が用いられた。協働的な学習レベルでは、学習者へのグループワークの重要性についての質問と各ピアラーニング・グループにおける学習者の平均スコアの算出によって、共有された達成目標が測定された。調査の結果、グループワークの学習目標を共同で評価したグループの学習者は、遂行回避目標と関連した個別的な動機づけ方略を選択する可能性が高いことが示された。

協働的な課題に対する、課題認識とみずから設定した目標の進展が検討されている（Hadwin et al., 2009）。この研究はまだ初期段階であるが、個人の自己報告された高い目標の達成と次の3点——(a) グループが目標達成の支援にポジティブな役割を果たすという報告、(b) グループワークへのより高い自己効力感、(c) 異なる課題目標をもったグループメンバーでは挑戦が少ないこと——とが正の相関を示すという結果であった。重要なのは、協働的作業で報告された最も一般的な挑戦が、協働的作業で共有された課題認識および目標の向上と関連があったことである。学習者の報告によって、協働的な作業での挑戦を調整するために、協働的課題において共有された課題認識と目標の達成に向けた個別的な方略調整および共同的な方略調整とが組み合わせて用いられることが示された。

◆◆**社会的に共有された調整学習研究におけるデータ収集と分析**

社会的に共有された調整学習を理解するには、共調整学習研究とは対照的に、文脈理解と経時的な変化を組み合わせたよりマクロ分析的なアプローチが必要である。社会的相互作用は、学習者が共有された目標に取り組むときに徐々に展開した調整プロセスをとらえるため、より大きなエピソードにおいて文脈化される。たとえば、研究者はグループメンバーによって認識されている特定の課題を対象としたり、学習上の挑戦から解決にいたるまでを調整するうえで用いられるプロセスや出来事、方略を検討したりするだろう。あるいは、課題の始まりから共有の目標が構築されたときまでを対象とするだろう。

プロセス志向のデータは、ダイナミックで社会的にやりがいのある協働的な課題において、動機づけの社会的プロセスを検討するために用いられた。Järvenoja & Järvelä (2009) は質問紙を用いて、動機づけ的そして感情的にやりがいのあるグループ課題において生じた、自己調整方略、他者調整方略、社会的に共有された調整方略を評価した。また、個人レベルおよびグループレベルの挑戦と活性化された動機づけの調整を対応づけるため、ダイナミックな質問紙への応答、ビデオベースの観察データ、グループインタビューのデータを組み合わせた。

経時的に出現したグループでの自己調整的なプロセスを調査・記述するためには、ビデオ録画された6年生の4つのグループが数学学習に取り組む協働活動が検討された（Kempler & Linnenbrink-Garcia, 2007）。グループの相互作用を徹底的に記述するために、語り（narrative）が用意された。その結果、グループが学習と参加を調整するために一貫した努力を行なうことが示されたが、グループの認知的な調整の全体的な質はさまざまであった。

社会的に共有された調整学習の研究者は、潜在的に共有された調整プロセスまたは構成要素の個別的な表象における一致についても検討している。グループのメンバーは、次のような質問——(a) グループの目標は何か、(b) 課題は何か、そしてどうしてそれを行なうことをもとめられるか（課題理解）、(c) グループが課題をうまく達成する自信がどのくらいあるか（動機づけ）、(d) 課題に向かうとき、どの方略を使ってみたか（方略）、(e) ここまでのようにやってきたか（モニタリング）——に答える。

Järvenoja & Järvelä (2009) は、情動調整の適応的手法 (adaptive instrument for the regulation of emotions) を用い、課題を調整するために用いられた自己およびグループでの方略ならびに、グループワーク中の社会的な課題についての学習者個々の自己報告を検討した。分析では、グループにおける個人間の情動調整プロセスの連携に着目した。そして、グループが共同で目標を立て、モ

ニタリングし，評価し，共有された社会的空間を調整する方法を決定するための2つの有望なアプローチ——(a) 出来事全体のなかのもっと大きなエピソードを検討，(b) 共有された調整プロセスの個別的な表象の間におけるキャリブレーションを検討——が示された。

■ 学習の調整に関する理論と研究への展望

自己調整学習，共調整学習，社会的に共有された調整学習の社会的側面についての研究を前進させるために，5つの課題を提案する。第1に，自己調整学習，共調整学習，社会的に共有された調整という用語をより明確に一貫性をもって使用する必要がある。これらの構成概念は，「調整のプロセス（モニタリング，評価，調整／コントロール）」と「調整を構成する概念（動機づけ，認知，行動）」である。調整学習は学習の調整的観点で効果的方略を試み学習することを含んでいる。学習者は知識構築を調整するかもしれないが，われわれは方略的に学習を調整することと必ずしも同じものとはみなしていない。驚くべきことは，自己調整学習，共調整学習，社会的に共有された調整学習のすべてにおいて，用語の明確な定義と使用が欠如していたことである。これは数年前に授業で文献講読したいくつかの有名な研究について，大学院生から自己調整学習の定義を明らかにしてほしいとたずねられて気づいたのである。院生たちは，実証的研究をカバーするような定義を定めて比較することに苦労した。用語は一般的なものになっているが，はっきりと定義してはこなかったのである。

第2に，研究者には，調査中の調整プロセスや構成概念を明確にしてほしいと考える。つまり，(a) 何が調整学習の研究となるか，そして，(b) 具体的に何が学習の自己調整，共調整，社会的に共有された調整の研究となるのかを明確にするということである。多くの研究が調整にかかわる用語を使っているが，調整のプロセスと構成概念に明確に支えられていなかった。調整学習の構成概念とプロセスが明示的に述べられていなければ，自己調整学習，共調整学習，社会的に共有された調整学習についての研究とはいえないだろう。

第3に，個人またはグループが問題や課題に直面したときの学習の調整で，社会的側面を検討している研究が意外なほど不足している。成功する自己調整学習，共調整学習，社会的に共有された調整学習の特徴は，真に必要なとき，方略的なプロセスが活性化され，モニター・評価・コントロールされることである。Winne & Perry (2000) は，安定した特性としての自己調整の研究から，時間とともに発達する動的で課題特有なプロセスとしての自己調整研究へと進展させる必要があると述べた。われわれも，調整学習プロセスを文脈化して検討するために，意欲をそそるような事例を扱う必要性があると考える。意欲をそそる事例とは，学習者が動けなくなったり問題に直面したりしたときと定義される。これらの課題は，調整方略とプロセスを適用し，目に見えるようにする機会をつくり出すだけでなく，目標と意図をも形成する。方略がなぜ用いられたかを理解すれば，動機づけ方略もしくは認知方略をより簡単に理解できる。学習者が（個別に，または共同において）直面する課題について知ることは，彼らが課題理解，共有された目標，認知／動機づけ方略を試みたり交渉したりしながら達成しようとしていることを知ることにつながる。これは，(a) 自己調整，共調整，共有調整学習において，調整におけるどのような課題を学習者に経験させるか，(b) 課題を個別および共同で調整するうえでどのような方略が効果的か，という研究の2つの流れへの道を開くのである。

第4に，調整は経時的な適応または変化を意味する（Winne & Hadwin, 2008 を参照）。特定の学習の出来事や課題において学習者がどのように調整するかについて研究しつつ，やる気をそそるエピソードからエピソードへ，課題から課題へと調整はどのように変わるかを研究することが重要である。自己調整学習，共調整学習，社会的に共有された調整学習の研究を並列することの長所の1つは，特定の学習エピソードや交流から一連の学習エピソードへと研究の細かさを移すことを重

視するようになることである。Winne & Hadwin (1998, 2008) の自己調整学習モデルに基づくと，第4段階（このエピソードと将来のエピソードでの学習の適応）が調整研究の中心と考えられる。将来の研究は，個人とグループがどのように調整プロセス，方略，知識を構築するかについて，経時的そして課題全体で検討しなければならない。これは多くの教育制度において，発達させもしくは力を与えようと努めている適応的な生涯学習の型である。

第5に，協働的な学習課題文脈は，自己調整学習，共調整学習，社会的に共有された調整学習を研究するための豊かな機会をもたらす。3つのタイプの調整研究（自己調整学習，共調整学習，社会的に共有された調整学習）で社会的側面が強調されて実証されてきたため，現場では学習がたんに個人的であるかたんに協働的であるという古く単純な考えのもとで進められてきた。われわれは，学習者が共有された課題に取り組むときはいつでも，学習者が学習を自己調整，共調整，共有調整すると主張する。いくつかの研究（たとえば，Manlove et al., 2006; Whitebread et al., 2007）を除き，ほとんどの研究では，成功裡に終わった課題達成での自己調整学習，共調整学習，社会的に共有された調整学習の役割を検討してこなかった。団体や職場で（たとえば，工学設計，販売チーム，ソフトウェア開発チーム，教育的チーム，委員会など），チームワークを強調することが多いと考えると，今後の研究は自己調整学習，共調整学習，社会的に共有された調整学習が最もうまくいくようなチームワークを促進する方法を検討する必要がある。この種の研究は，自己調整，共調整，共有調整の視点に立つ研究者に協働研究をうながすことになり，多様な観点，測定，分析，デザインのプロセスが整合し深い理解をもたらすことになる。学習の共調整と共有調整についての研究は，これらのプロセスが自然な状態でどのように展開するかに着目してきた。その一方で，共調整および共有調整プロセスを促進するようにデザインされた教育的な介入の有効性を検討する必要があるだろう。

【謝辞】

本章の草稿に対する，Barry Zimmerman, Dale Schunk, Nancy Perry の洞察に満ちたフィードバックと示唆に謝意を表する。

第2部

自己調整学習の指導の問題

第6章　小学校の児童の宿題遂行を通じた自己調整のトレーニング

Heidrun Stoeger
University of Regensburg, Germany
Albert Ziegler
University of Ulm, Germany

篠ヶ谷　圭太（訳）

■ 小学校の児童による自己調整学習

　自己調整的な学習者とは，知識やスキルの習得に関して，メタ認知，動機づけ，行動において主体的な学習者であると定義される（Zimmerman, 1986）。自己調整学習の研究者に特有の問いとして，年少の子どもでは何歳からこのような望ましい特性を高められるのかというものがある。この章ではおもに，子どもの自己調整学習の発達に関して3つのキーとなる問いについて考え，小学校の児童に対する自己調整指導プログラムについてふれつつ，自己調整学習と宿題に関する研究について述べていく。このプログラムは宿題の出し方に大きく依存しており，ドイツの小学校の指導時間や家庭とのかかわり方に合わせて修正された指導プログラムを用いたものである。最後に，プログラムの評価を行なった一連の研究について議論し，実践的な示唆についてまとめることとする。

◆◆自己調整学習のトレーニングに関する3つの問い

自己調整学習はトレーニングできるのか？

　自己調整の指導実践に関する本（Schunk & Zimmerman, 1998）では，リーディング，ライティング，数学，自作のスピーチなど，学業に関する多くの領域において，自己調整学習のトレーニングが効果的に適用されていることが報告されている（Boekaerts, Pintrich, & Zeidner, 2000）。また，学業領域と非学業領域（臨床心理学，慢性的な病気など）の双方において，さらに効果的な介入が報告されている。したがって，自己調整的なプロセスは教えることができるという証拠はあるといえるが，こうした指導は何歳から可能なのであろうか？

何歳から自己調整学習のトレーニングは可能か？

　これまで行なわれてきた多くの介入研究は高校生や大学生が対象であり（Hattie, Biggs, & Purdie, 1996など），小学校の児童の自己調整学習に関する研究は非常に少ない（Perry, Phillips, & Dowler, 2004）。発達心理学の研究では，年少の子どもの自己調整学習に関する知見を報告している（たとえば，Bronson, 2000; Schneider & Lockl, 2002など）。自己調整トレーニングに関する研究のメタ分析によれば，年少の子どもであっても，自己調整学習のなかの単一モジュールのトレーニングでは効果が得られることが示されている（たとえば，Dignath & Buettner, 2008; Hattie et al., 1996など）。効果量が違うため，年齢差に関する知見については注意して解釈を行なう必要があるが（Shadish & Haddock, 1994を参照），低学年の生徒に対する自己調整トレーニングの効果は有意であるといえる（Hattie et al., 1996）。

トレーニングプログラムに適した状況とは？

　自己調整の介入は，実生活の場面で最も効果的に行なわれることはよく知られている（Weinstein

& Meyer, 1994)。学習者の自己調整学習を最も高めるためには，通常の教室環境だけでなく家庭環境でもトレーニングを行なうことが重要である。自己調整のトレーニングがこれらの両方の場所で行なわれると，転移の可能性が高まるのである（Salomon & Perkins, 1989; Schunk & Zimmerman, 1998; Weinstein, Husman, & Dierking, 2000）。宿題を課すことの重要性とは，教室だけでなく両親や家庭環境の影響も取り込む点にある。

◆◆自己調整学習と宿題に関する先行研究

今日まで，宿題を行なう際の自己調整プロセスの使用について扱った研究はほとんどみられない（Keith, Diamond-Hallam, & Fine, 2004）。宿題の効果に関する論文では，宿題時間の質や量など，おもに時間の重要性に焦点があてられてきたが，宿題と自己調整学習の関係について報告している研究はほとんどない。たとえば，Perels et al.（2006）は自己調整学習に関する Schmitz（2001）のプロセスモデルが学校外の学習や宿題の遂行にも適用可能か否かについて検討している。そのモデルは社会的認知理論に基づいたものであり，自己調整学習を活動前，活動中，活動後の3つの段階に分けたものである。249名の中学2年生のサンプルについて，宿題遂行中の自己観察をとおした検討が行なわれ，生徒たちは7週間にわたって，宿題中や宿題遂行後に日記をつけた。時系列分析の結果，活動前段階のプロセスが活動中の段階のプロセスや活動後段階のプロセスに影響を与えることが明らかになった。さらに，活動後段階のプロセスは，次の学習サイクルにおける活動前段階に影響を与えていた。こうした結果は，学校外の学習プロセスに対して，基本的な自己調整モデルが適用可能であることを示唆するものとみられる。

他の研究（たとえば Trautwein et al., 2006; Zimmerman & Kitsantas, 2005 など）もまた，自己調整学習と宿題遂行の間に関連がみられることを示している。パス解析の結果，宿題中に両親によって外的な調整がなされることで，中学3年生の生徒の無力感の認知が高まっており，このような認知が宿題に対する時間の使い方やテストに向けた準備に対して影響を与えていた（Trautwein & Köller, 2003）。また，大学生を対象とした研究では，やはり宿題の質が自己調整学習に対してポジティブな影響を与えることが，パス解析によって示されている（Zimmerman & Kitsantas, 2005）。つまり，宿題の質が望ましい学習習慣や自己調整学習と有意に関係するという明確な示唆が得られているといえる。

こうした研究の限界点の1つとしては，年長の学習者を対象に行なわれていることがあげられる。したがって，こうした結果が小学生に対しても適用できるかについては明らかではない。こうした知見を適用するために，Zimmerman et al.（1996）は社会的認知理論に基づいて，5つのトレーニング段階から成る自己調整に対する系統的なアプローチを紹介している。ここでは，このアプローチと理論的な背景，また，その適用方法や評価について述べることとする。

◆◆小学校での統合的トレーニングの必要性

多くの自己調整のトレーニングプログラムでは，ごくわずかなプロセスしか系統的に教えられないことが問題であるといえる（レビューとして Boekaerts et al., 2000; Dignath & Buettner, 2008; Hattie et al., 1996 を参照）。研究者の視点からすると，教える自己調整プロセスが少ないほど，実験的な統制は高められる。しかし，このように細分化することによって，介入の効果が制限される可能性がある。この章では，学習のサイクルがくり返されるなかでの自己調整プロセスの統合パターンに焦点をあてる。こうすることで，自己調整学習に対する介入について，より深く理解できるようになると考えられる。

実践的な場（たとえば通常の学級など）で自己調整学習のトレーニングが行なわれる場合であっても，そのトレーニングは実際の教師ではなく研究者によって実施されることが多い（たとえば，Boekaerts et al., 2000; Dignath & Buettner, 2008 など）。メタ分析によれば，自己調整トレーニングの効果の大きさは，通常のクラスの教師よりも，研究者が行なった場合のほうが大きいことが示されている（Dignath & Buettner, 2008）。このことは，教師をトレーニングし，それを通常の学級へと移

していくことができていないことを示している。

◆◆通常の授業と宿題を通じた自己調整学習の指導

　Zimmerman et al.（1996）は自己調整的な学習者を育成するため，時間管理，理解と要約，ノートを取る，テスト準備スキル，ライティングスキルという5つのモジュールを用いた自己調整的な学習者の育成プログラムを紹介している。これらのモジュールによって，学習者は，5つの異なる領域のなかで自己調整学習のプロセス（自己評価やモニタリング，プランニングや目標設定，方略の実行とモニタリング，結果のモニタリング，方略の修正など）を練習することが求められる。個々のモジュールは連続して積み重ねられていくように，また，通常の学級と直接関連をもつ効果的な家庭学習を生み出すようにデザインされている。

　このトレーニングモジュールの理論的な背景となっているモデルは社会的認知理論である。Zimmerman（2000）は，自己調整プロセスをさらに3つの重要な段階に分類している。その3つとは，予見段階，遂行および意思のコントロール段階，自己内省段階である。予見段階とは，学習に関連する活動や努力の前に生じるプロセスをさしており，これによって必要となるものが決まる。遂行段階とは活動の実行中の重要なプロセスであり，注意レベルと集中力の双方に対して影響を及ぼす。自己内省段階には，活動の実行後に生じるプロセスが含まれる。これには活動の結果を診断する必要があり，それがその後の予見段階に影響し，サイクルの遂行に影響を及ぼす。

　これらの3つの段階は表6.1にあげられている下位カテゴリーに分けられる。このモデルは包括的にデザインされているが，ここではZimmerman et al.（1996）によって開発されたトレーニングのモジュールでとくに重要なカテゴリーを述べることとする。これらのカテゴリーは表中に太字で記してある（残りのカテゴリーの正しい記述についてはZimmerman, 2000を参照のこと）。

　これらのトレーニングモジュールの核にあるのは，日々の達成度の測定と系統的なフィードバックである。個々のモジュールのトレーニングは5週間にわたる。最初の週のトレーニングでは，3番目の段階である自己内省プロセスを促進することを目的とする。モデルはサイクル構造となっているため，訓練の最初の段階で3つ目の段階を教えることは，目標設定やプランニング方略など，重要な予見プロセスに気づいていない初学者には有効である。トレーニングの最初の段階で，標準化された形でサポートを受けながらモニタリングや自己評価を行なうことで，児童は自分の長所や短所について気づくようになる（図6.1参照）。この経験によって，自分の学習や成績を改善していくための適切な目標の設定のしかたがわかってくる。自己調整的な学習者は階層的な目標を設定することが知られており，プロセスに関する目標は，

表6.1　自己調整の段階と下位プロセス（Zimmerman, 2000）

自己調整プロセスのサイクル		
予見	実行	内省
課題分析 **目標設定** **方略プランニング**	自己統制 自己教示 イメージ **注意の焦点化** 課題方略	自己判断 **自己評価** 原因帰属
自己動機づけ信念 **効力期待** 結果期待 内発的動機づけ／価値 目標志向性	自己観察 **自己記録** 自己実験	自己反応 **自己満足／感情** 適応的ー防衛的推論

第6章 ■ 小学校の児童の宿題遂行を通じた自己調整のトレーニング

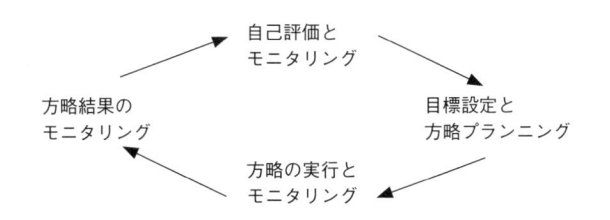

図6.1 自己調整学習のトレーニングステップのサイクル
（Zimmerman, Bonner, & Kovach, 1996をもとに作成）

より遠い目標を調整する役割を果たす。こうした理由から、教師は具体的かつ挑戦的で、時間的に近い中間目標を設定するようサポートを行なっていく（Bandura, 1998; McClelland, 1985）。教師と児童は次の週に向けた目標を設定し、2週目以降に向け、標準化された自己記録シートに記述しておく。

自分の目標を達成するための最善の方法を見つけるため、生徒たちは方略プランニングについて指導を受ける（表6.1参照）。これは、生徒が自分の自己調整方略を選択、もしくは変更することを意味する（Bandura, 1982; Zimmerman, 1989を参照）。ここでの重要な側面とは、選択された学習方法が課題や状況に適したものであるということである。教師は個々の新たな課題に対して適切な方略を生徒に示したり、生徒たちがすでに使用している方略が課題に対して適用可能か助言するなどのプロセスにおいて、支援的な役割を果たす。それぞれの方略はすべての生徒に対して同じように適切なわけではなく、個人、行動、環境といったモジュールは常に変化するため、方略の選択と同様、トレーニングをとおして方略プランニングも必要となる。

目標が設定され、方略プランニングが終了すると、方略が実行される。ここでは、遂行や意思のコントロールが重要な役割を果たす。この遂行や意思のコントロールは、自己統制プロセス（自己教示、イメージ、注意の焦点化など）や自己観察プロセス（自己記録や自己実験など。詳細はZimmerman, 2000を参照）をとおしておもに行なわれる。Zimmerman et al.（1996）によって開発されたモジュールでは、自己統制はおもに注意の焦点化をとおして実行される。これによって、生徒の集中力が向上し、学習プロセスの阻害要因が取り除かれる。その結果、方略の適用や学習行動の改善がもたらされる（Corno, 1993）。課された宿題を終わらせる際には、方略の適用がまずなされるため、作業場を適切に構成する、テレビによる干渉を避けるといった課題が扱われる。

最初の週に行なわれた学習や遂行行動について自己記録を行なった結果、方略の実行に対する自己観察がなされる。方略のフィードバックの近接性（Kazdin, 1974）、有益性（Ericsson & Lehmann, 1996）、正確さ（Ellis, 1995）、価値（Kirschenbaum & Karoly, 1977）が高められる点で、これまでの研究において自己観察はポジティブに評価されている。自己記録（教師とともに常に議論する）に基づいて、生徒たちは自分の適用している方略の長所や短所に気づき、くり返し調整を行なう。

週の最後に、自己内省や方略結果のモニタリングのための時間が設けられる。生徒たちは前の週を通じて自分が選択し、適用していた方略プロセスの効果を理解するため、自分の学習結果と自分の使用した方略プロセスの関連づけを行なう。最後に、毎日の学習行動と遂行結果の自己記録を使って、教師に助けてもらいながら系統的に比較を行なう。自己内省の最初にはまず**自己評価**があり（表6.1参照）、基準や目標と自分がモニターした情報の比較が行なわれる。Zimmerman et al.（1996）のモジュールのなかで、比較の基準としてはおもに習得の度合いや以前の遂行結果が用いられる。Covington & Roberts（1994）によれば、こうした基準は、自分の学習の進歩を観察することができるためとくに有効とされている。自己評価の結果に対して、生徒は**満足感**や**不満足感**を経験する。学習者は満足感やポジティブな感情を導

く行動を好むため（Bandura, 1991），教師は建設的なフィードバックや，どんなことができたのかについての具体的な提案を行なうべきである。自己評価によって，生徒は**適応的推論**もしくは**防衛的推論**を行なう。つまり，自分の自己調整アプローチをどの程度変える必要があるかについて結論を下す。適応的推論を行なうことによって，階層的に目標を変化させる，より効果的な方略を適用・選択する（Zimmerman & Martinez-Pons, 1992）など，学習者はよりよいと思われる新たな自己調整の形にたどりつく。逆に，防衛的推論を行なうと，将来の不満足感や嫌悪感情から自分を守るのみとなり，適切な対応は抑制される。そのため，モジュールトレーニングのなかでは，適切なフィードバックや自己評価の支援を通じて，あらゆる適応的推論を喚起させ，効果的な自己反応を促すことがめざされる。

こうした自己反応によって学習行動における適応がもたらされ，その結果，サイクルをなして予見プロセスへと影響が及ぶこととなる。生徒はその後の週で新たにサイクルを実行するなかで，自分の目標や方略を適応させるために自己内省を行なう。Zimmerman et al.（1996）によって開発されたトレーニングモジュールのおもな利点とは，5週間のトレーニング期間のなかで自己調整学習のサイクルが何度もくり返され，生徒が常にモニタリング，改善，徹底した練習を行なう点である。

このトレーニングのさらなる利点は，生徒による**自己効力の認知**（予見段階）を積極的に促進することである。自己効力の認知は自己調整学習をもたらす自己動機づけ信念（表6.1参照）の重要な側面とされているため（Schunk, 1986; Zimmerman, 1986），とくに有効である。さまざまな研究では，自己効力を高く認知している生徒は，より挑戦的な目標を設定すること（Zimmerman & Bandura, 1994），より効果的な学習方略を使用すること（Zimmerman & Martinez-Pons, 1990），自身の学習やその結果をより細かくモニターすること（Bouffard-Bouchard, Parent, & Larivee, 1991），そして，自身の遂行を調整することに対してより強く動機づけられていること（Bandura, 1997; Pajares & Miller, 1994）が示されている。

自己効力の認知を高めるため，生徒は毎日，宿題をする際に自分がどのくらいできそうかを予想し，標準化された形式で自分の予想と実際の遂行結果の記録を行なう。こうした予想は異なる教科，異なるトレーニングモジュールと関係している。演習が終わり，採点した後で，実際の遂行結果と自分の予想の比較がなされる。週の終わりには，教師とクラス全体による議論を行なうために，週全体での予想と実際の遂行結果のグラフや，自分の予想の正確さが公開される。この手続きは5週間のトレーニング全体において行なわれ続ける。

まとめると，Zimmerman et al.（1996）によって開発されたモジュールは自己調整における最も重要なミクロプロセス（目標設定，方略のプランニング，モニタリング，自己評価など）を統合した，自己調整のサイクルモデルに基づいている。加えて，環境要因や，自己効力といった，性格特性よりも周辺的な変数を考慮し，直接改善することを意図している。また，個々の方略の練習を長期にわたって行ない，徐々に効率的に使えるようになっていく。

■ 小学校における時間管理と宿題のスキルのトレーニングモジュール

Zimmerman et al.（1996）の最初のトレーニングモジュールは，とくに時間管理を向上させることを意図しているのに対し，われわれのプログラムでは時間管理ではなく，宿題に関するさまざまなスキル（学習場所を設定する，妨害を排除する，など）を導入した。つまり，われわれのモジュールの目的としては，時間管理に焦点をあてるとともに，宿題の遂行におけるトレーニングを想定している（Stoeger & Ziegler, 2006）。

具体的な教科内容とともに自己調整学習プロセスを教えるために（Weinstein et al., 2000），小学校4年生の算数の指導の枠組みのなかでトレーニングモジュールを実施した。トレーニングプログラムは通常の教師によって行なわれ，教師は著者たちによる数日間のトレーニングを受けた。このトレーニングでは自己調整学習に関する基礎的な

知識を伝え，トレーニングに用いる教材の紹介や議論を行なった。また，教師が家でも見直しができ，プログラム実施中のサポートとなるように，すべてのトレーニング教材や理論的背景を含んだハンドブック (Ziegler & Stoeger, 2005) を渡した。実際にプログラムを始める前には，参加するすべてのクラスの保護者を相手に午後の会議を開き，トレーニングプログラムの原理や目的を保護者に説明した。

◆◆トレーニングの手続き

トレーニングプログラムは6週間にわたって，通常の算数の授業と宿題の時間を使って実施した。まず**知識伝達週間** (information week：トレーニングプログラムの1週目[1]) から始まり，次に**自己観察週間** (self-observation week：2週目)，そして4週間の**学習サイクル週間** (learning cycle weeks：3週目から6週目) が行なわれる。以下に内容の全体像と個々の週で用いられたトレーニング教材を示す。

知識伝達週間（1週目）

知識伝達週間はトレーニングの全体的な導入から始まる。生徒はトレーニングプログラムが6週間続くことや，結果は記録するが，プログラムでの遂行は成績に反映されないことが伝えられた。このようにして生徒の焦点を成績から遠ざけ，学習行動へと向けさせた。すべての教材が後の議論に有用であるため，生徒は教材のためにルーズリーフを持つようにした。この週では自己調整学習のトピックや，有効な宿題の習慣について導入を行なうことに焦点があてられた。

自己調整トレーニングのサイクルの概念の導入を行なうため，Zimmerman et al. (1996) は4ステップサイクル（図6.1参照）を生成した。このトレーニングのサイクルは自己調整モデルの理論的な段階と少し異なっている。トレーニングサイクルのステップ1は自己内省の段階から始まる。それは，予見段階（目標設定や方略プランニング）へとどのように進むかを決める前に，生徒が自分の現在のレベルを見積もることができるようにするためである。ステップ2では，生徒はまず学習課題の分析を行ない，特定の学習目標を設定し，目標を達成するためにどの方略を使用するかを決める。ステップ3は2つの遂行段階プロセス（方略の実行とモニタリング）から成る。このステップにおいて，生徒はこれらの方略を実行し，それをモニターする。方略を適切に行なうためには調整が必要な場合もある。トレーニングのステップ4では，方略の効果を評価するため，生徒は方略プロセスのモニタリングとコントロールから，遂行結果のモニタリングへと移行する。これでサイクルは完了であり，生徒は自分の遂行レベルの変化を再評価するため，トレーニングサイクルのステップ1へともどる。

子どもが自己調整学習について理解できるように，また，学習プロセスにおけるさまざまなステップに関する図として，4つのステップのトレーニングサイクル（「学習の輪」とよばれる）については，子どもに親しみやすい絵を使用した。また，それぞれのステップをなぜ実行するのか，どのように実行すればよいのかを子どもに意識させるため，モデルとして機能するようにつくられた短い物語 (Schunk, Hanson, & Cox, 1987 を参照) をサイクルの絵とともに使用した。他の領域へと結果が転移する可能性を高めるうえでは理論的な背景を生徒に理解させること (Salomon & Perkins, 1989 を参照) が有効であることが示されているため (Schunk & Zimmerman, 1998; Weinstein et al., 2000)，知識伝達週間では，異なる学習内容に対しても4ステップサイクルが適用された。教師が「学習の輪」について議論するときには，グループワークや授業中での議論，ワークシートなど，異なる形の指導を用いるよう配慮した。以降のトレーニングの週でも「学習の輪」はくり返し言及されるため，いつでも学習の輪におけるそれぞれのステップをチェックできるように，この絵はポスターにして教室の壁や家庭の子どもの部屋に掛けられた。

知識伝達週間の第2のトピックは，宿題の習慣や時間管理の重要性である。情報は日々の学習単位の一部として伝えられた。こうした力を習得することは，自己調整学習のサイクルのステップ2における，方略プランニングを促すことを意味す

る。

　宿題スキルの幅広いレパートリーから生徒が選択できるように，知識伝達週間では，生徒は学習のコツが書かれた5枚の印刷シートを受け取った。これらのコツは学習の阻害要因の回避，勉強時の正しい休憩の取り方，最もじょうずな勉強の時間配分，適切な勉強時間，よい勉強場所のつくり方といったトピックを扱うものであった。知識伝達週間では，これらの学習のコツに関するシートについて，1日につき1枚を対象に議論した。学習サイクル週間では，方略プランニングを行なうために配付資料を使用した。この資料も教室や家の勉強部屋に，カラフルな紙に印刷されたポスターとして置かれた。

自己観察週間（2週目）
　自己観察の週は自己評価（自己調整学習のサイクルのステップ1：自己評価とモニタリング）のためのものであり，このなかで，子どもは自分の長所や短所を知るようになる。自己評価は算数のスキルと宿題行動という2つの領域に関して行なわれた。
　生徒が自分の算数スキルを評価できるように，自己観察の週では4枚の宿題シートと，1枚の小テストシートを印刷し，記入させた。自己評価しやすいよう，すべてのシートは同じ形式になっており，類似した難易度の問題で構成されていた。このシートには10個の問題（足し算，引き算，掛け算，割り算，文章題，測定単位の計算，なぞなぞ形式の問題）が印刷されていた。月曜日から木曜日までは4枚の宿題シートを使用し，金曜日にはクラスで小テストを実施した。宿題シートや小テストを行なう前に，生徒は自分が個々の問題を解けると思うかを判断する。そして，宿題や小テストシートの答え合わせをした後には，自分が正しく解けたかを判断する。それぞれのシートに特徴的なサポートとして，個々の問題の横に四角と丸が印刷されていた。問題を解く前に，その問題を解けると判断した場合，生徒は問題の横にある四角を緑で塗る。解けないと判断した場合には，その問題の四角を赤で塗る。すべての問題について判断して四角を塗ることができるよう，生徒には十分な時間が与えられた。生徒は用意されたそれぞれの宿題シートを完成させるために家に持ち帰る。次の日，クラスでいっしょに答え合わせをして個々の問題に関して議論した後で，問題の横にある丸を塗る時間が与えられる。もし正しく解けていたら緑，不正解であれば赤で塗る。日々四角と丸の比較（つまり予想と実際に正しく解けた問題の比較）を行なうことで，生徒は自分の算数スキルについて，正確でこれまでとは異なるイメージをしだいに形成するようになり，それが自己効力感の向上に寄与することとなる。また，正確に自分のことを判断できているかだけでなく，自分にとって簡単な問題とむずかしい問題についても自覚することができる。

　宿題と小テストシートは算数能力に関する自己評価をサポートするものであるが，さらに，宿題行動における長所と短所の自己評価も支援することを目的として，生徒には自己観察リストが与えられた。これは学習日記のような構成となっており，生徒は宿題シートを始めた時間，終えた時間，さまざまな妨害の時間を日々記入していく。さらに，妨害や気を散らすもの，宿題シートに取り組んだ場所，その時間にだれか別の人が同じ部屋にいたかについても記入した。自己観察シートは宿題シートに取り組んでいるとき，もしくは宿題シートを終えた後に記入した。どのような行動が有効であり，どのような行動は望ましくないのかを子どもが徐々に認識できるよう，観察シートの記入内容は，トレーニングプログラムのなかで毎日子どもとともに議論された。ここで上述した学習のコツに関する配付資料を利用する。

　こうした教材の目的は，生徒が算数の能力（算数シートや小テスト）や宿題行動（自己観察シート）における自分の長所や短所のモニターや自己評価を助けることである。週の最後にはさらにサポートを行なうため，ふり返りシートを印刷した。これは対象となる2つの領域（算数スキルと宿題行動）における長所と短所をさらに体系立てて確認するため，また，これら2つの関連を可視化するために使用した。ふり返りシートは3つのパートで構成されている。まず，4枚の宿題シートと小テストシートにおいて，緑で塗られている四角

と丸を書き写す。これによって、生徒は自分の実際の達成度と自己評価について、週全体をとおしてもう一度比較することができる。自己評価と実際の算数の得点のグラフ表現をとおして、生徒は自分のことをどのくらい正確に評価できているかを知ることができ、自分がどのくらい過大評価（もしくは過小評価）をしているか、自己評価が週をとおして改善されたかについて回答する。

ふり返りシートの2つ目の部分は生徒の算数得点に関するもの、3つ目は自分の宿題行動に関するものである。ふり返りシートの2つ目と3つ目の部分を埋めるため、生徒は自己観察リスト、週全体の宿題シート、小テストシートをいっしょに横に置く。こうした教材の助けを受けて、まずどのタイプの問題がどのくらいむずかしいのか（やさしいのか）を書く。次に、自分の1週間の計画をみて、週全体に関する個々の行（妨害、学習時間、学習環境など）の記述について判断した。ふり返りシートへの記入について、子どもたちとともに幅広く議論し、それぞれの日について、宿題シート中の望ましい行動（望ましくない行動）と、よい点数（悪い点数）が対応しているか確認を行なった。

自己観察週間の最後に記述した短所に基づき、子どもは次の週に向けて2つの目標を立てる。1つ目は算数スキルに関するもの（「次の週はなによりも引き算の練習をする」など）であり、2つ目は宿題行動に関するもの（「次の週の宿題の間はラジオを聞かない」など）である。この際、必要であれば、算数や宿題の目標として考えうる目標が書かれたシートも援助ツールとして利用できる。自己評価の後に設定された2つの目標は、次の週に向けて自己観察シートに記入される。このシートは目標について話題にするような特別な状況を除けば、自己観察週間でのみ使用される。

学習サイクル週間（3〜6週目）

トレーニングプログラムの3週目から6週目は自己観察週間とほぼ同じようにして進められる。それぞれの週では、生徒は再び4枚の宿題シートと1枚の小テストシート、自己観察シートを受け取り、日々の宿題行動について書き込んでいく。教材は自己観察週間のものと同じように構成されているが、自己観察シートには、前の週で得られた目標がすでに記入されている。ふり返りシートの3つの部分についても、個々の週の最後に記入する。

学習サイクル週間と自己観察週間の違いは、生徒が自分自身を観察、評価するだけでなく、学習サイクル週間における個々の週において、1つの「学習の輪」をすべて経験することである。しかし、個々の学習サイクル週間は自己評価やモニタリング（サイクルのStep1）から始まるわけではない。これらは前の週の最後に行なわれており、参照されるからである。また、目標（サイクルのStep2：目標設定）も、すでに前の週のうちに週の計画の欄に記入されている。

各週の月曜日には、まず、前の週に行なわれた自己評価や、そこから生成された目標について簡単なふり返りを行なう。生徒は算数や学習行動について、自分の長所や短所をどのようなものにしたのか、現在の週に向けてどのような目標を設定したのかを思い出す。次に、それぞれの目標がどのようにして達成できるのかについて考える。これが方略のプランニングであり（サイクルのStep2）、これには情報シートにある学習のコツが手助けとなる。目標を達成するために生徒が選択した方略は、対応する週に適用される（サイクルのStep3：方略の実行）。たとえば、1つの週に引き算の追加課題の練習を行ない、他の阻害要因を取り除くことに集中するといったことが考えられる。選択された方略が有効であったかどうかを認識するため、残りの週のなかで、宿題シートや小テストシートに自分の算数の得点を体系的に記録し、自分の学習行動については自己観察シートに記入する。算数の得点と学習習慣を比較することで、生徒は自分の選択した方略がよい得点につながっているかを常にみることができる（サイクルのStep3：モニタリング）。うまくいっていない場合には方略の修正を行なう。自己調整学習のサイクルにおいて、Zimmerman et al.（1996）では、この修正は明示的には行なわれなかったが、トレーニングの枠組みのなかで議論がなされた。ここでは、すべてのステップのなかで教師の支援が行

なわれていることが重要である。通常の授業のなかでも，進歩や問題点について，また，問題点に対してはどのように対処すればよいのかについて話し合う。これはさまざまな方法（グループワークや議論など），さまざまなトレーニング教材（正しい学習習慣のモデルが示された物語など，Ziegler & Stoeger, 2005 を参照）を用いて行なわれることが望ましい。

週の終わりにはふり返りシートを用いて，学習結果に関する週ごとのふり返りと評価を行なう（サイクル中の Step4：方略結果のモニタリング）。生徒は設定した目標が自分の採用した方略によってどのくらい達成されたのかをふり返る。個々の週の結果を評価することで，その後の週の自己評価および目標設定，次の自己調整学習のサイクルに影響が及ぼされる。

学習サイクル週間の間は学習の輪についてくり返し話すため，生徒は常に「輪」のなかの現在のステップについて把握する。トレーニングのなかで生徒が「状況的学習」（レビューとして Klauer, 2001）を達成できるよう，以下の手続きが推奨される。まず，指導者は自己調整学習の手続きを示し，コメントする。サポートとして，問題を解いて自己観察シートを行なうなど，モデルが対象領域で一連の「学習の輪」を実行している情報シートが配付される。生徒は学習スキルやサイクル上のステップについて，教師の助言や支援（コーチングや足場かけ）とともに練習し，トレーニングを通じてしだいにサポートをなくしていく。このプロセスのなかでとくに重要なことは，いっしょに学習をふり返り，教師と生徒の間で意見交換を行なうことである。子どもが親にトレーニングプログラムやいろんな教材について話せば，親も巻き込むことができる。

◆◆トレーニングモジュールの評価に関する実験的研究

小学校4年生の生徒を対象としたトレーニングの効果は4つの実験的評価研究のなかで検討されている（Stoeger & Ziegler, 2005, 2006, 2008, in press）。すべての研究において，通常の授業と宿題の時間を利用し，これまでに述べたようなトレーニングモジュールを教師が実施している。指導者は全員2日間のトレーニングを受けた。評価研究1では，Zimmerman の最初のトレーニングモジュールの効果について，生徒の動機づけ志向性に基づきながら，オリジナルの形（Zimmerman et al., 1996）で全般的に検討を行なった。評価研究2では，われわれが拡張し，改善したトレーニングモジュールについて評価を行なった。また，一連のトレーニング週間を通じた生徒の得点の伸びについて，成長曲線を用いてモデル化した。評価研究3では，拡張したトレーニングプログラムの効果と参加者の認知能力の関連について検討した。評価研究4の中心的な問いは，拡張したトレーニングプログラムが能力の高い低学力の生徒，つまり，知能テストで測定される認知能力よりも学業成績が極端に低い生徒に対して有効であるかであった。

トレーニングプログラムの評価研究1

最初のトレーニングプログラムの評価研究（Stoeger & Ziegler, 2006）では，Zimmerman et al.（1996）のトレーニングモジュールがほとんどオリジナルの形（これまでに述べたような修正なし）で用いられた。研究には小学校4年の20学級から393人の生徒が参加した。参加したクラスはトレーニング群と統制群にランダムに割りあてられ，トレーニングの効果は事前 - 事後テストデザインを用いて検討された。

この研究では，とくに生徒の動機づけ志向性（Pintrich, 2000a, 2000b）が重視された。先行研究では，学習目標志向性が自己調整能力を習得するうえで重要な条件であることが示されている（Pintrich, 2000a; Schunk & Ertmer, 2000 など）。しかし，個人の動機づけ志向性は状況によって変動することも示されているため，動機づけ志向性の全体像を考慮する必要がある（Pintrich, 2000b によるレビューを参照）。学習目標志向性，遂行接近目標志向性，遂行回避目標志向性（Ziegler, Dresel, & Stoeger, 2008）を測定するさまざまな動機づけ項目のクラスター分析によって，動機づけ志向性に関する3つのクラスターが同定された。

自己調整トレーニングによって，トレーニング

を受けていない生徒に比べ，時間管理，自己調整学習スキル，学校成績が有意に向上した。自分の算数能力に関する成功期待や自信に関しては，動機づけ志向性による調整効果が示された。とくに興味深いのは，学習目標志向として名づけられたクラスターの生徒に対しては，トレーニングの効果がみられなかったことである。しかし，このトレーニングによって，これらの生徒たちの間に現実的な自己評価が浸透していった。こうした結果は，自己調整学習において学習者の目標志向性が重要な役割を果たすことを示している。

評価研究 2

評価研究2 (Stoeger & Ziegler, 2008) では，われわれが改善したトレーニングプログラム（知識伝達週間における，学習の輪に関するワークシートや自己調整学習の物語，宿題スキルに関する配付資料，週の最後に行なわれる，より広範なふり返りシートなど）が17学級219名の生徒に実施され，3つの側面から評価された。1つ目は，評価研究1と比較できる形で改善トレーニングの効果を検討するというものであり，2つ目は，想定される学習効果について，階層線形モデルを援用して分析するというもの，3つ目は学習効果の個人差がどのような変数によって説明されるのかという興味深いものである。

研究2の結果，統制群に比べ，トレーニング群では時間管理や学習スキル，さまざまな自己調整能力やメタ認知能力が向上した。また，生徒の自己効力の認知（算数の宿題シートにおける成績評定と自己評価を毎日比較することで向上することがめざされた）が，トレーニングプログラムによって増加した。さらに，プログラムによって生徒の動機づけも向上した。努力する意欲や興味，学習目標志向性がプログラム期間内で向上し，逆に無力感は低下した。また，算数の成績に関しても，プログラムの有意な効果がみられた。

日々の宿題シートにおける得点の増加について階層線形モデルを用いて分析したところ，プログラムによって多くの向上がみられた。トレーニングプログラム中に，宿題シートの問題解決における正しい評定数は，週ごとに約1題分増加した。こうした増加はプログラムの終わり近くではみられなくなった。成績の伸びは比較的同じようなものであったが，週の正答率の平均値や得点の伸びの平均値においては有意な個人差がみられた。自己効力の認知や学習目標志向性，時間管理スキルがより強い生徒は，平均以上の割合でトレーニングの効果を示した。

評価研究 3

自己調整学習には複雑で認知的な制御プロセスが明らかに必要である。これらはまだ小学校の生徒には十分に与えられていない。評価研究3 (Stoeger & Ziegler, in press) のおもな関心は，改善されたトレーニングプログラムが異なる認知能力をもつ生徒に対して同じように効果的であるかにある。評価研究2で示されたトレーニングプログラムは比較的高いメタ認知能力を必要とするため，認知能力が平均以下の生徒にとってはむずかしすぎ，トレーニングによって自己効力の認知が低下してしまうかもしれないと考えられる。一方，認知能力が平均以上の生徒にとっては，類似した算数課題を日々くり返すことで退屈に感じてしまい，動機づけが低下するといったことが起こるかもしれない。

この研究では16学級，201人の小学4年の生徒が参加した。彼らはやはりトレーニング群と統制群にランダムに配置された。トレーニングプログラムが始まる前に，すべての生徒が認知能力テストを受け，それによって4つの能力レベルグループに分けられた。事前－事後テストデザインにおいて，トレーニング群の生徒は全員，宿題スキル（妨害の回避や宿題の構造化の増加），自己効力の認知，メタ認知，動機づけ変数，成績の得点においてトレーニングのポジティブな効果を示した。また，いくつかの能力レベルのグループは不利なのではないかという見解は得られなかった。つまり，与えられたトレーニングモジュールは個人の能力レベルに関係なく，すべての生徒の自己調整を同等に促す可能性があると考えられる。

評価研究 4

能力の高い生徒にとって，学力が低いことが

深刻な問題であることは広く受け入れられている。しかし，自己調整学習は，低学力の中心的な原因のいくつか，たとえば動機づけの欠如や望ましくない学習習慣（レビューとして McCoach & Siegle, 2003）に焦点をあてた介入の可能性を提供すると思われる。そこで，評価研究4 (Stoeger & Ziegler, 2005) では，自己調整学習におけるトレーニングが能力の高い低学力者にも有効であるかについて検討した。

1,200人のサンプルのうち，36人の有能な低学力者が同定され，研究に参加した。彼らは自己調整トレーニング群と統制群にランダムに配置された。これまでに述べているような目標変数（時間管理や方略的な学習など）において，トレーニングによる非常に明確な改善がみられた。とくに，トレーニングによって低学力者の動機づけ（McCoach & Siegle, 2003 などの多くの研究では低学力のおもな原因であると考えられている）にポジティブな影響がみられていた。また，学校成績（これがトレーニングの最終的な目標である）においても，自己調整トレーニングによる有意な向上がみられた。

■ 今後の研究への評論と展望

これらの自己調整学習の評価研究の結果，Zimmerman et al. (1996) のオリジナルのトレーニングモジュールも，改善を施したものも，小学4年生に対して効果的であるという仮説が確かめられた。しかし，紹介した評価研究にはさまざまな問題点があげられる。たとえば，4つの研究では，学校のポリシーのために事後の測定が行なえていない。また，プラセボ群がないことも限界点であるといえる。したがって，今後の研究では，提示された自己調整トレーニングモジュールの評価は，事後測定とプラセボ群を含めるべきであり，われわれはすでにそのような研究を実施している (Stoeger, Sontag, & Ziegler, 2009)。学習日記 (Schmitz & Wiese, 1999) や生徒へのインタビューについて，より正確な分析を行なうことで，生徒の学習プロセスのより深い理解が可能となるであろう。

トレーニングで獲得された自己調整プロセスの転移を高めるには，今後，もともとの学習の文脈以外にも学んだ情報が適用できる可能性があるということに，学習者がメタ認知的に気づくことが重要である (Salomon & Perkins, 1989; Weinstein et al., 2000)。そのため，指導者は6週間のトレーニングの間や後に，学んだことをプログラム以外の場面にも適用するようくり返し生徒に伝え，通常の授業でも，スキルを転移させる機会についてできるだけたくさん指摘するようにアドバイスされた。しかし，今日にいたるまで，他の学習内容やスキルへの転移については十分な実験的検討がなされていない。したがって，今後の研究では，1つのトレーニングモジュールやその組み合わせの効果の検討がなされるべきである（理解や要約スキルのモジュールの評価としては，Stoeger et al., 2009 を参照）。

■ 実践への示唆

われわれが紹介した実践には3つの問いが立てられていた。自己調整学習は訓練することができるか，何歳からそれは可能か，どのようなトレーニングのなかでそれは生じるか。理論的な視点から，自己調整学習プロセスのトレーニングは小学校位の年少の児童に対して行なうことが可能であり，望ましいともいえる。複数のステップから成る自己調整トレーニングモジュールの評価によって，小学校位の年少の児童に対する通常の授業や宿題課題においてポジティブな効果がみられることが明らかとなった。とくに，複数の自己調整学習プロセスは同時に教えることができ，さまざまな学習内容やスキルに適用できると考えることが重要である。このように実際の学習状況のなかで自己調整能力を教え，適用することによって，他の学習内容や教科への転移が促される (Schunk & Zimmerman, 1998)。また，学習サイクルを反復することで，学習スキルの手続きがたしかなものとなっていく。

われわれの評価研究では，通常の教員も，訓練

によって効果的な自己調整学習の内容を伝えられるようになることが示されている。興味深いことに，すでに自己調整学習スキルをもっている生徒のほうがトレーニングモジュールの効果がみられていた。こうした知見は，小学校4年生よりも前にトレーニングを行なうことができること，また，行なうべきであることを示唆しているといえる。

　われわれの研究は，著者たちと学校の役職者たちによって自己調整トレーニングが主導される形で進められた。いくつかのケースでは，評価研究によって自己調整学習が自分のところの生徒に有効であることが示されてから，学校が研究への参加を決めた。これらの教師は4年生のレベルにおいて継続的に1つの教科のトレーニングモジュールを用いた後で，他の年齢の生徒に対してモジュールをさらに加えていた。こうした展開は自己調整学習の原理に沿って行なわれた。たとえば，自己調整学習の訓練は，常に具体的な内容と学習スキルを関連づけながら進められた。これによって，自己調整学習の維持を実現するための重要な条件が満たされたといえる。

【原注】
★1：トレーニングプログラムはZimmerman et al.（1996）によって開発されたトレーニングを修正したものである。彼らのプログラムは小学校の生徒に対して特別に作成されたものではないため，われわれのトレーニングでは，今回のターゲットとなった生徒のために，さまざまなサポートを含める必要があった。2つの重要な相違点は，自己調整学習に関する導入として，生徒に親しみやすい知識伝達週間が含まれていること，さまざまな補助教材（自己調整学習に関する物語，宿題習慣やトレーニングプログラムの手続きに関するハンドアウトなど）が含まれていることである。

第7章　自己調整学習を評価し伝えるためのハイパーメディアの利用

Roger Azevedo
McGill University, Montreal, Canada
Amy Johnson, Amber Chauncey, Arthur Graesser
University of Memphis

沖林　洋平（訳）

　ハイパーメディアの学習環境の普及は，研究者たちや教育者たちにいくつかの課題を提起した。これらの多重で多様な表現と開放型の学習環境を使った学習は，ふつうは，プランニングや知識の活性化，メタ認知的モニタリングと調整，内省などのメタ認知的あるいは自己調整的過程を含むのである（Azevedo, 2008, 2009; Greene & Azevedo, 2009; Moos & Azevedo, 2008; Schraw, 2007; Veenman, 2007; Winne & Hadwin, 2008; Zimmerman, 2008）。残念ながら，学習者たちはハイパーメディアを用いるときに，いつもこのような過程を調整しているわけではない。このような学習者たちの調整の失敗によって，複雑で意欲をそそるテーマについての学習を促進するこれらの環境の指導上の効果が限定される。本章では，われわれがどのようにしてハイパーメディアを学習者たちの自己調整学習の評価に使ってきたかについて述べよう。とりわけ，われわれは，メタチューター（Meta Tutor）のデザインのために実証的データと関連する自己調整学習の理論的枠組みを用いた。メタチューターとはハイパーメディアに基づいたマルチエージェント型の学習環境であり，いくつかの人間の生物学的システムに関する学習文脈における学習者たちの自己調整学習をモデルにし，ふり返り，促進するために設計されているものである。その目標は，実験室や教室の文脈での学習の間に，学習者たちの自己調整学習を促進できる知的な学習環境を構築することである。

　本章は，次のような節から構成されている。(a) ハイパーメディアによる自己調整学習の概観，(b) 学習の間に行なわれる力動的に展開する過程について出来事として自己調整学習をとらえている理論的見地，(c) ハイパーメディアを使って出来事としての自己調整学習の研究に関する簡単なレビュー，(d) さまざまな自己調整学習の過程を評価し支援するために設計されたさまざまな埋め込まれた指導要素を含んだ，メタチューター環境と最近の研究結果の論述，(e) 教育実践への提言，(f) 将来の方向性，である。

■ ハイパーメディアを用いた自己調整学習

　自己調整学習の複合的な性質は，ハイパーメディアを用いた学習の一例をあげることによって説明できる。ある生徒が人間の消化システムについてオープンエンド型のハイパーメディアを使った学習環境で学ぶように言われた場合を想像してみよう。この環境は，数百の静止した図表，対応する静止した図表とビデオ・クリップ（すべては本の章立ての節や下位節に似たある形態で編集されているもの）のついた数千の単語からなる何百もの項目，さらに生徒たちが環境全体を自由にたどれる何百というハイパーリンクを含んでいる。この自己調整学習者たちは自らの学習状況，意義のある下位目標の設定，そして課題条件に基づいてどの方略を使用するかを決定することが考えられる。生徒たちは，テーマや学習環境，類似の課題

の成功，文脈上の制限（たとえば，ハイパーメディア環境や人あるいは人工のエージェントによる足場づくりとフィードバックを与えること），それに文脈上の要求（たとえば，課題遂行のための時間制限）などの先行の経験に基づいて，動機づけ信念をつくり出すこともできる。学習過程で，生徒たちはある方略が学習の下位目標に照らして効果的であるかどうかを査定し，テーマの新たな理解を評価し，彼の知識，行動，努力，その他の学習文脈の側面に関して必要な調整をする。期待されることは，継続するメタ認知的モニタリングとある学習課題に対する基準に関連したコントロールに基づいて，適応的調整が行なわれることと，この調整がいつ，どのように，何を調整するかについての決定を促進することである（Pintrich, 2000; Schunk, 2001; Winne, 2005; Winne & Hadwin, 2008; Zimmerman, 2008）。学習セッション後は時々，学習者は次の学習に影響を及ぼす認知，動機づけ，行動上のなんらかの原因帰属をするのである（Pintrich, 2000; Schunk, 2001）。

この展開は，ハイパーメディアを使った学習を自己調整する自己調整学習の理想的なアプローチを示している。残念なことに，ふつうの学習者は，ハイパーメディアを使った学習の間，このような複合的で適応的な認知・メタ認知過程には取り組まない（Azevevo & Witherspoon, 2009）。このように，これらの環境の指導上の可能性は厳しく制限されている。1つの可能な解決は，自己調整学習を研究するツールとしてハイパーメディアを用いることと，生徒たちの自己調整学習を支援し促進するために設計されたハイパーメディアを用いた学習環境の構築をめざすこうした研究によって集められたデータを使用することである。

■ 自己調整学習：理論的枠組み

自己調整学習は重要な学習現象（phenomena）の1つである。それは，近年の心理学的あるいは教育学的研究で多く行なわれるようになっている（Azevedo, 2008; Azevedo, Johnson, Chauncey, & Burkett, 2010; Boekaerts, Pintrich, & Zeidner, 2000; Hacker, Dunlosky, & Graesser, 2009; Paris & Paris, 2001; Schunk & Zimmerman, 2008; Winne, 2005; Zimmerman, 2008）。自己調整学習は積極的で創造的な過程であり，それによって，学習者たちは学習目標を設定し，モニターしようとし，目標に向けて認知的，メタ認知的過程をモニターし，調整し，コントロールしようとする。われわれは，自己調整学習は動機づけ，感情，情動のような基本的な過程を含むことを認めている。しかしながら，われわれは自分たちの研究を複雑な科学に関する学習の間の基本的認知過程とメタ認知的過程に限定した。過去30年の自己調整学習の研究の焦点は，学習と達成に関するものであり，またそれは，研究者たちが，生徒たちが認知，メタ認知，動機づけ，課題関与を調整する方法を探求することによって進められてきた（Schunk & Zimmerman, 2008; Wigfield, Eccles, Schiefele, Roeser, & Davis-Kean, 2006 を参照）。

自己調整学習の理論，モデル，枠組みの大部分は，共通な基本的仮説を支持するものであった（たとえば，生徒たちは知識を積極的に構築し，文脈要因が学習の諸側面を調整する力を媒介する）が，自己調整学習の性質に関するいくつかの基本的規定については異なる見方がある（たとえば，適性と出来事，さまざまな文脈上のエージェントの役割，過程の数やタイプ，基本的な内的あるいは外的メカニズムの固有性，説明の適切さ；Schunk & Zimmerman, 2001, 本書参照）。これらの矛盾は，学習の間に生じる調整過程を理解し測定するための1つの研究ツールとしてハイパーメディアを使うことに対する関心への挑戦にもなる（Azevedo, 2009; Azevedo, Moos, Johnson, & Chauncey, 2010; Greene & Azevedo, 2009; Moos & Azevedo, 2008）。

自己調整学習には数多い理論があり，それらは時々微妙に異なっている，しかし，しばしばはっきりした違いを示す（広範なレビューとして，Boekaerts et al., 2000; Dunlosky & Bjork, 2008; Hacker et al., 2009; Metcalfe., 2009; Metcalfe & Dunlosky, 2008; Schunk & Zimmerman, 2008 を参照のこと）。たとえば，Winne & Hadwin（2008）のモデルは，段階，過程を想定し，自己調整学習の「ハブ」としてメタ認知的モニタリングと

コントロールを強調する。このモデルはいくつかの複雑な教育的状況において実証的に確かめられている（Azevedo, Moos, Greene, Winters, & Cromley, 2008; Hadwin, Winne, & Stockley, 2001; Jamieson-Noel & Winne, 2003）。また，自己調整学習過程の連続的で相互作用的な性質や時間的な展開に関する予測をしており，それらはわれわれの近年のハイパーメディアの研究と完全に一致する（Azevedo, 2008, 2009; Azevedo, Johnson et al., 2010; Witherspoon, Azevedo, & D'Mello, 2008）。WinneとHadwinは，学習は4つの基本的な段階で生じるとしている。すなわち，課題の定義，目標設定とプランニング，方略による学習，メタ認知に対して適応することである。この自己調整学習モデルは諸過程の情報処理された影響が各段階で生じるという点で他のモデルと異なっている。COPES（319頁参照）という頭文字を使って，WinneとHadwinは1人の人間の条件，操作，産物，評価，そして基準の相互作用という用語で各段階を説明している。それらのすべての用語が，人が学習の間に使用したり生産したりする情報の種類を表現している。COPESという構成のなかで，各段階の働きは完遂される。このように，モデルは，各段階の下にある諸過程のより複合的な記述をもち込んで，他の自己調整学習モデルを補完しているのである。

あらかじめ定義されたあるいは代表的なサイクルは存在しないが，大部分の学習は，明確な課題の定義がつくられるまで，認知構造を通じた再循環を含むのである。次の段階は学習目標とそれを達成する最良の計画を生み出す。目標と計画によって学習を始めるための方略の実行がなされるのである。学習の産物（たとえば，僧帽弁の働きの理解）は，産物の全体の正確さ，何を学ぶことが必要かに関する学習者たちの信念，あるいは効力感や時間制限などの他の要因と比較される。もし，学習の産物が基準を適切に満たさないと，もう一度学習の操作が始まる。もしかしたら，勉強するためにもっと多くの時間を取っておくような状況の変化をともなうものであるかもしれない。最後に，主たる学習過程の後，生徒は課題をふり返り，自己調整学習をうまく行なうための方略のため，より多くの長期的修正をするかもしれない。学習者は，条件や操作を追加したり削除するだけでなく，条件が操作に対して手がかりを与える過程を変化させたりするのである（Winne, 2001）。産出物（パフォーマンス）は，循環的過程の結果である。それは，場合によって，条件，基準，操作，当該の目標達成に必要な産物を変化させる。要するに，この複雑なモデルは，メタチューターの設計を進めていくうえでのいくつかの仮定を導くことになる。

■ ハイパーメディアを用いた自己調整学習を評価すること

さまざまな分野の研究者たちが学習を促進するハイパーメディアのようなコンピュータに基づいた学習環境の利用の検証にしだいに興味をもつようになった（Aleven, McLaren, Roll, & Koedinger, 2010; Azevedo, 2009; Azevedo & Aleven, 2010; Biswas, Leelawong, Schwartz, & Teachable Agent Group, 2005; Graesser, McNamara, & VanLehn, 2005; Koedinger & Corbett, 2006; Schwartz et al., 2009; Quintana, Zhang, & Krajcik, 2005; White, Frederiksen, & Collins, 2009; Winne & Nesbit, 2009）。この節では，われわれは過去10年に及ぶ自己調整学習の評価の研究ツールとしてのハイパーメディアを利用した研究の全体像を示そう。われわれはどのように足場づくりの適応的ないし固定的な方法が学習者たちの自己調整学習に影響するかに関心を寄せてきた。われわれは，この文脈のなかで，道具，方略，あるいは学習者たちを調整の点で援助する手引きとなるすべてのものとして，足場づくりを広く定義する。

われわれの適応的な足場づくりは，生徒の学習ニーズを満たす当該の課題状況に対する人的チューターあるいは調整機能（課題遂行中の）によって提供される。われわれの**固定的な**足場づくりは変化のない質問によって構成されており，それは，学習セッションに対する最適な下位目標のセットを提供して，生徒の学習に対して足場づくりするように企図されたものである。研究プログラムは

以下の質問を用意している。(a) 異なる足場づくりの諸条件は，複雑な科学的テーマのより洗練されたメンタルモデルに変化させていく学習者たちの能力に影響するか？ (b) 異なる足場づくりの諸条件は，生徒に科学的テーマについてのかなり多くの宣言的知識や推論的知識を獲得させるのか？ (c) 異なる足場づくりの諸条件は，ハイパーメディアを用いて科学のテーマの学習を調整する生徒の能力にどのように影響するのか？ (d) ハイパーメディアを用いた科学のテーマについての生徒たちの自己調整学習の外的調整力（人的チューター，教育のエージェント，教師，仲間）の役割とは何か？ (e) ハイパーメディアを用いた科学の学習を自己調整する大学生や高校生の力に発達上の差はあるのか？

概して，われわれの結果が示していることは，青年や大学生が，ハイパーメディア環境において学ぶ間自己調整せず，このため，基本的な因果に関するメンタルモデルについての理解を問う論述によって判断すると，複雑な科学的テーマの理解に関してわずかしか概念上の変化が生じないのである（Azevedo, Cromley, Winters, Moos, & Greene, 2005; Greene & Azevedo, 2009）。これらの学習者たちは，宣言的知識テストによって測定されたように，深い知識の獲得よりも浅い知識の獲得を示す傾向がある（Azevedo et al., 2008; Greene, Moos, Azevedo, & Winters, 2008）。青年の概念的知識や宣言的知識は，ハイパーメディアを用いた学習の間にさまざまな自己調整学習を促進する人間のチューターと組み合わせられるとき，よりはっきりと効果が与えられる。われわれはさまざまな適応的な人間の足場づくりの諸条件（つまり，学習者たちの自己調整的な要求をリアルタイムに処理するもの）の効果を実証的に検証してきた。それらの諸条件はいくつかの有望な結果を導くものであった。われわれの結果は，ハイパーメディアを用いた意欲をそそる科学のテーマの学習が，もし生徒が自己調整学習の領域と過程の内容をともに対象としている適応的な人間の足場づくりを与えられるなら，促進されることを示している（Azevedo, 2008, pp.136-137 を参照）。このタイプの洗練された足場づくりは，メンタルモデルを含む，宣言的知識，手続き的知識，推論的知識のいくつかの測度で平均から強度の効果量で示されるように，学習の促進に効果的である（$d=0.5$ から $d=1.7$ の範囲）。対照的に，足場づくりがないか固定的な足場づくり（つまり，領域固有の下位目標のリスト）が生徒に提供されると，メンタルモデルの移行は少ない傾向があり，わずかな宣言的知識しか得られない。

われわれは，これらの自己調整学習過程の後をたどる併存する言語プロトコルを数千時間分収集してきた。異なる足場づくりの諸条件の生徒たちは，質的にも量的にも異なる基本的な自己調整学習の過程を利用する。そしてこれらの足場づくりの諸条件，メンタルモデルの移行，宣言的知識の獲得の間には明確な関連がある。今日までに，われわれは，**プランニング，モニタリング，学習方略**に関連した38の異なる調整過程，**むずかしい課題と要求を扱う方法**，それに**興味**を調査してきた（Azevedo, 2008; Azevedo & Witherspoon, 2009; Azevedo, Johnson et al., 2010 に準拠）。これらの研究は，いくつかの興味深い発達的な違いを示している。大学生に比べると，高校生はハイパーメディアを用いた学習を調整するために自己調整過程をあまり利用も洗練もしない傾向がある。とりわけ，彼らは学習セッション全体を計画すること，下位目標をつくり出すことに失敗し，学習環境の状態をモニターすること（たとえば，内容の評価：CE），あるいは彼ら自身の認知過程（たとえば，既知感：FOK），と新たな理解の生成（たとえば，学習判断：JOL）を評価することに失敗する。彼らは同様に，情報資源の配置や要約すること，推論することのような多くの洗練された基本的な学習方略の使用にも失敗する。それどころか，彼らは，学習環境から彼らのノートまでの情報を逐語的にコピーするような，あまり効果的でない学習方略を使用する傾向がある。われわれの実験では，学習者たちは，事後テストを受けるまでノートを使えないことを学習セッションの開始時に告げられる。これを念頭に置くと，学習者たちがたくさんノートを取ることはとくに非効率的な時間の使用となる。このデータは，プランニング，メタ認知的モニタリング，学習方略と関係のある基本的

な自己調整過程は，ハイパーメディアを用いた学習の間に多様な表象をともなう統合プロセスでは使われないことを示している。これは，宣言的知識の獲得にはつながるが，これらの複雑なテーマの理解に関連するような質的なメンタルモデルの移行を示すことの失敗につながることを示している。

固定された足場づくりの諸条件の生徒たちは，ハイパーメディアを用いた学習環境の側面をモニタリングすることで（自分自身の認知よりも）学習を調整する傾向がある。そして情報をコピーするような効果的ではない学習方略を使用するのである。対照的に，人間のチューターによる適応的な足場づくりは，先行知識を活性化し，下位目標を設定することによって，生徒に学習を調整させる。既知感や学習判断などの利用により認知システムをモニタリングする。要約し，推論し，図表を描き，知識の精緻化をする。そして，驚くべきことではないが，人間のチューターに過度の援助要請をする（Azevedo et al., 2005; Greene & Azevedo, 2009）。これらのデータはメタチューターのデザインを知らせるために利用されてきた。とくに，われわれは，学習者たちがアニメーションによる指導を行なうエージェントから指導を必要とすることを仮定してメタチューターを設計した。メタチューターにおける外部調整エージェントは，活発な指導エージェントであるが，ハイパーメディアを用いた学習の間，自己調整学習の効果的な利用を学習者たちに支援する足場づくりを行なうのである。

■ メタチューター：自己調整学習を評価し伝えるよう設計されたハイパーメディア環境

メタチューターは，ハイパーメディアを用いた学習環境である。それは循環器系，消化器系，神経系のような人間の身体システムについての自己調整学習を探索し，モデルを示し，追跡し，促進するために設計された（Azevedo et al., 2009）。理論的には，1つの出来事として自己調整学習をみなす一般的な前提に基づいており，また自己調整学習の認知モデルに基づいている（Pintrich, 2000, Schunk, 2005; Winne & Hadwin, 2008; Zimmerman, 2008）。メタチューターの基本的な仮説は，生徒がやりがいのある複雑な科学のテーマについて学習するために基本的な認知的あるいはメタ認知的過程を調整するというものである。メタチューターの設計はわれわれの広範囲に及ぶ研究に基づいている（前節参照，Azevedo, 2008; Azevedo & Witherspoon, 2009; Azevedo, Johnson, et al., 2010）。それらは，領域知識と自己調整学習の過程の両方を対象にする適応的な人間の足場づくりを生徒たちに与えることが，ハイパーメディアを使った複雑な科学のテーマの生徒たちの学習を促進することを示してきた。全体として，われわれの研究は，これらの複雑な科学のテーマについての生徒たちの学習の指標である基本的な自己調整過程を同定した（Azevedo & Witherspoon, 2009）。とりわけ，それらの過程は，プランニング，メタ認知的モニタリング，学習方略に関連したいくつかの過程と課題の困難度や要求を扱う方法を含むものである。

全体として，メタチューターを用いて自己調整学習過程を生徒に指導し，さまざまな人間の身体システムを学ばせるためにはいくつかの側面がある。(a) 基本的な自己調整学習プロセスのモデルを示す機能，(b) 学習者たちがこれらのプロセスをどう使うか（じょうずにあるいは下手に）を選択する識別課題，(c) 学習者たちが同じ学習課題に取り組む人間の実施者のビデオ・クリップを見て，実行されている自己調整学習過程を見つけるといつでもビデオを止め，リストから適切なプロセスを選択する検索課題，(d) 生物学的システムについて学習するために使われる実際の学習環境。

実際の学習環境のインターフェイスには学習目標を示すことにあてられたウィンドウがあり，それは実験者か教師によって設定されたものである。たとえば，あなたの課題は，循環器系についてのすべてを学ぶことである。あなたはその構成諸要素について知っていることを確かめなさい。つまりその諸要素はどのようにともに働くのか，諸要素はどのように人間の身体の健康機能をサポートするのか，について。この目標は，下位目標のウ

ィンドウと結びついていて，ウィンドウでは学習者が学習セッションのいくつかの下位目標をつくり出す，テーマとサブテーマの1枚のリストがスクリーンの左側に提示され，一方で，実際の科学的内容（情報についての文章，静止画と動画の提示）はインターフェイスの中央に提示される。主たるコミュニケーションのダイアログのウィンドウ（学習者と環境の間の）は内容ウィンドウの下に直接示される。指導エージェントはインターフェイスの上の右手コーナーに示される。この場合，「マリーモニター」が内容の理解の評価の過程を通じて学習者たちを援助するのに利用できる。エージェントのウィンドウの下に，学習者たちがセッションをとおして利用できる自己調整学習過程のリストがある。学習者たちは，学習セッション中のどの時点でも，リストから選ぶ形で，希望する自己調整学習のいずれでも選択ができる。学習者たちが過程を選択する目的は，学習中に学習者たちの自己調整学習過程の実行についてのメタ認知的気づきを促進すること，そして，学習をふり返り，工夫し，促進する環境の力を増強することにある。学習者主導の自己調整に加えて，エージェントは，学習者たちがメタチューターによって追跡された適切な条件の下で，プランニング，モニタリング，方略の使用に取り組むことを促せるのである。

　メタチューター・プロジェクトの目的の1つは，生徒たちの自己調整過程を探索し，追跡し，モデルを示し，促進する外的調整エージェントとしての指導エージェントたちの効果を検証することであった。メタチューターは揺籃期にあり，そのため，生徒にフィードバックをするアルゴリズムについての開発は進んでいるが，まだ十分に試されたわけではない。教育活動を通じて生徒がどのように成長し自立していくかについて理解することをめざす教育研究活動にとって，自己調整学習の射程の広さは魅力的なものである。自己調整学習を明示的に教えられるスキルのセットととらえるか，経験で創られる発達的過程ととらえるかは，指導エージェントがあらゆる年齢の生徒たちに方略的で，動機づけ的でさらに独り立ちした学習者たちになることを援助する情報を与える可能

性をもつことによる。しかしながら，いくつかの理論的そして実証的な課題は，実際の教室への適用がなされる前にいっそうの研究が必要である（Graesser, Jeon, & Dufty, 2008; Lajoie & Azevedo, 2006）。これらは，以下のようなことを含んでいる。生徒たちは，複雑な科学的テーマを学習するためにコンピュータに基づく学習環境（CBLE）を使うとき，どのようにして自分たちの学習を調整するのか。自己調整と共調整と結びついたどの過程を，コンピュータに基づく学習環境を用いた協調学習の間に，生徒たちと指導エージェントは使うのか。どのようにして指導エージェントは，自己調整学習を支援するためにコンピュータに基づく学習環境を設計し利用するのか。どのようにして指導エージェントは，外的調整エージェントとして使われるのだろうか。この外的調整エージェントは，生徒に対して，具体的な自己調整過程の模範を示すものであり，また，生徒が自分自身で実行し，発達させていくよう，要求するものでもある。

　この要求は，内容の適切性や，埋め込まれた質問に対する回答の正確性，生徒が用いる方略の適切性などに関して，フィードバックをもたらすものであろう。生徒の循環器系のメンタルモデルの形成を明らかにする現行の機械による学習法が，テストされ実用化されてきている（Rus et al., in press）。さらに，われわれは，メタチューター・システムによる学習者たちのナビゲーションのやり方の詳細なシステムの追跡に基づく固有のマクロとミクロな適切なチュータリング法をテストしている（Witherspoon, Azevedo, Cai, Rus, & Lintean, 2009）。次節では，メタチューターを利用した初期の研究で収集したデータを示そう。

■ 自己調整学習を伝え評価するためのメタチューターの利用

　本節では，われわれは，学習者たちに，自己調整学習を増加させることに効果があることを示すデータを提示した後で，メタチューターがどのようにして，自己調整学習の重要性を生徒たちに伝えるために使われるかを示した，結果のまとめを

示す。いままでのところ，われわれは，非適応的なメタチューターから指導された78名の大学生および高校生のデータを収集した。非適応的メタチューターはいくつかの訓練のモジュールによって自己調整学習を伝えるのである。そのモジュールは，自己調整学習の社会的認知モデル（Schunk, 2001; Zimmerman, 2006）に基づいており，訓練のさまざまな側面（Biswas et al., 2005; Schwartz et al., 2009; White et al., 2009と同じ）を伝えるために数人の指導エージェントたちを使っている。われわれの究極の目標は，学習時の学習者の自己調整学習を促進するような，適応的なメタチューターを開発することである。このメタチューターは，効果的な自己調整学習には欠かせないと考えられるいくつかの自己調整学習の過程に対して適応的な促しを利用することで，学習者の自己調整学習を促進していくものである。こうした促しは，学習課題の固有の条件のもとに（たとえば，学習者たちの先行あるいは当該の領域知識，当該の下位目標，学習時間，ページあたりの時間など）使われるのである。たいせつなのは次の点をはっきりさせることである。(a) メタチューターの設計は先行する自己調整学習の研究結果やモデル（前述した）に基づいている，(b) メタチューターは生徒たちに学習の際の13の基本的な自己調整学習過程を実行することを訓練するために使われる，(c) データは生徒たちの自己調整学習過程の実行を検討するさまざまなオンラインの追跡の方法論を集約することの重要性を示している，(d) 可能性のある課題として，研究者たちや教師たちによって利用できるメタチューターの適応的なバージョンをつくる前に解決されるべきことが依然としてある。

非適応的メタチューターの型によって用意された**自己調整学習の訓練**は，科学的テーマの学習に欠かせないことがわかってきている13の異なった自己調整学習過程について生徒たちに学ばせることである。これらの基本的な過程は次のように分類される。(a) 3つのプランニング過程（プランと下位目標をつくり出すこと，先行知識の活性化），(b) 4つのモニタリング過程（学習判断，既知感，内容の評価，目標に対する進歩をモニタリングすること），(c) 6つの学習方略（情報資源の調整，要約，再読，図表化，ノートを取ること，推論すること）。訓練は1.5時間から2日間に及び，以下の過程を含む。

・指導エージェントは，これらの過程に関するメタ認知的（宣言的）知識を生徒たちに伝える。
・生徒たちは，これらの過程をモデルにした人間のエージェントのいくつかのデジタル化されたビデオ・クリップを視聴する（別の生物学のテーマのためにこれらの過程を実行する文脈のなかで）。
・生徒たちに対して，こうした同じ自己調整学習の取り組みが適切か否かについて例示をもとに判断する識別課題が行なわれる。さらに
・生徒たちには，さらに長い2本のビデオが与えられ，エージェントが学習の際に行なっている正しい自己調整学習の過程を定期的に停止して確認しなければならない。

訓練の後で，彼らは，循環器系システムの学習をメタチューターの非適応的な型を使って進める。訓練と学習を交互にやっている間，メタチューターはログ・ファイル・データを集め，実験者たちは同時の発話思考プロトコル，ビデオ・データ，学習結果を通じて他のプロセスに関するデータを収集する。後述するのは，多数のエージェントの学習環境としてのメタチューターが，学習者たちの自己調整学習過程と学習結果を促進するのに効果的であるかどうかを検討した当該のデータのまとめである。

自己調整学習の訓練は，3つの別々だが重要な構成要素に焦点化されている。モデリング，識別，探索である。モデリングの側面では，学習者たちは，方略の学習よりも多くの時間をプランニングやメタ認知的過程についてのメタ認知的（宣言的）知識の学習に費やす。メタチューターによる自己調整学習の訓練を経験した学習者たちは，13の自己調整学習過程のそれぞれと関連した彼らの宣言的知識に関して事前テストから事後テストにかけて獲得されたメタ認知的知識の量で有意に高い増加（40％から70％）を示した。識別の側面では，

生徒たちは訓練の他の2側面よりもこの側面に多くの時間を費やした。これらの過程の内面化は，明らかに時間がかかり，生徒たちは達成するのがむずかしいようであった。探索の側面は，生徒たちが2本の長いビデオにある人間のエージェントによって使われた自己調整学習過程のそれぞれを正確に探し出し分類するのに十分な時間が必要である。これらのデータの詳細な分析から，生徒たちは緻密だがむずかしい自己調整学習過程，つまり，先行する知識の活性化，プランニング，学習判断，既知感，内容評価，要約化に多くの時間をかけることがわかる。識別課題においては，彼らは，下位目標の識別，図表化，要約化，学習の評価の実行に，その他の自己調整学習過程よりも多くの時間をかける傾向がある。

これらと同じ学習者たちの広範囲な**ログ・ファイル・データ**は，メタチューターを使う学習の間，取り組まれた自己調整学習過程に関する追加のエビデンスを与えた。平均して，両条件の生徒たちは，各ページにつき約2分の時間をかけていた。彼らはよい判断をする際，循環器系のシステムに関係する7つの下位テーマのそれぞれに対して時間全体を別々に割りあてていた。関連する下位テーマにはより多くの時間をあてたのである。しかしながら多くの学習者たちは，役に立つページの75％とこれらのページの図表の50％以下（循環器系のシステムの7つの下位テーマに関係したもの）しか見ていなかった。

メタチューターの非適応的な型による同時の**発話思考プロトコル**は，訓練の後の自己調整学習過程の実行に関するいくつかの非常に重要な結果を示している。われわれの発話思考プロトコルの研究から示唆されることは，自己調整学習の過程はマクロレベルとミクロレベルの両方によって追跡される必要があり，これによって参加者の自己調整行動が最も詳細に明らかにできるということである。マクロレベルの自己調整学習の評価は，プランニング，モニタリング，学習方略のような参加者たちの自己調整学習の広範囲な種類の利用を検討することである。一方，ミクロレベルの自己調整学習の評価は，内容の評価（モニタリング過程）や知識の精緻化（学習方略）のような，参加者たちによる，それぞれの種類のなかでの個別プロセスの実行について検討することである。本節では，われわれは同じ78名の参加者たちのデータをコード化した同時の発話思考データに基づいたさまざまな分析を示す。これらのデータは異なるレベルの粒度（マクロとミクロ）からなっており，それぞれの自己調整学習の種類（たとえば，モニタリング）とそれぞれの種類のなかでの過程（たとえば，モニタリングの一部にあたる，既知感と学習判断）の比率得点から自己調整学習の過程への取り組みの変動を表わす，二者間の継時的なダイナミクスにいたるまで，さまざまなレベルのものからなる。全体として，データは，すべての自己調整学習過程のうち，統制群の80％に対して自己調整学習訓練群では72％で実行されていることから，学習方略は他の自己調整学習過程よりも最も多く用いられていることが示された。これらは，メタ認知的判断によって支持されている（自己調整学習訓練群で使われたのは，すべての自己調整学習過程の21％であり，それに対して統制条件群では14％であった）（図7.1 参照）。平均すると，学習者たちは2つの学習方略を毎分用いており，メタチューターの非適応的な型を用いているときおよそ4分に1回メタ認知判断をしていた。

図7.2 は，60分の学習セッションでの自己調整学習の3つの種類の平均出現頻度を示すが，マクロレベルの自己調整学習過程の変動を時間の点からみたものである。時間をとおして，自己調整学習の傾向と変化を検討すると，60分のセッションは，x軸で表示されるように，3つの20分間の区分に分けられる。y軸は自己調整学習の3つの種類の，すなわち，プランニング，モニタリング，学習方略の平均出現頻度を示している。平均すると，両方の条件の生徒は，その他の自己調整学習過程よりも，多くの学習方略を使っていた。学習セッション全体で毎分ごとに使われる1つか2つの学習方略がみられる傾向があった。モニタリング過程は2番目に多く実行される自己調整学習過程であった。けれどもそれらは学習方略よりもはるかに少ない頻度でしか実行されていない（平均して分あたり1回以下）。モニタリング過程の低い頻度にもかかわらず，これら2つの種類は，

第2部 ■ 自己調整学習の指導の問題

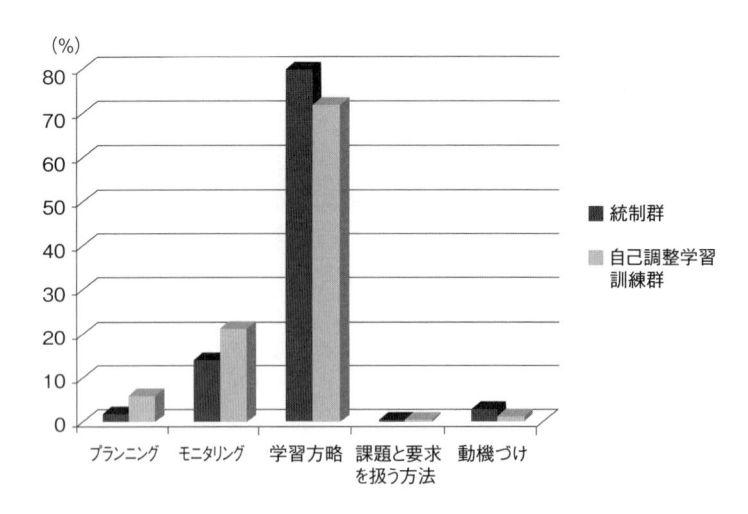

図7.1　メタチューター学習の条件別による自己調整学習過程に取り組む割合

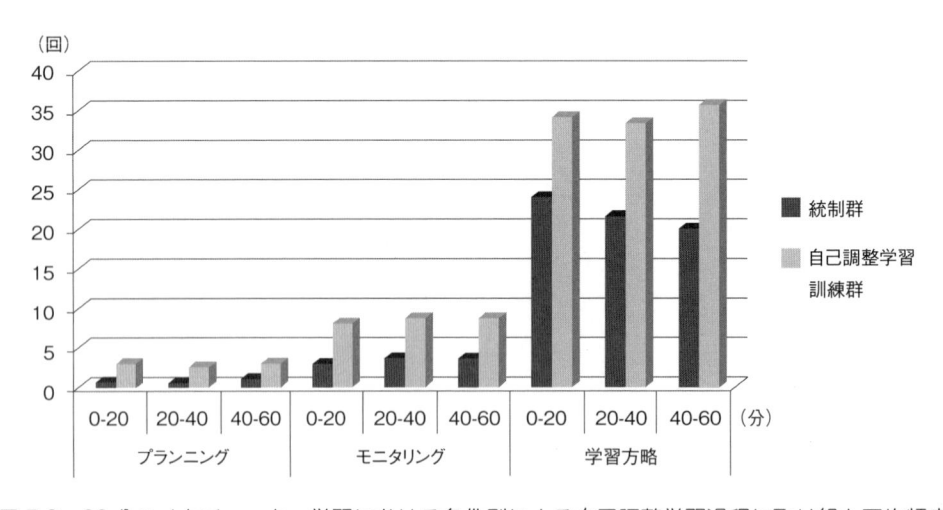

図7.2　60分のメタチューター学習における条件別による自己調整学習過程に取り組む平均頻度

Winneの自己調整学習のモデルにおける中心のハブだと考えられているので，セッションの間，最も頻繁に生じている学習方略とモニタリングをみると妥当な方向の1つのステップではある（Winne & Hadwin, 2008を参照のこと）。プランニングに関係する過程はすべての過程において最も少ない頻度で生じる（平均して，10分間に1度）。また，訓練条件の学習者たちは統制条件の人たちよりも，プランニング，モニタリング，学習方略に関連する多くの自己調整学習過程を実行していた。

それぞれの種類のなかでの自己調整学習過程による同じデータの詳細な分析は，さらに多くのことを明らかにした。たとえば，統制条件の学習者たちは，生物学の内容を，図表やハイパーメディア上の文章，ノートを取ること，内容の再読を事前に検討し，正しい要約の提供，情報資源を調整することによって学習している。対照的に，自己調整学習訓練条件の学習者たちは，ノートを取ること，予習，再読，正確な要約，既知感や学習判断，先行知識の活性化などを行なっていた。グループ間にいくつかの違いがみられるけれども，これらの自己調整学習過程のいくつかの実行頻度の問題はいまでも課題として残されている。量的に，これらの結果は，ハイパーメディアを用いた学習の

間，比較的わずかな自己調整学習過程しか利用していないことを示したが，一方で，質的にも，効果的な自己調整学習過程は比較的利用不足であることも示したのである。

時間が記されたビデオ・データにある即時の発話思考のデータを集めるもう1つの利点は，われわれが学習中のそれぞれの自己調整学習過程にかかる平均時間を計算できることである。データは，学習方略の持続は2～30秒の範囲であることを示している。たとえば，ノートを取ることは平均20秒持続し，図表化は平均30秒持続する。しかしながら，内容の事前検討には平均2秒しかかからない。メタ認知的モニタリングについては，これらの過程は平均3秒から9秒である。既知感や学習判断のようなメタ認知的判断と内容の評価は平均3秒であるが，一方で目標に向かう進歩のモニタリングは約9秒かかる。自己調整学習過程の持続

は，学習に対する影響を決定するうえで重要である。

低パフォーマンスと高パフォーマンスの生徒による自己調整学習過程の実行の比較が，図7.3aと図7.3bに示されている。追跡データはミクロレベルでの学習中の過程の実行と変動を検討するのに重要である。x軸は分の経過時間を示しており，y軸は自己調整学習の種類および対応する自己調整学習過程を示している。濃淡をつけた背景はメタチューターにおける7つのテーマのそれぞれを示している。それぞれの図の最下部にある点（知識獲得と名づけられている）は，いつ生徒がメタチューターからの内容を読んだかを示している。図7.3aは低パフォーマンス生徒（すなわち，事前テストから事後テストにかけて学習の上昇が低い）の最初の30分の追跡データである。図は，この生徒は，最初の30分の間に，内容知識を獲得するのに多くに時間をかけ，6つの学習方略全体を用い

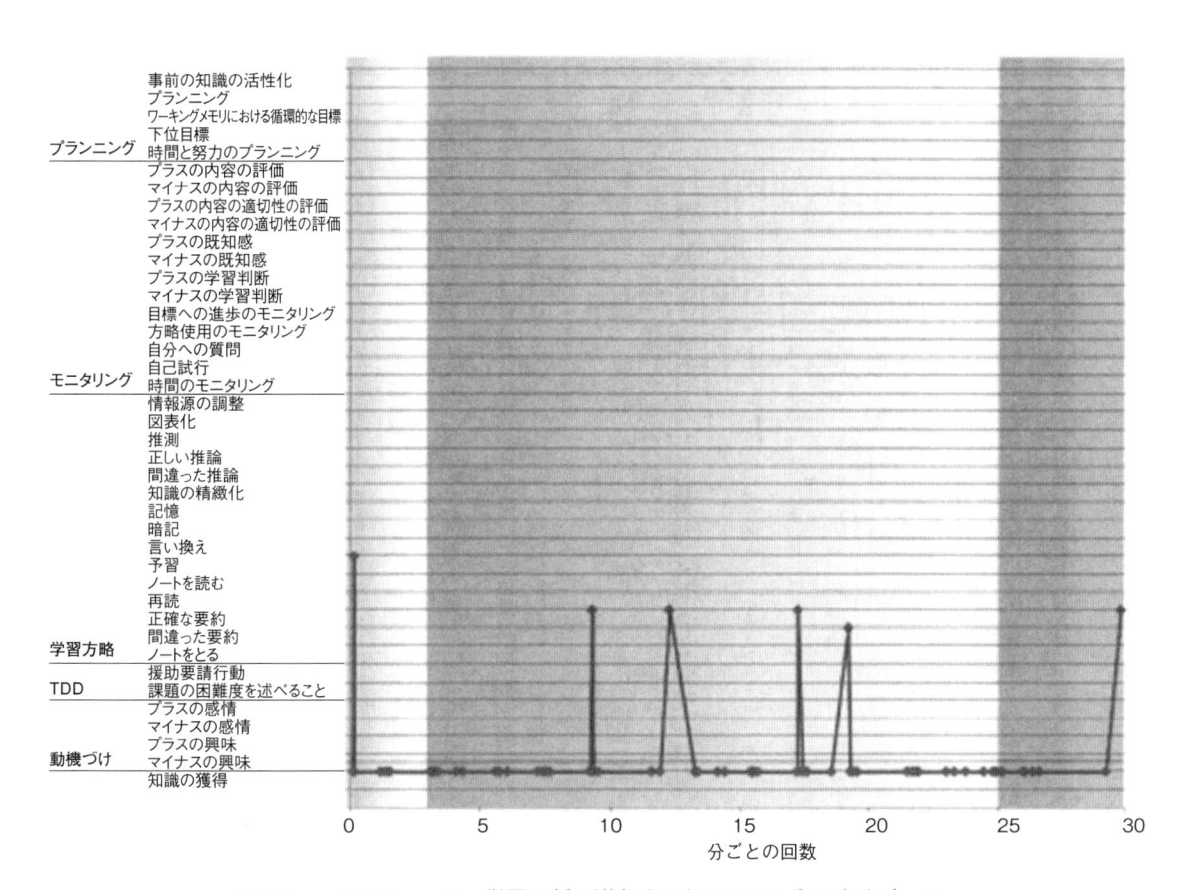

図7.3a　メタチューター学習の低い遂行者の初めの30分の追跡データ

第2部 ■ 自己調整学習の指導の問題

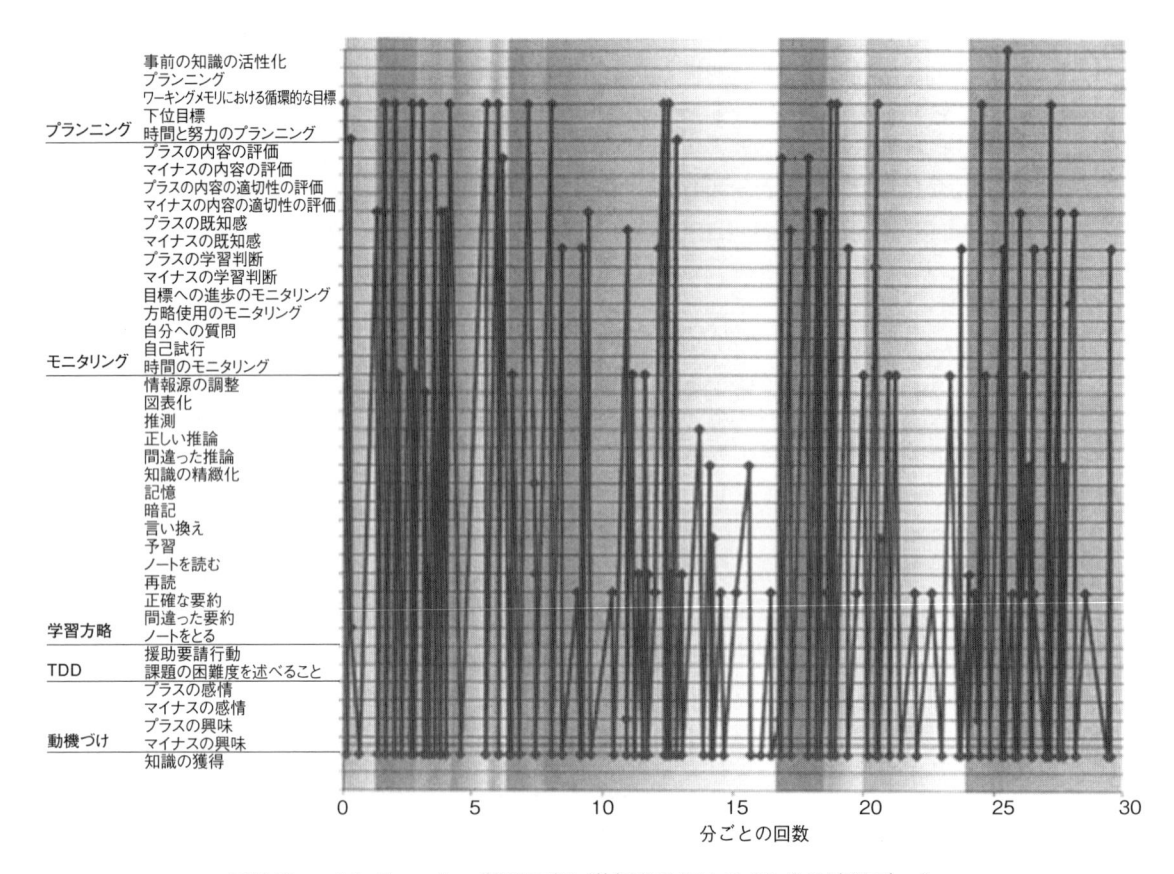

図7.3b　メタチューター学習の高い遂行者の初めの30分の追跡データ

たことを示している。対照的に，図7.3bに示される高パフォーマンスの生徒は，かなり多様であり，さまざまな自己調整学習の種類と関係のあるもっと多くの自己調整学習過程を実行し，環境のなかの多くのテーマを調べ，メタチューターに提示された内容の読解にはあまり時間をかけなかった。このタイプのデータは，自己調整学習の循環的性格を理解するのに重要である（Aleven, McLaren, Roll, & Koedinger, in press; Azevedo, 2009; Azevedo, Johnson et al., 2010; Biswas et al., 2005; Pieschl, 2009; Winne & Hadwin, 2008; Zimmerman, 2008）。

全体としては，これらのデータはメタチューターを用いた学習の際の自己調整学習過程の複雑な性質を示している。われわれは質的，量的方法によってプロセスと結果に関するデータを集約し，学習結果の性質と自己調整学習過程の実行を理解するデータを産出した。このデータは，生徒の学習を促進し基本的な自己調整学習過程の実行を促していくうえで必要な，適応的な足場づくりを与えることができるメタチューターの適応的な型を設計するために利用されるだろう。次節では，複雑な科学的テーマについての自己調整学習を探索し，追跡し，モデルを示し，そして促進していく適応的メタチューター・システムの設計を構築する課題について扱う。

■ 自己調整学習を評価し伝えるためにメタチューターを利用するための指導上の提言と課題

この節では，われわれは教育目的のためのメタチューター（そして同様のハイパーメディアに基

づく学習環境)の利用に関するいくつかの全般的で具体的な指導の提言をはっきり述べよう。表7.1において，指導の内容，学習者たちの自己調整過程，学習システム（たとえばメタチューター）の役割に関連したいくつかの重要な課題を簡単に概観しよう。この節では，われわれは，自己調整学習のモデルとわれわれのこれまでに示してきたデータに基づいて，メタチューターの識別力のある型を設計する際における固有な課題に焦点をあてる。

おもな課題

われわれの結果から，複雑で挑戦のしがいのある科学のテーマについての生徒の学習を促進するための，適応的メタチューターの設計に対していくつかの提言ができる。生徒のメンタルモデルの移行を促していくうえで適応的な足場づくりの条件が有している有効性を考えると，メタチューターに人間のチューターの調整的行動を模倣させることには意味があるだろう。挑戦しがいのある科学のテーマに関する生徒の理解を促していくうえで，システムは学習の際の生徒たちの自己調整行動を促進するその足場づくりの方法を大きく修正する必要があろう。同様のアプローチは伝統的な知的チューターシステムで使われてきた（たとえば，Koedinger & Corbett, 2006; VanLehn et al., 2007; Woolf, 2009）。われわれは，概念的には豊かだが，よく構造化されていないテーマについての生徒たちの学習を評価するうえで技術的限界を認めている（たとえば，Azevedo, 2008; Jacobson, 2008）。たとえば，生徒たちのメンタルモデルの質的変化を正確に評価することについて課題を残している。同様に生徒たちの自己調整学習過程を，正確に探索し，追跡しモデル化するシステムを設計する能力は，今後数年に及ぶ課題であろう（Azevedo, 2008, 2009; Azevedo, Moos, et al., 2010; Jacobson, 2008）。人工知能（artificial intelligence）や教育データ・マイニング（たとえば Baker, in press; Leelawong & Biswas, 2008; Rus, Lintean, & Azevedo, 2009）など，現在のコンピュータによる方法は，文脈に埋め込まれたテストを実施したり，細かな内容ごとに小テストを頻繁に行なったり，理解を探ったりすることを併用することで，メンタルモデルの移行を追跡することに対してよい解決法を提供し得るかもしれない。同様に，ソフトウェアや生理的なセンサーを活用することが，自己調整学習の過程の遂行を探索し，追跡し，モデルを示していくうえで重要なものとなるであろうし，また，どうすれば，適応的な足場づくりによって内容の学習や自己調整学習スキルの形成を図っていくことができるかについてデータを提供し得るであろう。

自己調整学習過程に関して，われわれのデータは，学習者たちは基本的な自己調整学習過程を実行しない傾向にあり，その過程を実行するものは，それほど頻繁でも，継続的でもないことを示す。基本的なメタ認知的過程を実行する学習者たちもいるが，それらの過程は短い時間しか続かない傾向にある（9秒どまりである）[1]。適応的メタチューターのおもな課題は，それらの過程の実行を検出し，過程を分類し（リアルタイムに），メタチューターによる生徒の学習歴に相対した適切なフィードバックのメカニズムと足場づくりの方法を提供していくうえで，十分に高い感応性を備えることである。これらすべての情報は，システムを利用している生徒や指導モジュールに提供されなければならないだろう。これによって，学習者に対するマクロあるいはミクロレベルの足場づくりや，フィードバック・メッセージを学習者に適合させることに関する意思決定が可能となろう。たとえば，マクロレベルの足場づくりは，生徒が，学習計画を立て，適切な下位目標を設定し，それに向けての進み具合のモニターを支援することを含んでいる。ミクロレベルの足場づくりは，より複雑であり，生徒による個々の自己調整学習過程への取り組みに足場づくりをすることを含むであろう。たとえば，学習の際に，教材理解の深化をアセスメントする推論を行なう，図と本文を統合する，などである。これに関連した問題としては，自己調整学習過程の行使に関する現行モデルを維持していくこと（粒度のレベル，遂行の頻度，それぞれの過程に関する誘因価などを含んでいる），内容や学習の測度について理解を深めていくことがあげられる。学生がメンタルモデルをいかに深化させるかに関する質や，自己調整学習過程の質につ

表 7.1 メタチューターの使用と関係がある教育の問題

問題	関心のある変数	関連のある問題と問い
学習文脈	学習目標	・挑戦しがいのある学習目標によって自己調整学習が促進されるか。 ・学習者は，学習目標によって自らの進歩がとらえられ，遂行の基準／規準を確立できるか。 ・だれが学習目標を提供するか？　学生，教師，仲間，学習システム？
	教育のリソース	・必要とされる追加の教育のリソースが目標達成を容易にするか？ ・学生たちはどの教育のリソースが目標達成を容易にして，そして学習を強める可能性が高いか選択するために必要な手助けを求める行動をすることができるか？
	学習システム	・下欄のメタチューターを参照のこと。
	外的調整を担うエージェント（人間あるいは人工物）	・外的調整を担うエージェントの役割は何か？　それらは認知的，メタ認知的方略をもたらすか？　それらはさまざまな役割（たとえば，足場づくり，モデリングなど）を果たすか？ ・学生たちの理解が進むのをモニタし，そしてモデリングすること，学習している間にそれらの感情の状態を促進し，モニタし，そして調整するのは，それらの役割か？　知識獲得の促進，フィードバックの提供，学習の足場をつくることなど？ ・これらは人（たとえば，教師，家庭教師，仲間）あるいは人工のエージェント（たとえば，教育をするエージェント）か？ ・サポートは学習の間に絶え間なくこれらのエージェントによって与えられるか，それは長い間に薄れていくか，あるいはそれは学習の間に揺れ動くか？　もしくは学習者の行動に基づいているか？ ・これらのエージェントはいつ介入するか？　それは前もって決定された時間間隔に基づいているか，あるいはそれは学習者の行動，学習歴，自己調整力の発達などのダイナミックなモデルに基づいているか？ ・それらはどのように介入（たとえば，一方向の言葉の陳述，会話，ジェスチャーなど）を実演するか？
	アセスメントとフィードバックのシステム	・どんなタイプのアセスメントが学習文脈に含められるか？　それらはなんらかの外部エージェントによってオフラインで（たとえば，紙と鉛筆で）与えられるか，あるいはそれらは学習環境に埋め込まれているか？ ・種々のアセスメントの方法の目標は何か？　それらは知識習得，問題解決，自己調整学習プロセス，自己調整学習スキルに関する能力などのアセスメントか？ ・どんなタイプのフィードバックメカニズムが存在するか，そしてそれらは，学習文脈あるいは学習システムの一部か？ ・どのようなタイミング，レベル，自然さ，複雑さ，伝達システムが，それぞれのタイプのフィードバックメカニズムと結びつけられているか？
学習者の（認知，メタ認知，動機づけ，感情）プロセス	事前の知識	・学生たちの事前の知識のレベルはどのようなものか？　それは自己調整すべき学習者の能力にどんな影響を与えるか？
	方略の知識	・学生たちはどんな自己調整方略に関する知識があるか？　それらをうまく使えるようになるために，どれだけの練習を行なってきたか？
	課題の知識	・成し遂げるべき課題について学生たちはどのくらい知っているか？　また，同じく，彼らが使うように求められている学習システムや文脈の諸側面を知っているか？
	メタ認知的知識とスキル	・学生たちが学習を調整するために必要な宣言的，手続き的，条件的知識をもっているか？　学習システムはこれらの複雑なプロセスについて学ぶ機会を提供するか？　環境は学生らが実践する機会を提供し，こうした機会に関するフィードバックを学生らに与えるものであるか？
	動機づけの要因と志向性*	・学生たちの自己効力感，興味，課題価値，目標志向性は何か，また，それらは自己調整力にどのように影響を与えるか？
	感情の状態と感情調整*	・学生たちは学習の間に感情の状態をモニターして，そして調整することが可能か？

第7章 ■ 自己調整学習を評価し伝えるためのハイパーメディアの利用

問題	関心のある変数	関連のある問題と問い
学習システム（メタチューター）	非線形の構造	・ハイパーメディアでの学習環境の厳密な構造はどのようなものか？　線形的なものなのか，階層的なものなのか，など？
	多様な表象	・ハイパーメディアの学習環境においてはどのような種類の多様な表象が利用できるか？ ・どのくらいの多くの種類の表象があるか？　それらは互いに結合した（統合を促進する）ものか，それともランダムに埋め込まれたものなのか（余計な認知的負荷をもたらす可能性があるか）？ ・それらの表象は静的なもの（たとえば図表など）か，ダイナミックなもの（アニメーションなど）か，両方か？ ・生徒たちは自らの表象を構成できているか？　もしそうであれば，それらによって理解が進んでいることをアセスメントできるものか？　もしくは，学生の理解や問題解決，学習の進展を示す可能性のある人工的につくられたものなのか？　あるいは，学習者が表象形成の負荷を減らして，ワーキングメモリを増やすためのものなのか？
	コンテクストのスペース	・ハイパーメディアでのコンテクストのスペースの大きさはどのくらいのものか（たとえば，図表が少しだけの10ページあまりのものか，あるいは，何千語，何百もの多様な表象を含んだ何百ページにわたるもの）？
	学習者のコントロールのレベル	・さまざまな学習者のレベルのコントロールがされているか？　そのシステムは純粋に学習者によってコントロールされており，したがって，学習者の自己調整能力に依存したものとなっているか？　あるいは，学習を外的に調整する複雑な人工知能のアルゴリズムによって，システムが適応的な足場づくりとフィードバックを行なっているのか（それが自己調整学習を支えている）？
	足場づくりのレベル	・調整要因の役割は何か？　それらは認知的，メタ認知的方略を提供しているか？　それらはいろいろな役割を果たしているか（足場づくり，モデリングなど）？ ・理解の形成をモニターしたりモデルを示したり，知識獲得の促進を図ったり，フィードバックの提供や，学習の足場づくりなど，こうした役割を果たしているか？ ・それらは教育をするエージェントか？ ・足場づくりのレベルは，学習の間，コンスタントなものか，時間とともに消えていくものか，もしくは学習中に変動していくものか？ ・いつそれらのエージェントが介入しているか？　どのようなかたちで介入しているか（言葉で，会話で，対話システムで，主導性が混交したかたちで）？
	アセスメントとフィードバックのシステム	・学習システムのなかにどんなタイプのアセスメントが含まれているか？ ・種々のアセスメント方法の目標は何か？　知識獲得，問題解決，自己調整学習プロセス，自己調整学習スキルの能力などをアセスメントするのか？ ・どのようなフィードバックメカニズムが存在しているのか，それらは学習文脈や学習システムの一部なのか？ ・それぞれのタイプのフィードバックシステムと結びつくのはどんなタイミング，レベル，性質や伝達システムか？

＊複雑な学習における動機づけと感情の重要性を認めるものである。しかしながら，ハイパーメディア学習における動機づけや感情に関するプロセスととくに関連のあるデータをもち合わせていない。

いて推論を導いていくにあたって，こうした流れは必然である。

2つの最も重要な自己調整学習を促進する側面は，効果的な自己調整学習の足場づくりと適時に適切なフィードバックを与えることの両方が可能であることである。本節ではわれわれは，これらの重要な要素となる適応的メタチューターの2つの固有で重要なモジュールに焦点をあてる。

足場づくりモジュール

足場づくりは生徒たちのテーマの概念的理解と自己調整学習過程の実行を促進するための重要な手段である（Azevedo & Hadwin, 2005; Pea, 2004; Puntambekar & Hübscher, 2005）。重要な側面は異なるタイプの足場づくりを提供するエージェントの能力である。異なるタイプの足場づくりは，生徒たちの概念的理解の当該のレベルに基づいたものであり，そして学習セッションの残された時間の量を考慮したものである。もう1つの重要な側面は，学習者の学習の道筋に関するもので，現在の下位目標ないし学習セッションの全体にわたる目標のいずれかに関して，関連するページや図表のところを参照するかに関するものである。さらに，われわれは，生徒がどのくらいすでに足場づくりを受けてきたかに関することや，彼らの内容理解の促進においてそれが効果的であったかに関する要因を必要としている。提案された適応的メタチューターは，個別の内容に具体的な自己調整学習過程を結びつけていく足場づくり（たとえば，あらゆる内容のイントロのところで，足場づくりによる促しがなされ，学習者はプレビュー（下見）をし，中身をざっとながめて，現在の下位目標に即して評価をし，そして，その内容を続けるか，やめてしまうか，判断することになる）と，時間に敏感で，概念的変化に対して量的変化を促すきめ細かい足場づくり，という対立する2つの足場づくりを行なうことからスタートした。このアプローチは人間とコンピュータによる個別指導についての広範囲な研究に適したものであった（Azevedo et al., 2008; Chi, Siler, & Jeong, 2004; Graesser et al., 2008）。適応的メタチューターの課題の1つは，外的制御（すなわち，エージェントが指導の責任を担い，個別の方略やメタ認知的過程が効果を生み出すようすを生徒が観察すること）から始めて一度生徒が内容の理解を示したらすべてのサポートをなくすまでそうした段階的な足場づくりを設計することであろう。自己調整学習過程に関するわれわれの現在のデータは，学習者たちが他のメタ認知的判断よりも，多くの既知感（FOK），学習判断（JOL）と内容の評価（CE）をしているという結果を示している。しかしながら，学習者たちは，これらの過程をほとんど実行しない。このように，エージェントは，生徒たちが，学習の際に，もっと頻繁にこれらの基本的なメタ認知的過程にはっきりと取り組むように設計される必要がある。もう1つの足場づくりのレベルは特定のメタ認知的過程と最適な学習方略を結びつけることである。たとえば，生徒たちがあるパラグラフをまったく理解していないなら（つまり，学習判断−），再読を勧めることが望ましい。逆に，パラグラフをわかった（つまり，学習判断＋）と言う生徒たちは，次のパラグラフを読むことを続けさせるか対応する図表を調べさせたらよい。

フィードバックのモジュール

フィードバックは学習における重要な構成要素である（Koedinger & Corbett, 2006; Shute, 2008; VanLehn et al., 2007）。フィードバックをめぐる問題は，そのタイミングとタイプである。フィードバックはまちがった推論をしたり，文章や図表をまちがってまとめたりしたすぐ後に与えられなければならないため，タイミングが重要である。フィードバックのタイプは，エージェントが正しい答え，推論などの後にシンプルに結果を知らせるのか，精緻化されたフィードバックを行なうのか，といったこととかかわっている。精緻化されたフィードバックは，生徒の学習履歴についての知識が必要で，そこで正確な生徒のモデルに大きく依存しているので，創造するのがむずかしい。たとえば，メタチューターの基本的な目的は，システムが生徒のニーズを正確に判断し，異なるタイプのフィードバックが行なえるよう，どのくらいの，そして，どの学習者の変数を追跡したほうがよいのかを決めることである（Shute & Zapata-Rivera,

2008)。われわれは，フィードバックは内容理解と自己調整学習過程の実行のためにも与えられるとはっきり言おう。データによって示されるのは，生徒が効果的でない方略を使っていて，その場合，エージェントは生徒たちにもっとよい学習方略を使うように注意してフィードバックを与えるということである（たとえば，一語一語コピーしないで，複雑な生物学の経路を要約すること）。要するに，われわれは，自己調整学習を評価し伝えるハイパーメディアの使用について，理論に基づく実証的な知見を見いだしてきている。

■ 将来の方向性

研究者たちはメタチューターのようなハイパーメディアを用いた環境における自己調整学習に関係した基本的な認知的あるいはメタ認知的過程の役割を研究してきている。われわれは学習中の自己調整の過程の遂行を評価するために，多様なオンラインでの追跡法（同時の発話思考プロトコル，オーディオ，ビデオ，ログ・ファイルのデータ）によってデータを収集することの利点を明らかにしてきた。データは，一連の過程に関する深い見方とどのように過程が学習を調整するために使われているか（いないか）を示している。

現在の理論上，方法論上，教育上の利点にもかかわらず，研究者たちや教育者たちが取り組まなくてはならない未解決の問題がある。1つめは，われわれは，広範囲なマクロあるいはミクロレベルのデータに基づいて，自己調整学習の認知モデルと社会認知モデルによる構成を統合したプロセス・モデルを構築していく必要がある。これは，普遍的な（検証可能な）モデルを構成していくうえで重要なステップとなる。このモデルによって，多様な認知的，メタ認知的プロセスの役割と，それらが学習者の自己調整力に及ぼす影響について見通しを得ることができる。このモデルは，自己調整学習のトレーニングのみならず，適応的メタチューター・システムが学習者に提供しなければならないフィードバック，足場づくり，適応性のレベルを決定するうえでの基礎としても利用できる。

2つめは，われわれは，隣接領域での方法論や研究技法を用いて動機づけ（Pekrun, 2009を参照のこと）や感情（Koole, 2009を参照のこと）の変化をとらえ，こうした知見を自己調整学習の現行モデルに組み入れていく必要がある。3つめは，われわれは，学習者のキャリブレーション過程を評価するために，自己報告とオンラインでの方法を組み合わせて用いる必要がある。また，学習者の自己認知と，オンラインでの自己調整行動の間には，実際のところ，どれだけ違いがあり得るかについて，学習者自身が理解できるよう援助することを目的とし，これらの情報を活用していくうえでも，必要なことである。指導を行なうエージェントのさらなる課題としては，学習者の認知的，メタ認知的，動機づけ的，感情的過程をモデリングし，足場づくりをし，共調整するうえで，多様な役割を果たしているのかについて検証していく必要がある（Graesser et al., 2008を参照のこと）。4つめは，われわれは，研究者たちと教師たちが学習者たちの自己調整学習のプロフィールを調べることができる視覚化ツールを必要としている。それは，検証のできる仮説を立案するため，また，教育のためにも有用である。最後に，自己調整学習を評価し伝える先進の学習技術の未来は果てしがないが，それはあくまでも科学的方法に基づいたものでなければならないことを申し添えておく（Greene & Azevedo, 2010）。

【謝辞】
　本章の研究は，第1執筆者に授与された国家科学協会の助成金（Early Carrer Grant DRL 0133346, DRL 0633918, DRL 0731828, HCC 0841835）の支援を受けている。メタチューターの設計と開発については，M. Lintean, Z. Cai, V. Rus, D. McNamaraに，メタチューター・プロジェクトのデータの収集，記録，数値化については，C. Burkett, A. Fike, M. Coxに謝意を表する。

【原注】
★1：プロセスの持続時間は，学習の際の調整の実行という意味では必ずしも重要な指標とはいえないし，プロセスの質という意味でも同様である。

第8章　教室における自己調整学習に関する研究

Nancy E. Perry and Ahmed Rahim
University of British Columbia, Vancouver, Canada

伊藤　崇達（訳）

　本章の焦点は教室における自己調整学習にある。とくに，生徒が自らの力によって効果的に学習を進めていくこと，すなわち，自己調整学習と「文脈」の相互作用について検証している研究を取り上げて概観していく。この文脈には，教室における課題や教育実践，対人関係などが含まれる。本章は5つの節で構成されている。はじめに自己調整学習の定義を行ない，次いで，自己調整学習に関する理論と研究の進展についてみていく。とりわけ，次の2点に注目したい。(a) 現在，さかんになってきている社会的，状況的な立場による学習に関する理論や自己調整学習理論が，教室研究から知見を見いだしたり解釈したりしていくうえで有用であること。(b) 教室のような複雑な文脈におけるプロセスとして自己調整学習を明らかにしていくためには，多様な研究方法や測度を採用，開発していく必要があること。第4節では，教室研究のいくつかのプログラムについて詳しく紹介し，有効と考えられる理論や研究方法の具体例を提示することにする。また，教室における自己調整学習にかかわる個人，社会，文脈という変数の間の相互作用やトランザクションのあり方を示すことにする。最終節では，研究の進むべき方向性について論ずるが，これは，教室における学習の調整に関する今後の研究に重要な示唆をもたらすはずである。

■ 自己調整学習とは何か？　教室におけるあり方はどのようであるか？

　「自己調整」という用語は，学習者がメタ認知，動機づけ，方略を備えていることを記述する際に用いられる（Winne & Perry, 2000; Zimmerman, 1986a, 2008）。メタ認知の語が示しているのは，このような学習者が学習場面において個人，課題，方略の各側面と相互的な形でいかにかかわっているかということである。具体的には，与えられた課題の要求に対して学習者がどのような強みや弱点をもっているかについて自己評価をし，そして，挑戦を要するものに対して効果的な方略を採用し，学習過程やその成果を最適なものにしていくのである。動機づけとは，個人としての成長や深く理解することに価値を置いていること，むずかしそうな課題に挑戦しようとする意志があること，失敗に対して建設的な見方ができることを表わしている。課題が手強いものであるとすぐにあきらめてしまうのではなく，粘り強く取り組み，努力と効果的な方略によって成功は手に入れられると信じている。最後に，方略とは，次のようなことをさす。こうした学習者が，やりがいのある課題に取り組んでいくときに方略のレパートリーのなかからその場面に最も適した方略を選び出し，それらをいかに適切に用いていくか，ということを表わしている。重要な点は，自己調整学習が自らの力による学習と社会的な形での（協働による）学

習の両者を支えていくのであるが，支えられもするということである（Zimmerman, 2008）。

自己調整学習がどのようなものであり，教室においていかに支えられるのかについて具体例をあげてみる。2年生と3年生の教室であり，教師であるローラの指導によって子どもたちは自己評価活動に取り組んでいる。「ポートフォリオで行なおうとしていることは，目次を作成することです……そうしておけば，後で探すものが見つけられます……それと，ふり返り帳を詳しく調べて，ポートフォリオに入れるページをいくつか選びましょう」。ローラのクラスの子どもたちは，毎週，最後に学びのふり返りを書いていた。「学びのふり返り帳からみんなはどんな種類のものを探し出すつもりなのかな？（選ぶときに用いるのは）どんな規準なのかな？」。おもしろいもの，自分が好きなこと，紙面が美しいもの，読みやすいもの，意味があるもの，などと子どもたちはこたえる。ローラは，これらの規準を黒板に書いて，（何かを）選び取るときの理由はさまざまであり得ることを強調する。「紙面が美しいことも，それで学習の役に立っていたらたいせつなことかもしれません」。けれども「どのくらいおもしろいものか，意義があるのか，学習課題に応じたものであるか」といったことも重要な規準であることをあわせて強調していた。

ローラは，ふり返り帳の最初のところにもどり，そして，全体を読み返すように，子どもたちを促す。「実際に自分が好きなものを見つけたら，その箇所に指を置いておいたらいいのですが，それが本当に自分の気に入ったものなのかどうか，きちんと確かめられるように読み続けるようにしなさい」。ローラは，ポートフォリオに入れるものの候補として黄色のポストイット（付箋）で印を付けるように子どもらにすすめている。子どもたちはそれぞれ自分の力で静かに選ぶ作業を進める。「2, 3分経ったら，だれかに自分が選んだものを発表してもらいます。どうしてそれを選んだのかについても説明してもらいたいと思います」。選択理由を尋ねられたときに，ある児童は「学校に来てリースをつくったから」とこたえ，別の児童は「サイエンス・ワールド（Science World）」への校外見学についてふれて「その活動が気に入ったから」とこたえる。それから，ローラは「みんなもしっかり選んで，慎重に読み直しをしたら，こちらへ集まってきて，パートナーと見せ合いましょう……あなたがどうしてそれを選んだのか，教えてください」と伝える。子どもたちがパートナーを決めて，ふり返りをし合ったら，ローラは，パートナーがどんな選択をしたか，報告するように求める。「本当に気に入ったというものをパートナーからいくつ聞き出すことができましたか？……どんな説明をしてもらいましたか？」。

それから，子どもたちは各自の机へともどって，ポートフォリオを出して，中表紙のページを開く。ローラが次のような質問をする。「目次とは何のことでしたか？……そうです，ポートフォリオのどこに何があるかわかるように並べて整理することでしたね……1ページにあるあなたのストーリーをみてください。それを何とよびましたか？」。子どもたちは「私のすべて（All about me）」とこたえる。ローラは「はい，どのようによんでもらってもかまいません」と確認をして，それから，ポートフォリオの内容のタイトルを一覧にする方法とページ番号のふり方を説明した。ローラは，1人の児童に，本の目次を見つけさせて，クラスの全体に例として示させた。子どもたちは，学校の管理人が次の活動のために授業の中断を頼みに来るまで，目次をまとめたり，記録にタイトルをつけたりする作業を続けた。ローラは「それではまた，目次の作成を続けましょう……」と伝え，子どもたちにポートフォリオを片付けてしまいなさい，と言う。

以上の実例は，Perry の観察データに基づいている。ローラのクラスの子どもたちが**どのように**ポートフォリオの素材を選び出し，整理をしていたか，（ほとんどの子どもにとってはじめての課題であった）目次の作成と選択の作業を彼女がどのように支援していたか，ある時点で特定の課題に取り組んでいるときに**どんな**要因によって意思決定がなされたか，これらのことについて記録している。これまでの自己調整学習の研究では，そのような教室場面**における**教師や生徒の活動の記述はほとんどなされていない。自己報告式の調査デ

ータによることがほとんどであり，学習者が教室をどのように認知しており，自らがどのような行動をとっていると認識しているかについて論ずるにとどまっていた。また，研究の多くは検討がしやすいように学習者の特性とクラスの特徴を別々に取り上げてきた。以降の2つの節では，自己調整学習の研究に求められる統合的なアプローチについて議論することにする。そのアプローチとは，教室における自己調整学習の個人，社会，文脈の次元の複雑な相互作用やトランザクションをとらえていこうとする試みである。

■ 理論的な基礎づけ

自己調整学習の研究では，現在，多岐にわたる概念モデルが提示されてきている。自己調整学習がどのように作用するかについて説明していくうえで，多重の構成要素からなる動的で統合的なプロセスが考えられている（Corno, 2001; McCaslin & Hickey, 2001; Schunk, 2001; Winne, 2001）。生徒が自らの学習をいかにコントロールしているかについて検討していくことが，これまでの調査では主眼とされてきたことでもあり，また，自己調整学習の中心的な価値でもあった。本章においては，自己調整学習の個人，社会，文脈の次元の相互作用に焦点をあてて，この多次元からなる構成概念についてわれわれ自身が考えていることを示したいと思う。とりわけ強調したいのは，自己調整学習がどのように成立してくるかということであり，自己調整学習を促すであろう「共調整（co-regulation）」と「共有された調整（shared regulation）」という2つの異なる社会的なプロセスを提示したいと思う。

"*Elementary School Journal*" の1988年の論文のなかで，RohrkemperとCornoは，造語として「適応的学習（adaptive learning）」という言葉を使い，自己選択によらない教室での学習課題によって生じてくるストレスに対処したり和らげたりするスキルや態度のことを説明しようとしている。著者らは，教室にはさまざまな学習者がおり，課題は必ずしも最適な形でそれぞれに対応しているとは限らず，また，放課後の生活についても最善な形でそれぞれの子どもらに機会が与えられているわけではないと指摘している。したがって，放課後の学習をうまくやっていくためには，自らを適応させる力が身につけられるか，どういう課題が与えられるか，学びの状況，これらのことが重要になる。適応的学習の中心にある考えは，教室の課題と，これらに生徒らがどのように対処するかは，動的なもので適応的なものだということである（Rohrkemper & Corno, 1988）。認知の面でみると，このことは，課題やその条件を調整するということだけでなく，効果的に課題に取り組めるようにいろいろな方略を試してみようとすることを意味している。動機づけの面でみると，フラストレーション体験に対処してそこから回復することや，課題に粘り強く取り組むことを含んでいる。こうした考え方は自己調整学習の概念と一貫するものであり，実際のところ，自己調整学習そのものといえるであろう。

McCaslin & Good（1996）がさらに論じているのは，他者に支援を求める力，着実に目標をめざしこれを達成していくうえでリソースが利用できる力，他者の視点も統合して理解が深められる力，これらの力が適応的学習において重要な側面だということである。こうした側面は自己調整学習においてもまた主要な側面であるといえる。適応的な学習のスキルを身につければ，同時に，優れた自己調整学習者となるといえるのである。

しかし，適応的学習はどのようにして成立するのか？　Rohrkemper & Corno（1988）は，適応的学習はサポートのある教室の文脈のなかで形成されてくるものとしている。特定の適応的な方略や認知的スキルが身につくような手ごたえのある活動のなかで，教師から指導を受けたり生徒自身で取り組んだりしながら形成されてくるのである。これは学習を社会文化的な立場からとらえる視点と一致するものであるが，子どもたちは，教室の生きた文脈のなかに埋め込まれた存在としてみなされ，状況に根差した教師や仲間とのやりとりや関係を通じて，適応的に学習する力を相互に主体的に構成し合うものとしてとらえられるのである。このように適応的学習は，教師や仲間が適切なス

キルの見本を示したり，目標や基準をともに構成し合ったりする社会的環境において生じてくるものである。この目標や基準は，しだいに個々の生徒によって内面化がなされていくのであるが，具体的なものであれ一般的なものであれ，各人がもっている概念や自己と学習にまつわる信念と一貫した形でなされていく。

共調整と共有された調整という2つの異なる社会的プロセスが，教室での適応的学習の形成を促していくのである。教師や仲間が学習者にとって意味のある機会をつくったり応答的に足場をつくったりして適応的な方略を実行し獲得していくプロセスのことを共調整とよぶ（McCaslin & Good, 1996）。共調整は，移行的な段階であり，学習者は問題解決に取り組む活動を共有するなかで，たとえば，外的なモデリングや道具的なフィードバックなどを通じて自己調整学習を徐々に最適なものへと変化させていく（Hadwin, Oshige, Gress, & Winne, 2010）。共調整において学習者の焦点は，課題の遂行そのものにあるのかもしれないが（たとえば，ふり返り帳の記録を見直すこと），一方で，より有能な学習者は，一連の方略的な手続きによってメタ認知や動機づけを促すことで（「実際に自分が好きなものを見つけたら，その箇所に指を置いておく……」），調整的なコントロールを支えていくのである。これに対して，多様な仲間が集団として活動を調整していくプロセスのことは，共有された調整とよばれる（Hadwin et al., 2010）。共有された調整では，集団のなかで創発するやりとりを通じて，プロンプトやリマインダーといった調整的行動が相互に形成されることになり，また，学習者は相互に形成され共有された目標に向かって活動に取り組んでいく（たとえば，「私たちはふり返りでどんなことを求めているのか？」）。

こうした違いがあるにもかかわらず，共調整も共有された調整もともに，教師と子どもの関係と子どもどうしの関係とを重視している。また，教室という文脈の現実のなかに常に子どもたちが置かれているという前提に立っている。この文脈によって，多面的であり，時折，競合し合うこともある社会的目標や学業上の目標の追求と実現が可能となっているのであり，一方では，その文脈が制約ともなり得るのである。このように「教室における生活の一瞬一瞬において，社会的環境／教育環境と個人の認知的，感情的プロセスとの間には，基本的で相互的な関係」が存在するのである（McCaslin & Good, 1996, p.662）。

学習の調整に関する社会的，文脈的理論においては「機会（opportunities）」というものが重要である。たとえば，教室の課題は，生徒が知っていることをもとにしている場合はとくに，学習を動機づけ，自己調整を促すよい機会となり，各人の努力や好奇心を十分に刺激し得るほど，まさに挑戦しがいのあるものとなる。同様に，自律性を求められること，すなわち，課題において意味のある選択ができる機会があれば，自己原因性，主体性，責任性の感覚をもちつつ意思決定や目標設定を行なうよい実践練習の場ともなるものといえる。さらには，自己評価の機会によって，生徒は自らが目標に向かって進歩を遂げているかについて点検することができる（たとえば，「……目次を作成して……後で見つけやすいようにしましょう」）。また，目標が適切かどうかについて検討することもできるし（「紙面が美しいことは（その生徒にとっては）大事なことかもしれない」），それぞれの目標を追求していくうえでのコストと利点について評価することも可能となる（たとえば，生徒のポートフォリオを参照しながら「それはだれのためのものですか？」と問う）。自己評価の機会によって，学習における役割についてふり返って判断することができるようになるし（たとえば，「それはあなたがやるべきことです」），また，自己にまつわる知識が相互に創発していくようなしかたで，将来の目標設定をその実現へと結びつけていくことが可能となる（「何人かの生徒に選択を共有させて，その理由についての説明を求めていくつもりです」）。McCaslin & Good (1996) によれば，このような社会的，組織的な支援を内在化してしまえば，それぞれの領域において相対的に自己調整的な学習が可能となっていく。

個々の社会的プロセスのもとに認知，動機づけ，意思，行動の要素をまとめることと，これらのプロセスを日常的な教室でのやりとりの領域に位置づけることによって，共調整と共有された調整は，

自己調整学習の成立に関して全体論的な視点をもたらすことになる。ローラのクラスの例にもどると，彼女が行なったメタ認知的な質問（たとえば，「あなたが探しているのはどんな種類のものなのかな？ どんな規準が使えそうかな？」）や方略のプロンプト（たとえば，「実際に自分が好きなものを見つけたら，その箇所に指を置いておいたらいい……」），生徒どうしによる動機づけの支援（たとえば，「本当に気に入ったもの……」に関してフィードバックを与え合ったり，パートナーと具体例を共有し合ったりすること）によって，子どもたちの自己調整が，事実，かなりの程度，共調整的なものになっていた。ローラがとったアプローチは，指示を与えるようなものではなく，いろんな生徒がいて，ポートフォリオを作成したり共有したりする過程において，教師からの提案や具体的なアイデアについて試させてみたり選択させてみたりするというものであった。次節では，意図的，計画的な方法によって，教師（Perry, 1998; Perry & VandeKamp, 2000）や仲間（Whitebread, Bingham, Grau, Pasternak, & Sangster, 2007）の存在がいかに自己調整力を共調整されたものへと変容させ得るか，その様相について手短にみていくこととする。

■ 方法論上の利点

　自己調整を研究する方法や測度が一般的には自己調整学習の理論／モデルを表わしていることが多い（Winne & Perry, 2000）。自己報告は，自己調整学習を測定する主たる方法であるが，関連のある構成概念（たとえば，学業達成）との関係や，相互の関係など，自己調整学習の多様な側面を明らかにするものである。自己報告のみが取り上げられる場合，現実の文脈と時間，それらの流れのなかにある本来的な自己調整学習のあり方を検討していくうえでは限界がある。Perryらの研究グループは，この事実について精緻な分析を行なってきている（Perry & Winne, 2006; Winne, Jamieson-Noel, & Muis, 2002; Winne & Perry, 2000）。ここでは，教室での自己調整学習を検討していくうえでとくにかかわりの深い問題を取り上げていくことにする。社会的，文脈的な理論に即しており，また，実際の教室のなかで起こっていることをとらえられる方法と測度とを提案することにしたい。

◆◆学習者を文脈において考慮する必要性

　自己調整学習の研究の多くが立脚してきた学習理論の立場は，社会的，文脈的な要因を，個人による認知，動機づけ，行動の調整に影響を及ぼし方向づけをしていく鍵となるリソースのようなものとみなしている（Hadwin et al., 2010）。しかしながら，研究において個人と文脈は切り離されて扱われてきている。多くの研究では，特定の文脈や課題とは無関係に，「一般的にみて」どのような勉強法や学習法をとっているか（たとえば，目標を設定して計画を立てているなら，どんな方略を用いているのか，進度をモニターしているかどうか），これらについて学習者に対して自己報告を求めることがよくなされている。文脈が考慮されたとしても，思考や行動に「潜在的に」影響を与える要因として学習者とは切り離して扱われることが多い（Martin, 2006, 2007）。こうしたアプローチは，次にあげる3つの誤った仮定に基づいている。(a) 自己調整学習は相対的にみて時と場を越えて一貫性のあるものであり，そのため，一般化してとらえることはもっともなことだといえる。(b) 文脈（たとえば，課題）の特徴は，比較的安定したものであり，その文脈に参加している者のすべてに対して一様に作用する。(c) 文脈と学習者の間の影響の方向性は単一である。すなわち，文脈の特徴が学習者の思考や行動に影響を与え，潜在的に変化をもたらす。

　実際のところ，学習者，とくに年少の学習者にとっては，自己調整学習に関して般化が起こりにくい（Perry, 1998; Turner, 1995; Whitebread et al., 2007; Winne et al., 2002; Hadwin, Winne, Stockley, Nesbit, & Woszczyna, 2001）。おそらく，その理由は，場面や状況によって活動が一貫しないためであろう。たとえば，Hadwin et al. (2001) が学部の学生を対象にして明らかにしているのは，同一のコース内であっても，どの時点のどの課題であ

るかによって自己報告式の項目に対する反応が異なってくるということである。文脈に関しても安定したものではない。教室では，学習の条件に即して課題は変わってくる。同じように教師の（教授）方略や評価の実践も変わる可能性がある。学習者が教室において経験していることに不変性があると仮定してしまうと，教室の特徴が変化することを無視していることになる。事実，こうした特徴の変化は，学習や指導に対して多様な文脈をもたらし（Turner & Patrick, 2008），学習者の多様な反応を引き出す可能性がある。

　最後に指摘しておきたいのは，教室での学習の調整は，単独で生じるような出来事ではないということである（Hadwin, Miller, Gendron, Webster & Helm, 2009）。先に例示したローラの教室でのようすのように，それは社会的な文脈のなかに密に埋め込まれたものであって，継時的，相互的な支援や，やりとりのなかに埋め込まれているのである。ローラの生徒による自己調整のほとんどが，彼女からのメタ認知的な質問，方略のプロンプトと，生徒どうしの動機づけ上の支援によって共調整がなされていた。そのような文脈において，別な傍証となるようなデータ源を取り上げずに一時点の自己報告のみに基づけば，自己調整学習の質をゆがめてしまうことになりかねず，社会的な要因や文脈上の要因が進展し，これらと相互に関係をもち合う様相についてとらえていくことはできない。

◆◆参加者の視点を考慮する必要性

　反対に，学習者の信念や行動には着目せずに，教室の文脈の特徴や自己調整学習の機会にもっぱら焦点をあてている研究がある（Perryの研究もここに含められる）。Turner & Patrick (2008) によれば，文脈を過度に強調してしまうこと（つまり，学習者の認知を無視してしまうこと）にも問題がある。たとえば，先に示したローラの授業では，教師の言動を観察し報告しているが，生徒の認知をとらえておらず，研究者の想定のもとに生徒たちがすべて同じように文脈について経験し解釈していると仮定している。課題について，新奇であるか，有意義であるか，やりがいがあるかと

いったような固有の特性を揺るぎのない実体としてみなしてしまうこともまた，動的なトランザクションを無視していることになる。授業や生徒の参加のあり方を変えたり，教室の文脈を創造し直したりするという側面を無視していることになるのである（Perry, Turner, & Meyer, 2006）。そして，教室の特徴や出来事についての生徒の自己報告を総計してまとめることも，学習者の間にある重要な差異を見落としてしまうことになる。

　では，教師の認知や意図についてはどうだろうか？　社会的認知理論や社会文化的理論が示していることは，これらは，生徒の動機づけや自己調整に対して教師が支援を行なうにあたって，その意思決定を規定している鍵となる要因であるが，従来の自己調整学習の研究はこのことについてほとんど検討していない。Taylor & Ntoumanis (2007) は，高校教師を対象に，体育の授業における生徒の動機づけや自己決定に関する教師の認知を調べているが，これらの要因は，自律性支援を含めた教授方略を用いているという教師による自己報告と関連がみられることが明らかにされている。生徒のことを動機づけが高く，自己決定をしていると認知している教師ほど，自律性支援方略（たとえば，子どもに選択の機会を与えること，子どもの見方を認めること）を用いる傾向にあり，また，成し遂げてほしいことに関する期待，その結果，方略に関して質の高い情報提供をより多く行なう傾向にあった。

　文脈を切り離して個人に焦点をあてれば，「生徒の動機づけと学習の文脈に関して多くの知見が得られるのだけれども……（文脈を越えて時間とともに）動機づけが，なぜ，いかにして生起し，変化を遂げてゆくのかについて十分な説明はできない」（Turner & Patrick, 2008, p.122）。このことは自己調整学習の研究においてもいえることである。

◆◆トランザクションについての考慮

　われわれが論じていることであるが（McCaslin, 2004, 2009; Perry et al., 2006; Turner & Patrick, 2008），教室研究が，個人と対人上／文脈上の環境との間に生じる単純化できない相互作用に対して焦点をあてる機会をもたらしてきた。共調整に

関する研究がよい例である。個人の認知，メタ認知，動機づけ，行動に加えて，「トランザクション」という分析単位に着目をしている（Hadwin et al., 2010）。Dewey（1922; Dewey & Bently, 1949）によってトランザクションという考え方は提示されたのであるが，「1つの現象を不可分の総体として認知的なものも社会的なものもともに表わしたもの」（Turner & Patrick, 2008, p.123）のことである。Hadwinらによれば，こうしたモデルのもとでは個人は分析の範疇に入らないことはないのだが，学習者が自己調整学習のための方略をいかにして最適なものにしているか（これは生徒のためのローラにとっての目標でもあったが）について理解していくためには，共調整がしだいに自己調整へと変化していくといったような変換や相互作用の過程がいかに展開していくかについて調べていく必要がある。さらには，共有された調整に関する研究は，個人の認知や知識の転移（これは共調整の目標であるが）というよりもむしろ，集団としての相互作用や協働のあり方について検証していく必要があるだろう。

このような理論的な立場のもとに測度や方法を開発していくことには困難がつきまとう。談話分析やドキュメント分析とともに教室の観察が有用ではある（Perry & VandeKamp, 2000; Turner et al., 1998; Whitebread et al., 2007）。しかしながら，われわれの経験では，相互作用やトランザクションを分節化することは容易なことではない。おそらく，社会的な相互作用ややりとりを明示していくには，新たな分析方法や視点が必要となってくるからであろう（Hadwin et al., 2010）。トランザクションを明らかにするためには活動や参加に着目していく必要がある。McCaslin（2004, p.254）によると，「活動理論の見方は，近代の認知論的な視点とは異なっている。認知論では，目標の文脈において意図をもった認知や行動の主体として人間の活動をとらえている。活動理論では，人間の活動を対人領域のなかに位置づけ，相互に調整し合うものとしてとらえている。……機会が活動を直接的に規定するというよりは，個人や集団が機会（の文脈）に参加したり媒介したりすることを人間の活動とみなしているのである」。

Turner & Patrick（2008）は，Rogoff（1995, 2003）による「個人」「対人」「コミュニティ」の3つの分析の水準をつないでいくヒューリスティックを用いて，学習者が他者とともに教室の活動に参加していくようすについて研究者がどのようにとらえてゆけばよいかを示している。このアプローチでは，「個人と環境，認知的側面と社会的側面のように，これらを別々の要素に分けてしまうのではなく，現象そのものを全体として扱い（Turner & Patrick, 2008, p.123）」，活動ないし出来事を分析の単位としている。個人の水準において，研究者は，個人が活動にどのように取り組んでいるか，どんな貢献をしているか，どのように反応しているかといったことが明らかにできる。対人の水準においては，参加者の間で活動がどのように調整され共有されているか，活動がどのように参加を支えたり妨げたりしているかについて観察することができる。コミュニティの水準においては，目前の参加者から視野を広げて，制度的な実践や文化的な価値がどのように展開していき，現在の活動／出来事に反映してくるかについて検討がなされ得る。

ローラの授業の例では，個人の水準に焦点を合わせることでみえてくることは，生徒がポートフォリオのページを分類したり，ふり返り帳から候補のページを選んだりすることであり，また，目次を作成してその構成がわかるようにし，作成者にも読み手にとっても資料が見つけやすいようにするといったことである。Perryがその日のうちにローラの生徒たちにインタビューをしておれば，次のようなことが明らかにできたであろう。生徒たちは課題をどのように受け止めていたのか，むずかしいものあるいはやさしいものとみていたのか，学習ニーズや学習において得意だと思っていることと課題との折り合いをどのようにつけていたのであろうか。対人の水準に焦点をあてることで，教師や生徒がこうした活動への参加をいかにして支え合っているかということが明らかとなる（たとえば，ふり返りでの選択規準について話し合うこと，例を共有し合ったりお互いにフィードバックをし合ったりすること，目次の作成方法について手本を示すこと）。コミュニティの水準に関し

ては，先に紹介した記述のなかには表わされていない。Perryの研究は，この水準に明確に焦点をあてたものではなかった。しかしながら，この水準の活動は教室や学校コミュニティにおける大きな目標につながるものである。たとえば，3年生の子どもは学年最後のスピーチでふり返り帳のなかから抜粋したものを利用していたが，学校全体での集会において発表が行なわれており，ポートフォリオは子どもたちが学校で何をどのように学んでいるかについて親に伝えるコミュニケーションの手段となっていた。ただし，コミュニティにはどのような可能性（アフォーダンス）と制約とが存在し，ローラの教室での取り組みにどのような影響をもたらしたのかについては明らかではない。

　Rogoffによる3つの水準に基づくアプローチは，ある水準を前景としながらも，ほかの水準を視界から見落としてしまうということはなく，研究者をそうした立場に立たせてくれる。われわれは，Turner & Patrick（2008）と同じ考え方をとる。すなわち，すべての水準に対して一度に同等の注意を向けることはむずかしいといえる。しかしながら，どの水準であってもそれを軽視してしまうと，教室のトランザクションを十分にはとらえることはできない。「それぞれの水準がそれぞれの時点において前景となり背景となり，トランザクションを分析する視点を与えてくれるのである」（p.124）。TurnerとPatrickは，研究者が機会に対して注意を向け理解をしていく必要性についても強調している。生徒が自己調整，共調整，共有された調整という多様なレベルの調整に携わっていく機会とは，どのようなものなのか？　どのように，機会が共有され，一様に与えられるものか？（McCaslin, 2009）。生徒は（機会を）認識しているか？　また，どのように対応しているか？（たとえば，機会がどのように取り上げられ，やりとりされ，無視されたり誤解されたりするのか？　個人の特性と機会との間のさまざまな相互作用がどのようになされ，独自の理解や経験を生み出していくことになるか？）。

■ 教室での研究

　自己調整学習の研究は，初期には，対人上，文脈上の変数を含めた個人のメタ認知，動機づけ，方略的な行動に焦点があてられ，進展してきた経緯がある。加えて，文脈は，自己調整学習が生起する場としてとらえられるだけでなく，作用を引き起こすものとしてもとらえられるようになってきている。こうした流れによって，自己調整，共調整，共有された調整のように自己調整学習のさまざまな要素やレベルについて明らかにし得る研究方法や測度の改良が押し進められてきた。以下では，3つの研究プログラムに着目していくことになるが，これらは，開始と終結の時点が明確に識別できるような「出来事」に関して，自己調整，共調整，共有された調整についての実証的な知見を提示してくれている。それぞれの研究は，学習を調整する生徒と教師の直接的なアセスメントを行なっており（間接的なアセスメントによるものもあるが），社会的なものともいえるダイナミックなプロセスを重視している。以下では可能な限り，Rogoffの個人，対人，コミュニティの水準と，自己調整学習にかかわる機会という視点に基づいて活動について説明していくことにする。けれども，これらの研究は，Rogoffの3つの水準の視点を考慮に入れて計画されたものではなかったため，3つの水準にかかわる内容には研究によって濃淡があることを断っておきたい。

◆◆仲間どうしの協働と支え合いによる学びの文脈において幼児の自己調整学習を観察した研究

　Whitebreadらの研究グループ（Whitebread et al., 2007; Whitebread et al., 2009）は，英国の幼稚園（子どもの年齢は3歳から5歳まで）の教室を対象としており，幼児が1人ないし協働での活動に取り組むなかでの学習の自己調整，共調整，共有された調整について検討を行なっている。この研究の主たる関心としては，先行研究で述べられてきたように（Veenman, Van Hout-Wolters, & Afflerbach, 2006を参照のこと），メタ認知能力が

比較的遅い時期に発達してくるものなのか（つまり，児童期中期，後期以前にはみられないということ），あるいは，子どもの自己報告によらずに観察法を用いれば，幼児期の子どもであっても自己調整学習が成立していることについて実証的に明らかにできるのかどうか，といったことにあった。また，さらに関心が向けられていたこととしては，1人で取り組む機会，仲間とともに取り組む機会，大人の支援がある場合とない場合というように，さまざまな学習の文脈によって，メタ認知や自己調整学習を経験したり実践したりする機会がどのように成立してくるか，といったことにもあった。

2年以上にわたって研究が行なわれ，32名の幼児教育者と約1,440名の子どもたちが参加した。データ収集に先立って，研究者らは教師たちとメタ認知的，自己調整的行動の特質について話し合い，子どもたちにとって意味があると考えらえる学習活動を展開するよう支援したり，学習の調整を促したりするようにした（たとえば，プランニングや問題解決を要する課題，ピア・チュータリング，協働的なプロジェクト，学習の自己評価など）。子どもたちは，1人で，もしくは，小グループで遊んだり学んだりする機会をもった。大人は，時折，こうした活動の支援をしたが，そのほかはかかわりをもたないようにした。研究の各年度において，研究者は，半日の間，2，3回，教室を訪問し，子どもたちが1人のとき，協働での作業のとき，教師の支援があるときとないときのようすをビデオテープに記録した。すべて合わせると96時間分の観察データとなり，582の出来事が特定された。こうしたデータから，すべての子どもについて，いくつかの場面において少なくとも1度かそれ以上の頻度で学習の調整に関するサンプルが実証的な根拠として提示された（Whitebread et al., 2007, p.438）。

次に行なわれた分析で研究者は，196の下位のまとまりに着目し，その後，60の出来事に焦点を絞っている。それによって，自己調整，共調整，共有された調整に関する事例となっているかどうか，教師の支援の有無によって子どものメタ認知や学習の調整に違いがみられるかどうかといったことについて判断がなされた。Hadwin et al.（2010）の知見と一貫して，共調整は，ある子どもが別の子どもの認知，動機づけ，行動に影響を及ぼそうとする非対称的な関係であり（たとえば，ピア・チュータリング），共有された調整は，言語化が集団のすべての成員（ないし特定の1人ではない）に向けられているような共同活動に関係していた。対話としては，(a) 何をしなければならないかに対し，だれがそれをすべきか，ということがその内容となっており，(b) 複数人称を主とするものとなっていた（たとえば，「私たちがこれをしないと」「私たち，長話をしすぎたね」など）。

分析を合わせてみると，1人での作業や教師の支援がある場合よりもペアや小集団で活動しているときのほうが子どもたちは学習を調整していることが明らかとなっている。しかしながら，子どもたちのメタ認知的知識のレベルが高いのは，教師の支援があるときだった。これはおそらく，この年齢の子どもたちと活動する場合，大人が調整する役割を引き受けるからであろう。その一方で，（大人は）子どもたちが学習に関して知っていることをふり返ってみたり表現してみたりするよう励ますこともするであろう。感情や動機づけを自己調整する事例（たとえば，むずかしそうな課題であってもそれを妨げるものに打ち勝ち，粘り強く取り組むこと）については，単独での活動において多くみられた。このことは，子どもが1人で活動に取り組む際には，感情や動機づけに関する調整が強く求められるようになることを示しているといえるだろう。

Whitebread et al.（2007）の教室研究は，自然な文脈における真正な課題を取り上げており，幼児であっても自己調整，共調整，共有された調整という3つのレベルの調整に携わることが可能であるし実際にそうしていることを明らかにしている。さらに，実際の場面での行動や発言に関する実証的な資料を提示するために観察法を用い，幼児の自己報告が抱える問題（たとえば，行動と意図が混じり合っていること，ポジティブ反応バイアス，メタ認知や自己調整について語る言語能力の限界など）にも真正面から取り組もうとするものであった。われわれが読んだ論文は，出来事と

して自己調整学習を表わすのに，もっぱら個人の水準に着目したものであった。それらの分析の焦点は，個人としての子どもであり，単独ないし協働での活動において学習の調整を図るために何をしているかということにあった。しかしながら，これらのデータをもとにすれば，対人の水準やコミュニティの水準の特徴についても描くことができるだろう。たとえば，課題や指導上の支援，教師－生徒，生徒どうしのトランザクションといった文脈の特質は，子どもたちのこれらの水準での参加のようすを記録したビデオテープによって詳細に描かれていたのではないだろうか。学習の調整のためにどのような機会が利用できたか，教室において機会がどのように共有され調整されていたか，そうした機会は個々の参加のあり方を限定するものであったのか否か，子どもたちは機会に対してどのように応じたか，すなわち，機会をどのように「引き受けた」のか？　データの解釈には研究者とともに教師もかかわっていた。こうしたやりとりに関するデータをもとにすれば，コミュニティの水準で教師の仕事や子どもの学習に関する可能性（アフォーダンス）と制約について深い理解が得られるかもしれない。

◆◆小学校児童の自己調整学習を支える教室の文脈の特質を明らかにしている研究

1995年以降，Perryらの研究は2つの大きな目標を掲げてきた。(a) 子どもの自己調整学習の形成を促進したり妨げたりしている教室での課題，対人関係，評価に関する実践にはどのような特徴がみられるのかについて理解を得ること。(b) 教師（最近では教師をめざす学生）を対象にして自己調整学習に取り組むように子どもたちと交流を図ったり課題を計画したりすることを援助すること。Perryは一連の研究において（たとえば，Perry, 1998; Perry & VandeKamp, 2000; Perry, Hutchinson, & Thauberger, 2007），小学校の教室において自然に生起する活動を観察し，教師と子どもによる発話の逐語的な記述を含めて「何が起こっているか」を記録してきた。Perryのおもな焦点は，教室での自己調整学習を促すために教師がとっている行動と発話の内容，いかにして子どもが利用できる機会を設けているか，子どもたちがそれらに対してどのように応じているか（Rogoffの対人の水準）といったところにあった。2つの研究では（Perry, 1998; Perry & VandeKamp, 2000），教室内の特定の子ども（たとえば，教師の評定に基づく作文の学力が高い子どもと低い子ども）を対象にして，課題や活動に参加しているときの自己調整について観察が行なわれ，取り組みのサンプルを収集し，観察の後にはインタビューもあわせて実施している。これらのデータをもとに，個人と対人の両方の水準で子どもたちが自己調整学習に参加しているようすが描かれている。

Perryの教室観察は，Rogoff（1995, 2003）の対人の水準を前景に浮かび上がらせることで，子どもたちが，以下に示すようなあり方で教室においてかなり頻繁に自己調整学習に取り組んでいるということを明らかにしてきた。(a) 複数の授業にわたって複雑であるが意味のある活動に取り組む機会が与えられていること，(b) どこで，だれと，何に取り組むかという観点から選択権が与えられていること，(c) 挑戦のレベルがコントロールできること，たとえば，どれくらいの支援を得て，どのくらいのペースで，どの程度の量を書けばよいかについて決めること，(d) 学習に関するふり返りおよび見直し，評価規準の設定などに携わること。さらに，これらの知見は詳細な教室談話の分析によって見いだされたものであり，子どもたちが自己調整学習に取り組めている教室の教師は，子どもらの自己調整を共調整する担い手として役割を果たしており，まさに適時に適切な量のサポートと情報を提供しているのである。そのようにして子どもの自己調整学習の形成とそれへの専心を促しているのである（Perry, VandeKamp, Mercer, & Nordby, 2002）。例をあげると，教師たちは，効果的な読解の方略を自ら選んで実行するように子どもを励ましたり，お互いに道具的な支援を提供し合うような機会を設定したりしていた（「［生徒の氏名］さんには，何ができるでしょうか？……［生徒］さんが取り組んだことをここでふり返ってみましょう……よくわからなくなってしまっている人たちのためにも」）。教師たちは，開かれた質問をして，問題解決の助けとなるような手

がかりを用いていた（「それについてもっと聞かせてくれないかな？……今日あなたが取り組んだのはどんなことかな？……すぐに始められたかな？……集中していたかな？……どのページかを忘れてしまって，すぐに見つけたいとき，どこを見ればよいでしょうか……そのページの名前は何ですか？」）。また，自己対話をしてみせてどのような思考過程をたどればよいかを示していた（「［主題を選ぶことが］最もむずかしいときもあります」）。こうした教室での相互作用やトランザクションは，学習の調整を行なう機会を生むこととなり，誘因ともなり得る。

Perry が選択をして注目をしたのは，子どもが教室での学習課題や活動に参加するようすであり，個人の水準に重点を置いたものであった。たとえば，Perry（1998）は，作文やポートフォリオの活動に取り組みながら子どもたちが学習を自己調整していくようす（例として，さまざまな作文のプロセスを調整することや，困難に対処できるように課題や環境を調整すること）を観察している。共調整や共有された調整の事例についても観察されている。目次の利用のしかたがわかっていて教えてくれる仲間と取り組もうとしたり，2人の子どもがいっしょになってプロジェクトに取り組み，課題に対する責任を共有し合ったりするような場面である。観察の後に，Perry は対象となった子どもにインタビューを行ない，課題についての理解や，どんな困難を抱えたのか，挑戦となっていることへの対処のしかた，提供されたサポートの自覚などについて調べている。

個人と対人の水準において Perry が明らかにしたことは，子どもたちが教室において学習を調整していることの証左であり，いかにして学習の調整が支えられているか，どのような機会を子どもたちは取り上げたり見逃し無視したりしているのかについて洞察をもたらしてくれている。自己調整学習が支援されているというより阻害されている教室では，Perry の観察によると，子どもたちは学習の自己調整や共調整の機会を逃しており，拒んだりしていた（たとえば，課題を提出する前に見直したり修正したりしない）。現在までのところ，Perry の研究では，コミュニティの水準には明確な焦点があてられていない。しかしながら，ここに焦点をあてることは，教師と Perry の研究を支持することになるだろう。とりわけ，制度的，社会的，文化的価値が教室の特徴にどのように反映されるかを明らかにしてゆけば，個々の教育と学習の文脈にふさわしい学習の調整の機会を教師が計画していくうえで役に立つものとなるだろう（たとえば，学校規模での目標や生徒集団のあり方を考えること）。

◆◆教室において児童の自己調整プロセスの向上を試みた研究

近年，Walker, Pressick-Kilborn, Arnold, & Sainsbury（2004）は，教師の足場づくり（共調整）や仲間との協働の機会（共調整，共有された調整）をもとにして，自己調整学習がどのように発達してくるかについて調べている。学習の社会文化的アプローチと一貫して，各個人の自己調整過程は，教室での社会的実践が漸次的に内在化していくことであり，教師が入念に組織的に足場をつくり協働学習の機会を設けていくような学習環境のなかから創発してくるものであるという見方をとっている。6か月間にわたって2つの小学校の5クラスの5年生131名が対象となり，介入群－統制群の研究デザインが組まれた。2つの介入群となった教室では，情報通信技術（ICT）の活用を含む「社会と環境」という学習において自己調整を促すように意図された教育プログラムが実施された。

教師たちは専門性を高める経験と継続的なメンタリングを受けて，メタ認知的なふり返り，知識のモニタリング，協働学習とともに，子どもたちに1人で自律的に取り組む機会ともなるような学習単元を計画し，指導をした。収集されたデータには，探究学習の遂行と ICT の活用に関するコンピテンスについての児童の自己認知（自己報告式の質問紙），成果に関する測度，教師の成績評価が含まれており，量的な分析が行なわれた。加えて，教師による足場づくり，協働を担う集団の機能，自己調整的な談話について，これらの特質を明らかにするために教室の観察が行なわれ質的な分析がなされた。そして，とくに対象となった子どもの観察と事後のインタビューによって，具体

的な教室でのエピソードと個々の子どもの認知についてトライアンギュレーション（多角的にとらえていくこと）が可能となった。

　統制群のクラスよりも介入群のクラスの子どもたちのほうが，メタ認知的な知識のモニタリングのレベルが高く，探究学習とプランニングにあたってICTスキルが活用できており，成績もよかった。さらに，研究者は，自己調整学習や学びに影響をもたらしたであろう2つの介入クラスの間に違いがみられることを観察によって明らかにしている。社会と環境について探究し，ICTを活用し，協働学習と学びを調整する機会を同じようにもった両方のクラスにおいて，単元に対する反応やそこでの経験の内容には違いがみられた。たとえば，観察によって明らかになったのは，どちらの教師も比較的高いレベルの足場づくりを行なっていたが，一方の教師は，初期の段階では足場づくりをよく行なっていたが，プロジェクトの後半になると子どもの自律性を重視するようになっていた。これに対してもう一方の教師は，プロジェクトを通じて全体にわたって調整プロセスの内在化に相当の注意を払っており，また，終盤になるにしたがって足場づくりに注意が向けられるようになっていた。また，どちらのクラスでも同じように協働学習の機会が広く設けられており，共調整や共有された調整を表わす証拠が観察されたが，一方の教師のほうが，子どもが自律的になり学習をコントロールするように促していた。さらに，教室の観察とともに焦点となった子どものインタビュー・データをもとにしたトライアンギュレーションによって，学習を調整する機会を取り上げていく子どもたちの能力と欲求にどのような違いがみられるかについて明示している。一部の子どもたちは，社会的な目標に関するサポートを受け，動機づけがなされた場合にのみ，そうした機会に応じていた。別の子どもたちは，成功を望んでおり，自己調整過程を実行しようとしていたが，知識のモニタリングないし課題の要求についての分析が不正確なために効果的なものではなかった。

　Walker et al.（2004）の研究は，個人の水準と対人の水準の両者のデータを明らかに提示しており，そして，一方の水準の情報を利用して他方の水準に関する知見を見いだしている。また，上述した研究例と比べると，コミュニティの水準の特徴が他の2つの水準への参加のあり方にいかに影響を及ぼしているかについて注意が向けられている。たとえば，この研究に参加していた2つの学校は，どちらも同じような教育実践と教育理念を掲げ，同じようなリソースをもち，同じように教室での支援を行なっているということを記述している。しかしながら，本研究におけるコミュニティの水準の役割について包括的な理解を得るためには，研究テーマと教育理念，教育実践，リソース，支援とがどのように関係しているかについて詳しい説明が必要であろう。また，2つの学校の子ども集団が同じようなプロフィールをもっており，社会経済的地位も同じくらいの地域にあることを示しているが，こうした要因が個人の水準や対人の水準への参加のあり方に影響を及ぼしている可能性とその様相について，データ分析に基づく検討はなされていない。このような詳細な検討を進めていくことで，教室における子どもの学習の調整に関してより深い理解が得られるだろう。

■ 今後の方向性と実践への示唆

　教室は，自然に生起する出来事と活動における自己調整学習に関して研究を進めていく機会を与えてくれるものといえる。どのような文脈の特徴が，学習の調整という事実やその機会に対して制約をかけるのか，また，可能にもするのかに関して深い理解をもたらしてくれる。こうした理解は，教師が課題を計画し，指導を組み立て，対人関係を促進し，自己調整学習の形成とその発展を導いていくうえで有用である。個人のプロセスと社会的なプロセスの両者を明確に位置づける理論，統合的で包括的な自己調整学習と学びに関する理論を構築していくために，教室内での研究がさらに求められる。本章では，教室研究から知見を見いだし，解釈をしていくうえで，社会的，文脈的な理論がとりわけ適合をしていることを論じてきた。自己調整学習の研究で用いられる方法が一般的には自己調整学習の理論／モデルを表わしているこ

とが多いということも述べてきた。しかし，方法が理論に追いつくまでには時間を要するであろう。この点に関して，理論を反映し実践を支えていくうえで，自己調整学習の研究が今後注目すべき領域をいくつかあげておく。

第1に，教室での研究は，行為に関して何を発言しているかではなく，学習者が実際に何を行なっているかについて，さらに目を向けていく必要がある。これを実現するためには，**現実の課題，現実の時間**における学習の調整について，より直接的なアセスメント（たとえば，観察や追跡データなど）を採用していく必要がある。同様に，課題がもっているダイナミックな特質や，学習の調整にかかわる，通例，社会的なプロセスについても，さらに明らかにしていく必要がある。

個人と文脈を個別に取り上げるのではなく，「文脈のなかにある個人」に焦点をあてていくべきである。そして，個人として，また，集団として活動に参加し，媒介していくことが，思考や行動をいかにして促進していくのか，あるいは，これらの制約ともなっていくのかについて明らかにしていく必要がある。このような複雑な問題に取り組んでいく1つの方法論として，Turner & Patrick (2008) の示唆のもと，Rogoff (1995) による3つの水準のヒューリスティックを応用することを提案したい。個人，対人，そして，より広範な社会／コミュニティに同時に着目していくというむずかしい問題に取り組んでいけることから，3つの水準のヒューリスティックは非常に魅力的なものといえる。研究者は，ある水準の問題に分析の焦点をあてながら（たとえば，学習者の自立的な思考や行動を前景に置きながら），別の水準の問題についても同時に視野におさめ続けることができる（たとえば，文脈がいかにして個人の思考や行動に対して可能性をもたらし，誘発をし，また，これらの制約ともなるのかについて証拠を示すこと）。どの水準が分析の焦点となり得るかは，どの地点の，どんな目的であるかによって変わってくる。前述したローラの授業のように，対人の水準が前景に出されたとしても（たとえば，教師と子どもが課題のための準備を行ない，その実行を支援するといったように），個々の子どもが質問や指示にどのように応じているかについて観察が行なわれれば，個人の水準が焦点にもなってくる。3つの水準と関連させて自己調整学習を描き出していくことで，教室において教師と生徒が経験していることについて，より厳密に示せるはずであり，また，教育者に向けて支援のしかたに関するより説得的な提言が行なえるはずである。

第2に，学習を調整する機会に関して，子どもたちがそれぞれに個人的な解釈をしていることに注意を払う必要がある。McCaslin (2009) が力説しているのは，こうした機会は，研究者たちによってよく考察がなされるように，人，出来事，文脈の間で均質なものとはいえない。さらに，同じ機会であっても集団の成員（たとえば，ある教室の子どもたち）によってその解釈は異なってくるかもしれない。また，同じような機会であっても挑戦性，興味，重要性をどのように認知して受け止めるかは個人によって異なってくるかもしれない。機会に対する応じ方も，時間の経過とともに出来事によって変化していく可能性がある。個人の特性やアイデンティティが役割を果たすようになるのである。自己調整学習や学びに関するアイデンティティがどのように形成されていくか，また，個人の特性やアイデンティティが学習を調整する機会についての解釈や応じ方にどのような影響をもたらしていくか，これらについて理解を深めていくことが，今後，自己調整学習の教室研究において重要な目標となるはずである。

子どもたちが学習の調整について意思決定していくうえで，特性やアイデンティティが果たしている役割を理解していくための1つの研究の方策としては，かなり多様な特徴をもった学習者の集団（たとえば，多様な文化やコミュニティの背景をもった学習者，多様な能力や興味・関心をもった学習者など）を対象としていくことがあげられるだろう。個人は，2つのアイデンティティ，すなわち，個人的アイデンティティと社会的アイデンティティをもっている。Oyserman (2007, p.433) によれば，「……社会的アイデンティティは，内集団の成員のようにふるまおうとする動機づけによって自己調整を始動させる……（社会的アイデンティティは）行動を起こすか否かの理由を与

えてくれ，行動の起こし方あるいは行動をやめる方法についても規定する……行動の手がかりを与えてくれるだけでなく，行動がどのようであればよいか，その基準についても示してくれる……」。どのような要因によって子どもたちどうしが相互に行動の動機づけをもたらし合っているのか，あるいは，行動は異なっているが（多重な経路），最終的には多様な集団がどのようにして共通の目標（たとえば，学業での成功）に到達するようになっていくのかについて理解を深めていくことが，現在の教室での学習に関して教育的にも社会的にみてもふさわしいと考えられる研究法を展開していくうえで鍵となる。この点で自己調整学習の研究は役に立つはずである。

最後に，これまでの自己調整学習の研究においては，コミュニティの水準にはほとんど目が向けられてこなかったのではないかと感じている。今後，そうした焦点化が求められるであろうし，われわれの知識の基盤を豊かなものにしてくれるはずである。とりわけ，教室において学業上，そして，社会的にも効果的な形で自己調整学習に取り組んでいく機会がいかに実現され得るかに関して，学校，地域，コミュニティがどのような影響力をもち得るかについて，さらに注目していく必要がある。個々の教育と学習の文脈に沿って自己調整学習を促していく実践のあり方を教師とともに考えていくうえで，こうした広い視野をもつことが重要となる。たとえば，学校全体の目標や多様な背景をもつ子ども集団について考慮することで，自己調整，共調整，共有された調整を効果的に支えていく文脈を創り出していくことができるはずである。

要約すると，効果的な学習指導に関する説得力のあるモデルを構築していくことで，自己調整学習の教室研究は，教育の改革を推し進めていけるはずである。現在のところ，教室における自己調整学習に関する研究の規模は小さく，3つの調整（自己，共調整，共有されたもの）がどこから生じてくるかということ，とりわけ，調整にかかわっている社会的なプロセス（トランザクション）に着目した研究や，取り上げられた機会について明らかにしていこうとする研究はかなり限られている。教室内の実践に知見を提供していくためにも，こうした研究の規模を拡大していく努力が自己調整学習の研究者には求められる。さらには，今後の研究においては，自己調整学習を支える教室での実践と教育の効果性に関する一般的な説明とを結びつけて考えていく必要がある。自己調整学習の実践と効果的な学習指導とを関連づけた実証的な知見が提供できれば，自己調整学習の内容をよりたしかなものとしていくうえで有効であろうし，教員養成プログラムや現職教員の専門性の向上という面でも中心的な位置を占めるはずである。楽観的にみれば，研究の示唆が広がれば広がるほど，同じ分だけ自己調整学習の進展もみられるようになるだろう。現職教員や教職志望の学生を対象にした研究（たとえば，Perry et al., 2007）によって，自己調整学習を支援する実践力の向上に関して検討がなされてきており，重要なこととして，子どもたちに創り出してほしい学習の文脈と同じような文脈が教師たちにも必要だということが明らかとなっている。子どもの調整のレベルを高次のものに引き上げていくためには，教師自身も3つの調整を育てていく専門性の向上を図る機会をもつ必要があるということである。

【謝辞】
　草稿に対して示唆に富むコメントをいただいたAllyson Hadwin, Julianne Turner, Philip Winne, そして，学生さんたち（EPSE 604a）に感謝の意を表します。

第9章　メンタリング・アプローチによる博士課程学生の自己調整学習の促進

Carol A. Mullen
The University of North Carolina at Greensboro

伊藤　秀子（訳）

■ 本章の議論の枠組み

　本章では，大学院における教授，集団，関係レベルの学習と遂行に関するメンタリングについて述べる。自己調整メンタリング（self-regulated mentoring）は，自己調整学習（self-regulated learning）とメンターシップ（mentorship）を統合した新しい概念である。ここではまた，博士課程学生の発達と成功を促進するさまざまな学習方略についても述べる。これには自己調整による学習と遂行に関する諸問題，および成人学生への自己調整学習指導のアプローチが含まれる。**弟子**（mentee），**教え子**（protégé），**学習者**（learner）は，互換性のある用語として使われる。

■ 大学院でのメンタリングの文脈

　メンタリングは，**動機づけ**と同様，自己調整学習の一側面である。内発的，外発的に生じ，とくに，「目標をめざす活動が生起し，維持される過程」の1つである（Schunk, Pintrich, & Meece, 2008, p.4)。メンタリングはメンターシップともいわれ，発達的・熟達的学習を支援する教育的・専門的関係によって自己効力や自己実現を促進する。メンタリングには目標達成のための見習い，指導，および／または教授が関与し，ペア，集団，または状況での学習を支援する。メンタリングや助言は，かつては学習困難な生徒や力量不足の学習者集団の「補助的援助」とされていたが，社会化（Gross, 2002）や「博士論文を期限内に完成する」（Ehrenberg, Zuckerman, Groen, & Brucker, 2009, p.A38）ための基本的構成要素と位置づけられるようになった。実際，「持続的な動機づけ要因」（たとえば，社会的相互作用，ピア・メンタリング，集団の凝集性）は学生，とりわけパートタイム学生の学習と発達を促進する（Dorn, Papalewis, & Brown, 1995）。しかし，博士課程教育での最上の実践といえるようなメンタリング介入の事例はあまり知られていない。このため，学問分野全体にわたって，博士課程学生の進歩と満足が欠如している（Allen & Eby, 2007; Johnson, 2007）。

　学生たちは，一般に，大学教員とのメンタリング関係が博士プログラムの最も重要な点だという。一方で，多くの学生がそれに失望していると評価している（Johnson, 2007; Maki & Borkowski, 2006）。このため，模範的なメンターは学問上のメンタリングにかかわることに孤立感を抱いているようだ。その理由の一端は，メンタリングはむずかしすぎるとか報われないとか気づいた同僚たちがこの責務から手を引いていることがわかってきたことにある（Mullen, 2007b）。なぜそれほど多くの学生が「目を掛けてもらえず」（Mullen, 2009），ついには「未取得者」の烙印を押されることになる（Stripling, 2004）のか。その理由は，教員の配置が博士プログラム全体にわたって一様でなく，動機づけの高い優秀な教員による質の高いメンタ

リングと同時に，興味を失うような考え方のメンターシップが提供されているためである。

北米全体で，大学の優先事項が変化し，その使命や価値に影響を与えている。次のようなことが効果的メンタリングの制約に拍車をかけてきた。博士学位の専門化（Nyquist & Woodford, 2000），プログラムの内容や配布を支配している「ファースト・フード」的な消費観念（Ritzer, 2004），大学院生のメンタリングに対する大学教員の効果的でないアプローチ（Mullen, 2007b）。Ritzerがいうように，資本主義者のモデルは根本的に教育の目的を変化させ，その結果，学問の基準を低下させ，外的報酬を過大評価している。教師教育や教育リーダーシップのような実践家を養成する応用知識分野では，さもないと生き残れないという恐れをベールで覆い，変革への圧力が強まっている。

教授レベルでは，博士課程学生は，自己調整学習がじょうずにできるようになり，模範的メンターによって指導，役割モデル，カウンセリング，保護，後援が与えられればよりよい成長の機会を得る。組織レベルでは，模範的メンタリング・アプローチを緊密に連携し，支援し，認める場所で統合が起こる。教授，集団，関係のダイナミクスの連携を理解することによって，大学は本来の持続可能な学習共同体へと変わるだろう。

■ 博士課程学生のメンタリングと学習に関する理論

メンタリングには，助言や指導の文脈で，学生や他の専門家にスキルを伝達する過程が含まれる。相互に行なわれる場合は，メンターと弟子，またはチームメンバー間での相互学習や相互参加が組み込まれている（Allen & Eby, 2007; Johnson & Ridley, 2004; Johnson, 2007）。さらに，メンタリングは，次のようにも定義されてきた。熟練した大学教員が学生と専門知識を分かち合い，彼らの学習のために時間を割き，自己効力，生産性，達成を育成する，発達的関係と学習の連携（Mullen, 2009）。メンタリングでは，一般に，模範的な助言や指導が長年にわたって行なわれる。この種の学習関係は，公式的だったり非公式だったり，制度化されていたり不定期だったりする。公式的関係では，メンターは学部長などの第三者によって指導学生に割りあてられる。これに対し，非公式のメンターシップは公式的組織の外で自発的に起こる（Mullen, 2009）。メンタリングは，また，学習共同体，探究とライティングのグループ，学校と大学の連携，スタッフ・ディベロップメントの文脈でも起こる。最後に，博士課程学生のメンタリングは，自己調整学習やその構成要素である自己効力，モデリング，目標志向行動，メタ認知と密接な関連がある。

社会的認知理論の原理を導入することにより，メンターシップは，教育と動機づけに役立つ。メンターは，学習者が理解したいと思っていることを示範し，説明し，実演指導する。学習者は，メンターから重要な知識，スキル，方略を学び，それらは，彼らの置かれた環境で成功する助けとなる。学習者は，メンターとの間に重要な共通点（たとえば，研究への興味）を見いだすと，メンターや仲間との相互作用によって自己効力を高めるだろう。メンターもまた利益を得る。学習者とともに成果を上げることによって知識やスキルのレパートリーを改善し，指導者を続ける自己効力を高めるのである（Schunk & Pajares, 2009）。社会的認知理論に示されているように，メンタリング関係は，学問的能力と教授経験に対して相互に利益をもたらすことができるのである。

◆◆自己調整とメンタリング

博士課程のメンタリングは調整学習の一過程といえる。学生は「目標達成のために思考，感情，行為を組織的に使う」（Schunk, 2008, p.19）必要があるので，**自己調整学習**はメンタリング過程に本来備わっているものである。メンターは認知と感情を調整し，目標志向的な活動によって学習経験を組織化する。自己調整メンタリングは，自己調整学習とメンターシップを統合し拡張するための促進作用をもつ。以下では，博士課程学生のメンタリングが自己調整学習やその構成要素である自己効力，モデリング，目標志向行動，モニタリング，メタ認知とどのように関連しているかを詳しく述

べる。

自己調整とメンタリング

自己調整学習は，学生やメンターが，学習目標を達成するために，ある行動や認知を個人的，意図的，組織的に活性化させる一過程である（Schunk, 2008）。模範的な指導教官は，指導学生の自己調整学習を育成するためにさまざまな方略を使用する。目標設定，社会的モデリング，説明的フィードバック，学習の評価である。学生は，自らの目標を設定しモニターすることを学び，認知的モデリングや明白な指導（自分のライティングの進歩へのフィードバックのような）を求め，成長，成功および望ましい特質のために必要なスキルを練習し，自分の目標と比較し，批判的に自己内省することによって自らの学習を評価する（Saphier, 2005）。

自己効力とメンタリング

ある行為の学習や遂行の可能性に関する個人の自己効力や信念は，動機づけ，学習および個人の人生を左右する決断や出来事に影響する（Schunk, 2003, 2008）。Bandura（1986）は，熟達経験（たとえば，メンタリングの）が自己効力信念を高める最も効果的なアプローチと考えた。それ以来，組織心理学の論文では，他の研究者ら（たとえば，Senge, 1990）がこのことを主張してきた。逆に，人は，課題に熟達していると感じず，うまく遂行できないと，どのような形の自己効力も——学業の自己効力も，自己調整の自己効力も，あるいは社会的自己効力も——下がってしまう（Pajares, 2002; Schunk & Pajares, 2009）。ライティングの自己効力信念の低い学習者でも，プログラムを通じて進歩への建設的フィードバックが与えられれば，改善される見込みがある（Schunk, 2008）。これに対し，自己効力の高い学生は，論文作成のような課題に求められる新しいライティング・スキルを変換する能力をもつ。彼らは，たとえば，以前に学んだ，要約や議論の体系化に精通しており，こうした構成要素となるスキルを般化させていくのである（Schunk & Pajares, 2009）。

メンターの自己効力も大学院の教授の文脈に関連がある。社会的，学問的自己効力の高いメンターは，優れた計画，反省，自己評価をとおして，学生と交流したり学習を促したりする能力があると確信している（Schunk & Pajares, 2009）。自己効力の高いメンターは，彼らの研究や関係を強調する学習理論や価値を理解し，これらを受け入れやすい（Schunk et al., 2008）。自己効力は，また，集団レベルでも現われる。「集団の自己効力」は，メンバーが共同体として協働作業し，能力を形成し，目標を達成する能力があると信じている場所で実証されている（Schunk & Pajares, 2009, p.38）。

モデリングとメンタリング

モデリング（または社会的モデリング）——メンタリングの主要な一要素——は，「単独または複数のモデルによって，提示された思考……や行動を手本とすること」である（Schunk, 2003, p.160）。社会的モデル（たとえば，指導教官）は，学習者の発達に焦点をあてて教材を体系化することによって，学習や動機づけを促す（Schunk, 2008）。観察学習もまた，役割モデリングを促進する。学位審査の試問の場合のように，他者の行為や相互作用，達成や失敗を学ぶことできるからである（Nora & Crisp, 2008）。批判的理論家のFreire（1997）は次のように警告している。学生は他者をただ真似しようとすべきではないので，メンターは指導学生にとってすべてではありえない。それよりも，学生が，多様なメンタリングの機会と多くの人間の特性にふれ，細心の注意を払って選択できるようにすべきである。したがって，メンターシップでは，標準的な指標（たとえば，試問に合格した研究）で測定された学問的成功以上の共通の目標をもち，個人が効果的（かつ内省的）に自己調整を行なう必要がある。学生は，たんに学問領域だけでなく，心理社会的，職業的領域のメンタリングによって学習が促進されれば，よりよい成長をすることができる（Yosso, 2005）。「盲目的な」追従を埋め合わせるようにし，また，社会的で，上昇志向の，誘導的な学習を最大限に行なえるようにするために，一次的メンターシップ（指導者と学習者の二者関係）が増えなければならない。[☆1]

目標設定と達成

　目標を設定し，それに向かって努力し，達成することは，学問的メンタリングの将来展望と基礎の中心である。指導教官は，指導学生の望ましい進歩に必要な，目標に関連した活動，認知的な知識と方略に焦点をあてる。それに対し，動機づけられた学生は，特定の，測定可能な，時間に焦点をあてた目標を設定し，それに立ち向かう（Schunk, 2008）。学生はまた，互いに励まし合う。それは，メンバーを動機づけ刺激するようにデザインされた集団を通じて行なわれ，他の方法では不可能である（Mullen, 2009; Renninger & Shumar, 2002）。

　多くの博士課程学生は学問上の目標達成に困難を経験するので，学生もメンターも学習と成功を促進するような認知的・感情的方略を使う必要がある。明らかに，学生らには次のことが欠如している。幻滅，フラストレーション，孤立のような，態度に関する資本（attitudinal capital）（Dorn et al., 1995; Johnson, 2007）や，誘導に関する資本（navigational capital），とくに，大学組織のもたらす障壁，後退，ストレスにもかかわらず高水準の達成を維持することによって，これらをたくみにかわす能力（Yosso, 2005）である。学習内容が目標志向活動を支援し，ストレスを最小限にするときには，ライティングの生産性と自己効力が改善される（Schunk, 2008）。意図的で継続的なメンタリング（Johnson, 2007），構造的な活動の設定（Gallimore, Tharp, & John-Steiner, 1992），および創造的な協働（Mullen, 2009）は，学業，心理社会的発達，職業的成功を支援するやり方で目標志向的な活動を方向づける。指導による活動は，メンタリング関係，仲間の支援，目的意識をもった参加，専門的発達をとおして促進される（Allen & Eby, 2007）。

モニタリングとメンタリング

　博士課程学生が自己調整行動を習得すると，成長思考（growth mindset）で行動できるようになる（Dweck, 2006）。彼らは，自らの学習と動機づけに責任をもち，弱点から目をそらしたり，フィードバック，誤り，遅れに対して防衛的に反応したりしなくなる。最も立ち直りやすく，動機づけられた学習者でさえも経験するような否定的思考をモニターできるということは，たとえば，自己の不完全性についてのメッセージ（たとえば，「私はライティングに悪戦苦闘していて失敗するだろうから，今辞めなければならない」）を克服できることを意味する。自己調整のじょうずな学習者はものごとを向上する方向に処理することができる。彼らは，指導教官や仲間と常にコミュニケーションをとり（Waldeck, Orrego, Plax, & Kearney, 1997），発達や達成を促進するのに最適な条件をもたらす要点を維持する。学生は自らの学習活動を調整できなければならないので，モニタリングや自己指導は，自己調整学習の重要な構成要素である（Schunk, 2008）。

　目標設定それ自体が学習に不可欠の手段である。学習者は，学習やプログラムのさまざまな段階の目標と，最終目標に関連した自己評価の有効性を知っている必要がある。これらは，チャート（コース，試験，学位論文を含むプログラムの段階と対応したもの）のような基本的ツールで知ることができる。それは，目標，課題，時間帯を列挙し，進路を示し，あるいは，学習者の研究，とくに方法論的進歩に合わせて計画されたものである（Krathwohl & Smith, 2005）。集団のメンバーもまた，個人や協働の成績評定のための方略を使用することで，目標への進歩を有益に自己評価することができる。指導教官や仲間のメンターは，学習者が自分の成績（たとえば，論文の改訂が，与えられたフィードバックにどの程度沿ったものか）をモニターするのを奨励することによって，フィードバックを与え，自己評定を引き出す。そのことは，学習者が目標達成の有効性を測定するのを助ける。有能なメンターは，めざすスキルの発達には徐々に複雑な課題を行なう構造が必要であること，進歩によって学習者の自己効力と遂行が高まることを知っている。

メタ認知とメンタリング

　メタ認知は，学業への要請の変化に応じて行動，環境，感情を調整する能力である（Zimmerman, 1986）。メタ認知意識の高い博士課程学生は，計画，内省，自己評価，リハーサルや記憶の方略を示

す。特筆すべきは，彼らが他者との相互作用や目標設定においても気配りすることである（Mullen, 2007a）。自己調整のじょうずな学習者は，ベテランの専門家や有能な仲間から学ぶといった方法で，自律的または自己メンタリングを示し，意思決定，学習方略，学業スキルを変容することができる。それでも，多くの博士課程学生は，指導教官との二者関係からゼミの集団にわたるさまざまな支援組織のなかで，より積極的に，深く学んでいる。動機づけられ，自覚をもった学生は，一次的メンターとの不満足な関係や論文が書けないといった個人的な学習上の障壁を克服しようとする。指導による学習をとおしての責任のある相互依存は，責務，忍耐，動機づけを推進する。社会的相互依存のメタ認知方略は集団の自己効力を高めるが，それを意図的に使用することは，意識の高揚，問題解決，目標達成を促進する（Mullen, 2009）。

◆◆発達的観点からみたメンタリング

発達的関係としてのメンタリングは，大学院生の自己効力，生産性，達成を育てる（Johnson, 2007）。しかし，理論的には，メンタリングは「広範な行動や機能」を包括する（Rose, 2003, p.474）。Kram（1985）の職場モデルは教育研究者に承認されてきたが，それによると，学生－教員間メンタリングの心理社会・キャリア機能が必須である。心理社会機能には，「役割モデリング，受容と確認，カウンセリング，友情」が含まれる（Clark, Harden, & Johnson, 2000, p.262）。心理社会次元のメンタリングは，メンターが助言し，積極的に傾聴し，発達を促すときに実行される（Nora & Crisp, 2008）。キャリア機能には，「保障，開示と可視化，コーチング，保護，仕事の課題への挑戦」と専門的倫理が含まれる（Johnson, 2007）。キャリア次元のメンタリングは，指導学生がネットワークを築き，仕事を探すときに活性化する（Young, Alvermann, Kaste, Henderson, & Many, 2004）。

◆◆組織的観点からみたメンタリング

組織的観点からみると，メンタリングは「多次元的支援システム」であり（Nora & Crisp, 2008, p.342），社会関係的，組織的，人的資本が埋め込まれている（Allen & Poteet, 1999）。メンタリング・システムには，目標設定，職業指導，心理社会的支援，学問的知識，役割モデリングが含まれる（Kram, 1985）。関係的「システム」の1つであるメンターシップは，発展的なネットワーク・メンタリングを通じて社会的学習を推進させる。メタ認知能力の高い博士課程学生は，能力を市民としての営みにまで拡大し，職業および，創造的事業の1つである人生それ自体で，**個人的熟達**を成し遂げる（Senge, 1990）。

全体として，メンターシップの理論と実践は，自己メンタリングから伝統的メンタリング，協働メンタリング，システムまたは組織的メンタリングにいたるまで連続的である。残念ながら，メンタリングは，通常，学業の助言や指導に限られている（大学院協議会；Council of Graduate Schools: CGS, 2008 参照）。これらはメンターシップのわずかな活動にすぎない。**メンタリング**（mentoring）は，また，**コーチング**（coaching），**援助**（assisting），**案内**（guiding），**先導**（leading），**指導**（teaching），**学習**（learning），**準備**（preparing），**補償**（compensating），**支援**（supporting），**社会化**（socializing）と互換性のある用語として使われている。一方，学業に限定した連想によって，広範で深い影響可能性が切り捨てられている。したがって，メンタリングの役割（たとえば，助言者）を，指導の理解または応用というように自動的に訳すことはできない。

◆◆技術的・代替的観点からみたメンタリング

教授の文脈とメンタリング関係にはイデオロギーがかかわる。**技術的メンタリング**（technical mentoring）では，助言や訓練の文脈で学生にスキルを伝達する。**代替的メンタリング**（alternative mentoring）では，相互学習や，人種や性別を越えた能力の共有に焦点をあてる（Mullen, 2009）。技術的メンタリングでは，哲学的，政治的，社会的問題や，学習状況に埋め込まれているかもしれない統制や調整のダイナミクスには焦点をあてない。技術的メンタリングと代替的メンタリングは理論的には二分されるが，実践では分離がむずかしい。人間の相互作用，積極的参加，公正な対応は，

技術的メンタリングをとおして起こるので，このメンタリング様式は教育的価値がないと仮定することはできないからである。一方，批判的イデオロギーの信奉者は，権力と権威および効率と競争的価値は技術的メンタリングでは明示されず，民主的メンタリングの可能性を妨げていると思っている（Hansman, 2003）。大学教員は，学生の学習と教授の本質を特徴づけるメンターシップのイデオロギーを認識すべきである。

◆◆**創造的協働**

創造的協働の理論は，メンタリングのモザイクモデル，協働メンタリングの関係方略，協働学習的会話（design conversation）☆2，その他の談話，文化構築を特徴としている。

メンタリングのモザイクモデル

モザイクは，メンターシップの一次的または二次的システム（訳注☆1参照）である仲間集団である。これらは，ネットワーク，共同体，あるいはたんに資源としての機能をもち，メンバーの学問と動機づけに関する社会化を促進する（Schunk & Pajares, 2009）。集団のメンバーが学習や問題解決に高い自己効力を共有している場では，メンバーは自らの遂行をモニターし，自己効力の低い仲間よりも遂行を持続することが知られている（Schunk & Pajares, 2009）。このように，モザイクは，学習者がメンタリングの効果を最適化するのを支援する実践的役割をはたす（Head, Reiman, & Thies-Sprinthall, 1992）。こうしたメンターシップでは，学生は仲間と交流し，共通の興味を探究し，相互的・前進的な支援を行なう。個人は，相乗作用をもつ柔軟な構造のなかでメンターと学習者の役割を交替し，すべての集団の学習を後援しながら，パートナーの長所や特性を引き出す。こうしたネットワークは次のようなことがらに不可欠である。仲間のメンターを育て，伝統的メンタリング関係の不満足を補い，集団志向のプロジェクトを促進し，学業や職業の機会を拡大し（Head et al., 1992），さらに，学習の進行を促すことによってメンバーの自己効力に影響する（Schunk & Pajares, 2009）。実際，メンタリングを，大学教員個人に課せられた活動ではなく過程と定義することで，集団は，養成，助言，世話，教授という仕事を担い，メンバーは支援者，助言者，推進者などとなるのである。

メンタリングは，相互的，全体的に，階層に分類せずに実践し，女子学生や有色人らの興味を調整することによって，1つの活動から意図的で文化的な1つのかかわり合いへと変化するのである（Hansman, 2003）。そうした集団は，論文執筆者や学者，学習者や指導者としての成長過程で，とくに，他者からの学習を可能にするメンタリング・モザイクから利益を得やすい。協働メンタリングは学問的シンクタンクを創造する鍵である。そこでは，規律正しい習慣，真正な共有，積極的な相乗作用をとおして成長思考がはぐくまれる（Mullen, 2009）。学習環境自体，仲間の協力とネットワーク化，および認知的・感情的領域のスキル発達の自己調整によってはぐくむことができるのである。生まれてくる友情は，学習者の能力を活性化し，学問の進歩を拡大する。人々が互いにかかわることによっていかに学び，どのようになるかについては，熟達の内容自体よりは，それが**いかに**なされるかという点が強調される（Galbraith, 2003）。教員と学生の見解を自己調整学習における相互依存の考え方に適合させていくことは，メンタリングの実験によって支持されている目標である（Mullen, 2007a）。

◆◆**協働メンタリング関係の方略**

協働メンターシップ（co-mentorship）または相互学習は，メンターと弟子（または学生）が，批判的に支援しつつ完全に尊敬し，教え合うことを率先して行なう場で起こる（Mullen, 2009）。協働メンタリング関係の方略は，集団や二者関係で活性化される参加という形でメンタリング・モザイクを補完する。それは，集団意識や人間の相乗作用が促進される協働学習方略（design strategy）のもう1つのタイプである。この文脈では，関係の原理（たとえば，相互性，尊敬，感謝，建設的批評）が，コミュニケーション，創造性，意識高揚によってはぐくまれる。談話は感情，認知，文化的変容の手段となる。学習方略には，能力の共

有,役割交替,協働指導,フィードバックおよび透明性,真正性が含まれる。

協働メンタリングは,個人や集団の学習以上に,学習を調整し,内発的動機づけを触発する。相互学習の実践をとおして,多くの学術文化の特徴である階層組織や同質的環境は変わりうる(Hansman, 2003)。多様性は女性やマイノリティをネットワークや文化に参加させるときに有益である(Mullen, 2009)。それは,学問的目標に向けて自己モニタリングするような活動をとおして,平等主義の処遇,ピア・モデリング,熟達学習の手本となる。伝統的な不適切なメンタリング関係では,階層を具体化する。これらは,なぜかメンターを自分が監督する集団と切り離して,あるいはその上に立つ者として位置づける(Johnson-Bailey & Cervero, 2004)。メンターや組織は学生の上に立つ「固有の力」をもつ。非倫理的な力の行使としては,沈黙,偏見,性差別,見くびりなどがある(Hansman, 2003)。Galbraith (2003) のいうように,力を共有するメンターは,職業倫理の枠のなかで学生の発達を刺激する。

■ メンタリング概念と問題点に関する研究上のエビデンス

少し離れてみると,教授,集団,関係レベルにわたる多層の枠組みが,大学院生のメンタリングに関する研究を特徴づけている。

◆◆教授レベルでのメンタリングの研究

教授レベルでのメンタリングの研究では,教授場面における大学教員と学生の関係パターンを,当事者の視点から調べることが多かった。メンタリングに関する肯定的経験を報告する博士課程学生は,キャリアへの満足の増大,より多い補償と少ない葛藤,専門職へのかかわりの増加,他者へのメンタリングを行なう可能性の増加に言及している (de Janasz & Sullivan, 2004; Johnson, 2007)。模範的な指導教官は,さまざまな方法で学生の専門的スキルの構築を支援する。彼らは,学生が階層を越えてネットワークを築き,質の高い研究組織に職を得,高等教育文化を理解するように動機づけられた研究者になるのを支援する(Young et al., 2004)。たとえば,1999年に4,114名の大学院生を対象として行なわれた調査では,ほとんどの学生(93.4%)が,彼らの学識を学会発表する機会があると述べている(Golde & Dore, 2001)。

しかし,多くの学生が,メンタリングの範囲が非常に限られていると感じている。Golde & Dore (2001) は,包括的研究のなかで,対象者の61.2%が学際的研究に興味をもっているにもかかわらず,そうした準備が整っていると感じている者は27.1%しかいない。この結果と一致して,これらの学生が終了した科目はほとんど所属学部の研究領域に限られたもので,狭い範囲の教育しか受けていない。研究者養成の大学にとって発表は重要であるが,この研究の対象学生の半分(42.9%)は,発表の準備があると報告している。Golde & Doreは次のように結論づけている。(a) 心理学や自然科学の学生は発表について他の研究領域よりも進んでいる。それは,研究室に根ざした教育的な支援を受けられるからである,(b) 一般の学生は博士課程の研究に何が必要か,どのようにして学習を効果的に行なっていったらよいかを知らない,(c) 学生の課程での学習やキャリアの知識は,不十分なメンタリングによって妨げられている。

全国規模の研究結果では,メンタリングは学位取得とキャリアへの準備を集中的に行なうと確証している。にもかかわらず,多くの大学院生は自分が受けているメンタリングが無計画で不十分だと思っている (Arnabile, 1996; CGS, 2006; Maki & Borkowski, 2006; Nyquist & Woodford, 2000)。とりわけメンタリングは,進歩や遂行の可能性を明らかにしたり,成功の指標を示したりといった方法で学生の成功を支援する(Ehrenberg et al., 2009)。プログラムの関連データ(たとえば,学位取得候補者の選定基準,取得率,就職率)の公開,学位論文(取得候補者)の段階を含むピア・メンタリングやネットワーキングの奨励 (CGS, 2006, 2008; Maki & Borkowski, 2006) などである。そうしたメンタリングの機会は,すべて,学生の発達を助長し,学者や専門職への社会化を促す。

専門職への準備は,研究機関において,そし

て，心理学，教育リーダーシップの学問分野では顕著である（Golde & Dore, 2001）。にもかかわらず，博士課程学生は，メンタリングの心理社会的機能を重視している——中には，キャリア次元以上に重要と考える者さえいる（Young et al., 2004）。そして，多くの大学教員は，自分の役割を厳密に学問的関係に限定し，学習者とメンターの期待にミスマッチが起こっている。Johnsonの研究（たとえば，Johnson, 2007）のなかで，メンターは，こうした役割限定の理由として，カウンセラーや相談相手としての心構えの欠如，とくに異性との親密性への恐れをあげている。

　対照的に，研究では，社会感情的メンタリングは，関係における自己効力，個人的満足や，とくに，能力，アイデンティティ，効果に関する学習者の意識を高めることが示されている（Tenenbaum, Crosby, & Gliner, 2001; Waldeck et al., 1997）。したがって，あるメンタリングの研究（たとえば，Young et al., 2004）では，学生は，彼らが与えられている以上に，メンターシップで個人間の親密性を求めていると強調している。一方，Golde & Dore（2001）の研究では，学生のなかには指導教官の倫理的選択行為（ethical choice）に批判的な者もいることを示している。とくに，Clark et al.（2000）が700名の心理学の博士課程学生について行なった調査結果では，11％の者が指導者の搾取的で性的な行動に倫理的な懸念をもっていたことを指摘している。Clarkと同僚，Johnson（2007）は，学生は不公平で屈辱的とみなす教員の行動を最も重視すると結論づけている。

　全体として，全国規模の研究（Golde & Dore, 2001; Nyquist & Woodford, 2000）での主要な結果は，メンタリングの指導形態にもっと注意を向ける必要性を指摘している。

◆◆集団レベルでのメンタリングの研究

　集団レベルでのメンタリングの研究は，次のことを示唆している。介入の構造が，学習と成功に対する学生の動機づけを維持し，高めることさえある。また，メンタリングについての協働的・ネットワーク的アプローチは，学習者の認知・感情両面の利益を増す（Renninger & Shumar, 2002）。

　研究者らは，創造的協働は，伝統的なメンタリング関係に変化と拡大をもたらしながら注目されてきているというよいニュースを報告している（Arnabile, 1996; Mullen, 2009）。そのなかでよく知られている場の1つがバーチャル学習共同体である。オンライン共同体は，学習者がメンタリングの役割を担い，サイバースペースでの学習を促進する新しい技術を発見するときに生まれる（Renninger & Shumar, 2002）。研究が示す重要なことは，多くの利点は「制度化されたシステムをその場で増大させる付加的な支援体制」をともなうということである（Stripling, 2004, p.229）。対象者層の多様な博士学位未取得の学生は，集団の構成がスキル，発達，自覚，成功を促進すると考えている。フルタイムで働いている博士課程学生は，とくに，プログラム全体をとおして集団で作業することから利益を得ている（Dorn et al., 1995）。

　研究に参加した学位取得者も未取得者も，一次的メンタリング関係の形成や持続についての学生の経験が不確実だと強調している。たとえば，Stripling（2004）は，6つの研究領域の9名の学位未取得者に集中的インタビューを行ない，彼らがメンターらとどのようなタイプの組織的な関係も始めていない（または受け入れられていない）ことを残念に思っていることを明らかにした。チームワークから自分が非常に孤立しているとみていた学位未取得者は，コーホートの仲間の学問的進歩が明らかになるにつれ，後にはそのやり方がまちがっていることに気づいた。Striplingは，学位未取得者の立場からのメンタリングの精神力学を調べ，友情，社会的相互作用，および資格取得に関するスケジュールの構造化の必要性を明らかにした。学位未取得者のサンプルは，また，必須あるいは規定通りのメンタリングや集団内での学習を好んでいた。それは，コーホートの仲間がよりよい対処スキルをもち，支援機会について知識が豊富だと思っていたからである。Striplingは，次のような結論を述べている。学位未取得者が一次的メンタリングの二者関係に失敗した理由は，彼らが専門家のガイダンスで自分の要求を伝えていなかったこと，また，こうした関係でどのように行動したらよいかに戸惑っていたためである。

研究者ら（たとえば，Bennouna, 2003）が確信したように，学習に対して相互依存的な学問的アプローチをとる博士課程学生は，大学院で成功するよりよい機会をもった。学位未取得者は，個人的孤立，頑固な独立性は，教授と学生のメンタリングの二者関係を機能させない，または存在させないことと併せて，学問的成功を阻害すると述べている（Stripling, 2004）。したがって，大学教員の指導によるメンターシップと仲間集団は，学位論文完成に向けての低い動機づけ，自己効力，進歩への対処に重要である。成功した集団では，たんにメンバーに社会化の機会を与えるだけでなく，実質または内容に注目して，ピア・モデリング，遂行，目標達成を支援している（Renninger & Shumar, 2002）。25年以上にわたって，こうした構造的で相互的な学習が，遂行，学習，自覚，社会的スキル，リーダーシップ能力を促進することが示されてきた（Kram, 1985）。大学教員や学生は，通常は欠けている協働文化をもつそうした集団を創生する動機づけを示し，メンバーは探究過程で協働作業することによる満足と相乗作用を報告してきた（Mullen, 2007a）。

　Renninger & Shumar（2002）は，ピア・メンタリングは，アイデアのやり取りや問題解決能力を育成すると確信している。メンタリングへの集団的アプローチの研究は次のことを示している。協働メンタリングは，異なる背景をもつ学生が，事実上，伝統的な二者関係の欠点を回避して，学習により効果的で創造的に取り組むようになるための促進要因である。マイノリティの学生の多くは同じ人種のメンターを好むが，にもかかわらず多様な形態の集団から力を得ている。同様に，女性のなかには同性どうしの関係を好むものもいるが，彼女らは男性メンターが指導する両性の混成した集団から満足を得ている（Johnson, 2007）。

◆◆関係レベルでのメンタリングの研究

　最後に，関係レベルでのメンタリングの研究では，学問上のメンタリング関係とその他の関係力学の形成についての研究が示されている。学生たちは，共有する興味，類似のワーキング・スタイル，あるいは個々の親近感を比較して指導教官を識別する（Gallimore et al., 1992; Young et al., 2004）。博士課程学生は，その人の評判，メンタリング能力，高度の専門知識，指導経験，学生の研究課題に対する関心（Bennouna, 2003）のほか，援助の得やすさにも魅力を感じている（Johnson, 2007）。

　非公式のメンタリングの研究では，キャリアや心理社会的カテゴリー内での変化が明らかである。Tenenbaumと同僚（2001）は，189名の異なる学問分野の大学院生を対象に，社会感情次元（メンターによって伝えられる尊敬の念），教授次元（メンターからのライティング支援），ネットワーキング次元（重要人物と関係をもつことへのメンターの援助）について調査した。結果は次の通りだった。社会感情的メンタリングは，学生の満足感を高め，教授面での支援は生産性を向上した。男性メンターは女性メンターと同程度の実践的援助を提供するが，心理的支援は少ないとみなされた。

　心理社会的機能をもつ親交は，議論の余地はあるが，メンタリングのパートナーの役に立つことができる。Youngと同僚（2004）は，学生に対するメンターの専門的親交を調べた。その結果，相互依存性と閉鎖性が援助過程の特徴としてあげられた。専門的親交，感情的親密性，真正のコミュニケーションのダイナミクスが，高い機能をもつ倫理的メンターシップにとって重要ということが証明されたのである。Bennouna（2003）は，統計的研究に基づいて，メンターの感情知性（emotional intelligence）と指導学生によるメンタリング機能の遂行評定の関連を調べた。学生は多様なサンプルから構成されていた。参加者は79名の博士課程学生と29名の教育学の指導教官だった。使用された用具は，Q-metrics社が開発したEQ Map（EQ＝感情知性）とNorman Cohen成人用メンタリング尺度の原理（Norman Cohen's Principles of Adult Mentoring Scale）から翻案された調査だった。それらは，さまざまな領域の感情知性を対象としていた（たとえば，感情の自覚，表情，意図，創造性，柔軟性）。あらかじめ信頼性に定義されているように，それらの用具は参加者がメンターの能力と行動を評定する道具となった。メンターはEQ Mapに回答し，博士課程学生はメンタリング調査に回答した。このフィードバックは，遂行に[☆3]

対するメンターの知覚を確認するために比較された。

Bennouna（2003）の研究の主要な結果は次のとおりだった。多くの博士課程学生はメンターの感情知性を高いと評定した。男女メンターのプロフィールに統計的な差はなかった。指導学生のあげたメンターのタイプは，ビジネスライクなメンターシップから，個人的につながりがもてる，否定的関係まで，広範なものだった。個人的メンターシップをあげた学生は，親密性を表わす「友人」やその他の肯定的記述語を使っていた。満足度の高い大学院生は，メンターが学位論文の完成と進行速度に中心的役割を果たしたと述べている。明らかに，彼らは，メンターの能力が，指導学生がそのビジョンに向かって積極的に学び将来への見通しをもつことを助けると確認したのである。

にもかかわらず，大学院生が教授の学問的専門性や業績の情報を得てメンタリングの二者関係を開始することはきわめて少ない（Mullen, 2006）[☆4]。たとえば，Bennouna（2003）は次のような報告をしている。博士課程学生のわずか10％がこの基準（学問的専門性と業績）によって指導教官を選択している。大学院生のメンターの選択基準は，メンターの課題への個人的興味（86％），あるコースをとおしてその教授と親交がある（47％），あるいは，肯定的な口コミ（40％）であった。先述のように，学生は心理社会的メンタリング機能がキャリア機能よりも重要と考えている（Young et al., 2004）。心理社会的支援は，関係と自分自身についての学生の個人的満足度を高め，能力と効果意識を高める可能性をもつ（Tenenbaum et al., 2001; Waldeck et al., 1997）。しかし，大学院生は，しばしば，メンターとの関係──とくに，それらにどのようにアプローチし，維持すれば最もよいか──を熟知していない。たとえば，Waldeckと同僚ら（1997）は，145名の大学院生の「コミュニケーション方略」を調査し，指導教官との接触が欠如していたことを明らかにした。彼らは，発展的助言関係を始めるのは怖いといった感情表現をしている。こうした理由と明示的構造の必要性から，彼らは，規定通りの助言に対してより高い満足を報告している。

研究者らは，大学教員のメンターによるその他の関係への挑戦として，マイノリティの人たちと仕事をすることで創造的で満足のいく方法を見いだすことを報告している。この挑戦の中心は民族性や性別についての議論にある。とくに，マイノリティや女性の学生が白人男性の仲間と同じ接触頻度や時間，利益，満足を受けているかである。白人男性の教師やメンターはマイノリティの女性学習者のメンタリングを行なうべきだろうか。ある研究では，最近の人種的マイノリティの博士号取得者の50％にはメンターがいる。このうち73％は白人メンターである（Atkinson, Neville, & Casas, 1991）。したがって，メンターをもったマイノリティの博士の現実は，始まったばかりではあるが，異なる人種間のメンターシップが同一人種間のメンターシップよりも普及しているといったように変わり始めている。

■ 研究の将来展望

メンタリングにおける自己調整学習の研究が，学習，動機づけ，メタ認知の重要性の問題と関連してさらに行なわれる必要がある。このために，Zimmerman（1986）の自己調整の研究と実行のためのマトリックスが使用できる。とくに，「なぜ／いかに／いつ／何を／どこで／だれと」という枠組みに注目し，メンタリングと重なりをもつ学習の諸問題を探ることができる。自己調整メンタリングは，さらなる可能性と意義を掘り起こすことのできる新しい概念である。自己調整学習の概念と用語自体が普及しておらず，メンタリングの論文も知られていない。メンタリングの学際的な特質に違わず，メンタリング研究者は心理学者に限らない──彼らは多様な学問領域から貢献している。おもに教師教育や教育リーダーシップ，教育以外ではとりわけ，経営である。

しかし，自己調整学習に埋め込まれた要素は，メンタリングの論文の基礎であるという逆の立場からの議論もできる。この観点から，自己調整学習の心理学的語彙はメンタリングの用語に翻訳されるべきである。メンタリングと自己調整学習の重なり合いを考えると，自己調整学習の構成要素

と同種のものとして次のものが含まれる。目標志向的・測定可能な行動（たとえば，個人的・職業的目標設定），モデリング（たとえば，課題中心的・関係的スキルを提示する），進歩へのフィードバック（たとえば，学術論文執筆への建設的フィードバック），自己効力（たとえば，関係における自分自身の動機づけと願望の自覚），モニタリング（たとえば，関係の境界を定める），および遂行，学習，自覚，社会的スキル，リーダーシップ能力（Johnson & Ridley, 2004）。

メンタリングの目標，過程，結果はすべての学問領域で明確にする必要があるので，教育者はこの変化の過程で重要な役割をもつ。大学教員は一般に非公式または自発的なメンタリング・アプローチを好む。これに対し，多くの学生は，学習の調整や達成目標に向かっての進歩を助ける，より公式的なまたは計画された要素（たとえば，定期的に予定された会合，組織主導のコーホート）を希望している。集団の違いによってメンタリングに対する態度がどの程度異なるかわからないが，その違いを明らかにする必要がある。

このために，カーネギー財団教育振興プログラム（Carnegie Foundation for the Advancement of Teaching, 2007）は，メンタリングについて**目的の制度化**（institutional intentionality）を推奨している。たとえば，これらの研究者は，コースの学習目標は，学生と教師にその達成度をフィードバックすることによって意識的にモニターされるべきであると考える。私は，この考え方は，学位プログラム全体に効果的に拡大できると思う。学生は自分の学習全体の文脈で自己評価をし，メンターは博士論文の段階でもっと関与するのである。最後に，カーネギー・グループは，目的の制度化は，組織のアイデンティティを示す価値と将来の発展可能性を反映していると考えている。これは，財政危機のなかで核となる価値の見直しや再方向づけをしなければならないときに「痛いところをついた」メッセージである。

教授，集団，関係レベルのメンタリングは，学問的な活動場面で創造性，動機づけ，談話，生産性を向上させた（Arnabile, 1996）。学位取得者も未取得者も，何がメンタリング関係を成功させるかについて，部分的ながら鋭い洞察をもっている（Bennouna, 2003; Golde & Dore, 2001; Stripling, 2004）。学生も，大学院生も，学位未取得者も同様に，専門家の支援，重要なことがら（たとえば，だれが委員会のメンバーとなるべきか）の意思決定への関与，支援集団への接近の価値を強調する傾向があるようだ。しかし，学習者がどのように考えているかをもっとよく知ることによって，メンターの社会関係資本（social capital）や，人とプログラムのメンタリング能力を増大することができるだろう。

メンターシップのなかで権力や権威の伝達は避けられないが，これらのダイナミクスを厳しく監視し，研究する必要がある（Hansman, 2003）。多くの女性やマイノリティの学習者は，権力に苦しめられた社会化を経験し，動機づけレベルが下がっている（Johnson-Bailey & Cervero, 2004; Yosso, 2005）。したがって，メンタリング関係は，すべての関係者の観点から批判的に調べられるべきである。さらなる研究の方向は，大学院生の学習とリーダーシップに関する調整と外的統制の効果に関するものである。

協働学習的会話と学習共同体の手段としてのメンタリングの研究ももっと必要である。とくに，自己調整学習と成功を助けるコミュニケーション方略についてのよりよい理解が，さまざまな段階の学生の専門プログラムについて必要である。

■ 革新的教育実践へのメンタリングの考え方の応用

◆◆組織レベル

効果的な博士課程のメンタリングの応用は，大学内や，スポンサーの付いた会議，電子ネットワークのような学外で起こっている。大学院生を効果的に指導する新しい方法として「公共性」を高め，一人の人間，プログラム，組織から他者へのメンタリングを行なう場合の不公平性を改善するために，専門家団体が主要な役割を担ってきている。今日多くの団体が確固たる二次的（時には，

一次的）源泉となり，自己調整する博士課程学生が多様な学者や文脈からの広範囲のモデリングや指導を求めるのを支援している。組織外のプログラムに参加したり，リーダーシップをとったりする利点は，学生にとってもメンターにとっても同様に印象的なように思われる（Mullen, 2009）。「協力」の機会をとおして目的とする学問的・専門的支援を行なうことは，博士課程学生や若い大学教員の目標達成を助ける。

デイビッド・クラーク教育行政と政策に関する全国大学院生研究セミナー（David L. Clark National Graduate Student Research Seminar in Educational Administration and Policy）は全国的なセミナーである（www.aera.net）。成功を促進する方略として，博士課程学生と著名な研究者との交流，プレゼンテーションへの参加，創造的討論があげられる。学生は，この専門的経験，とくに，集団構成，博士論文提案への建設的フィードバックが貴重であることに気づいている。もう1つのメンタリング・ネットワークであるバーバラ・ジャクソン・スカラーズ（Barbara Jackson Scholars）も広く配信されている（www.ucea.org）。アフリカ系アメリカ人が，所属組織以外の有名教授とペアで学んでいる。かつての学生が大学で教えている場合もあり，そこでメンタリング・アプローチを試みている。そうしたメンタリング介入は，学術文化の改善に必要な目的の制度化を推進するだろう。明らかに，自己調整学習に根ざしたメンタリングは，国家や地球全体にネットワークでつながっている学生にとって，学部の文脈を越えて有効である。

◆◆集団レベル

集団過程の重要な問題として，規律正しい学問的事業のなかで，メンバー自身が発達し，発達が支援されるような共通理解が望まれる。「個人的・集団的責任」は，協同集団の基本的要素であり，すべてのメンバーがこれらを果たさなければならない（Johnson & Johnson, 1998, p.20）。社会的関与，契約，規則は，行動への相互の期待を確立し，開かれた，率直で安全な学習環境を促進し，達成可能な学習結果を推進する（Johnson & Ridley, 2004; Johnson, 2007）。私は，博士課程の指導教官として，私の個々の学生との契約（指導／メンタリング契約の例については，Johnson, 2007, p.89 を参照）から，私の教育リーダーシップの学生のための「メンタリング信条（The Mentoring Creed）」を工夫することへと移行した。これは，本質的に社会的契約（Mullen, 2007a）であり，教育は社会的過程だとする Dewey（1897）の「私の教育学的信条（My Pedagogic Creed）」にインスピレーションを受けて考案したのである。信念の主張(belief statements)は集団としての学習と遂行を明示したものである。

メンタリング信条は3つの信念の主張からなり，それぞれを支援する例が述べられている（Mullen, 2007a）。第1の信念の主張では，特定の段階で集団のメンバーの専門的・学問的発達と相互依存的学習を支援することを主張している。第2の信念の主張は，学生は他の成人を尊敬し，異なる視点を許容し，互いに知的・社会的に動機づけし合うべきということである。最後の信念の主張は，学生は，学位プログラムと学業を積極的に推進する必要があるということである。このコーホートのための社会的遂行のガイドラインでは，個人的・集団的行動への期待が強調された。これらは自己調整学習――とりわけ，自己効力，モデリング，目標志向行動，モニタリングに注目――を促進した。このコーホートの機能の重要な要素は，学術論文の批評についての敏感で共同体的なアプローチをモデリングすることであった。

関係レベルの自己調整学習では，メンターと学習者の双方向の学習が行なわれ，明白な期待が伝達される。また，集団内では，目標設定と動機づけの方略として，価値が述べられた信条，契約，規則が含まれる（Mullen, 2009）。自己調整の学習者は，課題に関連した援助を授受し，重要なリソースや情報を交換し，他者の目標達成を動機づけ，遂行を評定する（Johnson & Johnson, 1998）。

学術論文執筆についての探究志向学習アプローチは，自己調整学習の優れた例である。自己調整スキル（たとえば，目標設定，モニタリング，評価）のモデリングは発展的ネットワークのなかで活性化される（Schunk, 2008）。集団レベルの自己

調整は，コミットメントの促進から，定期的評定，適応形成までの範囲を含む。博士課程コーホートの縦断研究であるライティング・トレーニング（Writers in Training: WIT）（Mullen, 2007a）で述べたように，外部のコースと交流することを決めたメンバーは，私の学問共同体支援システムに加わった。彼らは，非公式のコーホートをとおして，相互学習の力を発見し，自信が増すことを経験し，自らの学習に責任をもつ研究者であり実践家として成長したのである。この革新を維持するために使用された学習方略には，学生の起案した指針（メンターの監督によって）が含まれており，だれの原稿が支援的な批評分析のために選ばれたかが明記されていた。集団のメンバーは，メンタリングの支援はカフェやその他の場所のような公式施設以外の文脈で起こる必要があるというアイデアを有効に利用できた。

　自己調整とモデリングを明示できる大学教授は，学生が自分自身の学習を調整するよう動機づけることができる。2008年に，私は同僚の大学教員らと協働で，われわれの博士課程プログラムのなかで学習を推進し，継続性を高める教育改革を企画した。新しい教育リーダーシップのコーホートに提供されたコースは，集中的な時間的制約のなかで，成功を「余儀なくされた」。学生は，一部重複する3つのコースを夏期の間に終了した。そこでは，発達を促す学習（developmental learning）の講義，研究のアイデアの記述から博士論文提案書の草稿作成へと移行した。指導者は，授業時間内に執筆，ペアでの批評，協働をさせ，加えて，学生のために組織した会議に出席させた。

　学生は，大学教員らが，どうしたら学生の目標志向学習を促進できるかについて協働で作業するのを見るという社会的モデリングを経験すると，標準よりも早く学習できる。われわれのケースでは，コーホートのメンバーは応募計画をとおして選ばれた。彼らは全員，指導的立場にある正規の教員で，より影響力をもって役割を果たしたいと願っていた。学生は，プログラムと専門職への道に適した目標設定をするよう指導された。地域の学校に合わせたカリキュラム改革を計画した大学教授らが指導にあたった。指導は学校のある地域のキャンパス外で行なわれ，切れ目のない，統合された課題について，三方向のフィードバックが与えられた。

◆◆関係レベル

　メンタリングに支援された専門プログラムでは，学生はプログラム登録時にアドバイザーとペアになる。彼らは，大学教員の研究や行動を観察し，大学教授や仲間と社会的相互作用をする（Boyle & Boice, 1998）。ノーベル賞受賞者のメンタリング関係の系統は，高度に意図的で強固なメンタリングの顕著な例である。Zuckerman（1977）は，ずっと以前に行なった41名の受賞者へのインタビューに基づいて，学習者のプロフィールをきわめて自己調整的で自信があり，目標志向的だと結論づけている。彼らは，「ノーベル賞によって修士論文の重要な研究が認められる前に」博士課程の指導教官を選択している（p.108）——彼らは，だれが最先端の研究をしているかを見極めていたのである。将来の受賞者が教授らの業績を注意深く評価していたのと同様に，大学教員（将来の受賞者でもある）もまた，若い才能ある人材を発掘しようと捜し求めていた。相乗作用は相乗作用を生む。その後も，自己調整メンタリングのサイクルは継続する。しかし，鍛え上げられた反復が教育の文脈で起こるなら，成功する系統についてもっと知る必要がある。

　最後に，双方向の調整学習にかかわる大学人は，期待を明確にし，望ましい目標を見つけ，互いに動機づけし合い，課題の目標への進歩を常にモニターする。彼らは，また，倫理的で，キャリア志向と社会感情的なメンタリング機能のバランスがとれ，他者を含む輪を広げていく。自己調整メンタリングは，博士課程教育における有望な実践として，自己調整，メンタリング，学習の3本柱の上に成り立っているのである。

【訳者から原著者への謝辞】
　本章の不明な箇所について著者のMullen教授に問い合わせたところ，ていねいなご説明をいただいた。おもな点は訳注☆2～☆7に記載している。記して感謝の意を表したい。

【訳注】
☆1：一次的集団とは，家族，友人集団など，メンバー間の親密な心理的結びつきを基盤として形成されている集団をさす。二次的集団とは，組織，学級など社会制度的に形成されている集団をさし，メンバー間での心理的結合を必ずしも前提としない。（有斐閣心理学辞典，1999）
☆2：共有する1つの焦点に対して多様な洞察を行なうように開かれた会話。そこには，知識，情報，スキル，リソースを促進するような知識，または情報交換が含まれる。
☆3：メンターと学生の回答。
☆4：原著の文献リストにはない。

Mullen, C. A. (2006). *A graduate student guide: Making the most of mentoring.* Lanham, MD: Rowman & Littlefield Education.

　本書の改訂版は次の形で出版されている。

Mullen, C. A. (2012). *From student to professor: Translating a graduate degree into a career in academia.* Lanham, MD: Rowman & Littlefield Education.

☆5：共有されたグループの責任形成。
☆6：典型的な認知発達（たとえば，技能，知識）の一部として起こる学習。
☆7：前述の3コース，発達を促す学習，研究アイデア記述，博士論文提案書の草稿作成，に対応している。

第3部

個別内容領域における自己調整学習

第10章　数学的知識とスキルの自己調整

Erik De Corte
University of Leuven, Belgium
Lucia Mason
University of Padova, Italy
Fien Depaepe and Lieven Verschaffel
University of Leuven, Belgium

瀬尾　美紀子（訳）

　数学教育では，数十年にわたる論争がある。この論争は「数学戦争（math wars）」とよばれ，白熱してきた（Kelly, 2008）。数学の教授・学習に対するアプローチに関するものと同程度の，数学の目標に関する議論である。端的に言えば，「数的事実や手続きスキルの反復習熟」を目標とするか，「重要概念の深い理解や数学的モデリングあるいは問題解決スキルの獲得」を目標とするかといった論争である。教授・学習の観点からは，この論争は，「直接教授のアプローチ」と「（社会的）構成主義的アプローチ」に焦点を当てている。

　休戦に向けた近年の努力が論争の激しさを鈍らせてはいるが，終結したというわけではない。数学教育分野の研究者たちの一般的な見方には，以下の2つがある。(a) 数学の教授と学習の最大の目標は生徒に「適応的熟達（adaptive expertise）や能力（Hatano & Inagaki, 1986; Bransford et al., 2006）も参照」，つまり，学んだ知識やスキルをさまざまな文脈や場面に柔軟にかつ創造的に適用する能力を獲得させることである。この能力は，理解をともなうことなしに学校の宿題を早く正確に完了するといった「ルーチン的熟達（routine expertise）」とは反対の能力をさす。(b) 数学の学習は，学習集団のなかで，意味を考え理解し問題解決する能動的で構成的なプロセスである（Baroody & Dowker, 2003; De Corte & Verschaffel, 2006; National Research Council, 2001）。

　De Corte, Verschaffel, & Op 't Eynde（2000）によって述べられているように，このような数学教育における社会的構成主義の見方は，学習者が自分自身の学習や思考，問題解決活動をコントロールすることを意味する。言い換えれば，自己調整が，生産的な数学学習の大きな特徴を構成するのである。しかし，生徒たちは自発的あるいは自動的には自己調整的な学習者にならないことが研究で示されているため（Schunk, 2001），知識やスキルの獲得プロセスにおける自己調整は，効果的な学習の主要部分というだけでなく，同時に，数学教育の中心的な目標であり，適応的な数学力を考えた場合には重要な要素でもあるのだ。

　自己調整を教えるという本書の本パートの強調点を考慮して，私たちはCLIA[☆1]モデルを用いよう。このモデルは，強力な学習環境をデザインする一般的なモデルであり（De Corte, Verschaffel, & Masui, 2004），本章の全体的な構成のフレームワークにもなっている。このモデルは，以下の4つの互いに関連し合う要素によって構成される。

1. コンピテンス（**C**ompetence）：ある領域，数学の特定の領域における，適応的な能力や熟達の要素は何か。
2. 学習（**L**earning）：生徒に能力の獲得を促すことを引き起こす学習プロセスや発達プロセスにはどのようなものがあるか。
3. 介入（**I**ntervention）：生徒に必要な学習や発達プロセスを生じさせたり維持するための，適切な指導方法や環境とは何か。
4. アセスメント（**A**ssessment）：生徒が能力の

構成要素に熟達したかを査定するために必要な測定用具にはどのようなものがあるか。

なお，自己調整のアセスメントについて，本書では別のパートが割り当てられていることと，紙幅の関係のため，最後の要素についてはあまり詳しく述べる予定はない。

次節では，数学における適応的能力の要素として自己調整を定義しよう。これは，CLIAモデルの第1の要素である。Schunk（2005）に従って，私たちは自己調整と自己調整学習を同義語と考える。数学に関連する認識論的信念（epistemic beliefs）と動機づけ信念（motivational beliefs）は適応的能力の他の側面を構成する。しかしそれらは，自己調整学習とは密接に関連することが示されている（Muis, 2007; Wolters & Rosenthal, 2000）。したがって，自己調整における信念の役割については，別の節で述べる。

次の節ではCLIAモデルの2番目の要素，つまり，認知的な自己調整スキルと動機づけ的な自己調整スキルと，現在の教育あるいは教授の条件のもとでの信念の学習や発達に焦点をあてる。自己調整は生産的な数学学習の主要な特徴であることが述べられる。ここでは，以下の論点が取り上げられる。数学でうまくいっている生徒とうまくいかない生徒は，自己調整スキルや信念の点において異なるのか？　子どもの自己調整や関連する信念はどのように発達するのか？

CLIAモデルの介入要素として自己調整スキルを教えることに焦点をあてるが，次の節ではその点について見ていく。15年以上にわたってかなりの介入研究が報告されている。そうした研究における議論に基づいて，認識論的信念や動機づけ信念に対する効果と同様に自己調整スキルに対する小中学校の教室場面における学習環境の効果について見ていく。自己調整スキルの学習効果を生んだり，数学や数学学習に対する構成的信念を刺激するような介入の観点を明らかにすることを試みる。

最後の節では，教育実践への示唆と研究に関する今後の展望を述べる。

■ 数学の適応的能力の要素としての「自己調整」の定義

数学教育の分野では研究者の間に，広い意味でのコンセンサスがある（たとえば，De Corte &Verschaffel, 2006; National Research Council, 2001）。つまり，数学において適応的に有能になるということは，数学的な素質を身につけることとしてとらえられている。そうした素質を身につけるためには，認知的あるいは，情動的な要素における5つのカテゴリを習得する必要がある。

1. 領域固有の知識基盤
   教科としての数学の内容を構成する事実や記号，アルゴリズム，概念，法則に関するもので，よく組織化されて，柔軟にアクセス可能である。
2. ヒューリスティクスの方法
   必ずしも正解が保証されるわけではないが，正解を見つける確率が有意に増加する問題解決のための方法を探すこと。たとえば，問題を下位目標に分割することや，問題を図表に表わすこと。
3. メタ知識
   自分の認知的機能に関する知識（メタ認知的知識。たとえば，認知的能力は学習と努力を通じて発達することを知っていること）と，自分の動機づけや感情に関する知識（たとえば，むずかしい数学の問題に直面した時に，失敗への恐れに気づくようになること）。
4. 自己調整スキル
   認知的プロセスを自己調整することに関連するスキル（メタ認知的スキルあるいは，認知的自己調整：たとえば，問題解決プロセスにおけるプラニングやモニタリング）。また，動機づけや感情のプロセスを調整するスキル（メタ意思スキルや意思に関する自己調整：たとえば，問題を解くときの注意や動機づけを維持すること）。
5. 数学に対する肯定的情動
   数学や数学の学習あるいは指導に対する肯定的な情動や態度のことである。数学に関する認識論的信念や動機づけ信念を含む。

数学的な素質を獲得するという点で、これらの5つの織り合わされた要素が、統合的な方法によって獲得される必要があるということを強調することが重要である。

Dinsmore, Alexander, & Loughlin（2008; Schunk, 2008b も参照）によって、近年示されているように、自己調整に関する研究がおよそ25年経過しているものの、その概念に関する定義はあいまいで明確なものではない。上述した、適応的な数学能力の要素としての自己調整に関するわれわれの見方は、Pintrich（2000b; Boekaerts, 1999; Winne, 1995; Zimmerman, 2001 に類似の定義がみられる）の一般的な定義に沿ったものである。

学習者が、学習に対する目標を定め、そうした目標や環境の文脈的特徴によって制約を受けたり導かれたりしながら、自分自身の認知や動機づけ、行動をモニター、調整、制御しようと試みる、能動的で、構成的なプロセスである。(p.453)

数学の学習に関するわれわれの社会構成主義的な考え方は、Winne（1995）によって述べられているような、自己調整学習は本来構成的で自己指示的なプロセスという見方を共有している。それは、認知と動機づけと情動を統合的に調整することによって特徴づけられた行動制御の形式である（Boekaerts, 1999; De Corte et al., 2000; Pintrich, Wolters, & Baxter, 2000）。同じように、認知的あるいはメタ認知的な観点だけでなく、動機づけ的、情動的要素を含むものとしての自己調整に関する見方を共有する（De Corte et al., 2000）。これは、同時に、われわれがメタ認知的スキルを自己調整の下位要素と考えていることを示している（Dinsmore et al., 2008; Veenman, van Hout-Wolters, & Afflerbach, 2006; Zimmerman, 1995）。

数学学習や数学的思考の自己調整に関する研究は、適応的熟達に関する要素の特定化を提供してきた、おもに2つの理論的視点に基づいている（Perels, Gürtler, & Schmitz, 2005; Puustinen & Pulkkinen, 2001）。1つは、社会的認知理論（たとえば、Schunk, 1998）に基づく Zimmerman（2000）の自己調整モデルである。もう1つはとくに Schoenfeld（1985, 1992; De Corte et al., 2000 も参照）によるモデルである。Zimmerman（2000）の自己調整に関する循環プロセスモデルは、3つの段階から成り立っている。(a) 予見（forethought）と信念（beliefs）：予見（たとえば、目標設定）はプロセスと関連し、信念（たとえば、自己効力信念）は学習や問題解決に対する行動や努力に先行する。(b) 遂行や意思のコントロール（performance or volitional control）：学習や問題解決の間に起こるプロセス（たとえば、モニタリングや注意の集中）。(c) 自己内省（self-reflection）：遂行後に行なわれるプロセス（たとえば、自己評価や原因帰属）で、次のサイクルのための予見段階に影響を与える。Schoenfeld（1985）の問題解決に関する理論は Zimmerman のモデルほどは精緻化されていないものの、熟達者の問題解決プロセス（あるいは学習課題）にみられるメタ認知的あるいは認知的自己調整スキルに焦点があてられている。すなわち、課題に対する方針（たとえば、問題の表象の構築）や解決プロセスの計画あるいは、課題に対するアプローチ、課題遂行中のモニタリング、結果の評価、そして、求まった解や学習プロセスに対する内省等である。これらは、メタ認知プロセスに関する理論的視点とかなり強い対応関係にある。つまり課題の表象構築やアプローチの計画は、Zimmerman の予見段階と対応し、モニタリングは遂行段階の主要なプロセスとなっている。そして、評価や内省は、Zimmeman の自己内省段階と対応している。

■ 数学の自己調整学習における信念の役割

信念は、適応的能力に関するわれわれのモデルの重要な要素としてあげられる。研究では、認識論的信念や動機づけ信念は自己調整において重要な役割を担っているため（De Corte et al., 2000; Muis, 2007; Pintrich, 2000a）、ここで検討しておこう。Schoenfeld（1983）は生徒たちの数学的問題解決行動に信念システムが与える影響の存在を明らかにした最初の研究者である。以降、多くの研究において、数学に関連するさまざまな種類の信

念が調べられてきた。そして，学習者がしばしば，有効でない，不適切な信念を抱いていることを示している。本章では，2つの主要なカテゴリである認識論的信念と動機づけ信念に分類する。

◆◆認識論的信念

数学に関して個人のもつ認識論的信念に関する研究は，教科としての数学に関する信念，数学の学習に対する信念，そして，数学に関する教室での活動に対する社会文脈的信念について明らかにしてきた（De Corte, Op 't Eynde, & Verschaffel, 2002; Muis, 2004）。

数学自体に関する信念

Frank（1988），Lampert（1990），Schoenfeld（1991），Schommer-Aikins（2008）による研究では，たとえば，数学的な知識はゆるぎない事実によって特徴づけられていて，法則や手続きは権威ある人やモノ（教師や教科書）によって教えてもらうものであるといった信念が，生徒の成績レベルによって異なることを明らかにしている。数学は概念の性質よりも手続きを覚えようとすることとして認知され（Kloosterman, 2002），正しい答えとまちがった答えに二分される。さらに，De Corteとその共同研究者たちは（De Corte et al., 2000; Verschaffel, Greer, & De Corte, 2000）は，現実の世界にほとんどあるいはまったく関係がないと信じている現象を，いわゆる「数学における意味理解の欠如（はく奪）」と述べている。

数学の学習に関する信念

数学の学習に関して共通する不適切な信念には，次のような確信を含んでいる。「ふつうの生徒には教科内容を理解することはできないので（Schoenfeld, 1992），数学的なことがらを暗記したり，ルールを適用することこそが基本である（Kloosterman, 2002; Lampert, 1990）」「問題を解くためにはただ1つの方法しかない。それは数分で正解にたどり着く方法である（Lampert, 1990; Silver, 1985）」「数学の問題のむずかしさは，扱われている数字や数量の大きさによる（Garofalo, 1989; Lucangeli, Coi, & Bosco, 1997）」「キーワード[☆2]は実行すべき演算を示している（Garofalo, 1989）」。

社会的文脈に関する信念

いわゆる社会数学的基準とよばれる，生徒たちの認識に関する信念のことで，数学の授業における教師や生徒たち自身の役割に影響を与えたり，文化を形成したりする（Cobb & Yackel, 1998; McClain & Cobb, 2001）。たとえば，教師の質問に対する答えが与えられる前に，生徒たちは手をあげて互いの意見を聞くべきであるといったような信念である。数学の学習活動の間に何をするべきかということや，数学のできる生徒とはどういう生徒かということに関するものも含まれている（De Corte et al., 2002）。

◆◆動機づけ信念

数学の学習に関連する自己についての信念は，動機づけ研究で検証されている達成目標志向性，失敗や成功の原因帰属，自己効力，達成価値などがある。

達成目標志向性に関する信念

数学で成功するためには，失敗から学ぶことや努力したりすることが必要であるという信念は，生徒を熟達志向的（mastery-oriented）な方向へ導く。反対に，学習は能力があることを示したり，自己の価値を守るための手段だという信念は，生徒を遂行志向的（performance-oriented）にさせる（Nicholls, 1992; Urdan, 1997）。近年では，接近目標と回避目標を区別する考え方が導入されている（Elliot, 1997）。熟達回避目標は，完全主義者にとって必ずしも一般的あるいは典型的というわけではないが，1点でも取りこぼすべきでないという信念によって支えられている。また，数学のネガティブな結果は自己の価値が欠如していることを示すという信念が，遂行回避目標志向性の根底に存在する（Elliot, 2005）。

原因帰属に関する信念

数学における成功と失敗の原因に関する信念は，「内発的－外発的」「安定－不安定」「統制可能－統制不可能」といった要因で考えることができる。

たとえば，努力は，内的で不安定で統制可能な変数であり，能力は内的ではあるが安定していて統制不可能な要因である。

自己効力信念

ある設定されたレベルにおいて学習ができるという能力に対する信念を自己効力信念という（Bandura, 1986）。数学を含む多くの領域の達成場面において，検討されている（Pajares, 2008）。加えて，将来の行動に対する結果に関する信念（結果期待）は，数学の学習者の自己効力感と強く関連する（Wigfield & Eccles, 2002）。

価値に対する信念

私的あるいは専門的な目的に対応した，数学の達成に対する価値の信念もまた，重要な動機づけ信念である（Wigfield & Eccles, 2002）。価値には4つの要素があり，達成価値（活動の重要性），興味価値（活動の楽しさ），有用性価値（活動の有用さ），そして課題遂行に対するコスト（活動に要求される努力の量と，他の価値ある活動に対する影響）である（Eccles et al., 1983）。

◆◆**なぜ認識論的信念が重要なのか**

Muis（2007）は認識論的信念（学習に関する考え方を含む）と自己調整学習の関係に関して統合化された理論的モデルを提案している。このモデルでは，認識論的信念は課題の内部に存在するさまざまな条件の一部になっていて，学習目標を定めるときに生徒によって適用される基準に影響を与える。次に課題を扱うときに選択される認知的方略や，課題を実行する間に活性化されるメタ認知的処理にも影響を及ぼす。そして処理の結果，創出された産物は，メタ認知的モニタリングによって設定された基準と比較される。たとえば，生徒たちが数学的知識を数学的な事実と計算ルールは別々のものとしてとらえる有益でない信念をもっているならば，彼らは覚えることを目標として設定しようとするだろう。そして，公式や手続きを思い出すという意味で「理解する」ための記憶方略を活性化し，そうした成果を積極的に評価するだろう。必ずしも数学についてというわけではないが，認識論的信念は自己調整学習と関連するという，Muis（2007）の理論的モデルを支持する実証的な証拠も近年得られている（Muis, 2008; Strømsø & Bråten, 2010 も参照のこと）。

◆◆**なぜ動機づけ信念が重要なのか**

上述の動機づけ信念，とくに自己効力と原因帰属に関する信念は近年「自己調整信念」とよばれ，学習プロセスを能動的に調整する上で重要な役割を果たすことに注目が集まっている（Kitsantas & Zimmerman, 2009）。認識論的信念と同様に，数学の学習に関連する自己についての信念は，課題の条件の要素である。動機づけ信念が活性化されると，目標を設定したり，方略を選択したり，また，感情を生起したり意思をコントロールしたりといった，目標達成に対する基本的なことがらによって，直接的あるいは間接的に達成に影響を与える（De Corte et al., 2000）。とくに，熟達志向的な生徒たちは，遂行志向的な生徒に比べると，学習内容の深い処理に対する高い基準を設定したり，数学の課題を解くために必要な効果的な方略を実行したり，また，基準と照らして成果をふり返って評価したり，困難に直面しても粘り強く取り組んだりする（Pintrich, 1999; Wolters & Rosenthal, 2000）。しかしながら，多目標志向性という傾向も生徒の動機づけにはあるため（Barron & Harackiewicz, 2001），学習に対するアプローチは，数学においてどのような目標をもって関与すべきかという信念の結果ととらえられるといえる。

さらに，コントロール可能で不安定な要因（たとえば，努力不足で不適切な学習方略）が数学のつまずきの原因と信じられているときに限って，生徒は学習への努力や注意を傾けたり，深い処理を行なおうとするだろう。感情は成功や失敗の原因帰属にともなって生起する（Schunk, 2008a; Weiner, 2005）。ポジティブな感情の生起（自尊心，希望，喜び）が自己調整学習の源として機能する。一方，ネガティブな感情の生起（不安，恥，怒り）は動機づけや処理の促進あるいは抑制に対する障害として働く（Pekrun, Goetz, Titz, & Perry, 2002）。

自己効力信念もまた，数学の自己調整学習に貢献する。より高い自己効力信念をもつ生徒は，つ

まずきを乗り越えたり，我慢強く取り組んだり，目標を追求することに対する関与を増加させる傾向がある（Schunk, 1998; Zimmerman, 1989）。数学における自己効力信念と成績との関連は，明確に示されている（Marcou & Philippou, 2005; Pajares & Graham, 1999）。結果期待の信念をもつこと，すなわち宿題などに一生懸命取り組めば，よい成績が取れるはずだと信じている生徒は，より粘り強く取り組む傾向がある。

さらに，達成価値の信念は自己調整学習と関連する（Wolters & Pintrich, 1998）。数学の学習がどの程度の価値があるかということは，生徒たちの動機づけ調整方略の使用，つまり，結果に対する自己調整（ご褒美や罰を自分自身に与えること），環境のコントロール（課題を完成に導く環境を整えること），熟達のためのセルフトーク（熟達への欲求），興味の喚起（課題をより楽しく取り組むこと）といったことに影響を与える（Wigfield, Hoa, & Klauda, 2008）。

■ 自己調整と関連する信念の学習と発達

自己調整は適応的な数学能力の主要な要素と考えられるべきであることが，自己調整プロセスや信念が語学や数学の学業成績と関連するという研究結果によって確認されている（Nota, Soresi, & Zimmerman, 2004）。さらに，自己調整スキルが弱い場合には，数学の学習に対する動機づけが低くなると考えられる（Schunk, 1998）。この点を考慮すると，教育的な観点からは，CLIAモデルの2番目の要素と関連する以下の問いを考えることが興味深い。すなわち，自己調整や自己調整と関連する信念が，成績の高い学習者と低い学習者とでどのように異なるのか，自己調整や関連する信念は子どものなかでどのように発達するのか。そうした自己調整スキルやポジティブな信念の獲得はどのような教室環境によって促進されるのか。

最初の問いに関して，数学の成績が高い学習者は学習時間の管理がうまく，より高くかつ近い目標を設定し，また学習や問題解決において頻繁かつ正確なモニタリングを行ない，満足できる基準を高く設定していることが研究で示されている。そして，自分を信じていて，障害があっても屈しない。さらに，自己動機づけを行ない，課題へのアプローチでは計画的であり，学習に影響を与える環境要因に敏感である。そして，教師や仲間に援助を要請しようとする（Boekaerts, 1999; Zimmerman & Risemberg, 1997）。数学学習の自己調整，とくにふり返り活動の重要性は，Nelissenによって強調されている（1987; De Corte et al., 2000, Schoenfeld, 1992も参照）。学習者は学習中に次の取るべきステップについて連続的に意思決定する必要がある。たとえば，公式や定理を見返したり，異なる視点から問題場面を再考したり，あるいは再構成したり，予想される結果を推測したりといったことである。さらに，新たな知識やスキルの獲得や理解，適用の進み具合や課題への集中や動機づけに関する中間評価をとおして，学習プロセスをモニタリングすることが必要である。

私たちの知るところでは，メタ意思スキルと数学学習や問題解決との関連についての研究はそれほどまだ多くみられない。Seegers & Boekaerts（1993）による研究では，動機づけのコントロールが生徒の課題に対する評価をとおして数学の成績に間接的な影響を及ぼすことが示された。Vermeer, Boekaerts, & Seegers（2000）は，学習に対する意思を保持しようとすることは，意思方略へのアクセスに依存することを明らかにした。

信念については，数学的知識の性質や学習に関するポジティブあるいは有用な信念（Kloosterman, 2002; Mason, 2003; Mason & Scrivani, 2004）をもつ生徒のほうが，この領域における学習に関連する自己信念（Gaskill & Murphy, 2004; Kitsantas & Zimmerman, 2009; Marcou & Philippou, 2005）と同様に，より高い成績に到達するということが研究によって示されている。数学に関連する信念は，認知，動機づけ，情動の自己調整をとおして，学習や問題解決に直接的あるいは間接的に影響を及ぼすのである。

しかしながら，数学に関連する信念と自己調整学習の関連における相互依存性は注目されるべきものである。もし，より適応的な信念が自己調整学習に要求される方略の使用をサポートするなら

ば，自己調整方略をうまく使用することはまた，そうした有用な信念，とくに数学学習に関する自己の信念の発達を促進するといえる（Marcou & Philippou, 2005）。

2つめの問いに関しては，これまで，幼い子どもは自分の学習や問題解決を自己調整できないという見方が支配的であった（Paris & Newman, 1990; Schunk, 2001; Zimmerman, 1990）。Veenman et al.（2006）は，メタ認知的スキルは8歳から10歳までの間に発現するという見方が根強く残っていることを，文献に基づいて示している。しかしながら，長年にわたる多くの研究は，幼い子どもが自分の行動を調整できることを示すことによって，この「限定的な」見方に対する反論を報告している。たとえば，低所得者家庭の3～5歳の子どもの研究では，初期の算数や読解能力を予測する，実行機能や努力のコントロールといった自己調整的な行動の証拠をBlair & Razza（2007）が見いだしている。また，Whitebread et al.（2009）は3～5歳の子どもの認知や動機づけ，情動の自己調整を査定する2つの観測ツールを開発した。多くの自己調整の言語的あるいは非言語的な指標の分析と同様に，彼らのレビューでは幼い子どもも自己調整行動ができ，実際に行なっているという見方が支持されている（Biemiller, Shany, Inglis, & Meichenbaum, 1998; Calkins & Williford, 2009も参照）。

もちろん，これらの自己調整スキルは学校での経験をとおして発達し，より洗練されたものになっていく。しかし，幼い子どもに関する自己調整の知見は教育的観点からもたいへん重要である。そうした知見は，それらのスキルを改善する目的をもった早期の介入に対する確実な見方を切り開く。と同時に，子どもが教師による外的な調整にのみに頼って，ネガティブな学習習慣や信念を発達させていくことを避けることもできる（Dignath, Büttner, & Langfeldt, 2008）。

これらのすべての知見は，明示的あるいは暗示的に，幼い子どもであっても自己調整スキルやポジティブな信念を獲得するといった見方を支持している。上述のことすなわち自己調整は自発的に達成されるわけではないことを考慮すると，上記の3つめの問いが示されることは興味深い。つま

り，自己調整スキルやポジティブな信念の獲得を促進することができる教室環境とはどのようなものだろうかという問いである。スキルや信念と教室場面の特徴との関連を探る先行研究は厳密な方法ではないものを含めても，それほど多く行なわれているわけではない。3，4年生の教室を観察したAnderson, Stevens, Prawat, & Nickerson（1988）の研究では，どのような指導実践が，自己調整や信念の異なるパターンを導くかについて検証された。その結果，自己調整的でポジティブな信念を示すクラスに導く教師の指導実践には2つの次元があることが明らかになった。それは，予測可能で有用な関係性に生徒たちの注意を向けさせるように課題環境に関する情報を構成することと，自分自身の課題を調整する機会を設けることである。

自己調整を促進する教授環境の特徴を明らかにする先行研究が少なかった理由の1つは，学校において多くの生徒が適切で有効な自己調整スキルを十分な程度に発達・習得しなかったという証拠（Biemiller et al., 1998; De Corte & Verschaffel, 2006; Perels et al., 2005; Veenman et al., 2006）や，新たな知識やスキルの学習を促進したり，数学的問題解決の成功を促すのに利用可能な信念を獲得しないという証拠（De Corte, Op 't Eynde, Depaepe, & Verschaffel, 2010; Muis, 2004）が豊富だからかもしれない。しかしながら，これは驚くことではない。数学の授業における現代の教育実践を観察すると，生徒の学習や問題解決を適切に調整することは，教師の課題として考えられているという印象をもつ（Boekaerts, 1999も参照）。言いかえると，今日の教室においては外的調整が自己調整よりも大幅に優先されるのである。

信念に関して，Muis（2004）は「研究では，生徒の信念を直接的に測定することと，信念と特定の学習環境を関連づけることに失敗している（p. 364）」と述べている。にもかかわらず数学に関する信念が授業実践によって広く導入されていることが彼女のレビューでは示されている。たとえば，伝統的な指導場面では，教師は，どのように問題を解くことができるか見せたり，公式や手続きの使い方を演示したり，短い時間でできるような課題を割りあてたりすることによって，生徒の数学

的活動を制御する（学習者による自己調整とは反対に）。そうした実践が，数学は固定的な知識の総体であり，数学を実践することは教師によってあらかじめ説明されたルールに従うことだ，といった有用でない信念を助長する（De Corte et al., 2010）。同様に，授業の活動が日常生活の問題や疑問と結びついていないということが，数学は現実の世界と何の関係もないのだという生徒の信念と結びつく。ゆえに，問題解決における「意味理解の欠如」が必然的に起こるのである（Verschaffel et al., 2000）。さらに，数学の授業への参加のあり方——直接教授か議論に基づく教授か——が，個人の間の相互作用や授業の社会的次元と同様に，数学の知識や学習に対する信念を形成する（Boaler & Greeno, 2000）。最近の研究では，6年生を担当する10人のフランドール地方の教師について，ある特定のヒューリスティクスを用いる規範に関する系統的な説明や検討，すなわち，なぜ用いるのか，どのように用いるのか，そしていつ用いるのかといったことについて，ほとんど注意を払わないことを明らかにしている。ただ1名の教師だけが，問題の解を見つけるためには複数の方法があることを何度も強調していた。興味深いことに，彼女の生徒たちは，他のクラスの生徒たちと比べて，同じ信念を強くもっていた（Depaepe, De Corte, & Verschaffel, 2007）。つまり，Dignath & Büttner（2008）によって述べられていたように「どのように教師が教室に自己調整学習を導入することができるかについての研究には，まだギャップが存在する」（p. 232; Veenman et al., 2006 も参照）のである。

■ 自己調整と構成的信念のための効果的な学習環境に向けて

前節では，自己調整スキルと数学に関するポジティブな信念は，数学に対する適応能力の重要な要素を構成することと，生徒のパフォーマンスによい影響をもたらすことが導き出された。しかし，洗練された自己調整スキルや高度にポジティブな信念は，自発的に生徒たちが身につけるわけではないことも研究では示されている。さらに，自己調整スキルと信念は，教室の実践によって強い影響を受ける。しかし，教師はそうしたスキルや信念の獲得を促進する学習環境をつくり出すことが，一般にそれほど得意というわけではない。Dignath & Büttner（2008）によって言及されているこのギャップを克服するためのステップとして，多くの実践研究が長年にわたって行なわれてきたということは重要である。その実践研究においては，自己調整とポジティブな信念を促進する目的のための学習環境がデザインされた。この節では，紙幅の制限のため，CLIAモデルの介入要素に関連する研究の短い概要を示す。ここでは，小学校と中学校教育に焦点をあてる。

自己調整の社会的認知理論から始めると，Schunk とその共同研究者たちは，パイオニアとしての研究を始めた（レビューとして Schunk, 1998 を参照）。一連の介入研究において，彼らは小学生の引き算や割り算の筆算，分数の問題の指導において，自己調整スキルの獲得や自己効力信念に対して，モデリングや，ガイド的な指導，そして正確なフィードバックの影響について調べた。複数のセッションから構成される典型的な介入は，次のような活動を含む。つまり関連のある数学的演算の模範的なデモンストレーション，ガイド的な指導，言語化をとおした自己調整の訓練や方略使用，そして個別の自己内省の実践である。これらの研究では，次のことが示されている。

数学の指導におけるモデルの使用は，小学生の数学に関する自己効力感や動機づけ，自己調整そして成績を促進することができる重要な文脈的要因である。(Schunk, 1998, p.155)

Schunk の研究に言及して，Fuchs et al.（2003）は，初期の研究が，より複雑な活動すなわち複数のスキルの適用を要求される問題解決における自己調整の効果に着目する代わりに，計算スキルの教授と学習にかなり制限されていることを述べている。さらに，これらの介入研究のほとんどが自己調整の個々の観点（たとえば目標設定）について扱ったものである。介入期間の短さに関するコ

メントもみられる。しかしながら，De Corte et al. (2000) は，問題解決に注目したより広範で総合的な介入を含む実験をレビューしている。これらの研究は期待できる結果，すなわち，重要な自己調整の観点を見いだしている。それは，適切な問題表象を構築するための方略的行動，ヒューリスティクスのような認知的方略を使った解法プランの展開である。介入における重要な特徴は以下を含む。(a) 教授方法や学習活動の多様性：問題解決の方略的観点に立ったモデリング，コーチングやフィードバックなどのガイド的指導，小グループによる問題解決，解法や解決方略に関する評価やふり返りに関するクラス全体での討論，(b) 能動的な自己調整学習や問題解決を刺激する新しい社会的基準 (Cobb & Yackel, 1998 を参照) に基づく革新的なクラスの文化。興味深いことに，こうした学習環境の主要な特徴は上述した Schunk (1998) の指導モデルに一致するものである。

先行研究に基づいて，一連の多くの新たな研究がこの数十年行なわれてきている。最近発表された，介入研究に関する2つのメタ分析 (Dignath et al., 2008; Dignath & Büttner, 2008) について要約しておこう。これらのメタ分析は，数学におけるかなりの数の，異なる学習内容をカバーしたものである。

Dignath et al. (2008) によるメタ分析では，小学校算数に関する11本の論文から17の研究について調べられて，合計47の効果量が報告されている。1つを除いてすべての介入において認知的方略（たとえばヒューリスティクス）に加えて，メタ認知的方略（たとえば，プランニング，モニタリング，ふり返り）の教授が含まれている。半数はメタ認知的理論背景からスタートしていて，他の半数には社会的構成主義に分類される社会的次元を含む。分析の結果，自己調整学習の介入は小学生の算数の成績に正の効果（平均効果量は1.00）をもつ（読み書きに対する効果量よりも0.44高い）。動機づけに対しては1.04，方略使用に対しては0.77である。興味深いことに，Dignath & Büttner (2008) による2つめのメタ分析は小中学校の数学に関する28の研究を含む（132の効果量が報告されている）。中学生の成績に対する自己調整訓練の効果量はかなり小さい（読み書きに対する効果量0.92に対して数学は0.23）。小学生の結果は，先述のメタ分析と一致して算数の効果量は0.96，読み書きの効果量は0.44であった。これらのメタ分析は，自己調整的な数学の学習は小学生，中学生ともに効果的に促進されることが示されている。別の重要な知見は，介入は継続すればするほど効果的ということと，通常の教師よりも研究者によって教授が行なわれるときに介入の効果がより高くなるということである。

上述のメタ分析に含まれていない最近の研究では，少数のサンプルではあるが，さらなるエビデンスが生まれている。たとえば，Perels, Dignath, & Schmitz (2009) は6年生の算数のクラスでの自己調整に関する介入が，生徒たちの自己調整能力と成績を向上させることを明らかにしている。IMPROVE (Mevarech & Kramarski, 1997) というメタ認知訓練プログラムを用いて，Mevarech & Amrany (2008) は中学生に関して同様の結果を得ている。

重要な問いとして，「生徒たちの自己調整スキルや数学の成績を促進するという点において強力な介入や学習環境とはどのようなものだろうか？」。メタ分析や最近の研究から導かれる知見は，効果的な学習環境の特徴を裏づけている。すなわち，介入は以下を満たすべきである。(a) 認知的，メタ認知的，そして動機づけ方略を統合された方法で訓練する。そして，方略の有用性や利点に明確に注意を向けること (Veenman et al., 2006 も参照)。(b) 方略の練習機会を設けることと，方略使用に関するフィードバックを提供すること。(c) ふり返りを促すこと。驚くべきことに，グループワークを除いて，モデリングや，ガイド的な指導そしてクラスの全体討論のような特定の教授方法に関しては，メタ分析はほとんど情報をもたらさない。さらに驚くべきことに，グループワークは生徒の学習に正の影響はなく，小学校では負の効果が示されている。Dignath & Büttner (2008) によると，このことは生徒たちがグループで作業をすることがないということだけでなく，協同学習において適切な指示を受けていないということにもよる。

前節で述べたように，自己調整は，認知的要素とメタ認知的要素に加えて，動機づけと情動の要素（たとえば，Boekaerts, 1999）を含むものとして特徴づけられている。とくに，自己効力のような動機づけ信念は自己調整学習において重要な役割を担う。上述したように，メタ分析に含まれる介入研究は認知的方略やメタ認知的方略に重点的に着目し，生徒の信念に強力な影響を及ぼす教室文化，とくに社会的基準には注意をほとんど払わない。この点について，De Corte et al.（2010）は，数学関連の信念と教室文化との対応的な関係に対して，教室の規範や実践が生徒たちの信念を形成する一方で，こうした規範は，教師や学習者各自がもっている数学関連の信念の相互作用によって形成されると述べている。ゆえに，生徒たちの信念は，適切な学習環境における介入によってかなり促進されると考えるのが妥当だろう。そしてそうした信念は，学習の自己調整に正の影響を与える。

　この仮説を支持する結果が Mason & Scrivani（2004）による研究によって得られている。数学関連の信念と問題解決スキルの両方が5年生において促進されている。この研究では，数学の教室の複雑な文脈における介入の実行に焦点があてられている。介入は，伝統的な学習環境を変えることによって，生徒たちの認識（数学と数学の学習と問題解決に関する信念）と動機づけ信念（数学の学習に関連する自己効力信念）の育成を目的として行なわれた。信念の発達が，問題解決の成績を改善することが期待された。その革新的な教室の学習環境は，文章題解決スキルをどのように改善するかについての知見を提出している先行研究（Verschaffel et al., 1999）に基づいたものである。それは，新たな社会‐数学的な規範の相互交渉をとおした教室文化の確立に着目したものである。その規範とは，つまり，(a) 生徒の役割：しくみを理解したり学習の責任を徐々にとることができるという信念をもって数学を「する」ように励まされる，(b) 教師の役割：生徒たちが認知的そしてメタ認知的活動に取り組むよう刺激したり足場づくりをする，(c) 問題解決においてよい解法手続や答えとは何か，といった見方である。

　生徒たちはまた，多くの問題が異なる方法で解けることや，解法は機械的に適用されるのではなく，正しい答えでも問題の背後にあるものを理解してないときには十分でないということを理解するように励まされた。彼らは，多重的な表象やさまざまな解法，そして異なる答えが許される問題や，実世界の適切な知識を使って現実の数学的モデリングを要求する問題を考えた。最後に，小グループでの課題や議論，クラス全体での討論による生徒間の相互交渉をとおして，数学の学習コミュニティの創造がサポートされた。

　その結果，介入は伝統的な指導よりも，成績の改善だけでなく，一般的な数学に関する認識論的信念と動機づけ信念の発達により貢献した。さらに，数学に対する考え方と理解に正の影響を与えていた。伝統的な指導場面ではこうした効果はみられなかった。

■ 教育実践への示唆と今後の研究の展望

　レビューの結果，(a) 自己調整と密接に関連する認識論的信念や動機づけ信念は自己調整と同様に数学の学習に影響を与えている，(b) 数学学習の自己調整とそれらに関連する信念は，指導によって小学校段階であっても促進されうる，ということがいえるだろう。学校教育に対する最も明確な示唆は，自己調整スキルを教えることと，認識論的信念や動機づけ信念の育成は，小学校で算数が始まる段階において，広く適切に実施されるべきであるということである。しかしながら，このことは，大きな課題である。実際，観察研究によると，教師たちは方略の指導にほんのわずかな時間しか費やしていないことが示されている（Depaepe et al., 2007; Hamman, Berthelot, Saia, & Crowley, 2000）。さらに，先述したメタ分析（Dignath & Büttner, 2008）は，教師による介入の効果が，研究者による効果よりも弱いことを示している。こうしたことを考慮すると，自己調整の大規模なトレーニングの実施の第1の条件は，政策決定者や学校のリーダーがそうした自己調整に焦点をあてた新たな学習環境をデザインしたり採択したりすることを促進することである。さらに，

カリキュラムや教科書や教授ツール，また，アセスメントのための道具は必要に応じて改訂される必要がある。アセスメントツールを新たな学習環境に合わせることは，とくに重要である。

　こうしたことが必要である一方で，それで十分というわけではない。新たな指導の観点に基づいた教科書や教材を導入することが，革新的な考え方の高いレベルでの実践を持続したり，容易にそして自動的に実現するというわけではない。カリキュラムの実施には教師が能動的な役割を果たす。つまり教師は，事前知識や信念，経験をとおして，新たな考え方を（ほとんど無意識的に）解釈する（Depaepe et al., 2007; Dapaepe, De Corte, & Verschaffel, 2010）。したがって，成功するための不可欠な条件は教師のトレーニングにある。教員養成段階でも現職研修段階でも，自分のクラスで実践することが望まれる，自己調整学習のアプローチが埋め込まれた学習環境に意図的に身を置くべきである。Dignath & Büttner（2008）は今日「どのようにそうすべきかということについて教師をサポートするような情報はほんのわずかである」（p.232）と述べている。したがって，現在の教室において生徒の自己調整を促す目的をもった学習環境がどのようにうまく，そして持続的に実践されているかに焦点をあてる研究が必要である。この点については，教師自身の認識論的信念が妨げになっていることがあることを考慮することも重要である（Maggioni & Parkinson, 2008）。つまり，そうした教師の信念を明らかにし，教授実践とどのように関連し影響しているかということも，今後の研究の1つの方向性である。

　前節で述べたように，介入研究は，自己調整に対する教授法のインパクトに関する有用でたしかな情報は与えなかった。上で述べた2つのメタ分析に関する結果は，グループワークのネガティブな影響であった。これは，協同学習研究の主流で示される，小グループがよく機能する場合に，生徒たちは学業的にも社会的にもよい成果を生むという知見と対照的である。どのような，また，どんな条件のもとでの指導方法が，自己調整スキルの獲得や肯定的な認識論的信念と動機づけ信念の発達を促進するかについて系統的に調べる必要がある（Schunk, 2008bも参照）。たとえば，どのようにクラス全体での議論が生徒のメタ認知的ふり返りや自己効力信念の気づきを促すことができるかというようなことである。研究においては，自己調整スキルの獲得や指導における年齢差に特別な注意が払われるべきである。上で述べたように，幼い子どもが自己調整スキルを獲得できることが研究では示されているが，Schunk & Ertmer（2000）で示されているように，そうした子どもたちにはモデリングのような介入がより効果的である。一方，高学年の生徒たちには自分自身の方略の構築の足場になるような方法がよりよいといえる。

　最後に，近年の理論的モデルは動機づけ信念の重要性を強調しているが，介入研究のほとんどが認知やメタ認知に着目したものである（Dignath et al., 2008; Dignath & Büttner, 2008）。生徒たちの動機づけ的な自己調整スキル（たとえば，問題を解く意欲を保ち続けること）や，動機づけに関するメタ知識（たとえば，複雑な数学の問題に直面した時に失敗への恐れに気づくようになること），そして動機づけ信念（たとえば，肯定的な自己効力信念）を育成することを追求するような学習環境のデザインを目的とした研究が行なわれるべきである。数学の授業に関する介入は，いつも認知的知識やメタ認知的知識を強調するが，教室の文化がどのように生徒たちの動機づけ信念に影響を与えることができるかについて調べることも可能である。さらに，動機づけスキルや信念に関するふり返りや議論のめりはりをつける適切な指導アプローチを検討することができる。そうした焦点をあてた介入の持続的な実施が，教師の発達に必要であることはまちがいない。そして，そのことは上で述べたこれからの研究に関する初めの論点と密接に関連している。

【訳注】
☆1：CLIAはCompetence, Learning, Intervention, Assessmentの略。
☆2：「増える」は「足し算」を表わし，「減る」は「引き算」を表わすキーワードだと考えること。

第11章 読解関与指導をとおして自己調整的な読み手を育てる

Stephen M. Tonks
Northern Illinois University
Ana Taboada
George Mason University

犬塚　美輪（訳）

　ベイカー先生が受けもっている5年生のあるクラスは，今週は「生活環」に関する科学的概念の学習をしている。具体的には，カエルとオオカバマダラという蝶の生活環を学んでいるところだ。週の終わりには「今週の質問」として設定されている「カエルとオオカバマダラの生活環は，どんなところが違っていて，どんなところが似ているでしょう」という問いに答えることを目標にしている。子どもたちは，Gail Gibbons (1991)の『オオカバマダラ』や Steve Parker (1999)の『これがカエルの命だ：池での僕の人生』，そして Anne Capeci & John Speirs (2004)の『すさまじい食物連鎖』といった本を読んでいる。ベイカー先生は，まず週の初めに，子どもたちにカエルの生活環を観察させることから始めた。この観察（オタマジャクシからカエルに変わるまで）は数週間かかるので，子どもたちは観察したことを毎週記録することにした。先生と子どもたちは決まったスケジュールで観察を行なうことにした。今週子どもたちが目にするのはオタマジャクシだけだろう。子どもたちは，オタマジャクシがカエルに成長していく過程で，エラやアシ，シッポ，ウデがどのように変化していったかについて記録していくのだ。こうした活動と同時に，子どもたちは，オオカバマダラやカエルについての本をざっと読んでみた。子どもたちは，カエルとチョウの両方の生活環を学習することになるが，どちらにより焦点を置いて週末の課題（ブックレットの作成）を行なうかを決めるのは子どもたち自身だ。何冊かの本をながめたあと，ベイカー先生は生徒といっしょに KWL チャート[☆2]を使って，オオカバマダラやカエルの生活環について自分がもっている背景知識を活性化していった。また，先生はトピックに関する子どもたちのテキストベースレベル[☆3]の質問を，壁に貼った表に書いて全員が見えるようにした。この質問は，子どもたち自身が考え出したもので，表に書かれた質問の横には，その質問をした子どもの名前が書かれている。子どもたちは以前本を読む前に自分の背景知識を活性化させる練習をしたことがあったので，KWL チャートに書き込んだり，本を読む前と後にこの表を使ったりすることに慣れていた。今週，重点的に学ぶ方略としては「理解モニタリング」が示されていた。そこで，オオカバマダラについての背景知識の活性化がある程度すんだところで，ベイカー先生は，『オオカバマダラの生活環』という本の2ページを読んでいるときの，自分の理解モニタリングのようすをお手本として示した。ベイカー先生は「まず読む目標を決める必要があるわ」といった。このときの目標はオオカバマダラの移動パターンを知ることであった。先生は，子どもたちに「なぜ読む目標を決めることが必要でたいせつなのでしょうか」と発問した。このように尋ねたのは，先生は，子どもたちにまずオオカバマダラの渡りという特定の内容について考えると同時に，説明文を読むときの私たちの目標は「新しいことを学び知識を構築すること」にあるということを意識してほしいと考えたからである。先生は子どもたち

に「要点とそれを支える細部情報や具体例を区別すること」が重要であると指摘した。

この後ベイカー先生は，自分の読解プロセスをお手本として示し，理解しているときと「修正が必要なとき」を示した。モニタリングをより明確に示すために，先生は2種類のポスターを用意した。1つは誤解しているのに気がつくことを示す「わからない！」というタイトルのポスターで，もう1つは誤解を解くことを示す「解決して！」というタイトルであった。「わからない！」というポスターには，単語や文，段落のレベルでの困難に気づくためのステップが示されている。一方，「解決して！」のポスターには，見つけた困難を解決するための方略がリストアップされていた。たとえば，「読み直す」「絵を見る」「単語や文をまとめる」「ほかの言葉と結びつける」「クラスメイトと議論する」「図を描く」「調べる」「先を読んでみる」「声に出して読む」といったように。先生は，特定の困難に際して，どうやって方略を選ぶかのお手本も示す。たとえば，「クレバス」という単語がわからなかったという場面では，「先を読んでみる」という方略を用いた。すると，次の文には「クレバス」というのは「岩の割れ目」であるということが推測されるような情報が含まれていた。クレバスという単語のあとに「すなわち……岩の割れ目」という記述があったのだ。また，先生は，時々単語は全部分かるのによく「わかってない」という場合があることを子どもたちに示している。子どもたちは，こうした先生のお手本をとおして，「まとめる」「先を読んでみる」という方略がいかに理解を助けるかを知ることができるのである。「解決して！」ポスターに含まれているいくつかの方略のお手本を示して，ベイカー先生は2ページを読み終えた。読み終わったところで先生は「冬が来る前の，アメリカでのオオカバマダラの旅についてどんなことがわかったかしら？」と自分に問いかけてみせた。先生は「読むときの目標はなんだったか，オオカバマダラの渡りについてよく理解できたかどうか確認する必要があるのよ」と子どもたちに強調する。子どもたちと先生は，このあと「渡り」とは何か，このチョウの渡りのパターンの特徴は何か，といった本の要点について話した。ベ

イカー先生は，その後，子どもたちを3人1組のグループにして，「解決して！」チャートを配った。子どもたちは，「オオカバマダラの生活環」の次の2ページを読みながら，わからなかったところとそれを解決するために用いた方略を記録していくチャートに記入していった。ベイカー先生は，子どもたちがテキストを読んだり，話し合ったり，「解決して！」チャートに記入したりしているようすを見て回る。そして，子どもたちに，その部分を読むときの目標について考えたり書き記してみたりするように促していった。翌日，子どもたちは，（「解決して！」チャートに記録した）自分たちの読解モニタリングと，新たに学んだ知識とをクラス全体で共有する活動を行なう予定である。

上に示したのは，Concept Oriented Reading Instruction（概念志向型読解指導：CORI）で子どもたちが経験する典型的な授業場面である（CORIについてのより詳しい説明は，Guthrie, Wigfield, & Perencevich, 2004a や Swan, 2003 を参照のこと）。この指導プログラムは，理解と動機づけを促進することを目的に，読解発達の関与モデル（Engagement Model of Reading Development; Guthrie & Wigfield, 2000）に基づいてデザインされた。「関与する読み手」とは，自分の知識と読解方略（質問する，知識を活性化する，要約する，など）を協調させ，方略を用いて理解し概念の知識を獲得しようという動機づけが高く，読む活動において他の学習者と相互作用する存在である。読解への関与は，認知・動機づけ・相互交流の3つのキー・プロセスが読み手のなかで生じたときに起こる。読解への関与モデルでは，これらのプロセスを促進するために，教師が日々の教授活動のなかで取り入れることのできる実践を取り上げている。具体的な実践としては，認知的方略指導，児童生徒の自律性の支持，そして直接的な体験を豊富に取り入れること，があげられる。CORIは，すべての読み手の動機づけプロセスと認知的プロセスの双方を促進することを目的としている。そのため，CORIの原則と実践は，自己調整学習のモデルと軌を一にしているといえるだろう。

自己調整学習（SRL）においては，学習者自身の目標達成のために，彼／彼女自身の考えや感情，

行動が計画され，くり返し実行されることが不可欠な特徴となっている（Zimmerman & Cleary, 2009, p.247）。この定義は，学習目標を達成するためには，学習者は自分自身の目標を設定し，その目標をどうやって達成するかを計画しなくてはならないことを示している。目標の達成には認知的側面と動機づけの側面，そしてこれらを実現するための行動がかかわっている。自分自身の目標を追求する過程において，学習者は前進したり壁にぶつかったりし，その経験をとおして自己評価をしていく。こうした経験が，学習者に経験的なフィードバックを与えるのである。経験的フィードバックによって，学習者は次のステップを計画することができる。したがって，自己調整学習の社会的認知モデル（Zimmerman, 2000; Zimmerman & Cleary, 2009; 本書第4章）では，学習者自身の経験的フィードバックが次のステップや行動にどのように影響を与えるかを示す，循環的段階モデルが示されている。自己調整学習の認知的社会モデルには，予見，行動と意思のコントロール，自己内省（本書第4章）の段階が含まれる。予見は行動が起こる事前に生じるプロセスであり，行動に影響を与える。行動と意思のコントロールは，行動の最中に生じるプロセスであり，行動の後には反応として自己内省が起こる。

　これらの段階を読解に適用してみよう。読み手は，まず読むべき文章についての計画を立てる。文章のむずかしさを測ったり，文章を読むことに関する目標を立てたりして，どのような方略を用いて読むか計画を立てる。この段階には，読解に関する効力感や，文章に対して抱いている興味，文章を読む理由が影響する。ベイカー先生は，読解の目標を立て，オオカバマダラの渡りに関する要点とそれを支持する事実を見つけるということを決めたが，これは自己調整学習の予見段階のお手本を示す行為だったといえる。次の段階では，読み手は文章を読むことに集中し，理解のために読解方略を積極的に用いる。このとき読み手は，自分が設定した文章理解の目的を達成するために，積極的に読みつづけ，動機づけを維持しつづけなくてはならない。ベイカー先生は「解決して！」で示されたモニタリング方略を，この行動段階で指導した。これらの段階の後，自己内省の段階では，読み手は自分の行動について診断を下す。この時に行なうのが理解の自己評価であり，自分自身にふり返り質問を行なって理解を確認する。この段階では，読み手は自分自身の行動について，努力や課題のむずかしさなどのさまざまな要因の影響を考える。こうした反応は，次の行動（文章の特定部分の読みなおし，先生に指示された文章に関する質問，本を閉じてテレビを見る，など）の予見段階にフィードバックされる。以上のように考えると，認知的あるいはメタ認知的プロセスだけが自己調整学習の循環において重要なのではなく，動機づけプロセスも行動段階に影響を与える重要なプロセスだと認めるべきだろう。これらのプロセスは，自己内省段階に直接的に影響を与え，次に何をするか（がんばって読み続けるか，がんばるのをやめて課題を投げ出すか）を決めていく。

　読解の関与モデルは，自己調整の社会的認知モデルの複数の側面を支持するものだといえる。関与する読み手は自己調整的読み手と多くの特徴を共有しているからだ。関与する読み手は，自己効力感と自律感の認識，そして内発的動機づけに影響を受け，読むことを楽しみ，自分の興味を探しそれを追求しようとしている。関与する読み手の特徴としては，困難に立ち向かい，認知的方略を用いて文章を理解しようとすること，そして，本から新たに得た知識を他者と共有することがあげられる。同様に，自己調整的読み手は，自分の動機づけ信念（自己効力感や内発的動機づけ）に影響を受け，文章を読む前に，目標を立て，用いる方略を計画し，読解中には理解状態をモニターし，集中力を保ち理解を促進するための方略を実行する。読解後には，自分の理解を評価し，それをもとに自分の行動について省察する。読解の関与モデルは，認知的指導と動機づけの指導をともに実施することで，学習者の読解への関与を高め，動機づけと理解を促進することができるという前提に立っている。また，こうした実践は，子どもたちが自己調整的読み手になることを助けるといえる。本章では，いくつかのCORIの実践に焦点を当て，ベイカー先生の授業を具体像として示しな

表 11.1　自己調整の段階と対応する概念志向型読解指導の要素

自己調整の段階	概念志向型読解指導の要素
予見	・質問する（学習者が学習目標を立てるのを助ける） ・すべての学習者が概念的テーマにつながるために知識獲得の目標（knowledge goal）を立てる ・教師のお手本によって特定の文章を理解するための目標を示す ・方略指導によって読解の自己効力感を高める ・読解を行なう前の実世界での体験によって興味を高める
行動／意思のコントロール	・概念的知識を獲得するために読む ・理解を促進するために読解方略を用いる ・動機づけを支援する（自律の支援，文章に関する興味）ことで学習者の内発的動機づけと読解中の興味を支える
自己内省	・学習者は自分たちの学習を評価するために，毎週の「ガイド質問」に答える ・学習者は困難なプロジェクトを完成させることで満足感を得る

がら，CORIがどのように学習者の自己調整を支援しているかを論じる（例として表11.1）。

■ 読解における自己調整学習

　読解領域における自己調整学習の完全なモデルに関する研究，あるいは読解を促進するために自己調整学習を用いた研究は，驚くほどわずかである。Massey（2009）は，数多くの研究が方略使用や自己効力感，理解モニタリングといった読解における自己調整の下位プロセスを実証的に検討している一方で，これらのプロセスを同時に検討した研究は少ないことを指摘している。加えて言えば，自己調整学習の下位プロセスが学習者の読解にかかわっている，という知見が得られたことが，自己調整学習全体を支持することにつながるわけではない。自己調整的であるためには，学習者は自己調整学習に関連するさまざまなプロセスを内化し，独力で目標を設定したりその目標を追求し達成したりできるようになる必要がある。
　さらに，自己調整的な読解は，目標設定だけを意味しているのではない。その目標が，読解の時間的制限や現在取り組んでいるテーマにおいて現実的であること，適切な読解方略を用いて目標を追求することや，その目標に沿った自分の進歩の評価をも意味するのである。これらのプロセスは，自己効力感やトピックへの興味といった個人の信念や，学習者の読解への内発的動機づけによって影響を受ける（Zimmerman & Schunk, 2008）。ベイカー先生は子どもたちに，彼女の目標が「オオカバマダラの渡りについて知ること」であると話し，モニタリング方略を用いて目標に向かって進んでいることを示したところで，自己調整学習の予見段階と行動段階についての明確なお手本を示している。
　読解における自己調整学習についてわれわれが知っていることのかなりの部分が，自己調整学習に関連した単一の側面についての研究によるものである。たとえば，認知的方略の使用や読解における自己効力感，そして理解モニタリングなどがそうした側面の例としてあげられる。しかし，読解における自己調整学習の複数の側面に着目した研究もいくつかあり，読解領域での指導に関する有益な情報を提供するものと考えられる。そこで，本章では，読解における自己調整学習の複数の側面に着目した研究を取り上げる。こうした研究の1つ目として，Smith, Borkowski, & Whitman（2008）の縦断研究をあげよう。この研究では，読解に問題をもつ子どもたちの，5歳時の読解レディネスと10歳時の一般的な自己調整プロセス（例：自己習熟，注意の制御），14歳時の読解力を測定した。彼らの研究からは，10歳時の自己調整と，5歳時の読解レディネスおよび14歳時の読解力との間に

有意な相関が示された。この結果からは，児童期の後期に，成長にともなってより強力な自己調整スキルを獲得させることで，読解に問題をもつ子どもの困難を減じることができると考えられる。

その他の研究では，学習者の自己調整の促進によって学習者の読解成績を向上させることを目的とした介入が行なわれた。Schunk & Zimmerman (2007) は，学習者の自己調整スキルがどの程度向上したか，という点から研究知見をまとめた。彼らが取り上げた研究では，教師がモデリングなどの技法を用いながら小学生に読解方略を指導している。研究者たちは，学習者が自己調整スキルを学び始めた初期においては，モデリングが有効な指導技法だとしている。加えて，学習者が方略を実際に使ってみる準備ができたら，方略を用いる練習を集中的に行なうことが，その方略を自立的・自己制御的に用いる上で有効であることがわかった。ベイカー先生の例では，先生は子どもたちにとってなじみのある用語を用いて理解を修正するための方略の明示的な指導を行ない，子どもたちの自己調整の促進に取り組んでいた。この点についてもう少し検討してみよう。

複数の自己調整学習プロセスを含んだ研究は，Souvignier & Mokhlesgerami (2006) が行なっている。彼らは，11歳の子どもを3グループに分け，3つの方略指導条件と統制条件に割り当てた。第一の方略指導条件では，自己調整学習の1プロセスに特化し，教師が読解方略を指導しそのトレーニングを行なった。もう1つの方略指導条件では，教師が読解方略と認知的な自己調整スキル（計画，理解のモニタリング）をともに指導し，自己調整学習プロセスを促進しようとした。3番目の条件では，自己調整学習の3プロセス，すなわち読解方略の指導，認知的自己調整スキル，そして動機づけの自己調整スキル（例：現実的な目標設定）が含まれていた。研究者たちは，通常の読解指導を受けた統制条件の対象者と比較して，3つの介入がすべて，文章内容の理解，読解方略の理解，そして方略使用を促進することを見いだした。介入6か月後のテストでは，3プロセスすべてを含んだ介入を受けた対象者の読解成績と方略使用が，統制条件の対象者より高いことが示された。近年の研究例をあげると，Housand & Reis (2008) は質的な研究を行なって，自己調整的読解を高めるようデザインされた読解指導プログラムの効果を検討している。彼らの研究からは，メタ認知的方略使用のお手本を示して自己調整プロセスを教える教師とともに学んだ学習者のほうが，より自己調整学習的なプロセスを用いる傾向にあることがわかった。また，練習をあまり頻繁に促さない教師に教えられた学習者と比較すると，より長期間自己調整的に読解ができることがわかった。つまり，読解領域の自己調整学習研究からは，教師が複数の自己調整プロセスに関する指導を行なう場合に，認知的な効果と自己調整学習側面の効果がみられるといえる。次の節では，これらの諸研究で取り上げられた指導実践を促進する多くの同じ自己調整プロセスを組みこんだ理論的モデルを記述する。

■ 自己調整的読解の理論的モデルとしての読解関与

読解の関与モデルの観点では，学習者が読んだ成果は，認知的方略・動機づけプロセス・概念的知識・読み手間の社会的相互作用の関数に基づいている，と考える (Baker, Afflerbach, & Reinking, 1996; Guthrie & Wigfield, 2000)。したがって，効果的な読解の指導は，これら4つのプロセスを促進するものでなくてはならない。読解発達の関与的モデル (Guthrie et al., 2004a) では，成績や概念知識，読解プロセスといった特定の側面における読解の成果についてだけでなく，これらのよい結果をもたらす読解関与の特定のプロセスについても考察されている。読解関与のプロセスとしては，(a) 読解を支え促進する認知的方略，そして (b) 内発的動機づけや読解の効力感といった読解プロセスに関する動機づけ信念があげられる。さらに，読解の関与モデルのもとでは，教師が実行できる指導実践のポイントが具体的に示されている。これにより，学習者の関与的読解を高め，理解を促進することができる。こうした指導実践の例としては，読解方略指導，概念的テーマに沿っ

た読解指導における知識目標，学習者の自律支援，そして読解活動の選択，直接的体験および知識目標と関連した実世界の経験，興味深い文章を用いた指導，読解での協同の支援，などをあげることができる。教室での実践が読解の改善に結びつくかどうかは学習者がどのくらい関与したかにかかっている。ここにあげた読解関与のプロセスは，自己調整学習のモデルにおけるプロセスと類似している。そこで，本章では，読解の関与モデルが自己調整学習のモデルとどのように対応するかをいくつかの視点から検討する。たとえば，両方のモデルにおいて読解方略教示が重要な役割を果たしている点は，明らかな共通点といえる。同様に，学習者の自己効力感のような動機づけ信念，興味，価値を重視している点も対応しているといえる（Guthrie et al., 2004a; Zimmerman, 2000）。

◆◆読解関与の認知的要素

小学校高学年では，認知的読解方略の直接的指導が学習者の理解を促進することが広く確認されている（Duke & Pearson, 2002; Gersten, Fuchs, Williams, & Baker, 2001; National Reading Panel, 2000; Pressley & Harris, 2006）。読解の関与モデルで強調される主要な方略は，National Reading Panel（2000）の報告書で推薦されており，すべての学習者に対してこの方略の有効性を支持する知見が得られている（Gersten et al., 2001; Novak & Musonda, 1991; Pressley, Schuder, & Bergman,1992; Rosenshine, Meister & Chapman, 1996）。たとえば，読む前や読んでいる最中に背景知識を活性化させる方略は，理解度の高さと関連している（Spires & Donley, 1998）。読解中に頻繁に質問をする学習者の方が，質問の少ない学習者より文章をよく理解することも示されている（Rosenshine et al., 1996; Taboada & Guthrie, 2006）。要約（Trabasso & Bouchard, 2002），情報探索（Cataldo & Oakhill, 1998），図による構造化（Novak & Musonda,1991），推測（Graesser & Bertus, 1998），理解モニタリング（Baker, 2002）といった認知的方略の使用は，物語文と説明文の両方において理解と関連することが示されている。読解方略の指導が学習者の自己調整スキルを向上させることが研究によって示され，読解における自己調整学習の介入研究は，こうした介入が中心となっていた。

CORIの実践では，学習者の学年や方略使用に関するメタ認知的認識に応じて，指導する方略を選ぶ。たとえば，3年生は4，5年生より理解モニタリングは困難だと考えられる。そこで，理解モニタリングの方略はもう少し後の学年に取っておく。一方，どの学年でも少なくとも6つの方略が指導される。これらの方略はまず個別に指導され，その後，読む文章や学ぶ科学的概念に応じて組み合わせられる。指導される方略には，背景知識の活性化，質問，要約，図による構造化，情報探索，文章構造の検討，理解モニタリングが含まれる。

ベイカー先生の教室の例では，先生は2つの方略を指導していた。はじめに，子どもたちはオオカバマダラに関する背景知識の活性化を練習していた。次に理解モニタリングが取り上げられた。理解モニタリングは，Zimmerman（2000）の提案した自己調整学習の循環的段階モデルにおける3つの段階をさしている。理解モニタリングは，この日の読解指導の中心となっていて，まず，先生は「わからない！」と「解決して！」といった言葉を使って，子どもたちがモニタリングを明確化する段階に時間をかけた。先生は同時に，自分の読みまちがいを正すやり方を生徒たちに教えた。その後，ベイカー先生はモニタリングの各段階のお手本を見せ，それによって学習者は，文章を構成要素に分解して少しずつ意味を理解していくことが文章全体の理解において有効であることを学んだ。ベイカー先生が学習者の読解の目標を設定したとき，彼女は，予見段階における目標設定のお手本を示した。次に，文章を読んでいる間，すなわち行動段階では，先生は単語や文のレベルで学習者が経験する困難を示し，それを解決するために特定の方略を用いるようすを示した。最後に，自己内省段階において，先生は子どもたちに文章読解の目標について考えるよう指示し，自分自身に目標が達成できたかどうか尋ねることでお手本も示した。

この例では，ベイカー先生が学習者の自己調整学習スキル（自己調整学習の発達については

Schunk & Zimmerman, 2007 の文献を参照のこと）の発達を助けていることが示されているといえる。先生ははじめに理解モニタリングと「解決して！」プロセスのお手本を示した。そして，先生は単語や文のレベルの理解のための方略を選ぶようすを見せた。次に，ベイカー先生は「オオカバマダラの渡りを理解する」という概念理解の目標にもどった。子どもたちはこのプロセスを観察し，テキストの次の部分について，先生のやったことをグループで真似してみるよう言われる。最後に，ベイカー先生は子どもたちに「次の授業では引き続きテキストから知識を得ることを目標にして，自分たちで選んだ文章についてモニタリングの練習をします」と伝えている。

　読解方略指導の重要な成果は，読解における効力感の増大にある。読解における効力感とは，自分は文章を読んで理解することができるという信念をさす（Wigfield & Tonks, 2004）。学習者は，うまく方略を用いることができると，方略がこの先の読解課題での成功を助けてくれると考え，自分の方略使用に自信をもつようになる。時間がたつと，方略使用の自己効力感と，文章をよく理解できたという経験とが合わさって，読解に対する全体的な効力感を高めていく。自己調整研究はこの見解を支持している（Pajares, 2008; Schunk & Ertmer, 2000）。研究によれば，学習者の自己効力感は自己調整の循環的段階モデルにおける3段階のすべてに強い影響を与える。CORIプログラムの受講によって，読解の効力感が向上することが示されている。動機づけを高める活動のない方略指導を受けた学習者も，同様に効力感が向上する。

◆◆読解関与における動機づけの要素

　読解の関与モデルには，読解の動機づけを促進する5つの実践が含まれている。すなわち，(a) 概念的テーマに沿った読解指導のなかで知識獲得の目標を示す，(b) 学習者の自律を支援し読解活動の選択を助ける，(c) 知識獲得の目標に関連して，直接的体験をし，実世界にふれる，(d) 興味のわくテキストを用いる，(e) 読解における社会的協働を促す，の5つの実践である。Guthrie & Humenick（2004）は22の研究を分析し，動機づけ支援（知識獲得の目標，選択，興味のわくテキスト，社会的協働）を受けたグループと，動機づけ支援を受けないグループを比較した。その結果，動機づけ支援を行なった実践が，学習者の読解への動機づけを高め理解を促進したことがわかった。加えて，実験研究からは，学習者の内発的動機づけ（自分が興味をもった内容について学ぶために読むこと）を支援することが，外発的動機づけ（よい成績を取るために読むこと）以上に，テキストからの概念理解を深めることが示されている（Vansteenkiste, Simons, Lens, Soenens, & Matos, 2005）。以下では，読解の関与モデルにおける動機づけ促進の実践ポイントについて個々に検討する。

概念的テーマに沿った読解指導において知識獲得の目標を示す

　第一の実践ポイントは，長い時間をかけて取り組むべき重要な概念的テーマに沿って，理解するための指導を行なうことである。つまり，指導における最重要目標を，テキストの情報や物語文を読み解く経験をとおして知識を獲得することに置くのである。たとえば，ベイカー先生の読解の目標は，オオカバマダラの生活環の理解であった。読解の関与モデルにおいて，目標は常に知識に基づいたものであり，そのテーマの鍵となる概念の中心をさすものとして設定される。自己調整の社会的認知の循環的段階モデルでは，この実践は予見段階に当たる。この予見段階の1つのプロセスが目標設定である（Zimmerman, 2000）。ベイカー先生の授業では，オオカバマダラの生活環は動物の生活環と生態系を学ぶというテーマに沿って取り上げられていた。「渡り」や「生態系のバランス」という概念が複数の例やトピックのなかで取り上げられた。加えて，学習者は理解を促進するために認知的方略を用いるよう指導されていた。これらの方略は意味のある文脈（たとえば生活環を学ぶという文脈）において指導された。読解方略はテキスト内容を学ぶための道具として教えられた。したがって，予見段階において，知識駆動的な文脈のもとで，目標設定と方略の計画がなされる。

　内容理解を読解の目標とすることは，しばしば読解指導で用いられるような，認知的方略を主要

目標とトピックはたまたま付け加えられたものとして扱うやり方と対照的である。こうしたやり方をすると，トピックを次々に変更し，トピックと独立した事実だけを学習者に伝えることができる。たとえば，質問生成について学ぶ際に，まず海の動物についてのテキストを使って，次にアイスクリームに関する文章を読む，ということもありうる。さらに，その後リンゴについての文章や野球に関する文章を読んで要約の練習をしたりもするだろう。さまざまなトピックを用いることで，テキストに書かれている内容ではなく方略が焦点化される。これだと，学習者が興味を維持するのがむずかしくなる。また，トピックについての持続的な学習や習熟もむずかしくなる。対照的に，概念的テーマのもとでは広がりのある知識と方略指導のための強固な基盤が与えられるのである。

学習者の自律と読解活動の選択を支援する

学習者の自律，すなわち自分の行動を始発するのは自分自身であるという感覚は，内発的動機づけの重要な決定因となる（Ryan & Deci, 2000）。自律を強く認識するとき，学習者は自分が自分の学習をコントロールしていると感じ，持続力と努力を導く（Reeve, Ryan, Deci, & Jang, 2008）。したがって，認知された自律は自己動機づけ信念として，予見段階と行動と意思のコントロール段階に影響する。読解の関与モデルでは，有意味で学問的に意義ある選択をさせることで，学習者の自律を支援する（Guthrie, Wigfield, & Perencevich, 2004b）。自分の興味に沿ったトピックや本を選び，選択を行なうことが，学習者に学習に関する自己決定の感覚を生じさせ，テーマに沿った読解や学習への内発的動機づけを促進する（Ryan & Deci, 2000）。

CORIにおいて，教師は読解目標に関連した意味のある選択を呈示する。こうした目標は知識に基づくものになるので，選択肢は，特定の読解トピックに関連したトピック，本の一部分，用いる方略，それに新たに見いだした知識の表現のしかたについて提案される。選択と読解方略の直接指導が組み合わせられることで，読解力を発達させる車の両輪としての機能が発揮される。ベイカー先生の授業でも，学習者の自律はさまざまなやり方で支援されていた。まず，ベイカー先生は，子どもたちといっしょにカエルの生活環の観察スケジュールを定めている。これは学習者に授業のスタートをコントロールさせることにつながっている。次に，先生は，オオカバマダラとカエルのどちらについて詳しく勉強したいかを選択させている。この選択は，はじめの授業から一週間の探索を行ない，学習者がいくつかの概念を理解したのちに呈示された。そして，学習者は，自分が選んだ動物の生活環について学習を進めていく。自律の支援の例としては，授業の終わりの方で，学習者が自分の興味によって3つの文章のうちどれを選んで読むか，という選択を行なったところも該当するだろう。

知識目標に関連した実世界との相互作用する直接的体験

学習者に実社会と相互作用する機会を提供し，直接的体験を行なう。これらの体験によって，学習者は読んだ内容とトピックの関連性を理解することができる（Guthrie et al., 2004b）。直接的体験を行なう基本的前提は，読解の動機づけを高めるところにある。読解への動機づけが高まると，それがトピックについて読むことへの動機づけ，そして長期的な読解の動機づけを促進することにつながる（Hidi & Harackiewicz, 2000）。HidiとHarackiewiczによると，直接的体験は，新たなテーマについて読み始めるときの状況的動機づけ（「つかみ」）となり，学習者の関与を長期的に「保ち」続ける。

生物のつくり出した産物（たとえば蟻塚）や食虫植物，裏庭の昆虫，近所の池のカエルを観察したりふれたりすると，学習者はとても興味をもつ。学習者は自分が観察した対象についてより多くのことを知りたいと望む。このとき，学習者は自分のもっている知識を自発的に想起し，疑問をもつ。そして，こうして生じた興味を満たすための情報を探索するようになる。このとき，学習者の観察に関連した本やウェブサイトのような読解題材が入手できることがたいへん重要である。それによって学習者は読んで学ぶことを持続できるからで

ある。さらに，実世界との相互作用は，学習者一人ひとりの異なる体験についての疑問を投げかけ，興味を満たすことで，学習者の個人的読解目標を促進する。

　実世界との相互作用は，ベイカー先生の授業では，オタマジャクシから成体になるまでのカエルの生活環の観察として実施されている。この活動は，自己調整と動機づけのさまざまな観点において重要である。この活動は，まず，生活環に関する興味をつなぎとめるフックの役目を果たす。何週間かにわたるこの活動によって，状況的興味が高い状態で始まる。この高い興味がもたれている期間，学習者は熱意をもって活動に取り組み，カエルについて，あるいは他の動物がどのように成長し変化していくかについての本を読んでいこうとする。また，直接的体験は，カエルやカエルの発達に関する背景知識の基盤を学習者に与える。学習者は，カエルの成長について読むときに，新しい情報と自分が観察から得た知識を結びつけることができる。さらに，活動を始める際に，学習者とベイカー先生はいっしょに観察スケジュールに関する目標を設定することで，長期的な目標を検討することができる。スケジュールを設定することが，進捗や順序という自己調整の側面での支援につながる。

興味深いテキスト

　カラフルで内容豊かな一般書，神話や物語などの文学書，本の一部を用いて読解指導を行なう（Davis & Tonks, 2004）。直接的体験の直後にこうしたさまざまなテキストを手渡されると，学習者の状況的興味はテーマへの内発的動機づけに変化する。学習者はトピックについてさらに深く追求していくことができるのである（Hidi & Harackiewicz, 2000）。Hidi & Renninger（2006）は，興味の定義の1つとして，1つの文脈に集中し続ける傾向をあげている。読解の文脈でいうと，読み続けること，トピックの情報を探索し続けることである。したがって，興味深いテキストを用いることで，学習者の興味の発達を助け，長く持続しない状況的興味からより持続的な動機づけへと変化させることができる。さらに，興味深いテキストは，学習者がトピックについてより深く学習することを助け，さまざまな種類のテキストを用いることで読解方略の練習を促進する。本と学習者の読み上げ能力を一致させることで，スラスラ読み上げることができるようになり，概念知識の獲得や方略使用により集中することができる。したがって，最後に，共通したテーマに関して，レベルの異なるさまざまな本を用意することで，学習者はおのおのの読解能力に合った本を選び，知識構築に十全的に関与することができるようになる。

読解における協働の支援

　最後にあげる実践ポイントは，読解活動において学習者が少人数のチームやペアで行なう協働を促進することである（Guthrie et al., 2004b）。社会的協働の目標は，学習者がテキストから知識を獲得し経験を積むこと，そして，相互の対話のなかで方略を効果的に用いることである。効果的な社会的協働を行なうためのポイントになるのは，具体的なチームの学習目標を立てること，そしてすべてのメンバーがチームの活動に貢献し，自分の読解に責任をもつ（たとえば，各学習者がカエルの生活環に関する知見を2, 3点理解する）ことを担保する非公式のシステムがあることである。学習者の協働において，教師による最低限の構造化が，効果的な協働を確実なものにし，学習者が活動から離脱することを防げる。そこで，読解の関与モデルのもとで指導を行なう際には，学習者が概念的な理解目標と読解の目標について責任をもつようにしなくてはならない（これは教師によってなされる）。同様に，グループの達成は，社会的協働が動機づけられる要因としても構成される。なぜなら，新たな情報を理解し仲間と共有することは，多くの年代で報酬として機能するからだ。ベイカー先生の授業では，意味ある読解課題において社会的な相互作用の機会が設けられていた。先生がモニタリングのための足場かけを行なって，オオカバマダラの生活環に関するテキストの次の部分をグループで読んでみるように指示していたところが，社会的な相互作用の機会を設けたところである。

◆◆ 概念志向型読解指導（CORI）の介入効果

　全体として，CORIや読解の関与モデルに基づいた研究は，読解方略と動機づけを**組み合わせた**（それぞれを別々に取り上げるのではなく）支援が，理解と読解に対する動機づけ，概念知識を促進することを示している。3年生，4年生，5年生に対する指導の結果，CORIを行なった条件では，読解方略だけを指導した条件や伝統的な指導を行なった条件と比較して，文章理解と科学的概念理解，方略使用，動機づけにおいて高い成績をあげた（例：Guthrie et al., 1996; 2004a; Wigfield et al., 2008）。たとえば，2つの介入研究では，動機づけの練習と認知的方略指導を組み合わせた指導を受けた学習者が，方略指導のみあるいは伝統的な読解指導を受けた学習者よりも，読解テストで高い得点を取っている。これらの研究では，実験者がデザインした読解テストとGates MacGinitie読解テスト[☆4]の両方が使われ，その両方でCORIを受けた学習者の得点が高かった。また，CORIの指導を受けた学習者は，読解の動機づけが向上したことが，自己報告や教師による回答によって示された。

　さらに，CORIが1つ以上の統制条件と比較された11の準実験研究のメタ分析の結果，CORIの有効性が示されている（Guthrie, McRae, & Klauda, 2007）。この研究では，動機づけ，文章理解の成績，そして読解方略の使用を比較した。動機づけについては，CORIを受けた学習者の内発的動機づけと読解の自己効力感が統制群を上回っていることが示された。また，教師は，学習者の読解への関与度がCORIにおいて高かったことを報告している。加えて，CORIを受けた学習者は，さまざまな文章理解の指標において，統制群よりも優れた成績をあげた。文章理解の成績の指標としては，説明文理解テストに加えて，Gates MacGinitie読解テストや複数のテキストに関しての記述式解答を求めるopen-endedテストが用いられている。最後に，この研究からは，CORIを受けた学習者が，統制群と比べて，質問生成や情報探索，背景知識の活性化，構造化といった方略をより多く用いるようになっていることがわかった。

CORIにおいてこれらの方略は明示的に指導されるが，統制条件においても同様に方略指導がなされている（動機づけの支援なしで認知的方略の指導を受けている）[☆5]。これらの結果からは，CORIにおける読み手は，自己調整的な読み手としての特徴を数多く備えていることが示唆される。高い内発的動機づけ，高い自己効力感，そして高頻度の読解方略の使用は，CORIにおける読み手と自己調整的な読み手の共通項といえる。複数の文章理解の指標を用いて検証されたように，CORIにおける読み手は文章をよりよく理解することができる。これらのことから，CORIは自己調整的な読み手の育成において有効な指導アプローチであると考えられる。

◆◆ 実践への示唆

　CORIが学習者の文章理解と動機づけを高めることが証明されてきた。また，自己調整学習プロセスと読解の関与モデルとの間に共通点が多いことから，CORIが高度に自己調整的な読み手を育成するのを助けると考えられる。しかし，CORIを実践するには高い専門性と広範な支援，リソースが必要である。複数の教材を用いて12週間指導し，直接的体験を取り入れ，これまでに述べてきたようなさまざまな実践ポイントを実行するのには，ほかの研究ベースの実践と同様にコストと時間がかかる。時間的経済的な問題が多くの教師をくじけさせてしまうかもしれない。しかし，CORIを完全に実践しようとしなくても，読解の関与モデルや自己調整学習モデルに共有されている原則は，自己調整的な読み手を育成するためのたいへんよい実践セットを提供してくれる。本章の結びとして，自己調整学習の循環的段階モデルにおける3つの段階（予見，行動と意思のコントロール，自己内省）を支援するいくつかの提案をしよう。

　学習者が予見段階において知識目標を立てるのを助けるためには，教師が，内容に基づいた「毎週のガイド質問」を用意するとよい。学習者はたんにスキルを学習することを越えて，読解の目標をもつことができる。これは，Randi & Corno（2000）の描いた真正性の高い科学的／文学的課題と類似している。週をとおしてガイド質問に立ち返るこ

とによって，学習者は自分たちの知識を拡大することに集中し続けることができる。その一方で，読解のスキルや方略は，読み手が自分の知識目標に到達するのを助けるツールとなる。その週の文章理解にかかわる活動がそこに向かっていくように，十分な広がりのあるガイド質問を用いなくてはならない。

こうした質問は，自己動機づけ信念が中心となる予見段階のほかのプロセスにも向かっていく。信念のなかには自己効力感や興味も含まれる。読解方略について指導を行なうことで，学習者の読解における自己効力感が促進されることもよく知られている。このプロセスをもっと促進するために，読解方略の指導において，自分たちが教わっている方略がどのように読解を助け，自分たちをよりよい読み手にするのか，という点を学習者に明確に伝え，たびたび思い出させることを提案したい。興味に関しては，直接的体験や実世界との相互作用を組み合わせることを提案する。こうした活動は，すでに多くの小学校の科学の授業において必須になっている。CORIでは，こうした活動は，学習者の興味を引き起こし，テキストに基づいた探究活動の基盤となる知識を提供する。これに基づいて学習者はその先のテキストに沿った探究活動を自分の力で方向づけていく。このような過程をとおして，CORIにおける直接的体験は，トピックに関する探究をさらに深めるための踏切板となるのである。

行動段階のプロセスは課題方略と関連する。複数の年齢に適した読解方略がCORIにおいて指導される。これらの方略は，テキストを理解しようと試みるときに利用できるツールとなる。3年生では，背景知識の活性化，テキストの要約，質問生成，情報探索といった方略が適切だといえる。より年長の児童では，理解モニタリングを実行して自分の理解や動機づけを高めることもできる。さらに，CORIにおける教師による方略指導の足場かけによって，学習者は理解プロセスを分解し，特定の読解方略（例：テキストベースの質問）がどのように自分の理解を高めるのかを理解することができる。そうすると，教師の足場かけが学習者の自己効力感によい影響を及ぼす。

自己診断と自己評価は，循環的段階モデルの3段階目である自己内省における2つのプロセスである。CORIにおいて，この段階にあてはまるのは，内容に関するガイド質問に立ち返り，自分たちがその週に読んで学んだ内容について診断を行なうところである。さらに，あるテーマの学習の終盤に集大成となるプロジェクトを完成させる（ブックレットやポスターの作成，あるいはプレゼンテーション）とき，大きな満足感を得ることができる。それまでの長期間の探究に対する学習者とクラスメイトの反応もまた，自己診断を向上させるのに一役買うだろう。

■ 今後の研究課題

筆者らは，CORIプログラムの本質的な側面の開発に関与してきた教育者であり研究者である。筆者らがこの研究領域での探究を続けていくにあたって，少なくとも2点，実証的な検討が必要であると考えている。まず，自己調整学習と読解への関与を支える実践を，より詳細に検討する必要がある。CORIの指導実践が総合的に読み手の関与を促すことは示されてきた。一方で，個々の動機づけを高める実践が，学習者の読解結果や関与に与える影響の相対的な重要度についてはほとんどわかっていない。特定の実践が読解の結果に及ぼす相対的影響力を検討するように研究を計画することで，こうした疑問への答えが示されるだろう。たとえば，自律性支援，読解の関与モデルで取り上げられているような読み手の関与，自己調整，そして読解成績の影響に関する詳細な検討が，研究者にとっても実践者にとっても有益な情報をもたらすだろう。次に，自己調整学習と読解の関与モデルに関して，より多様な言語，対象者に関する検討を進めることも重要である。近年の研究ではより多様な対象者を取り上げているものもある（例：Guthrie, Coddington, & Wigfield, 2009）が，主体となっているのはマジョリティの言語や対象者に関する研究である。マイノリティの文化における読解の関与モデルや自己調整学習，動機づけ過程について，さらなる研究が必要である。それ

によって，動機づけと読解への取り組みの動的な関係性について理解し，それが自己調整学習プロセスとどのように重なるのかを理解することができるだろう。

　本章では，読解の関与モデルについて，このモデルに基づいた指導プログラムであるCORIを中心に概観してきた。筆者らは，自己調整学習の読みの領域において指針を示すような研究が非常に限られていることを指摘し，読解の関与モデルと自己調整学習の循環的段階モデルの共通点を述べた。最後に，自己調整学習と読解の関与モデルの研究の今後の課題について述べた。1994年に，Pintrichは教育心理学において認知的動機づけ的構成要素があいまいであることを指摘し，それが研究者と実践者にとって問題となると述べた。自己調整学習研究においても，認知と動機づけの両方を包含した自己調整学習モデルが限定的であり，同様の問題が指摘できる。自己調整学習と読解の関与モデルの間の類似点や，共通する原則やプロセスに注目することで，実践者や研究者が研究知見をより統一的にとらえ，それによって，これらの原則が教育現場においてよりよく実施されるようになることを期待したい。

【注】
☆1：マダラチョウの仲間。北米のオオカバマダラはロッキー山脈を越えて，集団で移動する。
☆2：Know-Wonder-Learn chart。知っていること，知りたいこと，学んだことを書き留める表のこと。
☆3：文章中に書かれている情報のこと。
☆4：標準化読解テスト。
☆5：したがって，方略の明示的指導のみの効果であるとはいえない。

第 12 章　自己調整学習プロセスと子どものライティング

Karen R. Harris and Steve Graham
Vanderbilt University
Charles A. MacArthur
University of Delaware
Robert Reid
University of Nebraska-Lincoln
Linda H. Mason
Pennsylvania State University

篠ヶ谷　圭太（訳）

　ライティングは複雑でむずかしい課題である。ライティング・プロセスの力を高めるためには多くの年数が必要であり，熟達者になるためにはさらに時間を要する。ライティング・プロセスも，ライティングのスキルや能力を伸ばすことも，どちらも複雑であり，研究するのはとてもむずかしい。また，ライティングの研究の歴史は比較的浅い。Nystrand（2006）は 1970 年代の初期にライティングに関する実証的な研究が始まったとしている。その後，研究は発展してきたが，まだ行なうべきことは多く残されている。文章読解や数学の研究と比べ，ライティングの研究には資金や関心が寄せられておらず，それゆえこの領域の進展はさらにむずかしいものとなっている（Harris, Graham, Brindle, & Sandmel, 20009）。

　しかし，生徒のライティングにおける自己調整学習プロセス（また，自己調整方略や自己調整技法ともよばれる。本節ではこれらの用語は同義のものとして用いる）の役割について，集中的に研究が行なわれるようになっている。本章ではこうした領域に焦点をあてることとする。まず，ライティングにおける自己調整学習の視点が生じた経緯や，自己調整の重要性について述べ，そのうえで，ライティング研究の基盤となっている理論的な視点やモデルについて簡潔に述べていく。さらに，学齢期の児童・生徒の自己調整に関する 2 つのおもな研究領域に焦点を絞ることとする。その 2 つとは，(a) ライティングのための個々の自己調整プロセス（目標設定，自己内省，自己評価，自己教示，自己強化など）の使用，(b) これらの自己調整プロセスを，より広範で複数の要素から成るライティング指導に結びつけることである。最後に，この重要な領域の教育研究における問題点や，今後の研究の必要性について論じ，結論を述べることとする。

■ ライティングにおける自己調整の役割

　ライティングの初期のモデルでは，ライティングを線形で，比較的単純な活動としてとらえていた（Graham, 2006a; Zimmerman & Risemberg, 1997）。しかし現在では，書き手は，構造や形式，特徴，目的や目標，読み手の視点や要求，伝達の意図やその効果の評価といった諸側面に焦点をあてながら，ライティングに関する多くのルールや技法を扱わねばならないことが認識されている（Bereiter & Scardamalia, 1987; Harris & Graham, 1992, 1996）。ライティングおよびその向上に関する研究は，認知論，認知行動論，構成主義，社会的認知，社会文化的，動機づけ，熟達化など，多様な理論的基盤をもつ研究者たちや理論家たちによって行なわれてきている（Harris et al., 2009; Harris & Graham, 2009; Harris, Santangelo, & Graham, 2008）。ライティング・プロセスに関する有力なモデルは Hayes & Flower（1980）（後に Hayes, 1996 で改訂）や Bereiter & Scardamalia (1987), Zimmerman & Risemberg（1997）によっ

て仮定されている。こうした理論やモデルは，ライティング・プロセスとはどのようなものか，優れた書き手を育てるにはどうしたらよいのか，ライティングに対する効果的な指導法とはどのようなものかについて理解する上で，独自の視点を与えてくれる（それぞれについての詳細な議論はHarris et al., 2009 を参照のこと）。

ライティングに関する現在のモデルでは，より広範な社会文化的文脈のなかでの，認知的，言語的，情動的，行動的，身体的なプロセスの集合としてライティングをとらえている（たとえばHarris & Graham, in press; McCutcheon, 2006; Prior, 2006 など）。最も有力な理論枠組みでは，(a) 何を，どのように述べるべきかに関するプランを立てる，(b) アイデアを文章へと変換する，(c) 書いたものを修正する，といったように，ライティングは連続的で，方略的で，多次元的なプロセスであることを強調している。また，こうした理論やモデルは，ライティングにおいて自己調整プロセスが重要であることを，明示的にまたは暗黙に認めている。

これまで，文章構成の複雑さを管理するために用いられる多様な自己調整方略が見いだされてきた（Harris, Santangelo, & Graham, 2010 を参照のこと）。これらのなかには目標設定やプランニング（表現や内容の目標や，その目標を達成するための方策を設定する），情報の探索（書いているトピックについて適切な情報を集める），記録（ノートをつくる），構造化（ノートやテキストを構造化する），変換（文章をより洗練させるため，登場人物を視覚化する），自己モニタリング（ライティングの目標が達成されているかどうかチェックする），記録の見直し（これまでのノートやテキストを見直す），自己評価（自分の文章やプランの診断を行なう），修正（文章やプランを修正する），自己教示（困難さに対処するために，何をやるべきかを書いておく），下書き（書く前に場面を書いてみる），環境の設定（書くための静かな場所を探す），時間のプランニング（書くための時間を推定する），自己強化（目標を達成したらご褒美として映画に行く），社会的な援助要請（文章を校正してくれるようだれかに頼む），モデルの自己選択（よりじょうずな書き手のスタイルや方法をまねる）が含まれる。

さらに先行研究では，ライティングにおいて自己調整が重要な役割を担うことが，少なくとも4つの形で実証されている。その4つとは，(a) じょうずな書き手は下手な書き手よりも自己調整的であること，(b) 上達している書き手は，年齢や学校教育にともなって自己調整的になること，(c) 書き手が課題を構成するために用いる自己調整のレベルが，ライティングのパフォーマンスと関連していること，(d) 上達している書き手や，うまくできていない書き手に対して，練習の機会を与えながら自己調整を高める指導を行なうことで，彼らのパフォーマンスが向上すること（Graham, 2006b; Graham & Harris, 2000）である。

したがって，ライティングの力を伸ばし，パフォーマンスを向上させるうえでは，方略的な行動の自己調整を育成することが重要である。この点について，Zimmerman & Risemberg（1997）は以下のように説明している。

多くの学習者はじょうずな書き手になるために，語彙や文法の知識を得なければならないことは知っている。しかし，高いレベルの自己調整が必要であることにはほとんど気づいていない。このような自己調整の必要性は，ライティングが，計画，開始，維持を自分で行なう活動であるために生じる。ふつう，書き手は1人で書く。その間，不十分な結果を頻繁にやりくりし，自分の基準を満たすように，アウトプットを修正することに長い時間を割く。こうした必要性から，書き手は効率を高めようと，自己規律に関するさまざまな技法を発達させるようになる。(pp.73-74)

Zimmerman & Risemberg はライティングに関して，環境変数，行動変数，個人変数という，自己調整の3つの基本的な形を含んだモデルを提案している。彼らによれば，これら3つの自己調整の形はフィードバック・ループのなかで相互に影響し合っている。このフィードバック・ループによって，学習者は，特定の自己調整の技法や自己調整プロセスの効果に関するフィードバックに対

して自己内省や自己反応を行なうことができる。書き手はライティング活動のなかで，10の自己調整プロセスによって意図的なコントロールを行なっている。

Zimmerman & Risemberg (1997) は，さらに，ライティングの自己調整は，複雑で相互依存的なシステムを含んでいると指摘している。また，彼らは自己効力という概念にとくに重点をおいている。というのも，こうした複雑で相互依存的なプロセスは，その根底に存在する自己効力と密接に関連しているからである。自分の活動や書くための環境，内的な思考をコントロールする自己調整方略がうまく機能したと認知することで，書き手の効力感は変動する可能性がある。また逆に，自己効力は，ライティングに対する内発的な動機づけ，自己調整プロセスの使用，最終的に産出される文章に影響を及ぼす。

ライティングの上達において自己調整が果たす役割や，自己調整のなかで直面するむずかしさ，自己調整的なライティング能力を高めていくための効果的な訓練について理解することが，学習者を書き手として育成するうえで重要であることは明らかである。そこで，ライティング・プロセスにおける特定の自己調整技法や，その役割に焦点をあてた研究の知見を見ていくこととする。

■ 特定の自己調整プロセスやライティングに関する知見

これまで，ライティングにおける自己調整の技法に関して多くの重要な知見が得られている。この自己調整の技法のなかには，目標設定，自己教示，自己強化，自己モニタリング（自己診断や自己記録ともよばれる）が含まれる。また，ライティング・プロセスにおいて，「修正」は重要な側面であるため，自己評価（自己管理ともよばれる）と「修正」に関する研究知見についても述べる。こうした自己調整方略はよく研究されており，教室環境で検証され，効果的であることが示されている（Mace, Belfiore, & Hutchinson, 2001; Reid, Trout, & Schwartz, 2005）。われわれはこうした自己調整プロセスを個別に論じるが，実際の書き手の活動やライティング指導のなかでは，これらは効果的に統合されている。

◆◆目標設定

目標設定はライティングやその指導において重要な要素である。事実，熟練したライティングは，目標志向的な活動として特徴づけられる（Hayes & Flower, 1986）。広く定義するならば，目標設定には，具体的で，適度にむずかしく，近い対象を設定することが含まれる。また，目標設定は，人間の行なうさまざまな活動において効果的であることが示されている（Harris & Graham, 1996）。効果的な目標は，目の前の課題の理解，それぞれのジャンルでの作法の考慮，必要な労力の構造化，作業中の情報の提示，動機づけやパフォーマンスの維持といったものを助ける（Harris & Graham, 1996; Schunk, 2001）。効果的な目標とは，具体的（または精緻で明確）で，近接的で，適度にむずかしい（Bandura, 1988）。具体性とは，どのくらい目標が定義されているかである。あいまいな目標（全力を尽くせ）の場合，具体的な目標（魅力的な書き始めにせよ，よい単語を選択せよ）や精緻な目標（論文に何を含めるか，何を言うべきか，どのように言うべきかについて計画を立てる）ほど効果的ではない。近接性とは，目標の時間的な側面である。一般的に，短期間で完成できる目標（今週中に草稿3ページ分を完成させる）の方が，長期的な目標（今月末までに論文を書く）よりも効果的である。困難さとは，目標として定めた難易度のレベルである。効果的な目標とは，個々の学習者にとって適度にむずかしいものであり，むずかしすぎたりやさしすぎたりしない。

目標設定に関する研究では，上達している書き手である学習者と，ライティングに困難を抱えている学習者の両方に対して，目標設定が有益であることが示されてきた。学齢期の生徒を対象として目標設定に介入した研究では，ライティングの量や質の向上，プランニングやライティングにかける時間の向上，各ジャンル特有の要素や作法の使用，単独での型の修正に効果があることが示されてきた（Ferretti, Lewis, & Andrews-Weckerly,

2009; Graham, MacArthur, & Schwartz, 1995; Hopman & Glynn, 1989; Page-Voth & Graham, 1999などを参照）。しかし，これまでの研究では，目標設定の効果は一定ではなく，効果を予測することが常に容易なわけではないことも示されている（Ferretti et al., 2009）。

たとえば，初心者や困難を抱える書き手には，具体的で現実的な目標を生成したり使用できるような援助が必要である（Bereiter & Scardamalia, 1987）。また，目標は個々の学習者に適切なものである必要がある（Harris, Graham, Mason, Friedlander, 2008; Harris & Graham, 1996）。さらに，目標設定を効果的なものにするためには，目標に価値づけがなされなければならない。学習者にとって，ほとんど，またはまったく重要ではない目標の場合，パフォーマンスや動機づけ，努力が高められることはない。加えて，帰属（結果の原因の認知）も考慮する必要がある（Schunk, 2001）。目標に対する進歩は，運やその他の行動主体以外の要因（先生が自分を助けてくれた，など）ではなく，努力の結果としてみられるべきである。ライティング指導の重要な側面として，教師は効果的に目標設定を用いていると考えられるが，その一方で，目標設定は，注意深く目標の効果をモニターしながら，必要に応じて目標も修正しながら行なわれるべきである。この領域については，さらなる研究が必要である。

◆◆自己教示

一般に，優れた書き手は文章を書いている最中，ひそかに（たまに公然と）図や表を書いて，自分がどの部分を書いているのか，何をする必要があるのか，なぜ自分の考えやアプローチがうまくいったりいかなかったりするのか，どのように自分の考えを表現し，読者へと働きかけるのか，自分は何が好きなのかといったことをふり返っている（Harris & Graham, 1996）。自己教示は，ライティングを方向づけ，組織化し，構造化することで，パフォーマンスの調整を助ける（Graham, Harris, & Reid, 1992; Harris & Graham, 1996）。また，自己教示は，衝動性などの個人の気質や，フラストレーション，不安といった情動反応の問題に対処するうえでも役立つ。適切な自己教示を使えるように指導することで，学習者は「課題中に自分自身に語りかける」ことができるようになるのである（Harris & Graham, 1996）。

Meichenbaum（1977）は，ライティングの際に適用される6つの基本的な自己教示を明らかにしている。その6つとは，(a) 課題の定義（課題の性質や要求を定義する），(b) 注意の焦点化とプランニング（課題に関与し，プランを生成する），(c) 方略の記述（方略に注意を向け，使用する），(d) 自己評価とエラーの修正（プロセスや，産出された文章を自己診断し，エラーを修正する），(e) コーピングと自己コントロール（困難の対処や情動反応の対処），(f) 自己強化（よいできの場合に，自分に報酬を与える）である（Harris & Graham, 1996）。教師と生徒は，適切で効果的な自己教示を生成するためにいっしょに作業をし，練習を行なう。教師は自己教示を行なう手本を示す。生徒は6つのすべてのタイプではなく，そのなかからいくつか選択をして自己教示を書き出す（Harris & Graham, 1996）。研究においても自己教示を単独で使用するのではなく，複数の要素で構成されるライティング指導のなかに自己教示を含めることに焦点があてられてきた。ある研究では，自己教示は複数の生徒に効果的であり，ライティング・スキルや能力の般化や維持をもたらすことが示されている（Sawyer, Graham, & Harris, 1992; Harris, Graham, et al., 2008）。

◆◆自己強化

自己強化とは，事前に決められた基準を満たしたり超えたりしたときに，学習者が強化子や自己報酬を選択することである（Harris & Graham, 1996; Graham et al., 1992）。自己強化を用いる学習は，自然な発達プロセス（期待を満たすとポジティブな強化につながり，期待を満たせないと反応が得られない，もしくはネガティブな結果につながることを学ぶというもの）と類似している（Zimmerman, 1998）。学習者のなかにはこの自己強化を1人で習得する者もいるが，そうではない学習者の場合，ライティングのなかで自己強化が使えるようになるためには明示的な援助が必要で

ある (Harris & Graham, 1996)。自己強化の手順は (a) 報酬のための基準を決める，(b) 強化子を選ぶ，(c) パフォーマンスを評価する，(d) 基準が満たされたときに自分で強化子を与える，というものである。

ある研究では，自己強化はそれだけでも効果的であり，教師から強化されるのと同じくらいの効果をもち得ることが示されている。しかし，ライティングに関しては，自己強化だけを扱った研究はほとんど行なわれていない。自己強化はしばしば他の自己調整の技法と組み合わせて用いられる。有形の強化子や活動の強化子を用いることも可能であり，他のライティング方略や自己調整方略と組み合わせながら自己の状態に対して強化を行なうことで，多くの生徒に効果がみられることが示されている (Graham & Harris, 2003; Harris, Graham, et al., 2008)。

◆◆自己モニタリング

自己モニタリングは最も初期に研究され，多くの検討がなされてきている自己調整技法の1つである (Harris, 1982; Reid, 1996)。自己内省は，目標としている行動が生じたか否かに自分で気づき，また，その結果を自分で記録した際に生じる (Nelson & Hayes, 1981)。ライティングでは，注意の自己モニタリング (SMA: self-monitoring of attention) と，パフォーマンスの自己モニタリング (SMP: self-monitoring of performance) という2つの自己モニタリングが検討されてきた。注意の自己モニタリングには，ライティング中に，課題に関連する注意の諸側面を診断したり記録するように指導すること（しっかりライティングに集中していたか？など）が含まれる。生徒は10秒から90秒くらいのランダムな間隔で自己診断や自己記録をするように促され，診断の結果は計算シートに記録される。ある研究では，注意の自己モニタリングは小学5年生と6年生の物語の長さや質を向上させ，課題に関する行動を増加させるなどの効果をもつことが示されている (Harris, Graham, Reid, McElroy, & Hamby, 1994)。

パフォーマンスの自己モニタリングの場合，ライティング課題に対する自分のパフォーマンスの諸側面（ジャンルに関する要素の使用数や，効果的な単語選択の数など）について診断し，その結果を記録する。自己診断と自己記録はライティング課題が完成した後に行なわれる。一般的に，自己記録は図表を用いて行なわれる。たとえば，生徒は小説に関する要素の数をカウントすることで自己診断を行ない，目標の要素の数に分かれたロケットの絵に色をつけて記録していく (Harris, Graham, et al., 2008 を参照)。ジャンルに合った望ましい要素の数や文章の長さ（使用している単語数など）について，これまでの研究では頻繁に検討されてきた (Tracy, Reid, & Graham, 2009)。一般的には，自己モニタリングには外的な強化は含まれないが，集中力や感情面に問題を抱えている生徒の場合には，外的な強化子もいっしょに用いられる (Reid et al., 2005)。注意の自己モニタリングやパフォーマンスの自己モニタリングを生徒に教える際の手続きはシンプルであり，しっかりと確立されているといえる (Graham et al., 1992; Reid & Lienemann, 2006 などを参照)。

◆◆自己評価

自己評価は自己内省と密接に関係している。しかし，外的な比較や強化子を使用する点で，自己内省とは異なっている。ライティングにおける自己評価は2つの形で概念化されている。まず1つ目に，ライティングに関する行動が，決められた時間間隔ごとに評定され，他の観察者（教師や専門家）による評価と比較される (Shapiro & Cole, 1994)。そして，どのくらい他者の評定と一致しているかに基づいて生徒は強化される。たとえば，生徒は自分の行動について，1（時間通りに書き始めず，論文を書き終えられなかった）から5（時間通りに書き始めて，書き終えた）の尺度で評定を行なう。外部の評定者から一貫した同意を得た上で，比較の作業をしだいになくしていき，生徒は自己評価に基づいて自分に報酬を与えるようになる。先行研究ではADHDの生徒に対し，行動を自己評価させることで妨害行動が減少し，課題に関与する時間が増えることが示されている (Shapiro, DuPaul, & Bradley-Klug, 1998)。

2つ目に，自己評価は，書こうとした文章と実

際に書いた文章の不一致を発見する「問題解決プロセス」として概念化されてきた（Bereiter & Scardamalia, 1987）。問題解決プロセスとしての自己評価は，文章の内容やライティングの技法を修正するために，頻繁に，また効果的に使用されてきた。この点については次節で議論する。

■ 自己評価と修正

　ライティングに関する認知モデルにおいて，修正を行なうことは，重要な役割を担っている。一般的に，修正には，すでに書かれた文章を変更することと，文章を書く前に生成したプランやアイデアを変更することの両方が含まれる。修正に関する初期のモデルでは，修正とは，書こうとした文章と実際に書いた文章の不一致を見つける問題解決プロセスと定義されている（Bereiter & Scardamalia, 1987）。より最近のモデルでは，問題点を発見することに加え，新たなアイデアを見つけることも修正に含まれている（Hayes, 2004）。いずれの場合においても，修正とは自己評価プロセスに依存している。書き手は自分の文章を読んで（または自分のプランについて考えて）自己評価を行ない，問題を発見し，文章の改善を試みるのである。

　熟達した書き手は一連のライティング・プロセスを通じて自分の文章を評価し，意味や構造，言語，作法などを改善するために修正を行なう。一方で，初学者の場合は一般的に，機械的に問題点を修正する。この違いを説明するために多くの説が提唱されてきた。熟達者は意味に焦点をあてるといったように，修正についてより洗練された概念をもっている。その一方で，初学者は修正を，個々のまちがいを調整するものととらえている。修正は文章を評価する力に依存しており，初学者にはこれが欠けている。そのため，初学者は問題点を見つけることができず，また，たとえ気づいたとしても文章の調整に困難を抱えてしまう。また，初学者には，プロセス全体を管理するための自己調整能力がない可能性がある。Bereiter & Scardamalia（1987）は，自己調整プロセスと知識やスキルを分離する実験を行なった。彼らは書き手が書いた文章と自分が何を書こうとしていたかを**比較する**ことから始まる，修正に関するモデルを提案している。もし不一致が見つかったら，問題点を**診断**し，文章の調整を**実行**する。Bereiter & Scardamalia によれば，学習者は比較，診断，実行の個々のスキルは管理できるかもしれないが，これらのすべてのプロセスを管理する自己調整はできない可能性があると想定される。実験では，文章を修正する際に，比較，診断，実行を行なうよう促すカードを用いた。たとえば，比較のためのプロンプトには「これは正しいとは思えない」ということが書かれていた。この研究によれば，プロンプトを用いることで，学習者は熟達者の評価と一致する形で問題点を見つけ，診断できるようになることが示された。Graham（1997）はこの結果を学習障害（LD: learning disabilities）の生徒にも拡張し，プロンプトによって質の高い修正が可能になることを見いだしている。De La Paz, Swanson, & Graham（1998）はこの結果について，文レベルの評価と同様，意味や構造全体の評価に関するプロンプトを含ませるなどの拡張を行なった。その結果，個々の修正の数が増えると同時に，テキストの修正の質も向上することが見いだされている。これらの研究では，自己評価を行なわせるための単純なプロンプトが学習者の修正プロセスに影響を与えていた。ただし，効果の転移や般化については，これらの研究では検討されていない。

　自己評価の重要性をより直接的に示す証拠として，自分の文章構成や修正を評価するプロセスを学習させる介入研究がある。Hillocks（1986）は，ライティング指導の研究をメタ分析することで，学習者に評価の基準を教え，自分の論文を評価する上で，その基準をどのように使えばよいかを示すことによってライティングの質が高められることを見いだしている。たとえば Sager（1973）は，都市部の6年生に対し，4つの基準を用いて論文を評価するように指導している。その4つの基準とは，語彙，緻密さ，構成，構造である。さらに，論文を評定する練習を個別や小グループで行ない，生徒の評定と教師の評定の比較が行なわれる。そ

のうえで生徒は論文をよりよいものにするために修正を行なうよう促された。8週間の指導の結果，統制群に比べて，この生徒たちのライティングの4側面の力は有意に向上した。Hayes（2004）が指摘しているように，残念なことに Hillocks のメタ分析に用いられた多くの自己評価研究には問題があった。そのため，より最近では Ross, Rolheiser, & Hogaboam-Gray（1999）が類似した実験研究を綿密に行なっている。その研究では，小学校高学年の生徒に対し，評価基準の設定にかかわる，自分の論文にその基準を適用する，自己評価について教師からフィードバックを受ける，自らのライティングを改善するために自己評価を用いる計画を立てる，といったことを行なわせた。その結果，実験群の生徒は物語のライティングの質において高い成績を示し，その傾向は低学力の生徒で顕著であった。

　ライティングの育成のためにさまざまな方略指導を行なう場合，自己評価は重要な要素である。Graham & MacArthur（1988）は，学習障害の子どもに説明文を修正する方略を指導するうえで，自己調整方略の育成モデル（SRSD: Self-Regulated Strategy Development）を用いている。修正方略には，説明文に特有の評価基準（論題が明確に記述されているかどうかをチェックするなど）や，修正プロセス全体を管理するための手順などが含まれる。また，その他に，目標設定や自己記述などの自己調整方略も含まれている。これまでの研究では，指導によって自発的な修正が増加し，文章の質が向上するといった結果が得られている。MacArthur ら（MacArthur, Schwartz, & Graham, 1991; Stoddard & MacArthur, 1993）は，仲間との修正方略（自己評価を行なうための基準に加えて，友だちといっしょにライティングについて議論や評価を行なうための手順を指導）の効果の検証を行なった。実際の読者が与えられることで，学習者は交互に読者や著者としての経験をすることになる。また，仲間が反応することで学習者は自分の評価について議論し，自分の思考を説明するよう促される。そのため，仲間の反応はライティングの評価に関する学習を高めるものと予想された。結果，指導を受けた学習者は，いずれの研究においてもより効果的な修正を加え，文章の質を向上させた。また，メタ認知的なインタビュー（MacArthur et al., 1991）では，実験群の学習者は統制群の学習者よりも，評価基準について高い認識を示した。

　ライティングにおける認知的方略の指導（CSIW: Cognitive Strategy Instruction for Writing）のモデル（Englert, Raphael, Anderson, Anthony, & Stevens, 1991）に関する研究では，説明文の構造の指導や，プランニングや修正方略の指導が扱われている。修正方略としては，一般的な評価質問だけでなく，特定の文章構造に特化した自己評価質問を行なうことにも焦点があてられている。コンピュータとライティングのプロジェクト（CWIP; MacArthur, Graham, Schwartz, & Schafer, 1995）にはプランニング方略と修正方略の両方が含まれており，この研究では先に述べたような，仲間との修正方略が用いられている。また，他の研究では，プランニングと評価／修正を統合した指導を行なっている（レビューとしては Graham, 2006b を参照）。

　ここまで見てきた介入研究では，自立して自己評価ができるように練習をさせながら，評価基準の明示的な指導を行なっている。また，自己評価や修正能力を高めるために，その他に2つのアプローチが用いられている。その2つとは，(a) 読者としての経験，(b) 読者を観察する経験である。たとえば，Holliway & McCutchen（2004）は，生徒に対して抽象的な図（三角形と四角形を組み合わせてつくる図）を描くように求め，それを他の生徒が表現したものを読み，どの図のことを述べているか選ばせた。他者の文章を理解するのに苦労した生徒は，自身の表現のしかたにフィードバックを与えられた生徒よりも，自分の文章をより多く適切に修正した。自己評価についてはとくに測定されていないが，生徒は明らかに自分の文章の問題点について，何かを学んでいたのである。

　関連するアプローチとしては，書き手の文章を理解しようとしている読者を，書き手に観察させるというものがある（Rijlaarsdam, Couzijn, Janssen, Braaksma, & Kieft, 2006）。学習者は単純な物理の実験について文章で描写し，その描写を修正する前に，実験を実行しようとしている読者

のビデオテープを観た。その結果，読者を観察することで質の高い修正を行なうようになった。加えて，学習者は科学実験を明確に描写するためにはどうすればよいかについて，他の生徒にアドバイスを行なう手紙を書いた。その結果，読者を観察した学習者の手紙には，効果的なライティングのための基準がより多く記述されていた。

効果的な修正を行なううえで，自身のライティングの自己評価は必要不可欠である。生徒のライティングを向上するうえでは，文章の修正に適用するための評価基準やその適用方法を明示的に指導することが有効である。また，読者としての経験や，文章を理解しようとしている他者を観察する機会を設けることも，自己評価スキルの育成に寄与する。評価や修正に必要な方略を教え，仲間や教師との討論のなかでこれらの基準を適用できるように指導を行なう際には，これらの2つのアプローチを組み合わせて用いることも可能である。

■ 複数のコンポーネントへの指導における自己調整

先にも述べたように，われわれが論じてきた自己調整の手続きは，しばしば広く多面的な要素を取り入れた指導のなかに統合されている。ここでは，ライティングにおける複数の要素を含んだ方略指導のアプローチに焦点をあてることとする。認知的な方略指導のモデルは，ライティングや自己調整の方略に関して明示的な指導や足場かけがなされた指導を行なうこと，方略使用に関して学習者が自立するにつれて徐々にサポートをなくしていくこと，といった核となる特徴を共有している（Harris & Pressley, 1991; Harris, Santangelo, et al., 2008 などを参照）。

ライティングの方略指導に関しては，3つの多要素モデルが開発されている。方略指導モデル（SIM: Strategy Instructional Model）は，文や段落のライティング力を高めるうえで効果的である（たとえばDeshler & Schumaker, 2006など）。また，Englert et al.（1991）はライティングの認知方略指導（CSIW）とよばれるモデルを開発している。

このモデルは1つのジャンルにおける文章構成スキルと修正スキルを組み合わせる力を高めるうえで効果的である。ライティングの研究者たちは，自己調整の要素は効果的なライティングのための指導プログラムの基盤になると考えてきた（Mason & Graham, 2008）。たとえば，方略指導モデルでは，効果的なライティングには目標設定と自己評価が重要な要素であるとされている（Schmidt, Deshler, Schumaker, & Alley, 1988）。一方，ライティングの認知方略指導では，説明文や比較文を書くうえでのプランニング，文章構成，修正に使用する「自己教示」や「自己質問」を促すようサポートすることで自己調整を高めていく（Englert et al., 1991）。

方略指導に対する3つ目の多要素的なアプローチが，先に述べたSRSDモデルである。SRSDはもともとHarris（Harris, 1982; Graham & Harris, 2009）によって開発されたものである。このモデルには目標設定，自己内省，自己評価，自己教示，自己強化の手続きを明示的に伸ばしていくことが含まれている。1985年以降，さまざまなジャンルのライティングにおいて，学習困難の有無に関係なく，小学生から高校生までの生徒を対象としてSRSDモデルを用いた40以上もの研究が報告されてきている（Graham, & Harris, 2003; Harris et al., 2009）。真正の実験デザインや準実験デザインでの研究のメタ分析によれば，SRSDはライティングに関する方略指導アプローチのなかで最も高い効果をもっている（Graham, & Perin, 2007; Rogers, & Graham, 2008）。したがって，残されている紙面ではこのモデルに関する議論を行なうこととする。

◆◆ SRSD

SRSDはパフォーマンスの5つの側面において，一貫して，有意で興味深い結果をもたらしていた。その5つとは，(a) ライティングに含まれるジャンルの要素，(b) ライティングの質，(c) ライティングの知識，(d) ライティングへのアプローチ，(e) 自己効力である（Harris et al., 2009）。学習者のプランニング方略や修正方略の使用に改善がみられ，何人かの生徒には効果を長期間維持

させるために追加のセッションが必要であったが，大多数の生徒については，指導の効果は一貫して持続した。また，多くの生徒は，状況，教師，ライティングの媒体を超えた般化を示した。ここではSRSDによる指導について簡単に概観する。また，SRSDについての詳細な情報は利用可能であり，授業の詳細なプランや，指導のための補助教材はHarris, Graham, Mason, & Friedlander (2008)で提供されている（これについてはHarris & Graham (1996) も参照されたい）。「学習障害の児童に対する学習方略の指導」（ASCD, 2002）のビデオでは，小学校と中学校の両方の教室において，この指導のすべての段階をみることができる。また，http://iris.peabody.vanderbilt.edu/ では複数のオンラインを利用して相互作用を行なう個別指導も利用可能である。また，方略指導のためのWebサイトはhttp://www.unl.edu/csi/ でみることができる。

SRSDによる指導には5つの重要な特徴がある（Harris, Graham, et al., 2008; Harris, Santangelo, et al., 2008）。1つはライティングの知識，ライティング方略（ジャンル特有のものから一般的なものまで）の知識，自己調整方略の知識が明示的に教えられ，育成される点である。2つは，指導の間，教師や他の生徒とともに機能する協働者として生徒がとらえられる点であり，3つはターゲットとされているプロセスとスキルと知識が，生徒のニーズや能力に合うように個別化されている点である。能力の高い書き手にはより高い目標が設定されるなど，目標が現在のパフォーマンスに合うように調整される。また，個人に合ったフィードバックやサポートを用いることで，指導の個別化がなされている。4つは，指導が時間ではなく基準をベースにしている点であり，最後の5つ目は，新しい方略が紹介され，以前に教えられた方略が絶えず更新されるなど，SRSDが現在も進行中の点である。ライティングにおけるSRSDは完成されたカリキュラムやプログラムというわけではなく，指導を行なうための1つの重要な要素である（Harris, Graham, et al., 2008）。

ライティングや自己調整方略を高めるため，SRSDのアプローチでは6つの段階が用いられる。これらの段階を通じて，教師や生徒はこうした方略の習得，実行，評価，修正に関して協働を行なう。その段階をここでは簡単に示しておく。これらの段階は個々の生徒のニーズに基づいて並べ替えられたり，組み合わせられたり，修正されたり，削除される。

最後に，SRSDにおいては，維持や般化（転移）を促進するための手続きが，指導を通じて統合される（Harris & Graham, 1996; Harris et al., 2009）。そこには，①ライティング方略や自己調整方略を他のクラスや状況で使用する機会を同定する，②他の時間に方略を使用しようとすることについて議論する，③適切なときに方略を用いるように生徒に確認する，④他の課題や新しい状況下でこうしたプロセスがどのように修正されるべきかを分析する，⑤指導中や指導後にこうしたプロセスがうまくいっていることを評価するといったことが含まれる。他の教師や両親も，他の状況下で適切な時間に方略を使用するようにサポートをして構わない。多くの生徒が方略を維持し，般化させるうえでは，方略を見直したり，再度議論したり，サポートを受けたりして，メインの指導の後に追加セッションを行なうことが重要である。

背景知識を向上・活性化する

この段階では，ライティング方略や自己調整方略を理解し，学習し，適用していくうえで必要な背景知識やスキルが指導される。学習者によっては，この手続きはステージ2や3をとおして続けられる。この段階ではおもに，手本となる文章と下手な文章を読み，分析し，議論する。それと同時に，この段階は，ネガティブな自己記述（自分はライティングが苦手だ，など）のせいで自分のライティングのパフォーマンスが妨げられていることに気づかせ，どのようにしてポジティブな自己記述（方略を用いるか，時間があればうまくできる，など）を利用すればよいかを示す時間でもある。

議論する

議論の段階では，プランニングや構成，修正のときによい書き手は何をしているのかについて，

教師と生徒が議論する。ライティングをよりよく，楽しいものにするために必要な，ジャンル固有の要素や部分（よいトピックセンテンスとは，など）が述べられる。教師と生徒は，学ぶべき方略，目標を達成するための方略，効果的な方略について議論する。議論を今の教師や課題だけに限定させないように，一般化のための素地をつくりながら，教師と生徒はいつ，どのように方略を使うべきかについて考えていく。また，動機づけを高め，ポジティブで適応的な帰属を促すため，努力の重要性が強調される。生徒は方略を学ぶためにこの取り組みに参加し，協働パートナーとして活動する。教師は生徒に対し，自分のできについて考えさせたり，グラフ化させたりする（指導を行なう前に，説明文のなかにどのくらい主張が入っているかを数える，など）。これは必要がなければ飛ばして次のステージに移っても構わない。また，この手続きは方略を使うことですぐに実感できる変化を強調するよう，肯定的かつ協力的な方法で行なわれる。これは目標設定の話を紹介するうえで重要なポイントでもある。生徒は(a)方略を学ぶため，(b)方略を使うため，(c)方略の使用を維持するためには，それぞれどのように目標を設定すべきかを教えられる。目標は他のステージの間も頻繁に参照され，確認される。このステージやその後のステージでは，方略使用をサポートする教材（方略の手順をまとめた小さな表や，プランニングノートを書くための視覚的なオーガナイザーなど）や，自己調整をサポートするための教材（自己内省のグラフなど）が紹介されることもある。

モデリング

モデリングは効果的な SRSD の指導に不可欠である。教師は声に出してモデルを示し，ライティングを行なう過程で，いつ，どのようにライティング方略や自己調整方略を用いるのかを示す。教師はライティングの課題に対してどのように特定の目標を設定するのか，自分の遂行結果をどのようにモニタリングするのか，自己強化するのかについてモデルを示すのである。モデルを示している間，教師は問題を定義する自己教示（自分は 8 パートにわかれている意見のエッセイを書く必要がある），注意の焦点化とプランニング（まずアイデアを考える必要がある），方略の実行（何をすべきかわかっている。最初の方略をやろう），自己評価（自分はすべての方略を使ったか？），コーピング（自分はこれができる，方略を知っている！），自己強化（自分の文章のこの部分が好きだ）といったことをして見せる。モデリングの後，生徒はライティングの前後や最中に，使用する自己教示を選択した短いリストを作成し，教師はそれを援助する（詳細については Harris & Graham, 1996 を参照）。こうした自己教示は，指導をとおして使用できるようにシートに記録される。何人かの生徒に対しては，方略の手本を何度も見せてあげる必要があるかもしれないし，協働的なモデリングや，ピア・モデルを用いることも可能であろう。

記憶する

記憶は最初のステージから始まっているといえる。というのも，生徒は方略のステップ，個々のステップの意味，個々の自己記述の記憶を促すことを目的として，楽しく魅力的な活動に参加しているからである。この点において，教師は生徒がこうした方略について記憶し，その重要性を理解できているか，次のステージに移る前に確認する必要がある。

サポートする

教師はおもに，いっしょに文を構成しながら，生徒がライティング方略や自己調整方略を使えるようサポートしたり，足場づくりをしたりする。こうしたなかで，生徒は徐々にライティング方略や自己調整方略に対する責任感を身につけていくようになる。そして，個々の生徒が自立性や効果的な方略使用を示すにつれて，助言，相互作用，指導を行なわないようにしていく。学習者は，構成のなかに含まれているジャンル要素の数を数え（追加目標を設定し，同様にモニターすることも可能），それを自分の目標と比較し，遂行結果をグラフにするなどして，ライティング方略の使用を自分でモニターする。また，学習者は，目標を満たすように自分の視覚オーガナイザーや草稿を修正するよう求められる。このステージを通過するス

ピードは学習者によって異なる。このステージを通じて，生徒と教師は方略の般化や維持を計画し，実行し始める。一般に，ライティングに困難を抱える生徒の場合，6つのステージのなかでこのステージにいちばん時間がかかる。

1人で遂行する

　自立していることを実際に確認するため，生徒には教師のサポートや助言がない状態で，ライティング方略や自己調整方略を使用する機会が与えられる。また，先に述べたように，方略の使用を維持するため，必要に応じて方略の見直しや議論，サポートを行なうための追加セッションを行なう。般化を確立させるためには，異なる教師や課題など，新たな状況下で，これまでに学んだライティング方略や自己調整方略を使用する機会が与えられるべきである。

■ 特別支援の生徒における自己調整，SRSD，ライティング

　いくつかのライティング課題では，典型的な書き手（ライティングに困難を抱える生徒や学習障害の生徒など）に対し，SRSDの効果が確立されている（Graham, & Harris, 2003; Rogers & Graham, 2008）。学習障害の生徒と同じように，注意欠陥多動性障害（ADHD）の生徒も，短くて構造化されていない，質の低い文章をつくる（Re, Pedron, & Cornoldi, 2007; Resta & Eliot, 1994）。注意欠陥多動性障害の生徒は自己調整に苦労しており，実行機能（プランニングや構造化），注意の維持，ライティングに必要とされる方略使用に困難を抱えている（Harris, Reid, & Graham, 2004）。さらに，効果的な方略の獲得，使用，維持にも困難を抱える（たとえばCornoldi, Barbieri, Gaiani, & Zocchi, 1999; Kofman, Larson, & Mostofsky, 2008など）。情動行動障害を抱える生徒（EBD: emotional or behavioral disorders）もまた，しばしばライティングに深刻な問題を抱える（Nelson, Benner, Lane, & Smith, 2004）。

　注意欠陥多動性障害やEBDの生徒に対しては，わずかではあるが，SRSDやそれに類似したアプローチを支持する知見があり，いくつかの単一事例デザインの研究では，注意欠陥多動性障害の生徒の物語文や説明文のライティングに対して効果があることが報告されている（Jacobson & Reid, in press; Lienemann & Reid, 2008; Reid & Lienemann, 2006）。また，情動行動障害の可能性がある生徒に対してSRSDを行なった単一事例研究では，ライティングの遂行を向上させるうえで有望な結果が示されている（Lane et al., in press; Lane et al., 2008; Mason & Shriner, 2008）。さらにLane et al.（2009）は，行動障害の児童もしくは行動障害の可能性がある児童に対してSRSDをランダムに試行し，物語文や説明文の長さや完成度，質においてポジティブな効果を見いだしている。また，通常の学級においても，勉強への取り組みが向上したといういくつかの知見が得られている。

　最後に，アスペルガー症候群や自閉症の生徒に対して，SRSDやそれに類似したアプローチの効果を示した知見（Asaro & Saddler, 2009; Delano, 2007）や，わずかな精神遅滞のある生徒や認知障害の生徒に対して効果を示した知見（たとえばGuzel-Ozmen, 2006など）がある。これらの生徒は同じグループをさしているわけではないが，彼らはしばしば文のライティングや構造の統語において類似した問題を抱えている（Lewis, O'Donnell, Freebairn, & Taylor, 1998）。しかし，こうした生徒に対しては，通常のSRSDを応用したり，修正する必要があるかもしれない（Sandmel et al., in press）。特別支援の生徒についてはさらなる研究が必要であることは明らかである。そこで，今後の研究について，他の重要な方向性について述べる。

■ 求められる重要な研究

　ライティングにおける特定の自己調整プロセスの理解や向上，SRSDを用いた指導について，これまでにさまざまな研究が蓄積されてきたが，まだ多くの検討課題が残されている。ライティ

でも他の領域においても，個人の自己調整方略の発達や，学年を超えた長期的効果に焦点をあてた研究は行なわれておらず，非常に乏しい状態である。SRSDの研究で最も長い期間を扱ったものでも，2つのライティング方略を1年間教えるというものである（Graham, Harris, & Zito, 2005; Graham & Harris, 2003）。したがって，異なる学年での1年間でどのくらいの数のライティング方略を教えることができるのか，また，学校教育の期間を通じてどのようにこうした方略が高められていくのかについては明らかにされていない（Harris & Graham, 1996 などを参照のこと）。こうした長期的な介入においては，両親や他者がパートナーとして機能する可能性があり，この点についても研究が求められる。さらに，SRSDに関しては比較的多くの研究がなされているにもかかわらず，多くのライティングのジャンルや，異なる年齢での必要性についてはいまだに検討がなされていない。SRSDがより広範なライティングカリキュラムに与える影響について検討した研究はこれまで行なわれておらず，こうした研究は明らかに必要であるといえる。自己調整プロセスの育成やSRSDによって，生徒はライティングの「競技場」に立てるようになるが，こうした指導をどのようにして始めるのか，ライティングの熟達化をいかにして持続させるのかについてはまだ検討されていない。

また，包括的で持続的な指導を探究していくためには，教師が方略指導をどのように理解し，認め，効果的に使用していくかに注意を向ける必要がある（Harris et al., 2009）。研究者たちは，方略指導について教師がどのように理解を深め，かかわり，支持するのかに焦点をあて，このアプローチを学校へと浸透させるためにより努力する必要があることを述べてきた。まず，教師は研究に支持された実践に関する知識を得て，自分の教室や生徒が処遇に対して適切か，データを検証するうえで適切かといった判断を行なうべきである。また，最終的には自分で実行し，それが自分の生徒に対してどの程度効果があったかを評価する必要がある。教師はしばしば，信念と実践の両方を変えることが必要であるため，適切かつ専門的な指導やサポートなしには，研究で確証された介入方法を採用するのはむずかしい。このような長期的な研究には費用がかかるため，そうした取り組みをサポートするためには資金が必要である。

■ 結論

ライティングのための自己調整プロセスを育成することも，SRSDによる指導も，ライティングに対する万能薬と考えるべきではない。生徒の学力やリテラシーを促すには，スキル，方略，プロセス，特性などを複合的に統合していく必要がある（Harris, 1982; Harris & Graham, 1996）。じょうずな書き手にとってライティングとは，プランニング，文章産出，修正を行なうための認知プロセスや豊富な方略知識によって支えられた，柔軟かつ目標志向的な活動である。じょうずな書き手はこうしたプロセスや方略に関して，しっかりと目的をもって，活発に自己調整を行なっている。よりよい書き手を理解し，その発達を促すためにも，さまざまな方法を用いて，より多くの研究が行なわれる必要がある。

第13章　意図的な概念変化：科学学習の自己調整

Gale M. Sinatra and Gita Taasoobshirazi
University of Nevada, Las Vegas

進藤　聡彦（訳）

　米国の科学教育は，重大な岐路に差しかかっている。米国はこれまでよりも，高いレベルの科学的リテラシーや科学的技能の支えが必要な課題に直面しているのである（American Association of Colleges and Universities, 2006）。新型インフルエンザウイルスなどによるパンデミックの発生，地球規模の気候変動，そして代替エネルギーの確保といった問題は，米国や世界各地の人々が直面する重要な課題の例であり，科学界が発展して，成果を上げることが期待されている。

　より高いレベルの科学的力量の必要性が増すにつれて，理科の教師も増え続ける課題に直面している。混み合った教室，縮小する財源，さまざまな言語の生徒のニーズへの対応，そして「落ちこぼれゼロ法」のもとで行なわれる州や国のテストで，生徒たちに好成績をおさめさせなくてはならないというプレッシャーなどが，学校の理科教師が日々直面する課題の数々である（Marx & Harris, 2006）。こうした問題に関連して，おそらく米国の生徒たちはヨーロッパやアジアの国々の同世代の生徒たちと比較して，理科の学力で遅れをとりつつある（National Center for Educational Statistics, 2007）。

　こうした最近の切迫した状況に加えて，科学的な情報はより複雑に，またより多岐にわたるようになってきている。21世紀初頭の科学的リテラシーとみなされるものは，20世紀初頭のものよりもまちがいなく高い水準にある。今日，科学に習熟するためには知識，スキル，そして学習方略のより洗練された高い水準の総合力が必要になる。

　この章では，自己調整ができる学習者の必要性が，これまでになく高まってきていることを論じていく。まず，認知とメタ認知，そして動機づけという自己調整学習の3つの要素の検討から始める。そして，この3つの要素が理科の学習にとってたいせつな探究活動，問題解決，クリティカル・シンキングなどを行なうのに，いかに必要なのかについて概観していく。次に，概念変化の枠組みで考えていくこと，とりわけ動機づけをともなう意図的な概念変化を考えていくことが，われわれがここで追究する自己調整ができる理科の学習者という考え方にどう役立つのかについて探っていく。さらに，理科の授業における自己調整の改善のための提案をして議論を終えることにする。

■ 理科の自己調整学習の基本となる要素

　自己調整学習は認知，メタ認知，そして動機づけという3つの基本要素から成り立っている（たとえば，Winne & Perry, 2000）。まず，自己調整の認知的要素とは，理科の問題解決，探究活動，そしてクリティカル・シンキングなどを行なうのに必要な知識やスキルである。メタ認知の要素とは，自分自身の認知についての理解や，認知の制御に必要な知識やスキルである。そして，動機づけの要素は自分自身の認知とメタ認知の使用や向上に影響を及ぼす信念や態度である（Schraw,

Crippen, & Hartley, 2006)。これら3つの構成要素のすべてが相互に影響し合って，適切な理科の自己調整学習が行なわれる。以下では，これらの構成要素のそれぞれについて検討していく。

▶ **認知**　自己調整の認知的な要素とは，理科にとってたいせつな問題解決，探究活動，クリティカル・シンキングなどをうまく遂行するのに必要な概念的知識や問題解決のスキルのことである。概念的知識は理科を学習するうえでたいせつなものであり，たとえば物理学において，概念的知識は洗練された認知方略をとらせ，適切な問題解決を可能にする（Taasoobshirazi & Carr, 2009）。また，科学的な探究活動やクリティカル・シンキングを効果的に行なうためには，その基盤として十分な概念的知識をもつことが必要になる（Schraw et al., 2006）。生徒たちを探究活動やクリティカル・シンキングに取り組ませるということは，彼（女）らを意義のある学習や追究，分析，科学的発見，そして複雑な問題の解決に積極的に取り組ませることにつながる（たとえば，Schraw et al., 2006）。その基盤となる望ましい概念的知識は，探究活動やクリティカル・シンキングを行なうために必要なものであり，教師は生徒たちが探究活動などの遂行に必要な概念的知識を獲得できるようにしてやらなければならない。

概念的知識の獲得のための調整に加えて，科学的スキル，とくに方略の調整も理科の学習にとって重要である。一般的に高校や大学レベルの物理学，化学，生物学のような理科の学習課程での成績は，1つの未知の数量を導き出すために，いくつかの等式を操作するような問題の解決を課すことで評価される（Chi, 2006）。そうした問題を解くために生徒が用いる方略は，彼（女）らの問題解決の成否に影響することが明らかになっている（Taasoobshirazi & Carr, 2009）。類推的推理，演繹的推理，帰納的推理，そして仮説生成的推理（abduction）は，科学の問題解決で使われる一般的な方略の例である（Sternberg & Williams, 2002）。また，物理学や化学のような科学領域で，答が明確に決まる定量的な問題を解くときには，先に進んではまたもどるといった特定の方略がよく使われる（Taasoobshirazi & Carr, 2009）。適切

で効果的な方略に関する知識と同様に，科学の内容に関する知識も個々の学習者が自分たちのメタ認知を調整できることの基礎になる。

▶ **メタ認知**　自己調整のメタ認知の要素には，科学の習熟に必要な概念的知識と問題解決スキルに関する知識や制御がある。自己調整をメタ認知と同義のものとすべきではない。というのは，自己調整には動機づけのような学習や問題解決にかかわる別の要素も含まれるからである（Wolters, 2003; Zimmerman & Campillo, 2003; Zimmerman & Schunk, 2008）。自己調整という用語とメタ認知という用語が，論文のなかではしばしば代替的に用いられ，両者の大きな違いがあいまいになっているが，両者は区別されるべきである（Dinsmore, Alexander, & Loughlin, 2009）。

メタ認知は従来，認知に関する知識と認知の調整という2つの大きな要素に分けられてきた。認知に関する知識とは，学習者が自分自身の概念的知識や問題解決の状態を把握することをさしており，一方，認知の調整とは自分自身の概念的知識や問題解決の過程を調整することをさし示すものである（Sperling, Howard, Miller, & Murphy, 2002）。この2つのいずれもが効果的なメタ認知にかかわっている。

理科の問題解決において，適切に問題解決ができる者は，自分が使っている科学的な思考に適した方略について，言語化できるほどまでに高い水準のメタ認知的な宣言的知識をもっている。また，なぜその方略を使うのかを自覚しており，ある方略でうまくいかない場合には別の方略を選択できる。対照的に，適切に問題解決ができない者は，しばしば自分自身が選択し，使用している方略を説明できないことがあり，またうまくいかないことがわかった後でさえ，その方略を使い続ける（National Research Council, 2001）。

さらに，適切に問題解決ができる者は，自身の知識や問題解決の過程を調整する傾向がある。彼（女）らは理科の学習時や問題解決時に，自分自身の知識や方略の使用について，プランニング，モニタリング，そして評価をしているように見える（Rozencwaig, 2003; Shin, Jonassen, & McGee, 2003）。たとえば，適切に問題解決ができる者は，

表 13.1　物理学の自己調整過程の例

自己調整の基本となる要素	物理学の学習の要素
認知	力と運動の問題を解決するためにニュートンの法則に関する高度に洗練され，自動化された概念的知識を使用すること。
メタ認知	運動量の問題を解く場合にすべきことをプランニング，モニタリング，そして評価すること。
動機づけ	勉強に一区切りつけて休みを取る前に，10個の物理学の問題を解き終えるという目標を設定すること。目標に達するためには正弦関数や余弦関数の復習が必要だとわかること。

問題に取りかかる前にさかんにプランニングを行なうし，目標全体に階層的にかかわる下位目標を設定する。また，自分自身の知識や自身がもつ方略のレパートリーをモニターし，問題解決の結果のでき具合を評価する傾向がある。さらに，自分自身の知識や問題解決を自己調整することに動機づけられる傾向がある（Zimmerman, 2002）。この種の動機づけは，認知とメタ認知の使用や発達を左右するものとして重要になる。

▶ **動機づけ**　自己調整の動機づけの要素とは，理科の習熟に必要な積極的な取り組みや，長期間の学習の継続に必要な動機づけのことである。生物学，化学，あるいは物理学のような教科に習熟するためには，著しい量の熱心な学習が必要になる（Ericsson, 2006）。長期にわたる学習の間に，生徒たちは目標を設定し，その目標に基づいて行動し，結果を評価する。そして，目標の遂行のために自分自身の行動を調整する。長期の学習には勤勉さが要求され，それは高い動機づけとその動機づけの調整なしには行なうことができない（Ericsson, 2006; Zimmerman & Campillo, 2003）。このような動機づけの調整は，学習に疲れてきたり，フラストレーションが溜まってきたり，飽きてきたときにとくに重要になる（Ericsson, Krampe, & Tesch-Römer, 1993）。

自己調整研究の多くは，メタ認知的な要素に焦点をあてているが，動機づけに焦点をあてた研究もある（Wolters, 2003）。動機づけに焦点をあてることはたいせつであり，それは Zimmerman（1995, p.217）が「教育心理学者はメタ認知的な特性や能力を取り上げたり，あるいはメタ認知の発達段階の設定をしたりするだけでなく，自己調整の考え方を拡張して，それを社会的要素や動機づけの要素，そして行動的な要素を含む複雑で相互連関的な過程として取り上げていく必要がある」と述べる理由からである。動機づけの自己調整とは，目標に到達するために意識的に動機づけを高めたり，動機づけの状態を確かめたりして，動機づけを制御，調整することである（Wolters, 2003）。自己調整学習における一般的な動機づけの役割については，Schunk, Pintrich, & Meece（2008）による最近のレビューがある。とくに，理科の自己調整学習の動機づけの役割については，Glynn & Koballa（2006）や Koballa & Glynn（2007）のレビューがある。それらは，生徒たちが理科の学習や問題解決を効果的に行なうのに必要な訓練や認知活動を継続できるようにすることをめざして行なわれた研究である。表 13.1 に物理学の学習時の3つの自己調整過程の要素について，それぞれの例を提示した。

■ 自己調整から見た概念変化

自己調整が理科の学習にとって重要なことは，前述の手短なレビューから明らかである。理科の探究活動や問題解決，討論，クリティカル・シンキングなどに取り組むには，目標に向けてのプランニング，評価，適切な方略，粘り強さが必要になる。しかし，自己調整はまた，概念変化とよばれる誤概念の克服や知識の再構成の過程にも必要になる（Murphy & Mason, 2006）。

最近まで概念変化と動機づけに関する自己調整学習の研究は，まったく別々に行なわれてきた。概念変化のモデルのなかに動機づけのプロセスを組み入れるべきだというPintrich, Marx, & Boyle (1993) の提案に刺激されて，研究者たちは概念変化研究の「高まり」に資する枠組みを構想してきた (Sinatra, 2005)。それは「知識の認知的再構成モデル」(CRKM: Cognitive Reconstruction of Knowledge Model) であり (Dole & Sinatra, 1998)，またわれわれがこの章で論じる意図的な概念変化とよばれる概念変化の自己調整的な考え方である (Sinatra & Pintrich, 2003)。動機づけのプロセスを考慮したその他の概念変化モデルの概要については, Sinatra (2005) を参照されたい。ここではCRKMが取り上げている諸側面が，本質的に自己調整的な内容を含むものであることに焦点をあてて，同モデルについて簡単にふれていくことから始めることにする。続けて，より明確に概念変化を自己調整的なものだととらえている意図的な概念変化という考え方について検討する。

▶**知識の認知的再構成モデル（CRKM）** CRKM（図13.1参照）は，学習者と学習内容のさまざまな性質が影響し合っているという考え方を予測モデルの形で提案している。この学習者と学習内容の相互作用の質が，学習者がどの程度，新規の概念的な情報に関心をもち，その情報に取り組むかを決定する。そして最終的には，当該の学習内容への取り組みの程度が，概念変化の成否を決める。その構造やプロセスの説明からわかるように，本質的にCRKMは自己調整的な性質をもつモデルである。われわれは，このモデルの各要素の吟味から始め，それからこのモデルのなかで自己調整が果たす役割について述べていく。

概念変化に関する考え方は，すべて学習者の既有知識の性質を明らかにすることから出発しており，CRKMもその先例に倣っている。CRKMは，ある学習者には概念変化が起こりやすく，別の学習者には起こりにくいという現象の原因になる学習者が背景としてもつ既有知識の固有の性質を取り上げている。このモデルは，まず背景的な知識の強固さという性質から始めて，学習者がもつ知識と他の知識との統合のされやすさが，概念変化の起こりやすさに影響すると説明している。学習者の頭のなかで他の知識と強く結びつけられた知識は，より強固に保持されているため，概念変化が起こりにくい。これに対して，他の知識と弱く

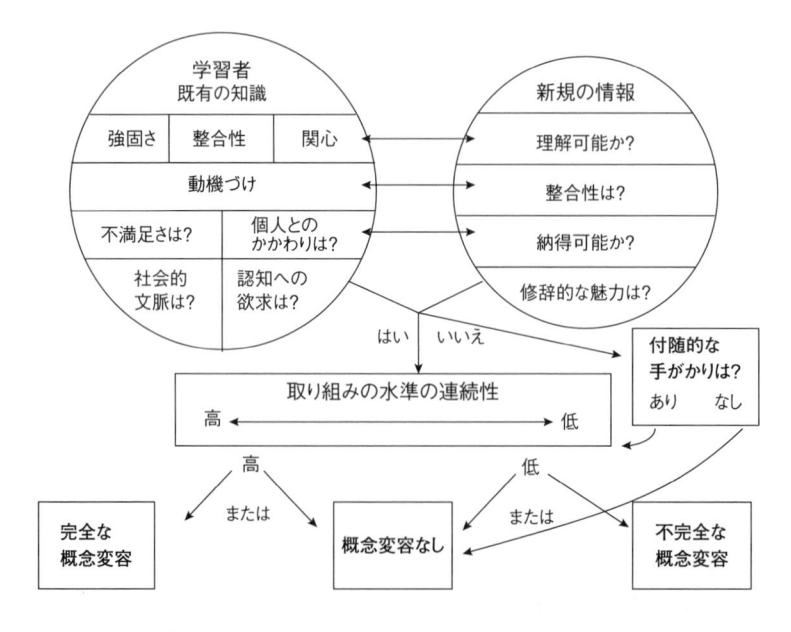

図13.1 CRKM（Dole & Sinatra, 1998を修正）

結びついた知識は，より容易に変化する。

次に，CRKMは概念変化の起こりやすさに影響を与える鍵になる性質として，整合性をあげている。整合性とは学習者のもつ既有知識がどの程度，概念的な論理性をもっているかということである（Thagard, 1992）。概念的に整合している知識は，構造化された概念の枠組みを形成し，学習者はその枠組みによって思考したり，推理したり，説明したりすることができる。これは，Posner, Strike, Hewson, & Gertzog (1982)のいう知識の「豊かな」性質という考え方と一致する。その知識に現実味があり，それが理に適っているものならば，そうした知識はとくに科学においてとても役立つものとなる。また，CRKMの概念的な整合性という考え方は，Posner et al. (1982)の安定した概念的生態システムという考え方とも一致している。すなわち，整合性のある知識（すなわち安定した概念的生態システム）は変化しにくいのである。整合性をもつ既有知識が，妥当な説明をするのに役立つならば，学習者にとって概念変化をさせる動機づけは起こらない。そして，もしそのような知識が理に適ったものならば，自己調整の必要はないし，新しい概念が有用なものであったとしても，既有知識の保持を拒む理由にはならないのである。

学習者がもつ既有知識の強固さと整合性が，いかに概念変化の起こりやすさに影響を与えているのかに関する例として，恐竜に夢中な幼い子どもの，恐竜の大量絶滅の原因についての考えを取り上げてみる。その学習者は，恐竜絶滅の巨大隕石衝突説について聞いたことがあり，隕石の衝突が恐竜のほとんどの種の大量絶滅をどのように引き起こしたのかということを強固に，そして整合的に信じていたとする。その子どもにとっては，この考えは疑う余地のないものであろう。というのは，食糧の供給を減少させる「核の冬」を引き起こすきわめて大きな隕石の地球への衝突と，粉塵の雲の発生という説明は，恐竜の居住環境，巨大隕石，生態系，核の冬，進化，そして気候変動といったこの学習者がもつ既有知識と相互に結びつきやすいからである。また，この学習者の知識は，隕石が衝突した後の恐竜絶滅の理由についての説明が，現実味があるために，概念的に整合しているると考えられる。一方，この学習者が恐竜の絶滅について別の説を聞いたとすれば，彼（女）はその新しい説に懐疑的だろうし，新しい説に抵抗を示すことさえある。この場合の概念変化には時間がかかる。そして，その学習者に概念変化が起こるためには，その前に新しい絶滅説に関してより多くの情報を求め，その説について熱心に調べることが必要になるだろう。学習者は自分自身の知識を発展させ，修正し，その知識をふり返って評価することに動機づけられるというように，認知，メタ認知，そして動機づけの自己調整は概念変化に重要な役割を果たすのである。

次に，CRKMは概念変化の生起の有無の予想に，学習者が特定の考え方に関心を寄せているかどうかが重要であるとしている。先の恐竜好きの学習者は，巨大隕石説の考え方に関心を寄せているが，それはホッキョクグマの絶滅に及ぼす気候変動の影響を考えるのに，巨大隕石説のもつ意味を強く感じているからである（このホッキョクグマのアナロジーは，急激な気候変動は生息地の環境を急激に変化させ，特定の種はそれに適応できず，絶滅の危機にさらされるということである）。もし，巨大隕石説が結果として誤りであった場合には，学習者は慣れ親しんだ知識を含むたくさんの関連知識を再構成しなくてはならないだろう。

上に取り上げたCRKMの3つの要素は，すべて本質的に動機づけと自己調整に関連する性質がある。ある人の知識の強固さや整合性は，その人の現在の概念への関心と同様に，すべて既有の知識構造を維持しようとする動機づけを生む。しかしながら，もし先の学習者が恐竜の絶滅に関する別の説についてさらに学ぼうとするならば，当然，既有の知識を乗り越え，新しい説を受け入れるための熱心な取り組みが必要となる。すなわち，他の代替的な説明を調べたり，同級生や教師，あるいは保護者といった人々と話し合ったりする。また，その代替的な説について学んだり，巨大隕石説と比較したりするための方略的な学習法を考えたりするのである。要するに自己調整的な過程は，目標に到達するためにしなくてはならない取り組み，新しい説に対する公平な配慮や既有の説との対照，概念変化の生起しやすさといったことのい

ずれにも関与し得るものなのである。

　上記の3つの要素に加えて，CRKMは概念変化の起こりやすさに影響する他の要素として，納得がいかないことへの不満足や，その個人とのかかわりの程度のような学習者の特性も取り上げている。知識が動機づけや自己調整に関連する性質を潜在的にもつのとは異なり，個人の特性は動機づけや自己調整と明確な関連がある。従来の概念変化に関する理論も述べているように，納得のいかないことへの不満足は動機づけを引き起こす直接の要因となる。学習者は自分自身の既有知識と新規の概念の間に矛盾を感じれば，不協和な状態を解消しようとする方向に動機づけられる（Posner et al., 1982）。そこでいう新規の概念とは，現在の既有の考えでは整合的に説明ができない不満足，あるいはその有用性に難点があることへの不満足を，学習者に感じさせるような概念である。不協和な状態の解消のためには，学習者には自己調整が求められる。すなわち，情報の方略的な探索，新しい説と既存の考えとの緻密な比較，そして問題点や論点の意図的な重みづけ（この意図的な重みづけは，動機づけやメタ認知に関係する）が求められるのである。また，このことはCRKMの循環的な性質をよく表わしている。すなわち，先の恐竜に夢中な学習者は，おそらく新しい説に関する情報を求め，それを評価するという過程をとおして，上記のような自己調整的な活動を行なうと考えられる。

　いくつかある観点のうちの1つである納得がいかないことへの不満足という要因に加えて，他の動機づけに関連する観点として，CRKMは個人的とのかかわりというものも取り上げている。個人とのかかわりとは，学習者の既有の知識への心的関与の程度，あるいは学習者が新しい考え方にかかわろうとする動機づけの程度のことである。CRKMでの個人とのかかわりとは，「興味や情緒的な関与，（あるいは）自己効力感」に由来するものである（Sinatra, 2005, p.110）。CRKMでは個人とのかかわりの他にも，社会的文脈も動機づけにかかわる要因と考えている。実際，ある生徒の友人たちが新しい考え方に興味をもち，その考え方について学んでいることがわかれば，その生徒は同様にその新しい考え方を学ぼうとするだろう。

　またCRKMでは，知識には概念変化を促進したり，抑制したりする潜在的な性質があると考えている。まず，「認知への欲求」（Petty & Cacioppo, 1986）を取り上げている。認知への欲求が高い者は，あるトピックに進んで深くかかわろうとするであろう。その人たちは，自分にとって重要な問題や議論に挑むことを楽しむからである。Kruglanski（1990）が述べているような，あいまいなことへの不快さや行き詰まりの解消に向けての欲求をもたらす知識の性質は，CRKMの考え方と合致している。これまでの研究は，閉塞状況での認知への欲求が，概念変化の程度に関連することを明らかにしてきた（Sinatra, Kardash, Taasoobshirazi, & Lombardi, in press）。

　CRKMは新規の情報の性質も取り上げている。それは，その情報を理解できるか，その情報が整合的か，その情報に納得できるか，その情報に引きつけられるような魅力があるかといったことを学習者にどの程度感じさせるかという性質である。こうした新規の情報の性質は，学習者の特性と互いに影響を及ぼし合う。言い換えれば，ある新規の情報に魅力を感じる者もあれば，感じない者もあるというようなことである。新規の情報はその情報の特定の受け手に理解されるだけのものであり，それ自体が理解可能なものとして存在するわけではない。CRKMはこれらの性質を，学習者がある新規の情報に取り組むときの動機づけに大きな影響を与えるものととらえている。すなわち，ある情報が納得のいくものではなかった場合，その情報についてさらに情報を得ようする動機づけは起こらない。また，その情報が理解できない場合，理解するのに必要なことをするには，それなりの必然性がなくてはならないだろう。新規の情報が個人とのかかわりをもち，特別な努力を払う価値がある場合に，理解に必要な努力をするのである。

　次にCRKMは，学習者と新規の情報の性質がどのように取り組みの水準に影響を及ぼし合っているかについて取り上げている。CRKMが，自己調整の過程を明確に含んでいるということは，取り組みの水準を取り上げている点からみてとれる。

CRKMは，低次の認知的活動から高次のメタ認知的な活動にわたる取り組みの連続性を仮定している（Dole & Sinatra, 1998）。「低次の認知的な活動とは，内省を欠いた深みのない表面的な水準の内的活動である」。対照的に，高次のメタ認知的な取り組みとは，「深い処理をし，精緻化方略を使用し，有効なメタ認知的な内省をすること」（p.121）を意味している。つまり，CRKMでは自己調整過程を，概念変化の決定因と考えるのである。動機づけは概念変化に必要な認知やメタ認知を引き出す。すなわち，自己調整的な学習が行なわれるためには，認知，メタ認知，動機づけという3つのすべてが相互作用するのである。もし学習者が自分自身の学習の調整に動機づけられることなく，表面的な浅い方略を使い，新しい情報についてよく考えようとはせず，また新しい情報と既有の知識との対照を怠るような場合には，概念変化はまず起こらない。他方，学習者が洞察的で内省的な方略を使い，問題や議論を重要なものととらえ，既有の知識を新しい説と対照するといった高い水準の取り組みをするような場合には，概念変化は起こりやすくなる。

CRKMはある種の予測モデルといえるが，概念変化の可能性は学習課題に熱心に取り組むことによって高まると述べている。すなわち，CRKMでは熱心な取り組みや高水準の自己調整学習が，概念変化の可能性をより高めると予測しているのである。しかし，CRKMは，熱心に取り組まない場合の概念変化の可能性を否定しているわけではない。そうしたことは起こり得るし，実際よく起こってもいる。トマトが野菜ではなく，果物だということを思いついた生徒について考えてみる。その学習者が自らの知識に基づいて，トマトを野菜のカテゴリーから果物のカテゴリーへと再分類することは概念変化の1つの形態であるが，この変化はほとんど努力を要することなく，知識の修正に対する抵抗もなく，特別の取り組みがなくても起こり得る[☆1]。取り組みの程度や自己調整の程度が低い場合でも，概念の性質，必要な概念変化のタイプ，および新しい考え方に接したときの学習者のもつ諸特徴間の相互作用，これらが概念変化を引き起こすかどうかを決定する。

CRKMは本質的に，動機づけや自己調整に着目したモデルであるが，その過程を詳しく説明しているとはいいがたかった。ここでわれわれは，意図的な概念変化という考え方にもどってみることにする。意図的な概念変化とは，自己調整的な概念変化に対する1つの観点であり，CRKMと概念変化の自己調整的な見方との橋渡しをする考え方である。

▶ **意図的な概念変化**　Pintrich et al.（1993）から始まった概念変化研究の高まりが，「熱を帯びる」につれて，概念変化が本質的に情動的な動機づけに関連する性質をもつだけのものではなく，ある状況下では学習者に統制され，自己調整される性質をもつことが明らかになってきた。Sinatra & Pintrich（2003）は，学習者の側がほとんど何もせずに現われる概念変化と学習者の制御のもとで行なわれる概念変化とを区別しており，このうち後者は明らかに自己調整的な過程である。こうした区別を理解するためには，意図性の定義を考えることがたいせつである。

人の認知の構造に関する研究は，われわれの思考のシステムが，さまざまな情報の表象や分析を可能にする構造になっていることを示唆している（たとえば，Stanovich, 1999を参照）。この構造が，われわれの限られた資源からでも，効率的な情報処理を可能にする。「意図的な処理」は，複数の目標や多様な信念に対応した行動のなかから，特定の選択肢を選び出していく役割を果たす（Stanovich, 1999）。すなわち，意図性とは学習者によって開始され，意識的に行なわれる情報処理をさしているのである。

対照的に，情報に意識が向いているときには，意図を欠いても上記のような情報処理が行なわれることがある（Bargh & Chartrand, 1999）。概念変化に関して，学習者は必ずしも特別なやり方で自分自身の知識を修正しようと目論む必要はない。実際，知識の形成過程は学習者の意図がなくても生じるし，学習者が意識していなくても起こり得る。意図性を欠く概念変化のよい例は，合成モデルの考え方である（Vosniadou & Brewer, 1992）。地球は平らだと考えていた幼い学習者が，教師から地球は丸いと聞いたとき，その子は地球がパン

ケーキのように丸いと考えるかもしれない。この学習者は，合成モデルを構成したのである。合成モデルとは，新しい概念をつくるために最初にもっていた平らな地球概念と丸い地球という考えを合わせたものであり，本質的には必ずしも科学的ではないものである。合成モデルの創出は，必ずしも意図的なものではないと考えられる。すなわち，当該の学習者はおそらく地球がパンケーキのようなものであるという考えを再構成するという目的に向けて意図的に考え始めたわけではないだろう。あるいは学習者は意図的に知識を創り出そうとしているのかもしれないが，特定の考え方に向けて計画的に知識の再構成の過程に取り組むわけではない。

対照的に，Bereiter & Scardamalia（1990, 1989）を引用すれば，「意図をもった学習者とは知識やスキルを獲得しようとするとき，構想を練ることから始め，その目的に向けた活動をするために知識や信念を使う人である」。学習者の意識的な統制のもとで意図的な情報処理が行なわれるのである。それは意思（Corno, 1993）をもって行なわれる自己調整的な過程として定義される。意図的な過程には，目標の設定と目標の達成度の評価，特定の課題への集中の意識と制御，そして目標に向けた方略的な情報処理が含まれる。意図的な過程は，（まったく同義であるというわけではないが）自己調整過程と部分的には一致している。自己調整的な過程と意図的な過程の間の違いに関して十分な議論をすることは，本章の範囲からはいくぶん逸脱してしまう。しかし，本章の目的に照らしてみて，決定的な違いは自己調整的な過程は「顕在化しないまま進行する」可能性があるということである。すなわち，自己調整的な過程は何度もくり返し行なわれることで，自動的に実行されるのである。定義では，意図的な過程は，常に意識的であり，計画的で，意図的に実行される。ゆえに，本稿の趣旨に沿っていえば，意図的な過程は，学習者によって意図的に開始され，学習者の意識的な統制のもとで実行される自己調整的な過程と考えることができる。

こうした意図的な学習に関する考え方について他の論文を引用すると，Sinatra & Pintrich（2003）では，意図的な概念変化を「知識の変更のために認知やメタ認知，そして動機づけの過程を目標に向けて意識的に開始し，調整すること」（p.6）と定義している。

概念変化は，必ずしも意図的なものとは限らないということへの留意はたいせつである。実際，意図的な概念変化はふつうのことというよりも，例外的なものなのかもしれない。しかし，そうした過程がよくあることではないかもしれないという現実にもかかわらず，意図的な概念変化は理科の自己調整的な学習にとっては非常に重要であろう。生徒たちは科学的な知識との葛藤を生じさせるような変化しにくい知識や信念を保持して理科の学習に臨むため，概念の変更に向けての意図や変化の過程での自己調整は理科の学習にとってたいせつになる。その種の強固に保持された誤概念を克服するためには，自己調整的で意図的な概念変化が，その障壁を打ち破るのに必要な手段となる。次の節でわれわれは，生徒たちの誤概念を修正するのにとくに困難さを示してきた生物学の進化と物理学という2つの重要な理科の分野についての実証研究を概観する。

■ 自己調整的な理科学習に関する実証的研究

理科固有のトピックとして，理科の学習がうまくいくには，自己調整的で意図的な概念変化が必要であるということがよく取り上げられる。そのようなトピックの対象になる2つが，進化生物学と物理学である。この2つの分野において，われわれの日々の経験やわれわれのもつ素朴理論あるいは認知的バイアスといわれるものは，科学的な説明に反している（Geary, 2008; Kelemen, 1999）。すなわち，学習者は生物学や物理学に関する「素人的な知識」の制約を受ける。[1] 自己調整的な概念変化は，学習者に根づいた誤概念を克服するために必要になる。

◆◆自己調整と進化についての学習

進化の分野での，概念の発展や概念変化を促進

するのに有効な教授法についてふれたレビューのなかで，Beardsley, Bloom, & Wise (in press) は効果的な教育課程の鍵となる要素は探究活動であると述べている。彼らは小学生，中学生，高校生，そして大学生，およびそれぞれの段階のすべての習熟段階の者を対象にして行なわれた研究をレビューした。その結果，「実地の」探究活動や実地ではなくても探究活動をすることが最も効果的であった。探究活動では，観察に基づいて仮説を発展させたり，検証したり，修正したりすることが必要になる (Schraw et al., 2006)。探究活動にかかわるスキルには，認知過程，動機づけの過程，そしてとりわけプランニング，ふり返り，評価，および結果に基づく方略の変更といったメタ認知過程が必要になる。

進化に関する概念の発展をもたらす効果的な教授法の別の例として，Asterhan & Schwarz (2007) の問答的な議論という方法をあげることができる。Asterhan らによれば，問答形式の議論のなかで，生徒たちは「多様な考えに接し，互いの考えの妥当性を見つけ出すように促される」(p.626)。そして，このことが潜在的で効果的な自己調整的な概念変化のための教授法となっているというのである。この研究はイスラエルの大学生を対象に行なわれたものであるが，対象の学生たちは減数分裂の学習に取り組んだ。その際，対象者は2群に分けられ，進化に関する2つの問題を解くのに協力しながらいっしょに取り組むか，または問答的な議論方略を使用して取り組むかのいずれかが指示された。議論に取り組む群の大学生たちは，互いの考えを批評的に検証し，「互いにそれぞれの説や仮説への反対理由を考えたり，互いの考えの理解に努めたり，反論を述べたり反論に対して論駁したりする」(p.626) ように指示された。2つの実験で，問答による議論条件の学生たちは，概念理解の測度において協力を指示された学生たちに優っていた。これは，おそらく議論条件が科学的な考えと学生たち自身の見方を対照する機会を多く提供したからであろう。議論方略は，学生たちにメタ認知的過程と自己調整的な過程に欠かせない自分自身の考えへの気づきやふり返りを促したと考えられる。実地の活動や探究活動が導入されるか否かが，学習者の既存の考えと科学的概念の間の違いを明らかにする機会の有無という決定的な特徴の違いになっていることをこの研究は示している。そして，違いを明らかにする機会となる課題とは，その課題に熱心に取り組むことをとおして当該の2つの考えがいずれも俎上に載せられるような性質をもつものである。この課題の性質が，学生たちにとって自己調整的で意図的な知識の再構成に取り組む機会を与えているのである。

◆◆物理学の自己調整学習

この節では，物理学での自己調整の役割について検討していく。物理学の分野を取り上げるのには3つの理由がある。第1に，素朴物理学は発達的，認知的な制約に関する論文で多くの誤概念が見いだされている分野の1つだからである (Geary, 2008)。第2に，科学領域の問題解決を研究対象としている研究者が物理学に焦点をあてることが多く，その理由は物理学がエネルギー，力，運動，物質，熱，音，光，そして原子の構造といった基本的で重要な概念を含む分野であるからである (Hewitt, 2006)。それゆえ，物理学の問題解決に関する研究から得られた知見は，化学や生物学，その他の科学領域の問題解決を対象にしている研究者たちの役に立っている。第3に，以前の世代や他の国の物理学専攻の学生と比べたとき，他の科学領域にも増して，現在の米国の高校生や大学生が力学，光学，熱力学，そして電磁気学のような物理学の成績が劣るからである (Crouch & Mazur, 2001)。われわれは，これら3つの理由によって，自己調整や意図的な概念変化が重要だということを論じていく。

物理学についての自己調整を研究している者の多くは，自己調整のメタ認知的要素に焦点をあてており，生徒や学生たちが物理学の問題を解くときに，知識や方略をどうプランニングしたり，モニタリングしたりしているのか，またどう評価しているのかについて検討している。それは，物理学において問題解決がとても重要な役割を果たすからである。高校や大学段階の教育課程で宿題に出されたり，成績評価のために行なわれたり，授業の期間内に課されたりする物理学の問題の大部

分は，生徒や学生に1つの未知の数量を導き出すために等式の操作を求めるような定量的で，解決に必要な情報が問題のなかにすべて含まれている良定義問題である（Briscoe & Prayaga, 2004; Kang & Wallace, 2005）。物理学の問題を解いている最中のメタ認知的活動は，問題解決に影響することが明らかになってきた。

Rozencwaig（2003）は，電気の問題を解決している高校生のメタ認知活動を調べた。彼女は，メタ認知的な活動をしている生徒たちは，メタ認知的な活動をほとんどしていない生徒たちよりも，より多くの問題解決ができることを見いだした。前者は後者よりも，より多くの概念的知識やより適した方略を使っていたのである。彼女は2つの方法で，メタ認知的な活動を評価した。1つは5項目の質問紙を用いた認知に関する知識の評価である。もう1つは，単純な問題とむずかしい問題を解くのにかける時間の計測による認知の調整の評価である。これらのメタ認知的な活動のいずれの指標も，概念的知識の理解や問題解決の成功と正の相関を示した。

生徒たちが，原理や法則の概念的な理解が必要な問題解決を求められる場合には，事実を機械的に適用すればすむ問題解決の場合よりも，メタ認知的な活動がとても重要になる。たとえば，Shin et al.（2003）は高校生のメタ認知的な活動は，概念的な理解が必要な自然科学の問題を解くことができるか否かについてのよい予測変数である一方，事実の機械的な適用によって解決できるような問題の成否にとっては予測変数にならないことを見いだしている。Shinらは，3つの要素から構成された質問紙を用いてメタ認知的活動を評価している。3つの要素とは，プランニングとモニタリング，問題解決方略，それに情報選択方略である。そして，プランニングとモニタリングの得点を認知の調整の指標とし，また問題解決方略と情報選択方略の合計点を認知に関する知識の指標としている。

メタ認知的活動は，物理学の問題解決時にとても有効に機能するので，高度なメタ認知的な活動は低い能力を補償するのに役立つ。たとえば，Swanson（1990）は，能力は低いが高次のメタ認知的な活動を行なう高校生たちは，高い能力はあるが低次のメタ認知的な活動しかしない高校生たちよりも，振り子や流動体の問題解決で優っていたと報告している。Swansonはメタ認知を，個人の要素，課題の要素，そして問題解決方略の要素の3つからなる17項目の質問紙を用いて測定した。同時に，これら3つの要素は認知に関する知識の指標になると考えられた。

また，概念的知識も問題解決に関連がある。問題解決をしている時に，生徒たちは適切に問題を解くために自身のもつ知識を適用しなくてはならない（Snyder, 2000）。そのような知識が欠落していたり，その知識自体が誤っていたりすれば，問題解決の妨げとなる。たとえば力学の分野では，生徒たちがニュートンの第2法則に関連した問題を解くときに現われる誤概念がある。生徒たちのなかには，誤って特定の方向への物体の運動には力が働く必要があると考えている者がいる（Reiner, Slotta, Chi, & Resnick, 2000）。その種の誤概念をもつ者は，まちがった力を考慮してしまうことになるので，ニュートンの第2法則に関連した問題を解くことはむずかしい。自分自身の知識を再構成したり，自身の問題解決を再検討したりするために，生徒たちは概念変化を促進するような自己調整を行なわなくてはならない。

■ 教育実践への応用：理科における自己調整学習の支援

理科を学ぶ生徒たちの問題解決を改善したり，探究活動やクリティカル・シンキングを改善したりするために，生徒たちの自己調整のレベルを上げようとする多くの研究が行なわれてきた（たとえば，Case & Gunstone, 2006）。本章で見てきたように，われわれは理科の学習で適切に自己調整を行なえることが，概念的知識の発展，方略の使用，意味のある科学的課題の遂行，そして意図的な概念変化の促進にかかわっていることを論じてきた。そして，そうした研究はこれまで成果を上げてきた。

これまで行なわれてきた研究は，生徒の概念的知識を発展させたり，生徒の方略を改善させた

りすることが，彼（女）らの理科におけるメタ認知や問題解決を強化することを報告している（Duggan & Gott, 2002）。すなわち，さまざまな方略やその使い方が概念的知識の獲得とどう関連するのかということを生徒たちに直接的に説明したり，観察をとおして学習させたりすることで強化が図られるのである。

　探究活動や，その他にもクリティカル・シンキングなどの意味のある科学的課題に取り組むことで，理科の自己調整学習が促進することが明らかになってきた（Davis, 2003; Zembal-Saul, Blumenfeld, & Krajcik, 2000）。理科を学ぶ生徒たちが疑問の生成や分析などの意味のある科学的な思考を積極的に行なったり，科学的な観点からの発見をしたり，さらには複雑な問題の解決をしたりしているときには，自分自身の学習についてプランニングやモニタリング，そして評価をする傾向があった。

　生徒たちが問題解決をしているときに，メタ認知的な考え方を教えれば，彼（女）らは適切な問題解決をしやすいことがわかってきた。たとえば，Neto & Valente（1997）は考え方やモニタリングのしかた，そして自分自身の問題解決の結果についてふり返りのしかたを教えられた高校生たちは，そうした方法を教えられなかった生徒たちに比べて，物理学の力学の問題解決で好成績であったことを報告している。同様に，Koch（2001）も大学生に物理学の教科書の問題についてメタ認知的に考える方法を教えた。彼女は，そのような方法を教えられた学生たちは，教えられなかった学生たちと比べて，問題解決に成功しやすいことを報告している。いずれの研究も学生たちに自分自身の知識や認知過程について考え，調整することを促すものであった。

　意図的な概念変化の促進は，自己調整学習にも役立つ。そして，ていねいなふり返りを強調しながら行なえば，知識の再構成に効果があると証明されてきたさまざまな方法によって意図的な概念変化は可能になる（White & Gunstone, 2008）。このような教授法の例として，集団討議（Asterhan & Schwarz, 2007; Nussbaum & Sinatra, 2003），自己説明（Chi, de Leeuw, Chiu, & La Vancher, 1994），モデル形成（Jonassen, 2008）があげられる。これらの教授法のそれぞれが，意図的な概念変化を促進する潜在的な働きをもつ。というのは，概念変化にはメタ認知的なふり返りや知識を再構成するためのきっかけが必要であり，それらの教授法はその役割を果たすからである。

◆◆今後の研究の方向

　最近，米国教育協会（National Academy of Education）は，21世紀の学習者に必要なスキルを考えるための枠組みを構想した（Kilpatrick & Quinn, 2009）。この枠組みは今後の研究にとって有益な方向性を示すものと考えられる。そこで取り上げられている6つのスキルのうちの1つが「自己管理／自己成長」であり，それはわれわれのいう自己調整である（Anderman & Sinatra, 2009）。

　われわれは今後の研究がめざすべき重要な方向は，生徒たちが動機づけをもち，自己調整能力をもった理科の学習者になるための能力を育成することにあると考えている。とくに，自己調整の能力や方略の発達が，概念変化とどう関連するのかという問題の解明に向けた研究成果が上がることを信じている。すなわち，自己調整を促進する特定の教授法が概念変化をもたらすことがあるのか否かを解明することには意味がある。それは，そうした教授法が意図的な概念変化にとって必要なスキルの獲得を促進するからである。

　今後の研究にとってもう1つの意味のある方向は，理科の学習における感情の役割を明らかにすることである。とくに議論の的となっているような科学的な話題に対する感情の役割は重要である。そうした話題についての学習には，意図的な概念変化の研究が役立つと考えられる。学習において生じる感情は，すでに自己調整学習と関連づけられて研究されている（Pekrun, Goetz, Titz, & Perry, 2002）。また，議論の的になっている科学的な話題についての感情と自己調整学習との関連も，最近取り上げられるようになってきている。とくに，Broughton, Sinatra, & Nussbaum（2010）は議論の余地がある科学的な話題に対して，否定的な感情をもつ場合でさえ，感情がその話題を受容しようとする態度や概念変化と関連をもつことがあると

報告している。また，説得力のある文章を用いることで，気候変動のような議論の余地がある科学的な話題についての態度に変化がみられることを報告する研究もある(Sinatra et al., in press)。こうした研究が開始されたことは，議論のある科学的な話題に対する感情的な抵抗を，どのように排すべきかを考えるうえで意味がある。しかし感情，自己調整，そして科学的には確定しているのに，生徒たちは議論の余地があると信じている科学的知識の受容を促進するという問題，これら3者間の関係については未解明である。

　先行研究は，動機づけの喚起に適した状況をつくったり，自己調整的な理科学習を促進する学習環境を整えたりすることは可能だとしている (Anderman & Sinatra, 2009)。ふり返りや協働的な探究活動，クリティカル・シンキングを促進することで，また学習や概念変化を促進するという目的に合った教授活動を進めることで，理科の授業は高い動機づけをもち，目標に向かって自己調整ができる学習者を育てることができるのである。

【原注】
★1：発達にかかわる研究者は，同様に素人心理学や素人数学によって生じる制約も見いだしてきたが，ここではこの章の趣旨に沿って，とくに科学の2つの分野に焦点をあてる。

【訳注】
☆1：米国ではトマトを果物に分類することがある。

第14章　スポーツのスキルと知識の獲得：自己調整プロセスの役割

Anastasia Kitsantas
George Mason University
Maria Kavussanu
University of Birmingham, UK

伊藤　崇達（訳）

　運動スキルの学習と実行は，運動競技に関する経験において不可欠の構成要素である。運動選手が競技スポーツに参加するには，多くの時間をかけて練習を積み，最小限のレベルのスポーツ・スキルを身につけておく必要がある。最小限のレベルのスキルが身につけば，運動選手は競技場面でそのスキルを実行できる。スポーツに参加するには，運動スキルの学習とその実行が必要になってくるといえる。

　運動スキルの学習と教科学習とを区別する特徴がいくつか存在する。第1に，学習者は，一般的に，運動の結果を観察しつつ，学習プロセスの全般にわたって即時フィードバックを受けることになる。このフィードバックは，その後の動機づけに肯定的，あるいは，否定的な影響を及ぼす可能性がある。第2に，上昇率がスキル学習の段階によって異なってくるが，初期の段階には，比較的早く，高い上昇率で進んでいく。しかし，練習を継続していくにつれて，上昇率が低下してくる（Magill, 2000）。実際に学習が進んだ段階では，運動選手は，わずかな向上を得るために相当な量の練習時間を費やす必要がある。そのため，運動スキル学習の領域においては，組織的で主体的な練習がとりわけ重要になってくる。第3に，多くのスポーツ環境が，複雑で，動的で，急速に変化する状況として特徴づけられる。運動選手がどのように活動のプランをまとめ，解釈し，展開していくかが，スポーツのパフォーマンスでの成功においてきわめて重要である。意思決定プロセスの例として，たとえば，打者はスイングをするか否かを決めなければならず，クォーターバックはディフェンスの動きを読まなければならず，フェンシング選手はどの攻撃を組み合わせるかを決めなければならない。

　長期間にわたって効果的な練習に取り組んでいくためには，高いレベルの自己調整と自己鍛錬とを必要とする（Crews, Lochbaum, & Karoly, 2001）。自己調整とは，パフォーマンスに影響を及ぼし，循環的に相互作用していく認知，行動，動機づけのプロセスとして定義される。これは，熟練者のパフォーマンスの発達において鍵となる要素である。目標設定，自己モニタリング，自己評価，課題に関する方略のような自己調整プロセスが，運動選手の練習の質，課題への関与，パフォーマンスを規定するのである（Zimmerman & Kitsantas, 2005）。

　本章では，社会－認知的視点から（Zimmerman, 2008），スポーツ領域の学習とパフォーマンスにおける自己調整プロセスと動機づけの役割に焦点をあてた先行研究をレビューしていくことにする。まず，主としてスポーツ場面で検討がなされてきた自己調整プロセスを提示し，自己調整における動機づけ概念の役割について論じることにする。次に，自己調整と動機づけのプロセスと，自己調整能力の3段階モデルとの間にどのような相互関係があるかについて述べることにする。チーム場面での運動選手の自己調整と動機づけにおいて，動機づけの雰囲気が果たす役割についてレビ

ューを進めていく。それから，自己調整の階層モデルについて説明し，初心者と熟練アスリートを比較した関連研究を紹介する。最後に，自己調整訓練の教育への応用について議論し，今後の研究の方向性を示す。

■ 運動選手のスキル獲得に関する社会－認知的視点

これまでの研究で，運動選手のパフォーマンスにおいて鍵となる重要な要素として，多数の自己調整プロセスや動機づけ信念が存在することが明らかにされてきた。これらのプロセスとしては，目標設定，課題に関する方略，自己モニタリング，自己評価があり，動機づけ信念としては，目標志向性，自己効力感，内発的興味，帰属などがあげられる。以降では，これらの概念のそれぞれについて関連研究についてレビューし，自己調整プロセスと動機づけ信念とがどのような循環的な相互関係にあるか，論じていくことにする。

■ 自己調整プロセスに関する研究

◆◆目標設定

社会－認知的視点からすると，学習者が取り組む活動，思考，行動のほとんどが目標によって動かされている。目標とは，学習者が意識的に努力を費やし方略によって成し遂げようとするパフォーマンスの基準として定義される（Schunk, Pintrich, & Meece, 2008）。目標は，学習者に情報を提供し，スキルをマスターする動機づけを促し，学習行動に注意を向けていくうえできわめて重要な役割を果たす。学習者の目標達成の動機づけが，近接性，具体性，困難度のような目標の特性の影響を受けることが実証研究によって明らかにされている（Locke & Latham, 2002; Schunk et al., 2008）。たとえば，熟練のキックボクサーが高いレベルの機能をどのように維持しているかについて調べた研究では，計画的に練習に取り組むと

ともに，効果的な目標設定を行なうこと（すなわち，近接した，具体的な，挑戦しがいのある目標にすること）が，練習を進めていくにあたってきわめて重要な要素となることを明らかにしている（Devonport, 2006）。さらに，Donovan & Williams (2003) は，遠い目標よりも近い目標のほうが，目標の修正（たとえば，目標をさらに挑戦のしがいのあるものに修正すること）が行なわれ，遠い目標よりも近い目標のほうが適応的であることを支持する結果を示している。

プロセス目標と結果目標という区別も行なわれてきた。プロセス目標とは，学習者が目標の達成において詳細に注意を向けることをさしており，課題をうまくこなすために必須のステップをマスターするよう求めるものである。一方，結果目標とは，課題の最終的な結果に焦点があり，課題に関係のある重要なプロセスから注意をそらさせることになる。運動選手が設定する目標のタイプ（プロセスか結果か）が自己調整，動機づけ，パフォーマンスに影響を及ぼすことが多くの研究によって明らかにされてきた（たとえば，Kitsantas & Zimmerman, 1998; Zimmerman & Kitsantas, 1996, 1997）。Zimmerman & Kitsantas (1996) は高校生を対象に運動学習について検討を行なっているが，特定のダーツを投げる方略（すなわち，プロセス目標）を練習するよう求めるグループと，一般的な目標（最善を尽くす），あるいは，結果目標（最高得点を出す）によるグループとを比較している。その結果，プロセス目標グループが，他の2つのグループよりも，高い運動スキルと肯定的な動機づけ信念を示していた。後続の研究で，Zimmerman & Kitsantas (1997) は，プロセスが自動的なものとなってから目標を変化させることと自己モニタリングがパフォーマンスにどのような影響を及ぼすのかについて検証を行なっている。まず，ダーツを投げるプロセスに着目させることで，プロセス目標を設定させ，それから注意を結果目標に向けるようにさせると，プロセス目標のみのグループよりも，より望ましいパフォーマンスを示し，高い自己効力感，内発的興味，課題への満足を報告していた。けれども，プロセス目標にのみ注目するよう教示を受けたグループであっ

ても，結果目標のみのグループよりはパフォーマンスはよかった。さらに，自己記録によって自らの進歩をモニターしたグループは，何もしなかったグループよりも，スキルのレベルは高かった。

　要約すると，実証研究によって，運動選手のスキルの学習と実行において目標設定が鍵となるプロセスであるという示唆が得られている。近くて，具体的で，挑戦しがいのある目標を立てるとともに，スキル獲得のレベルにしたがってプロセス目標と結果目標の両者が設定できなければならない。

◆◆**課題に関する方略**

　運動選手にもトレーナーにも練習の際に利用できる方略がたくさんある。課題に関する方略とは，学習や訓練を自己調整していくうえでの方策としてのやり方のこと，といった概念化がなされてきた（Crews et al., 2001; Schunk et al., 2008）。これは，パフォーマンスを向上させるなんらかの思考や行動としてとらえることもできる。課題に関する方略が効果的に活用できるということは，メタ認知的な気づきが得られているということを表わしている。この気づきとは，向上させる必要があるものは何か，また，それはどのようにしたら実現できるかについて運動選手自身が認識できておれば，方略が活用できるだろう，そういった気づきのことである。しかし，課題に関する方略を効果的に活用していくには，選択，実行，評価ができなければならず，また，その効果性に基づいて修正や調整を図っていく必要がある（Zimmerman, 2008）。

　最も広く研究されてきた運動領域の課題に関する方略としては，注意コントロール，視覚化，イメージ法，自己対話などがあげられる（Crews et al., 2001）。**注意コントロール**とは，反応を速くしたり方略をコントロールしたりするような内的，外的な手がかりに，運動選手が気づき，それを選択していくことができる能力のことをいう（Nideffer, 1993）。運動選手は，これによって，予期しない刺激に対してもたくみに反応できるようになる。注意をコントロールする能力は，不安の低さや自信の強さと関連していることが明らかにされてきている（Ryska, 1998）。実際に，Ryska（1998）はレクリエーション団体のテニス・プレーヤーを対象に，注意コントロールが，心的イメージ法，リラクゼーション，自己対話，目標設定といったような方略と比較すると，最も重要で効果的なリラクゼーション技法であることを明らかにしている。

　他に鍵となる自己調整方略（Zimmerman & Kitsantas, 2005）として**イメージ法**があげられるが，これは，学習やパフォーマンスを支えるべく，鮮やかな心的イメージを創り出したり創り直したりすることである。たとえば，新たなダンスの所作を学んでいるダンサーは，新しいステップを実行している自分自身について視覚化を行なうかもしれないし，バスケットボール・プレーヤーは，実際にシュートをする直前に，フリースローが成功している場面をイメージするかもしれない。イメージ法は，運動選手が成し遂げたいと望んでいる適切な行動や結果について視覚化することであり，最も一般的に用いられているスポーツの自己調整方略の1つである。このプロセスには，2つの機能がある。(a) 運動選手が，成功裡に実行する必要のあるスキルを高め，洗練させていくのに役立つ。(b) 不安を和らげ，より肯定的な感情で心を満たしていくうえでも役に立ち得る（Vealey & Greenleaf, 1998）。イメージ法は，運動学習とパフォーマンスにおいてきわめて重要な役割を果たす。初心者のゴルファーを対象にしたある研究では，パフォーマンスのイメージ・トレーニングを受けた群が，統制群よりも有意に長い時間，パターの練習を行ない，高い目標を設定し，現実的な自己期待を抱き，そして，当該研究以外のトレーニング・プログラムにもかかわりをもっていた（Martin & Hall, 1995）。

　イメージ法は，運動選手によってさまざまな頻度で用いられる。イメージ法の使用を規定している要因の1つに自信がある。レスリング，ボート競技，陸上競技の50の代表チームの運動選手を対象にした研究では，競技に対する自己効力感の高い選手は，低い選手と比べると，イメージ法によって動機づけを高めようとする傾向がみられた（Mills, Munroe, & Hall, 2001）。51の代表チームのゴルファーを対象にした第2の研究では，競技前の全般的な熟達に関するイメージ法による動

機づけが，パフォーマンスの分散を有意に説明しており，自己効力感とゴルフのパフォーマンスの間の関係を媒介していることが明らかになっている（Beauchamp, Bray, & Albinson, 2002）。したがって，自信はイメージ法の使用を規定し，次いで，イメージ法が運動選手のパフォーマンスを規定しているものと考えられるだろう。

自己対話は，競技や練習の際に行なえる方略の1つである。これは，思考したり集中したりする方法をコントロールするために，運動選手が自分自身に内面で語りかける方略のことである。たとえば，練習のときにボールに集中したいと考えているテニス・プレーヤーなら，バウンドするたびに「バウンド」と声を出したり，打つたびに「打て」と言ったりして，ボールに意識を集中させることができるだろう。学習とパフォーマンスにおいて自己対話が果たす役割について調べている研究によると，このような方略がパフォーマンスを向上させるうえで効果的であることが明らかになっている（Crews et al., 2001）。しかしながら，こうした効果は，課題のタイプによるところがあるかもしれず，思考による干渉を減らすことで集中が促されるのかもしれない（Hatzigeorgiadis, Theodorakis, & Zourbanos, 2004）。Hatzigeorgiadis et al.(2004)は，水泳のプールで2つの実験を行なっているが，1つは，正確さを要する課題（標的にボールを投げる）であり，もう1つは，力を要する課題（遠くへボールを投げる）で，動機づけ的な自己対話（たとえば，自分にできる）と教示的な自己対話（たとえば，ボール－標的，肘－手）のどちらがパフォーマンスに影響を及ぼすのかどうかについて調べている。正確さを要する課題では，ベースラインの測度と比べると，どちらの自己対話のグループもパフォーマンスを向上させていたが，教示による自己対話を用いたグループのほうが上昇率が高かった。力を要する課題では，動機づけ的な自己対話を行なったグループのみが有意にパフォーマンスを向上させていた。両実験の両グループとも，思考の干渉の生起が減少し，そのことがパフォーマンスの向上と結びついていた。

自己対話は運動選手の自己効力感にも影響を及ぼす。46名の若いテニス・プレーヤーを対象にした研究では，協力者はフォアハンドドライブの練習に参加し，それから実験群か統制群のどちらかに割り当てられた（Hatzigeorgiadis, Zourbanos, Goltsios, & Theodorakis, 2008）。どちらの群も3セッションからなる同じトレーニングの実施計画に沿って進められたが，実験群は自己対話を行なった。さらに，参加者はフォアハンドドライブの練習をもう一度くり返し，実験群は動機づけ的な自己対話を行なった。その結果，実験群では自己効力感とパフォーマンスが有意に上昇したが，統制群には変化がみられなかった。また，自己効力感の変化とパフォーマンスの変化の間には正の関連がみられ，自己対話が自己効力感に効果をもたらし，パフォーマンスを促進した可能性についても示唆が得られている。

◆◆**自己モニタリングと自己評価**

運動選手のスキル訓練において，自己モニタリングと自己評価は，適応的な自己調整の実践を進めていくうえで非常に重要なプロセスであると考えられている（Crews et al., 2001）。**自己モニタリング**によって，運動選手は，目標への到達を妨げたり，あるいは，促したりする活動とプロセスについて自覚することができるのである。自己モニタリングや自己評価が運動スキルの学習と実行に肯定的な効果をもたらすことを明らかにしている研究がいくつかある（たとえば，Kirschenbaum, Owens, & O'Connor, 1998; Kitsantas & Zimmerman, 2006; Polaha, Allen, & Studley, 2004）。Kirschenbaum et al. (1998)はゴルフ・プレーヤーを対象に，スコアカードをもとにパフォーマンスを直接的に自己モニターするよう求める4週間のプログラムの効果性について評価を行なっている。プログラムに参加したプレーヤーは，有意にスコアを伸ばし，ハンディキャップを減らしていた。感情コントロールを行なうようにもなり，肯定的な自己対話が増加していた。Polaha et al. (2004)は，自己モニタリング法（ストローク数を数える，あるいは，図表などで視覚化する）が水泳のパフォーマンスに及ぼす影響について検討を行なっている。結果として，どちらの自己モニタリングでもストローク数

を減らしていたが，進歩を視覚化した水泳選手のグループのほうがより大きな向上を示した。同様に，Kitsantas & Zimmerman（2006）の研究でも，段階的な基準に基づいてパフォーマンスを図示し，結果を評価した初心者のグループのほうが，図示をしなかったグループよりも有意にダーツ投げのパフォーマンスを向上させ，肯定的な動機づけ信念を抱いていた。

　自己モニタリングと自己評価は，リハーサルのビデオテープをみる際にも実施することができる。Lan & Morgan（2003）は，2つの実験を通じて，全般的にふり返る自己モニタリング法（どこを見ればよいか，とくに指示もなくビデオテープのパフォーマンスをながめる）と焦点化を行なう自己モニタリング法（パフォーマンスの特定の側面に注目するよう教示を受ける）のいずれが生徒の演劇のパフォーマンスに影響を与えるかについて検討を行なっている。生徒のパフォーマンスは，プロのパフォーマーからなる審査員団によって評価が行なわれた。1つ目の実験では，20名の生徒が全般的な自己モニタリング条件かモニタリングなし条件か，いずれかに割り当てられ，自己モニタリング条件の生徒たちのほうが有意にパフォーマンスがよいという結果となった。第2の実験では，42名の生徒が全般的なモニタリング条件か焦点化されたモニタリング条件か，いずれかに割り当てられた。結果として，全般的な自己モニタリング群よりも，焦点化された自己モニタリング群のほうが有意によい演技を行なっていた。この研究は，演劇場面でのパフォーマンスを検討したものであるが，運動選手に対しても示唆を含んでいる。とりわけ，スキルを向上させたいと考えている運動選手にとっては，ビデオテープに記録したパフォーマンスを観察し，焦点化を行なうよう教示を受けるとよいであろう。スキルを高めていくうえでとくにポイントとなる要素が認識できていないことが多い初心者の運動選手にとっては，きわめて重要なことといえるのではないだろうか。

　以上のように，自己調整プロセスを実行していくことで，運動選手のスキルのレベルが向上するということを明確に実証する知見が得られてきている。運動選手たちが一貫して報告していることは，日々の実践場面において目標設定や方略の使用，自己モニタリング，自己評価が不可欠のプロセスだということである。

■ 動機づけの構成概念と自己調整研究

　自己調整は一般に，学習できるスキルであると説明される。しかし，学習や達成を促していくうえで，たんに自己調整方略について知っているというだけでは十分なものとはいえない。実際に行動を自己調整していくように動機づけを行なう必要がある。つまり，動機づけ概念が自己調整の重要な構成要素になる。自己調整において鍵となる役割を果たしている概念にはいくつかのものがあるが（Zimmerman & Schunk, 2008），**目標志向性**，**自己効力感**，**課題への興味**，**帰属**は，学習と遂行においてかなり重要な役割を担っているとされる（Zimmerman, 2008）。次節では，これらの変数に関する研究についてレビューをしていくことにする。

◆◆目標志向性

　目標志向性は，現在にいたるまで，運動領域の自己調整との関連で研究上の注目を集めてきた動機づけ概念である。目標志向性は，達成目標理論における中心的な構成概念でもある（たとえば，Ames, 1992; Dweck, 1986; Nicholls, 1989）。達成目標理論家たちは，コンピテンスの見方と成功についての評価規準に基づいて2つの主たる目標が存在することを指摘してきた。**課題**，**学習**，**熟達**といった用語が Nicholls（1989），Dweck（1986），Ames（1992）によって用いられているが，これらはいずれも，学習や向上，課題への習熟といったように，コンピテンスを**高めていくこと**自体を求めていく目標のことを表わしており，成功を評価する際には自己を参照するような規準が用いられることになる。一方，**自我**，**遂行**，**能力**といった用語が用いられてきたが，これらは，他者に勝るというように，コンピテンスがあることを**示していくこと**を求めていく目標のことであり，成功を評価する際には他者を参照するような規準が用いられる。接近と回避の達成目標という区別（た

とえば，Elliot, 1999）もなされるようになってきているが，運動領域での自己調整との関連では，あまり研究上の注目を集めておらず，本章では取り上げない。

身体活動の文脈において自己調整プロセスとの関連で目標志向性について検討を行なった研究によると，課題志向性とこれらのプロセスの実行との間に正の関連がみられることが一貫して明らかになっている。とりわけ，Theodosiou & Papaioannou (2006) は小学生，中学生，高校生を対象に，体育における9つのメタ認知的プロセスについて調べている。これには自己モニタリング（たとえば，練習のときに，正しく学べているか点検する）や評価（たとえば，学習した後に，もっと簡単にできる方法はないか考える）などが含まれていた。課題志向性は，これらの両方のプロセスの正の強い予測因であり，一方，自我志向性は自己モニタリングとは無関係であった。Gano-Overway (2008) は学部学生の運動選手を対象に，コンピュータでの反応時間をみる新奇な課題に取り組ませて，プランニング，モニタリング，目標設定，課題に関する方略，自己評価に対して課題関与と自我関与の両者がどのような効果を及ぼすか，比較を行なっている。その結果として，自我関与条件（すなわち，他者に勝ることに焦点を向ける条件）の参加者と比べて，課題関与条件（すなわち，反応時間を速めることに焦点を向ける条件）の参加者のほうが，全体としてより多く自己調整方略を用いていた。

さらに，目標志向性は，運動選手がパフォーマンスを自己調整する際に用いる課題に関する方略のタイプと関連があることもわかってきている。Harwood, Cumming, & Hall (2003) は，幅広いスポーツ領域における現役の若手のエリート運動選手を対象に，クラスター分析を行ない，3つの目標プロフィールからなるグループ（すなわち，クラスター）を明らかにしている。これらのグループは，参加者の課題志向性と自我志向性のzスコアに基づいて，課題が低く／自我が中程度のグループ，課題が中程度で／自我が低いグループ，課題が高く／自我も高いグループに分けられた。「低い」というラベルは，−.5以下のzスコアであり，「中程度」は，−.5から.5までの範囲であり，「高い」は，.5以上のzスコアであった。課題が高く／自我も高いグループが，他の2つのグループよりも頻繁にイメージ法を用いていた。その後の研究（Harwood, Cumming, & Fletcher, 2004）でも，幅広いスポーツ領域における現役の若手のエリート運動選手を対象に，3つのグループが見いだされており，ここでは，課題が高く／自我が中程度のグループ，課題が低く／自我が高いグループ，課題が中程度で／自我が低いグループとなっていた。課題が高く／自我が中程度のグループが，他の2つのグループと比べると，目標設定，自己対話，イメージ法を最も頻繁に用いていた。以上の結果を合せて考えると，課題志向性がこれらの方略の使用を規定しているきわめて重要な目標であるといえそうである。

テニス・プレーヤーを対象にしたさらに最近の研究では（van de Pol & Kavussanu, in press），目標志向性がトレーニングや競技の文脈における自己調整方略をどのように予測するのか，検討が行なわれている。その結果，課題志向性は，競技での注意コントロールと，両方の文脈での目標設定と自己対話に対して正の予測の関係をもっているが，自我志向性については，両者の文脈のいずれの方略とも予測の関係にはなかった。また，課題志向性は，トレーニングと競技の際の努力を予測するものであったが，課題志向性が低い場合や平均的なレベルのときには，自我志向性が競技での努力に対して正の予測をする，というような交互作用効果もみられた。自己を参照する規準を使って成功を評価する傾向のある運動選手は，練習場面のみならず競技場面でも自己調整方略を利用する傾向にあった。このような運動選手は，両方の場面で一生懸命に努力するという傾向もみられた。しかしながら，課題志向性が低かったり平均程度であったりする場合は，自我志向性が競技の文脈での努力に対して有効であるようである。

別の研究（Papaioannou & Kouli, 1999）では高校生を対象として，2週間をおいて，課題関与的な訓練（たとえば，空中でボールをキープして20回の連続したパスを行なう，適切な技術でパスをする，など）からなる体育の授業と，自我関与的

な訓練（たとえば，他人よりもサーブを成功させる，サービスかディフェンスで最高得点を出す）からなる体育の授業に参加するというものであった。その結果として，課題志向性が両方の授業での集中度に対して正の予測の関係にあることを示し，生徒たちは自我関与的な授業よりも課題関与的な授業のほうで強い自信を示していた。

上でレビューした研究から，課題志向性が自己調整，動機づけ，パフォーマンスに対して有意な正の影響をもたらしていることは明らかであろう。課題志向性は，スポーツでの努力やパフォーマンスのみならず，目標設定，自己対話，イメージ法，注意コントロール，自己モニタリング，自己評価といった自己調整プロセスとの間にも一貫して関連性がみられる。自我志向性についての役割ははっきりとはしておらず，ほとんどの研究では，自己調整との間には関連がみられていない。だが，この目標が自己調整に対して正の効果をもたらしている可能性を示している研究がいくつかみられる。この効果についてさらに明らかにしていくために，今後さらなる研究が求められる。

本節のはじめに述べたように，Dweck（1986）は，**学習**と**遂行**という用語で2つの達成目標を区別してきた。Dweck（1986）の見方によると，2つの目標は固定理論と増大理論という2つの知能に関する自己理論によって支えられている。増大理論をもつ個人は，知能は鍛えることができるとみており，学習目標を採用する。一方，固定理論をもつ個人は，知能は変わらないとみており，遂行目標を採用する。増大理論家は，スキルのレパートリーを増やし，発展させていこうとし，努力を調整しようと考える。それは，学習を進めていくうえで努力が有効であると信じているからで，失敗をしても粘り強く取り組もうとする傾向が強い。対照的に，固定理論家は，能力について否定的な評価を避け，肯定的な評価を得ようとして，向上のための努力をほとんど試みない。また，失敗によって落胆しやすく，困難に直面すると学習プロセスの個人的な統制感を失いがちである（Dweck & Leggett, 1988）。このように自己理論のあり方は，学習と遂行に対して重要な関連性をもっている。

2つの自己理論は，実験室場面と実際の体育の授業場面の両方において検討がなされてきている。実験室研究では（Jourden, Bandura, & Banfield, 1990），動く光を追跡する時間数を測定する回転盤追跡課題にあたって，参加者は，生まれつきの能力を示すものである（固定理論）と教示を受けるか，あるいは，練習によって学習できる可能性のあるスキルである（増大理論）との教示を受けるか，いずれかに割り当てられた。獲得できるスキルであるとされた条件群の参加者は，生まれつきの適性であるとされた条件群よりも，3回の試行で自己効力感を高めていき，活動への興味と肯定的な感情反応を示し，スキルの獲得のレベルも高かった。体育の授業の文脈では，Ommundsen（2003）が，学習／増大理論がメタ認知的方略と精緻化方略（たとえば，活動や運動がむずかしいとわかれば，アプローチのしかたを変える）の正の強い予測因であり，体育での援助要請に対しては中程度の予測因であることを明らかにしている。一方，安定（固定）理論は，メタ認知と援助要請との間に負の予測の関係があることが明らかにされている。

これらの結果からいえることは，一所懸命に取り組めばスポーツの力が高まること，スポーツで成功するためには技術，動き，方略を学ぶ必要があること，こうした見方をすすめていくことで，活動へのアプローチのしかたを変えていったり，必要なときに体育教師に援助を求めたりすることができるようになるということである。反対に，スポーツの能力には人によって限界がある，変化をめざして人にできることなど何もないに等しい，そのような信念を促してしまうと，メタ認知的方略を使うこともないし，体育の文脈で援助要請を行なうこともないであろう。

◆◆自己効力感

自己効力感は，社会的認知理論における重要な自己動機づけ概念であり，運動の文脈における自己調整と深い関連がある。自己効力感とは，「何かを成し遂げるうえで必要な一連の行動を実行したり組織化したりする能力に関する信念のこと」（Bandura, 1997, p.3）として定義されている。このような信念は，その人がもっているスキルによっ

て，どんなことが成し遂げられるかに関する判断のことを表わしている。自己効力感は自己調整やパフォーマンスとの関連で広く検討が進められてきている。体育の文脈では，自己効力感の高い子どもは，挑戦しがいのある課題を選び，一生懸命に努力をし，困難に直面しても粘り強く取り組み，高いレベルの遂行を成し遂げる傾向にあることが明らかとなっている（Chase, 2001）。また，運動選手の文脈でも自己効力感とパフォーマンスの間に関連がみられることが数多く報告されてきている。45の研究についてメタ分析を行なった結果によると，スポーツの自己効力感とパフォーマンスの間には.38の相関が平均としてみられ（Moritz, Feltz, Fahrbach, & Mack, 2000），範囲としては中程度の関連から強い関連までの値を示していた。

自己効力感は，達成の文脈において個人が設定する目標に対しても影響を及ぼすものと考えられている。自己効力感の高い人は，低い人と比べると，挑戦しがいのある目標を設定する傾向にあり，また，目標達成に役立つ方略を考え出す傾向にもある（Bandura, 1997）。このことは水泳に関して調べた研究結果でも支持されている（Theodorakis, 1995）。自己効力感，過去のパフォーマンス，個人としての目標設定，水泳のパフォーマンスについての自己満足感の効果が検証され，参加者には4試行の水泳の課題に取り組むよう求められた。はじめの2つの試行は，過去のパフォーマンスの測度として利用されている。後半の2試行を行なう前には，個人的な目標の設定を行ない，自己効力感と自己満足感の測度に回答をした。結果として，試行を重ねるにつれパフォーマンスが有意に向上し，過去のパフォーマンスが最も強い予測因であった。自己効力感と満足感が個人的な目標の設定に影響を及ぼし，自己効力感がパフォーマンスに及ぼす効果を完全に媒介するという結果が得られている。

個人的な目標の設定への影響に加えて，自己効力感は，目標の困難度による影響を受ける。Lerner & Locke（1995）は，目標設定と自己効力感が，上体起こしの課題におけるパフォーマンスにどのような効果をもたらすかについて検討を行なっている。参加者の能力レベルをもとに，高い困難度と中程度の困難度の目標が与えられた。その結果，高い困難度のグループが，中程度の困難度のグループよりもよいパフォーマンスを示していた。さらに，個人的な目標のレベルと自己効力感が，目標の困難度によるパフォーマンスへの効果を完全に媒介していた。おそらく，参加者にとってむずかしい目標を与えることで，能力レベルの情報を与えることになり，その結果として，自己効力感に影響をもたらしたのではないかと考えられる。コーチなどの他者によって与えられる目標は，自己効力感の源である。なぜなら，運動選手の能力についてのコーチの信念が情報として伝わることになるからである（Bandura, 1997）。

要約すると，自己効力感は，スポーツの自己調整とパフォーマンスにおける重要な構成概念といえる。高い自己効力感をもつ運動選手は，挑戦しがいのある目標を設定する傾向が強く，その結果としてパフォーマンスに影響を及ぼすことになる。むずかしい目標も，自己効力感を高めるものであり，その後，スポーツのパフォーマンスに影響をもたらすことになる。このように，自己効力感は，目標設定を通じてスポーツのパフォーマンスに対し間接的な効果をもっており，また，直接的な効果ももっているといえる。

◆◆課題への興味

課題への興味という動機づけ信念は，最終的な目的というよりは内在している特質として課題の価値づけを行なうことであり（Zimmerman & Kitsantas, 2005），自己調整において重要である（Zimmerman, 2006）。課題への興味が，注意のプロセスや学習量と水準，学習方略に正の影響をもたらすことが明らかにされてきている（Ainley, Corrigan, & Richardson, 2005）。活動や課題に興味を抱き，価値を認めている人は，自己調整方略を用いる傾向にあり（Pintrich & Zusho, 2002），また，大学生の個人的な興味と，精緻化，問題に直面したときに情報を探索すること，批判的思考を行なうこと，自己報告による時間と努力量との間に正の関連がみられることが明らかにされている（Schiefele, 1992）。

身体活動の文脈での最近の研究では，自分にとっての挑戦を創り出したり，課題に変化を加えた

り，課題の遂行にあたって自己に関連した理由づけを行なったりするといったような興味を高める方略を用いれば，課題に対する興味が上昇する可能性について示唆が得られている。個人競技のスポーツ選手を対象にした研究では，おもしろい課題でもそうでない課題でも，こうした方略の利用と高いレベルの興味との間に対応関係がみられることが明らかとなっている（Green-Demers, Pelletier, Stewart, & Gushue, 1998）。さらに，退屈な課題での興味は，高いレベルの自己決定的な外発的動機づけを予測しており，おもしろい課題での興味は，内発的動機づけに対して正の予測の関係にあることが見いだされている。おもしろくない課題における興味も高めることができるのである。

◆◆帰属

効果的な自己調整は，原因帰属によっても規定されてくる。成功や失敗に対する帰属，理由は，個人の目標と自己効力感に影響を及ぼす。スポーツの文脈での自己調整学習に対して帰属がどのような役割を果たしているかについて検討をしている研究が若干みられる。たとえば，Zimmerman & Kitsantas（1999）は，パフォーマンスのあり方は方略の使用によるものと原因帰属をすることと，学習者の動機づけ信念との間には正の関連がみられること，能力への帰属は，動機づけ信念との間に負の関連があることを明らかにしている。同様に，Cleary & Zimmerman（2001）は，初心者と熟達者とで遂行結果についての帰属に違いがみられるかどうか，バスケットボール・プレーヤーを対象にして明らかにしようとしている。生徒たちは熟達者，非熟達者，初心者の3グループに分けられ，フリースローの練習を行なうよう指導を受けた。熟達者は，自分の欠点は方略の用い方が原因であると，適応的な帰属を行ない，適切に方略が変更できていたが，非熟達者は，漠然と方略が問題であると，帰属を行ない，その後，フリースローの方略の変更を試みる努力はみられなかった。さらに，Kitsantas & Zimmerman（2002）は，バレーボール選手の熟達者，非熟達者，初心者を対象に，サーブをうまく打つことに失敗したときにどのような帰属をするかについて調べている。初心者よりも熟達者のほうが，失敗を方略の欠如に帰属する傾向にあり，そして，サーブの方略を修正し，成功を遂げていた。このように実証研究から明らかになっていることは，運動選手に方略へ注意を向けるよう教えることで，統制可能な次元への帰属を促すことになり，その結果，肯定的な動機づけや望ましい学習結果を導くようになる，ということである。

要約すると，動機づけ信念が運動選手の自己調整やパフォーマンスを規定していることが研究によって明らかになっている。以下では，上述した動機づけ信念と自己調整プロセスが循環的なフィードバック・ループの形をとって，どのような関係をもっているかについて述べていくことにする。これは，運動学習が専門的な力を身につけていく絶え間ない発達のプロセスである，という見方に基づいている。

■ 運動学習とパフォーマンスにおける自己調整の循環モデル

学業でも運動でも課題を学習している際の個人による自己調整プロセスの実行についてとらえていく試みがある。Zimmerman（2008）は，自己調整プロセスを予見，遂行，自己内省という3つの個別の段階に分類している。自己調整の**予見**の段階とは，自己効力感，課題価値，目標設定，目標志向性，課題への興味といったように，課題に取り組む前に個人が抱く信念や価値のシステム，認知的なプロセスのことをさしている。とくに，課題が個人に提示されたときに，実際に取り組もうとする動機づけが必要であり（たとえば，自己効力感，目標志向性，興味），課題の解決に成功するために計画を練る必要もある（たとえば，目標設定，方略的なプランニング）。**遂行**の段階の際には，メタ認知的モニタリング，自己記録のような自己観察のプロセスだけでなく，課題の方略，注意の焦点化，自己教示のような自己コントロールのプロセスにも関与することになる。この段階で，自己コントロールと自己観察を組み合せることで，パフォーマンスのモニターが可能となり，パフォ

ーマンスを向上させるべく行動の調整が図られる。**自己内省**の段階では，自己判断と自己反応というプロセスに分けられる。自己判断とは，自己評価や帰属のことであり，自己反応は，自己満足感や感情のことである。この段階において，個人は自己のパフォーマンスについて判断し，その結果を特定の原因に帰属することになる。

これらの3つ段階は，個別のものであるが，循環的な形で相互に関係をもっている。つまり，予見の段階のプロセスは，遂行の段階のプロセスに影響を及ぼし，次いで，自己内省の段階のプロセスに影響を及ぼすことになる。たとえば，バドミントン選手が初めはバドミントンのスキルに自己効力感をもっていて（予見），しかし，経験者との試合で負け続けたとすると（遂行），次のいずれかの反応をするであろう（自己反応）。(a) 自分のスキルは，もともと考えていたよりも実際には優れたものではなかったと感じる。(b) 相手に勝てるだけのスキルを身につけるには，方略を修正していくよう練習する必要があると感じる。このような自己内省的な判断は，予見の段階のプロセスに対して異なる影響を及ぼすであろう。そして，遂行の段階にも異なる影響を及ぼすであろう。とりわけ，自己内省的な判断は，運動選手が成功や失敗に対して行なう原因帰属に影響をもたらす可能性があり，その結果として，どのような自己効力感を抱くかを規定することになり，また，その後の自主的な練習の際にどのような課題に関する方略を用いるかを規定することにもなり得る。新しいスキルを学ぼうとしている初心者や，自発的なミスを減らしパフォーマンスを洗練させようとしている熟達者において，このような自己調整の循環モデルによって，高いレベルの運動学習が実現できることが実証されてきている（Cleary & Zimmerman, 2001; Kitsantas & Zimmerman, 2002）。

■ 動機づけ雰囲気が集団場面での自己調整と動機づけに果たす役割

運動学習とパフォーマンスは集団場面で行なわれるのが一般的である。運動選手は，チームとして正規のトレーニング・セッションに参加し，チームのなかで運動スキルを磨き，ほとんどの場合，チームとして競技に参加することになる。同様に，体育の授業を受ける生徒も，集団で指導を受けて運動スキルの練習を行なう。こうした場面では，コーチや体育教師がきわめて重要な役割を果たしており，メンバーの自己調整や動機づけに影響を及ぼしていくことになる。こうした個人が創り出すコーチングや指導上の環境のタイプによって，メンバーの自己調整や動機づけは高くなったり低くなったりする可能性がある。チームの動機づけ雰囲気とは，体育やスポーツでの自己調整プロセスや動機づけ信念との関連で検証がなされてきたコーチング，あるいは，指導環境の主たる側面のことである。

動機づけ雰囲気（motivational climate）は，Ames (1992) による造語であるが，達成の文脈において顕著なものとなっている目標のことをさしている。動機づけ雰囲気は，教師やコーチといった重要な他者によって創り出される。こうした個人が，評価手続き，報酬の配分，フィードバックのタイプ，その他の手段を通じて，成功の規準をメンバーに伝達し，達成の文脈を構造化する。熟達の雰囲気が明確に表われてくるのは，成功は各人の進歩であると定義づけられ，すべての選手が重要な役割を担い，焦点がスキルの向上とすべての選手の可能性を伸ばすことにあるようなチームである。遂行（目標的な）動機づけ雰囲気が顕著となるのは，成功が相対的な見方で定義づけられ，認められるのはおもに上位の選手であり，能力がどのようであるかについて他人との比較で強調されるような場合である（Ames, 1992）。

いくつかの研究によって，熟達の雰囲気と自己調整方略の使用との間に明確なつながりがあることが明らかにされてきている。たとえば，Theodosiou & Papaioannou (2006) は，小学校，中学校，高等学校の体育において，熟達の雰囲気は自己モニタリング，（自己）評価との間に正の関連がみられること，一方，遂行の雰囲気は自己モニタリングとの間に関連がみられず，（自己）評価との間には小さな正の関連がみられることを見いだしている。ノルウェーの青年を対象に体育

の授業で検討をした研究によると（Ommundsen, 2006），熟達の雰囲気が，メタ認知的自己調整（たとえば，体育の授業の活動がわかりにくければ，アプローチのしかたを変える），努力の調整（たとえば，活動が退屈であったとしても，終えるまで何とか練習を続ける），適応的な援助要請（たとえば，体育で何かわからないことがあると，体育教師に助けを求める）に対して正の予測の関係にあることが示されている。熟達の雰囲気が援助要請に及ぼす効果は，課題志向性が完全に媒介し，一方，メタ認知的方略と努力調整への効果は，この変数（課題志向性）が部分的に媒介していた。熟達の雰囲気はメンバーの課題志向性を高めることから，自己調整に対しても部分的に正の効果をもたらすのであろう。遂行の雰囲気は，メタ認知的調整の弱い正の予測因であった。

また，熟達（目標的）動機づけ雰囲気は，学習と個人的な向上に焦点があるので，内発的興味を促進するものとも考えられている（Ames, 1992）。初心者向けのテニスのクラスを受講した学部学生を対象にした研究では，熟達の雰囲気が弱いと認知した人たちよりも，強いと認知した人たちのほうが活動への内発的な興味が有意に高く，努力を多く試みることが示されている（Kavussanu & Roberts, 1996）。さらに，熟達の雰囲気が弱いと認知した女子学生よりも，強いと認知した女子学生のほうが高い自己効力感を報告していた。熟達（目標的）動機づけ雰囲気は，身体能力に疑問をもつ傾向にある人たち（すなわち，女性）にとって最も有益である可能性が示唆されている（Kavussanu & Roberts, 1996）。

最後になるが，動機づけ雰囲気は，目標志向性，パフォーマンスへの満足，集中とも関連がみられている。具体的には，初心者のテニスのクラスで，熟達と遂行の雰囲気であるとの認知が，それぞれ課題志向性と自我志向性と関連していた（Kavussanu & Roberts, 1996）。テニス選手を対象にした研究では，自分のチームを熟達の雰囲気であると認知していると，競技の結果とプレーの水準に高い満足をする傾向にあることが示されている（Balaguer, Duda, & Crespo, 1999）。体育の授業で熟達の雰囲気であると認知している生徒は，授業に集中する傾向にあることが示されている（Papaioannou & Kouli, 1999）。

上でレビューした手堅い研究の知見から，熟達の雰囲気と自己調整プロセス，動機づけ信念との間には正の関連がみられる。こうした知見から示唆されることは，それぞれの学びと各人の成功に焦点をあてたコーチングや指導の環境を創り上げていく必要があるということである。そうすることで，運動領域の学習者は，よりよい目標を設定し，パフォーマンスについてのモニターと評価ができるようになるだろうし，また，努力を調整し，援助を要請し，フィードバックを求めていくことでスキルを高めていくことができるだろう。さらに，このような雰囲気は，パフォーマンスに関する大きな満足，活動の楽しさ，高い集中力をもたらすことになるだろう。一方，遂行の雰囲気は，自己調整に対して一貫性のある効果はみられないようである。

運動選手は，個人的な練習にも長期間にわたって取り組む（たとえば，バレーボールやテニスでのサーブのようにそれぞれのスポーツで個別のスキルの練習がなされる）。運動選手が練習に取り組むにあたり，コーチに熟達志向的な雰囲気を創り出す能力があるかどうかが，学習の初期においてはとりわけ重要な意味をもっている。運動選手による新しいスポーツ技術の獲得が，熟達者の社会的支援とガイダンスを受け，自己調整的なものとなっていくプロセスについて説明を試みているモデルを以下では取り上げていくことにする。

■ 社会的認知に基づく自己調整の発達の多段階モデル

Zimmermanらの研究グループ（Kitsantas, Zimmerman, & Cleary, 2000; Schunk & Zimmerman, 2008; Zimmerman & Kitsantas, 1997）は，運動選手による新しいスキルの獲得が，一連の4つの段階を経て自己調整されるようになっていくことを提唱している。第1の段階は，**観察**であるが，学びたいと考えているスキルを経験者が実践しているようすを観察することで，初心者は

学習を進めていくことができる。この段階において，鍵となる要素や方略が見きわめられるよう，熟達者がスキルを実践しているようすをくり返し注意深く観察することがとても重要である。第2の段階は，**模倣**であるが，観察者は，熟達者や経験者のガイダンスを受けながら，観察した行動を能動的に再現するようになる。手本として示されたステップをマスターしていくと，行動が模倣できるようになっていくが，これは，社会的支援や個に応じたモデリングによって促されていく。たとえば，初心者のテニス選手が，アンディ・ロディックをモデルにしようとしても，アンディ・ロディックのようにサーブを打つことはできないだろう。けれども，膝を曲げる，ボールをトスするなど，専門的な技術を身につけていくうえで最も基本となる行動をモデルとすることから始めていくことができるだろう。

第3のレベルは，**自己コントロール**であるが，初心者は，モデルとなる行動を自立して実践できるようになってくる。このレベルでは，学習者は，行動の結果を最大のものとするよりも，プロセスをマスターすることに集中し，プロセス目標に注意を向けていく必要がある。たとえば，初心者のテニス選手であれば，ボールをどこにねらって打てばよいかということを考える前に，まずは，姿勢，グリップ，スイングの練習を行なう必要がある。このスキルは，自然に行なえるようになるまで，くり返し練習して磨いていく。最後の第4のレベルは，**自己調整**であるが，学習者はプロセス目標と結果目標を合わせもつようになる。前の段階でスキルが自動的なものになっているので，こうした結果目標へのシフトがあっても，もはや有害なものではない。この段階の学習者は，結果の自己モニターと自己評価ができなければならず，また，文脈の要求を満たすようにスキルが調整できなければならない。

■ 初心者，非熟達者，熟達者による運動機能の自己調整

社会的認知理論の研究者は，熟達者と初心者の学習と遂行における自己調整プロセスの差異を明らかにするためにマイクロ・アナリティック方法論を採用している（Bandura, 1997; Cleary & Zimmerman, 2001; Zimmerman, 2008）。学習経験や遂行経験において生起し変容を遂げていく特定のメタ認知的，行動的なプロセスがアセスメントできるよう，マイクロ・アナリティック研究は設計される。たとえば，遂行がうまくいかないときの運動選手の目標設定，方略の使用，動機づけ信念，自己調整力に関する詳細な情報は，マイクロ分析によってもたらされる。研究者は，それぞれの運動選手に個別の質問を行ない，観察をし，少人数の個人に対して質的，量的分析を用いることで，文脈に固有の情報を得ることができる。

Cleary & Zimmerman（2001）は，マイクロ・アナリティック・アプローチを用いて，熟達者，非熟達者，初心者のバスケットボール選手の自己調整プロセスの違いを明らかにしている。結果としては，熟達者は，非熟達者や初心者と比べると，より具体的なプロセス目標を採用し，技術志向的な方略を選択していた。また，予見の段階で，熟達者は初心者よりも，高い自己効力感とシュートに対する内発的興味を報告していた。自己内省の段階で，熟達者は，失敗の原因を方略の使用に帰属し，方略を適切に修正していた。一方，非熟達者は，バスケットにシュートがうまく入らない理由を全般的な視点での方略，すなわち，集中できていなかった，といったような理由に帰属し，結果として，効果的な方略に修正することができていなかった。女性のバレーボール選手を対象にした別の研究（Kitsantas & Zimmerman, 2002）では，初心者は，ミスのあとに，自己効力感を有意に減少させる傾向にあったが，非熟達者や熟達者は，ほぼ同じレベルの自己効力感を維持していた。また，熟達者は，非熟達者や初心者と比べると，高い内発的興味，自己満足感を報告しており，プロセス志向の目標や方略を設定して用いていた。練習時間を方略的に計画し，自己評価を積極的に行ない，失敗の原因を技術のあり方に帰属していた。

これらの研究結果から，熟達者，非熟達者，初心者で自己調整のパターンが異なっていることが示唆される。コーチは，新しい運動スキルを初心

者に指導する際に，熟達者が用いている自己調整プロセスを考慮する必要がある。というのは，適切な動機づけと自己調整の態度を備えて，方略と努力に基づく練習を重ねてゆけば，実際にどのような運動選手であっても熟達者のレベルで遂行ができるようになるからである（Ericsson, 2007）。

■ 自己調整訓練の教育への応用

◆◆最高のパフォーマンスと自己調整

　フットボール，サッカー，バスケットボールといった活動的なスポーツにおいて最高のパフォーマンスを実現するには，10年にわたる計画的な練習を必要とするのが通常である（Ericsson, 2007）。この計画的な練習とは，具体的な目標の達成に向けて，組織的，自立的で，自己動機づけに基づく行動のことをさしている（Ericsson, Krampe, & Tesch-Römer, 1993）。熟達者の実践は，児童期に始まるものと考えられているが，興味が植えつけられ，遊びとして課題に取り組むようになり，そして，組織的な指導を受けて計画的な練習を続けていくことになる。運動選手は，個人的に自己調整スキルを高めていくことに専念するようになっていく。運動選手は，自主的な練習にかなりの時間を費やすようになるのだけれども，一般的には，効果的な練習方法についてコーチからガイダンスを受けることになる。とりわけ，コーチは，誤りを見つけて，有益な情報となるフィードバックを行ない，学習者のパフォーマンスと動機づけの水準にしたがって，上位の課題に進めるか，補習的な課題を与えるかについて決め，専門的技術の発達を促していく。また，コーチは，運動選手が学習プロセスをコントロールできるような自己調整力を備えていくよう，指導していかなければならない（Zimmerman, 2006）。運動選手が自己調整スキルを身につけると，コーチは支援の手を緩めていく必要があり，援助の必要性を認識して，必要なときに援助を求められるようになるよう，こうしたトレーニングもしなければならない。

◆◆自己調整プロセスに基づくコーチングによる運動選手の心構えの形成

　熟達アスリートとなるには，かなりの量の練習を積む必要があるということは明らかである。だが，初心者や非熟達者であっても自己調整訓練が有益なものといえるだろうか？　多くの先行研究が示していることは，非熟達者が自己調整の「プロセス」の視点をもつと，実践が大きく向上するということである。たとえば，とくに学習の初期の段階において，プロセス志向の目標を立てるよう，コーチが運動選手を支援することが可能であるし，また，個々の選手に応じたチャートを作成することで，それぞれのプロセスに習熟できているか，進歩の度合いをモニターするよう指導することも可能である。テニスのフォアハンドの方法をマスターするといったように，自己調整プロセスの効果の変化を追跡できるよう，コーチは運動選手を支援することも可能である。このようにプロセスを訓練する体制によって，運動選手は実践の結果を方略の使用に帰属するようになっていき，プロセスを自己コントロールできると考えるようになる。一連の実践のサイクルを通じて，こうした原因帰属によって，調整が方略的なものとなっていき，運動の適応がよりよいものになっていく。このアプローチによって，コーチは，運動選手にプラスの循環による学習を進めさせ，否定的思考と自滅的な循環による学習を回避させ，運動選手の自己効力感をさらに向上させていく支援が可能となる。

　また，チームや体育の授業での熟達の動機づけ雰囲気の認知と正の関連があることが実証的に明らかであるので，練習の際にコーチがそういう雰囲気を創り出して選手の学習を促していくことが可能である。とくに，学習において方略の使用が重要であることを強調する必要があるし，まちがいは学習のプロセスの一部であると受け止めるよう，運動選手に指導をする必要がある。一人ひとりの運動選手にとって挑戦しがいのある練習活動を計画する必要があり，また，自分のスキルや能力レベルに適した目標を設定するよう奨励し，それぞれの可能性を伸ばしていくよう支援していく

必要がある。最も重要なこととして，練習の際に方略が実行でき，新しいスキルをマスターし，その個人の目標が達成できたときには，報酬を与えて褒める必要がある。要するに，スポーツでの成功は努力を通じて成し遂げられること，また，個人として成長しスキルを高めるとはどういうことか，これらのことについて運動選手に伝わっていくようなチーム環境づくりがコーチには求められるはずである。コーチが熟達の動機づけ雰囲気をチームに形成していくことで，選手の自己調整スキルの育成を支援することができ，学習やパフォーマンスにもよい効果をもたらすことができる。

■ 今後の研究の方向性

これまでの研究で，運動トレーニングに自己調整プロセスを組み入れることで望ましい結果がもたらされることが示されてきたが，運動トレーニングに何が求められるかについて統一的な見方が存在するというわけではない（Crews et al., 2001）。とくに，運動選手を対象にした自己調整トレーニング・プログラムは，心理的側面の個人差（たとえば，感情状態，自己効力感）をもとに計画される必要があり，また，実験室場面での知見を現実場面に慎重に適用していく必要がある（Crews et al., 2001）。プロセスから結果に目標をシフトするよう運動選手に助言ができるように，さまざまな運動の文脈を取り上げて，基礎的スキルが自動化する時期を見きわめる研究をさらに進めていく必要がある。運動領域においては，スキルの形成と競技のパフォーマンスの両方が含まれていることを考慮すると，文脈上の要求にしたがって学習からパフォーマンスに注意を移していき，プロセス目標と結果目標を調整していくようなトレーニングが必要である。今日まで行なわれてきた研究のほとんどが，比較的短期間の介入によるものであった。運動スキルの獲得に及ぼす多様な自己調整プロセスの累積的な効果を見きわめるために縦断的な研究が求められる。

熟達の動機づけ雰囲気と，自己モニタリング，（自己）評価の使用，援助要請，努力の調整との間に正の関連がみられることが，研究者によって報告されてきている（たとえば，Ommundsen, 2006; Theodosiou & Papaioannou, 2006）。しかし，目標設定，イメージ法，自己対話といった自己調整プロセスと動機づけ雰囲気との関連については，いまだ検証がなされていない。さらに，遂行の雰囲気が自己調整にどのような役割を果たしているかについては，正の関連を報告している研究や何も結果を示していない研究があるなど，明確なところはわかっていない。遂行の雰囲気の役割については今後のさらなる研究が求められる。この種の雰囲気は，文脈によって自己調整に及ぼす効果が異なってくるのかもしれない。たとえば，目標が運動スキルの実行にあるような競技の状況では，正の効果があるのかもしれない。目標が新しいスキルを学び，現状を改善することにあるような練習場面であるなら，負の効果をもたらすのかもしれない。自己調整に影響を及ぼすコーチングの環境には他にどのような側面があるか，調べていく必要もある。たとえば，コーチングの自己効力感，コーチのリーダーシップのスタイル，チームの凝集性が，学習者の自己調整に影響を与えている可能性があり，運動領域の自己調整の規定因について理解を深めていくことが求められる。

■ 結論

結論を述べると，運動選手に対して自己調整に取り組んでいくトレーニングを行なえば，スポーツで勝っていく適切な方略と信念を身につけさせることができる。熟練アスリートのパフォーマンスのレベルを高めたり維持したりするだけでなく，初心者の運動選手をトレーニングして基礎的な運動スキルを獲得させていくうえでも，このような視点は明らかに重要な意味をもっている。実際に，さまざまなスポーツの運動選手（たとえば，バスケットボールやレスリングなど）が，日頃から練習のなかに自己調整方略を入れていくことで，高いレベルの運動機能を維持しており，また，このようなプロセスがパフォーマンスの水準の高低を決めていくということが示されてきている。

第15章　自己調整と音楽スキルの熟達

Gary E. McPherson
Melbourne Conservatorium of Music, University of Melbourne, Australia
James M. Renwick
Sydney Conservatorium of Music, University of Sydney, Australia

佐藤　礼子（訳）

音楽は人間の機能の基本形である（Welch & Adams, 2003）。だれでもさまざまな形で音楽を聞き，多くはその観点から自分自身を定義する。そして，最も重要なのは，演奏や音楽への関与や参加を日々の生活に不可欠なものと考えていることである（North, Hargreaves, & Hargreaves, 2004）。人間の中枢神経系に最も必要な課題の1つとして（Altenmüller & McPherson, 2008），音楽の正規の学習機会に最適にかかわることは，若い人たちに多くの個人的，社会的な恩恵（Schellenberg, 2006）を与える。その恩恵には，高度に発達した知的で認知的・感情的な気づき，社会的な責任感の増大（Schellenberg, 2006），言語的そして非言語的な推論能力の向上（Forgeard, Winner, Norton, & Schlaug, 2008）が含まれる。

一方で，他のスキルの習得と同様，楽器演奏の習熟には多くの課題がある。学習者は，長期間にわたって取り組み，注意を集中でき（とくに，困難な状況で），競争的な環境で課題に立ち向かい，学習プロセス上の挫折から立ち直り，自信喪失やスランプの時期を克服し，目的達成までに直面する多くのプレッシャーや困難に打ち勝つような心理的スキルや行動的スキルを発達させなければならない（Martin, 2008）。毎年世界中の多くの子どもたちが楽器を習い始めるが，そのうちごくわずかしか大人のレベルまで続けられないことを考慮すると，この考え方は音楽教育者がとくに心にとめておくべきことである（McPherson & Davidson, 2006）。

本章では，音楽スキルの習得を明らかにするために自己調整理論をどのように使うかについて，音楽学習者がパフォーマンスの向上と目的の達成のために動機づけ，認知，感情，行動を維持するプロセスに焦点をあて，その説明を組み込むことによって述べる。本章で引用する多くの調査結果は，157名の音楽学習者の楽器演奏の上達を追跡した縦断的研究からである。対象者の内訳は，楽器演奏開始前の7〜9歳から14歳以降までと，学校卒業後現在働いているか大学に在学している者である（調査の詳細についてはMcPherson, 2005; McPherson & Davidson, 2006; McPherson & Renwick, 2001; McPherson & Zimmerman, 2002, 2011を参照）。この研究は音楽学習者への詳細な個別調査，両親・担任教師・音楽教師への継続的インタビューを含んでいる。この研究から得られた結果は，音楽学習分野の知見を新しくする方法として，自己調整学習理論を活用してきている他の音楽研究の結果を補完するものとなるだろう。

■ 音楽スキルの習得に関する理論

1990年代以降の文献の主流であったよく引用された研究は，西洋音楽の能力についての伝記上の先駆者について調査したものであった。最も代表的なのは熟達者について量的・質的に研究したもので（Ericsson, Krampe, & Tesch-Römer, 1993; Sloboda, Davidson, Howe, & Moore, 1996），それら

によると，詩，絵画，数学，チェス，スポーツなどにおいて（Bloom, 1985; Chase & Ericsson, 1982; Ericsson, Charness, Feltovich, & Hoffman, 2006），熟達者のレベルに達するまでに10年以上のぼう大な量の訓練が必要である（Weisberg, 1999）。エリート・レベルのスキルに達するには，音楽家では20歳までに10,000時間以上の訓練が必要である(Ericsson et al., 1993)。これらの多くの研究では，学習プロセスには定まった順序があり（Lehmann, 1997)，それぞれの知的な能力は，ある学習領域中の知識と教材の固有のセットに対して用いられるまったく異なるスキルと技法による（Hargreaves, 1996）ことが前提となっている。

最も高いレベルの専門技術の熟達を説明するという見方の価値を認めつつも，筆者らはこれらの結果を典型的な音楽的発達として用いることについて常に不安を感じてきた。われわれの研究では，個人が音楽へ肯定的に参加する道筋は，社会的経験・個人的信念・公的／私的な学習機会の相互作用によって，より説得力をもって説明できるからである（McPherson, Davidson, & Faulkner, 2012; McPherson & O'Neill, 2010）。われわれの調査では，発達がおもに直線的だという可能性は低いことが示されており，とくにさまざまな変化や複数の音楽的興味があるとき，そして楽器の演奏や学習を始めるときとやめるときについて検討してきた。このため，入門期から上達した段階までの音楽スキルの習得を解明するために，自己調整学習理論の社会的認知的な説明を用いてきた。

これらの研究から学んできたことは何だろうか。学習課題もしくは運動課題と同様に，楽器演奏を学ぶには相当の自己調整が必要である。若い音楽家は楽器の演奏技術を発達させるために，多様な行動を利用する方法を学ぶ必要がある。また彼らは，自分の練習を管理・計画し，選択的に自分や他者の演奏をふり返り，方略を修正・適応させ，学習が行なわれている状況を構成・コントロールし，豊富な知識をもつ人や利用可能なリソースに能動的に援助を求める必要がある。次節で紹介するように，音楽スキルの熟達は，多様な社会化のプロセスが，学習者が自分の演奏をモニタリングしコントロールする自律的なメカニズムを選ぶ足場づくりをするために互いに調和して働くときに最も効果的に生じるのである（McPherson & Zimmerman, 2002, 2011）。

■ 自己調整の段階と下位段階

自己調整スキルをもっていることと，「困難，ストレス要因，気を散らすことに直面したときに自己調整スキルを利用できること」（Zimmerman, 1995, p.219）とはまったく違うものである。学業などの分野とは異なり，音楽研究では，自己調整学習理論の基本である学習を自ら促進するサイクル（予見，遂行，自己内省）をとおして，学習者が努力を結集し，方向づけ，維持することを学ぶプロセスに注目し始めたばかりなのである（Zimmerman, 2000; Zimmerman & Campillo, 2003）。これまでの音楽研究において，これら各プロセスがどのように学習や練習や演奏を促進もしくは妨げたかについての理解をまとめようとした試みはほとんどない。

図15.1に示すように，**予見**（forethought）は演奏者が演奏前にもっている認知的プロセスと個人的信念に関することであり，後の学習を促進する。**遂行**（performance）段階は学習の際に起こるプロセスで集中や演奏に影響する。**自己内省**（self-reflection）は演奏者が経験したことに対するその後の反応である。演奏者の**自己調整**は将来の学習努力や演奏に影響する予見にフィードバックされるので（Zimmerman, 2000），これら3つのプロセスは循環する。本章の主たる部分はZimmerman & Campillo（2003）のモデル（図15.1を参照）をベースにしており，これは音楽初心者の効率の悪い学習の弱点はもちろん，成功した演奏家の自己調整的な問題解決についても考え抜かれた説明力のあるものである。

◆◆予見段階

予見は，学習者が楽器を学ぶとき，おもに2つの方法で起こる（図15.1参照）。1つめの「課題分析」は目標の設定や方略的に学習計画を立てることである。2つめの「自己動機づけ信念」には自

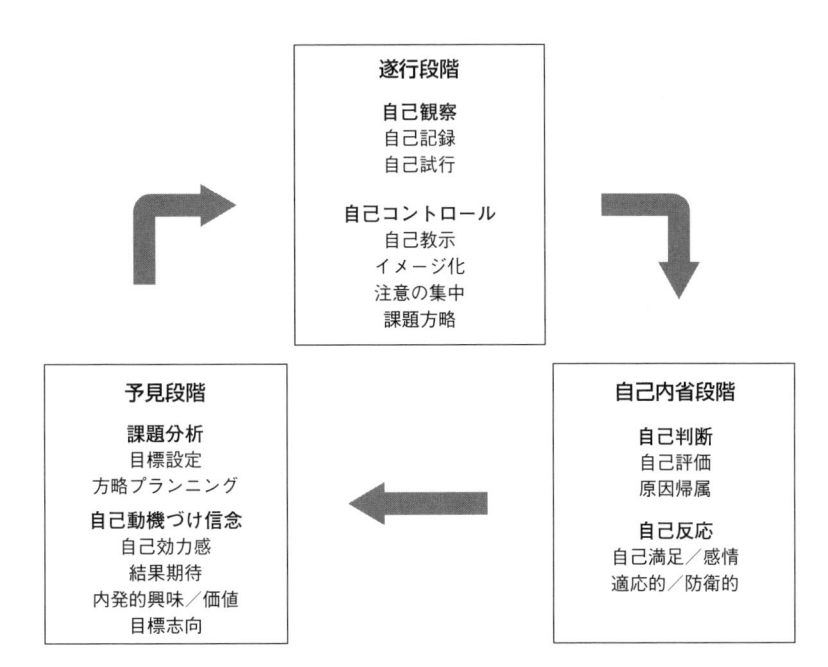

図 15.1 自己調整の段階とその下位段階

遂行段階
- 自己観察
  - 自己記録
  - 自己試行
- 自己コントロール
  - 自己教示
  - イメージ化
  - 注意の集中
  - 課題方略

自己内省段階
- 自己判断
  - 自己評価
  - 原因帰属
- 自己反応
  - 自己満足／感情
  - 適応的／防衛的

予見段階
- 課題分析
  - 目標設定
  - 方略プランニング
- 自己動機づけ信念
  - 自己効力感
  - 結果期待
  - 内発的興味／価値
  - 目標志向

(B. J. Zimmerman & M. Campillo (2003). Motivating Self-Regulated Problem Solvers. In J. E. Davidson & R. J. Sternberg (Eds.), *The Psychology of Problem Solving* (p.239). New York: Cambridge University Press.)

己効力感や結果期待，課題の価値づけ，目標志向が含まれる。

◆◆課題分析

目標設定と方略プランニング

前述の縦断研究では，楽器の上達の程度を測定し，また楽器の学習継続に関する動機づけ信念についての情報を得るために，子どもたちに学習開始後1年目，2年目，3年目の終わりにインタビューと個別テストを実施した。

測定されたスキルは，幼い学習者が指導者から指示された楽曲の練習を家庭で実行する能力であり，研究では学習者がどのように練習を計画しているかを明らかにし，何を学んでいたかを記録した。学習の初めの3年間をとおして，目標設定や方略プランニングによって，演奏の達成度に大きな違いがみられた（McPherson, 2005）。たとえば，練習量の遂行度で高得点の学習者は，学んだことを練習日記に積極的に記録する傾向があった。そして教師から指示された曲の演奏から始めて，自分が楽しむために演奏したい曲で終えるように練習を編成したのである（まず演奏を楽しんで後で改善しようとするのとは対照的であった）。

どのように練習したかという学習者自身の記録は，自己調整のレベルに応じて4つのカテゴリーにコード化した。(a) 表面的な練習法（たとえば，「曲を一度だけとおして演奏する——練習をすませたい」），(b) 集中した努力をしっかりしないで2, 3回曲を弾く（たとえば，「曲をいつもだいたい2回ずつ演奏する」），(c) 上達するまで数回演奏する，より高度な方略（たとえば，「くり返し練習することで，もっとうまくなろうとする」），(d) 最も自己調整的な行動は，学習者が自分の演奏をよくするために集中的に努力すること（たとえば，「まず一度演奏して自分がどのくらいできるか確かめて，それから指導者が納得できる水準になるまでくり返し練習する」）。われわれの他の分析と同様，これらのカテゴリー（方略的でないレベルから自己調整的なレベルまで）は，練習時間を統制すると，学習者の演奏の全体的なレベルと非常に関連していた（McPherson, 2005）。

年少の学習者の演奏能力は，曲を記譜することから暗譜や聞き覚えで演奏することまでのさまざまな側面にわたって，学年の終わりごとに測定さ

れた（McPherson, 2005）。子どもたちのコメントの内容分析によると，演奏スキルの各タイプにおいて特定の認知的問題解決方略が確認され，これらは年少の学習者の一連の遂行達成測度で測定されたスキルの実際のレベルと密接に結びついていることがわかった。たとえば，図15.2に示すように，楽譜の初見演奏方略には，年少の学習者が標準テストで初めての曲を演奏する前の少しの間に，音楽に慣れるために使うあらゆる方略を合わせた尺度を含んでいる。方略には，どのように曲を始めるかの感触を得ること，調号や拍子記号を見つけること，その曲がどのように聞こえるかを考えて適切なテンポを見つけること，問題となる箇所を見つけるために全体をざっと見通すこと，など楽曲の第一小節を学ぶことが含まれており，このようにして，正確な演奏を促す適切なスタイルやテンポで曲が演奏されるのである。聞き覚えでの演奏（録音された短いメロディを聞いて演奏する）は多くの概念的方略を含んでいる。たとえば，楽器とは関係のない「見る」方法を使うこと（たとえば，「私はそれらが何の音符であるかを考えようとしていたし，音符がどのように上下するか，また音符は音楽的にはどう見えるかを考えていた」）からもっと運動感覚的な方略（たとえば，「曲の最初の部分を切れ目まで演奏しようとした。くり返しそれを聴いて次の部分を加えようとした——私は音符がクラリネット上ではどのような指使いになるかを考えていた」），それに，耳と手を協調させる高度に発達した能力を使う最も音楽的に洗練された方略（たとえば，録音された見本を聴きつつ，どのようにフルートに指を置くかを静かに示しながら1節を正確に歌ってみせる子ども）などである。

　学習者が音楽を習得する際のプランニング能力のゆっくりだが重要な発達を明らかにするために，いくつかの研究では自己報告と観察を用いている。初心者は一般的に目標設定や方略プランニングをあまり用いず，その代わりに機械的に「とおして演奏する」（Hallam, 2001; McPherson & Renwick, 2001）。試験のような外部の不確実な事態に対しては，中級レベルの学習者でも，何を練習するかという，より高次のプランニングが観察されている（Hallam, 2001; Renwick, McPherson, & McCormick, 2008）。プランニングの増加は，楽曲が長くなることとも関連しており，そして楽曲がより複雑になると追加の練習が必要になる。上級レベルの学習者（Hallam, 2001; Nielsen, 2001）やプロの音楽家（Chaffin & Logan, 2006; Hallam, 2001）では，他の領域の専門家にも典型的にみられるような高次のプランニングが用いられる。しかしこのような高いレベルにおいても，練習時のプランニングには興味深い個人差がみられる（Hallam, 1995）。音楽家によっては前もって練習時間全体を詳細にプランニングするが，そうでない音楽家ではセッション全体をより直感的で連続的にプランニングする（このような個人差につい

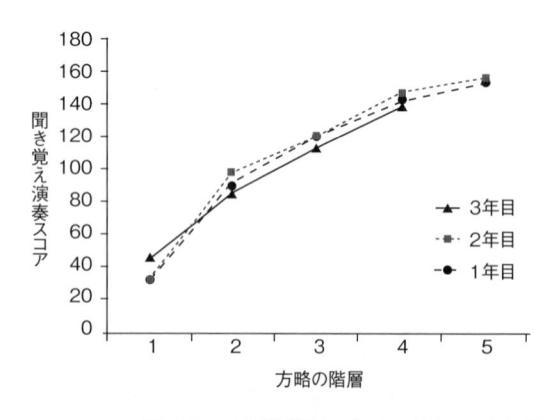

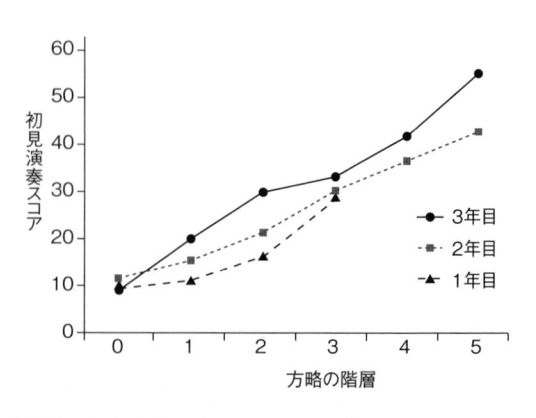

図15.2　楽器学習における最初の3年間の課題固有方略使用と2種類の演奏能力

ては作曲家で説明されてきており，前もってプランニングするタイプのモーツァルトや，修正を加え続けるタイプのベートーベンの例がある；Hargreaves, 1986)。

◆◆自己動機づけ信念

Zimmerman (2000) の循環モデルと合致する形で，近年の音楽研究は，多様な動機づけ信念が音楽における問題解決の取り組みを促進する方法を明らかにし始めている。自己効力感の重要な役割 (McCormick & McPherson, 2003; McPherson & McCormick, 2006; Merrick, 2006; Nielsen, 2004) については，音楽家の自己調整が，目標志向 (Nielsen, 2008)，自律性 (Renwick, 2008)，課題の価値づけ (McCormick & McPherson, 2007)，練習している楽曲への興味 (Renwick & McPherson, 2002) によって促進される方法の研究によって補完されてきた。

自己効力感

この信念は，学習者が自己調整的な取り組みを始めたり維持したりするときのレベルと結びついていることが示されてきた (Bandura, 1997; Zimmerman & Kitsantas, 2005)。そのため，自己効力感をより強くもつ学習者は，自分の能力に自信がない学習者よりも，当然よりよい結果を得る。この結果は，332名（9歳〜18歳；McCormick & McPherson, 2003）と686名（9歳〜19歳；McPherson & McCormick, 2006) の若い演奏家たちが2つの異なる外部機関による楽器の試験への準備をすることについての2つの研究によって示された。このような緊迫した演奏試験においては，志願者たちがベストを尽くす機会は一度しかない。そこには前のやり方を復習したり修正したりする時間も，他と比べるという補助課題をする時間もない。したがって，試験官の前という状況で求められた楽譜をうまく演奏をするためには，演奏者の自分の能力に対する認識が演奏のできに重要な役割を果たすはずである。この2つの研究において，試験のためにどれだけの練習量をこなしたかよりも，自己効力感が年少の演奏者の演奏結果をよく予測した。このように，自分が試験でどれだけできると思うかという知覚は，問題解決（たとえば，効果的な練習）の遂行段階での取り組みを促進するようであり，その結果として彼らがとる方法は演奏に求められることを達成するために準備をすることであった。

自己効力感と自己調整的な学習方略使用の関係についての同様の研究 (Nielsen, 2004) が，より年長の高等教育の音楽学習者を対象に，修正版の学習の動機づけ方略質問紙 (MSLQ; Pintrich, Smith, Garcia, & McKeachie, 1993) を用いて行なわれている。自己効力感は，学習の動機づけ方略質問紙の対象であった認知方略使用とメタ認知方略使用の9つのうちの8つと有意な関係がみられた（興味深いことに，「リハーサル」以外は演奏家にとって既存の方略かもしれない）。

結果期待

自己調整的な学習者は，うまく課題を遂行するために自分の能力の知覚だけでなく，課題遂行から生じると期待される結果によっても動機づけられている。結果期待の役割については，音楽の分野においては体系的には検討されていないが，いくつかの研究結果でその重要性が支持されている。1つの研究では (McPherson & McCormick, 2000)，選抜試験の結果が，試験の直前に行なわれた参加者自身の評価によって最もよく予測された。

自己調整的な音楽学習における自律性の知覚の役割に着目したわれわれの最近の研究においても，多くの学習者が楽器の演奏試験において高得点をとりたいと強く動機づけられていることが示されている (Renwick, McCormick, & McPherson, 2009)。自己決定理論 (Ryan & Connell, 1989) に基づく質問項目を因子分析したところ，試験の成功に関する項目をかなり強く認めていることが示された（たとえば，「私は試験がよくできたら自分に誇りがもてると思うので，試験でよい成績を出したい」）。構造方程式モデリングによる分析の結果，この因子は自己調整的な学習行動である自己モニタリング（たとえば，「どれだけたくさんまちがえるかとそれをどう修正できるかについて考える」）と修正方略（たとえば，「覚える必要があることを書く」）の使用とに有意な関係がみられた。

課題の価値づけと興味

楽器の学習のような自由意志による活動において，熟達に向けた努力と継続を動機づけるには，楽器学習の重要性，有用性，内発的興味についての知覚がきわめて重要である（McCormick & McPherson, 2007; Pintrich & De Groot, 1990）。自律的動機づけと自己調整的な音楽練習との関係においての最近のわれわれの研究では，課題価値についての考えの多くは明示的なものではないが，自己調整の最も強い予測因は内発的動機づけ（たとえば，「私は楽器を演奏することが好きだから練習をする」）と重要さについての内在化された考え（「私は楽器を練習をすることが自分にとって重要だから練習する」）に関する構成概念であった（Renwick et al., 2009）。追跡的な事例調査において（Renwick, 2008），ある16歳のサクソフォンを演奏する学生が，高いレベルの外発的動機づけから高次の内発的動機づけに変化したことを語っている。

　私は長い間ピアノをやってきて，試験のときにいつもご褒美があったことを覚えています。よくできたときは，えーと，何かをもらいました。子どものとき練習するのがとてもいやだったので，ご褒美で練習のやる気を起こしていました。中学1年生の終わりからサクソフォンが好きになりました（今は高校1年生です）。ずっと好きだし，演奏してきたし，エンジョイしています。とくに動機づけはいりません。今は，大きくなったので，ご褒美はとくにもらいません。よい成績を取ることで自己満足できます。

明らかに，この若い音楽家にとって，音楽制作は強い個人的興味と挑戦とスキルとの最適なバランスによって動機づけられた活動になっている（Csikszentmihalyi, Rathunde, & Whalen, 1997）。初期の事例研究において（Renwick & McPherson, 2002），特定の音楽ジャンルに沸き起こった強力な興味に対する自己調整方略使用の効果に関する注目すべき事例があった。7人の子どもを対象に，3年間にわたる自宅での自然な練習における学習行動に対して，詳細なコンピュータ分析が行なわれ（McPherson & Renwick, 2001），8歳から12歳の初心者においては，一般的にたいへん低いレベルの方略使用がみられた。たとえば，学習3年目のある子どもは，忍耐力が非常に低く，練習時間の92％を最初のとおし演奏にあてていた。

一方で，クラリネットを学んでいた12歳のクラリッサは，ウッディ・ハーマンの「ゴールデン・ウェディング（Golden Wedding）」という曲を演奏している間は，練習のなかで非常に高いレベルの自己調整を見せた（Renwick & McPherson, 2002）。通常，クラリッサが曲のなかの各音符にかける平均所要時間は0.79秒であったが，ゴールデン・ウェディングでは，むずかしい箇所で各音符にほぼ10秒の時間をかけており（12倍も増加），注目すべき粘り強さをみせた。観察された練習においてクラリッサは，3年目に観察した他のときにも2回以上この曲の練習をくり返した。他の曲に移る前にいつもこの曲を一度演奏するのである。練習中の方略使用についても，ゴールデン・ウェディングを練習しているときだけ，音を出さずに楽器の上に指を載せる，歌う，テンポを意図的に変化させるなどの，はるかに上級の演奏者にみられるようなたいへん高いレベルの方略がみられた。

ゴールデン・ウェディングの練習についてインタビューしたとき，クラリッサはどうしてこの曲に強いやる気が出るかを語った。クラリッサは，「ラ・サンカンテーヌ（La Cinquantaine）」という，ゴールデン・ウェディングのオリジナル曲を学んでいた。ある日の練習で，先生が，スイングバンドでジャズ風のバージョンを演奏したことがあると話し，演奏してみせた。クラリッサは，そのメロディに惹かれてジャズへの個人的な興味が起こり，先生に新しいバージョンを楽譜に書いてくださいと頼んだ。クラリッサが覚えているなかで，レパートリーを自分で選んだのは初めてだった。もちろん，この事例を一般化することはできないが，この小さい事例は，自己調整学習と熟達志向方略使用において，興味と選択の効果を示す有力な例といえる。

目標志向

課題価値と内発的興味の概念は密接に関連して

いるが，音楽研究においては，達成目標と方略的練習行動との関係については予備的な関心をもたれたにすぎなかった。アメリカの大学の器楽専攻を対象とした調査で，Smith（2005）は，自己調整的な練習と課題目標志向との間に関係を認めたが，自我接近目標や自我回避目標とは関係がみられなかった。上級学習者を対象としたノルウェーでの研究でも同様の結果が得られたが（Nielsen, 2008），自我回避目標と学習方略使用との間には負の関係がみられ，学習場面の研究（Elliot, McGregor, & Gable, 1999）と同様の結果であった。

◆◆遂行段階

遂行段階（図 15.1 参照）については，自己調整学習理論（Zimmerman & Campillo, 2003）と一致しており，たとえば曲のむずかしい部分をとおして演奏するなどの問題解決事例に積極的に取り組むときのパフォーマンスを最適にする，自己観察と自己コントロールという 2 つのプロセスに着目する。楽器演奏の場合，この遂行段階は他とは異なり，たとえば，演奏時に思考を発話することが不可能であることや演奏についての特別な聴覚的特性のようなさまざまな要因が，とくに初心者にとっての自己観察や自己調整をむずかしくしている（McPherson & Renwick, 2001）。

◆◆自己観察

われわれの自己調整学習の解釈では，音楽家は演奏を上達させるために行なう自己調整プロセスに目を向けるより先に，まず自分の演奏をモニタリングする。つまり，遂行過程は自己観察で始まり，それは自分の演奏を心のなかで追っていく自己観察を含む（録音とは対照的に，身体的に記録することである）。運動スキルと関連づけた自己観察を研究する研究者たちは，多すぎるモニタリングが演奏に干渉したり妨げたりするので，メタ認知的モニタリングに限定してすすめている（これについて，B. Green & Gallwey（1986）が実際的なアドバイスを行なっている）。自己観察はそのスキルが獲得されたとしてもまだ複雑なものであり，自動化されたスキルとしての意図的でないモニタリングが求められる。

Lehmann & Ericsson（1997）は 3 種類の心的表象モデルを使って音楽家の問題解決課題の要素を要約した。(a) 目標とする演奏の聴覚イメージ（曲がどのように聞こえるか），(b) 目標とする演奏を実現するために必要な身体的活動に関する運動表象，(c) そのとき奏でられている演奏の表象。その表象はほかの心的表象と不一致があるかを絶えずモニターされている。ワーキングメモリ上の情報のバランスを取ることとして，学習者は，そのとき何を演奏しているかについて楽譜を読むことを求められ（Sloboda, 1984），一方で産出したばかりの音の正確さを積極的にモニタリングすることが求められる。これは同時通訳と類似した課題である。演奏のときに生じるフィードバックと自己モニタリングのタイプは，一般的には，楽譜をまちがえた後や他の演奏者の演奏からの聴覚や視覚的なきっかけに反応した後に，自分の演奏の調整や修正をすることである。このような場合，さまざまなフィードバックは，演奏者にどのように修正するかを気づかせたり，注意を集中させたり，演奏や修正のための適切な方略をつくり出したりするための手がかりとなるのである（McPherson, 1994 を参照）。

◆◆自己コントロール

自己教示，課題方略，注意の集中，イメージ化

自己コントロールのプロセスは，自分自身の演奏や何を演奏しているかに注意を向けるのに役立つ。それは，自己教示（明示的／非明示的に課題をどのように遂行するかを説明する），イメージ化，注意の焦点化，課題方略のような手段で演奏者自身の取り組みの最適化を促すためである。たとえば，クラリッサは（前出の若いクラリネット奏者の事例；Renwick & McPherson, 2002），ゴールデン・ウェディングを練習するときは，途中で止まり自分に語りかけた。この行動はクラリッサがメロディを習得するために必要なことを強固にするための方法として重要だと考えられる。このタイプの自己教示は，学習において集中をモニタリングしたりコントロールしたりするのに役立つ（Vygotsky, 1986）。他にも，内的な自己言語（たとえば，「これはできる！」）や，特定の目標や課

題の「心的な青写真」をイメージ化することも，音楽家が演奏に注意を向けたり演奏への不安を和らげたりする力を強化するためによく用いられる（McPherson & Zimmerman, 2002, 2011）。

　成功した音楽家は，気をそらすものからブロックしたり効果的に練習や演奏に集中したりすることによって，練習の間，自分自身を専念させる方法を身につけている。これは，静かな練習環境を見つけるなどの単純な環境構築（McPherson & Renwick, 2001）を含んでいるが，学習者が自分の演奏と目標とする表象とを合致させるためにくり返し失敗したときの大きなフラストレーションに対応するなどのような情動的自己調整の要素も含んでいる（Austin & Berg, 2006）。

　音楽の練習が効果的であるかどうかは，演奏者が練習セッションにおいて，とくにむずかしい部分をマスターしようとするときに，有効な方略をどの程度組み込めるかによる。たとえば，年少の演奏者がむずかしい部分をより小さいユニットに分割する場合，それぞれを個別に練習することができるので，むずかしい部分の改善に集中的な努力をしないで同じ曲の最初から最後までとおして練習する演奏者よりは，うまくいくし注意深いといえるだろう。実際に，自己調整学習の遂行段階におけるさまざまな鍵となる行動は，よい成果と関係する。これら方略の中心的な特徴は，困難な問題をより扱いやすい課題へと分解することであり，たとえば，音楽的に意味のある部分をくり返すこと（Gruson, 1988; Miksza, 2006, 2007），重要なことを覚えておくために楽譜に印をつけること（Miksza, 2006; Renwick, 2008），曲を選ぶときに方略的に選択し，それを分解し，そしてその素材を再結合すること（Miksza, 2006, 2007）がある。熟達した音楽家たち（Chaffin & Logan, 2006; Miklaszewski, 1989）は，高度な方略を使い，自己調整的な問題解決を行なうために音楽構造を用いている。たとえば，Miksza（2007）は，大学レベルの演奏者における優れた学習は，初めに容易な箇所を何も考えずに演奏するのではなく，曲の困難な部分の冒頭に移動する方略の使用頻度と関連があることを見いだした。一般的に，熟達者はこのような方略を高度に組織的に，また臨機応変に

用いるだけでなく，自動的に使っている（Chaffin & Logan, 2006）。

◆◆自己内省段階

　自己内省は，自己評価，原因帰属，自己満足／感情，適応（図15.1を参照；Zimmerman & Campillo, 2003）の4通りの方法で生じる。音楽の演奏とはまさに芸術の形式であり，そのため，他者の演奏と比較するためであったり指揮者や他の音楽家からのフィードバックに応じたりするために，演奏家は常に自分の進歩を自己評価する。自己調整的な演奏家は自分の演奏を鋭く評価し，仲間や目標とする優れた手本と比較する。Hewitt（2001）は，中級レベルの演奏者が新しい曲を学ぶときに，模範となる録音された手本を使うことと同時に，自己評価の体系的なプロセスを導入することの効果を検討した。先行研究では，録音された手本の効果について一致した効果が見いだされていなかったが，Hewittは，この種のモデルの提示は体系的な自己評価と同時に提示された場合のみ効果的であることを示した。

　このような自己評価は結果の原因帰属につながり，そのため自己評価は自己内省においてきわめて重要なプロセスといえる。理論的には，演奏家は自分の成功や失敗を，さらなる努力や注意をとおして修正可能な原因に帰属する。それはもどかしくて明確には進歩がみられない長い練習においてでもある（Zimmerman, 2000）。このような自己判断は，うまく演奏した／しなかったために得られる満足感や不満足感と全体的に関連する。そして，学習や演奏のために今後さらに努力するという決定とも関連する。他の学習領域と同様，自己満足の認知は，満足感を与えたり気分をよくさせたりする音楽の活動や他の形の音楽作成に，演奏者がどのように／どうして取り組むかという選択に影響するが，イライラや不安の結果である経験や課題を避ける（Bandura, 1991）。Zimmerman（2000）が指摘するように，自己満足は，「行動に方向を与え努力を続ける自己誘因をつくり出す」「したがって，動機づけは目標自体から生じるのではなく，行動の結果に対する自己評価の反応から生じるのである」（p.23）。たとえば，前述したや

る気のあるサクソフォン奏者は（Renwick, 2008），練習時にうまくいったことから得られた満足感について，「いつもこの辺でうまくいかないから本当に嬉しいと考えていた。きちんとできたいときのことを考えていた」と発話思考プロトコルで述べている。

　演奏家が自分の努力についての結論を出すとき，よりよい効果的な方略を選ぶなど，自分自身にとって新たな，あるいはよりよい自己調整の形を導くことができる適応的な推論を行なうようである（Austin & Vispoel, 1998; Zimmerman & Martinez-Pons, 1992）。一方で，防衛的な推論は個人的成長を制限しがちであり，それはとくに，無力だと感じたり，先延ばしにしたり，課題を避けたり，無気力になって能動的な取り組みをやめたりする（Garcia & Pintrich, 1994）。

　自己反応は予見段階に影響を及ぼすため，この自己反応は最も重要な目標を決める決断に大きな影響を及ぼす（Zimmerman, 2000）。このような場合，自己満足は，むずかしい新曲をマスターするための自己効力感，目標志向，課題への内発的興味を強化することができる。動機づけが促進された場合，目標に到達するための循環的な自己調整的努力を継続したいと考える。対照的に，動機づけが減少した場合，自分の能力への自信を失ったり，演奏の向上に向けてさらなるエネルギーを向けることへの内発的な動機づけを失ったりする。優れた演奏家になるまでの道はつらいものであり，自己効力感はとくに，満足感のある演奏，もしくは期待はずれの演奏の後で劇的に変化する。

■ 自己調整研究の音楽分野への応用：行動での循環段階

　ノルウェーの教育家 Siw Nielsen（1999a, 1999b, 2001, 2008）は，自己調整学習理論を音楽に適用した先駆者であり，ノルウェーの音楽学校の学習者が演奏のための曲を準備しているときの学習方略を見いだして特定した。Nielsen（2001）は，才能のある自己調整的なオルガン奏者が用いた4種類の問題解決方法を表現したモデルを提案した（図15.3）。

　図15.3では，実線の矢印（黒）が，解決される問題，方略使用，曲の演奏，演奏への自己評価のレベルを示す。Nielsen の分析では，演奏がうまくいった（進歩したという意味で）と評価したときは，演奏者は新しい問題に着目する（図中の灰色の実線矢印）。うまくいかなかったと評価したが，音楽上の問題を解決するために選ばれた方略に価値があると考えるときは，さらに努力したり同じ方略を使い続けたりする（灰色の点線矢印）。演奏がうまくいかず用いた方略が問題を特定するのに適していると感じられない場合，メタ認知的知識を再度検索して，方略をふり返り問題解決を継続するだろう（細い黒の点線矢印）。4つめの可能性はうまくいかないと評価したときに生じるもので（太い黒の点線矢印），最初の問題の特性が正確に特定されないと結論づけることである。このような場合，問題をふり返るという考えは方略のふり返りにつながり，すべては精緻なメタ認知的知識と自己調整に媒介される。

　Nielsen（2001）のモデルは，上級レベルの音楽学習者が用いたいくつかのプロセスに着目している。その学習者は，音楽の能力のどのレベルにおいても最適な学習と考える技能を向上させる基礎として使われる自己調整プロセスの利用に優れた学習者である。最も適切に表現すると，この研究では，熟達した自己調整学習者が自分の学習を内省し，これを体系的な予見と遂行のコントロールを含むサイクルの一部とすることを示した。課題分析を促進するために，レッスンや個人練習において，「問題は何か」「どうやって解決できるか」「どのように自分がしているか」のような質問をしたりそれに答えたりする教育を推奨している。音楽学校の学生は，方略の効率に影響する文脈的な要因，とくに課題と状況の多様さについて考慮するようにも指導されている。簡単な教材と比べてより複雑な材料がどのように学習方略に影響し抑制するか，そして与えられた時間内での問題解決のための目標がどのように学習方略の選択に影響するかを学生が理解したとき，演奏を上達させるために何が必要かをより意識するようになる（Nielsen, 2001）。

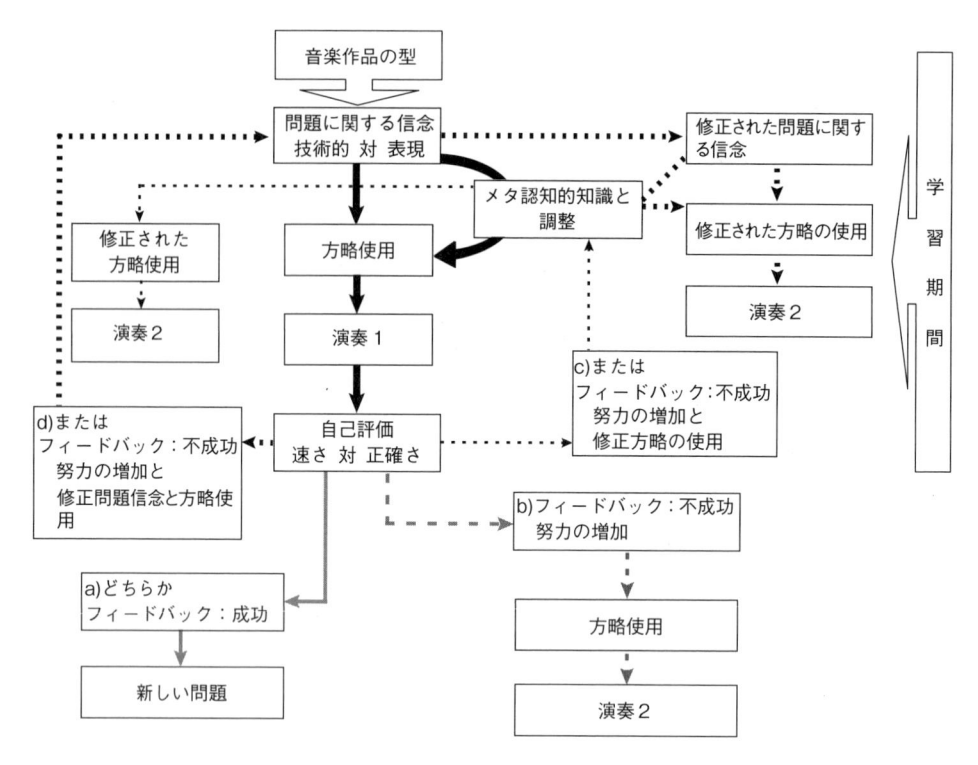

図 15.3 練習時の学習方略の自己調整サイクル：基本的な第一段階とそれに続く問題解決活動の 4 類型
(S. G. Nielsen (2001). Self-Regulating Learning Strategies in Instrumental Music Practice. *Music Education Research*, 3, p. 155.)

■ 結論と今後の研究の方向性

音楽家が音楽スキルを習得する方法や学習者の音楽的可能性を最大化するためにできることの概念を再定義し更新するために，自己調整学習理論がどのように役立つかについて本章をとおして述べてきた。既存の研究に基づくと，教科学習の研究で用いられてきた理論的なアプローチ——とくに自己調整の枠組み——は音楽スキルの学習と関連があるという明確な証拠がある。

自己調整学習理論は，音楽の研究コミュニティで最近になって関心が寄せられるようになったのだが，音楽の研究者たちがこの方法を音楽家の学習の効果を検討する方法としてまた学生教育のよい方法として採用し始めていることを心強く思っている。音楽の問題解決を分析するのはたいへん複雑であるため，この種の研究の多くは，記述的な事例研究のレベルにとどまっている。しかし，音楽の研究者たちの多くの取り組みのなかには，Kitsantas & Zimmerman（たとえば，2002）で報告されたマイクロ分析のように，自己調整サイクルの動的な性質を研究する技法が使用されたものがある。われわれは，このようなプログラムの成功に関するエビデンスは豊富にあるものの（Schunk & Zimmerman, 1998），自己調整スキルを音楽の学生たちに明示的に教えるための音楽領域の研究が実際にはないことを認識している。

音楽研究が主要な問題を扱うための厳密な手法を発展させるにつれて，音楽研究から得られた成果は必然的に自己調整学習理論の他の領域の考えを広げ始めるだろう。現在の音楽学習研究では，ガレージバンドのような，青年が「正規でない」文脈で習得する方法により注目が集まっている（Campbell, 1995; L. Green, 2001）。彼らは時に，教師の援助なしに高度な技術を習得しており，その学習パターンは学習グループ（あるいは協働学習環境）の「楽しい」バージョンと似ているのである。

音楽における自己調整学習の今後の研究は，問題解決課題における仲間の相互的な参加をとおして，このような環境が動機づけやスキルの発達をどのように促すかについて詳細な分析をすることで多くを得るだろう。自己調整学習は一般的には，よく構造化された問題に取り組む個人という視点から研究されてきたが，このような研究の視点の広がりは，本来は社会的な性質をもつ音楽スキルの習得を，教育者が理解するのに役立つだろう。またこれは，意識的努力と無意識的努力が，音楽の熟達を特徴づける多くの技術的スキルと解釈的スキルにどう影響するかを明らかにするものである。音楽教育者が主として模倣的であることからより創造性に焦点をおくように移行するにあたって，自己調整的学習環境と社会的な媒介的学習環境の範囲で異なる動機づけ構造がどの程度示唆されるかについて，優先的に研究されなければならない。

最後に，自己調整の枠組みは，音楽を学習・教育するうえで，より洗練された根拠に基づいた方法を発展させるのに役立つ実践的可能性がある。これから解決されなければならない重要な課題は多く残るものの，本章で引用した研究成果は，自己調整学習の枠組みが有効であることを示しているだろう。

第4部

自己調整学習の評価の問題

第16章 日誌法を用いた大学生の自己調整学習の評価

Bernhard Schmitz and Julia Klug
Technische Universität Darmstadt, Darmstadt, Germany
Michaela Schmidt
Saarland University, Saarbrücken, Germany

深谷 達史（訳）

■ 1. 序論

　日誌（diaries）は学習者の自己調整学習を促す有用な手立てであることが明らかにされてきた。日誌は，自己調整の過程を測定するためだけでなく，自己調整を望ましい方向へと向かわせる上でも有効な手立てである。とくに，日誌は，効果的な自己調整学習の中心的な役割を担う，自己モニタリングを促進しうる（たとえば，Zimmerman & Paulsen, 1995）。自発的な内省や因果の観察などの日常で生起する自己モニタリングに比べ，定式化された自己モニタリングは体系的な観察および自身の生活に関する記録（たとえば，Zimmerman & Paulsen, 1995によると記録やプロトコル，日誌など）をつけることを含む。

　本章では，まずこのトピックに対する一般的なイントロダクションを行なう。具体的には，日誌の定義と概要，日常生活での使用法，および主観的な出来事を記録する上での日誌の使用に関する簡単な歴史的概観を述べる。次の節では，トピックをより深めていき，「プロセスとしての学習」という概念を提示し，自己調整における自己モニタリングの役割，および自己調整学習における日誌の使用について述べる。それから，日誌により収集されたプロセスデータを分析する方法を記述する。次に，日誌を使用して大学生に対する訓練を評価したプロセス研究を紹介するとともに，教育実践のさまざまなフィールド（大学，小学校，中学校）に日誌を応用する方法を示す。最後に，今後の研究の方向性を議論し，さまざまな集団と形態，および日誌の分析方法について調べる必要性を吟味する。

◆◆ a. 日誌の定義

　一般に，「日誌」という用語は，十代の若者が自身の経験や感情を定期的に書きつける行為と結びつけられている。他方，心理学では，幼児の発達的変化を記述するための道具として使用されてきた（たとえば，Wallace, Franklin, & Keegan, 1994）。しかし，われわれは，心理学的な変数一般を測定するための標準化された道具だとより広く考えている。日誌を実証的にみるこうした視点は，他の研究者のものとも一致している。たとえば，Allport (1942) は，「心理学は人生そのものに関心を置く必要がある。それには，連続的で全体的な人生の記録を収集し，意味のある包括的な過程を明らかにすることだ」(p.56) と指摘している。この主張は，心理学研究において広く日誌を使用することへの支持とみなすことができるだろう。日誌を使用することで，ある一定の期間，日々の出来事を記録することが可能になる。「日誌」という用語は，日ごとや一日に数回，もしくは最低でも数日ごとに情報を記録するために使用されるという事実を意味している（傍点は訳者による）。日誌のデータは，主観的な反応や出来事の客観的な観測に基づく。しかしながら，日誌は本質的には自己報告データに基づくものであり，その点は，

日誌がどう構造化されるかにより長所にも短所にもなりうる。

◆◆b. 日常生活における日誌の使用

十代の若者が秘密にしている思いや感情をつけるだけでなく、日誌には研究で使用されうるさまざまな種類のものがある。まず、構造化された日誌は、定期的に回答される1項目の質問のみからなる場合もある。たとえば、「今日何本のたばこを吸いましたか？」といった質問が与えられる。こうした焦点化された質問により、高い外的妥当性を有する客観的指標を用いて、現実の生活状況における行動を把握することができる。他の構造化の例として、経験したストレスの量といった、出来事の生起について相対的な評定をする尺度がある。また、日誌は学習前と学習後の状態に関する質問のような、複雑な心理学的な構成概念を測定する複数の項目も記録できる（詳細は第6節）。これらの種々の日誌の測度に共通する特徴は、ある一定期間にわたりくり返し測定されることである。

◆◆c. 日誌の歴史

歴史的に、日誌をつけることは、科学的仮説検証において長年使用されてきた記録方法である。自己調整に関していうと、自己モニタリングの過程を促すために自ら記録をつけることは、作家の長い伝統となっている。Zimmerman & Kitsantas (2005) は50冊以上の著作をもつ、19世紀の小説家アンソニー・トロロープの例をあげている。彼はその仕事を構造化するために、膨大な記録をとった。たとえば、新しい本を書くとき、彼は自分の日誌を週ごとにまとめ、作成の各時期に特定の目標を立てた。アーネスト・ヘミングウェイやアーヴィング・ウォーレスも同様の自己記録法を用いたという。

今日でも、日誌は心理学のさまざまな分野で特有の機能を果たしている。発達心理学では、発達の過程が扱われるため、日誌は非常に重要である。それゆえ、日誌は、発達のさまざまな段階における言語機能を記録するのに頻繁に使用される（たとえば Mervis, Mervis, Johnson, & Bertrand, 1992）。日誌はまた臨床心理学でも重要な役割を果たしている。たとえば、患者の痛みや心理学的な病状を記録するために日誌が使用される（たとえば、Ebner-Priemer & Sawitzki, 2007）。もちろん、日誌は、教育心理学において学習過程を分析、促進する上でも使用される。その場合、ある期間にわたって量的および質的な学習成果が収集される（Landmann & Schmidt, 2010）。

2. プロセスとしての学習

広くいえば、自己調整学習とは、学業的なスキルを獲得するため、学習者が前もって行動する過程（proactive process）だと考えられている。こういった自ら行なう過程には、目標設定、方略の選択と使用、自己モニタリングが含まれる（Zimmerman, 2008）。以下では、いくつかの自己調整的な過程を詳細に述べ、次に、自己調整学習の統合的なプロセスモデルを提示する。

◆◆a. 連続する状態としてのプロセス

われわれがとるプロセスアプローチでは、自己調整学習を一連の学習過程および（あるいは）ある期間にわたって軌跡が残る成果だと定義する。時系列の定義と対応して、あるプロセス（p）は、時間ごとに状態を測定したものと定義される（$p = y_t, t = 1, 2, \ldots\ldots$）（Schmitz & Wiese, 2006）。Hertzog & Nesselroade (2003) によると、状態とは変化しうる個人の特性であるという。自己調整学習に応用した場合、単一の学習の状態とは、たとえば、その期間の1つの時点において与えられた課題を遂行したことをさす。こうした学習セッションにおいては、自己調整学習のさまざまな側面がその生徒に関連しているかもしれない。このような学習の1つの状態が学習行動 y_t であり、特定の状況の、特定の時間に測定される。状態は、学生が学習セッションを始めた時に開始され、彼らが学習を終えたときに終了する。自己調整過程のダイナミックな性質に関する研究は、こうした一連の学習状態を扱うことで検討される。学生はおそらく試験に臨むためにかなり長い期間にわたって学習を行なうだろう。日誌をつける各セッシ

ョンで学習状態がくり返し評価され，それにより学習過程のダイナミクスが明らかになる。この方法により，自己調整学習の循環的な性質と，連続的な学習状態の累積的な効果をとらえることが可能になる。

◆◆ b. 自己調整学習のプロセスモデル

Zimmerman（2000）とKuhl（1987）のモデルに沿って，Schmitz（2001）は自己調整のプロセスモデルを提案した。このモデルでは，学習状態における3段階の循環的な性質と，プロセスとしての連続的な学習の状態の累積が考慮される。各学習状態の3つの段階を記述するため，Schmitz（2001）はHeckhausen & Kuhl（1985）の用語を使用している。つまり，事前段階，遂行段階，事後段階である（図16.1参照）。

図16.1では，Schmitz & Wiese（2006）により提案された，自己調整学習の要素モデルを示している。これにより，学生の特定の学習セッションを記述することができる。学習がなされる前の段階では，状況と与えられた課題を情報源として，目標を立てたり，（内発もしくは外発的動機づけのような）学習態度を決めたり（Ryan & Deci, 2000），課題をうまく行なうための自己効力感を発揮したりする。自己効力感も努力やその持続，達成度のような自己調整における重要な側面に影響を与える（Schunk & Ertmer, 2000）。これらの動機づけや感情の源（詳細はPekrun, Goetz, Titz, & Perry, 2002）は，遂行段階における学習過程の予測因として概念化されている。

遂行段階では，学習者の量的および質的なパフォーマンスが重要となる。学習方略に関して，モデルでは調整，努力，時間と注意のやりくり，仲間との学習といったメタ認知的方略とリソース管理方略に焦点があてられている（たとえば，Pintrich, Smith, Garcia, & McKeachie, 1991参照）。自己モニタリングはこの段階でとくに重要な役割を果たす（以下の3節を参照）。

事後段階では，学習成果の量および質に対する学生のメタ認知的および感情的反応に焦点があてられている。これらの成果は時点t_1において分析がなされ，フィードバックループを通して次のt_2の学習状態における各要素に影響を与える（以下同様のプロセスが続く）。

以下の節では，とくに日誌を使用した場合の自己調整学習における自己モニタリングの役割を議論する。

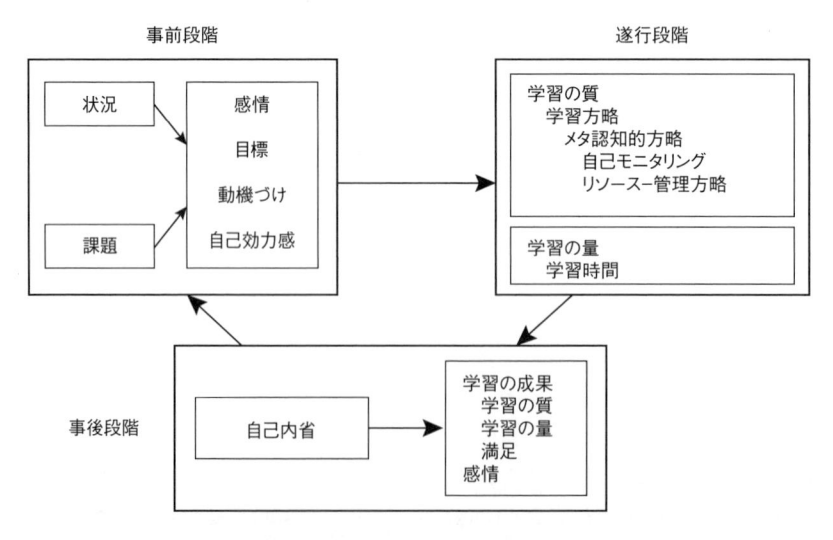

図16.1 自己調整学習の要素モデル（Schmitz & Wiese, 2006）

■ 3. 自己調整学習における自己モニタリングの役割

　自己モニタリングは，目標達成に関する思考，感情，行為の体系的な観察と記述として理解されており，自己調整の核となる要素とされる（Bandura, 1982; Zimmerman, 2000）。Lan（1996）は自己モニタリングを「自身の行為のある側面に対する意識的な注意」（p.101）と定義している。Bandura（1982）は「関連する行為に注意を向けなければ，人は行為の方向性を変化させられない」（p.6）と指摘している。自身の行為を観察することが学習の本質的な要素だと考えた人は他にもいる。Baumeister, Heatherton, & Tice（1994）は自己モニタリングの欠如が自己調整における失敗の中心的な原因だと指摘した。このことを日誌にあてはめると，学習行動を常に記録することは望ましい方向への行動変容につながりうることを意味する（Webber, Scheuermann, McCall, & Coleman, 1993）。次に，自己観察と自己記録の方法としてポートフォリオと日誌を取り上げよう。

　自己観察は学習と自己調整の過程で2つの重要な機能を果たす。1つ目に，自己観察は，現実的な目標を設定し，目標達成における進捗を評価するための情報を提供する。2つ目に，自己モニタリングは自己診断の重要な要素となる。なぜなら，自己モニタリングは変容可能な環境的な要素についてだけでなく，自己の行為についての情報をも提供するからだ。たとえば，状況と思考・行為の間の共変関係を同定できる。最後に，ある行動につながる社会的環境の特徴を知ることができる（Bandura, 1991）。

　自己モニタリングによる学習者の反応性を示す明確な証拠が存在する。ここで，反応性効果（reactivity effect）とは，個人的な記録の結果，望ましい方向へと観察対象の行動が変化することをさす（たとえば，Korotitsch & Nelson-Gray, 1999）。反応性効果は多くの要因によって影響される。これらの要因は，個人の特性，行動，自己モニタリングの性質と種類に関連する（Bandura, 1991）。この文脈において，重要な要因の1つであるのが時間的な近接性である。もし自己モニタリングが観察された行動と時間的に近接していれば，学習と自己調整について連続的な情報が得られる。よって，自己反応的な効果は最も高くなるだろう。自己モニタリングの効果に影響する他の要因は動機づけである。というのも，動機づけが低い人は自己観察による反応を示さないからだ（Bandura, 1991）。

◆◆ a. 自己モニタリングのレベル

　Schmitz, Landmann, & Perels（2007）は，自己調整学習の文脈における自己モニタリングの4つの階層的なレベルを提案した（Carver & Scheier, 2000も参照）。4つのレベルは焦点と範囲が異なっている。1つ目のレベルは，時間管理方略のような，遂行段階における現時点での自己調整過程への従事をさす。もし最初のレベルでの自己モニタリングがうまくいかなければ，方略の調整が行なわれる，2つ目のレベルに移動する。このレベルでは，もはや具体的な行動は，観察と内省の焦点とならない。代わりに，自己調整のサイクル全体，たとえば行動する前の計画，遂行中の段階での方略，遂行後の結果などが焦点となる。しかし，2つ目のレベルの自己モニタリングがうまくいかなければ，3つ目のレベルへと移ることになる。このレベルは，自己モニタリングの数日もしくは数週間にわたる働きにかかわる。次の4つ目のレベルでは，全体的な目標が考慮される。もし行動のパタンが有効でないと気づけば，中・長期的な目標を変化させることになる。中期的な目標の例として，生徒はテストでAをとるという目標からBをとるという目標に変更する。したがって，目標の変化はより上位の調整方略と考えることができる。自己モニタリングの階層モデルの中心となるアイデアは，自己調整と自己モニタリングの過程はこれらの異なるレベルで相互に関連しており，自己調整のある過程は異なるレベルでモニターされるということである。図16.2に自己モニタリングの階層的なレベルを示す。

第4部 ■ 自己調整学習の評価の問題

図16.2 自己調整学習におけるモニタリングの階層レベル（Landmann & Schmitz, 2007）

■ 4. 自己調整学習における日誌の利用

日誌は，多くの理由から，自己調整学習において役に立つ。第1に，日誌は一定の期間にわたる学習過程を測定するツールとなる。また，日誌には自己調整学習を改善するという別の重要な機能もある。つまり，自己調整に対する訓練と組み合わせれば，日誌は新しい課題への転移を促す可能性があるのだ。さらに，反応性効果によって，日誌を完成させること自体，自己調整学習に正の効果をもちうる。標準化された日誌の効果について，以下で詳細を述べていく。

◆◆ a. 学習過程の測定法としての日誌

日誌が自己調整学習の研究において有用だとされる1つの理由は，学習過程を記録し，その結果を評価する測定具として応用されるためである（たとえば，von Eye & Bergman, 2003 参照）。構造化されているため，日誌は学習過程の記録や内省のための自己教示のツールとなりえる。日誌に加えて，学習プロトコル（learning protocols）やポートフォリオも，自身の学習の継続的な記録と内省のための確立された方法である（たとえば，Lan, 1996）。日誌によって，回想によるまちがいや言い繕いなしに学習過程をリアルタイムで記録することができる。Kanfer, Reinecker, & Schmelzer（1996）は，個人的な日誌と外的な観察をともなう日誌の相関を調べ，日誌データの妥当性を検証した。その結果，日誌のデータはかなり正確で信頼性があった。さらに，日誌はその生態学的妥当性の高さからも魅力的な測定法である。というのも，日常的な環境で日誌を書くことができるためである（Schmitz & Wiese, 2006）。

日誌の作成に関して，日誌によって自己調整の全体的なサイクルをとらえることができる。2つの学習の状態を評価するのが望ましい。1つは，行動前の変数を測定するための，学習セッションが開始する前の状態，もう1つは，行動時および行動後の変数を測定するための，学習セッションが終わった直後の状態である。行動時の変数は重要であるが，後で測定した方が学習過程も阻害されない。

日誌の信頼性を測定するためには，心理測定における伝統的な横断的分析（cross-sectional analysis）が必要となる。たとえば，折半法による信頼性の算出は，時系列データの安定性を検証するのに適用できる（Schmitz & Skinner, 1993）。このため，変数を半分に分け，それらの相関をみる。データは測定の時期によって分けてもよいし，偶数日か奇数日かで分けてもよい。内的一貫性を表わす信頼性の例はクロンバックのαであり，さまざまな人に対しても1人の人のさまざまな測定値に対しても適用可能である。個人内の日誌データの信頼性を調べる主要な長所は，さまざまな状況での個人のデータからパフォーマンスの変化につながる状況を同定できることである。

◆◆ b. 自己調整学習の改善法としての日誌

日誌は自己調整過程を測定するためだけに用いられるのではなく，3つの方法でそれを改善するためにも使用される。(1) 日誌によりどう転移が起きたかを調べることができ，自己調整学習の訓練の効果が高められる，(2) 書くことで記録された日誌は，メタ認知的モニタリングの過程を促すことで自己調整学習の能力を増大させる（Korotitsch & Nelson-Gray, 1999），(3) 日誌により日ごとのスキル習得の積み重ねに気がつくことができ，動機づけが向上する。次節からは日誌を分析する方法を述べていく。

■ 5. 日誌の分析法

プロセスに関する研究はおもに変化を扱う（Schmitz, 2006）。前述したように，その基本的な考え方は，自己調整学習は安定した特性なのではなく，変化しうる状態である，というものだ。プロセスの研究によって，一定の時間にわたる個人内の学習の変化を検討できる。加えて，単純な事前 - 事後デザインに比べて，複数の機会にわたりデータを測定することで，学習の発達についてより深い洞察を得られる。日誌により得られる情報を概観するため，次に具体的な分析方法を考えていこう。

◆◆ a. 図示による分析

学習過程は，個人の変化の軌跡やサンプルの累積的な軌跡のように図により表わすことができる。図では，従属変数は縦軸に，時間は横軸に付置される。

i. シングルケース分析

Schmitz（2000）は事例研究のデータの分析にあたり，法則定立的な分析と個性記述的な分析の違いを論じている。彼によると，一般的に1人の事例から個人一般についての結論を導くことはできない。

ただ，日誌のデータを使えば，個別の事例からであっても，自己調整学習のプロセスを正確に記述し，推測統計を用いた分析を行なうことができる（Schmitz, 1990）。Schmitz（2006）は，単純な事前 - 事後デザインではわからない，個人における学習過程についていくつかの質問を投げかけている。たとえば，その学習は連続的に成立するのか，それとも急激な変化をともなうような非連続的なものなのか（その場合，その変化は1回きりか，2回以上か）。平坦な箇所や減退する箇所はあるのか。知識の獲得量は線形ないし2次の傾向といった単純なものとなるのか。ある期間にわたり大きな変動や小さな変動があるのか。質的に異なる学習行動を示すような段階はあるのか。学習行動には日内変動のような一定の規則がみられるのか。これらすべての質問は，個人の学習の変化について洞察を与える時系列データを使用することで回答可能である。一定の時間にわたる単一の過程の分析と同様，2つもしくはそれ以上のプロセスの関係についても時系列分析により分析が可能である。

まとめると，事例研究における時系列データによってさまざまな分析が可能であり，対象となった生徒の学習過程について深い洞察が得られる。スペクトル分析によって変動をとらえたり，相関ないし交差相関（cross correlation）を用いて双方向的または遅れをともなう関係を調べることができる（たとえば，Schmitz, 2006 参照）。以下では，さらに傾向分析，中断時系列分析，多変量時系列

分析を紹介していく。

ii．傾向分析

線形の関係の存在を検証するときには，シンプルに（単）回帰分析を用いることで，測定の時期が予測力をもつかが推定される。線形の関係は正の関係，もしくは負の関係になる。図16.3では，1か月にわたる自己効力感に対して正の線形の傾向が確認できる。線形関係に加えて，そのデータから2次や3次のような多項傾向の有無を検証することもできる。

iii．中断時系列分析（または分割時系列分析）

中断時系列分析は，介入効果を調べるよく知られた分析法である（Campbell & Stanley, 1963）。中断時系列分析によって，介入に効果があるか，介入がどう効果をもたらしているか，介入以外の要因による従属変数への効果がみられるかを明らかにできる（Yaffee & McGee, 2000参照）。この分析のためには，興味のある変数を介入が始まる以前より複数にわたって測定することが必要である。この介入前の時期はベースライン期とよばれる。この段階の後，介入が開始される（従属変数の測定も継続される）。この介入後の時期を介入期とよぶ。中断時系列分析では，ベースライン期と介入期に統計的に有意な差がみられるかが確認される。図16.4では，構造化された日誌を通して30日間にわたり測定された「プランニング」の指

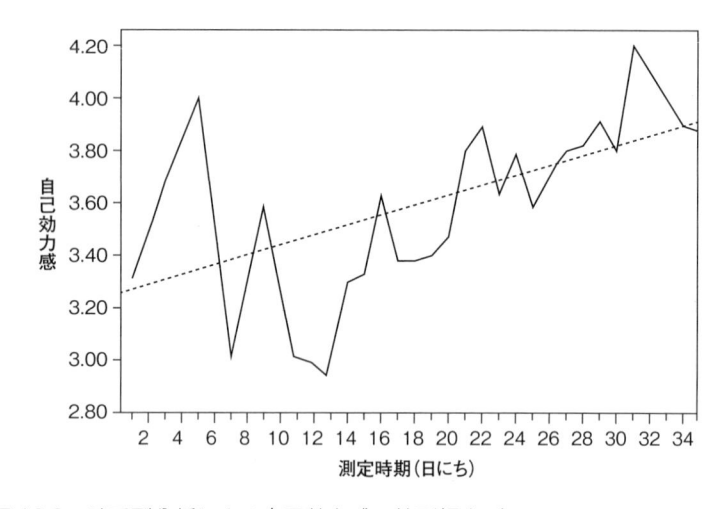

図16.3　時系列分析による自己効力感の線形傾向（Schmitz & Wiese, 2006）

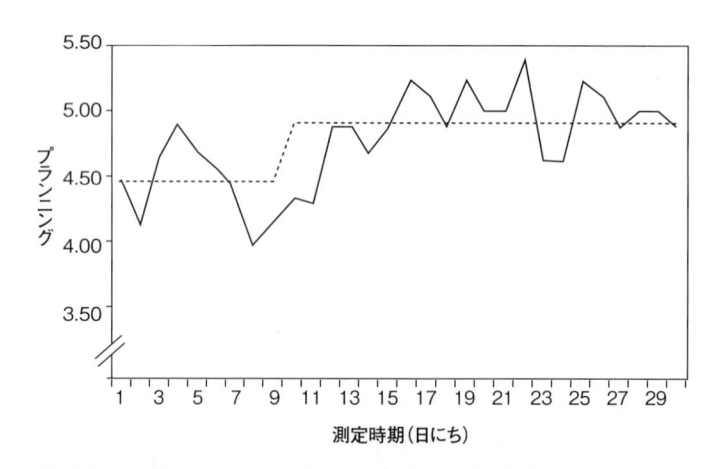

図16.4　プランニングに対する中断時系列分析（Schmidt, 2009）

標における介入の効果が示されている。9日目に，参加者が訓練セッションでプランニングについて学習した。図では，介入期を総計した平均的な増加が破線として示されている。また，介入効果は個人レベルでも調べることができる。

iv. 多変量時系列分析

時系列における2つ以上の変数の類似性を検討する際には，多変量分析が使用できる。たとえば，この分析法を使って，学習期におけるポジティブ感情と理解の関連を検討できる。Schmitz（2006）を例に取り上げてみよう。もしポジティブ感情がより高い動機づけやより積極的な学習につながるのであれば，その結果理解が高まり，傾向直線は正の関連を示すだろう。もしポジティブ感情によって詳細情報への注目が阻害され，分析的思考が低下するのであれば，理解は低まり，傾向直線は負の関連を示すだろう。図16.5では，2人の参加者の個人内の関連が示されている。

研究協力者 f は，ポジティブ感情と学習した内容の理解の間に正の関連がみられた（$r = .72^{**}$）。一方，研究協力者 g の相関は $r = .00$ であった。Schmitz（2006）は，2人の研究協力者には異なるメカニズムが想定されると指摘している。時系列分析でなければ，こうした結果は検出できなかっただろう。2つの時系列間の類似性であれば，単純にピアソンの相関係数を指標とすることができる。時系列分析では，2つの時系列間の関連は「交差相関」とよばれる。また，時系列分析の1つの重要な応用として，単純な相関関係では明らかに

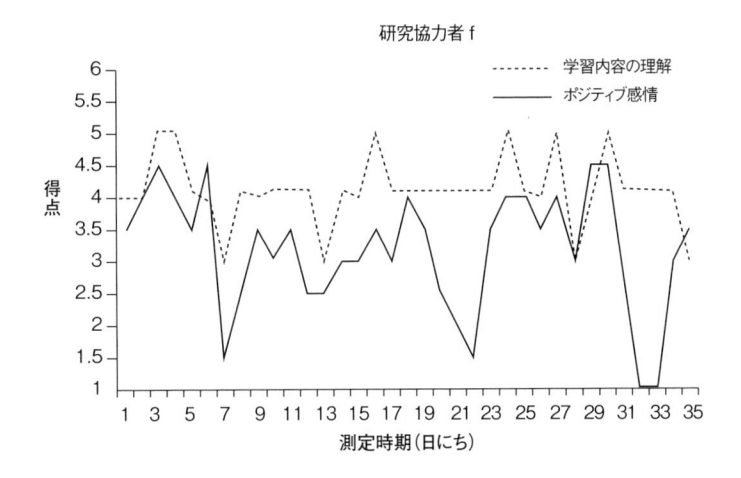

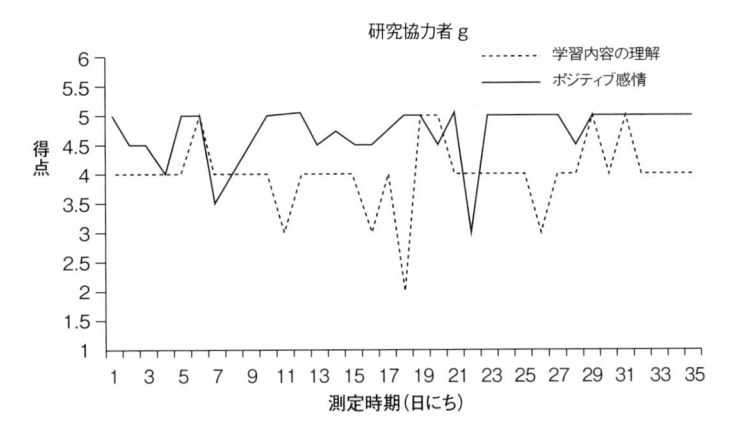

図16.5 2人の研究協力者における教材に対するポジティブ感情と理解の2変数の軌跡（Schmitz, 2006）

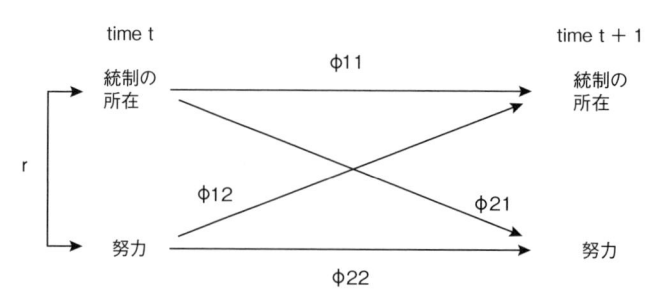

図 16.6　統制の所在と努力のダイナミックな相互関係のスキーマ図（Schmitz, 2006）

できない，因果やダイナミックな交互作用を検出できることがあげられる。こうした分析では，時間軸の早い時期に起こった出来事が後の出来事に影響を与える，ということが前提とされる。さらに，時間的なズレのある交差相関（lagged cross-correlation）を用いれば，たとえば，統制の所在と努力がどう関連しているのかを明らかにするといったように，因果関係に迫ることができる。図 16.6 では，スキーマ図としてありうる因果関係が示されている（詳細は Schmitz, 2006）。

■ 6. 標準化された日誌法を用いたプロセス研究

本節では，日誌法を用いた研究例として Schmitz & Wiese（2006）を概観する。ここでは，学習とは，状態の連続からなるプロセスとみなされる（2 節 a を参照）。さらに，自己調整のモデルが，研究が依拠する理論的背景となる（2 節 b を参照）。研究では，自己調整学習の改善および測定のために日誌法が用いられた。そのため，自己モニタリングが重要な役割を果たすと考えられた（3 節，4 節 a，4 節 b を参照）。以下，簡単に研究の方法を述べる。これにより，読者は，大学生に対して日誌法を用いた研究がどう実施されるかわかるだろう。

時系列のうち，自己調整の 3 つの側面が検討されるべきである。すなわち，(1) 自己調整モデルの異なる構成要素間の相関，(2) 自己調整にかかわる変数の経時的な変化を調べる傾向分析，(3) 各要素の訓練の効果を調べる中断時系列分析。総計で，49 名の学生が参加し，実験群（$n = 25$）と統制群（$n = 24$）に無作為に割りつけられた[☆1]。実験群は，4 週間にわたり 2 時間のセッションの自己調整訓練を受け，毎日学習日誌をつけることを求められた[☆2]。統制群は，事後テストの後に簡易版の訓練を受け，日誌はつけなかった。続いて，実験群の参加者は日誌をつける手続きを説明された。日誌は，各訓練セッションの初めに回収され，次の週用の日誌はセッションの最後に手渡された。日誌は学習のプロセスを記録するだけでなく，学んだ内容の転移を促す目的でも実施された。各訓練セッションの内容および事前と事後に実施された測定についての詳細は Schmitz & Wiese（2006）を参照してほしい。日誌には 4 件法のリッカート尺度のほか，訓練プログラムの要素に関する自由記述式の質問が複数含まれていた。各日誌は学習前の質問と学習後の質問から構成された。訓練開始の 1 週間前にはベースラインを測定するため，そしてその 1 週間後には介入期のデータとして，これらの質問に対する回答が収集された。測定時に用いられた項目の大多数は新たに作成された。自己調整の特性に関する既存の測度を参考に，時間の観点から表現を変えた。プランニングを例にとると，「どのようにしたら効果的にできそうかを考える」（「めったにしない」から「いつもする」まで）という特性的な表現を，「今日，どのようにしたら効果的にできそうかを考える」（「まったくあてはまらない」から「非常によくあてはまる」まで）というように状態を表わす表現に変更した。表 16.1，表 16.2 に学習の前後で用いられた日誌の一部を示した。

結果と考察の詳細は Schmitz & Wiese（2006）に詳細に記されている。要約すると，交差相関の

表16.1　日誌の抜粋（学習を始める前）

尺度	パートⅠ：学習前
	日誌ID：＿＿＿＿＿＿　日付：＿＿＿＿＿＿　時間：＿＿＿＿＿＿
	今日学習するつもりですか。
	（　）はい。→以下のすべての質問に回答してください。
	（　）いいえ。→簡単にその理由を述べてください。：＿＿＿＿＿＿＿＿＿＿＿＿＿＿
	感情に関する以下の質問に回答してください。
	今，どのような気持ちですか。
ポジティブ感情	やる気がある
ネガティブ感情	いらいらする
ポジティブ感情	集中している
ネガティブ感情	心配だ
学習目標	なるべく具体的に今日の学習目標を述べてください。
	今日の私の学習目標は：＿＿＿＿＿＿＿＿＿＿＿＿＿＿＿＿＿
	次の記述にあてはまりますか。
内発的動機づけ	今日勉強するのは，トピックがとても興味深いからだ。
外発的動機づけ	今日勉強するのは，次のテストでよい点をとるためだ。
自己効力感	自分の能力に自信があるので，今日学習時，困難に直面しても落ちついていられる。
プランニング方略	今日，どのようにしたら効果的にできそうかを考える。
（以下略）	

表16.2　日誌の抜粋（学習を終えた後）

尺度	パートⅡ：学習後
	今，どのような気持ちですか。
ポジティブ感情	やる気がある
ネガティブ感情	いらいらする
ポジティブ感情	集中している
ネガティブ感情	心配だ
	学習の結果をどう評価しますか。
全体の学習時間	今日どの程度学習しましたか。＿＿＿＿時間＿＿＿＿分
効果的な学習時間	そのうち効果的に学習できたのはどの程度ですか。＿＿＿＿時間＿＿＿＿分
目標達成度	学習の前にあげた目標を達成しましたか。
	（　）はい　　（　）いいえ
学習結果の質	今日学習した内容をとてもよく理解した。
学習結果の量	学習を開始した材料のどの程度を実際にマスターしましたか。
	＿＿＿＿パーセント
満足度	今日の学習結果に満足している。
自己内省	明日の学習目標を達成するため，今日より何がうまくできそうですか。
	次の記述にあてはまりますか。
（以下略）	

結果から，介入を表わす変数によって学習時間と学習の成果を表わす変数をうまく予測できることが明らかにされた。さらに，中断時系列分析の結果，異なるセッションの訓練内容のほとんど（具体的には時間管理，プランニング，先延ばし，集中）に統計的に有意な介入効果が認められた[☆3]。加えて，傾向分析により，ネガティブ感情の減少や動機づけと自己効力感の向上など，いくつかの変数において正および負の線形関係が確認された[☆4]。

次の節では，教育実践に対する日誌法の応用について議論する。

■ 7. 日誌法の教育実践への応用

教育実践のさまざまな段階（小学校から大学まで）において日誌法を使用する上で，いくつかの長所と限界が考えられる。

◆◆ a. 日誌と時系列アプローチの長所

本節では，プロセスデータを扱う，日誌と時系列データアプローチの一般的な長所について述べていく。日誌は，一連の連続的な状態を測定できる方法だといえる。連続的な状態を測定することで，（とくに短期間で生起する）変化をとらえることが可能となる。日誌は，学習における小さな向上も検出でき，個人における学習過程の理解につながる。日誌では，実際の学習の間に質問に回答できるため，高い生態学的妥当性を確保できる。測定の正確さについても，日誌は行動が生起した直後に測定が行なえるため，回顧的なバイアスの影響を受けがちな要約的測定よりも，高い正確さが期待できる。

◆◆ b. 日誌と時系列アプローチの限界

最初の限界点は，自己報告に依存していることである（Veenman, Van Hout-Wolters, & Afflerbach, 2006などを参照）。2つ目の限界点は，参加者へのコンプライアンスが必要であることに起因する。コンプライアンスが十分でないと，途中での脱落率が高まり，データの外的妥当性が低減してしまう。3つ目に，日誌に回答することが反応効果を生んでしまう。たとえば日誌に一日の進捗を報告するよう求めることで学習の必要性を思い出してしまうかもしれない。日誌を書くことで生じる学習の変化は介入という観点からは望ましいものだが，測定と介入の効果が交絡してしまうこととなる（Schmitz, 2006）。4つ目は，妥当性が学習者の動機づけや文章産出スキルに依存することで，たとえば参加者の動機づけが高い場合，報告されるデータの質は高くなり，書くことの苦手な人ではデータの質が低くなるかもしれない（Spörer & Brunstein, 2006）。日誌のフォーマットを標準化することで，後者の問題は多少回避できる。また，日誌のこれらの限界を補うため，行動指標やアーカイブ，生理的な指標などの他のデータを含めることができよう（Fahrenberg, Myrtek, Pawlik, & Perrez, 2007を参照）。これらの限界は重要であるが，日誌の利用によって得られる長所はこれらの短所を凌駕すると思われる。

◆◆ c. 自己調整学習の異なるフィールドへの応用

ⅰ. 大学

日誌は，さまざまな教育段階に適用されてきた。本章で使用した日誌は大学の学生に対してデザインされたものであった（Schmitz & Wiese, 2006）。日誌には，経済学を専攻する学生の，日々の学習行動に関する質問が含まれていた。結果では，動機づけ方略に加え，学習方略への効果も示された。

ⅱ. 小学校と中学校

日誌法の研究の大半は，小学校と中学校を対象に行なわれてきた。Perels & Schmidt（2009）は，自己調整学習と宿題の遂行を促すため5年生に訓練を実施した。彼らが行なった課外学習は日誌によって測定され，学習の前，間，後にわたって生徒は日誌をつけた。その結果，自己調整訓練は彼らの自己調整学習行動を改善した。また，その学習過程を分析する上でプロセスアプローチは適切な方法であった。Perels, Otto, Landmann, Hertel, & Schmitz（2007）では，プロセスの観点からの自己調整の分析が試みられ，中学2年生を対象とした介入研究が評価された。

■ 8. 展望

自己調整学習を評価するツールとして日誌を用いる上での展望として，ターゲットとする集団を拡張すること，日誌の新しい分析法，そして日誌の異なる形態の開発をあげる。

◆◆ a. ターゲットとする集団の拡張

自己調整スキルは生涯学習に不可欠である（de la Harpe & Radloff, 2000）。日誌は自己調整過程を評価し高める有用な道具である。しかし，日誌の使用は今日まで限定されてきた。さらに，ターゲットを広げることを考える必要がある。近年の介入研究として，Perels, Merget-Kullmann, Wende, Schmitz, & Buchbinder（2009）は，幼稚園の教師を対象に，自己調整学習のプロセスを育成する訓練を実施した。複数の週にわたり，幼稚園の教師の自己調整を評価するのに日誌が使用された。その結果，訓練に参加した教師のクラスに在籍する幼児の自己調整学習に加え，幼稚園の教師の自己調整にも有意な改善が認められた。

生涯学習の観点から，自己調整は子どもや学生だけでなく，大人にも必要である。Schmidt（2009）は，大学院生の自己調整を育てる訓練を実施した。加えて，これらの結果から，成人の自己調整過程のモデルが提案された（詳細は Schmidt, 2009 を参照）。Haberstroh, Franzmann, Krause, & Pantel (in press) は，日誌を用いて，高齢者介護に従事する看護師のコミュニケーション訓練のプログラムを開発，評価した。これらの例からもわかるとおり，日誌はさまざまな対象者の自己調整を高めるのに使用できるのである。

◆◆ b. 日誌を分析するためのさらなる方法

Schmitz（2006）は，プロセスアプローチの長所の1つとして，個人の自己調整学習の過程だけでなく，集団のそれも分析できる可能性を指摘している。日誌により収集した自己調整学習のプロセスデータを分析できる他の統計的手法として階層線形モデリング法（HLM）があげられる。HLMを用いれば，横断的なモデルや縦断的なデータも分析が可能となる（詳細はたとえば Raudenbush & Bryk, 2002 を参照）。

◆◆ c. ウェブベースの日誌

最後に，紙と鉛筆だけでなくウェブベースの日誌を用いることもできる。日誌の種類の違いについては現在も長所と短所に関する議論が続いている。1つの論点は，参加者が日誌をきちんとつけてくれるのかという点である。Broderick & Stone（2006）は，紙と鉛筆の日誌についていくつかの論点を述べている。また，Green, Rafaeli, Bolger, Shrout, & Reis（2006）は，紙の日誌と電子上の日誌を比較し，2つの方法には少しの違いしかみられなかったことを報告している。

■ 9. 結語

日誌は学習の状態を測定できる柔軟な方法である。日誌によって日常生活における心理的な変数を調べることができる。日誌を用いれば，生態学的妥当性の高いデータを収集，分析できる。さらに，高度な統計法によって自己調整学習のプロセスをとらえ，分析できる。今後，自己調整学習のプロセスを測定，改善する上で日誌が有用な方法となるのは明白であろう。

【訳注】
☆1：実際には，分析対象となったのは $n = 21$, $n = 19$ の参加者であった。
☆2：訓練の焦点とされたのは4つの方略で，それぞれ目標設定（1週目），メタ認知的方略（時間管理，先延ばし，プランニング）（2週目），行動的自己動機づけ方略（3週目），認知的自己動機づけ方略（4週目）であった。
☆3：なお，目標設定と行動面での動機づけでは介入効果が認められなかった。
☆4：自己調整モデルの要素間の関連については本文中に記されていないが，Schmitz & Wiese（2006）では，介入の焦点となった目標設定，メタ認知方略，動機づけは，学習時間や学習の質に対して総じて正の影響を示したとされている。

第 17 章　援助要請研究における方法論とアセスメントの問題

Stuart A. Karabenick
University of Michigan

瀬尾　美紀子（訳）

　援助要請は自己調整学習における重要な学習方略の1つである（Butler, 1998, 2006; Karabenick, 1998; Karabenick & Newman, 2006, 2010; Nelson-Le Gall, 1981, 1987; Pintrich & Zusho, 2002; Ryan & Pintrich, 1997; Zimmerman & Martinez-Pons, 1990; Zusho, Karabenick, Bonney, & Sims, 2007）。他の方略（たとえば，リハーサル，体制化，精緻化；Zimmerman, 2008 を参照）の有効性と同様に，必要なときに援助を得ることは，学習のつまずきを乗り越えることができ，成績を改善することができる。とくにリハーサル，体制化などの方略が成功しなかったときに。しかしながら，援助を要請することはかなりコストのかかることでもある。つまり，援助を提供する人に対してきまり悪く思ったり負い目に感じ，援助要請の使用をしなくなる。実際，初期の援助要請研究は「なぜ必要な場合にも生徒は援助を要請しないか」といった疑問によって進展した（Dillon, 1988; Good, Slavings, Harel, & Emerson, 1987; Newman & Goldin, 1990）。その質問に対処することは，援助要請を行なうかどうか，何のために行なうか，だれに行なうかということを決定する人的要因と状況要因を理解するための理論的，実証的な努力を促した。本章では，援助要請プロセスにおける方法論に焦点をあてることによって，援助要請研究のレビュー（Karabenick & Newman, 2006, 2008, 2009, 2010）を完全なものにする。近年の技術革新としてのテクノロジーが媒介する知的な学習文脈における援助要請は，援助要請に対する態度や信念，そして援助要請自体の社会相互的位置づけに対する示唆をもたらす。

■ 援助要請プロセス

　いくつか提案されているモデルでは，援助要請は意思決定と行動からなるプロセスとして述べられている（Aleven, McLaren, & Koedinger, 2006; Gross & McMullen, 1983; Nelson-Le Gall, 1981; Newman, 1990, 1998a, 1998b）。これらのモデルによると以下のプロセスとなる。(a) 改善が必要な問題を発見する。(b) 必要とされる援助を定める。(c) 援助を要請することを決定する。(d) 援助要請の目的や目標を立てる。(e) だれに援助を要請するか決定する。(f) 援助を求める。そして，(g) 要求された援助を得る。手続きは援助を受け取ることによって完結する。ステップは必ずしも逐次的というわけではない。たとえば，援助をしてくれる人（たとえば，クラスメートや教師）を考えることは援助要請の決定よりも前に来るかもしれない。学習者はプロセスの一部に気づいていないこともある。そのことは援助要請の決定にかかわる要因を査定するために用いられる自己報告に対して示唆を与える（Fulmer & Frijters, 2009; Winne & Hadwin, 1998; Winne & Perry, 2000）。場合によっては，援助要請が必要性よりも他の理由（たとえば気に入られる目的など）で行なわれるように，いくつかのステップはスキップされる。こ

のような例外があるにせよ、プロセスモデルは研究や方法および査定の問題を明確にする上で，有用な枠組みを提供してくれる。

◆◆問題はあるか？

学習者は理解や成果のレベルが不満足か判断したり，あるいは要求された学習（たとえば，問題集や学期の総復習を仕上げること）のつまずきを通して，問題があるかどうかについて決定する。不満足は絶対的なレベルによってだけでなく，開始点との比較や，要求されるレベルあるいは基準との比較にも依存する。学習プロセスのモデルはたとえば，「現時点での学習状態」と「学習基準」との間の乖離に着目する（Dunlosky & Hertzog, 1998; Nelson & Narens, 1990）。生徒たちが問題を自覚化するかどうかは，小学校の初期のころからの社会的比較によっても決まる（Frey & Ruble, 1985）。社会的影響のほかの形式は，（講義中に）提示された学習内容について，仲間（たとえばいっしょに学習する仲間）が疑問をもったことに，生徒が気づくときに起こり，自分自身の理解に対する自信を低下させる（Karabenick, 1996）。理解に対する自信は学習仲間の追加質問にともなってさらに減少する。

援助要請研究に対する方法論的な課題は，学習者が問題があると**思っている**かどうかを判断することである。実験研究では失敗経験の頻度を操作したり，低い成績になるくらいむずかしい課題を提示したりする（たとえば，Butler & Neuman, 1995; Karabenick & Knapp, 1998a; Newman, 1998b; Newman & Schwager, 1993）。そうした援助要請研究による知見は，学習者の自己報告に基づく分析を保証できるほど十分なつまずきのバリエーションが，たとえ成績が同じであっても存在することを示している（Nelson-Le Gall, Kratzer, Jones, & DeCooke, 1990）。（教師や親による）観察研究は学習者が問題を抱えているかどうかの信頼できる推測結果を提供できるものの，統制群がないという非実験的な場面（たとえば，教室研究）であることによって，さらなる課題を抱えている。

◆◆援助は必要か？

援助の必要性は，一般に，問題があるかどうかに比例する。問題を認識することが援助の必要性を知覚することと解釈するかどうかは，課題を成し遂げるための個人のリソースが十分ではないか，あるいは1人である一定のレベルへ到達することができるかを判断することに依存する（Nelson-Le Gall, 1981）。このことは，自己調整のほかの形式が成功するかどうかを含んでいる。援助の必要性を認識することは，問題がなぜ存在するかについての帰属による（Ames, 1983）。たとえば，もし学習者が過去の失敗を努力が十分でなかったためと帰属すれば，援助の必要性を認識することは少なくなり，より一生懸命取り組むことによって改善しようとするだろう。もし失敗したのは目標を達成するための能力が欠けていたからだと学習者が信じていれば，より大きな援助の必要性が示されることだろう。

生徒が援助を必要だと考えていることを推測する上での方法論上の課題は，学習者が問題があると考えているかを，成果のレベルや自己報告に基づいて観察から推測して判断する方法論上の課題と類似している。自己報告による援助の必要性は一般的に信頼できて，成績と逆の関係を予測する（Karabenick & Knapp, 1988b）。しかし，援助要請のレベルに基づく必要性を推測することは，より複雑である。そうした研究では，大学生の援助要請は，学業成績の低下にともなって増加するが，非常に低い成績の場合には減少した。高い必要性にもかかわらず援助要請が低い割合であることは，生徒の低い動機づけが原因であることを示唆している。

必要性と援助要請の非単調的な関係は，実際の援助要請と援助要請の意思との根本的な区別を強調した。「よりよい」生徒は，あまり援助を必要としないが，必要になったときにはより援助を要請するという重要な証拠がある（Karabenick & Knapp, 1991; Wood & Wood, 1999; Zimmerman & Martinez-Pons, 1990）。別の心理学領域のように，条件的な情報——すなわちどんな人がある状況下でそうするか——の方が，観察された行動や自己

報告よりも重要である。援助要請研究は，援助要請の意図を査定するように構成された記述（たとえば，「もし問題がわからなかったときに私は先生に尋ねる」）に対する生徒の反応を利用するようになってきている。この査定方法は，適切に設定された意図は，幅広い領域における一連の行動を予測することができるという知見に基づいている（Fishbein & Ajzen 2010）。

◆◆援助を要請すべきか，それはなぜか？

プロセスモデルは援助要請を，そのコストと利益を秤にかける意思決定として位置づけている（Nadler, 1998; Newman, 2002, 2008; Karabenick & Newman, 2009）。援助のタイプによるが，利益には，成功の可能性を増すこと（たとえば，課題を完了することやより高い成績を収めること）や，新しいスキルや知識を身につける機会，あるいは努力を減らすことが含まれる。力不足であることを実感することや（援助要請を）表明することによる恥ずかしさは援助要請のおもにネガティブな結果である（Nelson-Le Gall, 1981; Shapiro, 1983）。ほかのコストは，援助者に対する負い目や，援助要請に必要な努力や時間である（Fisher, Nadler, & Whitcher-Alagna, 1982）。学習者は援助要請しない利点とコストについても秤にかける。たとえば，「自分でやる」学習者は失敗しても，主体性に対する賞賛を見込んでいる。

援助要請の利益とコストは援助要請の目標による。道具的援助要請は，方略的，適応的あるいは自律的とよばれることもあるが（Butler, 1998; Karabenick, 1998; Nadler, 1998; Nelson-Le Gall, 1981, 1985; Newman, 2000; Ryan, Patrick, & Shim, 2005），理解を進めたりスキルを発達させるために計画され，長期的に援助の必要性を減少させるという利点をもつ。反対に，即効的援助要請，あるいは不必要でその場限りの必要以上の適応的でない援助要請（Arbreton, 1998; Butler, 1998; Nelson-Le Gall, 1981, 1987）を行なう学習者は，だれかに（たとえば問題の答えを提供してくれる人）作業を押しつけることによって得をするが，そうしたからといって以降の援助要請にかかるコストは減らない。

援助要請の目標は，援助要請に対する理由の自己報告を用いて直接的に査定される。目標は学習者がヒントを求めるか答えを求めるかという，学習者の選択から推測される（Aleven et al., 2006; Nelson-Le Gall, 1987; Nelson-Le Gall, Gumerman, & Scott-Jones, 1983）。Newman & Schwager（1993）では，プロセスに関連した情報（説明や不明点の明確化）を子どもが求めることや，最終的な答えの確認は，適応的な援助要請の例として分類される。正しい答えを求めること，理解できていないことを示す発言をしたり，課題に関連しない情報を求めることは不適切な援助要請（たとえば，昼ごはんの時間かどうか尋ねること）と考えられる。Butler（1998）は学習者が援助要請を行なう前の時間の長さを自律的援助要請の指標として用いた。

教師は，生徒の援助要請エピソードの経験に基づいて，生徒の援助要請を適切，依存的，回避に分類することができることが示されている（Ryan et al., 2005）。そうしたエピソードは，生徒が援助を要請しているかどうかだけでなく，質問形式の内容を含んでいる。たとえば，質問は開かれた形式で回答可能なものか，あるいは取るに足りないものか（たとえば，あちこちで聞かれる「テストのためにわかっておく必要があるか？」），また（はい，いいえで回答できる）閉じた形式のものか（たとえば「7は2進法では111と同じか？」）（Dillon, 1998; van der Meij, 1998）。教師がそうした判断（適切，依存的，回避）を行なう証拠をどのように選択して判断しているか確定するためには，今後の研究が必要である。

現在の援助要請研究は主として自己報告による目的や目標によるものである。「このクラスで援助を得ることは，自分にとって問題を解くためあるいは学習内容を理解するために使う，基本的な原理についてもっと学ぶための方法である」といったような発言は，道具的援助要請を査定するために使われる。一方，「このクラスでもし援助を要請するとしたら，必要な答えをすばやく得ることができればと思う」といった発言は，即効的援助要請を示す（Karabenick, 2003, 2004; Wolters, Pintrich, & Karabenick, 2005）。前に議論したように，そうした言い方は，援助の必要性に対してコ

ントロールするため，条件に応じて表現される。

関連するアプローチのなかで，Butler（1998）は，他の人がなぜ援助要請を行なったり行なわなかったりするかに関する原因帰属をもとに，3つの援助要請の志向性を投影的に査定する方法を提案している。自律的援助要請は，自力で成功するために作業する学習者が，必要なときにヒントや説明を求めることである。能力に注目する学習者は，恥ずかしい思いを避けるために援助を要請しないが，失敗しないことを確保するためには援助を要請する。つまり，彼らは隠れ援助要請を行なう（たとえば，答えをカンニングする）。その場しのぎの志向性をもつ学習者は，取り組むに値しないと考えると援助を要請しないが，すばやく課題を完了したい場合には援助を要請する。

目標あるいは理由は，援助要請をすることとしないことのコストと利益に関する信念を査定するために使われる項目の構成に役立てることができる。たとえば，幼い子どもが使う項目には「読み方（あるいは算数）で先生に質問することは自分の学習に役立つ」や「自分が質問したら先生は自分のことをばかだと思うだろう」というものが含まれる。それぞれ援助要請の利益とコストを表わしている（Newman & Goldin, 1990）。最近 Butler（2007; Dickhauser, Butler, & Toenjes, 2007）は，「専門家のアドバイスを得ることは，よりよい教師になるための助けになる（つまり自分が疲れ切るよりも援助を求めたほうがよい）」といったような，援助要請の有用性の項目に関する教師の認知を査定している。コストについては「援助を要請することは弱点を示すことである」「よい教師は援助を要請しない」といった項目で測定している。

尺度と尺度を構成する項目は，領域（たとえば数学，読解）や文脈（たとえば教室や家庭，寮，チュータリングセンター），援助のソース（たとえば，教師，家族，友だち）を考慮に入れると，一般性や特殊性の度合いが変わってくる。よく構成された項目と尺度は，予測されるべき変数の一般性あるいは特殊性と適合する（Fishbein & Ajzen, 2010）。多くの例において，教室レベルあるいはコースレベルがある。

◆◆だれから援助を受けるか？

学習者にとって利用可能な援助のリソースは，彼らが援助を要請するかどうかとどのような援助を要請するかというタイプに顕著な影響を与える。ある文脈においては，そうしたリソースがほとんどいないか，いても1人ということがある一方で，別の文脈では援助を与えられる人が限りなくいるということもある。さらに，基本的に自己決定される他の学習方略（たとえば体制化やプランニング）の効果とは異なり，援助要請の効果は提供される援助の質と援助提供者との関係性の性質に依存する（Nelson-Le Gall & Gumerman, 1984）。援助の提供者を分類する1つの方法は，提供者がフォーマルに定義づけられた役割をもつかインフォーマルかどうかである。教師のようなフォーマルな援助者は，生徒や友だちなどのインフォーマルな援助者よりも，より専門性のある有用な情報をもっているが，インフォーマルな援助者の方が利用しやすく，批判的ではないだろう。

低学年の子どもたちの援助要請は，教師が彼らのことを好きである，と子どもたちが思っているかどうかに依存し，小学校では他の生徒からよりも教師からの援助を好む（Newman & Schwager, 1993）。1, 2年生の子どもたちは，友だちや教師から援助を受けるとき，居心地が悪いと感じるようになる。そして，その次の段階では，教師よりも仲間のほうが援助要請した場合に自分のことを「ばか」だと思うだろうと信じ始める（Newman & Goldin, 1990）。協働的なグループにおいて社会的な関係性により注目する生徒は，仲間からの援助に頼る傾向がある。一方で，学業における成功に注目する生徒は，彼らがより権威のあると考える教師の援助を好む（Newman & Gauvain, 1996）。低学年の子どもたちの援助要請研究に関する方法論的な課題の克服として，シナリオの使用について述べられることが多い。シナリオが用いられた研究は今日までなかったが，指人形の使用（より近年では技術ベースのシミュレーションによって）はアセスメントとして期待できる方法になり得る（たとえば，Neitzel, & Stright, 2004）。

能力について子どもがどのように概念化してい

るかということに関する発達的変化もまた，援助要請に影響を与える。子どもたちが，賢い仲間と能力がない仲間の見分けを行なうようになるのである（Newman, 2000）。能力が低いことに関する懸念は，競争や成果がより強調される中学校においてより広くみられる（Eccles & Midgley, 1989）。中学校における友だちの承認に対する不安が増加することが，そうした考えをより悪化させる（Ryan & Pintrich, 1997; Ryan, Pintrich, & Midgley, 2001）。成功に価値を置くピア・グループの生徒たちはそうした懸念を改善することができるけれども，中高生は援助要請の利益と社会的コスト（仲間以外のだれかから援助を受けること）のバランスを取ることに直面している。たとえば仲間が，「賢くみえること」がないようにと圧力をかけてくる場合にはとくにそうである（Wentzel, 1996）。こうした懸念は高校の間も続く。援助者の候補の数は，とくにフォーマルな援助者候補の場合，中等教育以降の環境において増える。学生チューターや院生のような準公式的な援助者もある。学部生はフォーマルな援助者よりもインフォーマルな援助者に援助要請を行なうことが示されている（Knapp & Karabenick, 1988）。

援助要請プロセスにおける援助者の問題の重要性のために，どのように援助のリソースの人員配置を認知しているかについて査定することによって，援助要請を理解することができ，近年では，Luckin（in press）の「利用可能な支援範囲（ZAA: Zone of Available Assistance）にあるより能力あるパートナー」という考え方も概念化されている。構造化された調査に加えて，必要な場合にだれから援助要請を受けるかを教師が生徒に尋ねるというように，そうした情報を得るためのあまりフォーマルではない方法も役立つだろう。とくに，より低学年の子どもにとって利用可能な援助資源を決定するということに対して得るところは大きい。

■ **グループにおける援助要請**

援助は生徒が協同学習や協働学習に参加しているときにも有用である。他のメンバーの経験や知識あるいはスキルを利用するかどうかは，援助要請に関連する彼ら自身の特性によるし，グループのプロセスが援助要請をサポートするかどうかによる。具体的には，尋ねることを促進したり強化したり，欠点を暴露されることに対する不安を和らげることによる。グループ内での援助要請の頻度や形式について検討された数少ない研究の1つとして，Webb, Ing, Kersting, & Nemer（2006）は教室での小グループ活動を調べる技術を開発した。彼らの分析は援助を与えることと受けることとの関連と，援助を受けるための下位プロセス，そして学習成果に援助要請が与える影響に着目した。おもな結果として，グループ活動の利点はあるものの，グループのネガティブなプロセス（たとえば，いやがらせや侮辱）が援助要請の減少と結びついている。援助要請に対するグループプロセスの役割を理解することの利点としては，他者と共有された調整や他者による調整に関する研究を拡張していくことに役立つと考えられる（Järvelä, Volet, & Järvenoja, 2010; Vauras, Iiskala, Kajamies, Kinnunen, & Lehtinen, 2003; Volet & Ang, 1998）。

■ **援助要請パターンとタイプ：変数中心のアプローチと人物中心のアプローチ**

援助要請に対する近年の方法論的アプローチは，援助要請プロセスのいくつかの段階を結びつけた明確化されたパターンによって構成される（Karabenick, 2004）。変数中心の分析では，互いに独立な援助要請の次元を明らかにした。(a) 接近パターン：教師からの道具的援助を要請する傾向，(b) 回避パターン：援助要請に対する脅威や，回避意図，そして，即効的援助要請，Butler（1998）による教師に見いだされたものと類似したパターンである。

人物中心のアプローチを用いると（Karabenick, 2003），生徒たちは次のグループに分類できる。(a) 方略的／適応的でフォーマルな生徒たちは教師からの道具的援助を要請することにおいて比較的高いレベルである。(b) 方略的／適応的でインフォーマルな生徒たちは道具的援助を要請することに

おいて同様に高いレベルであるが，教師からの援助を要請しない傾向にある（より仲間からの援助を要請する）。反対に（c）回避グループは援助要請の脅威や回避そして即効的援助要請について比較的高いレベルを示し，他の指標は中くらいである。(d) 非方略的グループはすべての指標が低い。興味深いことに，回避クラスターの生徒たちの割合は，教師によって回避傾向と判断された中学生の割合とほぼ同じである（Ryan et al., 2005）。クラスターは注意してみる必要があり，そうした分類は母集団とサンプルに依存する。

◆◆個人特性と文脈特性の効果

個人特性

より適応的な動機づけプロフィールをもつ生徒たち（つまり，より自己効力的で，コースの学習に高い価値と大きな内発的動機づけをもち，一般的に高い自尊感情と低いテスト不安をもつ）は，必要なときにより援助を要請しようとする（Karabenick & Knapp, 1991）。同様に，道具的／適応的援助要請は，熟達的志向の生徒たち，つまり達成目標が理解や自己改善に方向づけられた生徒たちの間でよくみられる（Arbreton, 1998; Butler, 1998; Butler & Neuman, 1995; Karabenick, 2003, 2004; Newman, 2002; Pintrich, 2000; Ryan, Hicks, & Midgley, 1997; Ryan et al., 2005; Ryan & Pintrich, 1997, 1998; Skaalvik & Skaalvik, 2005）。有能でないことを示すことに関する懸念は（たとえば，遂行回避志向），必要な援助も要請しないことにつながる。遂行志向の生徒が援助を要請する場合には，間に合わせ的あるいは即効的な援助要請の形式を取ることが多い。

中学生・高校生と大学生の達成目標志向性と援助要請プロセスの構成要素との相関は，表 17.1 に示している（Karabenick, 2004; Karabenick, Zusho, & Kempler, 2005 に基づく）。一般に，道具的援助要請は生徒たちの熟達目標と関連する。教師への援助要請（つまりフォーマルな援助要請）は遂行接近目標と関連する。つまり，仲間よりもよくできるという能力に関することがらと関連する。援助要請に対する脅威や回避，即効的援助要請（つまり回避パターン）は，熟達回避目標（つまり内容を習得できない懸念；Elliot & Thrash, 2002）や，あるいは遂行接近および回避目標と関連する。したがって，達成目標が能力に関する懸念を大きく反映して内容の習得とは関連しない場合や，あるいは仲間と比べて成果が劣る生徒は，援助を要請しようとしないか，したとしても即効的な援助要請（たとえば作業回避的）を行なう。

これらの知見は，教師によって判断された知見と一致している。つまり，より適切な援助要請を行なう生徒は，援助要請に回避的な生徒と比べて，より熟達的でかつ遂行回避的ではない（Ryan et al., 2005）。さらに，Ryan et al. (1997) による革新的な研究では，小学生の親和目標（友情を発展させたい欲求，熟達目標と同一構造のもの）や，社会地位的目標（社会的イメージに対する懸念，遂行目標や能力目標に類するもの）を査定している。予測通り，親和目標は援助要請に対する脅威や回避と負の関係を示した一方，社会的地位目標は援

表 17.1 中学生・高校生と大学生の援助要請と達成目標志向性の関連

援助要請の構成要素	熟達接近		熟達回避		遂行接近		遂行回避	
	中・高生	大学生	中・高生	大学生	中・高生	大学生	中・高生	大学生
道具的援助要請を目標とすること	.26	.32	na	−	−	−	−	−
援助をフォーマルな提供者（教師）から受けること	.45	.16	na	−	.13	.12	−	−
援助要請を脅威と認知すること	−	−	na	.25	.21	.32	.33	.53
援助要請の回避	−	−	na	.25	−	.20	.19	.41
即効的援助要請を目標とすること	−	−	na	.17	.24	.20	.30	.41

上記データは Karabenick, Zusho, & Kempler (2005) と Karabenick (2004) に基づいている。0.1% 水準で有意なもののみ示した。na は測定していないことを示す。

助要請の回避と直接的に関連していた。

Butler (2007) は，生徒の達成目標に関する研究を拡張して，教師の熟達目標，能力接近目標，能力回避目標，作業回避目標を査定する尺度を開発した。その結果は，生徒に対する研究結果と一致して，熟達目標は，教える役割のいくつかの領域における援助要請（必要性をコントロールした条件のもとで査定した）を直接的に予測し，能力回避目標は負の予測を示した。援助要請の利益と脅威に関する認知も同様の結果を示した。教師が自分の仕事を学習のチャンスととらえている場合は（たとえば，「授業することによってもっと学びたくなる」というように），教えることに関する問題について，より援助を要請しようとするし，援助要請はより有益であって，脅威には感じない。反対に，自分の能力の欠如を示す懸念を感じる教師（たとえば，試験結果が悪くならないように授業をする）はあまり援助を要請しない。

文脈特性

教室観察において，生徒の達成目標に関する結果と一致した結果が得られている (Ames & Archer, 1988; Midgley, 2002; Turner et al., 2002)。より熟達的と判断された小学生のクラスでは，援助要請が回避されることは少ない (Turner et al., 2002)。中学校では，生徒たちの援助要請回避が，熟達志向的なクラスにおいては負の関連となり，遂行と能力により注目が集まるクラスでは正の関連を示す (Karabenick et al., 2005; Newman, 2002; Ryan, Gheen, & Midgley, 1998)。同様の結果は高校生においてもみられている (Bong, 2008; Karabenick et al., 2005)。大学生は学習の文脈における遂行的な特徴が熟達よりも顕著になる。能力のなさを示すことを避けることにより注目する（遂行回避目標）クラスの学生は，援助要請を脅威と感じ回避する (Karabenick, 2004)。しかし，熟達志向的なクラスでは援助要請パターンと関連しない。

質問に関する教師のサポート

教師との個人的な関係性の強さに加えて，5年生と中学1年生（3年生はそうではない）の援助要請の意思は，質問することを教師が奨励しているという認知によって予測される (Newman & Schwager, 1993)。奨励に関する査定は，教師が質問を許可し，質問に答えたり，生徒が尋ねることを好み，質問に答える際に忙しすぎない，という生徒の報告を組み合わせた指標に基づいている。同様に，PTSQ（質問に対する教師サポート尺度）によって担当教師がよりサポート的であると判定された大学生は，授業でより多くの質問を行なおうとするし，抑制されることはあまりない。PTSQの構成要素，つまり質問の機会（たとえば待ち時間）や，質問に対する教師の反応がどのように精緻化されるかといったことが，質問に対する教師のサポートを判断する上でとくに重要である。同様の結果がKozanitis, Desbiens, & Chouinard (2007) によって明らかにされている。

■ 情報通信技術の進展

10年以上にわたって議論されてきているように (Keefer & Karabenick, 1998)，情報通信技術（ICT）は援助要請の光景を著しく変えた。学習者は，いま，他の個人やアーカイブされた資源からの援助，チュータリングや教授システムのような多様な知的学習環境（ILEs）にバーチャルに無制限にアクセスしている。そうしたテクノロジーを介した援助資源を用いる援助要請はたいてい努力をあまり要しないし，匿名性があり，おびやかされることも少ない。非同期的なコンピュータを媒介したコミュニケーション（CMC；たとえば電子メール，掲示版，携帯メール）は同期的CMC（たとえばチャット，ボイス）にできない，ふり返るための時間が与えられていることが利点である。知的システムによる援助は，同じ情報を同じコンピュータのインターフェイスを介して遠く離れた人物によって明示的に与えられた条件と比較して，援助要請の割合を増やした（おおよそ2倍）(Karabenick & Knapp, 1988a)。こうした結果は，CMC場面における最近の研究結果と一致している (Puustinen, Volckaert-Legrier, Coquin, & Bernicot, 2009)。

認知的チューターやその仲間の援助チュータ

ーのような技術革新は，適応的援助要請プロセスのモデルに基づいている（Aleven et al., 2006; Aleven, Stahl, Schworm, Fischer, & Wallace, 2003）。ILE の目的は，たんに答えを与えるよりも知識と理解の増進であるため，学習者は異なる種類の援助（たとえば，答えあるいは説明から構成されるヒント）を選択することが許される（そして推奨される）。近年のフローモデルに基づく開発は，援助要請プロセスにおいて教示を与えることや，援助要請の練習，そして他の自己調整スキルによって，援助要請を増加させるようにデザインされている（Roll, Aleven, McLaren, & Koedinger, 2007）。

これまでの知見では，間接的な道具的援助（たとえば，定義の用語集にアクセスする）よりも直接的なヒントを選択することによって，過度に間に合わせ的な援助（たとえば，制度の抜け穴を悪用する）を生徒たちが用いていることが示されている。そのような行動は，援助要請の文脈で促されてきた見方からは非適応的と考えられるが，よりよい説明をすることが可能である。この説明は，こうした例において直接的なヒントを得ることは望ましく適応的であることを提案している。多くの医学生によって採用されたアプローチでは（Yudelson et al., 2006），直接的なヒントは自己指導的と考えられる。すなわち，ヒントは有用な情報の別な形式と考えられる。新たな展開として，そうした傾向を説明するモデルの探索がある。

記録保存された情報は，学習者どうしやインストラクター，そして ILE との相互作用を追跡することによって，学習や援助要請のプロセスを検証することに用いることができるため，こうした ICT の技術は，援助要請研究の新たな方法を提供する（Winne et al., 2006; Wood & Wood, 1999; Mäkitalo-Siegl, Kohnle, & Fischer（in press）も参照）。授業や授業以外の時間に用いられる，同期的，非同期的コミュニケーションシステムは援助要請や他の自己調整の形式をより完全に理解するための生徒の学習プロセスを追跡する機会を拡大した。一例として，Pusstinen & Bernicot（2009）は，生徒たちの学習に関する非同期的オンラインの援助要請の言語的形式を分析した。その結果，このような状況のもとで生まれる援助要請は，要求的で，執拗かつ性急であることが示される指標が高いことが見いだされた。

もし私たちが援助要請は社会的相互作用を含むと仮定するならば，ILE や他のインテリジェントシステムの出現は，援助要請の定義に関して概念的，方法論的課題をもたらす（Keefer & Karabenick, 1998）。もし援助要請が社会的相互作用プロセスとして定義されるならば，私たちは人工知能システムからの援助要請をどのように考えればよいだろうか？　人工生命体の複雑な問題（たとえば，チューリングテストの適用）はさておき，インテリジェントシステムは社会的影響に対する 1 つのチャンネルとして考えることが重要だろう。社会的影響は以下のようなときに存在することができる。つまり，「他者」の存在が本物だったり（たとえば，教室の中の先生），想像されるものであったり（たとえば，お母さんはどう思っているだろうか），あるいは推測されるもの（たとえば，私が援助を求めていることをだれかがわかるだろう）であるときである。そうした定義のもとで，あるシステムが潜在的に社会的である度合いが決定されて ILE は検証される。

この基準によると，学習者がインテリジェントシステムに援助要請をするときに他者が存在するかどうかは問題ではなく，「他者」を想像あるいは暗示されるかどうかが問題なのである。gSTUDY（あるいは新しいオンラインバージョン iSTUDY）のような学習システムの使用が痕跡を残すことをわかっていると，学習者がシステムによって提供される援助に対するアクセスをどのように解釈するかについて変更することができる。それは，オンライン情報源（たとえば Google）によって捕捉されるのと同様の，そうしたシステムとの相互作用によって背後に残される痕跡から可能である。ILE（そして情報探索）が援助要請に影響するかどうかは，「社会的」ということがどのように認知されるか，そして援助要請や回避のコストと利益がどのように認知されるかということと（Karabenick & Knapp, 1988a），人工システムに埋め込まれた学習文脈の動機づけ関連の特徴（Schofield, 1995）に依存する。

第4部 ■ 自己調整学習の評価の問題

■ 要約と実践への示唆

　援助要請プロセスの主要段階における方法論の問題として，学習者が問題を抱えているかどうか，そして援助が必要かどうか，援助要請を行なうことと行なわないことに関する利益とコストや援助要請の目標の認知，そして援助要請の資源の認知に関する学習者の判断のアセスメントが含まれる。援助に対する必要性の程度を考慮に入れることは，援助要請の自己報告や行動観察から推測する場合，基本的なことである。援助要請研究は，条件的に述べられる自己報告の項目——もし学習者が援助が必要な場合，彼らは何をどうするかなどのような——によって広く行なわれている。自己報告ツールは，援助要請に影響を与える人的要因と文脈要因の査定に対して有用である。ICTは援助資源へのアクセスの増加と社会的関連コストを潜在的に減少させることによって援助要請環境を変化させている。ユビキタスな非人間的な知的学習システムもまた，社会的方略としての援助要請の理解に示唆を与える。

　学習における援助要請の重要性のもとで，教師やその他の指導者は，適応的な自律的援助要請を促進する援助要請プロセスや学習環境の特徴を理解することにおいて有利である。これらのことは，競争を強調したり，能力に関する成果や競争よりも学習や理解することを促進する指導のアプローチを含む。生徒もまた，援助要請プロセスを促進する知識やスキルを増やすことによって利益を得る。第1に，効果的な援助要請には，十分な認知的能力を保持していることが必要で，問題を認識し援助が必要であるときを理解していることを含む，ということを生徒たちが理解していることが重要である。第2に，生徒たちは，異なる場面でベストな援助ができる人をわかっていることやその人へのベストなアプローチを知っているということを含んだ社会的能力によって利益を得る。第3に，援助を要請するときに能力がないと考えられることによる脅威の懸念を減らす，感情・情動的資源を学習者は必要とする。そして第4に，学習者は協働して作業するための文脈的リソースや個人間のリソースが必要であり，指導者や仲間そして親の期待を理解する。

　Karabenick & Dembo (in press) によって提案されているように，生徒たちの適応的な援助要請を改善していくには，こうした能力やリソースの開発において助けとなる総合的なアプローチが必要である。たとえば，教師たちはシラバスのなかに援助要請のためのガイドライン（Perrine, Lisle, & Tucker, 1995）や質問に対するサポートや価値に関する信念を与えることによって，援助要請をサポートする基準や手順を明確に伝えるべきである。より正確な自己モニタリングがより特化された援助要請を導くため（Tobias, 2006），目標や宿題の目的について簡潔に述べたり，進行状況をモニタリングした情報を生徒たちに提供することによって，生徒たちは，もし援助が必要ならばどのような援助が必要かについてより正確に決定することができる。課題を完成するために必要な知識やステップが明示されれば，学習目標に対する理解や進行をモニタリングすることは強化されるだろう。援助を受けた後も，教師は誤りを明確化するための説明を求めるだろう。それは，学習者がその情報を処理する助けになる。

　援助要請研究は，援助要請してはいけないという誤った信念に直接的に向き合うことによって，多くの学習者が恩恵を受けることを示している。1つの示唆は，援助要請プロセスに適応的にかかわる役割を演じることである。もしかすると，自己脅威を克服するかもしれない。ロールプレイは，援助要請プロセスに必要な学習者の向社会的スキルを改善する介入の観点を含む（Goldstein & McGinnis, 1997）。生徒のセリフは，情報を尋ねることを決めることや，だれに尋ねるか，尋ねる方法を考えること，ベストな時間を選択すること（たとえば，先生が質問のための時間を与えるときなど），そして場所（たとえば授業後），質問することを含む。この「スキルストリーミング」活動は教師がこれらのスキルをモデリングすることや，スキルに対するフィードバック，そしていくつかの文脈においてスキルを実行するかどうか決めることにも移っていく。そうした向社会的スキルの改善は，生徒たちの社会的達成目標の重要性を示

す近年の研究の観点からも,意味のあるものとなる (Ryan & Shim, 2008)。

【謝辞】
　ここで報告した研究の一部は,国立科学基金の数学・科学パートナーシッププログラムの援助を受けた (No.0335369, No.0928103)。意見や知見,結論あるいは示唆は報告者のものであって,必ずしも国立科学基金の意見等を反映しているわけではない。Fani Lauermann と Kara Makara には,洞察に満ちたコメントと示唆を感謝している。

【訳注】
☆1：ある機械が知的かどうかを判定するテスト。

第18章　自己調整学習における自己効力感の評価

Dale H. Schunk
The University of North Carolina at Greensboro
Ellen L. Usher
University of Kentucky

中谷　素之（訳）

自己効力感は，学習や課題達成の行為を指定されたレベルで行なうための知覚された能力を意味する（Bandura, 1997）。研究者らは，さまざまな領域（たとえば，教育，健康，ビジネス）や年齢，発達レベル，文化的背景における自己効力感の働きを探索してきた。こういった研究は，個人の動機づけ，達成，自己調整において自己効力感がどのような影響を及ぼすかを示してきた（Bandura, 1997; Multon, Brown, & Lent, 1991; Pajares, 1997; Stajkovic & Luthans, 1998）。

学習場面では，自己効力感は，生徒の活動の選択，費やされる努力，固執，関心，達成に影響を及ぼす（Pajares, 1996b, 1997; Schunk 1995）。自分の学習や課題達成の能力に自己懐疑的な生徒に比べ自己効力感が高い者は，準備性をもって参加し，熱心に取り組み，より長く粘り強く取り組み，学習に高い関心を示し，より高いレベルに達する（Bandura, 1997）。

本章では，自己調整学習のための自己効力感の評価方法について議論する。**自己調整学習**（または**自己調整**）は，生徒が学習上の目標到達に向けて自分自身で創出する思考と行動に起因する学習を意味する（Schunk & Zimmerman, 2003）。自己調整学習には，生徒が開始，修正，維持する目標に向けられた活動を含む。例として，教示に注意を向ける，情報処理をする，新たな学習の準備と既習の知識との関連づけ，自分に学習する能力があると信じること（自己効力感），生産的な対人／学習環境を確立することがある（Zimmerman, 2000）。自己効力感の育成と維持は，生徒の学習を動機づけ，生徒の学習と自己調整学習の促進にとって有益である（Zimmerman & Cleary, 2009）。

自己調整学習のための自己効力感に関する研究が増加するにつれ，この概念のアセスメントがさらに重要になってきた。われわれは，Bandura（1986）による，人間の機能に関する社会的認知理論の重要な内容についての議論からはじめ，この理論のなかで自己効力感がどのような位置を占めるのかの説明を行なう。また，Zimmerman（2000）による自己調整の循環モデルと，自己効力感とそれぞれの段階がどのように関連するのかについて考察する。自己調整学習における自己効力感の役割についての研究を要約し，自己効力感の評定方法を考察する。最後に，将来の研究の展望と，理論および研究の知見からの教育実践への示唆についてふれる。

■ 社会的認知理論

Bandura（1986）の社会的認知理論では，人間の機能には，**三項相互性**（triadic reciprocality）とよばれる，個人，行動，社会／環境変数間の動的な相互関係があるとしている。この過程は，個人的要因としての自己効力感とともに例証され得る。

個人と行動の関連のたとえばとして多くの研究から示唆されているのは，自己効力感が，課題選

択，持続，努力，スキル獲得などの達成行動に影響を与えるということである（Schunk & Pajares, 2009）。生徒は，課題に取り組む際に，自分たちの学習目標に向けた進歩に気づく。このような進歩の指標は生徒に自分が良好な課題遂行ができることを伝達し，継続的学習のための自己効力感を促進することを示唆する（行動→個人）。

　個人→社会／環境の関連については，研究者らは，学習障害をもつ子どもに接する仕事をしている者が，生徒の実際の能力ではなく誤った特徴（たとえば，自己効力感の低さ）に基づいて接していることを見いだした（Licht & Kistner, 1986）。同様に，フィードバックが自己効力感に影響を与える可能性もある（社会／環境→個人）。たとえば，教師が生徒に「あなたはこれが必ずできると思う」と言うことが，生徒の自己効力感を高めるなどである。

　行動と環境の関連は，多くの指導の流れにおいてみられる。教師が授業内容を提示し，生徒の注意を惹きつけようとすると，意識的に熟考せずに注意を向ける（社会／環境→行動）。しかし，生徒の行動も指導の環境に影響を与え得る（行動→社会／環境）。教師が質問し生徒が誤った解答をすれば，教師は授業を継続せずに，改めて要点を教えるのである。

　この3者の相互作用は，人間の機能を改善する戦略は，個人的要因（たとえば，認知，感情，動機づけ），行動へのコンピテンス，社会環境条件を扱うことを示唆している。教師は，生徒の学習や動機づけを促進する役割を担う。彼らは生徒の感情状態を改善し，誤った信念や考え方の癖を修正し，生徒の学業スキルや自己調整を向上させ，成功のためにより望ましい教室や学校環境をつくり出そうとする。

　社会的認知理論は，個人が自分自身の成長に関与しており，自分自身の行為の結果を大きく決定するという考え方を反映している。この**エージェンシー**の感覚は，象徴化，代替の計画，間接経験を通した学習，自己調整，自己洞察などの人間の能力によって可能となる。本章では自己調整に焦点をあてるが，人間のあらゆる能力は人間の適応的機能を保証することと関連して機能しなければならないことをお断りしておく。このように，個人は目標設定，方略の計画，モデルの観察と学習，自己効力感の評価，目標の進捗評価，必要に応じた課題方略の変更を行なう。

■ 自己調整プロセス

　自己調整中の個人，行動，社会／環境要因の相互作用は，これらの要因は学習中に変化しモニターされなければならないため，循環的なプロセスである（Bandura, 1997; Zimmerman, 2000）。このようなモニタリングは，個人の方略，認知，感情，行動，社会／環境のサポートの変化に結びつく。

　この循環的特性は，Zimmerman（2000; Zimmerman & Cleary, 2009）による3段階の自己調整モデルのなかでとらえることができる。**予見段階**は実際の課題遂行に先行し，行為のための段階を設定するプロセスを意味する。**遂行段階**は，学習時に生起し学習と動機づけに影響を与えるプロセスを含む。課題遂行の休止時や課題終了時に生起する**自己内省段階**では，個人は自分たちの努力に反応する。

　さまざまな段階で複数の自己調整プロセスが影響をもつ。生徒たちは，あらゆる目標や学習に対する異なる度合いの自己効力感をもって学習に取り組む。遂行段階では，生徒たちは，課題の方法，時間管理，援助要請，自己教育など自己調整学習方略を実行する。自己内省段階で，生徒たちは自分の目標の進捗状況を評価し，その評価から自己効力感や継続的学習の動機づけが影響を受ける。

　効果的な自己調整は，目標と動機づけを必要とする（Schunk & Zimmerman, 2003）。生徒は，自分たちの行動やその背後にある達成条件，信念，意図，感情を調整しなければならない。自己調整に重要なことは，学習や良好な課題遂行の自己効力感である。自己内省段階で学習者は，進捗状況を見きわめるため実際の課題遂行と目標を照合してみる。肯定的自己評価は，生徒たちが将来的な進歩を感じることにつながるため，生徒が学習に対する有効性や継続する動機づけを感じるようになる。進捗状態について評価が低いときでも，学

習者が自分にはうまく進める自信があるが，現在のアプローチが効果的でないと考えれば，必ずしも自己効力感や動機づけを低減しない（Bandura, 1986）。学習者は，さらに熱心に長期的に取り組み，自分たちがさらによい方略と信じる方法を採用し，教師や仲間からの援助を求めながら，自己調整プロセスを変化させていく。

しかし，自発的には自分たちの進捗状況や能力を評価しないかもしれない。進歩を強調する手段は，学習者に自分たちの進捗状況を定期的に評価させることである。生徒は，自分が行なったことに注目し，進捗状況の評価のためには以前の課題遂行と比較しなければならない。したがって，明示的な能力の自己評価は，一種のセルフモニタリングなのである。向上を目にみえる形にすることで，セリフモニタリングは自己効力感，動機づけ，自己調整活動，学習を持続させることができるのである。先行研究は，生徒の学習スキルの実行の際の頻繁な自己評価が，結果によい影響を及ぼすことを実証してきた（Schunk & Ertmer, 2000）。

■ 自己効力感

◆◆概観

自己効力感は行動と環境に影響を及ぼし，逆にこれらの影響を受けると仮定されている（Bandura, 1986, 1997）。学習が効果的と感じている生徒たちは，自己調整を行ない（たとえば，目標設定，効果的学習方略の使用，自分の理解のモニター，自己の目標に向けた進歩の評価），学習のために効果的な環境をつくりだしている（たとえば，妨害物の除去や最小化，効果的な学習パートナーを探す）。また，自己効力感は行動の結果の影響を受ける（たとえば，教師からのフィードバック，仲間との社会的比較）。

人々は，実際の課題遂行に際しての情報の解釈，他者の観察（代理経験ないしモデルを観察する経験），説得，身体的指標を通して，自分たちの自己効力感の評価のための情報を獲得する（Bandura, 1997; 表18.1）。実際の課題遂行は通常，個人の能力の有形の指標とみなされるので，もっとも信頼できる情報となる（Usher & Pajares, 2008b）。課題遂行の成功は自己効力感を向上させ，一方で失敗は低減させる。他方，多くの成功や失敗の後の一時的な失敗や成功には，それほどの影響はない。

個人は，他者の課題達成の方法に関する知識を通して，自分たちの能力についての多くの情報を獲得する（Bandura, 1997）。他者との類似性は，社会的モデルについての気づきを高め，それによって自分の自己効力感にとってのモデルの関連性を高める（Schunk, 1995）。類似する他者の観察は，他者ができるならば自分も同じにできるだろうと信じるようになるため，観察者の自己効力感を高め，観察者の課題への取り組みを動機づける可能性がある。しかしながら，自己効力感の間接的な増加は，課題達成の失敗により低減する可能性もある。似た仲間が失敗するのを観察した者は，自分たちにはうまくやれる能力がないと信じるかもしれず，課題を試してみることを思いとどまらせるかもしれない。

また，個人は，他者からの説得的情報に基づいて自己効力感を評価する（たとえば，「あなたは

表18.1 自己効力感の情報源と効果

自己効力感の情報源
・習得経験
・代理経験
・社会的説得
・身体的指標

自己効力感の効果
・動機づけ（課題選択，努力，持続）
・学習
・自己調整
・達成

これができると思う」, Bandura, 1997)。説得者は, 自己効力感の発達に重要な役割を果たす。しかし, 社会的説得が効果的であるためには, 成功が獲得できるという自分自身の能力についての信念を養成するものでなければならない。肯定的フィードバックは自己効力感を増加させるかもしれないが, その後の課題達成が良好でなければ, その増加は持続しない (Schunk, 1995)。

また, 人々は, 不安やストレスなどの身体的感情的状態から自己効力感に関する情報を獲得する (Bandura, 1997)。課題に対する強力な感情反応は, 予想される成功や失敗についての手がかりを与えてくれる。彼らが, 自分たちの能力についてのネガティブな思考や恐れを経験するとき (たとえば, 集団の前で話すときに緊張を感じること), これらの感情反応は自己効力感を低減するであろう。人々がそれほどストレスを感じなくなるとき (たとえば, 試験を受けているときにそれほど不安を感じないとき), 自分たちはうまくやれるだろうという自己効力感を経験するかもしれない。

自己効力感の4つの情報源は, 自己効力感に対して自動的には影響を与えない (Bandura, 1997)。個人は, 出来事の結果を解釈し, これらの解釈は, 判断の際に基づくべき情報を提供する (Schunk & Pajares, 2009)。人々は, 自己効力感を評価するための情報源に重みづけをし組み合わせる。

さらに, 自己効力感は, 行動のみに影響を与えるのではない。生徒が成功に必要なスキルを十分にもたなければ, 自己効力感がどれだけあろうとも適切な課題遂行にはつながらない (Schunk, 1995)。生徒の価値 (学習の重要性や有効性の認知) も, 行動に影響を与える (Wigfield, Tonks, & Eccles, 2004)。自分の書くスキルが高いと感じている生徒でも, 作家や英語の教師としてのキャリアに価値を見いださなければ, 大学で英語を専攻しないだろう。また, **結果期待**すなわち自分の行為の予想される結果についての信念も重要である (Bandura, 1977)。生徒は, 肯定的な結果をもたらすと信じる活動を行ない, 否定的な結果に結びつくと信じている行為は回避する。生徒が, 必要とされているスキルや肯定的な課題価値, 結果期待をもつときに, 自己効力感は生徒の動機づけ, 学習, 自己調整, 達成の重要な決定因となる (Schunk, 1995)。

自己効力感は, 達成の文脈において多様な効果をもたらす (Bandura, 1997; Schunk & Pajares, 2009；表18.1)。自己効力感は, 人々の活動選択に影響を与える可能性がある。個人は, 自分たちが有能感を感じる課題と活動を選択し, そのように感じていない活動や選択は回避する傾向をもつ。人々は, 自分たちの行為が望ましい結果をもたらすと信じなければ, これらの行為への関与に対してほとんど励みになるものを感じない。

また, 自己効力感は, 人々がある活動に費やす労力の量, 困難に直面した際の持続の長さ, 学習と達成の程度の決定に関連する。自己効力感の高い生徒たちは, 高い目標を設定し, まじめに取り組み, 失敗にもかかわらず粘り強く取り組み, つまずきの後に自己効力感を取り戻す。結果として生徒は有能感を発達させる。逆に, 自己効力感の低い生徒は, 容易に達成できる目標を設定し, 成功のための努力をほとんどせず, 困難に直面すればすぐにあきらめ, 失敗の経験後にはやめたくなる。彼らのスキル獲得は行き詰まるのである。要約すると, 自己効力感は, 自分が達成できると信じていることを達成できる, すなわち, 自己成就を予言するものとなる

◆◆他の変数との差異

自己効力感は, 個人が学習や実行できると考えていることについての信念である。すなわちスキルや能力 (すべきことを知っている；Schunk & Pajares, 2004) と同じではない。自己効力感の評価の際には, 個人はスキルとスキルを実際の行動に変換するための自分の能力を評価する。スキルを肯定的に処理することは, 自己効力感に影響を与え, その後のスキル獲得に影響を与える。しかしながら, 自己効力感とスキルや能力は同義ではない (Bandura, 1997)。子どもが成功のために必要なスキルをもっていたとしても, 強い自己効力感をもつ者の方がより成功することが多い。Pajares & Kranzler (1995) は, 数学のパフォーマンスに及ぼす知的能力と自己効力感の相乗効果を検証し, パフォーマンスの予測においては自己

効力感が強力かつ独立に影響していることを明らかにした。

自己効力感と類似するその他の変数がある（Schunk & Zimmerman, 2006）。**自己概念**は，環境や環境との相互作用を通して形成され，他者からの強化や評価に影響を受ける集合的自己知覚を意味する（Shavelson & Bolus, 1982）。自己概念は，一般的には多側面的とみなされ，自信や自尊感情などの要素から構成されている（Pajares & Schunk, 2001, 2002）。

先行研究から，自己概念は，一般的自己概念を頂点に下部に下位領域の自己知覚をもつよう，階層的に構成されていることが示されている（Marsh & Shavelson, 1985; Schunk & Pajares, 2009）。特定の有能感に関する自己知覚は，自己概念の下位領域（たとえば，歴史や生物などの教科）に影響を及ぼし，その組み合わせが学業的自己概念を形成する。自己効力感には，特定の領域における知覚された能力が含まれるため，自己効力感の概念の発達と変化に関連するのである（Pajares & Schunk, 2001, 2002）。たとえば，Chapman & Tunmer（1995）は，生徒の読解自己概念には，読解，読解についての知覚された困難，読解についての態度が含まれることを明らかにした。一般的自己効力感概念は，学業，社会，身体的領域における自己知覚から形成される。Bong & Skaalvik（2003）は，自己効力感が自己概念の発達の積極的な先行要因として作用することを見いだした。

もう1つの違いは，自己概念が，部分的に，個人が他者として自分自身をどのようにみているかを反映しているというものである（Schunk & Pajares, 2009）。この考え方は，**小さな池の大きな魚効果**（big-fish-little-pond effect）によってとらえられる（Marsh & Hau, 2003）。エリート校の生徒たちは，それほどではない学校の生徒たちに比べ，低い自己概念をもっている。自己効力感は，規範についての経験により影響を受ける可能性があるが（たとえば，仲間との比較），その最大の影響は，個人的な達成に起因する（Bandura, 1997）。このように，自己効力感に関する信念は，変化しやすい有能感の認知的，目標参照的，比較的文脈特定的，未来志向的判断である。自己概念に関する信念は一般的感覚であり，より安定的，標準的で，通常は統合的，階層的構造をもち，過去志向的な自己知覚である。

その他の類似する変数は**自尊感情**である。自尊感情とは，自己価値の判断を含むことの多い自己に関する一般的な感情的評価である（Schunk & Pajares, 2009）。自己効力感が，「できる」（たとえば，私はこのレポートが書けるだろうか？ 私はこの問題が解けるだろうか？）を含む一方，自尊感情は，「感じる」を反映する（たとえば，自分自身のことが好きだろうか？ 書き手としての自分をどのように感じるだろうか？）。自分ができることについての信念は，自分についてどのように感じるかとはほとんど関連がないかもしれない。クラスメートが受け入れてくれないため，自分の学業スキルが低い自尊感情の原因であるにもかかわらず，高い自己効力感をもって学習上の課題に取り組む能力のある生徒がいる。

また，自己効力感は**結果期待**と関連しているが，結果期待とは異なる。自分の学業スキルに自信をもつ生徒は，高い成績を期待し実際によい成績を収めるが，自分の学業スキルに自信がない生徒は同じように課題を遂行したり，よい成績をとることができない。しかし，自己効力感と個人が期待する結果が一致しないことがある（Bandura, 1977）。個人が，ある行動が望ましくない結果をもたらすと信じているときには，高い自己効力感は，信念と一致する行動につながらないかもしれない。学力にとても自信をもっている生徒は，不合格率の高い一流大学には出願しないかもしれない。

認知されたコントロール（または**個人的エージェンシー**）の概念も，自己効力感とは異なる。社会的認知理論（Bandura, 1977）では，個人的エージェンシーは，自分のライフイベントに対するコントロールを引き出す能力を意味する。個人的エージェンシーのシステムには，自己効力感と結果期待が含まれている。Skinner, Wellborn, & Connell（1990）は，知覚されたコントロールに影響を与える3つの信念の区別を行なった。**方略信念**は，成功に影響を与えるものについての期待である。例として，「がんばればよい成績をとることができる」がある。**能力信念**は，個人の能力に関

連する（たとえば，「自分はテストのために一生懸命勉強することができる」）。**コントロール信念**は，手段によらずにうまくやれるという期待である（たとえば，「やってみればうまくできる」）。

　自己効力感は，個人的エージェンシーの鍵となる要素であるが（Bandura, 1997），それ 1 つだけではない（Ryan, 1993）。自分の学習や課題達成をコントロールできると信じている人々は，コントロールの感覚の低い人々に比べ，これらの目標に向けた行動を開始し維持する傾向が高い。しかしながら，自己効力感がその効果を発揮できるようにするためには，応答的環境が必要である（Bandura, 1997）。人々は，自分たちの学習方略，努力，粘り強さをコントロールできると信じるかもしれないが，学習は重要ではなく時間を費やす価値がないと感じるために，学習に対する自己効力感が低いかもしれない。あるいは，学習そのものに対しては，高い自己有用性を感じるかもしれないが，自分が置かれた環境のなかでは学習をしても報われないと信じているために，ほとんど努力しないかもしれない。

　最後に，自己効力感は**自信**とは異なる。自信は，多くの場合，信念の対象が特定できない一般的自己に対する信念である（たとえば，自信にあふれている人）。対照的に，自己効力感は，明確で特定の意味をもつ。自信のある個人はしばしば，自己効力的であるが，これらの変数はおのずと関連するわけではない。Bandura（1997）が述べているように，人々は，自分たちが特定の課題や活動に失敗することに自信をもつことがある（これは低い自己効力感に相当する）。

◆◆自己調整研究

　研究者らは，自己効力感が仮定どおりの効果をもつかどうか明らかにするため，自己調整における自己効力感の役割を検証してきた。非実験的研究から，自己効力感が複数の自己調整の指標と正の相関を示すことが明らかにされてきた。Pintrich & De Groot（1990）は，中学生の自己効力感，自己調整，認知方略の間に正の相関があり，学力を予測することを明らかにした。Bouffard-Bouchard, Parent, & Larivée（1991）は，問題解決についてて高い自己効力感をもつ高校生が，自己効力感の低い生徒に比べ，課題達成のモニタリングの度合いが高く，長く持続することを見いだした。Zimmerman & Bandura（1994）は，大学生の書くことに関する自己効力感と，授業での成績，自己評価基準（想定される成績に対する満足度），成績との間に正の相関があることを報告した。

　さらに，実験研究からも予測された効果が支持されている（Schunk, 1995; Schunk & Ertmer, 2000）。これらの研究は，異なる学年や（たとえば，小学校，中学校，高校，高等教育）や多様な能力（たとえば，ふつう，要補習，すぐれている）をもつ生徒たちの特徴を記述し，さまざまな領域について調査を行なっている（たとえば，読解，ライティング，数学，コンピュータの応用）。

　自己効力感の向上に有効であった指導と対人的なプロセスとしては，生徒に近くて具体的な目標を追求させること，社会的モデルに接触させること，彼らの遂行や帰属についてフィードバックを与えること（たとえば，知覚された原因）である。さらには，学習方略を教えること，方略を言葉にしながら取り組ませること，生徒の報酬を学習の進捗状況に関連づけること，生徒自身に自分の学習の進捗状況を自らモニターさせ評価させることである（Schunk, 1995; Schunk & Ertmer, 2000）。これらの過程はさまざまに異なるが，生徒に自分の学習の進捗についての情報提供する働きをもち，また自己効力感を向上させた。

　研究者らは，自己効力感の予測力および媒介効果を検証するため，因果関係モデルを用いてきた。Schunk（1981）は，パス解析を用いて，自己効力感が子どもの数学の達成や粘り強さに直接的効果をもたらすことを見いだした。Pajares（1996a; Pajares & Kranzler, 1995）は，数学の自己効力感が，認知的能力や知的能力と同程度に数学のパフォーマンスに強く直接的な影響をもち，これらの変数が数学のパフォーマンスに及ぼす影響を媒介することを示した。Pajares & Miller（1994）は，数学の自己効力感が，数学の自己概念，数学についての主観的有用性，数学の経験，性別に比べ，大学生の数学のパフォーマンスを良好に予測していた。また，自己効力感は，性別と，高校や大学での過

去の経験とその後のパフォーマンスの関連を媒介していた。

Zimmerman & Bandura（1994）は，自己効力感が，その目標への影響を通して間接的および直接的に成績に影響を与えることを明らかにした。Schunk & Gunn（1986）は，長除法の達成が，効果的な方略の使用と自己効力感の直接的影響を受けることを明らかにした。また，Relich, Debus, & Walker（1986）は，自己効力感が割り算の達成に直接的な影響をもたらし，指導が自己効力感を通して成績に直接的および間接的影響をもたらすことを見いだした。Schack（1989）は，優秀な子どもの学年末の自己効力感が，個別研究への参加経験（自己調整の測度）と，参加後の自己効力感の影響を強く受けることを明らかにした。要約すると，先行研究は，教科学習とパフォーマンスの自己調整に果たすと仮定される自己効力感の中心的役割を支持している。

■ 自己効力感のアセスメント

◆◆アセスメントの課題

Bandura（1977）が自己効力感を提唱して以来，研究者らは，この概念をあらゆる領域に適用していくようになり，行動変容において果たす役割を明らかにしていった。この過程で，研究者らは，バンデューラの初期の定義やアセスメントの方法をさらに発展させた。

初期の自己効力感研究は，臨床場面で行なわれた。たとえば，Bandura, Adams, & Beyer（1977）は，ヘビ恐怖症の成人に自己効力感テストおよび行動テストを実施した。課題は，ヘビに少しずつ対峙するというものであった。自己効力感アセスメントとして，参加者は，自分たちがどの課題ができるかについて自己効力感の程度を評定した。すなわち課題は，容易なものからむずかしいものの順番になっていた。さらに，参加者は自分が行なえると判断した課題をどれくらい遂行できると思うかについて評定し，自分たちの自己効力感を評定した。自己効力感の一般性を測定するため，参加者らは，同じ課題の程度と強度の評定を行なったが，事前テストで使用された種類と異なる種類のヘビについて行なった。

これは，マイクロ分析研究である。すなわち，自己効力感とスキルは，特定の課題レベルで評定された。参加者らは，自分たちがヘビを含む特定の課題を遂行できるかどうかを（たとえば，ヘビにふれる，自分のひざに置くことができる）評定し，実際にこれらの課題を行なうよう教示された。研究者らは，あらゆる課題について自己効力感とスキルの得点を合計し平均値を求められたのかもしれないが，参加者らは，自分たちがどの程度ヘビを扱うことができるかについての全般的な形での評定も求められなかった。

初期の教育研究でも同様の方法が用いられた。Schunk（1981）は，長除法のスキルに問題のある子どもたちの研究を行なった。自己効力感テストとして，子どもたちは，対になった問題を複数提示された。それぞれの対の2つの問題は，形式と難易度の点で同等であった。それぞれの対について，子どもたちは問題の解答に対する自信の程度を評定した。すなわち，似たようにみえる，同じくらい簡単かむずかしい問題であった。スキルテストについては，子どもたちは，形式と難易度の点で自己効力感テストに対応する問題を受け取った。このように，それぞれの自己効力感の評定は，スキルテスト問題の1つに対応していた。

このマイクロ分析法では，自己効力感項目は特定的で，予測される基準に対応しており，研究者らが，対応する課題の実際のパフォーマンスに自己効力感がどの程度関連しているかの**キャリブレーション**の指標を算出できるようにしている（Pajares & Kranzler, 1995）。人々が，特定の課題を遂行可能と判断し実際に遂行するとき，または，遂行不可能と判断し実際に遂行できないとき，自己効力感は実際の課題遂行を予測し，キャリブレーションが高いことになる。逆に，人々が，特定の課題を遂行可能と判断するが実際に遂行しない，または，遂行不可能と判断するが課題は遂行できるとき，自己効力感と課題遂行の対応は低く，キャリブレーションは低いということになる。

キャリブレーションは，教育上重要である

（Schunk & Pajares, 2009）。自分の能力を過大評価する生徒の自己効力感と動機づけは，生徒たちが課題を試行して失敗するときに，不利になるかもしれない。自分の能力を過小評価する学習者らは，課題の試行を躊躇したり，気乗りしないままに行なうかもしれず，このことは，スキル獲得の妨害となるかもしれない。Bandura（1997）は，自分の能力をやや上回る自己効力感は，動機づけを促進するため望ましいとしているが，はなはだしく頻繁な過大評価は，継続的な失敗や低い動機づけにつながる。

自己効力感がどのように概念化されるかの問題は，その評価に影響を与える。自己効力感が自分自身ができることについての信念を反映している（Bandura, 1977）ことを考慮すると，課題についての自己効力感を評価するのは理にかなっている。例として，2次方程式のさまざまな公式への応用，さまざまな記述的パラグラフのライティング，難易度の異なるパラグラフの要旨をとらえる，などがある。

近年，研究者らは内容特定的な課題ではなく，一般的レベルでの自己効力感の評定を行なうようになってきた（Schunk & Pajares, 2009）。これらの研究は，学業的自己効力感，自己調整的自己効力感，社会的自己効力感を，「学校の課題に行き詰まったときに，先生の助けをどれくらいうまく得られると思いますか？」や「他に興味が惹かれるものがあるときに，どれくらい勉強に集中できますか？」という質問で評定している。これらの評定を行なうため，生徒たちは，数学，理科，社会，国語で行き詰まったとき教師の助けを求めるなど，異なる状況を通しての自分たちの認識を統合しなければならない。これらの評定は，典型的な自己概念の尺度ほど一般的ではないにもかかわらず，自己効力感の概念を特定の領域以上に拡大しているのである。

一般性自己効力感についてはいくつか実証されている（Smith, 1989）。特定の教育条件が，一般性自己効力感に関連すると考えられている。学校の教育課程は，肯定的転移が起こるよう構造化されている。すなわち，新たな学習が既存のスキルのうえに蓄積されるというものである。長除法の習得には，見積もり，引き算，かけ算の習得が求められる。数学，とくに必修要件で全般的に良好な課題遂行を行なう子どもたちは，各要素となるスキルに問題をもちその領域での自己効力感が低い子どもたちに比べ，学習に対する高い自己効力感をもって長除法に取り組んでいくだろう。

特定の教育課程の構造においても，生徒が新たな学習がすでに習得されたスキルを要求すると信じている状況で，般化が起こる。多くの大学生や大学院生は，論文を書くことに恐れを感じているが，この課題では，テーマを決め，文献研究を行ない，情報を統合し構成し，結論を導くスキルが要求される。これらは，生徒たちが英語でレポートを書くときに使ってきたスキルである。構成要素となるスキルに有能さを感じている生徒たちは，構成要素の領域における自分の能力に疑問を感じている生徒たちに比べ，高い自己効力感をもって研究論文のライティングに取り組むことができる。

一般性の解明は，自己効力感の教科ごとの個別性を否定するものではないかもしれない。しかし，生徒たちが一般的な判断に到達するため，自己効力感に関する情報をどのように重みづけ組み合わせていくのかの解明は重要である。発達的要因は重要かもしれない。なぜならば，われわれは，発達を通して，子どもたちが個別の領域での能力を適切に評価できるようになり，新たな領域で必要とされるスキルの種類を決定できるようになると想定しているからである。

◆◆自己調整学習のための自己効力感

研究者らは，自己調整学習のための自己効力感の評価のため，あらゆる方法論を用いている。Zimmerman & Martinez-Pons（1986, 1988）は，高校生を対象とした構造化面接の結果の因子分析を行なった。6つの学業的文脈をとおして，生徒たちは，学習活動のプランニングと組織化（体制化），生産的な学習環境の設定，気を散らすものの克服，授業への参加など，種々の自己調整的学習方略の使用を報告した。この方略の組み合わせが，自己調整学習のための自己効力感尺度の基盤となった（Zimmerman, Bandura, & Martinez-Pons, 1992）。生徒たちは，11の課題についての自分の自己調整能

力を，1（まったくうまくできない）から7（非常にうまくできる）で回答した（たとえば，「締め切りまでに宿題を終わらせる」「学校の勉強に集中する」「学校の勉強をまとめる」；Zimmerman et al., 1992, Table 1, p. 668を参照）。学習方略の調整に関する生徒の自己効力感が，学業達成に関する自己効力感を予測することが明らかになった。

11項目の尺度は，Bandura（2006）による包括的児童用自己効力感尺度の一部として改めて公開された。項目は，幼稚園から高校にいたるまで多くの研究で使用されている（Bandura, Barbaranelli, Caprara, & Pastorelli, 1996, 2001; Bandura, Caprara, Barbaranelli, Gerbino, & Pastorelli, 2003; Bong, 2001; Choi, Fuqua, & Griffin, 2001; Klassen, Krawchuk, & Rajani, 2008）。Usher & Pajares（2008a）は，4年生から高校2年生の3,760名の生徒が回答した自己調整学習における自己効力感に関する7つの最も頻繁に用いられる項目について，多母集団での測定不変性を報告した。彼らの結果から，項目が一次元であること，小学生は中学生や高校生に比べ，自己調整学習のための自己効力感が高いことが明らかになった。また，自己調整学習のための自己効力感は，すべての生徒の学業的自己効力感，自己概念，課題目標志向性，理解力，成績と関連していた。Caprara et al.（2008）は，自己調整学習の自己効力感は，中学から高校に移行するにつれて減少することを明らかにした。この減少は，女子よりも男子で急速であり，生徒の成績不良や退学の傾向と関連していた。

自己調整学習の自己効力感を評定するため，その他の尺度も用いられてきた。研究者らは（Garavalia & Gredler, 2002; Gredler & Schwartz, 1997），前述の自己調整学習のための自己効力感尺度よりもやや長い，Zimmerman & Martinez-Pons（1986）の分類に基づく尺度を開発した。Silver, Smith, & Greene（2001）は，550名の専門学校の生徒に，「以下の行動にどの程度自信をもっているか」を尋ね，学習スキルの自己効力感を評定した。生徒たちは，32の一般的な学習課題（たとえば，「休憩をとり学習した自分をねぎらう」「批評的に読む」「類語辞典を使う」）について，自信について

1（ほとんどない）から5（非常にある）を評定した。因子分析の結果，3つの因子をもつ多次元の構成が明らかになった。すなわち，勉強の日課，テキストに基づく批判的思考，資源の利用である。ラッシュ分析および判別関数分析は，生徒の成績は，有益な勉強の日課の確立についての自己効力感によって決定することが明らかになった。

また，質的調査によって，個人の自己調整学習の能力の重要性が実証されてきた。日常的に数学の学習計画を立てて実行できると感じていた中学生は，できないと答えていた生徒よりも高い自己効力感を報告していた（Usher, 2009）。生徒の数学の教師や親を対象にした面接での追跡調査の結果は生徒の報告を裏づけており，生徒が有益な学習方略を実行できるよう確認する手助けであることを例証していた。

これらのアセスメントの試みは特筆に値するが，自己調整学習の自己効力感の一般的な測定には，いくつかの限界がある。ほとんどの研究では，生徒の自己調整的自己効力感を，自己調整が生起する学習の文脈から独立して測定していた。上述の方法は，自己調整学習の自己効力感が，学業のあらゆる文脈に適用されることを前提としている。この前提は，まだ体系的に検証されておらず，研究者らはより文脈応答性の高い測定尺度を求めてきた。Zimmerman（1998）が述べているように，「自己調整は，もはや生徒の固定的な特徴とはみなされておらず，むしろ学校での成功のために選択的に用いられる文脈特異的な過程」（p. 74）なのである。Bandura（2006）の項目を，特定の内容領域（たとえば，数学，ライティング，読解），学習状況（たとえば，資料を復習する，テスト準備をする，テストを受験する，長期的なプロジェクトに取り組む），場面（自宅，学校，集団）へ適用することにより，さまざまな文脈で報告される自己調整上の自己効力感の差異，自己効力感と他の重要な変数との関連，生徒の自己調整能力の評定の個人差や集団レベルの差異が明らかになるだろう。

研究者らは，より文脈特定的な方法で，自己調整学習の自己効力感を測定し始めている。Zimmerman & Kitsantas（2005）は，女子高校生の，読解，ノートテイキング，テストの受験，ラ

イティング，学習に関連するさまざまな自己調整学習に関する自己効力感を評定する，57項目の**学習形態別自己効力感**尺度を開発した。生徒たちは，「先生がとても速く話しているのですべてをノートに取ることができないとき，重要なことのすべてをノートに記録できますか？」などの質問に対し，自分たちの自信を0（**絶対にできない**）から100（**絶対にできる**）の尺度で評定した。57項目はすべて1つの因子に負荷しており，教員による生徒の自己調整学習の評定，生徒のGPA☆1，宿題の成績，知覚された責任感と高い関連を示した。同様の項目が，他の学業領域の自己調整と合わせて適用された。

　その他の限界は，データ収集に関する従来の方法に関連している。Zimmerman（2008）は，上記で説明されている質問紙および面接によるデータの使用を，生徒の自己調整学習の動機づけを理解するための「第1の段階」と名づけている。彼は研究者らを相手に，自己調整およびその関連要因を明らかにするための革新的な方法論の使用を推進している。例として，コンピュータ追跡，発話思考プロトコル，学習日誌法，直接観察，マイクロ分析がある。このような工夫された方法論は，自己調整的自己効力感についての既存の知識を拡張する手助けとなるであろう。

　研究者らは，自己調整学習方略を変化させ評価する革新的方法を実施する研究を進めるなかで，自己調整学習の自己効力感の測定を行なうことで，自己調整学習の動機づけにおける自己効力感の役割をさらに理解することができるであろう。たとえば，生徒の自己調整の向上をめざした介入が，良好な学業成績につながる方略を提供しながら，生徒の自らの学力に関する知覚を上昇させるとの報告がある（Stoeger & Ziegler, 2008）。

　社会的認知理論の視点からは，習得機会の提供が自己効力感を向上させる（Bandura, 1997）。それゆえ，特定の教科（たとえば，数学）での効果的な方略の獲得は，学業的自己効力感（たとえば，「私は複雑なかけ算が解ける」）と自己調整の自己効力感（たとえば，「私は複雑な数学の問題を単純な段階に分解できる」）の両方に影響を与える。しかし，生徒の自己調整スキルの向上を目的とした研究においては，生徒の自己調整学習の自己効力感のアセスメントが行なわれてこなかった。学習者に，その他の自己効力感に関連した情報（たとえば，習熟経験だけでなく，それ以外に仮定されている自己効力感に関する3つの情報源）を提供する実験デザインによって，学習への介入がうまくいくことをさらに実証することができるだろう。

　われわれは，成功する学習者が自分たちの学習を整理し，目標を設定し，必要なときに援助を求め，効果的な方略を用い，時間を管理していることに注目してきた（Zimmerman, 2000）。これらの課題はすべて，急速に変化する環境のなかで起こる。今日の学習者らは，新たな機会と挑戦を提供するデジタル技術を相手にしなければならない。携帯電子機器は，指先で複数の情報源を伝達し，経験のある学習者にとってもその情報量は圧倒的なものとなり得る。デジタル情報の管理ができると信じている者や，必要なときには「電子的拘束」から距離をおけると感じている者は，デジタル環境での気を散らすものの多さに屈服している者に比べ，より大きな学業的成功を修める傾向がある。デジタル学習環境の調整に必要なスキル実行の自己効力感の評価は，継続的な研究において重要である。テクノロジーの変化とともに，成功する学習者であるために何が必要かについての生徒の認知が変わってきたかどうかを検証するために，Zimmerman & Martinez-Pons（1986, 1988）の研究を追試する機は熟しているといえるかもしれない。

■ 今後の研究

　われわれが着目に値すると信じている自己調整学習の自己効力感のアセスメントに関して，いくつかの課題がある。ことに，自己効力感の情報源のアセスメント，自己効力感と課題遂行の間のキャリブレーション，異文化間研究の3点である。

◆◆自己効力感の情報源

　われわれは，生徒が種々の源泉からの情報を重みづけし組み合わせることで，自己効力感信念を

形成していくプロセスを検証する研究をさらに必要としている。実際の課題遂行は重要であるが，学習者は間接的，説得的，生理的資源からの情報を獲得する。発達は，なんらかの役割を果たす。すなわち学習者は，年齢が上がるにつれ，情報の多様な形態を認知的に統合できるようになる。社会的要因もなんらかの役割を果たす。つまり青年は，社会的情報にはとくに敏感である。仲間のモデルの観察が，観察者の自己効力感に過度に影響を及ぼし，自分自身の課題遂行の効果を最小化してしまうことがあると考えられる。

今後の発達研究において，学習者が種々の情報源をどのように扱うか，とくに矛盾する情報に関してどのように折り合いをつけているかについてさらに検討を加えるのがよいであろう。この種の研究は，生徒が学習に従事している間に集中的に行なわれる傾向にある。面接や発話思考プロトコルの使用により，生徒が重要と考える情報が何か，時間とともに判断がどのように変容するかについて明らかにすることができるであろう。

◆◆自己効力感と課題遂行の間のキャリブレーション

研究者が自己効力感と課題遂行の間に適切な対応を確立できない場合や，結果予測のためには一般的すぎる自己効力感の項目を使用する場合に，自己効力感の測定に関する問題が出てくる。文脈から切り離された自己効力感の評定は，基準となる課題との整合性を欠き，行動上の自己効力感の役割をゆがめるものと思われる（Schunk & Pajares, 2009）。課題特定的であり課題遂行の結果に対応する自己効力感の項目は，高い予測妥当性をもっている（Pajares & Miller, 1995）。

自己効力感と課題遂行の間のキャリブレーションに関しては，さらなる研究が望まれる。対象となる領域（たとえば，数学，読解）や成功のための能力の種類について，研究者らが明確な理解をもつことが必要であろう。そして，これらの知識は，必要とされている特定のコンピテンスの開発や，生徒のスキルレベル判断に使用される課題遂行を確実にする自己効力感の尺度を作成し検証するのに役立つであろう。

◆◆異文化間研究

異なる文化での自己調整学習の自己効力感の研究が必要とされている。ほとんどの自己効力感研究はアメリカ合衆国の生徒を対象に行なわれてきているが，これらの結果は他の文化に一般化できないかもしれない。Klassen（2004）は，異文化間の自己効力感研究をレビューし，西洋文化圏外（たとえば，アジア　アジアからの移民）の生徒の自己効力感が，西ヨーロッパ，カナダ，アメリカ合衆国の生徒よりも低い傾向があることを見いだした。西洋文化圏外の生徒の自己効力感の低さは，自己効力感の高い西洋文化圏の生徒よりも良好な学業成果に関連していた。文化によっては，親からのソーシャルサポートと関連し，関係性の自己効力感（たとえば，家族や社会的関係についてもつ自信）が，生徒の学業上の課題遂行に強い影響をもつところもあった（Schunk & Pajares, 2009）。

異文化間研究は増加傾向にあり，自己効力感の機能や一般性に関するわれわれの理解を拡張するものと考えられる（Pajares, 2007）。西洋文化圏外で，親密な親子関係を促進する社会化によって，自己効力感がさらに影響を受けることについて，今後の研究から，個人主義や集団主義などの文化的次元が，どのように自己調整学習の自己効力感に影響を及ぼすのか明らかにされていくものと思われる。

■ 実践のための示唆

われわれの議論から，教育実践のためのいくつかの示唆が得られている。その1つは，生徒が自己調整学習についてできると感じている，ないし感じていない領域を明らかにする診断的道具として，自己効力感の評定を利用できるというものである。教師は，生徒のスキルを確認するのに，通常は小テストやテストを使用している。しかしながら，自己効力感に関する設問は，十分に開発され実施されることが可能であり，自己調整学習の本質的側面をとらえることができると考えられる。例として次のような項目があるだろう。「第3章の

要約をどれくらいできると思いますか？」「分数のかけ算についてのこの単元を勉強するとき，勉強の進み具合についてどれくらい確信をもっていますか？」「宿題をよく理解できないとき，先生からの助けを求めることをどれくらいできると思いますか？」

　2つ目の示唆は，自己調整学習スキルを教え，自己調整学習の自己効力感を構築するモデルの使用である。モデルは内容スキルを教えるときに使用されるが，目標設定，進捗状況のセルフモニタリング，努力，持続などの自己調整学習スキルを示すことができる。学業上の困難を経験している生徒たちには，コーピング方略モデルがとくに有益であろう（Schunk, 1995）。初期の段階からの完全な課題遂行を示すマスタリーモデルと異なり，コーピングモデルは初めに困難を経験するが，努力，持続，効果的な方略を通じて課題遂行が向上し，やがて成功する。

　第3に，予見，課題遂行，内省段階を通して自己調整的思考に従事することの利益を説くものである。課題開始前に，教師は，生徒の授業目標の設定の手助けをし，学習の自己効力感を評価することができよう。課題継続中には，生徒たちは自分たちの進み具合や方略使用のセルフモニタリングができる。内省段階において，教師は生徒に，自分たちの学習の進み具合や使用方略の効果を評価し，他の方略が必要だったかどうか判断させる。これらの活動は，自己調整の流動的な性質や，その多様な構成要素がすべての段階でどのように相互作用するかを反映している。

■ 結論

　理論と研究から，自己効力感は，自己調整学習のすべての段階で鍵となる変数であり，生徒の学習，動機づけ，達成に影響を与えることが明らかになった。本章では，自己調整学習のための自己効力感の評価に関する課題を議論し，今後の研究の方向性や教育実践のための示唆についての提言を行なった。われわれは，研究者らが自己調整学習の文脈における自己効力感の評定の使用をさらに精緻化していくことで，自己効力感の役割の理解の拡張や自己調整学習者の手助けとなることを信じている。

【訳注】
☆1：Grand Point Average：成績評価指数の平均値。

第19章　動機づけの自己調整方略のアセスメント

Christopher A. Wolters, Maria B. Benzon, and Christina Arroyo-Giner
Department of Educational Psychology, University of Houston

伊藤　崇達（訳）

　論ずるまでもなく，動機づけは，学業場面における生徒の取り組み，学習，達成を規定する要因であるといえる（Graham & Weiner, 1996; Schunk, Pintrich, & Meece, 2008）。また，動機づけの効果は，既存の能力や過去の達成によるものとは，概念上，区別がなされる。高いスキルを身につけた生徒であっても，理解しようとする動機がなかったり，一生懸命に取り組もうとする意志がなかったりすれば，うまくいかないであろう。成功できるという感覚がなかったり，学ぶべきスキルや教材に対して強い関心がなかったりする場合も同様である。しかしながら，動機づけを阻害し，最適な水準で達成する能力を抑制してしまうような状況，課題，文脈に多くの生徒たちが直面し得るということもまた疑いようのない事実である。

　このような不一致な状況があることから，動機づけを高める教育的な介入を計画し実践していくことと，生徒の動機づけ自体についてよく理解することが，教育研究者や実践家にとっての目標であり続けてきた（Schunk et al., 2008）。こうした介入の試みの多くは，生徒の動機づけを向上していくうえで，教育実践や理念に関して教育者にできること（ないし，できないこと）は何かについて明らかにしようとしてきた。また，生徒が個人として，どのようにしてこのような困難に打ち克ち，学習への動機づけを維持したり高めたりしてゆけばよいかについて明示していくような，いくらか異なった見方を自己調整学習のモデルは提供してくれている。

　自己調整学習について説明する単一の普遍的なモデルは存在しない。むしろ多くのモデルが存在しており，構成概念や概念化において力点が若干異なっているところもあるが，かなりの重なりがみられる。本書の別のところでも，これらのモデルのあり方や，おもな構成要素や下位プロセスを含めて自己調整学習についてどのように概念化を図ってゆけばよいかについて詳しい検討がなされている。ここでの議論の中心は，現在，有力とされている自己調整学習に関するモデルにおいて，動機づけの自己調整が効果的な自己調整学習者であるための要件の1つとして認められている点にある（Boekaerts, 1996; Pintrich, 2004; Winne & Hadwin, 2008; Zimmerman, 2000; Zimmerman & Schunk, 2008）。意思（Corno, 2001; Kuhl & Kraska, 1989; McCann & Turner, 2004），自己動機づけ（Cheng & Ickes, 2009; Dishman, Ickes, & Morgan, 1980），自己強化（Heiby, Ozaki, & Campos, 1984），特定の動機づけの自己調整（Sansone & Thoman, 2006）のようなモデルにおいては，このプロセスが基本にあることは明白である。動機づけを維持したり高めたりするために積極的に調整を図ろうとする努力に関して，どのように定義づけをし，呼称をするかはモデルによって異なっているところがある。たとえば，メタ動機づけ，自己動機づけ，動機づけ調整，動機づけコントロールといったような専門用語が使われてきている。Wolters（1998, 2003）による初期の研究や，Pintrichらの研究グループ（Garcia &

Pintrich, 1994; Pintrich, 2000; Pintrich & De Groot, 1990; Pintrich, Wolters, & Baxter, 2004; Pintrich & Zusho, 2002; Wolters, Pintrich, & Karabenick, 2005）によって進められてきた枠組みをふまえて，ここでは，動機づけの自己調整ないし動機づけ調整の語を使っていくことにする。

　動機づけの自己調整に関して次にあげる5つの目標に取り組んでいくことを本章の目的とする。第1に，このプロセスを概念化し，関連の深い自己調整学習の別の側面との対比を行ないたい。第2に，生徒の動機づけ，取り組み，成果とどのように関係しているかについて手短に概観をし，学業において重要な役割を果たしていることを明示する。第3に，これまで動機づけの自己調整方略をとらえるために用いられてきた方法と測度に関して検討を行ない，その利点と限界がどこにあるかを示す。第4には，このような方略のアセスメントと結びつけて，教育上の示唆についていくつか明らかにする。最後に，動機づけの自己調整方略のアセスメントのあり方を改善し，このプロセスに関してさらに深い理解を得るために，今後，求められる研究の方向性を示していくこととする。

■ 自己調整学習の構成要素としての動機づけの自己調整

　この節では，Pintrichらの研究グループ（Garcia & Pintrich, 1994; Pintrich, 2000; Pintrich & De Groot, 1990; Pintrich et al., 2004; Pintrich & Zusho, 2002; Wolters et al., 2005）によって進められてきた自己調整学習のモデルにおいて，動機づけの調整がどのように概念化されてきたかについて検討することにする。Pintrich（2004）によれば，学習者が行なう調整の対象となる領域には4つのものがある。第1の領域は，いわゆる認知であり，学業に関する課題に取り組んでいくうえで符号化や情報処理をしたり学習したりすることを支えている多様な心的プロセスに関するものである。これらのプロセスには，認知的，メタ認知的な学習方略の利用が含まれているのが一般的である。行動は，第2の領域であるが，学習過程において実際に参加し実行することや，その他の身体的な活動のことをさしている。第3の領域は，文脈であるが，これは学習者が管理できる目前の課題や教室をはじめとし，文化的な環境さえもこの次元のなかに入ってくる。最後に，ここでの議論の中心にもなってくるが，動機づけと感情が，個人が自己調整できる学習の側面として取り上げられることになる。つまり，自らの動機づけや動機づけに関する処理というものが，自らの学習を管理していくうえで重要な目標となってくる。自己調整学習の全般的なプロセスの特定の1次元として，動機づけ（ないし認知，行動，環境）の自己調整というものを考慮することができるのである。また，概念上は，これらは区別が可能であるが，実践においては，これらの4領域は相互に重なり合ったり交絡し合ったりするということも明確にしておく必要がある（Pintrich, 2004）。1つの領域（たとえば，動機づけ）に関する処理の調整が，別の領域（たとえば，認知，行動）の働きの変化とも関係していることがよくある。

　他の研究者たち（Zimmerman, 2000; Winne & Hadwin, 2008）と同様に，ここで採用しているモデルでも，自己調整学習というものは，予見，モニタリング，コントロール，内省からなる段階，下位プロセス，あるいは，操作によって成立するものと特徴づけている（Pintrich, 2004; Wolters et al., 2005）。これらの段階は，厳密な時間の順序で進行するものとはみなされておらず，また，単一方向の因果関係にあるものでもない。課題を成し遂げる事前の段階，事後の段階，実行中の段階，いずれにおいても自己調整学習は積極的な取り組みに深くかかわっているということを強調しておきたい。Pintrich（2004）は，自己調整学習に関する考えを整理したり研究を進めたりしていくうえで，ヒューリスティックとしてこれらのことを説明しているのである。ここでの議論を進めていくにあたり，これらの段階が，動機づけを含めて自己調整される4つの領域と密接なかかわりをもっているということも指摘しておく必要がある。したがって，動機づけの自己調整は，自らの動機づけにかかわる活動のプランニングやモニタリング，コントロール，内省に取り組むことを，時折，必

要としたり，また，これらによって左右されたりもするのであろう。

▶ **動機づけと動機づけの自己調整の対比**
Pintrich（2004）は，動機づけと動機づけの自己調整を明確に区別しているわけではない。しかし，Wolters（2003）が述べているように，相互に関係のあるこれらの2つのプロセスは，自らの思考や活動について自覚があるか，思考や活動が意図的であるかどうかに基づいて，概念上，区分することができる。動機づけプロセスは，目標を指向した行動がどのように高められたり維持されたりするかということとかかわっているが（Schunk et al., 2008），学習者による意識的な自覚や積極的なコントロールがなくても進行し得るものである。たとえば，動機づけ信念や態度（たとえば，個人的な興味，自己効力感など）は，生徒の参加への意思決定や，努力の質，持続性に影響を及ぼす。とりわけ，実行することが促された場合に，学習者はこうした信念や態度について言葉にする可能性がある。けれども，動機づけプロセスが展開していくうえで，意識的な自覚も積極的なコントロールも必ず必要だというわけではない。つまり，常に積極的なコントロールを試みたり，意識的な自覚をもったりする必要はなく，生徒たちは信念や態度によって，選択をしたり努力をしたり，あるいは，努力を差し控えたりすることもできるのである。対照的に，動機づけを自己調整していくためには，ある点では，そうした機能に関してより積極的なコントロールを行なう必要があるし，高い水準の意識によって理解をする必要もある。このような概念上の区別は，メタ認知研究者（Nelson, 1996）が行なっている対象レベルとメタレベルという区分とも一貫しているし，自己調整に関して別の立場（Boekaerts, 1992; Kuhl & Kraska, 1989）が強調している類似の区分とも一貫している。Wolters（2003）も同様に，思考や活動を内省することをとおして，意図的に自らの動機づけや動機づけのプロセスに影響を与えようと努めることとして，動機づけの自己調整について定義づけを行なっている。

▶ **動機づけの自己調整の次元** 次に，こうした区分に基づき，広範な枠組みとも一貫性をもたせつつ（Pintrich, 2004; Wolters et al., 2005; Wolters, 2003），動機づけの自己調整に関して3つの鍵となる側面に光をあてていくことにしたい。第1の側面として，動機づけを理解したり調整したりするうえで必要となるメタレベルの知識があげられる（Boekaerts, 1996; Wolters, 2003, in press）。メタ認知研究と同じように（Pintrich et al., 2000），動機づけのメタレベルの知識は，個人，課題，方略との関係をもとに区別することができる。個人にかかわるメタ動機づけ的な知識は，その当人自身が興味を抱き，楽しさを感じ，内発的に動機づけられると感じている課題や領域，トピックなどについての知識のことをさしていると考えてよいだろう。特定の学習活動や，それらがどのような動機づけを喚起するのか（たとえば，退屈であったり欲求不満にさせたりするもの）に関する信念は，課題にかかわるメタ動機づけ的な知識ととらえてよいだろう。3つ目の動機づけ調整方略に関するメタレベルの理解には，自らの動機づけを管理していくうえで必要となる宣言的，手続き的，条件的知識が含まれるであろう。こうしたメタレベルの動機づけに関する知識は，自己調整学習の各段階を構成する不可欠な基盤となっている。たとえば，個人や課題に関する知識は目標設定やプランニングにおいて欠かせないものであるし，もしも必要な手続き的知識や条件的知識をもち合わせていなかったとしたら，動機づけを方略的にコントロールすることはできないだろう。

動機づけの状態や水準についてモニタリングすること（動機づけのモニタリング）も，動機づけの調整において鍵となる要因である（Wolters, 2003, in press）。生徒が課題に積極的に取り組み，現在，生起している動機づけについて観察をし，フィードバックを得る必要のある際に，このプロセスは，きわめて重要な意味をもつだろう。メタ認知研究で述べられている理解のモニタリングと同様に（Butler & Winne, 1995; Pintrich et al., 2000），問題に直面するまでは，このプロセスは，意識的な努力をすることなく始められるものであるし継続していくものでもあろう。けれども，課題を始める前（動機づけの予測），あるいは，課題を終えた後（動機づけについての内省）に，動

機づけのアセスメントをすることもできるだろう。どのような場合であっても，動機づけが低下している，ないし，問題に突きあたりそうだという一定レベルの認識や理解が，動機づけを向上させる積極的な介入にあたっての前提条件といえる。学習において効果的なものとなるように，こうした側面を高めていく手立てを講じていくには，生徒自身が自らの動機づけについて自覚している必要があるし，また，それには満足をしていない，という状態であらねばならない。自らの動機づけについて効果的なモニタリングができなければ，動機づけの調整はうまくいかないであろうし，一般的にみても自己調整学習が成立することは困難であろう。

　動機づけの効果的な自己調整に関する第3の側面としては，自己の動機づけを自ら管理しようとする意図的で方略的な努力があげられる（動機づけのコントロール）。これらの努力は，Pintrich (2004)の第3の段階とよく符合しているが，というのは，これらは，通常，動機づけのプロセスをコントロールすることを反映しているからである。しかし，このような方略は，プランニングやモニタリング，内省とみなしたほうがよいような操作を含んでいるともいえ，自己調整学習の別の段階ともかかわっているといえそうである。ここで詳細を述べるには膨大なものであるが，動機づけを管理するために実際に用いられる方法や方策はかなり多様であるし，達成目標，自己効力感，課題価値，興味など（Wolters, 1998, 2003）とかかわって動機づけを調整する試みにはさまざまなものが含まれてくる。感情ないし動機づけプロセスの操作に基づきながらも，結局のところ，学業成果には結びついていかないような方略というのもある（Martin, Marsh, & Debus, 2001, 2003; Norem & Cantor, 1986）。以降では，学習活動とどのようなかかわりをもっているか，また，アセスメントの方法の問題を含めて，さらに動機づけの自己調整方略に焦点をあてて検討を進めていく。

■ 動機づけの自己調整方略と動機づけ，取り組み，成果との関係について

　課題を開始し，継続し，完了しようとする努力にかかわるプロセスを自ら管理していくうえで，動機づけの自己調整方略が有効なものとなってくる（Wolters, 2003）。したがって，効果的に方略を活用すれば，動機づけの水準そのものに望ましい影響をもたらすはずであるし，それだけでなく，動機づけの働きによって，取り組みや成果，別の学習の結果にもよい影響を及ぼすはずである。本節では，このような関連を支持している実証的な知見について手短にみていくことにする。

▶ **動機づけ**　動機づけ調整には，動機づけの水準そのものや，適応的な動機づけ信念や態度と結びついている面があることが示されてきている（Husman, McCann, & Crowson, 2000; Wolters, 1998）。たとえば，Wolters (1998)は大学生を対象に，内発的な動機づけを調整するような方略をよく用いている人は，熟達目標志向性が高い傾向にあり，外発的な動機づけを調整する方略をよく用いている人は，概して遂行目標志向性が高いことを明らかにしている。動機づけ調整の全般的な指標のみを取り上げたものであるが，別の研究では，Pintrich, Smith, Garcia, & McKeachie (1991)によるリソースの管理と努力の管理について調べる尺度との間に正の相関が見いだされている。けれども，こうした相関研究では，動機づけは先行要因としてみなされることが多い。防衛的悲観主義に関する研究では，こうした方略の使用は，熟達目標と負の相関，遂行回避目標とは正の相関がみられることが明らかとなっている（Yamawaki, Tschanz, & Feick, 2004）。また，Sansoneらの研究グループ（Sansone & Thoman, 2006; Sansone, Wiebe, & Morgan, 1999; Thoman, Sansone, & Pasupathi, 2007）は大学生を対象に，興味を高める方略を利用している人は，課題を楽しむ傾向にあることを明らかにしている。Zimmerman & Martinez-Pons (1990)は，動機づけ調整に近い内容を含んだ自己調整の方略の使用と自己効力感の水準との間に正の関連がみられることを明らかに

している。全体としてみると，これらの先行研究の結果から，動機づけ調整方略の使用と動機づけの間に正の関連があることが支持されている。しかしながら，ほとんどの研究が相関について調べたにすぎないので，因果の方向性について明確な結論を出すには大きな限界がある。

▶ **取り組み**　学校での取り組みも，達成を予測する重要な先行要因であり，学習課題の際の行動，認知，感情の面での関与を広く表わすものである（Fredricks & Blumenfeld, 2004）。理論上の仮定と一貫して，動機づけ調整方略の使用と取り組みのそれぞれの側面との間に正の関連があるという知見がいくつか示されている（Heiby, Onorato, & Sato, 1987; Hong & Peng, 2008; Perry & VandeKamp, 2000）。とくに動機づけ調整に焦点をあてているわけではないが，意思の指標と，気を散らすものを避ける傾向や課題から離れないこと，学習活動と学習以外の活動を両立させることとの間に正の関連があることが明らかにされている（Kuhl & Kraska, 1989）。自分自身を動機づける傾向性をとらえるものとみなされている自己動機づけインベントリーの総合得点は，子どもたちの身体活動への取り組みの程度と正の相関があることが示されている（Motl, Dishman, Felton, & Pate, 2003）。Martin ら（Martin et al., 2001; Martin, Marsh, & Debus, 2003）によるオーストラリアの大学生を対象にした縦断研究では，防衛的悲観主義の傾向にある人は，そうでない仲間と比べて，認知的，メタ認知的な自己調整方略を用いておらず，持続性のレベルも低いことが実証的に明らかにされている。さらに以前の研究においても，ある種の動機づけ調整が，学習課題や問題解決課題における感情面の働きを向上させることと結びついている可能性について示唆が得られている（Heiby, 1983）。Sansone らの研究グループ（Sansone & Thoman, 2006; Sansone et al., 1999）も大学生を対象にした実験研究によって，興味を高める方略を用いた人が，用いなかった人たちと比べて，退屈な課題であっても，長い時間，取り組み続ける傾向にあることを明らかにしている。

▶ **成果**　動機づけや取り組みの向上との間に仮定通りの正の関連が明らかにされているが，動機づけの自己調整方略は，成果や学習，達成における向上の程度とも関連がみられるはずである。このつながりについて明確な証拠を示している知見はかなり限られている。にもかかわらず，先行研究では，このような本来的な関係を支持する傾向にある（Wolters, 1999a, 1999b）。別の理由から不適応的な方略であると考えられるのかもしれないが，防衛的悲観主義に関する研究によると，こうした方略を利用する能力を妨害すると，実験課題の成績が低下してしまうことが明らかにされている（Norem, 2008; Norem & Cantor, 1986）。Martin らの研究グループ（2001, 2003）は大学生を対象に，セルフ・ハンディキャッピング（ただし防衛的悲観主義ではない）と達成レベルの低さとの間に関連があることを見いだしている。

さらに間接的なものであるが，高達成群や力のすぐれた生徒たちは，動機づけ調整にかかわる方略の使用も含めて，概して自己調整を多く行なう傾向にあることを明らかにしている研究がある（Hong, Sas, & Sas, 2006; Zimmerman & Martinez-Pons, 1990）。しかし，同じような結果を見いだせていない研究もある（Greene, Moos, Azevedo, & Winters, 2008）。満足の遅延，意思，自己動機づけといったような全体的な指標と成果との間に正の相関がみられる可能性について，限られてはいるが実証的な知見を示している先行研究もある（Bembenutty, 2007; Kuhl & Kraska, 1989; McCann & Turner, 2004）。

全体としてみると，仮定される動機づけの自己調整の効果に関する短いレビューから，2つのキー・ポイントがあげられる。1つは，一般的な動機づけの自己調整，ないし，なんらかの単一の動機づけ調整方略の使用と，動機づけ，取り組み，成果の指標との間の関連について調べた研究は限られており，これらの関連についてさらに明確にしていくには，今後より多くの研究が求められるということである。2つ目は，動機づけの調整は，多様な方法によってアセスメントされてきており，特定の広く普及した方法というものは存在しない。次節では，この点についてみていくが，動機づけの自己調整方略をアセスメントする方法としてどのようなものが用いられてきているか，吟味していくことにする。

表19.1 動機づけ調整方略のアセスメント方法の長所と短所についての要約

方 法	長 所	短 所
強制選択法	多くの方略に関するデータを短時間に低いコストで効率的に収集できる。量的分析が可能な信頼性のある尺度である。	協力者の回想の信頼性と妥当性に依存する。新奇な反応についての報告が得にくい。
面接法	広範な反応を引き出せる。直接的に反応の手がかりを与えたり構造化したりしない。	協力者の回想の信頼性と妥当性に依存する。言語能力に依存する。データ収集と分析に多大な時間と労力を要する。
直接観察法	生態学的妥当性が高い。方略の使用にかかわる文脈要因がアセスメントできる。協力者の言語能力に依存しない。	心的過程が直接的に観察できない。行動の理由についての洞察がない。データ収集と分析に多大な時間と労力を要する。
発話思考法	心的機能について豊かな視点を提供してくれる。広範な反応を引き出せる。	協力者には認知的な面でむずかしくなる。生態学的妥当性に欠けることがある。
追跡法	協力者の言語能力に依存しない。協力者の回想の信頼性と妥当性に依存しない。	多くの場面で利用できない。十分に計画された課題を必要とするので、教室での実際の課題には適用できない。行動の理由についての洞察がない。

■ 動機づけの自己調整方略のアセスメント

自己調整学習研究の初期のころから，測定に信頼性と妥当性があるか，構成要素や次元，下位プロセスがどのようになっているかが重要な問題とされてきた（Zimmerman & Martinez-Pons, 1986, 1988）。初期の研究では，自己調整学習の全体と，とくにメタ認知や動機づけの側面について検討がなされてきた（Boekaerts & Corno, 2005; Pintrich et al., 2000; Winne & Perry, 2000; Zimmerman, 2008）。本節では，表19.1にまとめてあるように，動機づけの自己調整方略のアセスメントに用いられてきた方法について，それぞれの長所と短所がどこにあるか，考えていくことにする。

▶ **強制選択法** ある種のリッカート・スタイルの尺度を用いて協力者が質問項目を読み，反応するというインベントリーや調査が，自己調整学習のアセスメント方法のなかでも一般的なものの1つである。これらには，Pintrich（Pintrich et al., 1991）とWeinstein（Weinstein, Palmer, & Schulte, 1987）の主導のもとに開発された，広く使われている尺度が含まれる。動機づけの自己調整方略により焦点をあてた類似の尺度も開発されてきている（McCann & Garcia, 1999; Sansone et al., 1999; Theodorakis, Hatzigeorgiadis, & Chroni, 2008; Wolters, 1999b）。たとえば，Wolters（1999b）は，高校生の集団を対象にした27項目からなる調査票を作成しており，これは6つの動機づけ調整方略をアセスメントするものである。

これらの調査には重要な利点がいくつかあるため，広く普及してきた（Winne & Perry, 2000）。研究者が最も関心を寄せている特定の構成概念に関して，費用，労力，時間の面でコストをかけずに相当な量のデータが集められるのである。こうした点で調査は効率的なものであり，電子上でオンラインによって実施ができればなおさらのことである。多様なタイプの方略からなる動機づけの調整のような構成概念について検討していく際には，とくに重要な利点であるといえる。また，得られたデータは数量化が容易であり，分析に利用しやすい。それには，生徒による方略の使用は高いレベルの信頼性でもってアセスメントができるという一般的な見方が支持されてきた経緯がある。

自己報告式の調査には，いくつかの目的に対する有用性を割り引いてしまうだけの重大な限界もある。Winne & Perry（2000）が述べているように，これらの尺度は，たいていの場合，生徒の記憶に依存しており，当該の学習場面での活動において何を感じ，何をしたかという記憶にゆがみが

ないことを前提としている。生徒が過去において実際に用いた方略を正確に報告できているかという基本的な仮定については検証されないままであることが多い。代わりに，項目内容についての素朴な点検や，尺度と教師評定，成績，自己調整学習や達成に関する別の指標との相関に着目して，妥当性の確認がなされたりする。実際のところ，生徒による方略の使用についての自己報告と，別の方法で指標化した実際の方略の使用程度の間には，ズレがみられるという知見もある（Winne & Jamieson-Noel, 2002）。また，こうした尺度は，非常に構造化されているという特質をもっており，そのため，研究者の期待に沿わないような行動について，生徒たちが表現や説明をしたり詳しく述べたりするといったことはできない。

▶ **面接法** 面接法や他の類似の方法は，信念，態度，行動，経験についての自分自身での説明やその発現を反映したデータを提供してくれる（Patrick & Middleton, 2002; Winne & Perry, 2000）。面接法の著名な例の1つは，Zimmerman & Martinez-Pons（1986, 1988）によって開発されたものであるが，これは，協力者にいくつかの仮想場面を提示して，自分であればどのように反応するかについて説明を求めるというものである。動機づけ調整を含めて自己調整学習の多様な側面について情報が得られるようにデザインされている。面接法には他にもさまざまなものがあり得るが，対象者に提示される質問の形式や構造に関して，オープンエンドな広いものから高度に構造化されたものまで多岐にわたっている。この方法論に関するバリエーションとしては，刺激再生法，開いた質問からなる調査票への記入，日誌法などがあげられる。たとえば，刺激再生法は，出来事についての記憶を向上させるために精緻化プロンプト（ビデオ記録のセグメントなど）を用い，終了直後の経験に焦点をあてた面接法の一種である（Winne & Perry, 2000）。日誌法は，協力者が記録していくものであるが，長期にわたる自己調整学習の情報を得るためにオープンエンド・タイプの質問票を利用したもう1つの方法といえる（Schmitz & Wiese, 2006; Zimmerman, 2008）。いずれの場合も，協力者の反応からかなり質的なデータが得られる。けれども，量的な分析を行なったりそこからパターンを見いだしたりするには，評価やコード化，カテゴリー化，あるいは，数値への変換が必要になる（たとえば，頻度の計算）。

動機づけの自己調整をアセスメントするうえで面接法やオープンエンドによる方法を用いる1つの利点は，協力者が幅広い反応をとることができることと，ボトムアップによるデータの分析が可能となることである。とりわけ，協力者をあらかじめ決められたカテゴリーに限定してしまわないので，強制選択法よりも高い水準の生態学的妥当性があるといえるかもしれない。たとえば，生徒が特定の方略で取り組んでいると報告しても，これは，尺度による直接的な手がかりによって引き出されたものではないだろう。同様に，オープンエンドによる面接によって，研究者がさらに検討したり明らかにしたりする必要のある新しい動機づけ方略が見いだされるといったことがあり得る（Järvenoja & Järvelä, 2005）。

面接法による動機づけの自己調整のアセスメントは，自己報告式のデータの他の形態と同じような限界をもち得る。それでも，反応は，協力者の記憶によって変わってくるし，時間と文脈を越えてまとめられたものにすぎない。強制選択式の調査と違い，面接法は，通常，個別に実施する必要がある。そのため，データを収集するだけでも，かなりの時間と，労働集約型とよび得る労力を要することになる。さらには，量的分析に利用できるようにするには，生の質的データを評価し数値に変換するなどの作業が必要であるが，これにもかなりの時間と労力を要することが多い。また，面接法や他の似た方法での対象者の反応の質は，言語スキルや書字のスキルによって変わってくる。これは，ある集団への適用を制限するものであり，自己調整学習のアセスメントと全般的な能力とを混同することになり，全体として構成概念妥当性をそこねてしまうことになる。

▶ **直接観察法** 観察というのは，過去の出来事に関する個人の信念や認知というよりも，実際に進行している最中の遂行データをアセスメントするものである（Patrick & Middleton, 2002; Boekaerts & Corno, 2005）。一般的には，訓練を受けた研究

者が観察を行なうのであり，非常に構造化されたもの（チェックリストなど）からオープンエンドのもの（グラウンデッド・セオリーなど）までそのシステムは多岐にわたるものである。動機づけ調整方略にアセスメントの焦点をあてていたとしても，だれの（教師や生徒など），どんな（発話，身体的行為など），いつの出来事かによって，観察のあり方も異なってくる。動機づけの調整に焦点をあてたものではないが，Perry, VandeKamp, Mercer, & Nordby（2002）は小学生を対象に，半構造化面接とともに教室の観察を行ない，リテラシーに関する活動においてメタ認知，内発的動機づけ，方略の使用を促す教育実践のあり方について検討を行なっている。

観察法を用いる1つの利点は，学習の文脈や課題の条件の特徴と関連づけて，動機づけ調整行動が検討できることにある（Winne & Perry, 2000）。たとえば，観察法によって，特定のタイプの方略を用いていくうえで生徒がどのような文脈上の手がかりに反応しており，また，どのようなタイミングで行なっているのかについて考察することができるだろう。第2の利点は，このアセスメント法は，生徒による実際の行動をかなり明確に反映したものであり，自己報告式の測度によって示されるような報告者の記憶や想像に基づく行動内容とはずいぶん異なっている可能性がある。したがって，観察法は，他の多くの方法と比べると，より明らかに生態学的妥当性を有しているといえるだろう。年齢の低い子どもたちや，認知能力や言語能力に限界のある人たちに対して，動機づけの自己調整のアセスメントを行なう場合には，このような利点はとくに重要といえる。

観察は，動機づけの調整について調べていくのに適した方法ではないことが多いのかもしれない。なぜなら，多くの動機づけ調整のプロセスのほとんどは，生徒の内面の心的プロセスに基づいているからである。つまり，動機づけの自己調整方略を用いることが，生徒の側の外的な行動，観察可能な行動となって現われてこない可能性がある。ある文脈で方略が観察されたとしても（たとえば，ひとりごと），これがいつでも外的に表現されるとは限らないだろう。観察の別の問題として，特定の行動がみられ，記録が確実にできたとしても，なぜそのような行動をとったのかということに関して明確な証拠が得られるとは限らない。たとえば，課題をうまくこなすことがたいせつだというひとりごとが観察されたとしても，必ずしも動機づけを高めることを意図して発言しているとは限らない可能性がある。他の方法と比べると，観察によるアセスメントは，研究者に多くの時間と資源とを要求することにもなる。

▶発話思考法　発話思考法は，面接法と観察法の要素を同時に用いている（Winne & Perry, 2000; Boekaerts & Corno, 2005）。対象者は，課題に取り組みながら，思考や感情，認知などを言葉で報告する。たとえば，Greene et al.（2008）は，協力者からオーディオやビデオテープによる記録を集めている。協力者は，コンピュータ環境のもと，循環システムについて学習を行ない，言語化を行なっている。その後，得られた記録は，プランニング，モニタリング，調整という自己調整学習活動に関してコード化が進められた。この研究では，とくに動機づけ調整についてコード化は行なわれておらず，また，他の研究でも，自己調整学習の側面を調べるのに発話思考法は用いられてこなかったように思われる。

この形態のアセスメントのおもな利点としては，特定の課題を仕上げる際の生徒の内的な機能に関して，より直接的で豊かなアセスメントができるところにある。記憶に基づいて行動を思い出したり報告したりする能力に依存するものではない。そうではなくて，協力者は，活動が生じている瞬間に報告を行なうのである。一般に，訓練を受けた研究者が後に評価できるようなオープンエンドのデータが得られるところが，もう1つの利点である（Zimmerman, 2008）。そのため，強制選択式の調査項目のように，対象者の反応を既存のカテゴリーや方略に誤ってあてはめてしまうことはない。

発話思考法の1つの弱点は，課題を遂行することと思考内容を声に出すことを同時に行なうのは，だれにとっても，認知面でむずかしくなる可能性があることである。年齢が低い子どもの場合，なおさらのことであり，心的な処理過程を十分に説明できるだけの言語スキルをもち合わせていない

かもしれない（Boekaerts & Corno, 2005）。また，発話思考システムをかなりたくみに利用しなければ，ほとんどの教室でみられるような実際の社会的場面において自己調整学習を研究することは不可能である。

▶ **追跡法**　追跡法とは，活動中の心的な処理過程について，観察可能な間接的な指標を得るアセスメントのことである（Winne & Perry, 2000）。たとえば，Sansoneらの研究グループ（1999）は，紙と鉛筆で行なう退屈な課題に取り組むときに，手書きの筆跡やマークなどを調べて，協力者が興味を高めようとする方略を用いているかについて評価している。また，Winneらの研究グループも，双方向性のソフトウェアを開発して，プログラムのどのツールがいつ利用され，どのくらいの時間にわたってそれぞれのツールが利用されたかに関して，ログから追跡データを得ている（Winne, 2004）。とくに動機づけ調整について研究するために用いられてきていないのが現状である。だが，自己調整学習に関する洞察を得るためにデータは利用されている。観察法のようなより直接的な方法と同じように，追跡法のデータは，取り組み時間や頻度など，数量化が可能な情報に変換することができる。研究者は，追跡データのパターンをもとに，学習プロセスにおける動機づけ方略のあり方に関して推論を導くことができる。

追跡法は，観察というさらに直接的な方法と同じような長所と短所を多くもっている。これらの方法は，あいまいな場面や時間的に遠い場面において自分が何をして何を考えたかについて思い出して正確に描写するといった能力を前提とするものではない。また，追跡法は，生徒の言語能力に頼る必要もない。それでも，十分に論証可能な客観性のあるデータを提供してくれ，実際に課題や活動に取り組んでいる際の心的行動について知見を得ることができるのである。そのため，追跡法を用いれば，低い年齢の子どもたちや言語能力が限られた人たちにとって，とくに有効だと考えられる動機づけ調整方略の取り組みに関する実証的な知見を得ることができるであろう。

追跡法の利用は，とりわけ動機づけの自己調整のアセスメントを行なう際には，いくつかの重大な限界をもつようにもなる。第1に，意味のあるデータを生み出すよう十分に考慮して実験課題を設計する必要がある。こうした設計の過程は単純なものではなく，動機づけ調整方略の使用に関して意義深い洞察が得られる可能性のある課題は，これまでのところ，ほとんどつくられてこなかった。また，実験課題によるところが大きいということは，実際の教室の文脈に対して生態学的妥当性に欠けるような研究知見を提供してしまっているということがあり得る。つながりの深い課題であったとしても，結論の妥当性が明確ではない可能性もある（Winne & Perry, 2000）。その理由の1つとしては，直接観察法と同様に，追跡法によって，生徒の行動の内容については洞察が得られるが，なぜそのようにするかという行動の理由については何もわからない，ということがある。方略的な行動に関する結論は，何が，ということだけでなく，なぜ，という論点によって決まることが多いので，他のタイプのデータ収集と追跡法とを組み合わせることによって，最も豊かな情報が得られるといえるのかもしれない（Winne & Jamieson-Noel, 2002）。

■ 実践への示唆

動機づけ調整方略に関する妥当性のあるアセスメントが，研究上，不可欠であり，指導と実践に対して重要な示唆を与えることにもなる。動機づけの自己調整について理解が得られれば，教育者にとって次のような面で助けとなり得る。たとえば，生徒たちに対して適切な方略のよい見本を示したり，教室で直接指導したり，実践とフィードバックをしたりするといったことである。また，すべての生徒を支援するための診断ツールとしてアセスメントを活用したりすることもできる。本節では，生徒が効果的な動機づけ調整方略を身につけていくことを支援したいと思っている人たちにとって，どのような示唆が得られるかについて詳しくみていくことにする。

▶ **直接指導**　動機づけの自己調整方略と価値のある学習結果との間に正の関連がみられることが確実なことであるならば，これらの方略は生徒

に直接教えていく必要があるというのが，1つの基本的な示唆であるといえる。自己調整学習に欠かせない方略はさまざまな直接指導法を通じて生徒に教えることができる，という結論が多くの研究によって支持されてきている（Schunk & Zimmerman, 1998）。とくに，Tuckman（2003）は，動機づけ方略の訓練が望ましい学習結果と結びついていることを明らかにしている。教師は，生徒に対して，指導を通じて具体的な動機づけ調整方略に関する経験と理解を得るように促すことができる。動機づけ方略を教えていくうえで有効な指導実践のあり方については，膨大な記述を要するので，ここでは詳細について述べない。しかしながら，全般的にみて指導技術としてあげられそうなのは，典型的なものとしては，方略を特定すること，実行のステップを実演すること，方略が最もうまく働く場合とその理由について説明すること，多くの場面で実践する機会を提供することなどであろう。この点についてさらに示唆を得るために，研究者やカリキュラム作成者に求められることは，それぞれのタイプの動機づけ調整方略を，いつ，どのように教えてゆけば最も効果的であるかについて明らかにしていくことである。

▶ **ピア・モデリング** 動機づけ調整を含めて効果的に実行できているモデルにふれるようにすることが，もう1つの基本的な示唆である。これは，自己調整学習のモデルとも一貫している。先行研究では，自己調整学習と結びついたさまざまな特性，スキル，信念の形成を促していくうえで，実行可能で効果のある方法として，仲間によるモデリングの効力について明確な支持が得られている（Schunk, 1998）。そのため，指導においては，さまざまな文脈，多様な課題を通じて，日常的に一連の動機づけ調整方略が観察できるような機会を提供していく必要がある。たとえば，ピア・チューターや勉強のパートナーに対して，方略を使っているところがみえるように発話思考をしたり，あるいは，別の形での認知的モデリングを行なったりするようすすめる必要がある。また，学業への動機づけを高めたり維持したりしていくうえで，生徒が効果的だと思っている方略に関して，お互いの経験について話し合いをする時間を設けることもできる。継続して仲間のモデルにふれていくことで，自ら動機づけ方略に取り組んでいく必要性について，知識と経験を育てていく必要がある。

▶ **フィードバック** 直接指導でもモデリングでも，タイムリーで有益な情報が得られるフィードバックを提供していくことが1つの役割であるが，効果的な自己調整学習において個別に言及すべき重要な意味をもっている。実践とフィードバックを通じて，生徒が動機づけ調整について理解し，有能さを高めてゆけるよう，教師が支援していく必要がある。生徒が動機づけを調整していく努力に対して，有益な情報をもたらし，それが目標となっていくようなフィードバックを教師が提供できれば，生徒は，効果的に動機づけ調整方略を活用する能力を高めていく。たとえば，Cleary & Zimmerman（2004）の研究では，指導者が図式化，認知的モデリング，認知的コーチングを用い，循環的な自己調整のフィードバック・ループを確立するよう実践のセッションを構造化することに成功しており，動機づけ調整方略を活用するトレーニングにおいて生徒をしっかりサポートしていた。生徒が活用する動機づけ調整方略について妥当性のあるアセスメントを行なうことが，効果的なフィードバックを行なっていくうえで鍵となるステップといえる。

▶ **診断** 指導上のもう1つの示唆としては，動機づけの自己調整について診断を目的としたアセスメントの道具の開発を研究者と教育者が共同で行なう必要がある。既存の尺度は，自己調整学習者としての強みと弱みを診断する際に非常に役に立つことが明らかにされてきている（McCann & Garcia, 1999; Theodorakis et al., 2008）。生徒一人ひとりに応じた補習指導を進めていったり，より大きな集団やそうした文脈にふさわしい介入を計画していったりするうえで，妥当性のある診断がきわめて重要なステップとして求められる。また，診断目的で開発されたアセスメントは，生徒自身でも利用していくことが可能であり，自らの自己調整学習について理解をし，向上させていくことができる。しかしながら，研究や理論構築を目的として開発され構成されたアセスメントに関しては，診断ツールとしては効果的な利用ができない

可能性があるのも事実である。そのため，応用を目的とした道具を開発していくさらなる努力が一方で求められる。

■ 動機づけの自己調整方略に関する研究の方向性

動機づけの自己調整に関して，研究を進展させる可能性のある領域が多く存在する。たとえば，基本的に今後も必要とされるものとして，動機づけの調整に影響を及ぼす主たる要因は何であるか，また，どのような帰結をもたらすかについて明らかにしていく実証研究をあげることができる。動機づけ調整が自己調整学習の別の側面とどのように関連しているかについて解明していくような研究も今後さらに必要となる。本章の目的と焦点とを加味すると，本節での議論には限界があり，動機づけ調整方略のアセスメントに密接な関連のあるところに限って，若干ではあるが，鍵となる研究の方向性について示しておくことにする。

動機づけ調整方略の利用をアセスメントする道具がすでにいくつか存在するが，いずれについても十分な妥当性の検証がなされているわけではない。したがって，既存の道具を妥当性のあるものにし，さらに洗練させていくことが基本的には求められる。おそらく最も重要なことは，動機づけの調整をさらに具体的に，幅広い方略をふまえて，とらえていくことのできる道具や方法を開発していくことであり，Messick（1989）が述べているところの内容妥当性を高めていくことが求められる。かなりの研究において，動機づけ調整は，自己調整学習や意思，その他の調整プロセスといった全般的な測度のなかのほんの小さな一部分としてしか組み入れられてこなかった（Cheng & Ickes, 2009; Husman et al., 2000; Motl et al., 2003）。動機づけの自己調整に関して，全般的な測度を用いた研究は，内容妥当性に欠けており，そのため，独自の個別な影響プロセスとして，動機づけの調整を理解していく方途にはなり得ていない。動機づけの自己調整についての理解を前へ進めていくためには，自己調整学習と動機づけの両者の別の側面とは切り離して，明確にとらえられるようにしなければならない。

研究上の同様の方向性として，動機づけ調整のプロセスと成果の両者のアセスメントの違いについて，概念的に，また，実証的にも，さらに区別していく必要がある。研究者は，障害や気を散らすものに打ち克つ傾向性，努力，粘り強さ，取り組みなどをアセスメントし，それらを動機づけ調整の測度として特徴づけていたところがあった（Bembenutty, 2007; Dishman & Ickes, 1981; Hong & Peng, 2008）。このような測度は，大部分は，生徒たちが動機づけの調整をいかに進めているか（すなわち，プロセス）に関して，ほとんど洞察をもたらすものではなく，実際に調整を行なったのかどうか（すなわち，結果）を示しているにすぎない。このようにプロセスと結果とを混同してしまうと，測度の内容妥当性をそこねることになり，動機づけの調整を理解していくうえでの有効性についても限られてしまうことになる。

また，内容妥当性を高めるには，動機づけをコントロールする際に生徒が用いている方略で，可能性のあるものをできるだけ多様にとらえられるアセスメント法を開発していけるかどうかにかかっている。一度に複数の動機づけ方略をとらえようとした道具は，これまでにはほとんど開発されてこなかった（Wolters, 1999aを参照）。こうした試みが実りあることは明白なものとなってきているが，開発はされないままであり，重要であると予想される数種類の方略についていまだ解明がなされていない。1つのとりわけ有効な試みとして，動機づけ調整の潜在的に不適応的な形態（たとえば，防衛的悲観主義）が，いかにして生産的な方略と調和をとり，より大きな自己調整のシステムのなかに位置づけられていくのかについて，さらに理解を得ていくことが求められるだろう。重要性をもつのではないかと考えられてきている第2のタイプの動機づけ方略は，生徒自身が社会的な相互作用をマネジメントすることである（Sansone & Thoman, 2006）。この研究では，課題や教材がおもしろくなるように，仲間とのやりとりを誘発するようなことが示されている。全体として，構成概念妥当性の構造的な面と実在的な面とを確立

するためには，使用されている方略どうしの関連だけでなく，異なるタイプの方略の間の類別に関しても，さらに実証していくような研究が求められる（Messick, 1989）。

すでに明白なことであるが，動機づけの自己調整についてアセスメントを行なう際に利用できる方法論としては，自己報告式の調査や面接法から発話思考や直接観察にいたるまで多岐にわたるものがある。けれども，広範な自己調整学習に関する研究にみられるように（Winne & Perry, 2000），明らかに，自己報告法，とくにリッカート・スタイルの調査にかたよっている。自己調整学習に関する研究は，別な方法論に目を向けるようになってきており，学習活動に取り組んでいるときの実際の行動に関して，さらに説得力のある証拠を提出しようとしてきている（Zimmerman, 2008）。また，動機づけ調整に関する研究は，質的な形式のアセスメントを含めた方法によって研究を重ねていくことで有用な知見を得ることができるだろう。動機づけの自己調整をアセスメントするために，多重な方法論を採用した研究も，理論を進展させていくうえで，かなり有効であろう。

動機づけの自己調整は，メタレベルの知識ともかかわっている。それでも，動機づけの調整に関して生徒がもっているこの種の知識や自覚について，直接的にアセスメントをした研究は限られている（Cooper & Corpus, 2009 を参照）。同様に，動機づけに関するモニタリングやプランニング，自己反応を具体的にとらえるアセスメントを開発していこうとする研究は，実りの多い研究領域の1つとなるであろう。このような試みを合わせて進めていくことで，動機づけの調整が自己調整学習のそれぞれの段階とともにどのように作用していくかについて，その全体像がさらに明確なものとなっていくであろう。

また，多様な対象者の集団と多様な文脈におけるアセスメントの一般化可能性について実証研究を行なうことで，動機づけ調整についての理解は深まっていくだろう。たとえば，自己調整学習の認知的側面とメタ認知的側面のいくつかにおいて発達的な変化がみられることが，すでに実証的に明らかにされている。最近の研究でも，生徒の動機づけの調整を支えている知識に，年齢に関係した変化がみられることが明らかにされてきている（Cooper & Corpus, 2009）。生徒が活用している動機づけ方略や，それぞれの方略を使用する頻度，実行にあたっての効果性などに，類似の変化がみられる可能性があるかもしれない。発達的変化に加えて，パーソナリティ，ジェンダー，文化的背景のような個人差についても，動機づけの調整プロセスに影響を及ぼす可能性があるものとして検討されるべきである。こうした個人差について検討を行ない，さまざまな集団においてアセスメントが有効であることを示していく実証研究が，実りの多い知見をもたらすであろう。

動機づけ調整方略のアセスメントに関する今後のさらなる研究として，文脈固有性の問題についても取り上げていく必要がある。自己調整学習は，領域全般にわたるプロセスとして描かれることが多かった。対照的に，動機づけ信念は，文脈から強い影響を受けるものとみなされることが多かった。たとえば，生徒は，教科領域や課題内容によって異なる興味，自己効力感，価値を表現する。この後者の見方に従えば，動機づけ調整方略の使用と，生徒たちが直面する特定の動機づけの障害との間には，つながりがあるように思われる（Wolters, 1998）。動機づけの自己調整が文脈要因（たとえば，教科領域，教師，活動の構造）によってどのように変化するか，あるいは，文脈との関係でどのようにアセスメントする必要があるかについて，さらに検討を進めていく研究が有益であろう。

結論を述べると，動機づけの自己調整は，自己調整学習のモデルの中核的な特徴を表わすものとして進展してきている。この進展をたしかなものとしていくには，高い妥当性を有した多様な方法や道具でもって，動機づけ調整方略の使用についてアセスメントができる必要がある。この基盤づくりは，先行研究によって着実に進められてきている。これらのアセスメントに基づいて，動機づけの自己調整と自己調整学習のその他の側面との間にはどのような調和がとられており，また，学習の機能上，どのような役割を果たしているかについて理解を深めていくような研究が，今後さらに大きく展開していくことが期待できる。

第20章　発話思考法を使用した自己調整学習の測定

Jeffrey Alan Greene, Jane Robertson, Lara-Jeane Croker Costa
University of North Carolina at Chapel Hill

塚野　州一　(訳)

　本書全体をとおして，学習を自己調整する能力は学業の成功に欠かせないことが，理論的合理的エビデンスと実験的なエビデンスの両方を使って示される。そこで，教育者たちは，効果的な自己調整学習についての詳細な理解が必要になり（SRL; Zimmerman, 2000），そうして効果的な自己調整学習のスキルが不足している人たちに教えることができる。さらに，自己調整学習とは何かについての膨大な数の議論が存在するが，学習者たちが各自の目標をもった個別の学習文脈において，どうやって効果的に自己調整学習を行なうかについても，もっと多くの研究が必要とされている。このように，学習者たちの自己調整活動をとらえること，これらの学習活動がさまざまな学習結果と共変数にどのように関連しているかをモデル化することは，いまもこの分野の重要な焦点なのである。

　自己調整学習は，文脈から離れて一時点で測定できるような適性でも傾性でもない（Winne & Perry, 2000）。むしろ，自己調整学習は，認知，メタ認知，動機づけ，行動が関与する**出来事**の力動的な連続だととらえたほうがいい。学習者たちは，その出来事を，学習課題の過程の間，意識的に実行し，モニターし，コントロールする（Pintrich, 2000; Zimmerman, 2000）。そこで，自己調整学習の深い理解を発達させるためには，学習者たちが何を考えているかだけではなく，いつ，どれくらいの頻度で，どんな文脈で，そのような処理をするかを把握できる測定技法を使用する必要がある。

　多くの実験研究で，自己調整学習の測定は学習の動機づけ方略質問紙（MSLQ; Duncan & McKeachie, 2005）のような自己報告測度を使って行なわれてきた。自己調整学習をとらえるために自己報告測度を使用することは，2つのおもな理由で批判されてきた。まず，自己報告測度だと学習者たちは過去の学習経験の集積による記憶に頼らざるを得ないことになる。Winne & Jamieson-Noel（2002）は，調査研究における研究協力者たちが，自分たちの自己調整学習行動について，課題学習の直後でさえも，たいていお粗末な報告者でしかなかったことを示してきた。同様に，ほとんどの自己報告測度は，応答者に「ハイ，イイエ」の限られた反応から選択を強いるのである。これらの測度は，選択肢が応答者の反応の範囲とタイプからはずれると，研究協力者たちの経験をとらえるのに役に立たない。結局，自己報告測度は，通常は学習文脈から外れるので，ある時点の自己調整学習についての研究協力者たちの判断をとらえているだけである。自己調整学習が静的な傾性であるならば，そのようなデータ収集のしかたでよいのかもしれないが，自己調整学習は過程であるという定義に立つなら，一時点での評価では，現象をとらえたことにはならないだろう（Winne & Perry, 2000）。

　私たちは以下のことを明らかにする。自己報告測度と比較して，発話思考プロトコル（TAPs）のような，プロトコル分析技法は，自己調整学習の力動的で出来事に基づいた定義とよく合致し，学習者たちが学習課題全体にわたる学習をどのよ

うにモニターしコントロールするかについての多くの情報を与えるデータを提供する。発話思考プロトコルは，それは研究協力者たちに学習しながら思考の言語化を依頼するのであるが，研究協力者たちの学習と同時に自己調整学習の進行をとらえるが，研究協力者たちの記憶には頼らない。さらに発話思考プロトコルは，自由回答式であるため，研究協力者たちが自分たちの自己調整学習の進行のすべての範囲について自由に表現することが可能である。自己報告で集められた発話思考プロトコル・データの長所を前提にして，私たちは，これらのデータは，教育者たちが効果的な自己調整に必要な知識，スキル，能力をどのように促進できるかについての，自己調整学習のより有効な指標であり，さらに多くの情報をもたらすものであると信じている。

　本章では，私たちは，発話思考プロトコル方法論に関連した理論的基礎を概観する。そこには発展小史も加えた。次に，私たちは発話思考プロトコルを生み出すのに必要な個別の方法論の輪郭を述べる。発話思考プロトコルは認知処理に影響せずに自己調整学習をとらえることができるのである。それから，発話思考プロトコル・データからの推論の妥当性についての懸念を議論する。とくに，私たちは，研究協力者たちに自己調整学習を言語化するように頼むことが，調整する能力を干渉することになるのかどうか，検討することにする。発話思考プロトコルを使った実験的自己調整学習研究を提示することによって，この方法論の実現性と予測性の両方の可能性を示そう。終わりに，この実証研究から得られる教育実践の将来の研究方向と提言の概略を述べる。

■ 関連する理論的考え

　プロトコル分析は，認知過程を研究するために言葉による報告データを集め利用することを含む広い用語であり，それは2つのタイプにわけられる（Ericsson & Simon, 1993）。最初のタイプは，同時の言語報告だが，研究協力者たちに認知を5 – 10秒以内にすぐに言語化してもらう。発話思考プロトコルは同時の言語報告の1例である。第2のタイプは，研究協力者たちがふり返って言葉で報告するか課題が終わった後に言葉で報告をすることである。面接は回顧的な言語報告の1例である。Ericsson & Simon（1993; Ericsson, 2006）は，同時の言語報告は個人の認知についての最も正確なデータを産出するし，この同時による方法論はプロトコル分析を使う自己調整学習研究のなかでも有力なものだと主張している（たとえば，Azevedo, 2005）。そこで回顧的な言語報告よりもこのタイプに焦点をあてることにする。同時の言語報告分析の理論的基礎は，プロトコル分析技法の発展をレビューした後のほうが，さらに理解しやすくなるだろう。

◆◆プロトコル分析の歴史

　人間の認知を理解したいという欲求は，アリストテレスにさかのぼる。彼は，思考を体系的に記録し分析した最初の人物だった（Ericsson, 2006）。アリストテレスの内観から，認知は思考の一連の順序のなかで生じるという結論が導かれる。この最初の概念化がそれ以降の思考研究に浸透したのである。人間の思考についての多くの哲学的検討や心理学的研究は，同じように内観によるものであった。内観はすべての認知過程の言語化を含んでいて，認知過程は何が思考であり，それはなぜ思考なのかを含んでいた（Hoppmann, 2009）。都合の悪いことに，これらの言語化は認知処理の不正確さ（Nisbett & Wilson, 1977）と反応性の両方を示していた。認知の説明の言語化は課題遂行に実際に影響するのである（Gagné & Smith, 1962）。

　これらの言語報告の不正確さを示す結果から，行動主義者たちは人間の認知をすべてモデル化しようとする試みを放棄したのである。しかしながら，認知が再び人間の遂行の研究の中心になり（Newell & Simon, 1972），この分野は，熟達者の思考と遂行は，どのように初心者たちに体系化され教えられるかを究明する言語報告にもどったのだ。あいにく，単純な言語報告は（つまり，何が考えられたかであり，その理由ではない），研究者たちに初心者たちを熟達させ，コンピュータに人間のような問題解決遂行を再創造させるような，

十分な情報を与えてくれないのである。そこで，研究者たちはむずかしい立場に立たされることになる。研究者たちには，人間の認知について詳細なデータが必要である。そのデータは，単純な言語報告方法では提供されない。けれども，より深い内観的な言語報告法は豊かだがかたよったデータをもたらすものでもある。Ericsson & Simon の言語報告文献の徹底した分析（1980）は，不十分な情報，不正確な報告，認知の反応性の問題は，すべて研究協力者たちがどのように発話思考をするよう求められたか，という重要な方法論的問題のせいであることを明らかにした。彼らの方法は，プロトコル分析とよばれたが（Ericsson & Simon, 1993），行動主義者たちとそうでない人たちの，言語報告の批判に対する直接的応答であった。またこの方法は，過程において過度な影響を与えずに人間の認知をとらえる効果的方法であることが示されてきた。

◆◆プロトコル分析の理論仮説

プロトコル分析の独創性に富んだ論文のなかで，Ericsson & Simon（1993）は，行動の直接観察よりも言語報告が信頼性がないと考える批判者たちへの応答に力点をおいている。おもな理論的主張の1つは，言語化は，他のものと同様に観察も記録もできる行動の1つのタイプであるというものである。同様に，彼らは，言語報告による認知の推論の妥当性は，実証的な問いであり，研究協力者の認知処理量の指標として運動反応時間を使うことに妥当性があるかという問いとなんら変わりはないと主張した。したがって，彼らは，プロトコル分析をアプリオリに認知をとらえる手段として価値が低いとみる必要はないと主張した。Ericsson & Simon は，認知に関する情報処理理論をもとにプロトコル分析を発展させた（Newell & Simon, 1972）。そこでは情報は長期記憶のなかに漠然と蓄えられていると考えられているが，処理と報告のためには短期記憶で検索されるはずである。Ericsson & Simon は，認知処理は連続的であり，言語報告は研究協力者たちが問題解決に使う処理の種類とこれらの過程が起きる順序を明らかにできると考えていた。大事なことは，彼らが，発話思考プロトコルは追加の認知処理をもち込まないといっていることである。言語報告についての概念化，妥当性，有効性，実用性についてのこれらの理論的主張によって，Ericsson & Simon は，認知を正確に反映したデータを生成しつつ，内観法の欠点に対処していると考えられる発話思考プロトコルの構築に成功したのである。

■ 発話思考プロトコルの方法論

発話思考プロトコルの方法論は，言語化させ，それを記録し，準備し，分析する技法である。この方法論にはいくつかの基本的考え方があり，もし発話思考が認知に対して反応性のない正確なデータをもたらすなら，その考え方に沿う必要がある。

◆◆研究協力者たちの発話思考を顕在化すること

正確で役に立つ発話思考プロトコル・データを集めるには，研究協力者たちに学習課題の実行に先立って，明確な個別の教示を与えることが必要になる。発話思考プロトコルの教示は初めは Ericsson & Simon（1993）によってつくられ，その後の研究者たちによって追加された（たとえば，Eveland & Dunwoody, 2000）。さらに，この方法論には，学習の際に対象者はどのように教示される必要があるか，また，文脈によって教示をどのように変更すべきか，といった重要な側面がある。

学習課題に先立つ研究協力者たちへの教示

研究協力者たちが課題に取り組んでいるときに各自の思考を正確にとらえるために，最小限の教示の量が課題開始前と発話思考の過程の間の両方で研究者によって準備される必要があることが，広く認められている（Cotton & Gresty, 2006; Ericsson & Simon, 1993; Short, Evans, Friebert, & Schatschneider, 1991; Short, Schatschneider, Cuddy, & Evans, 1991）。発話思考実施の事前，事中の研究者からの過剰な教示は，研究協力者たちの認知過程を妨げるし，発話思考手続き中に集められたデータを変化させることが明らかになって

きた（Ericsson & Simon, 1993）。

　研究協力者たちに対する教示の第1に重要な点は，研究協力者たちが考えると同時に声を出す，あるいは**問題解決に取りかかると同時に声を出す**ように伝えることである。Ericsson & Simon（1980）は，認知を報告する際のまちがいは言語化が5－10秒以上遅れると非常に増えることに気がついた。言語報告の本質として，言うべきことと言うべきでないことが，教示における第2の重要な点である。Ericsson & Simon（1993）は，言語化のいくつかのタイプを区別している。タイプ1の言語化は，意識的言語情報と過程の有声化である。Ericsson & Simonによれば，タイプ1の言語化は，ふつう必要とされる以上の追加の処理を生じさせないし，課題を仕上げる時間を増やさない。タイプ2の言語化は，研究協力者たちが情報の特有のチャンクを操作するときや彼らが自然な言語成分（たとえば，味やにおい）をもたない感覚を処理するときのように，固有な認知成分をもたない，認知処理の解明に関係している。これらの認知を言語情報に再コード化することは，課題を仕上げるために必要な時間を増やす処理を必要とするが，Ericsson & Simonは，この処理は自動的で，通常の認知処理と代わったり，それに影響したりはしないと主張した。そこで，彼らはタイプ1の言語化もタイプ2の言語化も認知に反応を生じさせないというのである。

　他方で，研究協力者たちは，言語的内容あるいは非言語的内容の簡単な報告よりも，認知を説明させられると，彼らはタイプ3の言語化を実行する。これらの説明は，他のやり方では学習課題の過程では生じない追加の認知的処理を必要とするし，また，そうした一連の処理と遂行に影響を及ぼすことを示してきた（Chi, de Leeuw, Chiu, & La Vancher, 1994; Ericsson & Simon, 1993）。そこで，研究者たちは，認知処理をよく理解したいという期待をして研究協力者たちに言語化を説明させたい衝動に耐えなくてはならない。さらに，研究協力者たちへの教示から，説明を求めることを明確に除かなければならない（すなわち，タイプ3の言語化）。Ericsson & Simon（1993）は，研究協力者たちに，あたかも1人でいるかのようにふるまい，ひとりごとを言うように教示することをすすめる。その行為はタイプ3の言語化の可能性をまた減少させる。

　認知処理を説明したいという研究協力者たちの意向は，研究環境の入念な構成によっても弱められる。Ericsson & Simon（1993）によれば，発話思考プロトコル・データを集める最も一般的な方法は，静かな実験室環境のなかに研究協力者と研究者が1人ずついる場合である。この環境は，外的環境のせいで気を散らす可能性とみられているという研究協力者の意識を減らすのである。実験室の配置は，研究協力者が課題に取り組んでいる間には，研究者と相互交流がほとんどないことがわかるようにされなくてはならない。これは課題に取り組んでいる間，研究者が研究協力者のうしろに座る（つまり，協力者の視野から消える）ことによってできるのである。

　研究協力者に発話思考の練習をする機会を与えることも役に立つ。研究協力者が実験前に対象について追加の知識を獲得しないように，初めの課題の分野と異なる分野で練習させることが最もよい。この練習時間は，研究協力者が技法になじむようになることを助けるし，とくに必要性があれば，とりわけ協力者がタイプ3の言語化に取り組むなら，研究者が調整的なフィードバックを提供するよい機会にもなる。

学習課題に取り組んでいるときの指導

　Ericsson & Simon（1993）は，実際に学習課題に取り組んでいる間，研究者と研究協力者とはできるだけ相互交流しないことをすすめている。しかしながら，学習課題に取り組んでいるときには，研究協力者たちは発話思考を続けることをよく忘れるか簡単にやめてしまう。この時点で，研究者が，発話思考の再開と認知処理に適切に作用するといういくらか拮抗する目標のバランスをとることが大事なのである。Ericsson & Simonは，発話思考を続けるために，「あなたの考えていることを話してくれませんか」のような説明をする教示とは反対に，「話し続けてください」のような発話思考を続けさせる非常に単純な教示をすすめた。

　教示に特別な言葉を使うことは，目標が自己調

整学習の処理をとらえることであるときに，とくに重要である。たとえば，研究協力者に「話し続けてください」に対して「していることを話してください」という教示の間にはそれほど違いはないようにみえる。だが，後者の教示の「していること」の言葉は，研究協力者には行為だけでなく，反応や内省の言語化を含んでいる。反応，内省，判断は，学習者たちの行動のモニタリング，コントロールを推論するときにすべて必要なデータである。そこで，研究者たちは，研究協力者たちに，「やっていること」だけではなく，思考のすべてを言語化するようにと伝えるのには慎重でなくてはならない。教示のなかで具体例を与えることで，報告しなくてはならない思考の広い範囲を明確にさせることができるのである。

コンピュータで仕事すること

Ericsson & Simon (1993) の方法は，研究協力者たちが紙と鉛筆やコンピュータ以外の道具で仕事をする実験室環境のなかでたいてい用いられた。だが，発話思考プロトコルを使う自己調整学習研究の多くは，ハイパーメディア学習環境を使う研究協力者たちの場合である（HLE; Azevedo, 2005）。他のリソースを使う場合に比べて，ハイパーメディア学習環境を使う学習は，独特な課題にも取り組める。これらの課題は，ハイパーメディア学習環境でみられる多くのネスト化されたリンクをナビゲートすることも認知を経験することも，ハイパーメディア学習環境が提供する膨大な情報のせいでオーバーロードするので，混乱することもある（Eveland & Dunwoody, 2000; Gerjets, Scheiter, & Schuh, 2008）。そこで，Eveland & Dunwoody は学習者たちにハイパーメディア学習環境に慣れる時間を与えると，これらの課題が発話思考過程を妨げないという。さらに，研究者たち（Cotton & Gresty, 2006; Greene & Azevedo, 2007）は，「リンクをクリックする」，つまり「心臓の項目にリンクするためにクリックしている」のような，ハイパーメディア学習環境の独自な見方に固有な言語化の例を含めてきている。

◆◆発話思考プロトコル・データを記録すること

さまざまな方法が，課題に取り組んでいる間の，研究協力者たちの言語化の記録のために使用される。これまでは，認知の理解について発話思考技法が他の方法（たとえば，生理学的測度など）よりも優れているかどうかを判断する目的の研究では，研究者は，課題に取り組んでいる研究協力者を観察してノートに取るだけだった（Short, Evans, et al., 1991; Short, Schnatsneider, et al., 1991）。言語報告のために，データとしてノートを使うことは，正確さとバイアスの点で疑問が多い。今では，ほとんどの研究者たちは，発話思考をしている学習者たちの言語化と行為を記録するためにビデオとテープ録音の両方の技術を使っている（Azevedo, 2005; Cotton & Gresty, 2006, 2007; Eveland & Dunwoody, 2000; Hofer, 2004; Hoppman, 2009）。これによって，研究者たちは，学習者によって発話されるどの言葉も正確に記録できるし，また研究協力者たちが言語化しているときの活動や行動を観察する自由も与えられるのである。ビデオデータは，とくに，研究協力者が行動を言語化する際の活動を確かめる手段として（たとえば，私は今自分のノートをみようとしている），オーディオデータを補足するために使われる。ある研究者たちは学習しているときに生じる認知過程についてさらにデータを集める方法として事後インタビューを含めている（Hofer, 2004; Hoppmann, 2009）。他の研究者たちは，これらのインタビューから集められたデータは課題終了時とは離れすぎていて何の役にも立たないと考えている（Eveland & Dunwoody, 2000）。

◆◆発話思考プロトコル・データの準備と分析

Ericsson & Simon (1993) は，発話思考プロトコル・データが，内省のような他のタイプの言語報告に内在する不正確な報告と認知的反応の問題を避けるために，固有な厳密方法で集められなくてはならないことをはっきりわかっていた。だが，データが集められた後でも，データは妥当な推論がなされるように注意深く用意され分析される必要がある。正確な発話思考プロトコル・デー

タを引き出すことは，型が決まっており，比較的，直接的なものであるが，Chi（2006）は，「言語報告方法の最もむずかしい側面」（p.177）として発話思考プロトコル・データの準備を述べている。分析をする前に，2種類のデータの準備が必要で，それは区分化とコード化である。

たいていの場合，データ準備の最初の段階は，発話思考プロトコル・データを書き移すことであり，そこでデータは容易に精査できるのである。多くの発話思考プロトコルは，とくに，研究協力者たちの自己調整の分析ができるものは，非常に時間がかかり，多くの認知過程を含んでいる。そこで，これらの長い逐語録は，認知処理の指標として個々にコード化される区分に論理的に分けられなくてはならない。区分化する技法は，多くの形態を取ることがあり，発話の自然休止に頼ること，言語化を等しい時間間隔（たとえば，1つの新たな区画は3秒ごとにつくられる）に分けること，言語化の内容分析をして内容をコード化できる単位に解体することである（Ericsson & Simon, 1993）。コード化できる単位とは，文脈外でも，認知過程の指標としてまだ解釈可能な最小数の語を含む区画である（つまり，逐語録を終えてそれを読むときに解釈できる）。たとえば，もし研究協力者が，「役に立ちそうだから，この絵をクリックするつもりだ」と言うと，研究者はこの言語化を2つのコード化できる単位に分けることができる。「この絵をクリックするつもりだ」は実行される行動の指標である。それに対して，「それは役に立ちそうだ」は判断の例である。このような区分は，どの区分も意味を失わずこれ以上分割できないので適切であるようにみえるが，2つの区分は文脈外でも解釈できる十分な情報を含んでいる。当然，どれかの言語化された逐語録のなかには，無関係な情報もある（たとえば，「うむ」や「トイレに行ってもいいですか？」）。研究者たちは，どの区分がコード化されなくてはならないか，無視してもいいかを決めなくてはならない。

もちろん，研究者たちが調べようとしている課題の性質と処理の種類は，どのように区画されコード化されるかに影響する。初めに，Ericsson & Simon（1984）は，研究協力者たちが，問題解決課題として良定義問題に取り組んでいる間の認知処理を記録することに焦点をあてた。これ以来，発話思考プロトコルは，コンピュータを使う学習（Azevedo, 2005）から，歴史的出来事を理解すること（Greene, Bolick, & Robertson, 2010; Wineburg, 1991），調査の実施（Willis, 2005），心電図の解釈（Simpson & Gilhooly, 1997）までの，さまざまな課題に取り組む研究協力者たちからデータを集めるために使われてきた。同様に，発話思考プロトコル・データを使って検討された処理の種類は，メタ認知的，動機づけ的，情動的，行動的活動を含むまでに広がってきた。この課題や処理の種類の多様性は，関心がもたれたそれぞれの分野で，さまざまなコーディング・スキーマをつくり出すことになった。Chi（2006）は，考え得る心的状態の世界と研究協力者たちが課題に取り組んでいるときに経験する認知過程とを区別するために徹底した課題分析をすることと，これらの状態に基づいたコーディング・スキーマをつくり出すことをすすめている。コーディング・スキーマの創造は本章の範囲を越えるが，重要な点は，コーディング・スキーマは大きく変わり得るものであり，それらのスキーマは研究の課題と目標に即した具体的なものでなければならない。たとえば，心電図を解釈するスキーマが方略使用と条件的知識の活性化を記録しようとするコードからおもに構成されているのに対して，歴史についての理解を記録するためのコーディング・スキーマは，知識の要求の源に関する評価のための多くのコードを含んでいる。これらのコーディング・スキーマは，今度は，どのように区分がつくられるか，何が発話思考データの集積からコード化されるべきか，こうしたことを規定することになる。

自己調整学習を記録するために発話思考プロトコルを使うには，言語化データからの認知的，メタ認知的，動機づけ的，行動的過程を区別できるコーディング・スキーマが必要である。Chiの徹底した課題分析をするというすすめに沿うために必要な多くの研究が，Pintrich（2000），Zimmerman（2000）とWinne & Hadwin（1998）によって行なわれてきた。彼らは自己調整学習の多様な段階で生じる固有な過程を区別した。

Azevedoたち（Azevedo, 2005; Azevedo, Cromley, Winters, Moos, & Greene, 2005; Azevedo, Guthrie, & Seibert, 2004）は，この研究を発展させて，35のコードをもつ1つのスキーマを創り出した。それぞれのコードは，認知，メタ認知，動機づけ，行動の具体的な過程を表わしており，自己調整学習の処理は洗練された心的モデルの獲得とどのように関係しているか，また，自己調整学習の処理はどのように足場づくりがなされるかを検討するために，多くの研究のなかで利用されてきている。たとえば，学習判断（JOL）は，学力を予測するために示されてきたメタ認知コードの例である（Greene & Azevedo, 2007）。情報源を調整し（COIS），推論する（INF）ような方略は，同じ予測値を示してきた。また，課題に関連した認知過程についてほとんど知られていないとき，発話思考プロトコル分析は，今後の研究で実行される新しいコーディング・スキーマを自力でつくり出すために使用できる（Davison, Navarre, & Vogel, 1995）。

発話思考プロトコル・データは，量的分析をしやすいように通常コード化されている（Ericsson & Simon, 1993）。発話思考プロトコル・データ分析の量的方法は，コードのカテゴリーの記述統計を比較すること（Eveland & Dunwoody, 2000）から，コードの種類と頻度と学習結果の関係を検討することまでに及ぶ（Greene & Azevedo, 2007, 2009; Short, Evans, et al., 1991; Short, Schatsneider, et al., 1991）。ときおり，質的データが，とくに課題の終了後に面接が行なわれれば，量的結果を補助するために使われることがある（たとえば，Cotton & Gresty, 2007; Hoppmann, 2009）。

要するに，上記の方法に従って抽出され用意され分析されたときに，発話思考プロトコル・データによって，研究者たちは，生徒たちがどのように学習を自己調整するかについて推論することができ，また，関心のある共変量や学習結果，こうした処理の間の関連について検討することができるのである。しかしながら，プロトコル分析の基になる理論的仮説は，これらの技法は，他の観察技法と同じように妥当性の問題を吟味しなくてはならない。そこで，次に，自己調整学習を研究するために発話思考プロトコルを使う妥当性について

ての研究を概観する。

■ 研究のエビデンス

◆◆発話思考の推論の妥当性

Ericsson & Simon（1993; Ericsson, 2006）は，発話思考は，とくに言語化がタイプ1と2に限られているときには，よく構造化された課題の認知処理や遂行を妨げないという，彼らの主張を支持する非常に多くのエビデンスを紹介している。彼らは，課題を仕上げる時間の長さを別にして，注視機器を使用した測度のように，遂行および方略使用について発話思考群と統制群の間には違いがないことを示す数多くの研究を報告した。これらの結果は自己調整学習に関する文献に反映されてきた（たとえば，Bannert & Mengelkamp, 2008; Veenman, Elshout, & Groen, 1993）。Ericsson & Simonは，おそらくは発話思考のせいで処理と遂行に違いがみられる諸研究も概観した（たとえば，Short, Evans, et al., 1991; Short, Schnatsneider, et al., 1991）。そして，こうした研究が，指示された方法論に従わず，タイプ1，2ではなくタイプ3の言語化を引き出してしまっていることがよくあることを具体的に示している。**認知処理**は，発話思考プロトコル・データを利用して，反応的でないやり方で，正確にモデル化をすることが可能である，というのが決定的な事実となりつつあり，こうした研究をここでくり返し概観しない。その代わり，自己調整学習の他の観点（つまり，メタ認知，モニタリング，行動，文脈に関連した）が，発話思考プロトコル・データを使って妥当な形でモデル化されるかどうかに関係する研究に焦点化する。

Ericsson & Simon（1993; Ericsson, 2006）は，自分たちの論文を通して，発話思考プロトコルで「認知処理」をモデル化することに言及しているが，この用語に含まれる思考としてどういった類いのものを，彼らが意味しているのかは正確には明らかではない。とくに「メタ認知」という語は彼らの論文にはみられない。メタ認知についてのBaker & Brown（1984）の定義は，学習の適切

性を評価し，学習方略の効果性をモニタリングし，プランニングする，認知についての知識を含んでいる。Ericsson & Simon（1993）の論文のなかで述べられているこれらの過程のそれぞれは，そこで，メタ認知固有の討論が明らかに欠けていることは，たんなる語義の問題であるようにみえる。Ericsson & Simon は，目標，プランニング，そして，Baker & Brown がメタ認知として定義した他の過程についてのコード化を議論しており，したがって私たちは発話思考プロトコルはこれらの過程をモデル化するために使用できると考えている。実際，多くの研究が，評価者間の信頼性と予測的妥当性の高い固有なメタ認知過程をコード化してきたのである（たとえば，Azevedo et al., 2005; Bouffard-Bouchard, Parent, & Larivée, 1993; Hofer, 2004; Greene & Azevedo, 2007, 2009）。Keith & Frese（2005）は，次のようなことを述べている。誤りを調整する訓練においてメタ認知処理をとらえることを目的とした言語プロトコル・データは，高い妥当性があった。なぜならば，発話思考プロトコル以外の方法によってこの処理をモデル化した別の研究と本研究の結果が一致していたからである。Veenman et al.（1993）は，発話思考の反応性について生徒を 2 つの条件群に分けて検討した。1 つの条件群はコンピュータの学習のときに発話思考をし，他の群は黙って学習する。これらの研究者たちは学習課題について 2 グループの遂行に違いを見いださなかった。さらに，研究協力者たちの調整活動が言語プロトコルもコンピュータのログ・ファイルも使って測定された。そして Veenman たちは，どちらか一方の測度を使う条件群でも自己調整学習の処理には差を見いださなかったのである。

動機づけ的処理が発話思考プロトコルによって妥当で信頼できる形でコード化できると Ericsson & Simon が想定していたかどうか，もしくは，動機づけに関する発話思考データを集めること自体が，遂行や自己調整学習の処理に影響を及ぼすものであるかどうかについて，実証的な根拠は得られていないように思われる。にもかかわらず，発話思考プロトコル・データは，概念形成課題について平均的生徒と優れた生徒の間（Bouffard-Bouchard et al., 1993）や足場づくりに関する条件のさまざまなタイプの研究協力者たちの間（Azevedo & Cromley, 2004）の動機づけ処理における違いを明らかにするために用いられてきた。研究者たちは，臨床的に抑圧的な人と非抑圧的な人（White, Davidson, Haaga, & White, 1992），それに高不安と低不安の人（Davidson, Feldman, & Osborn, 1984）の間を確実に区別するためにデータを使用して自己効力信念をとらえる発話思考プロトコル使用のための予測的妥当性のエビデンスを提供した。同様に，時間管理のような行動的で文脈的自己調整学習処理は，発話思考プロトコルから確実にコード化され，また学習の質的差（Azevedo et al., 2004）との関連も示し，用意された足場づくりタイプによって影響を受けること（Azevedo & Cromley, 2004）も明らかにしてきた。

以前にレビューした研究は，動機づけ，行動，文脈上の自己調整学習の処理についての発話思考プロトコル・データが確実にコード化され，それは予測値をもつことを示している。都合の悪いことに，これらのデータを集めるための発話思考プロトコルの使用が自己調整学習の処理に作用を及ぼすかどうかは未解答のままである。Ericsson & Simon の研究による示唆は，これらの言語化について説明がなされない限り，反応性が存在するとはいえないことであろう。しかしながら実証研究がこの推定を検証するために実施される必要がある。

◆◆発話思考プロトコルを使った自己調整学習についての実験研究のレビュー

発話思考プロトコルは，さまざまな学習領域の自己調整学習を検討するために使われてきた。21 世紀まで，読解は，自己調整学習に関して発話思考法を用いて最も頻繁に測定されてきた領域である（Winne & Perry, 2000）。だが，過去 10 年以上にわたって，とくに理科領域，とりわけ複雑なテーマ（すなわち，循環系と生態系；Azevedo, 2005）の概念理解の獲得に関する研究においても，発話思考プロトコルがかなり利用されるようになってきている。発話思考プロトコルを含む実証的自己調整学習研究は，数学と歴史の学習も含んで

いる。それぞれの領域で，自己調整学習の処理と成績のような関連する結果との関係が明らかにされてきており，将来の研究や教育的な介入の方向性について示唆がなされてきている。

重要な部分の研究では，読み手がテキストの理解と学習をしている間に使う認知過程とメタ認知過程の検討が行なわれてきた。Fox（2009）は45の研究をレビューした。それらの研究は，発話思考プロトコルを使って，読み手の特性の働き，読み手の能力，就学のレベル，関連する先行知識，処理と情報を提供するテキストによる学習への関心を評価した。Foxは，読み手が読解し学習している間に何をつくり上げるかを判断するために，研究協力者たちの処理活動についての言語報告を使った。とくに，Foxは，方略，モニタリング，目標設定，先行知識の使用のような多様な処理活動と読み手の特性の関係を検討した。これらの処理活動は，推論，適用，批判的評価を含む産物によってさらに質が評価された。一般に，読み手として高いレベルの特性（たとえば，経験が深く，強い興味をもつ）をもつ生徒は，低いレベルの生徒よりも，処理が効果的で柔軟な傾向があった。このように，高いレベルの生徒は，優れた学習を生み出す良質の産物をつくり出すのである。

Greene & Azevedo（2007）は，発話思考プロトコルを使って，中学生と高校生の自己調整学習過程の実行と循環系の精巧な心的モデルの獲得との関係を検討した。研究協力者たちは，ハイパーメディア学習環境を活用して，循環系について40分間程度学習する間，発話思考をするよう言われた。2人の研究者たちが別々に，逐語録として起こされたそれぞれの発話思考プロトコルをコード化した。そして，どの程度一貫してコーディング・スキーマが用いられているかに関する指標である評定者間一致度は.97の値を示していた。Greene & Azevedoは，研究協力者たちをどれくらいコード化された自己調整学習過程に頻繁に取り組むかによって中央値の上か下に分類した。ハイパーメディア学習環境を活用した学習の結果として循環系の精巧な心的モデルを獲得した研究協力者たちは，精巧な心的モデルの獲得に失敗した研究協力者たちよりも，一定の学習方略を実行するし（たとえば，多くの情報源を調整する），もっと頻繁に活動のモニタリング（たとえば，既知感）をするのである。これらの結果が示しているのは，発話思考プロトコルのデータが，特定の学習課題の成功と結びついた固有の自己調整学習処理を明らかにしていくうえでどのように使用できるかということである。こうした結果は，情報源の調整を足場づくりするように，標的となる介入を創り出していくうえで利用できるものである。そうしたことは，ハイパーメディア学習環境を活用しつつ精巧な心的モデルの獲得を促進していく可能性にもつながるものである。

自己調整学習の発話思考プロトコル・データは，なぜ生徒が学習に失敗するかを診断するためにも使われる。Azevedo, Winters, & Moos（2004）は，ハイパーメディア学習環境によって生態系について2人1組で勉強している高校生たちを録画し，録音した。彼らはまた，教師が2人1組それぞれとどのように相互作用しているかを記録した。この研究は，実験室よりも教室で行なわれるという点で，言語プロトコルを使う多くの研究とは異なっている。にもかかわらず，実証的な証拠として得られたのは，コーディング・スキーマがうまく機能し，2人の独立した評定者間の一致を測定した評定者間信頼性は，.95であった。生徒たちは，事後テストの測度についてはよい成績ではない。でもこの残念な結果は，発話思考プロトコル・データを使用してわかったのである。これらのデータは，生徒が学習するとき非常に単純な方略を使う傾向があること，ほとんどモニタリングもプランニングもしないことを明らかにした。彼らは，時間および努力の計画や援助要請のような行動的自己調整活動もあまりしない。さらに，教師は，生徒を支援するとき，ほとんど足場づくりをしない。この研究は，発話思考プロトコル・データのもう1つの使い方の可能性を示している。つまり，学習課題とどのように生徒と教師がもっと優れた学習遂行をするために相互作用を変化させるかの問題についての診断である。

Muis（2008）は，数学の問題解決，自己調整学習，認識論的信念との関係を測定するために，24人の大学院生の発話思考プロトコル・データを使

った。認識論的信念の調査測度を使って，研究協力者たちは，観察に基づく知識を信じている経験主義者，論理と推論に基づく知識を信じている合理主義者，あるいはその両者の混合のいずれかとして描かれている。研究協力者たちは，そこで2つの数学問題解決のセッションの間，発話思考をしなさいと言われた。それぞれのおもな自己調整学習過程のコード化の評価者間一致度は別々に計算された。結果として，それぞれの一致度はかなり高く，ここでも発話思考プロトコル・データが高い信頼性でもってコード化できることが実証された。Muis の結果は，認識論的信念プロフィールの水準に応じて，プランニング，モニタリング，コントロールにおいて違いがあることを示している。そこでは，他の2つの群と比べて，合理主義的な信念プロフィールをもった群の生徒のほうが自己調整学習によく取り組んでおり，経験主義的な信念の群は，自己調整学習に取り組んでいなかった。Muis は，経験主義者，合理主義者，あるいは両方の混合として研究協力者たちを分類するために，学習方略に関する発話思考プロトコル・データをまた使用した。そしてこれらの評定は調査測度に基づいたプロフィールに合わせたものである。これらの結果は，生徒の認識論的信念プロフィールに関して，発話思考プロトコルと調査データの共通の妥当性を示している。

　理科と数学は，Ericsson & Simon（1993）によって使われた問題と同様に，よく構造化された問題が多い傾向がある。他方で，歴史の学習分野は，構造化されていない多くの問題がある。その問題でははっきりした客観的に正しい解答が存在しない（Donald, 1990）。歴史の多くの問題については，個人は，自分の見方を支持する議論をつくり上げる自己調整学習スキルを使って，主張を評価し，ソースをトライアンギュレイトする必要がある（VanSledright & Limón, 2006）。したがって，Greene et al.（2010）の研究は，発話思考プロトコルを活用して自己調整学習のデータを収集し，歴史に関する理解の深化を予測しようとしており，本章で概観した他の研究とは異なる新しい試みといえる。研究協力者たちは，自分たちの標準カリキュラムの一部である歴史のテーマについて学ぶためにハイパー学習環境を活用した。Greene たちは発話思考プロトコルのデータをうまく集めてコード化した。そして自己調整学習のプランニング活動から歴史に関する知識の獲得が予測できることがわかったのである。Greene たちの研究は有望な出発点なので，数学や理科以外の構造化されていない学習領域で，発話思考プロトコルを用い自己調整学習の処理の記録が妥当で有効なものであるか，さらなる研究が必要である。

　このように，多様な学習領域において発話思考プロトコルを使う自己調整学習の有望な研究が存在するので，さらに多くの研究が必要とされる。とくに，発話思考プロトコル・データとさまざまな学習結果との間の確実なコーディングと予測関係は，言語プロトコル技法の妥当性の指標を支持するものの，自己調整学習の言語化がそうした処理に反応性を有しているかどうかははっきりしない。さらに実験研究が必要である。

■ 今後の研究の方向

　私たちは，自己調整学習と発話思考プロトコルを含む今後の研究には2つの異なる方向があるとみている。第1の方向は，自己調整学習の処理の指標として発話思考プロトコル・データの妥当性に関する評価を続けることである。第2の方向は，発話思考プロトコルの利用を拡張していくことであり，この時点で，まだ，言語プロトコルによってモデル化が進められていない自己調整学習の処理の側面にまで，広げていくことである。

◆◆自己調整学習の発話思考プロトコル・データの妥当性

　Ericsson & Simon（1993）は，タイプ1とタイプ2の発話思考プロトコル・データは，思考について正確な推論をするために使われ，これらの言語化は認知処理を妨げないという，理論的根拠と実験エビデンスを提示している。彼らによる認知的処理といくつかのメタ認知的な処理への焦点化は，動機づけ的，行動的，文脈の調整を含む自己調整の他の側面（Pintrich, 2000）が，反応性をも

たらさない方法で，正確にとらえられるかという問題を残している。以前に，私たちは，動機づけ的で行動的処理は発話思考プロトコル・データから確実にコード化されることを示した実験研究（たとえば，Azevedo, Guthrie, & Seibert, 2004; Greene & Azevedo, 2007）をレビューした。自己調整学習の処理のこれらのタイプの言語化が遂行に影響するかどうかを判断するために，発話思考を求められない研究協力者たちの統制群が，これらの研究に加えられた。研究協力者たちが，タイプ3ではなく，タイプ1と2の言語化をするようにといわれている限り，動機づけ的，行動的，文脈的自己調整学習の処理を言語化する研究協力者と言語化しない研究協力者たちの間に違いはないであろうと，私たちは思っている。だが，発話思考プロトコルのデータが動機づけ的，行動的，文脈的処理の真の指標になっているかどうかを確かめるのはもっとむずかしい。

動機づけ的処理の正確さを確かめることはできるようにみえる。研究者たちは，Ericsson & Simonが認知のためにやったように，動機づけの発話思考プロトコルの正確さを示すために多くの源からデータをトライアンギュレイトすることがある。たとえば，もし動機づけがかなり静的な性質として扱われるなら，調査データはMSLQ（Duncan & McKeachie, 2005）から下位尺度を使って集められ，それから発話思考プロトコルを使って測定された動機づけ的自己調整学習の処理活動と比較される。MSLQによって測定されるように，高い課題価値を報告する研究協力者たちは，課題に低い価値しかもたないものよりも，多くの動機づけ的処理をすると仮定するのは妥当だと思われる。同様に，MSLQの外発的目標志向の下位尺度の高得点者たちは，外的報酬に頻繁に言及するような，発話思考プロトコルのデータからコード化される，動機づけ的処理の固有な種類を示すのである。

Moos & Azevedo（2008）は，動機づけが，ハイパーメディア学習環境を活用した学習コースで，どのように変動するかをモデル化するために，コンピュータで管理された，動機づけ調査を行なった。MoosとAzevedoは，研究協力者たちの興味，努力，課題のむずかしさと有用性の認識が，どのように時間によって変わるかを明らかにできた。これらのデータは，動機づけ調査によって測定された変動が，言語化によって記録された動機づけ処理の量とタイプと対応しているかを評価するために，発話思考プロトコルのデータの正確さを確かめる方法としても使われた。生理学的あるいは神経学的データの使用を含むデータ・トライアンギュレーション[☆1]の多くの例があり得る。動機づけ的自己調整学習の処理の指標としての発話思考プロトコル・データの正確さは，答えることが可能な，あるいは答えられるべき実験的問題である。

行動的自己調整学習の処理の指標としての発話思考プロトコル・データの正確さを確認することは，動機づけ的発話思考プロトコル・データを確認するほどやりがいはないことが実際証明された。Pintrich（2000）は，時間と努力のモニタリングとプランニング，努力の調整，持続，援助要請を含む多くの行動的自己調整活動を明らかにした。研究協力者が実際に行なっていること（たとえば，時間のモニタリング，課題の持続，援助要請）と合せて，言語化されたものが行動に関する自己調整学習としてコード化できるかどうか判断していくうえで，観察技法を用いることができた。努力の行使は発話思考プロトコルのデータと神経生理学的データの両方を使って測定することができた。

当初，観察は文脈の調整に関係のある発話思考プロトコルの言語化をトライアンギュレイトするデータ・ソースとしても使えるようにみえた。しかしながら，発話思考プロトコルを使うほとんどの研究は，実験室で行なわれており，そこでは研究協力者たちは，自分たちの文脈を実際にはほとんどコントロールしていない。Pintrich（2000）が文脈上の調整（たとえば，課題と関係条件を変える，課題自体を変える，文脈を離れる）の例としてあげた多くの活動は，実験室環境のなかでは，不可能である。セッションを終えない限り，すなわち，発話思考プロトコル・データの収集を終えない限り，こうした活動をとらえることはできない。研究者たちは，Azevedo, Winters, & Moos（2004）がやったように，学校のコンピュータルームに設置されたマイクやカメラを使うような，こ

れらの調整行動ができる場所で，言語プロトコル・データを記録する方法を開発する必要がある。

◆◆発話思考プロトコル・データの利用を広げること

　正確さの問題はさておき，発話思考プロトコルのデータは，さまざまな学習結果のなかでも，理科の概念理解の獲得（Azevedo, 2005），数学の問題解決（Muis, 2008），歴史理解のスキル（Greene et al., 2010）を予測するために現在使われている。これらの研究は，固有の自己調整学習過程の利用やその不足が学習と関連していること，ある場合にはそのような処理の頻度は予測因子であることをすべて明らかにしている。こうした関連が文脈によってかなり異なってくる可能性を考慮し，私たちは，多様な学習領域と課題にまで広げていくことをすすめている。だが，発話思考プロトコルのデータの利用を，自己調整学習の熟達の分析および文献のなかではあまり注意を払われてこなかった自己調整の諸側面にまで広げることもできるのである。

　Ericsson（2006）とChi（2006）は，発話思考プロトコルのデータが綿密な課題分析の後にのみ分析され，どの研究成果もその課題とだけ関係していることを強調した。私たちは，成功した学習者たちが学習の成功のために使う課題固有の方略と手続についての，EricssonとChiの関心を共有しているが，生徒たちが多数の文脈でどのようにもっと有能な自己調整者になるかも調べたいのである。そこで，私たちは，効果的自己調整学習に関連した知識，スキル，能力の全体を明らかにする一手段として，自己調整学習の熟達を研究することは重要だと考えている。発話思考プロトコルは，自己調整学習の理解を向上させるために使用できる。発話思考プロトコルは言語的プロトコル・データをコード化するために使われるスキーマを伝えることができるし，熟達者の処理と調整を同定できるのである。私たちは，研究者たちに，発話思考プロトコル，面接，事例研究法を含む，多数の方法を使って「熟達」した自己調整者を明らかにし研究することをすすめる。

　最後に，私たちは，自己調整学習研究者たちが，「課題の定義づけ」のステップの処理の検討にほとんど時間をかけなかったことに驚いている（Winne & Hadwin, 1998）。私たちは一定の課題の学習終了後に行なわれる自己調整の処理を検討する研究が不足していることにも関心がある。たとえば，Zimmerman（2008）は，多くの課題を通じて生起してくる「適応」のあり方が，どのように課題選択や自己調整学習，遂行に影響をもたらしていくのかを検討している研究がほとんどみられないことを指摘している。私たちは，発話思考プロトコルは自己調整学習のこれらの比較的なおざりにされた側面についての情報を集めるための独自の存在だと信じている。学習者たちは，たとえば，課題を定義するときに，思考を言語化することを求められることがある。そしてこれらのデータは，自己調整学習の処理のため（たとえば，先生は，私が求められていることを理解できるように支援をしてくれるはずだが，その先生のことについて自分は何がわかっているか？）と，学習者の課題理解の適切さの両方のために，コード化されることがある。同様に，発話思考プロトコルは，学習者が成功と失敗を何に帰属させるかのように，自己調整学習の自己内省段階の処理を記録することができる。これらのデータは，ある帰属がいつなぜされたかと，その帰属は自己信念と課題選択にどのように影響するかについての重要な情報を明らかにする可能性がある。これらの研究は，そこで，何が熟達の自己調整を構成し，それはどのように多様な文脈で実行されるかを知らせるのである。

■ 教育実践への提言

　領域ごとや課題ごとに固有な過程と方略は異なるが，一般に学習者たちは，彼らの自己調整能力を伸ばそうとする介入からは恩恵を受けている（Paris & Paris, 2001）。私たちは，発話思考プロトコルは自己報告測度よりも，自己調整学習のより正確な理論に適合したデータを産出し，言語プロトコルを使った研究の結果に基づく介入が，生徒たちの学習をいっそう支援できると信じている。

教育についてのこの明白な方法論的に焦点化された提言はさておき，私たちは発話思考プロトコルは次の点で教育者たちに利用できると考えている。(a) 生徒たちが自分自身の自己調整をよりよくモニターしコントロールすることを援助する，(b) 固有の学習課題を最もよく成功させるのはどの方略でありどの過程であるかを明らかにする，(c) 生徒たちがどのように，課題を解釈し，手続き的知識と条件的知識をつくり上げ，成功と失敗に対応するかについて有益な見方を獲得する。

研究で言語プロトコルを使うことのおもな関心の1つは，言語プロトコルは，もし研究協力者たちが思考の説明を求められると，パフォーマンスで反応することである。この自己説明効果（Chi et al., 1994）は，徹底的に研究されてきたし，学習を促進するための有効な道具であることがわかってきている。そこで，私たちは教育者たちがこの優れた反応性をなぜ使用しないか理由がわからない。私たちは，手引きとして発話思考法を使って，生徒にどのように自己説明をするかを直接教えるべきである。こうした遂行の訓練はどのような利点があるかについて，自己説明の文献にその明確な理由を求めてもしかたがないのであり，また，自己調整決定の言語化と説明が，生徒たちの自己調整学習を同じように向上させるかはわからない。教育者たちは，自己調整学習の自己説明を，認知，メタ認知，動機づけ，行動，文脈のモニタリングとコントロールの熟達を形成する方法として求めることができる。

数多くの研究（たとえば，Greene & Azevedo, 2007; Keith & Frese, 2005）は，どんな課題にも，学習と結びついた一定の自己調整学習過程があり，学習の失敗と関連した他の自己調整学習過程があることを明らかにしている。教育者たちは，これらの研究を一種の課題分析とみなすことができ，具体的な自己調整過程を標的として，生徒たちの足場づくりを進めていくうえで，これらの知見を活用することができる。私たちは，特定の自己調整学習過程がどの学習者にとっても役立つものとしてあるいは役立たないものとして別々に規定できるというのではなく，これらの研究による結果が，生徒たちが課題に固有の自己調整学習スキルを発達させるのを援助しようとする教育者たちにとって有効な出発点を与えるのだと考えているのである。研究文献に頼らずに，教育者たちは，生徒たちが学ぼうと努力してきた方略と自己調整学習過程を明らかにしていくために，生徒たち自身の発話思考プロトコル・データを生徒たちから集めることができる。

終わりに，教育者たちは，生徒たちに発話思考を教え，生徒たちが家で勉強しているときに自分で記録させることができるだろう。これらの記録は，教育者たちがどのように課題を示すかについておそらく修正することになるのだが，生徒たちが与えられた課題をどのように解釈するかについての鋭い分析になることがわかってきた。同様に，発話思考プロトコルのデータを研究する教育者たちは，生徒たちが教えられた方略をどのように解釈し実行するかについての多くの洞察を手に入れることができる。学習活動にどのように取り組むかについてのこうした手続き的知識は，発話思考プロトコル・データを活用することで浮き彫りにできるだろう。また，これらの手続きを効果的に実行していくうえで必要な，さらに一過性の性質をもつ条件的知識についても明らかにできるだろう（Schraw, 2006）。終わりに，学習中の生徒たちの発話思考の記録は，学期期間中に多くの時点で集められたものだが，それでも，成功を運に帰属してしまい，困難に直面するとすぐにあきらめてしまうというような，生徒たち各人の学習にとって障害となるみえにくい部分を明らかにしてくれるかもしれない。

■ 結論

自己調整学習は静的な状態ではなく，学習者たちが学習の過程で実行している動的で連続的な出来事であるから，これをモデル化することはかなり困難な課題であることが明らかになってきている。発話思考プロトコルによって，研究者たちは，学習者たちが自己調整の間に何をしているかだけでなく，いつどれだけの頻度でどんな文脈で行なっているかを記録できるのである。われわれは次

のように考えている。すべてが動的で連続した「出来事」として自己調整学習をモデルにする限り自己調整学習のモデル化に有効であることが明らかになっている他の方法（Zimmerman, 2008 のレビューを参照のこと）と発話思考プロトコルとのトライアンギュレーションは，自己調整の理解を図っていくうえで，また自己調整が他の方法では生起しないと考えられるような個人や状況においてどのように自己調整学習を育成していくかの点で，最も有益であるかもしれない。

【訳注】
☆1：混合研究法デザインの1つ。Berg はトライアンギュレーションを次のように説明している。すなわち，すでに事象のなかでわかっている点（対象）のうち，3点を直線（lines of sight）で結び，三角形をつくる。この三角形は「誤差の三角形（triangle of error）」とよばれるものであり，トライアンギュレーションとは，この三角形の中心が対象となる事象の真の位置を最も予測しているという考え方である。

第21章　自己調整学習マイクロ分析の台頭：時代的背景，主たる特性，研究と実践への提言

Timothy J. Cleary
University of Wisconsin - Milwaukee

杉谷　乃百合（訳）

　過去30年，学校の現場の実践家や心理測定の専門家らは標準偏差テスト，知能テストやアチーブメントテストのような若者の学力難易度評価の自己報告または評定尺度等の使用を推奨してきた（Curtis, Hunley, & Grier, 2002; Goh, Teslow, & Fuller, 1981; Hutton, Dubes, & Muir, 1992）。これらの査定で集められた情報は，従来，生徒を特別支援教育やそれに準じたサポートの可能性に利用されてきた。しかし，学校心理学の分野では継続してプレイスメント型モデル（a refer-test-place service delivery model）からデータベースの問題解決アプローチへの移行がされているが，実践者には環境に対応する，もしくは，文脈に特化した査定ツール（Noell & Gansle, 2009; Reschly, 2008; Shinn, 2002）に人気があるため，グローバルな特性の査定がいっそう使用されなくなってきている（Noell & Gansle, 2009; Stage et al., 2008）。

　興味深いことに，文脈により特化した査定法への移行は，自己調整や動機づけの査定の文献にも見受けられる。多くの研究者たちが自己調整を，特定文脈で変化し，またその文脈のある状況で変化する，流動的，力動的変数とみなしている（Bandura, 1997; Hadwin, Winne, Stockley, Nesbit, & Woszczyna, 2001; Zimmerman, 2000）。変化するもの，固定された能力とは反対のスキルと自己調整を概念化することは，「伝統的」もしくは適性型の自己調整査定に関する信憑性を，とくに自己報告尺度に関して，多くの研究者に疑問をいだかせることになった（Perry & Winne, 2006; Winne & Jamieson-Noel, 2002; Winne & Perry, 2000）。自己報告尺度は，心理測定的に強く，重要な学業結果を予測するが，自己調整の変化しやすく力動的な側面をわかりづらくする特徴をもっている。たとえば，これらの多くの尺度は，自己調整を解釈し理解するために総計的な点数を使うので自己調整をグローバル型の構成概念にしてしまう。さらに，自己報告の測定は多くの場合，回答者にさまざまな状況に関する信念を思い出して報告させるため，研究者たちはそのような回答の正確さと信憑性に対し，記憶のゆがみと回答バイアスを疑う（Perry & Winne, 2006; Zimmerman, 2008a）。これらの限界と最近の研究者は自己調整を力動的，流動的出来事として概念化していることを前提に，多種の代替的アプローチ，たとえば行動記録，発話思考，直接観察，個人の日誌，マイクロ分析等が開発されている。この章の主たる目的は，代替的アセスメント法の1つである，自己調整学習マイクロ分析の主たる特質とその実用性について論じることである。

　この章では，マイクロ分析査定の定義づけを行ない，さまざまな分野でどのように用いられているかを説明する。次に，この代替的方法論を広範囲な文脈で理解するために，自己調整学習マイクロ分析の理論的基礎とその起源の時代的背景を論じる。おもに自己調整学習マイクロ分析の中心的特性に焦点をあてて評価をするが，そこにはこのアセスメントプロトコルの心理測定面の特性も含む。自己調整学習マイクロ分析の方法論を説明す

るために，いくつかの研究を集中的に取り上げる。将来の研究において要となる領域に加え，自己調整学習マイクロ分析の教育への応用について最後に論じる。

■ マイクロ分析査定法の概観

　マイクロ分析のアセスメントとは，人間の発達と心理学，教育，スポーツ，テスト作成，そして医療等多様な分野の研究者たちにより使用されている包括的な用語である（Bandura, 1997; Cleary & Zimmerman, 2001; Gordon & Feldman, 2008; Kilmer, Cowen, & Wyman, 2001; Peck, 2003）。マイクロ分析の正確な定義や特性は幅広いが，一般的には実際の文脈でリアルタイムに起こっている行動や過程をターゲットとし，とくに具体的もしくは詳細な測定を意味している。多くのマイクロ分析の過程が文献で報告されており，母子間の愛着行動のような社会的または個人間関係や相互関係（Hane, Feldstein, & Dernetz, 2003; Peck, 2003），多様な家族の下位システムまたは三者関係（Gordon & Feldman, 2008），社会的サポート（Cutrona, 1986），そして，患者と治療者間の相互関係（Stiles et al., 2006; Strong, Zeman, & Foskett, 2006）等がある。これらの多くの研究者たちは実際の相互関係において直接に，顕著なマイクロレベルの行動を観察するためにマイクロ分析を使用している。たとえば，Gordon & Feldman (2008) は，親，乳児，養育者らの実際の個人間作用における，見つめ合い，近接位置，愛情表現等を研究している。これらの相互作用はビデオ撮りされてから，.01秒の正確さのコンピューターシステムを使用してマイクロコード化している（Gordon & Feldman, 2008）。著者らによると，このマイクロ分析手続きの利点は，医療者が親に違った視点の子育て法の効用を説明可能にし，また同様に，特定の行動が最適な養育サポートや協力になる。

　カウンセリングの分野では，会話分析（Strong et al., 2006）や対話順序分析（Leiman & Stiles, 2001; Stiles et al., 2006）等でマイクロ分析技法が，セラピストとクライアント間のマイクロレベル相互作用を査定するために使用されている。例をあげると，個人間の相互作用の対話位置やパターンを見つけて記述する対話順序分析は，実際の治療セッションで女性がどう自身の問題行動を同化していくかに使用された（Stiles et al., 2006）。この研究で Stiles らは，内容と発言が向けられている人物に関するセラピストとクライアントの対話中の発言を分析している。応答者がふり返りながら話す一般的な認識や信念ではなく，実際の治療過程におけるこれらのマイクロレベル行動や言語行為を評価することは，治療過程に不利に働くかもしれない治療的相互作用の現実的な問題のパターンを研究者が発見して評価できるかもしれない点において注目される。

　まとめとして，マイクロ分析査定のプロトコルは，研究者に実際の出来事や状況でリアルタイムに行動を識別し検討することを可能にするので，自己報告尺度等のようなよりグローバルな測定と比較するとユニークな情報を提供する。この一般的査定のアプローチは，明らかな行動の研究によく用いられるが，人が特定のタスクやイベントに従事しているときの非常に具体的な認知を調べるためにも用いられる。自己調整学習マイクロ分析とは，学習，医療，スポーツにおける非常に具体的な活動に関与しているときの，個人の調整の信念や態度を調べるために開発されたアプローチである（Bandura & Adams, 1977; Cleary, Platten, & Nelson, 2008; Cleary & Zimmerman, 2001; Kitsantas & Zimmerman, 2002）。このアプローチは，他のマイクロ分析法と同様，リアルタイムで人間の機能を直接観察しコード化して，行動や遂行を予測または説明する助けとなる詳細な変数を分析する。しかし，自己調整学習マイクロ分析が他のマイクロ分析よりもユニークな点は内容と構成面においてである。つまり，自己調整学習マイクロ分析は，自己調整の信念と過程（たとえば，自己効力感，目標設定，帰属性）に焦点をあてて，自己調整の循環段階におけるある特定の活動時に使う方略を評価するために構成された査定を用いるのである。

自己調整学習マイクロ分析の歴史的影響と進展

さまざまな論理的, 時代的発展と出来事が, 現在の自己調整学習マイクロ分析技法の論理的基礎と進展の契機となっている。それらの要因や影響は大きく2つのテーマとして整理できる。(a) 認知と人間行動の役割, (b) 自己調整の理論化である。

◆◆認知と信念に対する強調の増加

自己調整学習マイクロ分析方法論の理論的基礎には, 時代的に関連し合う3つの要素がある。それらは, 社会的認知理論の出現, 1970年代の認知行動療法の繁栄, そして, 人間の認知と信念のパターンを評価するために発話思考アセスメントのプロトコルを使用することである (Bandura, 1977; Beck, 1963; Ericsson & Simon, 1980; Meichenbaum, 1974)。これらの3つの要素の影響は, 範囲, 目的, 適用において異なるが, 人間の思考や信念が人間行動の中心的役割を担うという前提において強調することが共通している。つまり, 社会認知理論の人間の機能の理解は三項循環で, 認知やその他の個人的要素, 環境的影響, そして行動が循環的に相互作用すると考える (Bandura, 1997)。このモデルの重要な前提は, 人間は生活の状況や結果において行為を代理的に行なう操作者で, その人の信念や認知が個人の代理性を決定づける重要な要因となる (Bandura, 2001)。つまり, 人間の行動はたんに, 先行的刺激-反応条件づけや外的出来事の結果でなく, ある特定領域や文脈で特定の行動をとる能力やスキルに対してもっている各自の信念でもある (Bandura, 1997, 2001)。Banduraの人間の代理性に関する理論で重要なもう1つの視点は, 個人が自身の思考, 行為, そして情動をセルフモニターし調整する能力である。Banduraは, 人間の調整を3つのサブプロセスと比較して (たとえば, 自己観察, 自己判断, 自己反応) 論じているが, Zimmerman (2000) はこのモデルを包括的に3段階の循環ループに広げている。この観点で自己調整機能は, 自分で設定して目標に到達するための遂行評価に基づいて計画する, 循環的に調整される思考, 感情, 行動の自己調整にかかわる (Zimmerman, 2000)。このモデルは, 予見段階 (たとえば, 学びや遂行前に行なう努力の過程), 遂行段階 (たとえば, 学習中に生じている過程), 自己内省段階 (たとえば, 学習結果に対して作用する過程), これらの連続した3つの段階によって構成されている (Zimmerman, 2000)。これらの段階は, 相互作用的であると仮定されているので, 予見段階の変化は遂行段階に影響を与え, 遂行段階は自己内省段階に影響を与える。自己調整サイクルは, 自己内省の過程が次の学習や遂行に関する予見の信念や行動に影響して完成する。

予見段階の過程は, **方略プランニングと目標設定**に加え, **自己効力**, **課題の興味**, **結果予期**, **目標志向**等の自己動機づけの信念を含む。これらの過程は, 学ぶ努力の前に起こるため, **自己観察**または**セルフモニタリング**等の学習中の自己調整過程や, 学ぶ努力を導く**学習方略**, **イメージ化**, **自己教育**等のさまざまな自己コントロール過程に影響すると仮定される。セルフモニタリングは, そのプロセスが**自己評価**, **原因帰属**, **適応的推論**, 自己満足感等の遂行結果に対する自己内省に利用される情報となるので, 自己調整において重要な役割の1つであると考えられる。自己調整学習マイクロ分析の査定プロトコルで使用されているすべての質問が特定の下位プロセス, 各3段階を評価するために開発されているので, Zimmermanの包括的自己調整モデルは自己調整学習マイクロ分析の主要な出典, 起源としての役割を果たしている。

ストレス予防法 (Miechenbaum, 1974), 論理療法 (Ellis, 1970), そして認知療法 (Beck, 1963) 等の「認知」型療法の繁栄は, 社会的認知理論と同様に自己調整学習マイクロ分析に影響を与えている。人間の認知は行動と情動に影響するゆえ, 人間の認知の修正はより順応性のある機能に導くというのがこれらのアプローチの基本的前提である。人間の思考が行動に対して重要であることだけでなく, 効果的な介入を開発するために非常に文脈に特化した信念のパターンを**査定**する重要性と必要性に光をあてるという点で, 認知行動論の動向は自己調整学習マイクロ分析に関して重要である。大事なこととして, 自己調整学習マイクロ分析の

アプローチの実践的目的は，特定の個別化した介入を開発する基礎である，自己調整の信念や過程における欠陥もしくは不適応を発見することである（Cleary et al., 2008; Cleary & Zimmerman, 2004）。

自己調整学習マイクロ分析法に影響を与えた歴史的なもう1つの要素として発話思考アセスメントの出現がある。情報処理の観点に基づいて，発話思考プロトコルは個人が練習やトレーニングの後に，確実に学習活動を完成した時点で自由に声に出して話をさせる（Ericsson & Simon, 1980; Goldman & Duran, 1988）。このアプローチは，学習中の人間の思考や認知を特定して分析するということだけでなく，出来事の最中におのずと明らかになる信念を直接的に査定する新しいアセスメント法である。現在の自己調整マイクロ分析は，課題に取り組んでいる最中に行なわれる自己調整の質問が非常に細かく構成されているという点において明確に発話思考プロトコルとは一線を画すが，査定の遂行やその後の出来事が行なわれている最中に直接に認知を判定する**出来事**の選択等のような発話思考法の原理も含んでいる。

◆◆自己調整の理論

自己調整学習マイクロ分析のアセスメント方法論は，自己調整は変化する時間と文脈に特化した出来事であるという前提に基づいて構築されている（Cleary & Zimmerman, 2004）。個人がさまざまな場面を越えて動機づけや調整方略を示すこともあるが，研究者たちは自己調整過程での個人の決断やスキルは多くの場合，場面によって異なることを示している（Hadwin et al., 2001; Perry, 1998; Winne & Jamieson-Noel, 2002）。Hadwin et al.（2001）は，生徒の自己報告による自己調整方略が3タイプの学習課題——学ぶための読書，短いエッセイの完成，テスト勉強——において変化するか研究している。生徒たちは学習課題の性質によって違うタイプの方略を用いており，文脈から求められていることや文脈によって制限されていることに学習法を適応させているようであることを研究者たちは見いだしている。

自己調整が固定または安定といった特性のような構成概念なのか，または，もっと力動的で流動的な構成要素なのかという理論的違いは，アセスメントに関する文献において自己調整を**出来事**の測定とするのか**適性**の測定にするのかという違いに反映されている。適性の測定は学習・勉強方略インベントリー（LASSI; Weinsten & Palmer, 1990）や学習の動機づけ方略質問紙（MSLQ; Pintrich, Smith, & Garcia, 1993）のような自己報告の尺度で個人の努力属性を測ることが理論化されている。このタイプの測定の多くは，特定の状況における制限や要素を考慮せず，個人に自己調整過程を回想させて報告させる。さらに，これらの尺度では，「ふつうはどれくらい」「どれくらいの頻度で」等のリッカート法（Likert Scale）により総計されたスコアが解釈される（Perry & Winne, 2006; Zimmerman, 2008a）。このような自己報告の尺度は，多くの自己調整研究者には自己調整を力動的な出来事または活動として評価するのを妨げるという理由で問題にされている（Bandura, 1997; Cleary, 2009; Winne & Jamieson-Noel, 2002）。

より流動的な文脈に依存している自己調整の性質をとらえるために，研究者らは，発話思考プロトコル（Azevedo, 2005），直接観察（Perry, Vandekamp, Mercer, & Nordby, 2002），構造化された日誌（Schmitz & Wiese, 2006），行動記録（Perry & Winne, 2006），そして自己調整学習マイクロ分析（Cleary & Zimmerman, 2001; Kitsantas & Zimmerman, 2002）等を代替的な査定として開発している。Winne & Perry（2000）は，これらのアプローチを，査定の質問やテクニック，明確な始まりと終わりのある特定の課題や出来事に組み入れられているので出来事測定法と分類している。各出来事は前，中，後といった要素をもつ時間的な実体であるというのが主たる提案である。この前提は，自己調整は3段階の循環的フィードバックループとするZimmermanの理論と非常に一致する。彼のモデルでは，出来事における行為と信念（たとえば，遂行段階）は，出来事に先立つ過程（たとえば，予見段階）や出来事後の過程（たとえば，自己内省段階）と区別されている（Zimmerman, 2000, 2008a）。つまり，自己調整学習マイクロ分析査定のプロトコルは，循環ループの内容（たとえば，目標設定，セルフモニター，

帰属等の過程）だけでなく，3段階のなかで存在すると過程される時間的な順序においても強いつながりがある。

■ 最新の自己調整学習マイクロ分析のプロトコルの特徴と進展

◆◆自己調整学習マイクロ分析の進展

　最新の自己調整学習マイクロ分析法は，個別化された査定プロトコル，特定の出来事の間に方略的に行なう文脈に依存した質問，研究協力者の言葉通りの応答の記録とこれらの応答をコード化するスコアの規定の使用等，いくつもの重要な特徴を含んでいる。最近の自己調整学習マイクロ分析研究は，これらのすべての特徴（Cleary & Zimmerman, 2001; Cleary, Zimmerman, & Keating, 2006; Kitsantas & Zimmerman, 2002）を含んでいるが，早期の多くのマイクロ分析の傾向をもった研究はもっと範囲の限られたものだった。最新のマイクロ分析の方法論を理解するために，早期の研究の性質について歴史的な文脈を説明して概略する。

　マイクロ分析という語は，自己調整もしくは動機づけの観点に由来しており，不安を減少させる介入において成人の自己効力感の変化を調べる過程を説明するためにBanduraにより紹介された（Bandura & Adams, 1977; Bandura, Reese, & Adams, 1982）。これらの研究において，ヘビとのかかわりに対する行動の一連の階層への取り組みの自己効力感について，ヘビ恐怖症をわずらう人たちが報告を依頼された。研究の例をあげると，Bandura & Adams（1997）は，6人の重篤なヘビ恐怖症者にヘビへの恐怖やヘビへの回避を減少させる研究協力者のモデリング過程を用いる研究をした。研究協力者は回避行動テストでの遂行課題のリストを与えられ，これらの課題を遂行する自信のレベルを測定することを依頼された。

　アセスメントの観点からこれらの研究は，固有な文脈のマイクロ分析の質問の効果的な構造と段階，質問を行なう時の時間的連続性に焦点をあてるので重要である。早期のBanduraのヘビ恐怖症者に用いられた自己効力査定は，その内容や構成，時間的連続性においてマイクロ分析であった。内容においては，この査定は明らかに循環3段階モデルの予見段階を測定している。構成においては，すべての自己効力の項目はメトリック尺度に基づいており，定められた遂行レベルにおける固有な課題を遂行する能力における固有な文脈，固有な課題の視点を反映させてフレーズ化している。自己調整学習マイクロ分析の質問における最たる特徴は，固有な課題や出来事に関する生徒の自己調整過程の情報を聞き取ることである。

　しかしながら，正式な自己調整学習マイクロ分析の質問であるためには，時間的に適切に質問がされなければならない。その順序は，予見段階の過程は出来事の前の局面，遂行過程は出来事の最中の局面，自己内省過程は出来事後の局面と関連していなくてはならない。つまり，自己効力感が予見段階の過程だとすると，出来事や課題に取りかかる直前にそれらに関する質問がされることが要となる。自己効力に関する文献を調べると，多くの研究者はBanduraの自己効力の尺度（Bandura, 2006）をその開発に関するガイドラインとしているが，これらの査定は必ずしも目的の課題や活動にとりかかる直前に行なわれているわけではない。明らかに，これらの研究の方法論的な弱点ではないが，内容や構成という視点からはアセスメントの質問がマイクロ分析的であることを弱める。しかし，連続性やテスト施行の視点からはそうではない。

　1990年代中期から後期にかけて，学生の予見段階と自己内省段階過程におけるさまざまな自己調整過程の効果を測るために，スポーツスキルに焦点をあてた一連の実験研究が行なわれた（Kitsantas, Zimmerman, & Cleary, 2000; Zimmerman & Kitsantas, 1996, 1997）。これらの研究の著者らは，リサーチデザインをマイクロ分析的とはみなしてはいなかったが，彼らはより包括的なマイクロ分析研究の基礎となる多くの原理を取り入れた。Zimmermannらは，高校の女子学生がダーツ投げを習得する上でのさまざまな自己調整過程の効果を調査するためにいくつかの実験研究を行なった。Zimmerman & Kitsantas（1996, 1997）は，マイク

ロ分析と認められる自己効力と自己満足感の2つの測定を使用した。事後テストのダーツ投げセッションは，アセスメントの質問が行なわれるときの出来事としての役目をしている。著者らは自己効力と自己満足感の質問を，ダーツ投げの出来事の適切な段階の局面と直接的にリンクさせている。つまり，自己効力の質問は事後テストのダーツ投げセッションの直前に行なわれ，自己満足感の質問は事後テストセッションに続いて行なわれている。

Kitsantas et al.（2000）は，女子高校生のダーツ投げの次の研究で予見段階の信念（たとえば，自己効力感）や自己内省段階（たとえば，自己満足感）に焦点をあてたが，それに加えて，失敗の原因帰属を調査するためにマイクロ分析的な内省の質問をした。著者らは，女子高校生に「最後のダーツ投げで的を外した原因は何だと思いますか？」という質問を，的を外した直後に事後テスト時に答えることを依頼した。循環モデルの特定の自己調整学習過程に焦点があてられ，特定の出来事（たとえば，ダーツ投げ）と直接結びついて，活動の最中（たとえば，遂行結果直後）に時間的適切さをもって施行されているので，自己内省段階の質問はその本質においてマイクロ分析的だと考えられる。

◆◆自己調整学習マイクロ分析の主要な特徴

これらの早期の研究は，自己調整学習マイクロ分析の包括的そして詳細な理論的，方法論的な枠組みづくりをした。最近のマイクロ分析査定のプロトコルは，次にあげる主要な特徴がある。(a) 個人への施行，(b) Zimmermanの3段階循環フィードバックループで提示されている多様な自己調整学習過程の調査，(c) マイクロ分析の質問の文脈固有的性質，(d) 出来事前，中間，後の段階における自己調整過程の関連，(d) 参加者の応答の一語一句の記録とコード化である。

個別の査定

マイクロ分析のプロトコルは，応答を社会的影響とバイアスを避けるために個人に施行される。自己調整学習マイクロ分析の手順を使用している研究では，1人の実験者が個室で生徒たちに査定をする（Cleary & Zimmerman, 2001; Kitsantas et al., 2000）。仲間や多数の社会的代理者の存在は，生徒の課題遂行やマイクロ分析の質問への思考過程や応答に強い影響を与える可能性がある。ただし，研究者によってはマイクロ分析査定の手順において，小グループを使った場合もあることは記載しておくべきであろう（Cleary et al., 2008）。このようなケースでは，研究者らは標準比較や応答バイアスの効果を最低限にとどめるため，生徒たちには彼らの応答を別紙に個別に記述してもらい，彼らの答えた内容は生徒たちが選択しない限り他者と共有しなくてよいことになっている。

多様な自己調整過程

自己調整学習マイクロ分析は，Zimmermanの循環フィードバックループで説明されているいくつもの段階固有の過程にかかわる。査定されるべき自己調整過程の数に関しては固有の基準はない。しかし，自己調整は本来3段階の相互作用の過程なので，通常は循環ループの3段階の各段階のなか，もしくは3段階にわたる多くの過程に焦点をあてることが望ましい（Zimmerman, 2000）。マイクロ分析は人間の思考や行動の循環的性質を効果的にとらえることが可能であるが，研究者はその目的を果たすため，3段階からのサブプロセスを含む必要がある。しかし，調査したい特定のリサーチの質問や臨床的仮説に合わせて，研究者または実践者は非常に狭い範囲の自己調整過程に焦点をあてることも可能であることに留意することも重要である。例をあげると，Cleary et al.（2006）は，バスケットボール初心者のフリースロー練習中における成功や失敗後の自己評価基準，帰属，適切な推測といった，フリースロー技術と自己内省過程における自己調整トレーニング後の付加的効果を調べる実験研究を行なった。

マイクロ分析的焦点をもって自己調整過程段階を包括的に，遡及的研究（ex post facto study）として試みた初期の研究の1つは，Cleary & Zimmerman（2001）により行なわれた。この研究で著者らは，高校生のバスケ選手の熟練者，未熟者，初心者における予見段階と自己内省段階の違いを調査した（Cleary & Zimmerman, 2001）。研究の対象となった予見段階過程は，自己効力，

目標設定，方略プランニングで，自己内省段階では原因帰属，適切な推測，自己満足感が含まれていた。Kitsantas & Zimmerman（2002）は，自己調整学習マイクロ分析の視点を広げ，結果予期と興味（予見段階），自己モニタリング（遂行段階），自己評価（自己内省段階）を各段階に固有な質問として加えた。まとめとして，この２つの研究では循環ループの違った段階にわたる多様な自己調整過程を調べることにより，著者らはこれらの過程における関係だけでなく，遂行レベルの高い者と低い者を明確に区別する固有な課題の過程を明らかにすることを可能にした。

マイクロ分析の質問の内容と構成

マイクロ分析の質問を開発する場合，次の内容および構成のガイドラインに従うべきである。まず初めに，質問はシンプルで短く，循環モデルの３段階（たとえば，目標設定，帰属）に沿って，特定の自己調整過程にターゲットを絞るべきである。次に，マイクロ分析は文脈化する視点に基づいていると考えると，質問はターゲットをあてる課題または出来事に直接関連しなくてはならない（質問に関する例は表21.1を参照）。マイクロ分析の質問は，結局は，調整過程や方略の文献研究の操作的定義から直接的に開発されている（Bandura, 1997; Zimmerman, 1989, 2000; Zimmerman & Martinez-Pons, 1988）。例をあげると，帰属は特定の遂行または結果を個人がとらえている理由，と通常定義づけられる（Weiner, 1986）。「最後の２打をはずしたおもな理由は何ですか？」と問う質問は，典型的な帰属に関する質問である。もう１つの例として，自己効力は個人が知覚している定められた遂行レベルにおける特定の行為または行動に対する能力，と定義づけられる。Cleary &

表21.1 自己調整学習の各段階におけるマイクロ分析で用いた質問の記述と信頼性

自己調整学習過程	自己調整学習循環ループ段階	尺度の種類	マイクロ分析の質問例	信頼性
自己効力	予見段階	リッカート (0-100)	「２回続けてショットを決める自信がどれくらいありますか？」[a]　「少なくとも７ポイントを１ダーツで得る自信はどれくらいありますか？」[b]	$\alpha = .89\text{-}.95$
課題の興味	予見段階	リッカート (0-100)	「バレーボールのオーバーハンドサーブにあなたはどれくらい興味をもっていますか？」[c]	NA
知覚している効用	予見段階	リッカート (0-100)	「あなたの将来の目標達成のためにバレーボールのサーブ・スキルはどれくらい重要ですか？」[c]	NA
自己満足感	自己内省段階	リッカート (0-100)	「この練習のセッションでの遂行にどれほど満足していますか？」[a,c]　「あなたは自分の全体的な遂行にどれくらい満足していますか？」[b]	NA
目標設定	予見段階	自由回答	「あなたはフリースローの練習で目標をもっていますか？　もしもっているなら，それは何ですか？」[a,c]	$K = .95$
方略プランニング	予見段階	自由回答	「自分のもっている目標を達成するために何をする必要がありますか？」[a,c]	$K = .91\text{-}.95$
セルフモニタリング	遂行段階	自由回答	「練習の間，自分をモニターするために記録は取りましたか？」[c]	$K = .98$
自己評価	自己内省段階	自由回答　強制選択	「練習後，自己評価をしましたか？　もししていたら，何をしましたか？」[c]　「自分の満足度を測るために何を用いましたか？」[d]	$K = .98$
帰属	自己内省段階	自由回答	「サーブでめざしていたいちばん高いターゲットを逃したのはなぜだと思いますか？」[c]　「最後の２ショットを逃したのはなぜですか？」[a]	$IR = .98$　$K = .81\text{-}.95$
適切な推論	自己内省段階	自由回答	「次のショットを成功させるために何をする必要がありますか？」[a]　「次のオーバーハンドサーブを成功させるのに何をする必要がありますか？」[c]	$K = .88\text{-}.91$

NA＝利用できない，K＝カッパ係数，IR＝評価者間信頼性，α＝アルファ係数
a. Cleary & Zimmerman (2001).　b. Kitsantas, Zimmerman, & Cleary (2000).　c. Kitsantas, & Zimmerman (2002).　d. Cleary, Zimmerman, & Keating (2006).

第 21 章 ■ 自己調整学習マイクロ分析の台頭：時代的背景，主たる特性，研究と実践への提言

Zimmerman（2001）は，マイクロ分析的なバスケットボールのフリースローに直接関連する，自己効力に関する質問を開発した。たとえば，「次のフリースローを決める自信はどれくらいですか？」というものである。これらの帰属と自己効力の質問は内容と構成においてマイクロ分析的である。なぜなら，3 段階循環ループの特定の段階と関連したターゲットとなる課題や出来事に結びついているからである。

マイクロ分析の質問でもう 1 つ重要な特徴は，質問が尺度の形をとり，質問は自由回答または択一回答で終えることである。ほとんどの択一回答の質問は量的性質をもっていて，100 ポイント尺度のような，リッカート法が使われている。このような尺度の多くが，自己効力，課題への興味，もしくは満足感などの自己動機づけ信念をターゲットにしている。これとは対照的に，目標設定，方略使用，帰属，適応的推論のようなほとんどの自己調整過程は自由回答の質問となり，それにより個人が行動や信念を念入りに，もしくは，詳細に記述した応答を自由に提供できる。

マイクロ分析の尺度はしばしば単一項目なので，測定の内部整合性を評価することが困難であることが計量心理学的批判となりうる。しかし，この**ありうる欠点**は実験面と理論面の両面において改善が可能である。マイクロ分析の質問の多くが望ましい心理測定の特性を備えている（表 21.1 参照），と最近の文献が示している。自由回答の質問と択一回答の質問の両方が，上達者グループを見分けることができると研究で示されている（Cleary & Zimmerman, 2001; Kitsantas & Zimmerman, 2002）。Zimmerman らは，高い遂行力のある運動選手はそうでない選手よりも適応的な予見と内省的な調整スキルがあることを示すために，予見過程（目標設定，方略計画），そして自己内省段階過程（自己評価，帰属）に焦点をあてた自由回答の質問を使用している。これらの研究では，バレーボールとバスケットボールの熟練者，未熟練者，初心者間で，自己効力，興味，価値，満足度のような動機づけ信念の測定質問を明確に区別した。もう 1 つ特筆すべきことは，マイクロ分析の質問は，グループ間の違いに対してもかなり敏感で，著者らによって報告されている効果量はかなり大きい（Kitsantas & Zimmerman, 2002）。

計量的および分類別のマイクロ分析の予測妥当性の質問に関しても調査がされている。Kitsantas & Zimmerman（2002）は，熟練者，未熟練者，初心者のバレーボール選手の違いを調べるために，予見段階，遂行段階，自己内省段階にわたる包括的な一連のマイクロ分析の質問を使用した。すべての調整測定で熟練者が自己調整スキルと動機づけ信念が優位であったことに加え，著者らは参加者のバレーボールのサーブのスキルを予測するために測定を 1 つの尺度にまとめた。すべての変数は比較することができる 0 から 100 までのスケールに変換された。

すべての計量尺度が 100 ポイントリッカート法を使用すると仮定して，著者らは望ましい尺度の範囲を得るために各評点を 100 で割った。カテゴリー変数は，精錬された調整過程または欠陥のある調整過程を示すために二分法（0 または 1）にコード化された。この混合されたマイクロ分析測定は，高い内的整合性（α = .90）を示したと著者らは報告しているが，とりわけ重要なことはバレーボールのサーブのスキルにおける分散の 90% を説明していたということである。単一の質問を組み合わせて合成得点にするのは心理測定の視点では有利であるが，総合得点の利用は自己調整学習マイクロ分析の基本的前提や総合的な目的を弱めてしまうことを記しておくべきであろう。このようなわけで，研究者は各マイクロ分析の質問を研究において独立変数として取り扱うことが推奨されている。

単一項目測定の使用は理論上ないし実質的な根拠があり，支持されている。自己調整学習マイクロ分析は社会的認知理論に基礎があるので，人間の行動と認知は文脈固有という性質があると仮定される。文脈や課題に固有な質問は，非常に信頼性と妥当性の高い情報を生み出す可能性がある。なぜならば，項目がとても明瞭で特定の学習状況に関連性があり，リアルタイムで起こっている考えや信念を測るので，記憶やその他の想起の問題の影響を最小限度におさえるのである。このような幅の狭い，詳細化された質問の使用は自己調整

の評価において重要である。なぜなら自己調整循環過程の要となる要素に質問が直結しているので，この構成要素のダイナミックさや流動的性質をとらえることができるのである。

マイクロ分析質問の時間的連続性

自己調整学習マイクロ分析方法論では，質問は厳密に特定された課題や出来事の前，中，後に施行される。出来事を時間的実体として理論化することは，出来事の対応している段階に直接的に予見，遂行，自己内省のマイクロ分析の質問をリンクさせることができるので重要である。つまり，自己調整学習マイクロ分析を使用するたいせつなスタート時点は，ターゲットとなる課題や出来事を明らかにして明確に定義づけることである。例をあげると，Cleary & Zimmerman (2001) は，10分間のフリースローセッションを出来事として使い，自己調整学習マイクロ分析の質問をそこに組み込んでいる。高校生たちに練習セッションを始めるように告げる直前に，著者らはフリースローに関する自己効力感，目標設定，方略計画等の予見段階の質問をした。内省段階過程の要であるシュート遂行の練習に関する満足度を練習後に参加者は報告するように告げられている。

帰属や適切な推測が循環ループの自己内省段階の一部とすると，著者らが練習セッション後にこれらの質問を施行することは妥当である。しかし，この研究で著者らのいちばんの関心は，練習セッションでシュートが成功または失敗したその特定の遂行結果直後の内省的判断や反応を調査することであった。このため，「出来事の中の出来事」であるマイクロ分析のアプローチが採用され，練習中の各フリースローは可能性のある出来事として扱われている。参加者の練習中の帰属と適切な推測は，10分間の練習セッション（出来事全体）の間，2回の成功シュートと2回の失敗シュートが続けて起こったとき（出来事の部分）に評価される。

Kitsantas & Zimmermen (2002) は，Cleary & Zimmerman (2001) の研究を引き継ぎ，バレーボールのサーブという課題においてセルフモニタリングや自己評価する自己調整学習マイクロ分析の質問を加えた。自己内省という点からすべての参加者は，バレーボールのサーブ練習のセッション後にもし自己評価する手段をもっているならそれを報告するよう頼まれた。自己内省段階過程と出来事後という側面をリンクさせるために，この質問は練習後に施行された。方法論の点から，セルフモニターは遂行段階過程であるが，練習直後に実施されたことは言及されておくべきであろう。著者らがこの選択をしたのは，研究の性質上セルフモニタリングが行動と遂行に反応性効果を及ぼす可能性があり，それは望ましくないからである (Mace & Kratochwill, 1988)。Ericsson & Simon (1890) は，活動参加直後に参加者らの信念や考えを述べさせることは理想的ではないが，認知から反応性効果を取り除いて検討する効果的方法とコメントしている。

応答の記録とスコアリング

自己調整学習マイクロ分析の施行中，研究者はある特定の出来事において量的項目と質的項目の両方を用いることができる。研究者はたいてい参加者が記録用紙に記入したリッカート法を記録するので，計量測定は記録と採点であることは明白である。これらの計量の多くは単一項目の質問なので，信頼性を得るのが不可能である。しかし，マイクロ分析の研究で使われた複数項目の自己効力感尺度は高いアルファ係数，.89から.95（表21.1参照）を示している。

自由回答または分類別の測度では，研究者はたいてい個人の応答を逐語的に記録する。マイクロ分析プロトコル全体の施行に従うと，2人のトレーニングを受けた者が独立的に，単純一致率またはカッパ係数を得るために応答をコード化する。コード化は，適応的自己調整に関するパイロット研究と文献研究により生み出された，構成化された得点化されたマニュアルとルーブリックを用いて行なわれる。例をあげると，Cleary & Zimmerman (2001) は，フリースローをする前のバスケットボール選手のフリースローに対する目標をコード化するために9つの特徴的なカテゴリーを開発した。結果と過程目標の詳細とその区別のレベル (Schunk, Pintrich, & Meece, 2008; Zimmerman, 2008b) のように，目標設定の文献が

目標の重要な特徴を示しているとすると，次のような分類が使用できる。固有な結果，全般的な結果，固有な過程，全般的な過程，固有な焦点，全般的な焦点，リズム，なし，その他。表21.1では自己調整三段階全体にわたる質問のカッパ係数が計算されて示されている。全般的に，.81.から.98の非常に高いレベルの内的整合性が得られている（表21.1参照）。

■ 教育的提言

マイクロ分析アセスメント法は，自己調整学習における変化を評価するための非常に効果的なアプローチとなる可能性をもっており，明瞭な始まり，中間，終了がある特定の課題や出来事にはとくに効果的である。事前テストと事後テストの両方に直接的にマイクロ分析の質問がリンクしている限り，事前テストと事後テストのある介入法の効力を築く助けにもなりうる。しかしながら，実践的な重要性として特筆すべきは，教育者や実践者が長期にわたり生徒の方略的思考の発達を形成的にモニターできることである。

教育界や心理学界において，データベースによる意思決定という考え方が，学校の提供するサービス全般において重要となってきている（Ysseldyke & Bolt, 2007; Reschly, 2008）。こうした考え方からすると，学校関係者が生徒に対して下す決定，たとえば特別支援への配置または事前照会サービスのタイプや期間等は，実証的データに基づく必要がある。こういったモデルの中心的要素は，学校内でのチームが生徒の学習スキルや一定期間における成果を把握する進捗のモニタリングである（Tilly, 2002）。教育者が教育介入の効果を評価するのに役立つだけでなく，進捗状況がよくない場合，教育介入のタイプや度合いの迅速な修正が可能であるという点で，進捗のモニタリングは理想的である。学校での進捗モニタリングには幅広い応用があり，カリキュラムに基づくアセスメント，カリキュラムに基づく評価法（CBM），問題解決，教育介入への応答等に使われている（Tilly, 2002; Ysseldyke & Bolt, 2007）。しかし，たいていの進捗モニタリングは，行動，スキル，遂行結果に焦点をあてるが，生徒の信念や自己理解を否定する傾向がある（Cleary, 2009）。

私の考えでは，自己調整学習マイクロ分析の進捗モニタリングをツールとして使用することは興味がそそられる。その理由として，このモニタリングは生徒の学校における全般的な成功にリンクする学習課題や活動にかかわるので，生徒たちの動機づけ信念や認知的反応にも目が向けられるためである。自己調整力向上プログラム（SREP）は，生徒が包括的な自己調整教育介入に参加したときに生徒の自己調整過程を評価する，最近開発されたマイクロ分析的なアセスメントであり介入プログラムである（Cleary & Zimmerman, 2004; Cleary et al., 2008）。SREPアセスメントプロトコルは従来の測定（たとえば，自己報告やインタビュー）とそれに替わる測定（たとえば，マイクロ分析プロトコル）の両方から成り立つ多面的アセスメント法であるが，介入プログラムに直接的にかかわり，力動的で流動的な自己調整学習のプロセスをターゲットとしているのでマイクロ分析が強調されている。

Cleary et al.（2008）は，都会の高校での青少年の小グループで行なわれたSREPについて報告している。この生徒たちは生物のテストにおける彼らの遂行に対する自己調整に役立つSREPセッションをおおよそ22回受けた。このプログラムの一環として，生徒のテスト遂行後の生徒の自己評価（たとえば，帰属）と自己反応（たとえば，適切な推測）がマイクロ分析の質問を使い評価された。マイクロ分析の質問を施行するにあたり多くの**出来事**が可能ではあるが，著者らはテスト遂行後の生徒の自己反応だけに焦点をあてることを選択した。したがって，自己内省の過程を問う質問である「出来事」は，生徒らが教師からテストを返却されることである。前の研究で使用した，帰属と適応的な推測に関するマイクロ分析の質問と同じように，著者らは生徒に「あなたが生物のテストでこの点数を取ったおもな理由はなんですか？」と「次のテストでさらによい点数を取るためにあなたは何をする必要がありますか？」と尋ねた。

プログラムに参加した何人かの生徒は適応的帰属のプロフィールを示し，彼らのテスト遂行の主

たる理由は不安定さの帰属，コントロールの帰属，内的帰属（たとえば，方略の使用）だった。生徒の方略的自己内省の変化を見分けることに加え，これらの質問を介入中に異なる時点で使用するのは，自己調整チューターに介入指導や修正のための情報を提供する。たとえば，生徒がテスト遂行に関する帰属と適応的な推測の両方に関する筆記した応答を提供した後，チューターは生徒らの応答の正確さや適切さに関して内省的な討論をグループで行なえる。この対話の重要性は，生徒の関心を漠然としたことや効果的学習または学習方略に関係しないこと（たとえば，「私は一生懸命やらなかった」「私は急ぎすぎてしまった」）から，インパクトのあるコントロールできる要素，たとえばSREPで教えられた方略や生徒のもっている勉強法等にシフトすることにある。つまり，マイクロ分析の質問を使用すると方略的思考を強める認知的再構成の活動の基礎を築くことになる。

◆◆自己調整学習マイクロ分析の狭義の形態としてのキャリブレーションの正確さ

マイクロ分析法は，計量型そして分類型両方の質問を使用して動機づけと自己調整過程を評価する。計量の自己報告の尺度は，自己効力や満足等の動機づけの信念をターゲットにして，典型的には100ポイントのリッカート尺度を使う（表21.1参照）。これらの文脈に固有の自己報告の質問は明瞭で特定のタスクや状況にしっかりとリンクしているので，グローバル化または非文脈化しているタイプの自己報告尺度よりもあいまいさや不明瞭さが減少している。とはいえ，自己効力の研究者らがはっきりと示しているように，生徒はこれらの課題や活動の遂行に対する自身の能力のレベルを正確に確認できない場合がよくある（Pajares & Graham, 1999; Klassen, 2006）。過去数十年にわたり多くの教育研究者は，この不一致をマイクロ分析的に計測すること，つまり，キャリブレーションの正確さといわれることに興味を注いできた（Chen, 2002; Hacker, Bol, Horgan, & Rakow, 2000; Pajares & Graham, 1999）。

キャリブレーションの正確さは，生徒の学業成果を予知し，生徒のメタ認知スキルのギャップを見つける役割の可能性という理由で自己効力の研究者の間で支持され注目を増してきている（Bandura, 1997; Klassen, 2006）。一般的で正確さに欠ける2種類の軌道調整のキャリブレイター（calibrator）は，過大評価者（over-estimators）と過小評価者（under-estimators）である。過大評価者は正確さの乏しいキャリブレイターとしては最も一般的で，実際に本人が到達するよりも高い遂行結果を得ると信じている個人のことであり，一方，過小評価者は本人の遂行期待を実際に越える個人をさす（Klassen, 2006; Pajares & Kranzler, 1995）。過大評価（overestimation）は，実践者と研究者の両者にとって調査することが重要な現象である。なぜなら，過大評価はしばしば自己の気づきやメタ認知スキルが欠落している指標で，学校で成功するために必要な努力のレベルにダメージを与えるかもしれない（Butler & Cartier, 2004; Hacker et al., 2000）。

Chen（2002）は，107名のミドルスクール（middle school）の生徒に数学のさまざまな問題を解かせるという状況でマイクロ分析のキャリブレイター法を用いた。この研究でChenは15の数学の問題を個別に生徒に提示した。各問題を解くように告げる前に生徒には自己効力の次のような質問がされた。「この数学の問題を正確に解くことにどれくらい自信がありますか？」。前述した基準によると，この質問は予見過程の要素に焦点をあて特定の出来事に直接かかわり，生徒が各問題に取り組む直前に施行されているのでマイクロ分析的である。要するに，著者は誤ったキャリブレーション（過大評価または過小評価）のタイプとレベルを計算したのである（採点方法の詳細は以下を参照のこと。Chen, 2002; Pajares & Graham, 1999）。

最近学校で標準的サービスモデルとなっているResponse-to-Intervention（RTI）[※1] 枠の一部として，教育者は学業に困難があり支援の必要な若者に対して教育介入のサービスを提供し，学業の成長と発達の進捗をモニターする必要がある。Cleary（2009）は，教室での授業と評価の実践，とくに教育介入中の「認知」過程をモニタリングする一種のツールとして，どのようにマイクロ分析的なキャリブレーションを取り入れることができるかに

ついて，理由づけと一般的な枠組みを提供している。このアプローチの例として，州で行なう数学の標準化テストでの遂行のよくない生徒のグループに，10週間の数学の教育介入を行なったと想定する。この教育介入では，数学教師が教育介入の遂行の改善を記録するために週ごとに小テストを実施した。小テストの前に教師は各生徒に，数学の問題を正しく解く自信を報告させるか，もしくは，たんに各問いを解けるかどうかの予測を生徒に依頼した。要するに，このタイプの手順では生徒が過大評価するのか，過小評価するのか，もしくは，正確な予測ができるのかを指摘する。

　教育者にとっていちばんの課題は，生徒が問題を解けると思うと報告しているのに現実ではできていないことである。数学の問題を解くために生徒に求められている，または，必要とされていることへの理解の乏しさ，もしくは，自分自身のもっている知識やスキルレベルに対する不適切な理解を生徒がもっていることを示すことになるので，このタイプのまちがった判断，または固有の問題の過大評価は検討に値する（Cleary, 2009）。青少年と直接的にかかわっている実践者には，この類いのメタ認知情報は，生徒の行動に対する自己の気づきを上昇させる助けとなる話し合いをもったり，課題の完結を成功するために重要なプロセスに直接働きかけるための話し合いをもつ機会を与えるという点で貴重である。

◆◆**将来の研究に向けて**

　自己調整学習マイクロ分析の研究は明らかにまだ始まったばかりである。この研究の重要な流れの1つとして，循環ループの1段階もしくはそれ以上の段階過程から他の過程へのシフトを検討する包括的な（たとえば，3段階）マイクロ分析プロトコルの施行がある。このことへの取り組みは，非常におろそかにされている研究分野である自己調整の3段階循環過程の連続的性質を，明確にし説明するという点において重要である。

　もう1つの顕著なこととして，多種の学業，たとえば，読み，書き，数学等にわたるマイクロ分析法の実施である。現在の時点では，ほとんどのマイクロ分析の研究は運動の活動を採用している。さらに，プログラム評価のツールとして，とくに，特定の学習スキルに焦点をあてた介入においては，自己調整学習マイクロ分析の質問の実用性を検討することは，取り組むべき重要な分野である。20年以上にわたり，GrahamとHarrisそして彼らの同僚らは，SSD（Self-Regulated Strategic Development）☆2プログラムを行なってきた（Graham & Harris, 2005; Sexton, Harris, & Graham, 1998）。この包括的介入は，生徒に特定の書き方の方略とさまざまな自己調整過程（たとえば，目標設定，セルフモニタリング，自己評価）を教えながら，生徒の基礎的な書くスキルを伸ばすことをめざしている。同類の流れで，Fuchsと同僚らは小学生の算数のスキルに焦点をあてた自己調整過程介入プログラムを創始している（Fuchs et al., 2003）。このタイプの研究プログラムでマイクロ分析査定法を使用するのは，ターゲットにする学習課題が明確な始まりと終わりとで定義づけられるので理想的なのである。このような特徴は研究者に，始まり，中間，終わりといった課題の局面を，予見，遂行，内省のマイクロ分析の質問と関連させることを可能にする。

　さらに，介入中に起こる学習の変化を直接的に調査するマイクロ分析の質問の適用は実質的に存在しない。今のところ，自己効力の測定は，介入の最中に起こる認知の変化を計測してきたが，学習の文脈においてこの測定はむしろ希薄な状態である。最後に，自己調整学習マイクロ分析における質問の心理測定領域においては，さらなる研究が必要とされている。既存の心理測定には，かなり明確な実証があるが，生徒の学習行動や学習成果を出来事の測定（たとえば，直接観察，行動記録）や適性の測定（たとえば，LASSI）等の他の測定と比較して，生徒の学習行動や学習成果に関する独自の分散を予測したり説明したりできるのか検討するのは有益である。加えて，研究者が多数の項目からなる尺度（たとえば，自己効力，興味等）を開発すると，その尺度の内的整合性が計算でき有用である。

【訳注】
☆1：教育介入への応答。
☆2：自己調整方略開発。

第22章　綿密な事例研究法を使用した自己調整学習の研究

Deborah L. Butler
University of British Columbia, Vancouver, Canada

塚野　州一（訳）

　本章は，学習場面での自己調整学習の理解を深めていくうえで，事例研究法の可能性を検討する。事例研究法は，社会科学と教育の分野で長い間使われてきた。たとえば，Jensen & Rodgers(2001)は，1950年代からの，行政における事例研究の歴史をたどっている。Suter（2005）は，1998年から2004年の間，アメリカの国立科学財団法人（NSF）の基金による数学教育と理科教育の研究プロジェクトの50％以上が，事例研究法を使用していると報告した。国立科学財団法人による助成金が科学的価値と将来の社会的有用性に基づいて与えられることに注目して，Suterは，事例研究法は「理科教育と数学教育の実践の科学的理解」に貢献してきたし，また貢献し続けていると結論づけている（p.172）。

　教育研究では，事例研究法が，自己調整学習の研究者たちの関心を寄せるテーマの追究に大いに役立ってきた。たとえば，生徒たちの学習の経験，構想，取り組みを研究してきたし（たとえば，Alvermann et al., 1996; Hopwood, 2004; Ivey, 1999），また教室の対話への参加や教育実践がどのように生徒たちの学習と発達に関係しているかを追跡してきた（たとえば，Aulls, 2002; Driscoll, Moallem, Dick, & Kirby, 1994; Schuh, 2003）。しかし，教育心理学における事例研究法の使用は，増加しているものの，まだごく少ないのである（Butler, 2006）。事例研究の探究の枠組みがもつ長所と現行の自己調整学習の研究を牽引していくような批判的な問いとがうまく適合すれば，自己調整学習の研究者たちによって，事例研究法は確実に有効なかたちで活用されるであろう。

　事例研究とは何か？　Yin（2003）によれば，事例研究は，指導に活用するためのものや臨床実践の記録として恣意的に作成される場合の事例と混同されることから，研究方略としてはよくないとされることがある。対照的に，研究方略としての事例研究は，力動的で限定されたシステムが研究できる包括的で厳密な探究の枠組み（Creswell, 2007; Stake, 1988）を示すともいわれる。Yinは，事例研究を，現実の場面での複雑な現象について**なぜ，いかに，**という問いに答えることのできる理想的なデザインだと特徴づけている。

　事例研究は，自己調整学習の特質を研究の対象とするのになぜふさわしいのだろうか。本章では，事例研究法が4つの現代の研究の重点（たとえば，Butler, 2002; Paris & Paris, 2001; Schunk, 2008; Turner, 2006; Winne & Perry, 2000; Zimmerman, 2008）（表22.1 参照）を扱うのになぜとりわけ役立つかに焦点をあてる。第1に，事例研究法は，学習理論を含むものとして，自己調整学習に関連した構成概念間の関係を調べるのに適切である。それは，情動，動機づけ，認知，メタ認知，行動間の複合的相乗効果を特徴づけるものである。第2に，事例研究法は，自己調整学習を，力動的で循環的な出来事や活動として研究するために望ましいものである。第3に事例研究法は，自己調整学習がいかに形成され，また文脈ごとにいかに形成されるかを研究するのに非常に効果的である。

最後には，事例研究法は，それらが実際の場面で展開する個人と社会的過程間の相互作用の研究を促進できることである。

さまざまな研究法は，自己調整学習におけるこれらの現在の問題を対象にするために使われるだろう。たとえば，Ross, Salisbury-Glennon, Guarino, Reed, & Marshall（2003）は，実習生たちがどのように，自分たちの学習方略を大学レベルの授業の求めに応じて臨機応変に調整するかを示唆する学習と文脈について，108名の実習生の自己報告に基づいてパス解析を行なった。Hadwin, Winne, Stockley, Nesbit, & Woszczyna（2001）は，主成分分析を使って，生徒たちの自己報告された目標と方策とリソースの使用が3つの異なる研究場面に関連して変わるかを検討した。これらや他の研究は，複雑で，多くの要素からなり，力動的，状況に根差した活動として自己調整学習を研究することを重視している。だが本章では，ギャップを埋め十分な理解をするために，事例研究法を用いることでどのように研究の「向きを変える」ことができるか（Creswell, 2007）に焦点をあてている。事例研究法は，自己調整学習過程をそのままの状態で，きめの細かい分析を行なうための，自己調整学習の文脈のなかでの，比較的新しい手段を提供する。

事例研究法は自己調整学習の研究を促進するためにどのように，なぜ役に立つかを明らかにするために，本章は，事例研究法のおもな特徴の短いレビューを続ける。次に，表22.1に概略を示している現行の自己調整学習の焦点を取り上げていくうえで，とりわけ事例研究法がいかに有用であるかについて，集中的に議論を進めていくことにする。それから，並行した綿密な事例研究を使って，中等教育を終えた学習障害をもつ生徒たちの自己調整学習を促す方法について，いかに理解が進められるかの応用された事例を示していくことにする。章末で，自己調整学習研究における事例研究法の利用にあたっての特別な提言をする。

■ 自己調整学習を学ぶための方法論的方略としての事例研究法

事例研究は，文脈に根差した主体に関する深い理解を提供するために意図された包括的研究方略である（Stake, 1988; Yin, 2003）。多くの関心は何が事例を構成するかの定義づけに寄せられてきた。しかし一般的合意は，1つの事例は，その複雑性のすべてを研究できるある種の統一体だ（たとえば，存在，現象，あるいは社会的単位）ということである（Merriam, 1988）。Stakeは，研究されている現象が，理論的構成概念あるいは機能である（たとえば，自己調整学習）ときでさえも，事例研究は，「学習のために多くの機能と関係をもち込む舞台あるいはホストあるいは支柱」を提供する存在（たとえば，生徒，教室）に中心をおい

表22.1　自己調整学習の研究の現在の焦点と関連した研究テーマの実例

統合的，多要素の理論としての自己調整学習
・自己調整学習の多重な要素はお互いにまた遂行とどのように関係しているか？
・自己調整学習の要素ごとの指標は，自己調整学習についての独自の，重複したあるいは補完的な情報をどのように与えるか？

力動的，循環的な活動としての自己調整学習
・知識と信念は自己調整学習によってどのように形成され生じるか？
・自己調整学習は，どのように，なぜ，力動的に進展していくか？

文脈化されている自己調整学習
・自己調整学習はどのように内部で形成されまた文脈の形成に役立つか？

個人的（主体的／適応的），社会的な自己調整学習
・自己調整学習はどのように個人的過程であるとともに社会的過程であるのか？
・教師はどのようにして生徒の自己調整学習の実行と発達をサポートできるのか？

て研究することを，通常，選択すると論じている(Stake, 2006, p.2)。

多くの類型学が事例研究法を説明するために使われてきた。事例研究法は，ぼんやりとしかわかっていない問題や現象の理解を進めるため，あるいは所与の文脈や現象の豊かな描写を与えるために必要とされるのである。しかし，事例研究法は，理論構築や説明目的にも使われる(Stevenson, 2004; Yin, 2003)。Creswell (2007) は，Stakeが本質的(intrinsic)，手段的(instrumental)事例研究と集合的(collective)事例研究を区別したことに倣っている。本質的事例研究は，特定の性質が与えられた事例から何が学ばれるかに注目する。手段的事例研究は，事例研究によって問題を知らせようとする。集合的（比較的，複数の，多元的）事例研究は，事例内変数と事例に共通するパターンを研究するために使われている(Stevenson, 2004)。事例研究法は，1つの存在についての1つの事例研究（たとえば，1人の生徒）から，いくつかの事例が埋め込まれた多数の事例の研究まで（たとえば，それぞれに教室，教師あるいは生徒のいる，多数の学校），これらの複合のなかで変化する(Yin, 2003)。

事例研究法は，状況に根差した存在について深く検討していくうえで，ふさわしい特質を備えている包括的な探究の枠組み(Creswell, 2007; Yin, 2003) を提供する。図22.1は，事例研究で使われる探究の枠組みのおもな特徴を単純化したロードマップである(Butler, 2006)。この短いレビューの後半で，自己調整学習の研究に最も関係の深い特徴に焦点をあてる（詳しくは，Creswell, 2007; Merriam, 1998; Stake, 2006; Yin, 2003を参照）。

事例研究が明らかにする方法に影響するものとして，図22.1で理論的な観点が述べられる(Behrens & Smith, 1996; Butler, 2006)。Creswell (2007) は，研究を形作る理論的位置のいくつかのタイプを規定している。哲学的仮説（たとえば，認識論），パラダイムあるいは世界観（たとえば，ポスト実証主義），解釈的立場（たとえば，ポストモダニズム）である。この議論のなかで，研究がどのように考えられ行なわれているかに影響している，2種類の理論的見解(Butler, 2006) を強調したい。研究過程の目的と論理を規定する方法論的枠組み(Creswellのいう区別を包括している) と，自己調整学習の研究の当該事例における，研究テーマに関連した領域に即した理論である。

柔軟な探究の枠組みとして，事例研究法は，さまざまな方法論的諸理論の適用を認めている。事例研究法は，デザイン論理に関しては，質的でもあり量的でもある（つまり，固有な方法ではない。事例研究法は，量的データと質的データを認めるのである）。Yinは，「量的で準実験的」アプローチを使うものだと主張してきた(Yin, 2003, p.x)。Creswell (2007) は，自分の事例研究の多くを「ポスト実証主義」と自称しているが，自分は他の方法論的理論に頼っているといっている。他の理論は，自然場面の統一性を研究する傾向と研究協力者たちに認められた明らかになった意味の優先性のような，「質的」研究と関連した質を問う事例研究と関連している(Creswell, 2007; Merriam, 1998)。Stake (1988) は，事例研究の研究者は，文化人類学的あるいは社会学的分野の方法をよく使うとみているが，事例研究法は，ときには「きわめて非個人的で統計的」(p.256) であることを認めている。

事例研究法は，どのように，いつ研究上の知見を得るために領域に即した理論が利用されるかの点でも変化する。研究方法は，理論に基づく仮説の検証から，データからの帰納的な理論を導き出すにいたるまで変化する。それは次のことである。あらゆる探究は，探究がどのように展開するかを形作るある種の焦点をもって始まる（たとえば，研究課題はどのように定式化されるか，データはどのように集められ解釈されるか）(Butler, 2006; Stake, 2006)。自己調整学習の研究にとって重要なことは，事例研究法は，教授と学習の研究にあてはめて，領域に即した理論的観点の範囲を調整できることである。たとえば，研究者たちは，事例研究を進めるうえで，社会的認知（たとえば，Whipp & Chiarelli, 2004），構成主義（たとえば，Hopwood, 2004），社会的文化（たとえば，Perry, 1998），社会的構成主義（たとえば，Alvermann et al., 1996）の理論を使ってきた。自己調整学習の研究によく適用される4つの理論的観点である(Zimmerman & Schunk, 2001)。

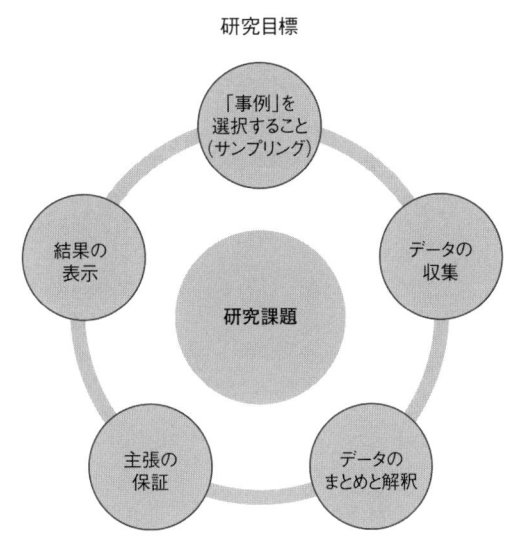

図中:
- 研究目標
- 「事例」を選択すること（サンプリング）
- データの収集
- データのまとめと解釈
- 主張の保証
- 結果の表示
- 研究課題

図22.1　探究の枠組みとしての事例研究

　事例研究法は多くの相互に関連した特徴をもっている（図22.1参照）。事例研究の研究者たちは，どのようにこれらのデザインの特徴が定義され実行されているかに関してはかなり柔軟性をもっている。だが重要なのは，選択された方法が，拠り所にする理論的観点だけでなく，固有な研究目的にも一致していることである。そこで，図22.1では，研究課題は，残りの研究が展開する中心として述べられている。求められているのは，これらの研究課題の点からと研究デザインのすべての特徴の全体で，概念と方法との一致である（Butler, 2006; Creswell, 2007）。

　サンプリングの決定は，事例研究法のなかの重要な方法の特徴の提示である。あらゆる研究におけるように，サンプリングは，研究協力者たちだけでなく，事例が研究される文脈，出来事，それにスケジュールの選択を含んでいる。事例研究の研究者たちは，結論を保証するサンプルから母集団へという論理の一般化にふつうは依拠しない。そこでランダム・サンプリングのような方略はほとんど使われていない。その代わり，事例研究の研究者たちは，身近な研究課題を前提に，「多くを学ぶ」機会を与える「目的にかなった」サンプリングの決定をするのである（Merriam, 1998; Stake, 2006）。そのために，研究者たちは，望ましい事例，例外的事例，異常な事例，やりやすい事例，特定の問題をよく証明する事例を選択する。比較的事例研究法や多元的事例研究法では，サンプリングは一定のパターンや関係が現われる条件を決めることを助けるようによく考え抜かれている（Yin, 1994）。

　図22.1では，サンプリングと他の事例研究法の特徴は，丸のなかに記述されている。その円は力動的で循環的な過程を描写するためのものである。事例をあらかじめほぼ完全に構造化しておくこともできる（Miles & Huberman, 1994）。事例研究の枠組みは，研究者たちが1つの事例内で，デザインの特徴の間を前後に循環する相互作用的で生成的なデザインをしばしば含むのである（Creswell, 2007）。そこで，たとえば，サンプリングの決定は，必ずしも研究の最初にだけ行なわれるものではない。そうではなく，事例，文脈，出来事の選択はデータが集められ，解釈されるときまで続くのである。同様に，データの集積，解釈，表象は，その後の活動を知らせることと並行してしばしば生じる。その結果，事例研究は，最初の概念や理論が，データ集積と解釈の相互サイクルによって，つくり上げられ微調整されるように，「しだいに焦点化」されるのである（Stake, 2006, p.vi）。

　こうした柔軟性があるために，明らかにしよう

としている主張が研究課題をよく反映したものか，また，できるだけ「正確な」ものとなっているか，研究者たちには確証する責任が求められることになる。しかしながら，「正確さ」は，特定の方法論的観点から定義されている（Stake, 2006）。そのために，多くのデータの集積と解釈方略は，事例研究の研究者たちがある程度確信をもって主張ができる助力となるように発展してきた。自己調整学習研究に非常に関係が深いのは，事例研究法が，複雑で力動的な現象について検討するにあたって多様な方法をほとんどいつも使っていることである（Creswell, 2007; Yin, 2003）。たとえば，事例研究の研究者たちは，観察，面接，物理的な人工の産物，記録資料，視聴覚記録から，事例の詳細や全体像をつくり上げるためにデータを集める（Stevenson, 2004）。これらの多様なデータ源は，たいてい補完的情報を提供する。補完的情報は，並置されると，現象についてのより完全な理解をつくり上げることができるのである（たとえば，生徒たちが実際にやることと並行して何かを考えること）。しかし，情報の多くの源を集めることは，唯一の主張に的を絞るやり方のエビデンスの「トライアンギュレーション」ができるようにする（Yin, 1994, 2003）。それによっていっそう信頼性を与えるのである。

事例研究法は，使われる解釈方略あるいは分析方略にかなりの柔軟性を与える。「内容分析」「恒常的比較法」「主題コーディング」は，事例研究報告にふつう引用されるいくつかの技法である。しかし，さまざまな分析に共通したものとして，2, 3の重要な方略がある（Creswell, 2007; Merriam, 1998; Miles & Huberman, 1994; Yin, 2003を参照のこと）。1つは，厳密な帰納的，演繹的方略，または仮説的方略である（Agar, 1996）。研究法というのは，生じてきた主張と対立するエビデンスの入念なチェックと相まって，エビデンスの包括的なレビューも普通は保証するものだ。事例研究の研究者たちは，矛盾したエビデンスを丹念に探し，対抗する仮説を明らかにし検証しようとする。研究者たちは，自分たちの見方がよく示されているかを確かめるために研究協力者たちとふり返ってよく調べる。彼らは，提出された主張はどのようにエビデンスから出てくるかを実証するために，事例研究のデータベースとエビデンスの連鎖との両方あるいはその一方を作成する。方法はしばしば柔軟に構成されるので，事例研究の研究者たちは，事例研究の報告の一部として，解釈の方略と信頼性を高める方略について詳しく述べることが多い（たとえば，Baumann & Ivey, 1997; Evensen, Salisbury-Glennon, & Glenn, 2001; Whipp & Chiarelli, 2004）。

頑健で，審査に耐えうる探究のロジックを構築することによって，事例研究の研究者たちは，研究での現象の質についての主張を保証するのである。自己調整学習の研究者たちにとって大事なことは，事例研究は行動の現象についての理解を進めるために，詳細で全体的な描写を得るために行なわれることである（たとえば，個人的な過程と社会的過程が，生徒がある場面で学習の実行を自己調整するときに，どのように相互にかかわり合うのか）。さらに，詳細な叙述的な描写を提供することによって，事例研究の研究者たちは，新しい場面への結果の関連を判断する読み手（たとえば，実行者）の「自然な一般化」を支援するのである（Stake, 1988）。

しかし，事例研究は，多くの測度を使って徐々に進展する出来事を追跡し，因果関係を調べ理論の限界を検証するのにふさわしいのである。たとえば，どのように，またなぜ足場づくりとなる教示が自己調整学習を支援するかをそのままの状態でたどることができる。事例研究の研究者たちは，1つのあるいは多くの事例研究法が他の状況で適用される理論を発展させ，練り上げ，精緻化するために使われるとき，「分析的一般化」に頼るのである（Yin, 2003）。Jensen & Rodgers (2001) は，多くの事例の結果を集めることによって，事例のサンプルから大きな関係する母集団まで一般化できるという。Yin (1994, 2003) は，多元的事例研究法で追試の論理を用いることを提案している。それぞれの方法では，それぞれの事例が独立した研究だと考えられ，「研究」どうしを比較することで，関係，パターン，理論を適用していく条件が評価できるのである。

■ 事例研究はどのように自己調整学習の研究に貢献できるか

Zimmerman（2008）は，歴史をふり返って，自己調整学習の包括的定義が1986年にどのように創り出されたかを述べている。その定義は自己調整学習をする生徒たちを「自らの学習過程において，メタ認知的，動機づけ的，行動的な面で積極的な参加者たち」（p.167）だと特徴づけている。それ以来，自己調整学習の統合的定義はいっそう包括的になってきている。一般に，自己調整学習の現在のモデルは，個人的で文脈的要因の複合に関心を払っている。それらの要因が学習研究の実行を具体化している。このように，自己調整学習は事例研究の優れた対象であり，事例研究は，複合的過程をそのままの形で研究するのに申し分ない（Yin, 2003）。

多くの理論的観点は，自己調整学習の研究に適用されてきた。そこには，構成主義，情報処理，社会的学習，社会的文化，社会的構成主義，社会的認知理論が含まれている（Paris & Paris, 2001; Zimmerman & Schunk, 2001）。それでも，しだいに自己調整学習の性格について意見の一致が生じてきた。その性格は，その研究の重要なパラメーターを示唆している。とくに，自己調整学習は多数の成分で，力動的，循環的，文脈的活動であり，その活動は個人と社会的過程の両方からなる。自己調整学習のこれらの特性が，自己調整学習の研究の現在の方向性をさし示しているのである（表22.1参照）。

◆◆統合的，多要素の理論としての自己調整学習

現在の研究は，自己調整学習を構成する多成分がどのように相互関係しているかを調べることに関心を寄せている。自己調整学習と関係のある構成概念は，ある範囲の知識（たとえば，領域固有），信念（たとえば，自己効力），概念（たとえば，学習という努力について），理論（たとえば，自己調整学習について），情動，さらに，概念が形成するものや生徒たちが学習して形成するすべてを含んでいる（たとえば，Paris & Paris, 2001; Schunk,

1994）。しかし，生徒たちの「思考と感情」を研究するのみであれば自己調整学習の研究としては不十分である（Turner, 2006）。生徒たちが認知と自己調整過程に取り組むことを含めて，彼らが考え感じていることが実際に行なうこととどのように関係しているかに関心をもつことが欠かせない。たしかに，研究者たちは，広義に定義を行ない，自己調整学習が生徒たちが学習する特性とどのように結びついているか明らかにしようとしているのである。

そのために，自己調整学習の研究者たちは，自己調整学習の要素のさまざまな指標が，独自な，重複した，補完的な情報をどのように与えるかを規定することに非常に関心をもっている（たとえば，Schunk, 2008; Winne & Perry, 2000）。たしかに，ある種の測度と，測度が正確に評価している概念とをもっとはっきりと関連づけることはできるはずである。たとえば，自己報告は，実際の行動の不正確な測度であることはよく知られているが，学習者たちの知識，信念，理論のことがよくわかる窓口となる。観察は顕在的行動の優れた指標であるが，観察は内潜的過程や研究協力者たちによって与えられている意味の測度としては役に立たない。有効な測定の道具が明らかにされるなら，研究者たちは，重要な自己調整学習の構成概念を説明し関係づける多くの方法を使って，集められたデータを組み立てることができるはずである。

だが，自己調整学習のデータの集積は，さまざまな自己調整学習の概念の「最善の」評価の道具を選定し連結した複合的なものである。1つの複雑な状況は，それが事例研究法のなかでふつうはなされるように，構成概念を十分に理解することが多くの測度をトライアンギュレートするのに最も有益なものかもしれないことである。たとえば，情動は，観察（たとえば，ボディーランゲージ）と自己報告方略（たとえば，プローブ（探り針））の組み合わせを使うと最もよく評価される。学習の概念は，自己報告された記述によるとともに，生徒たちがどのように課題に接近するかを観察することによって明らかになる。内潜的方略の使用は，発話思考や面接のデータで相互参照のコ

ンピュータ検索によって明らかにされるのが最善であろう（Winne & Perry, 2000）。データをトライアンギュレートすることは，文脈における意味を解釈するうえでも役立つのである。たとえば，生徒たちが教科書から真面目にノートを取ることは観察できるが，そのような行動が学習に向けられた方略的行為を創り出すかどうかは，生徒がノートをどのようになぜ取るかどうかによるのであり（たとえば，一語一語をコピーして思考を遅らせること，おもな考えを選択的にリハーサルして理解を試すこと），その方略的行為は評価のまとめを使うとよく見分けられる（たとえば，追跡，発話思考，プローブ）。もし自己調整学習が明らかに，適応的，意図的活動の一形態であるなら（Bandura, 2006; Zimmerman, 2008），自己調整学習を研究するには企図された決定と行為に関連した意図を理解することが必要である。自己調整学習の研究者たちは，自己調整学習の概念の指標としての所与の評価方略の可能な範囲と貢献に注意するだけでなく，評価方法は，「正確な」理解を向上させるために念入りに並置しなくてはならないことを理解している。この努力のおかげで，事例研究は，パターンを見つけ意味を組み立てる多くのデータソースを調整する論理を規定する，柔軟だが厳密な探究の枠組みを提供するのである（Yin, 2003）。

生徒たちの自己調整学習の微妙な説明を創り出す多くの測度を統合した事例研究のよい例が，Whipp & Chiarelli (2004) によって，示されている。これらの研究者たちは，Web を使う授業の生徒たちの自己調整学習を調べた。そのなかで，相互参照データが，生徒たちの授業への参加の記録とともに面接から取り出された（たとえば，ジャーナルへの記載，オンラインディスカッションの参加，構成された Web ページ）。

彼らの方法論の正当化の一端として，彼らは，エビデンスを一致させ，それに基づいて自己調整学習のパターンをどのように解釈するかの1つの例を示している。

1人の生徒が私たちに，自分はよく勉強の間に，教師，友だち，家族からの援助を求めるといった。しかし，私たち教師との面接では，彼の再三の援助要請は自己調整ではなく非常に他者依存的であることがわかった（Karabenick, 1998）。さらに，その生徒の課題提出のパターン（締め切り間際の2時間の間に頻発する）と，彼が提出したものの多くは，不十分で粗末な編集しかなされていなかったことから，この生徒が自己調整学習には困難を抱えていることが示唆されたのである。(p.10)

◆◆力動的，循環的な活動としての自己調整学習

自己調整学習の概念を評価するもう1つの課題は，これらの概念が必ず変動していく対象だということだ。「1つの適性として」の自己調整学習の一般化された測度は（Zimmerman, 2008），何が生徒たちと文脈全体の自己調整学習における固定したものであるかの理解の援助になるのである。しかし，自己調整学習の概念がどのように学習エピソードのなかでお互いに影響するかを調べる機会も必要である（Turner, 2006）。そのために，1回限りの，自己報告測度とは対立する，自己調整学習の継続するオンライン測度をもっと使うことが推奨される（Zimmerman, 2008）。事例研究を組み立てるために，研究者たちは，自己調整学習の中核となる概念をよく理解し関係づけるためにこれらの期待のできそうな評価方略を利用するだろう。

Yin (2003) は，また，経時的に連関を追跡していくことを目的とする際に，事例研究が理想的なデザイン方略となるとみている。この点で，事例研究は力動的関係を研究する有望で重要な探究の枠組みを提供する。たとえば，解釈的事例研究法を使って，Baumann & Ivey (1997) は，小学2年生の教室において文献と方略を組み合わせた指導を通じて，どのようにして相乗効果が生まれ，学習が促されるかについて検討を行なっている。彼らは報告のなかで，どのように「それぞれのプログラムの特徴は他のプログラムに寄与しまた補われているか」と，どのように「文学は生徒たちの読み書きの流暢さを促進し，また彼らの発達する読み書き能力は文学の知識と鑑賞力を高めているか」を述べている。

◆◆ **文脈化されている自己調整学習**

多くの研究が，自己調整学習はどのように文脈化されているかを示してきた（たとえば，Hadwin et al., 2001; Wolters & Pintrich, 1998）。研究は，目標設定，プランニング，自己モニタリングのような，自己調整学習の中心的活動の成功した学習全体における役割をたしかに実証した。しかし自己調整学習は，個人の要求と期待への適応的反応としても概念化されている。そして生徒たちがある特定の場面においてどのような自己調整学習のプロセスを具体的に示すかは，その学習中の文脈に依存している（Paris & Paris, 2001; Perry, 1998）。位置づけられ，境界のあるシステムのなかのダイナミックな過程を研究する枠組みを与えることによって，事例研究は，文脈が自己調整学習をどのように形成しまた形成されるかを研究するのに役立つ可能性が大きい。

自己調整学習の研究者たちは，少なくとも3つの角度から自己調整学習の文脈的性質を研究してきた。まず，ある研究者たちは文脈が自己調整学習の条件をどのように設定するかに中心を置いた。たとえば，Wolters & Pintrich（1998）は，545人の中学1年生と2年生の自己報告された動機づけと自己調整学習が対象領域に応じてどのように変わるかを示すために，反復測定による ANOVA，相関分析，重回帰分析を組み合わせて使用した（英語，社会科，数学）。Perry（1998）は事例研究法を使って，教室の文脈と小学生の自己調整学習の実行との関係をさらに直接的にたどることができた。

次に，文脈と自己調整学習との間の関係について集積された記述をより完全なものとするために，研究者たちは，事例間の変動性を大きく取り上げてきている。たとえば，Tang（2009）は，自らの多くの事例研究のなかで，援助要請の自己調整モデルで仮定された理論的関係がどのように事例全体に適用されるかを明らかにした。しかし，また，彼女は，援助要請の概念のパターン化における事例間の変動性について追跡をし，そして，行為としての援助要請が，生徒たちの個人史とそれらが機能している文脈との相互作用によってどのように形成されるかを明らかにした。事例研究法は，個人の自己調整学習が個人－文脈の相互作用に応じてどのように形成されるかの研究にとくに役立つだろう。Stake（2006）は，「個々の事例が複雑な状況で別々な反応をするとき，主たる効果と場面との間の相互影響性について，事例研究の詳細で綿密な調査が求められる」（p.28）と主張している。

第3に，Greeno（1989）たちは，文脈化された活動と切り離せず一体となったものとして思考と学習の再概念化を進めてきた。Greeno は，「主体と物理的，社会的場面の相互作用」（p.134）に位置づけられるものとして**状況的**学習を概念化した。事例研究法は，Greeno の意味で位置づけられている自己調整学習を研究するための，優れた探究の枠組みを提供する。たとえば，Evensen et al.（2001）は，問題ベースの学習による医学教育カリキュラムの文脈での自己調整学習を調査するために事例研究法を利用した。彼らは，個人の方略的学習行動の発達と遂行の関係を記述できるグラウンデッド・セオリー（Strauss & Corbin, 1994）を創ることを目的とした。そのために，彼らは，6人の生徒の1学期間を，幅を広げた観察，公式および非公式な面接のくり返し，口頭の学習の進行記録，ノート，公式記録，テスト教材，成績，評価からデータを集めて追跡した。彼らは生徒たちがどのようになぜ方略的行動をするかを検討するために恒常的比較法を使った。結果の報告のなかで，彼らは生徒たちの人物描写と理論的解説を組み合わせた。彼らは「自己調整の形態あるいは立場が，学習者が個人の見方を環境要因と折り合わせる方法にどのように依拠しているか」（p.665）を特徴づける2つの興味深い理論的モデルを発展させた。

◆◆ **個人的（主体的／適応的），社会的な自己調整学習**

"自己"－調整学習のモデルは，社会的，文化的あるいは歴史的な影響に焦点をあてないモデルであるとみなされることがある。対照的に，自己調整学習のモデルは，個人的過程と社会的過程の相互作用の理解におもに関心があるともいわれ

る（Butler, 2002; Zimmerman, 2008）。自己調整学習の研究に向けられている多くの現在の理論的認識が，個人と社会の影響（つまり，**社会認知的理論**，**社会**文化的理論，**社会**的構成主義理論）の両方を前面に置いていることは偶然ではない。実際，現在の自己調整学習の研究者たちは，個人の適応的，主体的学習が，どのように，社会的，文化的，歴史的に位置づけられた場面のなかで制約を受け，産出され，支持されているかを調べるのに意欲的である。

自己調整学習の理論は，受動的で環境に反応しているだけという学習の初期の性格に対する異議申し立てとして発展した（Schunk, 2008）。対照的に，自己調整学習のモデルは，経験と出来事を形成する主体としての個人の役割を強調している社会認知的理論の影響を強く受けてきた（Bandura, 2000）。そこで，自己調整学習の理解には，学習上で指向された目標を望ましい形で達成するために，個人がどのように教育環境を熟慮しながらコントロールしているかについて注意を向けていく必要がある（Zimmerman, 2008）。

それでもやはり，現在の見方は，自己調整学習がいかに社会的に位置づけられているか，ということを認めつつある。前述したように，教育現場の実践のような環境の特徴が，自己調整の機会を与えたり制約したりすることがわかってきた（たとえば，Perry, 1998）。だが自己調整学習は，付加的なかたちで社会的に影響されるものとして特徴づけられてきた。たとえば，生徒たちは，学習場面の知識，信念，学習の「経験」を積極的に構成しながら，経験を理解するために，社会的，文化的，歴史的に機能する言語と概念的道具を利用するようになるといわれてきた（Vygotsky, 1978）。個人が，どのように社会的に構成された実践，価値，信念を取り上げまたつくり上げるかこそが，自己調整学習の研究における根本的な現在の焦点なのである。

自己調整学習は，生徒たちが他者との共同でよく自己調整する点で社会的でもある（Bandura, 2000）。共同での努力を必要とする達成目標は，実行者全体が分かち合っている「集団的主体」を必要とする。研究者たちは，個人が共有の目標を達成する協働での活動の遂行をどのように**共調整**するかを性格づけるために研究を進めてきた（たとえば，Meyer & Turner, 2002; Volet, Summers, & Thurman, 2009）。たとえば，事例研究法を使って，Schnellert, Butler, & Higginson（2008）は，実践の共同体で仕事をしている教師たちが，生徒たちの自己調整学習を促進する共有された目標と，自分たちの学習と実践を，どのように共調整するかを研究した。

結局，自己調整学習の研究で最も優先されるものは，自己調整学習がどのように促進されるかをよく理解することである。この問題を調べるためには，研究者たちが教育実践と生徒たちの自己調整学習の発達の間の因果関係を明らかにすることが必要である（Schunk, 2008）。実験デザインは，因果関係を確立するための「最適基準」をよく検討するので，そのような関係は，出来事の連続がどのように展開するかの詳細な観察によっても確立されるのである。たとえば，Zimmerman（2008）は，より継続的に「出来事」の測度を収集し，これらを利用することは，自己調整学習がしだいにはっきりした形をとる過程において，相互依存について追跡するうえで役立つと述べている。Yin（2003）は，事例研究が評価研究で用いられる１つの理由は，事例研究は複合的，多次元的，多方向性のある因果関係を説明するのに非常に役に立つからだと説明している。その因果関係は調査や実験デザインの使用では明らかにはできにくいのである。

McCormick（1994）は，事例研究が多元的な教育実践と学習と関係のある多くの概念（たとえば，動機づけ，遂行）の因果関係をどのようにたどるかの優れた例を提供している。McCormickの縦断的事例研究は，読み書き能力の獲得は，意固地な「読書嫌い」であるピーターをどのように援助できたかを調べた。研究者は，ピーターがどのように一連の介入に応じたかを入念にたどった。それぞれの介入は，ピーターの要求に応じて変えられたし，以前の努力の成功と失敗から構成された。研究協力者の観察データ，記述された文書（たとえば，授業計画，ケースレポート），ピーター，彼の母親，担任の教師との面接，それに多くの公式，非公式

の読解評価は，ピーターの指導と関係のある読み書き能力の発達を追跡するためにトライアンギュレートされた。この介入，学習，読解結果の関係を詳細に追跡することによって，McCormickはどんな指導の質が最も効果的であるかを示唆することができたのである。

■ さらに広範な例：自己調整学習を研究するための多面的で綿密な事例研究

本節では，さらに広範な例を取り上げ，自己調整学習を促進する方法についての理解を深めることを目的として，多面的で，並行による，綿密な事例研究がどのようにして行なわれるか，説明することにする。私が行なった4つの調査（Butler, 1995, 1998）について述べよう。それは，特定の指導モデル，方略内容学習が，なぜ，どのように，学習障害のある中等教育を終えた生徒たちの自己調整学習の発達を支援するかについての文書を集めたものである。その例は，前述した事例研究法の特徴がどのように自己調整学習理論を推し進め，また，実践を支援するという二重の目的で行なわれるかを示すために構成されている（表22.2参照）。

1990年代前半に行なわれた研究は，学習障害のある中等教育を終えた生徒たちの学習の成功を促進したいという要望に支えられていた。この研究枠組みのなかで，私はこれらの生徒たちが抱えている独自な課題を検討した。彼らはある領域の学習の差し迫った問題に直接支援サービスをふつうは利用する。そして彼らは，自分たちの学習に独自な認知処理プロフィールと，以前の，通常はうまくいかない教育経験による一群の知識と信念をもち込むのである。私は，これらの生徒たちの個別のニーズに応える形で，現行の支援サービスモデルにおいて，どのような指導の可能性があるか，調査したいと考えた。

私は，これらの調査を案内する方法論および領域に即した理論枠組みを使っている。私の領域に即した理論的認識は社会的構成主義とよばれるのがぴったりしている。この見方は，生徒たちを，環境を形成しその知覚と解釈が社会的影響（たとえば，社会的経験，モデリング，明確な指導）と意味の構築の間を調整する主体として位置づけている。しかし，この見方は，学習が社会的，文化的に影響されていることも強調している。同時代の人たちのように，私は，諸過程が自己調整学習の間に展開するときの，社会的過程と個人的過程との相互作用の研究におもに興味をもっていた。

私が評価している指導モデルは，先行の自己調

表22.2 Butlerの中等教育終了後の事例研究における事例研究法（Butler, 1995, 1998）

研究目標	自己調整学習について理解を深め，中等教育を終えた学習障害の生徒たちに対して自己調整学習をどのように支援していけばよいか，明らかにすること
理論的枠組み	方法論：プラグマティズム（Creswell, 2007） 学習と指導：社会構成主義
探究の枠組み	事前・事後デザインを組み込んだ，多重に並行した，綿密な事例研究
サンプリング	文脈（施設，プログラム，課題）と事例（たとえば，年齢，歴史，要求）について意図をもって累積したサンプリング
データの収集	質問紙，面接，観察，発話思考，追跡，プローブ，録音されたセッション，フィールドノート，文書
データのまとめと解釈	仮説生成的，事例内分析と事例間比較，主題内容分析，コーディング，データ表示
主張の保証	トライアンギュレーション，パターンと矛盾したエビデンスの探索，継時的な対象者の調査，事例研究・データベース，追跡記録
結果の構成と表示	個別の，比較による事例間の描写 理論分析

整学習の研究と理論によっても非常に影響されていた。1990年代の初期に,「方略内容学習」が発展すると,「方略訓練」モデルは,生徒たちが新しい場面に対する学習された方略の転移を促進しそこなわないように努めてきた。1990年代の初期の理論的発展をまとめることによって,私と他の研究者（たとえば,Harris & Graham, 1996）は,包括的自己調整学習の枠組みのなかに方略学習に対する支援を組み込む気になったのである。方略内容学習モデルは,2つの目標を念頭において設計されている。生徒たちに,学習活動へのよりよく自己調整された方法を発展させることと,自己調整を助ける知識と信念をつくり上げることを援助することである。ここに記述した研究のなかでは,教師たちは,自己調整の実行のサイクルによって中等教育を終えた生徒たち一人ひとりを援助しようとして「方略内容学習」の原理を指導するのである。教師たちは,**生徒たちとともに個別化された**方略を,生徒たちがすでによく使ったものからつくり上げ,効果のない方法を修正し,生徒たちの力量と要求に合わせて方法を調整することによって,共調整した。課題の完成と学習過程にくり返し焦点化する双方向の討論のなかで,生徒たちは,学習課題,自己調整学習,学習者としての自分自身の修正した理解をつくり上げ,明確化することもまた支援されるのである。

方法論的には,私の方法は「プラグマティック」（Creswell, 2007）といわれるかもしれない。私は,そのなかで方法論的枠組みを引き出したのであり,それによって私は重要な問題に取り組んだのである。しかし私は,方法論的枠組みをとおして一貫した問題の論理をつくり上げるために私の社会的構成主義的観点（つまり,この研究である）も利用したのである。私の混合デザインは,一般には,ポスト実証主義的（内的妥当性を最大にする）,解釈的（研究協力者たちの見方から意味を探す）,それに構成主義的（現実を社会的構成体として理解する）な方法論的観点と関連のある論理を使っている。これらの一連の研究は,また「自然主義的」であり,そのなかで,研究は本当の教育場面のなかの自己調整学習の生徒たちの発達を扱ったのである。

この研究に使われた研究デザインは,事前事後テスト・デザインに,綿密で全体論的な事例研究を組み込んでいた。私のこの混合による探究の枠組みの選択は,私の理論的な位置（プラグマティック,社会的構成主義）と研究目標の両方と一致している。事前事後の実験デザインを採用することは,事例全体の効果の比較を促進した。事例研究のエビデンスによって追跡されたことは次のような問いである。自己調整学習過程が,文脈における個人によって,研究協力者たちが教授と学習に帰している意味によって,どのように実行され適合されているか,そして,私の研究目標について最も批判的な形で,いかに,いつ,なぜ,教育活動が観察されたような結果をもたらすことができたのだろうか,である。このように,事前事後実験デザインは,それだけでは因果関係を確立するうえで弱い方法なので,事例研究の探究の枠組みのなかの補足的エビデンスを集めることによって,私は,方略内容学習の教授－学習関係と自己調整学習の発達についての結論を導くことができた。

研究の内外で,サンプリングの決定は,方略内容学習の指導が効果的である条件を調べたいという願望に基づいている。4つの調査全体で,40の事例研究が行なわれた。それぞれは,少なくとも1セメスター間の1人の生徒についての自己調整学習の発達と関係した指導を追跡している。Creswell (2007) が「目的的な最大限のサンプリング」とよんだものを使って,事例は,研究協力者たちの年齢,以前の教育歴,学習上の強みと弱みといった多様性を保証するために選択された。学生たちは,短大と大学から集められた。彼らは多彩なプログラムに参加した。彼らは多様な学習課題に取り組んだ。サンプリングは,インストラクター全体の方略内容学習の効果を確かめるまで広げられた。私は最初の方略内容学習調査のインストラクターだった。場面が変わるたびに多数の新しいインストラクターが,それぞれの次の調査のために採用された。

私は,それぞれの研究で,自己調整学習の過程の評価,課題達成,参加の展開を支援するために多様な形態のエビデンスを集めトライアンギュレ

ートした。事前事後のデータが，課題に関連するように調整された質問紙，面接，観察，発話思考，追跡，遂行プローブを使って集められた。教示セッションはテープに録音され，インストラクターは鍵となる情報（たとえば，取り組まれた課題，体験された困難，方略発達過程，転移，課題遂行）を継続して記録できるよう，手がかりとなる形式を備えたフィールド・ノートを作成した。セッションのなかで作成された文書から，生徒たちの方略の展開と実行を追跡され，課題遂行と結びつけられた。課程の教材，課題，成績も集められた。

さまざまな分析方略がデータ解釈に使われた。一般に，方法は，「仮説生成法」（Agar, 1996）とよばれるだろう。その方法では，理論に基づく予期されたパターンを探すことと，データ内のパターンを探すことの間を移行する。データコーディング方略は，情報を与えるが理論に制限されない。パターンが見いだされると，主張できる範囲について検証し，明示するようにした。このような仮説生成的な方法によって，自分の立てた予測が検証できた。たとえば，予期したように，生徒たちが課題遂行の向上と方略の入念な使用を結びつけるとき，学習をよりコントロールしていると感じていることがわかったのである。だが，予期しない関係の発見によって理論の精緻化もできた。たとえば，方略をつくり上げる生徒たちは方略の転移を促進するだけでなく，生徒たちの新しい方略の独立した発展も促進することがわかったのである。

終わりに，事例研究の探究の枠組みによって，事例の内部と事例全体の分析，報告の間の生産的な相乗効果が生み出されることをあげておこう。データは，指導に関係した個人の自己調整学習の発達の豊かで，「独特な」描写を得るために，自己調整学習についての多くの自己報告とオンライン測定からトライアンギュレートされた。同時に，並行するデータを注意深く集めることは，事例間比較を容易にしたのである。同様に，研究は2つの補足的ルートによって，実施に影響をするように設計された。デザインの枠組みは，自己調整学習の理論を進めることによって分析的一般化を支えた。他の理論は，他の事例の文脈のなかで取り上げられ適用される。また，事例研究による豊かな描写を提示することで，デザインの枠組みは，自然主義的な一般化を支えるものであり，教育者たちが，自分の生徒たちの支援方略の可能性や困難について考えていくうえで手がかりにもなる。

■ 今後の研究の方向：自己調整学習の研究における事例研究の展望

どんな研究デザインでも長所と限界があり，事例研究も例外ではない。たとえば，事例研究は，目標が大きな母集団の結果を一般化するにはよい方略ではない。事例研究は，手間のかかる探究の方略である。それは研究が展開するにつれて，入念で内省的な意思決定と同じように，時間とエネルギーの実際の投資を必要とするのである。確からしさを確立していくうえで，事例研究の研究者たちは，主張を正当化するためにも選択を詳細に記録し保護していくことにも注意深くなくてはならない。たとえば，彼らは，現行の事例の選択，データ集積，分析方略がどのように自分たちが考えるものに影響するかを注意深く検討しなくてはならない（Butler, 2002, 2006）。しかしもうまくいけば，事例研究は自己調整学習の理解を進める大きな可能性をもっている。

本章は，現在の自己調整学習の研究の中心と関係した長所を考慮して，事例研究の利用についての4つの提言を述べて結びとする。まず，事例研究は，学習の際に個人の遂行者と社会的影響がどのように相互に関連しているかを調べる優れた方略を提供できることを改めて強調する価値をもつということである。学習の包括的理論として自己調整学習の有望さを伝えようとする努力目標は，それが本質的に「社会的なものではない」という一般的誤解になってしまう（Zimmerman, 2002）。そこで最初の提言は，自己調整学習の研究者たちは，個人の遂行者と社会的過程が文脈のなかで力動的に相互的にどのように作用し合うかを精査するために事例研究法をもっとうまく利用したらいいということである。

第2に，自己調整学習の研究者たちは，理論を

検証し構築していくうえで，事例研究法を利用できるし，また，利用したほうがいいということである。事例研究の研究者たちは，主張を検証し展開できるような，累積的な目的的サンプリング（事例，出来事，文脈のサンプリング）や，データ収集と分析のサイクルを含む探究の方法をくり返して実施することができる。さらに，事例研究は，データにみられるパターンに基づいた理論を発展させ，検証し，拡張していけるよう，帰納的，演繹的，仮説生成的な推論を支持するのである。事例研究は，また，個別的分析も一般的分析もあてはめることができる。自己調整学習の研究は，中核的な構成概念間の一般的関係を明らかにするという優れた仕事をしてきた。しかし，自己調整学習の理解は，個人－文脈の相互作用によって明らかになるように，より独自な変数と条件を調査することによって促進されるのである。

　第3の提言は，自己調整学習の研究者たちは，文脈化された力動的，因果関係を調べるために事例研究法をもっと利用したほうがいいということである。たとえば，事例研究法は，Schunk（2008）がすでに述べたように，自己調整学習の行動を学習の変化と関連づけること，あるいは，4つの方略内容学習の調査のなかで既述したように，指導の特定の形態を知識，信念，学習過程，遂行の移行と関連づけることを可能とする。事例研究は，自己調整学習の因果関係の複雑さについての理解を深めることも助けるのである。個別の経歴をもった特定の生徒の自己調整的な活動の流れを正確に予測することは困難で，場面ごとに，ある種の学習活動への参加を自ら積極的に進めていくといった面がそこにはある（Stake, 2006）ので，綿密な事例研究の調査は，**どのように**，**なぜ**，望ましい結果（たとえば，学習の面で，自己調整学習に集中して）が生じるかの理解を進めることができる。

　最後の提言は，研究者たちは研究－実践の乖離に橋渡しをすることに事例研究の可能性を利用することである。複雑で力動的な過程が実際の場面のなかで調査されるとき，また，事例の記述と理論的命題が実践との関係で生み出されあるいは検証されるとき，事例研究の探究そのものの過程を通じて，橋渡しが可能となる。事例研究は，分析的ないし自然主義的な一般化を促進することによって，実践者たちにとって最大限意味があるようなやり方で結果を伝えることにも役立つ。結局，事例研究の研究者たちは，理論と実践の結合がどのように援助できるかの研究の認識に直接焦点をあてているのである。たとえば，私と同僚は，事例研究法を使って，教師たちが研究を利用することで，どのような助けが得られるかを調べている。その研究は，自己調整や共調整に基づく**教育的な実践**（たとえば，Schnellert, Butler, & Higginson, 2008）のサイクルへの取り組みをつくり上げるものである。

　結論として，研究者たちは，自己調整学習の研究を利用するきちんと整理された研究方略をもっている。しかしWittrock（2003）が説明したように，新たな分野が展開すると，発生してくる問題を研究するために新しい方法論がよく必要になる。自己調整学習の現在の考え方には，新たな革新的な方法論的接近の発展が必要なのである（Winne & Perry, 2000, Zimmerman, 2008）。事例研究法は，多要素的で，力動的，循環的，状況的な活動としての自己調整学習の研究によく適合した柔軟で包括的な探究方略を提供して，その要求を満たすのである。

【訳注】
☆1：多数のソースや実験や多数の方法の使用からエビデンスを集め仮説を検証する過程。それぞれのソース，実験，手続きから得られたデータは，多少異なる観点から仮説を支持する（*APA Dictionary of Psychology*, 2007, p.957）。

第23章　学習の自己調整習慣[★1]

Lyn Corno
Teachers College, Columbia University

梅本　貴豊（訳）

集中して取り組んでいるんだ——これはたいへんだよ！
　　　——オリバー・ケリー，中学3年生

　オリバーのように，多くの生徒は学校でうまくやるために「集中すること」が必要だといわれている。しかし，これが意味することは正確にはなんだろうか？　どのようなエビデンスがこれを説明するのか？　この章では，生徒が意識せずに学校での学習，社会的な課題に答えようとして使う日常的な習慣としての自己調整を，研究者たちがどのように研究しているのかについて検討する。習慣という見方では，カリキュラムの内外における自己調整的な方策と方略の適応的な使用によって，自己調整的な習慣がしだいに発達すると考えているのである。

■ 定義と関連理論

　心理学者たちは，習慣を，しばしばはっきりした自覚なしに，規則的にくり返される思考や行動のパターンであると定義している。よって，この章で議論する特定の自己調整習慣は，(a) 発達した行動的手順としての努力とリソース管理，(b) 自己調整的な方策と方略に関連する情報処理の調整，を意味する。これらの習慣は，オリバーが，学校で「集中する」ように，積極的な行為者としてやっている骨のおれる活動の一つひとつ（details）から生じる。学校生活が進むにつれ，オリバーの意図的な努力は，監視を必要としない気質——学習課題で誘発される傾向や傾性——となっていく。自己調整習慣は，学校での学習に影響する文脈とパーソナリティあるいは気質を媒介して，生徒の発達を援助する（Bidjerano & Dai, 2007; Gestsdottir & Lerner, 2008）。

　学習分野における自己調整に関する習慣の考え方は，近年における意思過程の理論に描かれている（Corno, 1993）。意思プロセス理論は，動機づけの機能では十分にとらえられない目的の追求という考え方があると認めている。意思理論は，目標追求において最後まで遂行することを人に実行させる資質として定義される「意思の力（willpower）」という考えを取り上げている。**意思**（volition）は，取り組みの達成にいたる段階を実行するプロセスのことである。それは，じゃまなものとつまずきを扱うような，困難に出会ったときに我慢する能力を反映している。**動機づけ**は，興味や期待を反映する目標と取り組みを設定するプロセスのことである。意思は，動機づけを補う。動機づけと意思はともに活動に向けられた傾向を反映している（たとえば，エネルギーや方向性をもった学習）。自己調整することは，これらの機能の両方に取り組むことであり，目標達成の可能性を高める。

　教育における自己調整の意思プロセスは，確立した取り組みを保ったり最後まで遂行することを支援したりすることによって，生徒が自己限界の信念や他の非生産的な動機を克服することを助け

る。学習場面におけるこれまでの自己調整研究のレビューによると（Boekaerts & Corno, 2005），学校での取り組みに関する意思として定義される基本的プロセスは，慎重な努力の管理，注意，動機づけや感情の維持や保護である。それらのプロセスを示す方略は次のようである。大きな課題を細分化して下位目標を設定する，遅延を回避してそれぞれの下位課題に対して努力する，それらをそれほどではないとみることによって妨害を回避する，注意を集中する，価値ある目標に到達する満足を想像してみる，である。

活動コントロール・モデル（Kuhl, 2000），努力コントロール・モデル（Kochanska, Murray, & Harlan, 2000），衝動コントロール・モデル（Eisenberg et al., 2005；衝動と自己コントロールに関する二重システムについては Hofmann, Friese, & Strack, 2009 を参照），感情コントロール・モデル（Pekrun, Goetz, Titz, & Perry, 2002），学習された勤勉性・モデル（Eisenberger, 1992），実行意図と解釈レベル・モデル（Gollwitzer & Sheeran, 2006; Fujita & Han, 2009），自己調整力・モデル（Baumeister, Vohs, & Tice, 2007），自己調整学習・モデル（たとえば, Pintrich, 1999）などの一連の心理的モデルは，これらや他の意思プロセスを描いている。注意や感情のコントロールのような意思プロセスは，かなり年少の子どもにおいても現われ，訓練によって発達し，その後の学校におけるパフォーマンスの有効な予測因になる（Diamond, Barnett, Thomas, & Munro, 2007; Shoda, Mischel, & Peak, 1990）。

意思理論は生徒たちが学習を管理する意図的努力を説明するが，理論家たちはくり返しの使用や条件的なフィードバックによって意思プロセスは自動的になると認めている。自動化が課題に対する心的リソースを軽減させてくれることは，意思プロセスの新しい状況への転移が可能であることを示唆している（Baumeister et al., 2007; Kuhl, 2000）。よく知った状況が新奇課題のコントロールを引き起こす（Fitzsimmons & Bargh, 2004）といったような状況からの転移は，（学習の価値に関して感じる基準や規準に従って生徒が取り組むときに）意思的な取り組みのスタイルや取り組みの「倫理（ethic）」を導く自己調整の習慣を発達させることができる（Miller, Woehr, & Hudspeth, 2002）。また自動化は，時間の浪費や遅延などの自己調整の対照物である非生産的で望ましくない習慣をも生み出す（Dewitte & Lens, 2000）。

この章では，教育や学校に関する状況における自己調整の習慣の存在を示すために使用される評価の方法について議論する。1つずつ評価方法を並べるのではなく，異なる年代の生徒について多数のモデルや方法を使う選りすぐった研究をレビューする。生態学的妥当性や典型を優先し（Snow, 1974），生徒がふつう活動する教室，学校，他の場面において，実際に学習に取り組む生徒に関する研究に焦点をあてる。研究における議論を織り交ぜ，それぞれの場面における実践への示唆を行なう。本章は，今後の研究に対する提案でしめくくる。

■ 教育における自己調整習慣の評価：いくつかの例

研究者たちは，自己報告測度とそれと併行した相関分析に頼りがちになる傾向にあり，構成概念妥当性や外的妥当性の問題は学習の自己調整に関する研究を困難なものにしている。自己報告における問題には，自己評価測度における反応バイアス，綿密で徹底した面接，日記やデジタルログにおける生徒による概略の記載，発話思考法や経験サンプリング法による踏み込んだ調査などがあげられる。理論家たちは，縦断的なデータや複数のデータ源を用いたトライアンギュレーションや，より質的に厳格な実験計画などによる，広い範囲のエビデンスの必要性を認めている（たとえば, Pintrich, 1999; Winne & Perry, 2000 を参照のこと）。近年の研究は，教室における行動と言葉の対話をとらえるためのビデオ記録や観察を用いている。ビデオに映る自分たちをながめ，活動のサンプルを議論する教師，保護者，生徒たちとの誘導再生面接，それに学習者の理解と内省の機会を測定するために組み込まれた記録機能をもつオンライン課題である。これらの形成的で密着した評価の方法は，自己調整の習慣の生態学的に妥当な

説明により近づき，そのうちの，いくつかの方法は実践のなかで使用できると思われる。

ここでは，**授業への参加，宿題の管理，勉強（方略的なオンラインの読解を含む），責任を負うこと**，という学校でたいせつな自己調整の4つの基本的習慣の評価方法について議論する。教育における他の自己調整習慣の評価方法の例は，Corno (2008) に詳しい。スペースの制約上，先延ばしやぐずつくなどの非生産的な習慣については議論しない。

◆◆授業への参加

授業に参加することは，学習やパフォーマンスを促進する。たとえば，参加者たちは与えられた学習の機会を利用し，自分たちの考えを検討し，修正フィードバックの機会をつくる。参加者たちは他の生徒たちに知識を示し，代理モデルも提供する――聞いて問題点をはっきりさせる，自発的に取り組む，聞かれたときに答えるなどして。生徒たちはどのように，どれだけ授業に参加するのかはそれぞれ異なり，積極的な生徒たちは教師たちから余計励まされる (Noble & Nolan, 1976; Ryan & Patrick, 2005)。

ここ10年間以上にわたって研究者たちは，生徒たちが課題の取り組みを観察されているとき何を考えているかを理解するために，参加というブラックボックスの中身を明らかにしてきた。その生徒は，教材を検討し，たいせつな点にマークを付け，よく考えた質問や例をつくっているのか？ あるいは次のシーズンの野球に思いをめぐらせているのか？ 積極的な参加者たちは，学習者として自分に自信をもち，やらなければならない勉強の計画を心のなかで立てているのだろうか？ 研究は，授業での積極的な取り組みは，生徒の認知，動機づけ，意思の過程を支援する教科と指導の活動の組み合わせと順序から生じるのだと強調している (Reeve, 2009; Ryan & Patrick, 2005)。参加の諸習慣は，教室全体を見渡し，学年度の異なるポイントで，探し出される必要がある。

Turner & Patrick (2004) による質的な事例研究は，同じクラスの2人の6年生が中学1年の異なる（飛び級と平均級の）数学のクラスに移るときの2年間を調査し，生徒の参加を検討している。自己評価と達成の記録によって，クラスに対する認識，目標と能力，数学の成績についての生徒たちの認識がとらえられた。参加の習慣を測定するため，研究者たちは，秋と春における6年生の教室のいくつかの授業と，それぞれの中学1年の数学のクラス（飛び級と平均級の）の同じ2つの単位（秋と春でそれぞれ3つの授業）を観察し，テープに記録した。研究者は，その後の文字起こしのためにそれぞれのセッションの教室の対話をテープに録音しながら，フィールドノートをとった。

教師の指導的な対話や動機づけ的な対話は，参加に関するルールをつくるもの，生徒の理解や学習を援助するもの，参加や集中を励ますもの，それぞれにコード化された。参加を評価するため，研究者たちは，生徒に名前（他の用語のなかから）を付けるコンピュータの単語検索機能を用いて，対象となる2人の生徒の言葉や行動についてのすべての記載された出来事を識別した。生徒の会話と行動は，特定の授業中の出来事の性質と教師の参加のルール（期待や交代することなど）についての詳細をよく説明していた。次いでそれぞれの生徒の授業を通して合計された参加行動の事例が，質的に分析された。

その結果は，それぞれの生徒が2年間にわたってどのように授業に取り組んだのかについての複合的な描写であった。これらの教室の生徒の積極的な参加は，授業の対話への自発的な貢献，指導に集中すること，宿題をやること，意欲的に他者を援助しいっしょに勉強する熱意と能力のような，諸習慣と定義された。これらの習慣は，教師はもちろんそれぞれの生徒の能力に対する信念によってつくり出された支持的環境の1つの作用の結果である。自分に自信をもつ学習者である2人の生徒のうちの1人は，早い段階で参加者の役割を取り入れた。中学1年生の終わりには，その生徒は，クラスにおけるリーダーの役割を担い，他の教師から褒められ，クラスから賞賛を受けた。興味深いことに，教師はこの生徒に対して，最初は低い期待しかしておらず，他の（より優れた）生徒に比べると，6年生のときにはそれほど学習の機会を提供したわけではなかった。他の（より優れた）

生徒は，結局は1年目から翌年にかけて一貫した参加スタイルや学習者としての感覚をそれほど示さなかった。

事例研究の結果は一般化はできないが，Turner & Patrick (2004) の生き生きとした授業の描写は，参加へのルールがよく理解されている同じ教室においてでさえ，生徒がもつ課題や自分に対する認識がどのように参加の習慣に影響するかを示している（本書のButlerの第22章も参照）。教師たちや生徒たちの引用は，「授業参加」がこの研究で何を意味するかをはっきりさせて，著者たちの説明的な見識や念入りに要約されたエビデンスを補っている。中学校の教師たちは，生徒たちがより積極的に授業に取り組むためにどのように援助するかについて，これらの記述のなかにヒントをみいだせるのである（たとえば，支援的なフィードバックを与える，課題に選択肢を提供する，多様な表現を用いて1つの概念を説明する，仲間と学ぶことを奨励する，生徒たちに，あなたが**どれだけ**彼らに授業に参加してほしいと思っているのかを知らせる）（本書のPerryの第8章も参照）。

授業参加を評価する別のやり方は，3年生から5年生を対象としたMcCaslin & Burross (2008) の研究の焦点である。参加を評価するため，著者たちはそれぞれ1年の中頃と春の2回の別々の時期に，生徒の参加の習慣の個人差をとらえる「私は授業にどのように取り組んでいるか」の自己報告測度を実施した。標準化された47の授業観察は，授業における指導実践や学習の機会をとらえていた。研究者たちは，教師が割りあてた課題や標準テストにおける400人を超える生徒たちの活動とパフォーマンスのデータも収集した。

「私は授業にどのように取り組んでいるか」を尋ねる自己報告測度は，通常の測度のいくつかの問題を解決する。限られた数の項目が，読解のレディネスを統制するために読み上げられた。そして，生徒に対して，特定の行動の取り組みの頻度の評価（ほとんどの自己調整に関する質問紙のプロトコル）を尋ねるというよりむしろ，この測度は，具体的な最近の教室での活動において（個人的に）「どのように取り組んでいますか」，たとえば，「勉強していた」「援助していた」「準備ができていた」などについて書かれた20個の文章に下線を引くことを求めるものである。この測度は，適切な心理的測定の特徴を示している。さらに，著者たちは，社会的望ましさ反応が自己報告と授業観察から得られた生徒の活動データを参照すると，起こりそうもないことを確かめている。

年の中間と春のデータに対して，それぞれ探索的因子分析が行なわれた。その結果，生徒の報告する参加に関する分散のうち，約50％が5つの因子で説明された（参加の追加の分散を説明する，自己効力感のような，他の変数の測度は得られていない）。5つの同定された因子は，授業学習にプラスの誘意性をもつ3つの因子，**よい学習者，学習に取り組んでいる者，努力と持続性**，を含んでいた。2つの因子は，学習にマイナスの誘意性をもち，**不安と引っ込み思案，学習に取り組まず注意散漫**，であった。

1回目と2回目の調査で，いくつかの項目の因子の順序と因子負荷に多少の違いはあったが，1回目と2回目の生徒の反応の相関は中程度であり，年度の中期と終期の参加はある程度の安定性を示している。たとえば，年度の中期では，最も多くの割合の生徒は，自分自身のことを不安／引っ込み思案と回答した。春には，最も多くの割合の生徒は，よい生徒／よい学習者と回答した。全体として，最も高かった1回目と2回目との相関は，不安／引っ込み思案（$r=.47, N=306$）であり，次に学習に取り組まず／注意散漫（$r=.46$），よい生徒／よい学習者（$r=.36$）であった。したがって，測度から記述文を選択するとき「最近の授業や活動」についてふり返りなさいという教示にもかかわらず，エビデンスは，よりパターン化された——習慣的な——反応，少なくとも3つの参加の形態を示している。これらのデータから，生徒たちが参加者として（もしくは非参加者）の自分自身の見方がなんらかの授業や活動と結びついていることを結論づけることはできない。

この研究は，生徒たちの授業参加の報告とパフォーマンス測度がいくぶん一貫した有意な関連があることを見いだしている。最も強い相関は，それぞれ，国語と数学の学年で集計された標準化テスト得点と (a) 不安／引っ込み思案（有意な負

の相関）と，(b) 努力と持続性（有意な正の相関）のそれぞれの間であった。意外にも，同じ教科のテスト得点と学習に取り組まず他の生徒のじゃまをする傾向との間に有意な正の相関があった。著者たちは，このグループの生徒たちには力量のある学習者たちがいて，彼らは授業ではやる気をそそらない課題しか与えられなかったためではないかと述べている。

Turner & Patrick（2004）の研究のように，これらの結果は，今後の研究として取り組むに値する。しかしながら，実際の授業の文脈のなかでは，新しい，信頼できる方法で生徒の参加の習慣を評価する別の方法がある。「私は授業でどのように取り組んでいるか」の測度は，参加者として生徒たちが自分自身をどのようにとらえるかの微妙なニュアンスの解釈に興味がある小学校教師によって使用されよう。このアセスメントは，努力がなされているかだけでなく，**感情**についてもとらえるものである。グループ形式で容易に実施され，生徒たちの反応を5つの参加タイプに分類するためのコードが与えられると，教師たちは結果を容易に解釈できる。McCaslin & Burross（2008）は，教師たちは生徒たちが自分自身を記述するために選択した困難を示す文章（たとえば，僕は不安だ，疲れた，お腹が空いた）に注意すべきだと述べている。2回の時期のサンプルとなった生徒たちの半分から報告されたこのような身体的な反応は，笑顔や傾聴ほどと比べると目にみえるものではないが，授業の学習に影響していく準備状態に関する重要な媒介要因となり得る。

◆◆宿題の管理

生徒たちは，所属するほとんどすべてのコースで宿題をやってくるように言われる。どれだけまじめに生徒たちが宿題をやるかは，よく問題になる。宿題に「集中して取り組む」生徒たちは，適切な期間に，締切に提出できるようによいリソースを使って，宿題が仕上がるよう効果的な環境を設定する。しかし，年少の学習者たちには，このレベルの自己調整が十分には発達していない。よい宿題のしかたは，教師や親からの構造化された援助のくり返される経験によって身につく習慣である（本書のStoeger & Ziegler の第6章も参照）。

宿題をすることは，いくつかの意思の課題を示す複合的な過程である。課題の役割は，集中を保ち，消極的な態度をしないように，認知と感情を管理することである。もう1つの役割は，快適さを得る，教材を集める，気を散らす可能性のあるもの（きょうだい，インスタントメッセージなど）を最小限にするように，環境を管理することである。3つ目の役割は，まずどの部分から取り組むのかを決め，リソースをよく利用し，進行をモニターし，時間を割りあてるなど，個々の課題を管理することである。この概要は，有意味で生産的なやり方で**どのように**勉強するかということとは，まったくかかわりはない（そうした習慣は本章の次節で取り上げる）。また，宿題の認知的な要求も，もちろん，年齢とともに増えていく。

筆者は，宿題環境と生徒たちが宿題環境をどのように管理しているのかを，J. Xuとの一連のプロジェクトで研究してきた。私たちは，6人の3年生が自分たちの家で宿題をするビデオによる事例研究から始めた（Xu & Corno, 1998）。私たちは，生徒たち，親たち，教師たちへ自由回答式のインタビューを行ない，教師の宿題の目的とタイプはもちろん，生徒たちの目標や興味，自信，学習習慣を尋ねた。親への再生刺激法によるインタビューが行なわれ，その後に学年度の異なる時期で，それぞれの2つの宿題セッションの家庭でのビデオ録画が続いた。このデータは，生徒たちが3年生の宿題をするときに自己調整習慣を成長させる質的なエビデンスをもたらし，親の強い勧めやモデリングに合わせて習慣が発達することを示した。

私たちの結論は，宿題はある種の意思がかかわる課題を提供するということである。どの宿題も生徒たちが意思のコントロールを使い発達させる機会や課題をもたらす。自己調整習慣がどのようにさまざまな宿題をとおして発達するかを観察することは，学校の日常における自然なスナップ写真を提供する。3年生より年少であっても，宿題を行なう場所を整え，時間を管理し，注意を集中できる児童もいる。困難な課題に対する消極的な反応をコントロールすることは，年少の児童にと

ってはかなりむずかしい課題である。しかし，私たちが観察した親たちは，生じた問題に対してどのように対処するのかというモデルになっていた。たとえば，勉強するのに静かな場所を見つけ，時間を意識し，夕食の前に宿題を終わらせるなどの価値を，親は説明していた。ある親は，たとえば学習に再度注意を向けさせたり，教師が与えた説明をしたりして，欲求不満や混乱への対処をして子どもたちを援助していた。私たちが観察したすべての親たちは，達成への努力の価値に対する期待と信念を共有していた。自分の学習に対して責任をとるようにと子どもを強く励ます親もいた。

私たちは，より大規模なサンプルを対象とする宿題管理に関する生徒の質問紙に基づいた，6つの事例研究で観察された自己調整習慣を用いた（Xu & Corno, 2003）。宿題管理質問紙の下位尺度は，5つのカテゴリーがあり，それはそれぞれ5項目である。環境の整理（たとえば，静かな場所を見つける），時間管理（たとえば，優先順位を決めて計画を立てる），注意の集中（たとえば，宿題中に白昼夢をみる（逆転項目）），動機づけをモニタリングする（たとえば，宿題がむずかしくても自分はできると確信する），感情をモニタリングしコントロールする（たとえば，自分を落ち着かせる）。生徒たちは，宿題習慣をふり返るための5段階のリッカート尺度を使う——宿題をしているときにそれぞれの方略をどれくらい（いつもはしない）使用するか？　その後の研究では，信頼性と妥当性を高めるために，いくつかの項目がいくぶん修正された（Xu, 2004を参照）。

宿題管理の下位尺度は，カテゴリ間の内的一貫性と共通した関連性を示し，生徒たちが自己評価する宿題習慣のよいエビデンスを示している（Xu, 2008a, 2008bを参照のこと）。調査を受けた30％から50％の中学生は，それぞれのカテゴリの方略を，「しばしば」から「いつも」使っていると答えた。ただし，彼らは他のカテゴリに比べて時間管理をより習慣的に使用していると答えている（Xu & Corno, 2003; Xu, 2008b）。中学生と高校生は，この尺度にはたしかに異なる回答をしている。たとえば，高校生に比べて，中学生は動機づけモニタリングと注意の集中により多くの努力をしていると答えている。ただし，中学生たちと比べ2倍近くの高校生たちは，宿題をしないままで「いつも」あるいは「しばしば」授業に参加すると答えている（Xu, 2004）。2000人近くの中学2年生と高校2年生の別の大規模サンプルの研究（Xu, 2008c）では，中学生は宿題に対する多様なレベルの興味をもっており，それらの態度が宿題中の効果的な動機づけ志向と動機づけをモニタリングする習慣に有意に関連することが示されている（Zimmerman & Kitsantas, 2005も参照）。宿題をモニタリングする習慣は，宿題の達成への興味を高めたり維持することを確かめさせ援助するようにみえるのである。

宿題管理尺度に関する今後の研究は，より客観的なデータとの関連で生徒たちの自己評価を測定する必要がある。しかし，私たちの研究から，教師と親に対する提言がある（Xu & Yuan, 2003も参照）。家族によっては，青年でさえも宿題についての家族の関与から利益を得ている。Xu & Corno (2003) は，家族の援助を受けている生徒は，受けていない生徒に比べ，勉強する空間，自己動機づけ，妨げとなる感情のコントロールの習慣的な管理をより多く報告したことをみいだしている。さらに，親の教育レベルや特定の専門性に関係なく，青年が宿題をするのに必要な援助ができる有用な大人になれるという有益さがある。したがって，多様な背景をもつ家族は，小学校の時期をすぎても，望ましい宿題管理の習慣の促進において1つの役割を果たすのである。

よい学習習慣の育成に対して，知識の構築をめざして宿題を活用するという両者の間に生じてくる葛藤が解消できるように，中学校の教師は，生徒を引きつけて，意味があり，適切で，取り組みたいと思わせるような課題（たとえば，物理のコースではエレキギターの設計）に生徒が向き合うのを援助して，ためになるような宿題を与えることができるだろう。Cooper, Lindsay, Nye, & Greathouse (1998) は，努力をしてそれを仕上げようとする気持ちをさらに向上させる方法として，高校生たちに，宿題を設計し，同じ知識やスキルを必要とする異なるタイプの宿題を選択することに取り組ませることを提案している。

第23章 ■ 学習の自己調整習慣

◆◆勉強

　勉強は，学校の教科を学習するためだけのものではない。最も高いレベルの自己調整は，実質的にあらゆる内容の理解を深めていくのに，生涯にわたって使用されるだろう。認知心理学者たちは，学習の方策や方略をモデル化している（たとえば，集中学習対分散学習の研究；徐々にやさしいものからよりむずかしい教材を勉強していくなど；Metcalfe, 2009 を参照）。しかし，インターネット利用の普及は，学習そのものや，学習習慣の研究においてまったく新しい機会を与えた。

　Winne と彼の共同研究者たち（たとえば，Winne & Hadwin, 1998）は，自己調整学習の研究に直接焦点をあてた。この研究では，生徒たちは，文章，チャート，表，図を含む，配布されるソフトウェアである「ラーニングキット」を用いて，さまざまな内容を勉強した。勉強は，細かなレベルで評価された。たとえば，ソフトウェアシステム（今は nStudy とよばれる）が，ログ・ファイルとしてラーニングキットのどの部分を支援のために使うかの生徒たちの選択を含む勉強の活動を明らかにした。ラーニングキットは，ノートを取ること，用語の見出し，索引をつくる，表計算のソフトを使うこと——生徒がチャンク化，精緻化，自己モニターや他の効果的な学習方略を使うことを援助するツール——が含まれていた（Winne, Hadwin, Nesbit, Kumar, & Beaudoin, 2005）。効果的な学習習慣や，それが生徒たちにどのように洗練されることができるかを論じてきた他の研究者たちもいる（たとえば，Marzano, Pickering, & Pollock, 2001）が，Winne やその共同研究者たちはパフォーマンスに基づいた測度を提供した。この評価アプローチが自己報告の多くの問題点を克服し，理論的主張の妥当性も向上させている。

　生徒が nStudy を使うとき，プログラムは，生徒が取り組むすべての選択や活動を自動的に明らかにする。それは時間のデータをも明らかにする。たとえば，nStudy は，生徒がテーマについてノートをとることを選んだとき，ノートのテンプレートはどのタイプであるか，どんな内容か，いつノートのウィンドウが閉じられたかを記録する。これは，個人の勉強のミクロのレベルでのエビデンスである。データは，個人と多様な学習者間の，多くのさまざまな授業，教科領域，期間について集められ，まとめられる。計算はすぐにできる。ログ・ファイルは，たとえば，メタ認知的モニタリングを示すノートなどの自己調整行為の解釈も可能にする。もし生徒がくり返しノートを取るのであれば，これはノートを取る学習習慣のエビデンスである。

　Winne の研究チームは，大学生のコースの宿題をやり遂げることの一連の研究を通して，メタ認知的モニタリング，精緻化，情報検索，既有知識の再生などの学習のいくつかの側面を測定した（Winne & Jamieson-Noel, 2002, 2003）。多くの学生たちは，共通の学習方策を規則的で生産的に使っているのではないことを，これらの研究者たちはみいだしている。Winne と Jamieson-Noel が調査した学習方策が，比較され／対比され，文章で強調されている情報が再生され，図で書かれている説明が増やされていた。多くの大学生がこれらの方策を習慣的に使わないだけではなくテーマを勉強するのにどの学習方策がいちばんよいのかについての知識もほとんどもたないこともエビデンスで示された。そこで，Winne (2006) は，次のようにいう。nStudy のようなシステムの可能性は，学生たちに「自己調整学習によってどのように学校で成功するかに関する個人的な研究プログラムを追求するために（nStudy によって得られた）データを使用することを可能にするのだ」(p. 15)。Winne はまた，教育者たちが，テクノロジーに基づいた学校改革を引き起こし学校に基盤を置いた研究を実施するために nStudy のようなプログラムを使うことも期待しているのである（本書の Azevedo の第7章も参照）。

　学生たちがコンピュータに基づくプログラムを扱う際の学習習慣について，研究者が学ぶところがあるという考えをとっていくことで，WWWが広範に利用されている文脈における独創的な研究を進めていくことができる。印刷物からインターネットへの移行によって，どのテーマを学習する読者に対しても無制限な情報源が提供される。だが，学生たちの習慣の移行についての心配もある。

それは，利用する Web に基づいた情報の質や正確さを学生たちがどのように十分評価できるか？（Hofer, 2004）についてである。

Rogers（Rogers & Swan, 2004 の報告）による1つの研究では，80名の大学生が8つの異なるインターネット検索課題の1つを選んでやるように言われた。研究者たちは，30分にわたる学生たちの検索行動を観察してコード化し，異なるエンジンからの検索，ノート（キーワードを洗練することと，検索方略の使用の自己報告をとらえることを目的としている），検索の結果（パフォーマンスを支援するために取り出された内容）を比較した。観察者たちは，学生あたり，課題あたり，平均103の別々の動きを記録した。それらは，教材内容の選択，項目間の関連づけ，プランニングやモニタリングなど，異なる自己調整過程として分類された。たとえば，画面の分割やブックマークは，**プランニング**のエビデンスとしてとらえられた。ブックマークの呼び出し，印刷，それに見直しなどは**モニタリング**のエビデンスとしてとらえられた。これらの観察された行動は，それぞれの活動時間単位で使用された方略に標準化され，検索のパターンや習慣的な方法を識別するためにクラスター分析が行なわれた。

クラスター分析は，学生たちの検索方策と方略が，Corno & Mandinach（1983）によって区別された4つの自己調整の形態に信頼性をもって分類されることを示した。それらは，受容的学習，リソースの管理，課題焦点型学習，自己調整学習の4つである。課題焦点と自己調整された検索習慣は，リソース管理や受容的な習慣よりもよい課題遂行をすると仮定された。すなわち，リソース管理の者は課題に取り組んでいるようにみえるが最も有用な情報を十分に引き出せていない可能性があり，一方で，受容的な検索を行なう者は，取り組みは限られており，情報の選別を十分には行なっていない。さらに，課題焦点の習慣は，集中することを示すが自分の能力への過信を示す。一方で自己調整的な検索を行なう者は，最も信頼ができ高品質の源を利用すると同時に，生産的に仕事をする，と仮定された。

予想されたように，学生たちのインターネット検索の習慣的な方法は，検索課題のパフォーマンスに影響した——選択された課題について，指導者によって判断されたように，自己調整的，課題焦点的な検索者たちは，より洗練された活動をしたのである。この研究によって得られたデータは，Winne のログ・ファイルよりもより大きな行動単位をとらえた，顕在的で観察可能な行動と自己報告された経験である。しかしながら，このインターネット検索をコード化する観察プロトコルは，他の研究者たちによって修正されて使用されている。Rogers & Swan（2004）の結論は，Winne のものと一致している。それは，多くの大学生（広くは青年たちも）は，いかにして効果的にインターネット検索をするかを学ばなければならないということである。この論文ではさらに，教育者たちは，特定のやり方，カリキュラムや評価方法によって，どのように学生たちがよりよいインターネット検索の習慣を発達させることを支援できるかを論じている。

6年生から大学生までの熟練した読み手たちを対象とした検索課題で発話思考面接を用いた他の調査研究は，インターネットの閲覧の性質は，印刷物を読むこととは実質的に異なることを示している（たとえば，Coiro & Dobbler, 2007; Hofer, 2004）。インターネットの閲覧は，新しい課題（疑問をもつ，ふるいにかける）を生みだし，積極的な自己調整的読み手を**必要とする**ようだ（Coiro & Dobbler, 2007, p.244）。Coiro と Dobbler によると，効果的な検索とは，学習の訓練から生じる熟達化と「認知の柔軟性」による読解でスキルを身につけた学習の1つの発達した形態である（Spiro, Coulson, Felthovich, & Anderson, 2004 を参照）。

Renear & Palmer（2009）による最近の論文は，訓練された科学者たちが，すばやい読解と方略的情報検索の道具として，どのようにインターネットを使用しているかを示して，この点を支持している。科学者たちは，インターネットの情報をまずスキャンし集める（検索，拾い読み，チェーニング，リンクづけ）。次に，もう一度スキャンし（役に立ちそうなオープンアクセスのウェブサイト），入ってきた情報を評価する。最後に，科学者たちは不必要な項目を除去し，抽出し，分析し，残っ

た情報に注釈をつける。この全部が，情報の質と重要性に関する迅速な評価とともに，同時に行なわれる。このインターネット学習の進んだ形態は，熟練した6年生の読み手の検索についてのCoiro & Dobbler（2007）による観察されたより簡易なサイクル（プラン，予測，モニター，評価）と比較され得るものである。

Renear & Palmer（2009）は，次のような指摘をしている。近い将来において，科学研究分野のなかの「相互運用性の存在論」（たとえば，標準化された語彙などのコンピュータ処理可能な科学的用語集，理論や仮説の公式システム；pp.829-830）や，「デジタル索引，検索，ナビゲーション・リソース」の使用が増加すると，オンライン研究に関して，さらに迅速になされる読みの実践がその対象となってくるであろう。これらの著者たちは，オンライン情報処理の習慣に関する研究をさらに求めている。ここで興味深いことは，明らかにWinneの研究を反映している考えである。「もし，文献と意図や使用のニュアンスの秒刻みの相互作用を管理するほとんど潜在意識下のやり方を理解したいなら，科学者たちが実際に行なったり，価値づけたりしているものを分析するきめ細かな方法が必要である」（p.832）。

◆◆責任を負うこと

個人的責任に関する習慣の概念化についての，あまり引用されないが注目に値する研究が，1985年に大学入学試験委員会の手で始められた（Willingham, 1985）。この大規模な研究は，ETS（Educational Testing Service）[☆2]と大学入学試験委員会が，大学における成功の「非認知的」な予測因についての理解を深めるために，SAT[☆3]に関する研究の拡充を期待して行なわれた。消極的に概念を定義づけることは，おおむね理論の発展を豊かにしない。この研究は，そのときに存在した，関連のある自己調整過程理論を統合する機会を逸したのである（たとえば，Corno & Mandinach, 1983を参照）。それでも，Willinghamは，研究者たちが大学での学生たちの成功に影響する自己調整についての，以前にはふれられなかったが重要な習慣を調整するために，慣習的な測定システムをどのように発展させられるかの1つの例を示した。

研究者たちは，13の高等教育機関の1年次の学生たちの履歴記録を集めた。高校のランクやSATの得点に加えて，その記録には1年生が真剣に取り組んでいた高校の正課外活動について書かれた文書も含まれた。Willinghamは，個人調査表に関するバイアスを避けるため，教師やカウンセラーによる生徒たちの報告の記述を具体的に確かめて，「豊かな遂行」とよばれる責任のある取り組みについての1つの指標を作成した。この責任のある取り組みの習慣は，「スポーツ，リーダーシップ，教室外の創作活動のような，団体活動の目的的で持続的な取り組みや成功」と定義された（p.100）。豊かな遂行の「高得点」は，進歩や達成した活動への多年にわたっての取り組みの少なくとも2例のエビデンスを示している（たとえば，学生自治体やスポーツ，両方のリーダーシップの進歩）。「低い得点」は，それらの活動に対する多年にわたる取り組みやリーダーシップのエビデンスがないことを示している。

多くの分析結果は，以下のことを示した。高い豊かな遂行得点をもつ学生たちは，大学の成功の3つの異なるカテゴリー——リーダーシップ（たとえば，学生の世話役に選ばれる），大学での達成（芸術やスポーツなどの分野において優れたパフォーマンスを示したと学部に認められる），全般的な成功（最も成功した生徒だとGPAや学部に認められる）——のうち20%から30%と高率である。これらの結果は，高校のランクやSATの得点を考慮してのことである。遂行の指標は，高校のランクとSAT得点を考慮したうえで，分析に含められたいくつかの他の過去の履歴要因の優れた予測値であった。

この研究は，より大きな高校のコミュニティのなかで責任をもつという習慣は，大学での成功を導く重要な「非認知的」要素であると結論づけた。そこで，これは，動機づけと意思は目標達成の可能性をともに高める補完機能であるという提案を支持する強いエビデンスである。これらの結果は，自己責任ついての習慣の測定の信頼性や客観性を高めたい研究者たちだけではなく，学習だけではない結果に期待している実践家たちにとっても役

立つのである。これは，大学や家族が，リーダーシップや課外での達成を利用することによって，GPAを凌ぐ成功経験のエビデンスとして利用できる測度のセットである。この研究は，大学入試カウンセラーに影響を与えたし，カウンセラーは見込みのある学生たちが，なんとかがんばれる一連の課外活動に十分にかかわって多少の準備をすることを日常的に励ますのである。

近年，大学入学試験委員会は，成績のズレに対応しようとして，大学の成績の予測をするSATを補足するためにこの研究を応用している（Benderly, 2004）。新たな試みの1つの形は，採用試験の観点から発展した12の次元をもつ略歴測度（「履歴書」）である（Schmitt et al., 2009）。この測度における関心という自己調整習慣には，「コミュニティへの責任のある関与」「キャリアゴールへの志向性」「忍耐力」がある。

履歴書は，過去の努力や持続的な関心についての多肢選択による質問への回答を表わしている。たとえば，どんな種類の高校の活動において，どのくらいの数のリーダーやボランティア，社会的市民といった役割を果たしてきたか，といった内容である。このように，この方法は，Willinghamが得ていた履歴記録を標準化しようとしている。この新しい測度では，学生たちは300以上の質問に答える。その質問は学校や地域社会の多くの場面の責任遂行をとらえるものである。履歴書の質問に加えて，この測度はジレンマを示す「状況判断」の区分を含み，回答者はいくつかの項目のなかから「最もよい」解決を示す1つを選択することが求められる――たとえば，勉強の必要性と遊びの欲求の間の葛藤場面である（全力で取り組む，遊びに行って勉強は後でやる，など）。この例は，日常においてよくみられる意思の葛藤場面である（Corno, 1993）。まとめると，Schmitt et al. (2009)の標準化された質問は，発達上の成熟の指標として有効で重要な責任の理解について履歴情報とともに評価しているのである。

いくつかの方法によって，履歴書という測度への正直な回答が促される（たとえば，偽りの回答に対する警告文，虚偽尺度）。しかしながら，この評価方法は，客観的なデータで学生たちの回答を確かめようとしてWillinghamが用いたような，大事な外的な達成の評価が不足している。Schmittの研究チームや大学入学試験委員会は，仲間や級友に同じ課題についてお互いを評価させることでこの問題を改善しようとした。[★2] 大学入学試験委員会による標準化に焦点を向けることで，SATと方法の分散を共有した測度の適用が容易なものとなる。SAT得点が低い学生ががんばるように支援する，社会，動機づけ，リーダーシップの分野において，個人の責任の重要な質が識別されることが望ましい。結局，大学入学試験委員会は，これらの新しい測度が，より多くの学生たちにとって，大学への準備を促進させるために使用されるのを望んでいるのであろう（Jaffe, 2004によるH. Eversonの引用から）。

■ 結論と今後の研究への提案

近年の意思に関する構想は，目標追求にとって重要な自己調整の基本的側面に光をあてている。教育場面において，積極的で持続的な取り組みである――「集中して取り組むこと」――は，しばしば達成の基礎となる。よい自己調整習慣は，学校場面を越えて課題への持続的な動機づけに影響する――がんばって働く価値に関する信念である――労働倫理につながる（Miller et al., 2002）。自己調整の習慣を測定することで，研究者たちは学校で一生懸命に取り組む意味を明らかにしている。しかしより重要なのは，教室や家庭環境，インターネット，より大きな学校コミュニティなどの生徒たちが過ごす文脈によって，どのように習慣が形成されるかを理解するため，研究者たちが唯一の自己報告尺度の適用範囲を増やすことである。

もちろん，意思を効果的な自己調整習慣へ適応的に発展させることは，ある生徒たちにとっては簡単であろう。生活を自動化しようとするなんらかの生まれつきの志向性が，ふつうの学習能力の範囲にいる生徒たちには認められる。この学習能力には，一般的な知的能力と以前の成績，自己訓練や誠実さなどの性格特性，個人の努力は報われるという信念が含まれる（たとえば，Duckworth

& Seligman, 2005)。これらやこれらに関連するような特性をもつ生徒たちは，意思のコントロールを行なう私的経験を通して，よい学習習慣を発達させるようにみえる。対照的に，年少で衝動性を示す生徒たちは，学校心理士によってモニターされる計画的な認知行動上の介入から恩恵を受けるであろう。[★3]

学習場面の自己調整習慣を発達させるプログラムは多い（たとえば，本書の第2部）。よい達成目標は，柔軟に使用される意思のコントロールの適度なレベルである。なぜなら，このレベルにある生徒たちは，学校に対する過度な強迫感はなく，責任をもった勤勉な学習者とみられるからである。中学校や高校のプログラムは，生徒たちが学習を自己調整できるステップをたどる活動が含まれる（たとえば，Barron, 2010）。[★4] 自己調整の習慣を発達させるための，他のプログラムのように，オリバー・ケリーのような生徒たちは，彼らは学校では意欲的で集中できるのだが，その指示が何を意味しているかの知的理解力が必要なのである。また，彼らは，長期間にわたる自己調整方略を使う指導実践からも恩恵を受ける（たとえば，中学と中等学校の例としては，Randi, 2009 を参照）。複数の評価方法（観察，自己報告やパフォーマンス）は，複数回の長期間のデータで，これらのような努力を評価するのに重要であろう。理想的には，介入研究は，クラスや学校における無作為実験とともに，詳細な事例研究を含めたほうがよい。

今後の学習に関する研究は，自分の教科書がなく，重要なところを強調したり，傍注をつくれない公立学校の生徒たちがいるという事実に配慮する必要がある。私立学校の生徒たちは自分たちの教科書があり，これが私立学校の生徒たちにもう1つの有利な点を与えている可能性もある。もし公立学校で教科書が使用されるなら，nStudyのようなプログラムは，学校差をなくすことができよう。この仮説は，成績に関連する学習習慣（傍注の作成や重要な部分の強調を含む）を検討するために，公立中学を対象にした大規模な無作為実験を必要とする。1つのグループは教科書への書き込みができ，もう一方のグループの群は現状のまま（教科書に書き込みはせず，概要をまとめる，ノートを取るなどは行なってよい）というもので，これらの2群の比較デザインで研究が行なわれなくてはならない。成績に関係するノートに記された内容の量や形式を比較することで，教科書を所有する有利さの問題を明らかにすることができる。

さらに，より年長の生徒たちがオンラインで学習するために使う方略的な情報処理のあり方は，とくにインターネットの開放された教育に関するリソースへの移行とともに，指導上のモデルを形成していくうえで，非常に重要になるであろう（Smith, 2009 を参照）。研究の1つのよい目標としては，nStudyのようなプログラムの機能をWeb上の形式に移して，方略的にインターネットを読んだり研究したりできるようにし，大学や中等学校のコースにおける広範囲な検証が可能となるようにしていくことである。

最後に，高等学校の段階で求められる責任性を中学校の段階から教育し始めることを考えることが興味深いであろう。もし，もっと多くの生徒たちが，いくつかの有意味な課外活動の積極的な取り組みの習慣に由来する重要な結果についてもっと早く知らされたら，おそらく生徒たちは自分を向上させる機会をすばやくとらえるだろう。遂行とリーダーシップを促進するために，課外活動の提供者としての大人たちが，評価よりも学習経験として取り組みのモニタリングとフィードバックの提供のためにプロトコルを使うことができる——たとえば，生徒たちに，準備，出席，援助の提供，他者に対する尊敬をフィードバックすることである。これらの記録は，自己調整の習慣の形成に関するデータを集めるために活動全体でそれぞれの生徒ごとに評点が標準化される。活動の提供者，生徒との面接やミーティングにおける観察からわかることは，やる気や遂行が注目されるようになると，その後にはチャンスがやってくるということである。縦断的研究はそのような介入の価値を示すであろう。たとえば，統制群との比較で，このような事前の教育を受けた生徒たちが，高校に進学し，改良されたSATと非認知的な評価を合わせて受け，それから大学に進学していく過程を縦断的に調べていくような研究がそうである。

実践家たちがさらに利用しやすく（理解もしやすく）なるよう，研究知見を広く伝えていくことが教育研究者らには求められる，というのが，学識者たちの長年にわたる見方である（Randi & Corno, 2000）。本章でレビューした研究は，評価と結果は文脈にしっかりと根ざしたものであるので，実践者たちが掘り下げていくことのできる研究の例となっている。だが同時に，研究者たちは，おそらくSmith（2009）が提案するように，開放型の教育リソースを通して評価の問題点を提供することによって，幅広く評価の諸課題を集めなくてはならない。

　結論として，学校で集中して取り組むことによって，オリバー・ケリーは，自己調整習慣を発達させていることはたしかだと考えられる。そこで，彼の習慣は，自分が1人の生徒として発達することを助けるのである。研究者として，私たちはどのように生徒たちが習慣を発達させるのかということと同様に，習慣がどのように生徒たちを発達させるのかについても，より深い理解が必要である。

【原注】
★1：オリバーの見方を提供し本章の使用に賛同してくれたシェリー・ケリーに感謝する。
★2：医学生の活動習慣や対人習慣の一貫したエビデンスを測定する興味深いオンラインでのピア評価システムの例については，Dannefer et al.（2005）を参照のこと。
★3：リスクをもつ就学前児の無作為実験で，顕著な成功結果を示したプログラムの学校の評価については，Diamond et al.（2007）を参照のこと。
★4：Barronの研究グループは，メディアをつくり出すときの時間や場面（家，学校，コミュニティ）での生徒たちの学習活動を可視化する「活動のツール」とよばれるものを開発している。それは，学習活動やそれらどうしの関連についての地図にあたる。生徒たちがどのようなプロジェクトを展開していくにしても，研究者と生徒らの両者がともに，その取り組みの起源を確認することができ，また，場面，時間，協働学習者に関して活動がどのように広がっているかについても合わせて確認できるものである。

【訳注】
☆1：コンピュータネットワークを利用したチャット。
☆2：多くのテストプログラムを開発している世界最大の非営利テスト開発機関。
☆3：Scholastic Assessment Test: 大学能力評価試験。

第24章　メタ分析による自己調整学習スキルの習得に関する評価

Charlotte Dignath van Ewijk
University of Groningen, The Netherlands

塚野　州一（訳）

　今日の社会では，生徒たちは学校教育の間，卒業後，さらに職業生活全体にわたっても，自己調整的方法の学習が必要になっている。この事実から，学習を向上させ効果的にする教育研究に，ますます大きな関心が寄せられるようになってきた。そして，そのことが，自己調整学習の促進を目的とする膨大な介入研究を生み出してきた。自己調整学習は比較的新しい概念であり，このテーマの研究は最近の数十年間に急速に進んだ。1980年代では，研究者たちはかなり実験的な視点から概念をまだ探っていた。しかし，1990年代になると，研究者たちは，現実の文脈のなかの自己調整の適用にしだいに焦点を合わせるようになってきた（Boekaerts, Pintrich, & Zeidner, 2000 を参照のこと）。

　自己調整の諸理論は，学習や動機づけに関するさまざまな側面，あるいは，学習環境との相互作用について説明するために登場した（Zimmerman & Schunk, 1989）。この理論の発達は，自己調整学習の構想をかなり強固なものにした（Boekaerts et al., 2000 を参照のこと）。これらの諸理論に基づいて，自己調整学習は，学習者たちの遂行や方略の利用や多様な動機づけ変数に及ぼす効果について検証するために，研究が行なわれてきた。さらに，その関心が成人および大学生の学習から小・中学校の学習を含むまでに広がっている傾向が，自己調整学習の進展のなかでみられるのである（Dignath & Büttner, 2008 を参照のこと）。高校や中学校の生徒たちはもとより，しだいに小学校の児童たちや幼稚園児たちまでも含めて向上させようとする訓練プログラムは，新しいやり方の指導，さまざまなタイプの方略，新しい形態の評価を必要としている。

　自己調整学習を生徒たちが習得することについての諸研究は，学業達成においてこうした方法が役立つことを明らかにする点で一致している。しかし，これらの研究の諸結果は，どの介入の観点が，実際に期待できそうな結果をもたらすかについて，多くの答えられない問題も提起する。そんなわけで，生徒たちの学習の自己調整の訓練を扱う訓練研究の評価について行なわれた研究の全体像を手にするために，既存のエビデンスを統合することは重要である。

　次節では，生徒たちの自己調整学習スキルの習得における介入を評価するためにメタ分析がどのくらい有効であるかを検討する。自己調整学習スキルの分野の簡単な概観をした後で，第2節で，メタ分析一般の手続きを扱う。ここでは，教育研究におけるメタ分析の利用の発展について述べ，メタ分析の手続きを簡単に説明する。第3節では，とくに自己調整学習の研究におけるメタ分析の利用に焦点をあてる（Dignath & Büttner, 2008）。第4節では，メタ分析の長所と限界を論じ，最後の節では，いくつかの結論と今後の研究への提言をする。

■ 自己調整学習の研究における諸理論と歴史的問題

過去数十年間に，自己調整学習の促進を目的とした介入研究が急速に増加してきた。これらの諸研究は，その前提となる理論，指導内容，設計と方法の特性の点でそれぞれ異なっている。自己調整学習の分野で行なわれた諸研究の違いは，その理論的概念の幅広さにとくに原因がある。研究者たちは，どのように自己調整学習を説明するかについて多様な既存の諸理論を利用している。そこで彼らは自己調整のさまざまな側面に焦点化することになる。これらのさまざまな諸理論は自己調整学習の促進と評価について異なった見解を生み出してきた（Zimmerman, 2001）。自己調整学習の諸理論はたいてい包括的である。つまり，それらはいくつかの構成概念を含んでいて，訓練内容に反映されている。訓練研究は，教えられる自己調整方略のタイプ（たとえば，メタ認知方略，自己モニタリング，動機づけ，目標設定などの指導）と訓練の成功がどのように測定され定義づけられるか（たとえば，生徒の成績，生徒の自己調整方略の使用，生徒の学習態度によって）によって異なってくる。

レビュー論文には，自己調整学習の領域で利用できるエビデンスの要約が必要である。だが文献レビューにはさまざまなタイプのバイアスがつきものである。たとえば，記述的レビューには，系統的ではないという性質があるため，研究結果の違いは方法論的問題のせいなのか，特定の介入の性質に関係した系統的な変量のせいなのかの問題を明らかにしない。結果が統計的に比較できる手続きが必要で，そうすることで介入の特性の影響が系統的に検討できるのである。

Glass（1976）は，一次分析，二次分析とメタ分析との区別を最初に手がけて，一次研究と同じくらい系統的に行なわれるレビューのタイプを求めたのである。メタ分析はこの個々の組織的量的レビューの方法であり，以後広く使用され，基本的に一次研究と同じ手順をとるのである（Bangert-Drowns & Rudner, 1991）。メタ分析は，異なる研究の結果を共通の測定基準に変換する。それにより種々の尺度に基づいて多様な評価手段を使った研究結果の比較が可能になる。このようにして，生徒たちの自己調整学習の習得の促進を目的とした介入を評価するさまざまな研究の結果が比較される。それらの研究は，たとえば，生徒たちの自己調整学習を評価するためのさまざまな質問紙のように，別々の方法を使っている。さらに，介入の期間，その結果，あるいは生徒の学力のような，ある介入特性間の諸関係が研究できるのである。

■ 教育研究の統合

◆◆教育研究におけるメタ分析の利用の進展

メタ分析は，特定のテーマについての研究結果の包括的見方を提供するし，これらの一次研究の統計的検定力を増加させる。この数年，教育の分野ではメタ分析に対する関心が高まってきた。これは，驚くことではない。教育研究は，過去数十年間にこれまで以上にエビデンスに裏付けられたものになっている。また，最初のメタ分析は，教育分野内で行なわれた。Glass と共同研究者たちが，生徒の学習に及ぼすクラスの規模の効果を研究し始めてから（Smith, Glass, & Miller, 1980; Glass, Cahen, Smith, & Filby, 1982），教育研究における重要な方法としてのメタ分析の価値は，ときおり実践的意味で批判もされたが，しだいに認められるようになってきた。Glass の 1976 年のメタ分析についての最初の論文に対する最初の最も批判的な反応は，Eysenck による辛辣なものであった。Eysenck は，Smith & Glass がほとんど科学的には意味のない，非常に限定的なサンプルについての妥当性のない測定によるデータを含めており，重要な論文を無視していると自著 "*An Exercise in Meta-Silliness*"（1978）のなかで批判している。Glass のメタ分析の論文はこの研究分野のエビデンスを引き出していくうえでの「希望がなくなる間際の喘鳴（the final death rattle of hopes）」（Eysenck, 1978, p.517）となるだろうと Eysenck は予想をしたが，そのようにはならず，研究を統

合するための方法としてのメタ分析は，しだいに用いられるようになってきた。

1980年代，100以上のメタ分析が教育分野では行なわれてきた（Hattie, 2009を参照のこと）。Slavin（1984）は，教育分野でメタ分析の一次評価を手掛けた最初の1人だが，メタ分析は注意して使うなら，教育研究に有効であると結論した。しかし，メタ分析——バイアスの影響を受けやすくもある——は，その結果の解釈に欠陥があるとき，誤解と過度の単純化をしてしまうこと」（Slavin, 1984, p.12）もある。少し後になって，Kulik & Kulik（1989）は，最近12年間に実施されたメタ分析の記述的要約を示した。それは，膨大な数の教育的テーマの研究を扱った教育研究の問題を検討したものである。彼らは，メタ分析は，学力格差のギャップを乗り越えるねらいの介入の効果についての情報の獲得に，とくに有効であると結論した。彼らの結論は，通常の評論家たちのそれとはあまり違わなかったが，統計的研究の使用によりいっそう強固なものになったのである。

Fraser, Walberg, Welch, & Hattie（1987）たちは，メタ統合として教育効果に関する膨大な量の研究の統合を最初に始めた。それは，これらのテーマのいくつかのメタ分析の結果を一体化して，生徒の学習に及ぼすさまざまな学校，教室，生徒の諸要因の影響の同時分析を可能にしたのである。Hattie（1992）と，後にSipe & Curlette（1997）は，数百ものメタ分析を要約したメタ統合を試みている。これには，生徒の学習に及ぼすさまざまな教育的観点の効果を分析した数千の研究が含まれていた。Hattie（2009）は相当な量の概観を書いている。彼は学習に関連した要因についての効果量の幅広い体系的概観を示すために，800のメタ分析の結果を集めた。これらのメタ分析に基づいた平均効果量は，教育的介入の基準とされた。3つのメタ統合のすべてで，教育的介入の全体効果を平均すると，0.4の効果量であった（Hattie, 1992, 2009; Sipe & Curlette, 1997）。Hattie, Rogers, & Swaminathan（in press）は，教育分野の介入効果を解釈するときに，Cohen（1998）による効果量の一般化した分類を参照するよりも，この基準を使うことを提案している。Cohenは，小：

0.2，平均：0.5，大：0.8の効果量を見積もっている。Hattie（2009）の分類だと，0.2の効果量は小，0.4の平均効果量は中とされ，0.6はすでに大と考えられている。

◆◆介入効果研究におけるメタ分析の役割

介入効果を評価する研究は，実験的あるいは準実験的研究によって通常行なわれている。だが，教育介入が学校内でふだん行なわれているという事実は，ランダム化の機会をたいてい失くしてしまうのである。このために，小さなサンプルと信頼性と妥当性の点で不適切な測定手段の使用をよく含む準実験的デザインが使用される。ともかく，多様な介入特性がさまざまな結果のカテゴリーに及ぼす効果は，いろいろな方法を用いて評価され，サンプルも異なっているのである。そこでの変動には，介入によるものだけでなく，ランダム・サンプリングと測定の誤差によるものも含まれている。

Wilson & Lipsey（2001）は，「シグナル」との関連で「ノイズ」ともよばれる，こうした変動の効果を調査した。シグナルに関する変量は，介入特性の違いに由来していて，介入研究で検出されると想定されている。彼らは，16,000以上の研究を含む134のメタ分析を分析した。それらの研究は，介入特性の役割と関連した方法要因の役割を明確にするために，介入の効果を調査したものである。そうしたメタ統合は，評価研究の結果が使用方法とサンプリング・エラーによって大きく影響されることを明らかにした。「ノイズ」による変動の大きな影響を前提にして，Wilson & Lipseyは，たった1つの研究でも介入の効果についての情報——それは十分には信頼できないが——を与えるかもしれないし，観察された効果は主として使用された方法や介入特性の反映であると結論している。メタ分析は，採られた方法に関して結果を測定することによって研究方法の効果を考慮できる。このように，メタ分析は，何よりも，研究方法の特徴の影響をコントロールする手段を提供するのである。

◆◆メタ分析の量的側面

質的方法のさまざまな研究結果を要約した文献レビューと比べると，メタ分析は，量的方法で研究結果をまとめているので，より客観的であると考えられている。研究の集積と解釈のインフォーマルで主観的方法に基づいた記述的レビューとは違って，メタ分析はより体系的である（Borenstein, Hedges, Higgins, & Rothstein, 2009 を参照のこと）。とくに，自己調整学習を促進することを目的とした訓練研究の評価に関しては，そのような量的方法は，事前事後テストや統制群デザインの使用のような，それぞれの1つの教育プログラムの評価に関連した側面をコントロールすることによって，最も効果的な介入の特性の全体像を手に入れることに意味がある。評価研究を統合し，効果量の視点からプログラムの効果を数量化することで，自己調整学習を促進していくうえで最善に機能する要因について系統的に検証することができる。エビデンスに基づく研究の文脈において，メタ分析は，実証性，妥当性，質について系統的な評価をもたらすことで，当該研究分野に対して貢献することができる。この知識は，教育政策と実践の分野でなされる判断と決定の根拠として役立つのである（Davies, 2000 を参照のこと）。

◆◆メタ分析のさまざまな目的

介入そのものがうまくいっているかどうかという問題に加えて，もう1つの重要な論点は，介入がなぜ機能するかであり，それはメタ分析の一部として，調整変数の分析に焦点を向けるものである（Hattie, 2009 を参照のこと）。「小さい（small）効果量」を詳細に検討することは，研究の進展に資する決定的な解決策を提供できる。いくつかの介入特性の相互作用を説明するために，たとえば，介入の研究協力者たちの年齢と彼らのさまざまな可能な要求を考慮するなど（Dignath & Büttner, 2008 を参照のこと），さまざまな下位グループにいくつかの分析を行なうことが適切である（Hedges & Olkin, 1986）。さらに，特定の分野で有効な訓練研究を統合することとは別に，メタ分析は，新たな研究をデザインする役割も果たす。たとえば，計画されている研究はいまだ実行される必要のあるものか，あるいは，今あるエビデンスは研究上の問いに応じるだけの十分なものであるか，といったようなことである。新たな研究が計画されると，メタ分析は，そのデザインの重要な特性やその結果変数についての関連した情報を明らかにできる。

◆◆メタ分析のやり方

メタ分析は，特定の研究領域で行なわれる研究の実験結果を量的統計的手続きによって統合する方法である。同じデザインである多くの個々の研究の結果が結合される。そして1つの評価が調査された介入の結果について計算される。この全体の結果は，個々の研究結果の評価より正確である（たとえば，Hedges & Olkin, 1986 を参照のこと）。メタ分析手続きは，可能な予想に基づいて，効果の大きさ，変動性，統計的有意性，調整変数の特徴について検証する。調整変数の例は，介入の期間，研究協力者たちの年齢，介入をする人などである。

◆◆メタ分析を実行するための7つのステップ

メタ分析を実行するには以下のステップをふまなければならない。

1. **研究課題を決める**：特定分野の文献の綿密なレビューは，関心を呼んだが十分な研究がされてこなかった観点や論点を明らかにできる。研究課題は，研究対象の2変数の間で検証される関係，たとえば，変数Xが変数Yに影響するかを明確にすることである。この関係をもとにして，文献研究の選択基準が規定される。
2. **どの研究を含めるかあるいは除くかの選択基準の定式化**：適確性基準は，どの研究が研究課題に適合するかを規定する。これらの基準は，研究内容に基づいている（それは変数Xと変数Yとの関係を調べるのか？）が，対象グループ（たとえば，生徒たち），発表の時期（たとえば，最近20年内に行なわれた研究），どの方法論をとるか（たとえば，統制群を使

うデザイン）とも関係している。
3. **文献検索**：文献検索は，研究分野で役立つすべての関連したデータベースを使って行なわれ，そこでそれぞれに関係のある研究が抽出される。未刊行の文献も含むために，文献検索は，データベース検索とは別に，同じテーマを扱っている新論文のなかの関連論文の参照リストを自らの手で検索することや，その分野の論文を執筆している研究者たちに，まだ出版されていない論文などがないか問い合わせることも含まれる。
4. **研究のコーディング**：研究課題によって，1つかそれ以上の結果変数が選択される。変数は統計的データベースに入れられる。さらに，変数 X と変数 Y の関係に影響を及ぼす可能性のある潜在変数（たとえば，介入特性）がコード化され，それらの調整効果を計算できるようにデータベースに入れられる。
5. **介入効果の分析**：さまざまな研究結果を比較するための共通の計量を得るために，効果量がそれぞれの介入研究ごとに計算される。「標準化された平均値差 d」は，介入グループと統制群との間の結果の違いを標準化することによって，メタ分析に含まれている研究が，グループ間の違い（たとえば，ANOVA や回帰による）を（どのくらい）明らかにしているかについて迫ろうとするものである。相関係数 r は，調査の対象である研究が変数間の相関に中心をあてて計算される。次の段階で，効果量の重み付け平均が，1つかいくつかの結果変数を基にした介入の平均効果を分析するために計算されなくてはならない。さまざまな研究の効果量はそこでいっしょにされて効果量の全体平均が決められる（たとえば，Borenstein et al., 2009 を参照のこと）。この効果量の平均は，それぞれの効果量をすべて統合したものである。より大きなサンプルをもった研究が効果量の全体平均により大きな効果を及ぼしているという状況をコントロールするために，それぞれの一次研究の効果量は，その対応するサンプルサイズに対して重み付けがなされる必要がある（たとえば，Lipsey & Wilson, 2001 を参照）。
6. **研究特性の調整効果の分析**：さらに，メタ分析は，介入特性によって結果をモデル化することで，研究間の異質性の原因を明らかにしようとする。介入特性の効果を検討するために，メタ ANOVA やメタ回帰が，ある介入特性が研究間の異質性をもたらしているかどうかを決めるために行なわれる（Hedges & Olkin, 1986; Borenstein et al., 2009 を参照のこと）。たとえば，もしも検証される調整変数が，介入期間の長さであるとしたら，学業成績のような結果変数に対して介入期間の影響が回帰のメタ分析によって検討されるだろう。
7. **なにが結論できるか**：最終結論を出すときに，メタ分析の結果が，既存の研究の背景に照らして議論されなくてはならない。これには，研究分野の概観を得るための諸研究の特性の要約や，各研究結果の効果量の平均，研究間の異質性を説明する研究特性を調整しているものなどが含まれることになる。

■ 教育実践のためのメタ分析の研究結果からの提言

◆◆自己調整学習分野のメタ分析

　自己調整学習の習得を扱った最初のメタ分析は，Hattie, Biggs, & Purdie（1996）による研究であった。彼らは，学習スキルの使用を促進することを目的とした介入を詳細に調査した。彼らの51の研究についてのメタ分析は，1982年と1992年の間に発表されたものだが，効果量の重み付け平均は0.45 を示した。この全体の平均効果量は異質性を有していることが明らかになった。介入の効果が1つないし複数の介入特性によって媒介されていることを示すもので，これは，メタ分析でいう調整変数のことである。全体の平均効果をさらに詳しくみていくと，学習遂行の効果量は 0.57 であり，学習スキルの効果量は 0.26 であり，動機づけと情動の効果量は 0.48 であった。介入特性の効果については，1要因の介入は，多要因の介入よりも効

果的であることがわかった。さらに，これらの介入は，訓練がメタ認知，動機づけ，文脈のサポートで補われているときに最も効果的であった。年齢差をみると，介入は成人の場合よりも若い学習者たちの場合でより効果的だという結果を示した（Hattie et al., 1996）。

Dignath, Büttner, & Langfeldt（2008）は，小学生たちに実施した48の介入研究のなかの自己調整学習の促進をメタ分析し，大きな訓練効果と関係していることがわかった介入特性のリストを提供した。全体の平均効果量として，0.69が認められた。学習遂行の効果量は，Hattieたちのメタ分析の効果量と同じ大きさだったのだが，方略使用と動機づけの効果量はもっと大きいようであった（認知方略とメタ認知方略の使用の効果量は0.73で，動機づけの結果の効果量は0.76であった）。メタ分析は，自己調整学習の社会的認知理論に基づく介入プログラムが，それには認知方略だけでなくメタ認知方略と動機づけ方略を含むが，最大の効果を生み出すことを示した。さらに，学習の方略使用の有効性についての知識だけでなく方略そのものの知識の提供がこれらの介入を最も効果的にした。そのうえ，介入研究は，正規の教師よりも研究者たちによって行なわれるとき，いっそう効果的であることがわかっている。

もう1つのメタ分析では，Dignath & Büttner（2008）は，小学校段階で実施された48の研究と中学校段階で実施された35の研究の，児童生徒の学習への介入の特性，方略使用，動機づけなどの効果を比較した。2つのサンプルとも全体の平均効果量は0.69であった。これらの学校段階の比較は，小学校（0.68）と中学校（0.61）の平均効果量には有意差がないことを示した。介入特性の調整については，両方の学校段階とも，その効果は介入が正規の教師よりも研究者たちによって行なわれるときに大きいことがわかった。次に，数学分野の介入は読み書きの介入よりも効果が大きかった。いくつかの介入特性については，効果性の観点で結果が異なっていたのである。本章の後半では，生徒たちの学習の自己調整の習得に関する調査におけるメタ分析の使用を説明するために，DignathとBüttnerの研究をさらに詳しく扱うこととする。

◆◆自己調整学習の訓練効果のメタ分析

生徒たちの自己調整学習の習得を検討するメタ分析の使用例としては，小，中学校の自己調整の訓練効果の違いを調べるというメタ分析による比較がある（Dignath & Büttner, 2008）。

▶ 1. 研究課題を決めること

生徒たちの自己調整学習の習得についての文献検索を行なうと，まだ多くの未解答の問題があることが明らかになる。Weinstein, Husman, & Dierking（2000）は，今後の研究で取り組む必要のあるいくつかの問題を定式化した。「効果的方略使用に先行するものは何か？」「私たちは，さまざまな年齢のスキルの発達をどのように促進できるか？」「私たちは，教師が活動を学ぶ学習を教室の指導に組み入れることに対して，どんな援助ができるか？」（p.744）。過去数十年に及ぶ実証研究は，さまざまな年齢段階の生徒たちによって使われる自己調整方略を設計しようとしてきた。しかしながら，最も効果的で可能なやり方で自己調整学習の促進にかかわるさまざまな観点の体系的研究がまだ不足している。この分野で行なわれた研究量を考えると，これらの研究から得られた知識は教室のなかで広く適用できると予想される。しかしながら，自己調整学習の教授方略による多くの介入研究にもかかわらず，そのような介入の最適な特性の全体像はまだ見いだすのがむずかしい。訓練プログラムは，自己調整学習の構成概念によるさまざまな基本的モデルに基づいており，かなり異なっているようにみえる。どの種類の訓練プログラムが最も効果的かという感じをつかむためには，さまざまなタイプの介入を系統的に比較することが望ましいのである。学校場面の自己調整学習を促進する膨大な数の研究にもかかわらず，最近の実証的研究の方法論的比較はまだ不十分である。メタ分析は，一定の統計量を必要とする量的方法なので，それはどの研究テーマにとっても適切だというのではない。評価研究は，効果量を計算するために使用される統計を一般に含むので，メタ分析にふさわしいといえる。

このメタ分析の目的は，自己調整学習の介入研究をレビューし，次の研究課題を検討することである。

1. 小，中学校の児童生徒たちは，自己調整学習を深めることを目的とした介入から恩恵を受けているか，また両グループとも遂行，方略使用，あるいは動機づけについても恩恵を受けているか？
2. 介入プログラムをとくに効果的にする介入特性があるか，これらはどのような特性か？
3. これらの介入特性は，中学校段階でも小学校段階と同じように効果があるか？

▶ 2. 研究を含めたり除いたりする選択基準を定式化すること

一定の算入基準が研究内容（たとえば，生徒たちの自己調整学習を指導する目標）と方法論的観点（たとえば，統制群に対して介入の評価）については設定されている。次に，データのコーディングの形式が，コーディング過程の正確性を増すために開発された（Lipsey & Wilson, 2001; Stock, 1994）。

▶ 3. 文献検索

研究のサンプルを検索するために，文献検索がコンピュータ処理されたデータベースに基づいて行なわれた。教育心理学分野で最も使われている英語のデータベース PsycINFO，ERIC と心理学文献のドイツのデータベースである Psyndex によってである。「自己調整学習」の用語に加えて，「メタ認知方略」のような自己調整学習の下位の構成要素としてみることができるキーワードはもちろん，「学習方略」のような，関連した用語も検索に含まれていた。文献検索は，選択基準に合致した84の研究を抽出した。これらの研究が，分析に含まれることになり，全体として8,619名の生徒たちのサンプルを含むこととなった。

▶ 4. 研究のコーディング

結果変数

とくに多次元の構成概念である自己調整学習の場合では，どのようにすれば訓練を成功に導くことができるのかについて，特別の関心がもたれている。たいていの諸理論は，さまざまな理論的構成概念を利用し，それによって，自己調整が行なわれ（たとえば，認知的，行動的，動機づけ的など），さまざまなレベルを統合している。その結果，訓練の評価はこれらのレベルを説明する多数の結果変数をたいてい含んでいる。自己調整学習の促進を目的とする介入の効果についてのメタ分析が示してきたように，効果量は調査対象の結果カテゴリーに応じて異なるのである。Hattie et al. (1996) は，学習遂行，次に動機づけ，さらには学習スキルの使用において，学習スキルへの介入の最大の効果を見いだした。

Hattie et al. (1996) のメタ分析に従って，私たちは結果測度を3つのカテゴリーに分類した。これらの生徒たちの方略使用の測定，動機づけと関連効果の評価，学習遂行の評価である。学習遂行のカテゴリーはさらに細かに分割されて，さまざまな領域の下位カテゴリー（数学，読み書き，他のすべての領域を含むカテゴリー）にされた。

潜在する調整変数

次に，潜在する調整変数を用いて，私たちは，以下のような側面が研究に含まれているかによってコード化をした。自己調整学習を促進する近年の文献では，比較すると興味深い知見を提供してきているためである。

a. 認知学習方略の指導
b. メタ認知学習方略の指導
c. 方略利用の動機づけ観点の指導
d. メタ認知的内省の指導
e. グループ活動の導入
f. 中学校で行なわれる訓練か小学校で行なわれる訓練か
g. 外部の研究者たちによって行なわれる訓練か正規の教師によって行なわれる訓練か
h. 訓練のセッション数でみた介入期間の長さ

▶5. 介入効果の分析

効果量

効果量は，介入群と統制群の結果の間の標準化された平均差として計算された（Hedges & Olkin, 1985）。それから，事前事後の差が考慮された。結果の効果量は，介入効果の強度を明らかにすると考えられた。そこで，効果量だけは，サンプルサイズに応じてまず重み付けして平均された。これにより，より大きな代表性の高いサンプルから産出された効果量は，小さなサンプルから算出された効果量よりも大きな影響を及ぼすことになる。

平均効果量

小学校と中学校のデータについて別々の検査が行なわれ，さまざまな結果カテゴリーの平均された効果量は，両方の学校段階で別々に計算された。全体の平均効果量（小学校：0.68，中学校：0.71）と学習遂行の効果量（小学校：0.61，中学校：0.54）は，両学校段階で有意差はなかった。全体の効果量をさまざまな結果カテゴリーに分解すると，生徒たちの方略使用を測定した平均効果量が，中学校で有意に大きいことがわかった（小学校：0.72，中学校：0.88）。同じ結果が，読み書きの遂行を測定した学習遂行の平均効果量でも見いだされた（小学校：0.44，中学校：0.92）。生徒たちの数学の遂行に関して，介入は，中学校（0.23）よりも小学校（0.96）で有意な効果がみられた。

▶6. 研究に関する特性の調整効果の分析

いくつかの特性は，小・中学校の両方で介入効果を最大にすることが認められた。まず，効果量は，訓練が正規の教師ではなく研究者たちによって行なわれると大きくなった。第2に，数学の分野で行なわれる介入は，読み書きの分野で行なわれる介入よりも効果が大きかった。第3に，効果量は訓練セッション数が増えると大きくなった。

対照的に，いくつかの特性は，2つの学校段階で違った効果がある。小学校の場合では，自己調整学習の社会的認知理論に基づく介入の効果が大きいが，中学校では，メタ認知学習理論に関連した介入の効果が大きかった。さらに，訓練の指導方法として，グループ活動を定期的に取り入れて用いると，中学校では効果量が大きくなったが，小学校ではこのタイプの介入はほとんど効果がなかった。

▶7. なにが結論できるか？

この分野の一次研究と同じように，メタ分析は，今後の研究，実践への示唆を含む情報を提供できる。結果は，自己調整学習が小・中学校の両方で効果的に促進できることを示してきた。しかし，自己調整学習の導入はすべて，社会認知的見方が訓練に取り入れられたとき，また，焦点がおもに認知的方略指導にあるだけなく，メタ認知と動機づけの側面を合わせもったときに，さらに実りあるものとなる。

全体の平均効果量から，学習の自己調整は年少の児童でもすでに促進されることが証明されている。自己調整学習の早期の促進は，小学校の児童たちの学業成績，方略使用，動機づけにも実際効果がある。過去数年のエビデンスから推定すると（たとえば，Whitebread, 2000 を参照のこと）自己調整学習の促進は，中学校の生徒たちと同じように小学校の児童たちにも効果があるようにみえる。しかし，年少の児童たちは方略の習得のしかたが異なるのである。

メタ分析が示したように，介入は，社会的認知理論に基づいていると小学校の児童たちにより効果があり，他方で中学校の生徒たちにはメタ認知的方法がより効果がある。これらの結果は，小学校段階における今後の介入が，児童たちへの励ましと動機づけ支援の必要性を考慮しなくてはならないことを示している。中学校段階では，介入は，生徒たちがすでにそれまでに習得した方略レパートリーに基づかなくてはならない。これは，子どもたちのメタ認知方略の使用は小学校後期段階から始まり，中学校段階まで発達し続けるという，メタ認知発達についての理論と一致する（たとえば，Alexander, Carr, & Schwanenflugel, 1995; Schneider & Sodian, 1997; Veenman, Wilhelm, & Beishuizen, 2004）。このように，中学校の生徒たちは，メタ認知方略指導に基づいた練習によって精緻化された方略レパートリーをすでにもっている。他方で自分自身の方略レパートリーをまだ習

得していない小学校の児童たちは，環境からの援助と支援がまだ必要である。これが，小学生たちが，学習者と環境の相互作用を強調する，社会的認知学習理論に基づく練習からより多くの恩恵を受ける理由である。Zimmerman（2002）の自己調整学習の発達モデルによると，子どもたちは他者のモデリングと模倣によって自己調整スキルを習得し始める。このことは，年少の子どもたちに教師や仲間のフィードバックへの依存を多くさせる。高次の発達レベルにおいてだけ，学習者たちは，自分たちの学習をより自力でコントロールし，調整し始める。このため，年少の児童たちがまだ発達の途上にあるという事実から，なぜ支援の必要性を加味した介入のほうが有効であるかということが説明できる（Zimmerman, 2002 を参照のこと）。

重要な結果は教師による指導の効果が少ないことであり，よって教育現場の研究がさらに詳細に検討される必要がある。De Corte（2000）は，教育研究の長期目標との関係で，教師の重要な役割について述べている。その目標は，関連した研究成果を学校の実践で実行することがねらいである。今後の研究への多くの限界といくつかの提言が示されたメタ分析の結果から，以下のことが列記される。

- 結果は一般の教室場面だけにあてはまり，他の文脈への一般化はできない。たとえば，学習障害の生徒たちがそうである。自己調整の訓練がさまざま下位の集団に対して効果をもたらすものは何であるか，詳細な理解を得るためには，さらなる研究が必要とされるであろう。
- しかし，結果は，小学生と中学生の文脈のなかで自己調整学習を促進することを目的とする訓練プログラムの効果をどうやって最大にするかについて，役立つヒントを与える。準実験場面のこれらのプログラムを比べるために，メタ分析で示されている最も重要な特性を組み入れていくべきである。
- さらに，メタ分析は，自己調整学習を促進することについての訓練のための教師たちが必要であることを明らかにした。教師教育を調査対象にした研究で入手できる情報は，教室での訓練内容を実施する際に起こり得る困難さの詳細な理解を得るにはまだ不十分である。

このメタ分析の結果についてさらなる議論は，Dignath & Büttner（2008）の文献のなかにある。

◆◆介入効果の評価についてのメタ分析の長所と限界

自己調整学習は，過去数年間の多くの教育革新の1つであり，実践のやり方はさらに追究されなくてはならない。教育実践の決定を最も有効なエビデンスに基づくものとするためにも，エビデンスに準拠した研究がいっそう求められるようになってきている（Davies, 2000）。しかし，研究の質が変わるごとに，個々の研究は矛盾した結果を生み出す。これが，重要な決定が1つや2つの研究ではなく，一定のテーマについて有効な実証的エビデンスの全体に基づかなくてはならない理由である。この点についてのメタ分析の長所は以下のとおりである。

1. 特定分野の重要な関連研究のすべてを含めて効果量を統計的に検定する手法は，単独の研究結果のみを検定する手法に比べ，高い統計的有意性をもたらすものである。このように，メタ分析によって，個々の研究では見つけられない母集団効果（たとえば，特定の処遇の）を検出することができるのである（Cohn & Becker, 2003）。平均効果量の標準誤差を減らすことによって，メタ分析は個々の介入によって示されたものよりも信頼できる評価を提供する。
2. メタ分析によって得られた結果は，研究の母集団全体に一般化できる。それは，研究課題への解決策の探求が，特定分野のエビデンスの全体に基づいていることを意味している。この多量な情報を適切に整理するために，すべての入手できるデータが正式な形で要約できる。
3. メタ分析は，2変数間の関係を調整すること

によって，研究特性間の変動の検出を促進する。対象母集団の小集団の平均を比較することによって，これらの小集団の結果が別々に検討される。

しかしながら，メタ分析には限界もある。Glassが1976年にこの新しい方法を紹介したとき，彼は自分が3つの大きな問題（Glass, 2000; Kulik & Kulik, 1989を参照のこと）を抱えていることがわかったのである。彼は後にこの問題を，リンゴとオレンジ問題，ゴミが入っているかどうかの問題，出版バイアスの問題として言及している。

リンゴとオレンジ問題

メタ分析に対する初めの反応は，それは「リンゴとオレンジ」を比較するので意味がない，つまり，それらの諸研究は，設計，方法の特性，使われた介入が異なっており，比較ができないというものだった。だが，Glass（2000）は，同じものは比較しなくともよく，メタ分析は当然100％同じではないものを比較するのだと主張した。「もちろんメタ分析は，リンゴとオレンジを混ぜ合わせている。フルーツの研究だとしたらなんの違和感もない。リンゴとオレンジを比較することは，真の科学者にふさわしい唯一の努力だ。リンゴとリンゴを比べることこそつまらないことだ」（p.6）。さまざまな効果量を1つの全体の平均効果量に合わせてしまうことは，もしサンプルのさまざまなタイプのすべてにわたって変化する処遇効果が説明される必要があるなら，紛らわしいものとなる。1セットの介入に含まれているすべての情報をたった1つの効果量に要約することは，極端に複雑な問題を単純化しすぎるかもしれない。だが，もし多様な研究の特性が，潜在的な調整変数の影響を調べるメタ分析によって明確に検討されるのなら，この問題は克服できるし利点にさえなる（Slavin, 1984を参照）。しかし，自己調整学習の分野では，リンゴとオレンジ（同種のものどうし）問題は，研究を総合していくときにむずかしくなる。研究者たちが，自己調整とそれと関連した構成概念に言及するとき，用語と概念の使用はかなりおおまかである（Dinsmore, Alexander, & Loughlim,

2008; Zeidner, Boekaerts, & Pintrich, 2000を参照のこと）。自己調整学習の用語とは別に，メタ認知方略・スキル，学習スキル，自己主導型学習という用語，他にも多くのバリエーションの用語が使用されている。研究は，専門用語だけでなく，たとえば，同じ概念である「自己調整学習方略」と「メタ認知学習方略」のような2つの用語の使用などの，関連した構成概念の記述に関しても，概念的明確さを欠いていることがよくある（Alexander, 2008）。関連する構成概念に応じて一次研究を分類する際に，メタ分析を行なう研究者は，著者たちによって使用された用語を参照するか，メタ分析を行なう者自身の定義に従って用語をグループ化するかの選択に直面する。メタ分析は，そのような概念の差異の効果を調べるために処理できるツールとなるが，ただそれは総合研究が概念的明確さをすでに示しているときに限ってである。さまざまな測度に基づいた多様な介入の結果が合わさると，これらの結果は標準化された平均差に変換することができて，結果が比較できる。しかしメタ分析は，研究で提供された情報に依存している。そこで，実際には2つの異なる問題を扱っている2つの測度どうしが比較されてしまう事態が，生じるかもしれない（Kulik & Kulik, 1989）。これは，たとえば，自己調整学習の構成概念の定義があいまいであったり，基盤となる理論上の概念が異なっているために別の側面が測定されてしまっているような文脈において考慮すべき問題であろう。

ゴミが入っているかどうかの問題

この問題はメタ分析のもう1つの限界に関係している。メタ分析は，含まれた研究で認められた効果を評価するために使用された方法と同じくらい信頼性がある。メタ分析の妥当性はこのように一次研究の妥当性に依存している。ここで示されたメタ分析では，研究の質自体を調整変数として操作していなかった。これらの研究は当面する研究問題に不可欠な一定の品質基準に基づいて選択されていた。介入についての評価研究が検討されていた。そして，評価研究で設けられている基準に従って，それぞれの研究には次の点が含まれていた。(a) 統制条件と介入条件の比較，

(b) 事前事後の差の報告（あるいは，事後のみの測度が報告されている場合は，少なくとも事前の群間には有意差がないことが確かめられているもの）。

メタ分析は研究の特性に依存しているが，自己調整学習の分野で，評価の方法の効果を見つけるのにも役立つことがある。学習者の学習の自己調整の測定は，今までのところ，評価の最適なやり方についてまだ合意に達していないので，さらに研究する必要のある課題である（Veenman, 2005; Zimmerman, 2008 を参照）。

出版バイアス問題

メタ分析が直面しているもう1つの問題は，出版のバイアスである。プラスの効果を報告する研究が，少ない効果や効果が皆無であることを報告する研究よりも，出版され，認められ，要約され，メタ分析の対象となる傾向にある。研究者たちは示された結果が介入を支持しないなら自分たちの研究をジャーナルに投稿しないと決めてしまう。同様に，効果がないようにみえる介入について報告する論文はあまり出版されない。さらに，自己調整学習の領域のような急速に発展する領域では，そこでは編集者たちに任される出版物の数が極端に増えているので，出版のバイアスのリスクは，かなりのものである。たとえば，学会での資料や学位論文のような，未公刊の「グレー」な文献にも，積極的に目を向けることで，そのリスクを防ぐことができる。

■ 自己調整学習分野におけるメタ分析の今後の研究の方向性

一方で自己調整学習分野の最近の発達を，他方でメタ分析の長所と限界を説明すると，今後の研究への示唆が明らかになる。メタ分析の結果だけでは，介入をすすめるうえでの確信のある十分な根拠にならない。明らかに他のエビデンスも必要である。その後の一次研究は，（準）実験場面のメタ分析の統合された結果を再評価しなくてはならない。介入研究は発展させなくてはならないが，その介入研究は，学習の自己調整をすすめることを対象とした訓練研究のメタ分析の結果を考慮したものでなければならない。そのような研究では，「理想的」特性をもった介入について評価がなされていく。

まだ，メタ分析は，アプリオリな研究仮説に従って個々の研究を統合していく実証的な研究であるとみなされている。メタ分析は，より大きなサンプルサイズに基づいているので，評価の対象となっているどのような一次研究よりも高い正確さと信頼性を備える傾向にある。

自己調整学習の概念をさらに探究することについては，自己調整学習を促進することをねらいとする訓練研究のメタ分析的な評価を行なうだけでなく，どのように学習者たちが自己調整学習スキルを習得するかについて，方略のみをさらに詳細に研究する目的をもって実験的研究をより小さな範囲で総合していくこともおもしろいだろう。

さらに，この分野の研究領域を発展させるために，個々の研究からの結論が，隣接研究領域で下された結論と結びつけることもできるだろう。たとえば，Hattie（2009）のメタ分析は，生徒の学習に及ぼす教師の影響は，生徒，教師，指導，学校の要因に関する相互の影響を比較してみると最大であることを明らかにした。こうした結果は，生徒たちの自己調整の獲得に関する研究においても，学習者の自己調整に及ぼす教師のフィードバックの効果に関する検討を含め，考慮に入れていくべきことであろう。訓練プログラムの評価では，これらの要因は，自己調整学習を促進する目的の介入に統合されるべきである。

メタ分析はもはや新しい方法ではない。メタ分析のおもな欠点の1つは，含まれている一次研究に頼っていることである（前述したゴミを入れるとゴミしか出ない問題を参照）。著者たちによって報告された情報が完全でないことがよくある。たとえば，下されたある重要な決定の情報が示されないことがある。この問題を解決する1つの方法は，著者たちが自分たちの研究を発表するとき，メタ分析を生のデータとともに示すことである（たとえば，Glass, 2000; Hattie et al., in press を参照のこと）。これによって読み手はこれらの一次デ

ータを検討し追加の分析ができる。それによって，前述したメタ分析の少なくともある程度の限界が，乗り越えられるだろう。

　文献を統合するさらに洗練された方法が確立されるまで，メタ分析の方法は，研究分野の技法の状態の重要な全体像を提供できるし，介入の効果について，あるいはもっと一般的な意味では，研究対象の2つの変数間の関係について，有効な情報を提供することができる。とくに，自己調整学習の領域のような成長，発展している研究分野では，こうした手続きは，今後の研究の新たな仮説の定式化をすすめかつ既存の実証的な証拠の総体を構造化し，広範な解決策を講じていくうえで有効なものとなるだろう。

第 5 部

自己調整学習の個人差と集団差

第25章 教科における自己調整学習

Patricia A. Alexander, Daniel L. Dinsmore,[1]
Meghan M. Parkinson, and Fielding I. Winters
University of Maryland

進藤 聡彦（訳）

　自己調整は，理論的研究でも実証的研究でもさまざまに定義されてきたが（Boekaerts, Pintrich, & Zeidner, 2000），その中核は，人が自分自身の認知，行動，動機づけをどのようにモニターし，コントロールするのかをさす概念である（Bandura, 1986; Pintrich, 2000）。しかし，自己調整に関連する多くの論文では，モニタリングやコントロール（すなわち，自己調整）の性質が教科を越えて共通のものなのか，あるいはそれぞれの教科に固有の性質や，教室のいろいろな状況のなかで各教科が受ける制約の違いを反映して，教科間の自己調整に明確な違いがあるのか，この問題に明確な答えを出すだけの直接的な証拠はほとんど見いだせていない。たとえば，歴史の学習や読解での自己調整の性質や自己調整的な行動は，理科や数学の自己調整とは違うのだろうか。自己調整の多様性を生むような教科ごとの特徴はあるのだろうか。

　この章でわれわれに与えられた課題は，教科の自己調整に関する上記の問題や，教科の学習における自己調整過程（すなわち，自己調整学習）の役割を検討することにある。自己調整学習（Self-Regulated Learning）とは，教科の知識や課題に関する知識（すなわち，課題の諸属性についてのメタ認知的知識；Flavell, 1979）やスキル（Zimmerman, 2001）の獲得に向けて，能動的に取り組んでいるときの，調整機能を記述する概念である。その対象は，自分自身の認知の調整（既有知識の活性化など；Alexander, Schallert, & Hare, 1991），行動の調整（時間の管理など；Zimmerman & Martinez-Pons, 1986），感情の調整（不安の水準など；Zeidner, 1998），あるいは動機づけの調整（興味など；Wolters, 1998）である。自己調整学習に関する考え方の多くは，Bandura（1986）のような社会的認知理論に起源をもつ。それらは自己調整学習などの自己調整は，個人，行動，そして状況の間の相互作用の結果として生じると考えている（Dinsmore, Alexander, & Loughlin, 2008）。このように，自己調整学習には状況の特徴が考慮されなくてはならないし，教科やその教科のなかで行なわれる課題は，自己調整をしようとするときの状況の役割を果たす（Moshman, 1982）。しかし，人との相互作用に影響を及ぼす状況としての教科に関連した要因が，自己調整の性質や自己調整の過程をどのように決定するのかに関しては未解明である。そこで，ここでは自己調整学習が教科を越えて共通のものなのか，それとも教科に固有なものかという問題を解明したいと考えている。

　自己調整学習は教科共通か，それとも教科固有かというここでの最も重要な問題には，その根本にその教科で取り上げられる課題や内容の構造，そして符号化の様式などが教科ごとに異なるという暗黙の前提がある。そして，そうした違いが結果として，それぞれの教科での生徒たちの学習の調整のしかたに影響すると考えられる。われわれがこの章で依拠する前述の前提には，専門的な知識や技能の習熟過程を取り上げた多くの論文の裏づけがある（たとえば，Alexander, 2003;

Alexander, Murphy, & Kulikowich, 2009; Ericsson, 2006)。発達モデルのなかには，習熟化の特徴，あるいは習熟の目安の1つとして，自己調整を取り上げているものがある。加えて，知識の獲得の程度は，ある教科内でのその人の自己調整能力によって決まるという証拠もある（Alexander et al., 2009; Maggioni & Alexander, in press）。そして，専門的な知識は特定の教科と強く結びついているため，自己調整学習が教科に固有なのか，共通なのかという問題を考えるには，専門的知識の習熟化の過程と自己調整学習の過程を知ることが必要になる。

この章では，まず自己調整学習が教科固有の性質をもつという前提に，どのような理論的な裏づけがあるのかについて考えていく。第2に，理論的な裏づけを適宜引用しながら，自己調整学習に関する研究が教科固有のものとして自己調整学習の問題を取り上げてきたのか，それとも教科共通なものとして取り上げてきたのかを検討する。最後に，発達の観点から，自己調整学習の性質を教科ごとに調べることを可能にするような研究方法を考えていく。

■ 教科の自己調整学習に関する理論的仮説

自己調整学習に関するモデルはすべて，自己調整に意識が向いていて，自己調整を行なおうとする個人の諸側面に焦点をあてている。Pintrich（2000）とZimmerman（2001）はいずれも，論文で紹介されている多くの自己調整学習モデル（たとえば，McCombs, 2001; Schunk, 2001）のなかに，共通の前提を見いだしている。その1つは，自己調整学習が状況のような個人外の要因の影響とともに，生物学的な特性，発達，信念などの個人内の要因の影響を受けるとしていることである。また，それらのモデルは共通して，個人や状況の影響力と実際の学習成績とを媒介するものとして，自己調整学習を位置づけていることである（Pintrich, 2000; Zimmerman, 2001）。

自己調整学習に関するさまざまな理論的な考え方やモデルを統合するために，Pintrich（2000）は，それらの理論で取り上げられている要素に焦点をあてた研究の枠組みを提案している。Pintrich（2000）が述べているように，大部分の理論は学習者が漠然と行なっている自己調整学習の一連の過程を段階ごとに区分し，それぞれの特徴を明らかにしている。学習者は最初に課題を分析し，目標を設定して，方略を練り，自らを学習に動機づけようとする。次に，学習者は設定した目標や練られた方略を実行に移す。この段階には，認知や動機づけ，行動，あるいは状況の変化の過程をとおして，学習過程を統制しようとするメタ認知的モニタリングが含まれる。先行の一般的なモデルではいずれも，最後にふり返りの段階を考えている。この段階では，内的あるいは外的な基準に照らして，自分自身の実行結果を自己評価し，自分自身についての信念，そして学習方略についての信念を変化させることがある。

自己調整学習のいくつかのモデルでは，教科やその教科の課題の違いによって影響を受ける個人の要因を重要視している。とくに自己調整学習の現象学的な理論や，社会的認知理論では，第一段階で自己調整学習を生じさせる認知と動機づけの個人差を強調している。そして，その個人差は状況の影響を受けるとしている（McCombs, 2001; Schunk, 2001; Zimmerman, 2001）。自己調整学習の現象学的な考え方は，生徒たちの自己認識と経験との関連，それらと自己調整学習との関連に着目している（McCombs, 2001）。この理論ではとくに，個人の経験が，自己調整や動機づけをもたらす自己システムや自己に関する信念に，どのような影響を与えているのかに焦点をあてている（McCombs, 2001）。このように現象学的な考え方では，自分自身に関する信念が教科固有だとしており，それゆえ理論的に自己調整学習も教科固有だととらえている。

同様に，自己調整学習に関する社会認知的な考え方でも，自己効力感のような自己に関する信念の役割を，調整のサイクルのなかでの目標設定の役割とともに重視している（Schunk, 2001; Zimmerman, 2001）。社会認知的な考え方は，自己に関する信念と目標設定に及ぼす状況（たとえば，教科や課題）の相互作用的な影響を強調する

（Bandura, 1986）。実際に自分自身のリテラシーや効力感に対する信念についての研究は，そのような信念を教科固有の要素として（また同時に教科共通の要素としても）位置づけてきた（Bandura, 1986; Marsh, 1990; Schunk, 1991; Wigfield et al., 1997）。自己効力感や目標は，ある人が学習を調整するための動機づけのおもな源泉とみなされてきたのである（Zimmerman, 2001; Schunk, 2001）。

前述の議論を後押しするように，自己効力感と自己調整学習との関連を証明するような研究が行なわれている（Pintrich & De Groot, 1990; Pintrich, Roeser, & De Groot, 1994; Zimmerman, 2000）。加えて，目標の方向性が教科によって異なることを示唆する実証的な証拠もある（性差によっても；Anderman & Midgley, 1997）。こうした理論的仮説と合致して，自己調整学習の動機づけの面の測定尺度の作成では，学習の動機づけ方略質問紙（Motivated Strategies for Learning Questionnaire）の例のように，動機づけの要素を教科固有のものとして扱っている（Pintrich, Smith, Garcia, & McKeachie, 1993）。

事実，異なる教科での生徒たちの認識に関する研究では，学習内容によって動機づけの源泉がまったく異なることが報告されている。たとえば，Stodolsky, Salk, & Glaessner（1991）によれば，5年生は，数学では自らの能力についての認識に基づいて，自身の学習によって得た知識を評価するのに対して，社会科では関心の高さの点から評価するという。教科やその課題によって自己調整は異なるのかもしれないのである。というのは教科の課題や教科の特徴と個人差との間に相互作用があるからであり，その個人差とはたとえば，その教科や課題に生徒たちがもち込んでくる信念や動機づけ，そして知識の違いである。

教科の学習の性質と自己調整学習の理論モデルに関するここでの理解に基づいて，われわれは，教科というものが自己調整学習に一定の役割を果たすと予想している。しかし，この仮説が自己調整学習に関する最近の論文で検証されてきたかどうかについては明らかになっていない。そこで，ここではこの問題を見きわめるために，自己調整学習を取り上げた論文による文献調査を行なう。

■ 自己調整学習が教科間で共通か固有かに関する検証：文献調査

自己調整学習を取り上げた研究が，自己調整学習を教科固有のものとして取り上げてきたのか，それとも教科共通のものとしてきたのかという問題を議論するために，要約に自己調整学習という用語が含まれていて著者が自己調整学習の研究だと自ら認めている実証的研究をレビューした。自己調整学習の研究は，セルフモニタリングや方略使用といった，自己調整学習に関連のある検索語を使えばもっと見つけ出せる可能性はあったが，そのような自己調整学習の論文は除外されてしまったかもしれない。しかし，一般的に自己調整学習の研究がそれを教科共通のものと考えているのか，教科固有のものとしているのかについての説明に役立つ事例を得るのには使えるだろう。自己調整学習に関連する要因は数多くあるので，自己調整学習のどの面も視野に入れてすべての研究を包括的にレビューすることは本章の範囲を超える。その代わりに，主題として自己調整学習を取り上げている論文を入手することに努めた。ここでの目的は，教科が学習中の自己調整のしかたに深くかかわるという本章の仮説のもとで，最近の自己調整学習の研究が具体的に教科の違いをどのように取り上げてきたのかを確認することであった。

この問題に答えるために，5つの下位問題を設けた。

1. どのような自己調整学習に関するモデルや理論的な枠組みが，教科の自己調整学習の研究で使われているのか
2. どの教科が最も多く自己調整学習の研究対象になってきたのか
3. それらの研究で教科や教科の課題は，目的があって選ばれたのか，それとも便宜的に選ばれたのか
4. 個人差のどのような面が，教科の自己調整学習研究で調べられているのか（たとえば，知識の獲得の程度）
5. 教科固有の課題や自己調整学習の測定方法

と，研究の結果との間にはどのような関係があるのか

これらの問題を調べるために，要約文のなかに検証可能な研究の枠組みの1つとして自己調整学習という用語が明確に含まれる実証論文の文献調査を行なった。まず，PsycINFOのデータベースで自己調整学習という検索語を使い，要約部分を調べた。次に，英語で書かれている査読を経た論文に限定した。さらに，理論的な枠組みとして自己調整学習が取り上げられていることを確認するために，それぞれの本文を調べてみた。たとえば，Tang & Chow (2007) では，自己調整学習という用語が要約中に登場し，研究結果との関連で自己調整学習という用語を使って討論が行なわれていたが，著者らは一連の研究過程で自己調整学習の理論的枠組みを用いていなかったし，自己調整学習の測定もしていなかった。こうした事例を除いた結果，合計77の研究が残った。取り上げられていた自己調整学習に関するモデル，研究の対象になった教科，教科やその課題の選定理由の有無（目的をもって選ばれたのか，便宜的に選ばれたのか），個人差の測定，そして課題や自己調整学習の測定と学習結果の間の対応づけの有無に応じて，それぞれの研究を表に記入した（対象となった77の研究を，http://education.umd.edu/EDHD/faculty2/alexander/arl/publications/SRLdomains.html.に提示した）[1]。

それぞれの研究の分類の信頼性を担保するために，第2著者から第4著者までがランダムに選んだ9つの研究を分類し，その一致度を協議することから始めた。この最初の協議に続けて，一致率を用いた信頼性が妥当であることを証明するために，少なくとも2人の評定によってすべての研究の25%の研究が分類された。高い水準の一致が得られたため（105観点中96で，91.48%の一致率），残りの研究は独立に分類した。ここでわれわれは，先に設定した下位問題にもどり，その検討結果との関連から，自己調整学習が教科共通の性質をもつのか，教科固有なのかという最初の問題について簡単にふれていく。

◆◆どのような理論的な枠組みが用いられているか

最初の下位問題（すなわち，自己調整学習に関するモデルや理論的枠組みの種類）を調べるために，調査した実証的な論文の序論部分と測定方法の記載部分に自己調整学習モデルや自己調整学習の理論的枠組みの根拠になるものを探した。自己調整学習についての考え方が，それぞれのモデルや理論的な枠組みで異なるという前提に立ち，教科や教科に固有の課題が個人の自己調整に影響を与えるという観点から，それらの論文の理論的な枠組みを記録した。その枠組みは，本文中にはっきりと述べられているものか，あるいは引用文献や測定方法から推測できるものかのいずれかであった。

たとえば，Stahl, Pieschl, & Bromme (2006) では，Winne & Hadwin (1998) の自己調整学習に関するCOPESモデルを研究の枠組みとしたことがはっきり述べられていた[2]。Sungur & Tekkaya (2006) のように，おもに引用部分から社会的認知理論に依拠していることがわかる研究もあった。最終的には，Pintrich (2000) の枠組みと関係が深い学習の動機づけ方略質問紙を使用したVighnarajah, Luan, & Bakar (2009) の研究のように，おもに測定方法から理論的枠組みを推測しなくてはならない研究もあった。こうした用いられた理論的な枠組みがはっきり述べられている研究や，特定の理論的枠組みを示唆するような研究から，ほとんどの研究が3つのカテゴリーのうちの1つにおさまることがわかった。われわれの作成した表から浮かび上がってきた自己調整学習に関する3つの有力なモデルや理論的枠組みとは，自己調整学習の社会的認知モデル，Pintrich (2000) の枠組み，そして自己調整学習の情報処理モデル (Information-Processing Theory) である。

3つのカテゴリーの最初のものは，大部分がZimmerman & Schunk（たとえば，1994, 1998）やZimmerman (1989, 2000, 2002) の研究と軌を一にする自己調整学習の社会的認知モデルに属する研究であった。表に記入されたおよそ26%が，このカテゴリーのものであった。第2の有力な自

己調整学習の枠組みは，著者たちが論文にその名前を記しているPintrich（2000）のものであった。表のおよそ23％の研究がPintrichの枠組みを使用したり，Pintrichの研究を引用したりしていた。なかには学習の動機づけ方略質問紙の使用のみでしかPintrichの枠組みとかかわりをもたない研究もあった。3番目の有力なモデルのタイプは，表に記載した研究の約10％を占める情報処理モデルであった（たとえば，Winne, 2001）。メタ認知のモデル，自己調整のモデル，それに自己調整学習のモデル（Dinsmore et al., 2008）に関する先行の諸研究で，自己調整学習の研究をガイドするような包括的な理論の枠組みを特定できない研究が26％もあったことは驚くにあたらない。

◆◆どの教科が研究の対象となっているのか

次に，どのような教科（分野）が研究対象となってきたのかに注目した。われわれは調査対象となった研究が，どのように教科を取り上げているかの観点から次の3つのうちどれに該当するかで分類した。その3つとは，第1に教科を考慮していない自己調整学習研究であり，第2に複数の教科を対象にしている自己調整学習研究である。そして，第3に1つの教科だけを対象にしている研究である。表25.1にそれぞれのカテゴリーごとの割合を示した。われわれが調べた研究のうち，複数の教科を同時に取り上げていたのは3つだけであった（Bråten & Strømsø, 2005; Cho & Jonassen, 2009; Mettalidou & Vlachou, 2007）。それどころか，最も数が多かったのは，教科を特定するのにはっきりとした根拠が見いだせないカテゴリーのものであった（合計24の研究がそれに該当し，全体の31.17％を占めた）。特定の教科に依拠しながら自己調整学習を取り上げている研究では，科学の分野が最も頻繁に対象となっていた（たとえば，生物学，化学，物理学を対象とした研究は20あり，全体の25.97％）。その他，比較的多く取り上げられていたのは，教育分野（11.69％）と心理学の分野（9.09％）であった。

◆◆対象教科は目的があって選ばれたのか，便宜的に選ばれたのか

続いて，先に述べた教科に関するデータを使って，明確な理由が念頭にあって特定の教科が選ばれたのか（すなわち，目的的に），それともあまり明確な理由がなく便宜的に選ばれたのかについて調べた。ここでは次の3つのカテゴリーに分類した。すなわち，目的をもって選択をしていた研究（その教科が選ばれた理由が記されていたもの），便宜的な選択をしていた研究（理由が記されていなかったもの），選択理由を示唆する研究（選択の理由を含意する間接的な記述があったもの）である。

全体的に，われわれの分類の枠組みでは，調査対象となった研究は大きく教科の選択に目的をもつものと，便宜的なものの2つにわかれた（それぞれ22の研究があり，44.90％ずつを占め

表25.1 自己調整学習研究で取り上げられた教科（分野）の割合

教科（分野）	論文数	％
教科が含まれない	24	31.17
複数の教科（分野）	3	3.90
商学・経営学	1	1.30
数学	6	7.79
心理学	7	9.09
読解・言語	6	7.79
科学	20	25.97
教育	9	11.69
工学	1	1.30
合計	77	100.00

表25.2　自己調整学習研究で教科が使われた理由

教科	明確な理由		便宜的な理由		理由が示唆されるもの	
	論文数	%	論文数	%	論文数	%
商学・経営学	0	0.00	1	100.00	0	0.00
数学	3	50.00	3	50.00	0	0.00
心理学	0	0.00	7	100.00	0	0.00
読解・言語	3	50.00	2	33.33	1	16.67
科学	9	47.37	7	36.84	3	15.79
教育	7	77.78	1	11.11	1	11.11
工学	0	0.00	1	100.00	0	0.00
合計	22	44.90	22	44.90	5	10.20

た）。残りの5つの研究（10.20％）は，教科の選択理由が示唆されるものとして位置づけられるものであった。目的をもった研究のカテゴリーでは，取り上げた教科がなぜ重要なのかについての説明に幅があった。このカテゴリーの代表的な研究は，Greene & Azevedo（2009）のものであり，そこでは「循環システムのような複合的で科学的なトピックは，生徒たちが理解するのにむずかしい」（p.19）という自己調整学習の問題を取り上げるにあたっての教科選択の理由を含む説明がなされていた。このカテゴリーのなかで非常に詳細な目的が述べられているという点からみると，Kramarski & Misrachi（2006）の研究がそれに該当する。この研究は，なぜ数学に着目したのかを説明し（この研究では，問題解決の過程のふり返りを取り上げている），さらに自己調整学習が教科共通なのか，教科固有なのかについて検討している。ここでは，目的をもって教科選択をしている研究のカテゴリーのなかでも，理由を説明する記述量に著しい違いがあったこととともに，説明されている理由にも大きな幅があったことを述べておきたい。たとえば，Yoon（2009）は，理科の学習に取り組んでいるときの学習過程，および学習過程とその際の自己調整学習の諸要素との関連について述べている。対照的に，自己調整学習と対象となる教科との間の関係については知見が得られなかったと述べるだけで，それ以上の説明や弁明をすることなく，このことを次の研究のための理由にする研究者もあった（たとえば，Gordon, Dembo, & Hocevar, 2007）。

便宜的な選択に分類された研究は，特定の教科を対象にする理由の説明がなかった。たとえば，Sungur & Tekkaya（2006）は生物学を対象に自己調整学習の過程を調べているが，生物学を選んだ理由の説明はなかった。われわれが特定の教科を対象にする根拠を含意している研究だと考えた事例については，その教科を取り上げた理由が示唆されるものとして分類した。たとえば，Swalander & Taube（2007）はリテラシーの発達と自己調整学習について検討しているが，彼らが選んだ対象教科についての説明はなかった。したがって，リテラシーそのものの発達過程と自己調整学習の過程との関係に関する問題は読者に残されたままになっている。

またわれわれは，目的をもつ選択か便宜的な選択かという教科選択の理由の水準が，教科間で異なっているかどうかを調べた。表25.2に，それぞれの教科の3つの水準ごとの研究数を示す。以下では，とくに目的をもった選択か便宜的な選択かの分類で，異なる分布を示した3つの教科に焦点をあてながら検討する。

3つのうちで最初に取り上げるのは，教育心理学を含む心理学である。われわれが調べた7つの研究のすべてが便宜的選択による研究であった（調査対象数7）。自己調整学習はその働きが心理学の分野のものであるし，研究分野も心理学である。またわれわれが用いたデータベースも心理学のものであったため，論文のなかで心理学が高頻

度で取り上げられることは当然のことである。しかし，われわれが意外だったのは，対象分野として心理学を取り上げたこと，そして心理学や教育心理学専攻の学生を研究の対象者にしたことについての理由がなかったことである。心理学の学生は，便宜的な標本としてよく使われる。同様に心理学も自己調整学習の論文のなかではまちがいなく「便宜的な分野」といい得るものとなっていた。自己調整学習の研究で対象分野に心理学を使用することについての理由を欠いてしまうと，結果の一般化の問題も含め，そうした研究の当該分野に与える貢献度ははっきりしないものになってしまう。

2つめの興味深い分野は，科学（生物学，化学，物理学など）であった。科学の分野では選択が目的的か，便宜的かに二分される結果となった。表25.2に示すように，科学分野の選択は前述の表による集計によれば，9つが目的をもった選択によるものであり（47.37％），7つが便宜的で（36.84％），選択理由を示唆しているような研究が3つ（15.79％）あった。科学分野で目的をもって分野選択が行なわれた研究として分類されたものの多くは，Azevedoと共同研究者による一連の研究であった（たとえば，Greene & Azevedo, 2009）。それらの研究のなかでは，くり返し循環系に焦点があてられていた。著者たちはそれを複雑系の例として取り上げており，その理解には自己調整が必要だと考えていた。さらに，われわれはこの分類の多くの研究で同様な理由を確認した。そうした研究では，科学分野の複雑さ，あるいはその複雑さをともなう課題が，自己調整学習の性質や過程を解明するのに必要なことを選択の理由としていた。

3つ目の分野は教育である。この分野を取り上げた研究では，教育という特定の分野を選択した理由をあげていた（77.78％）。科学と同様に，教育の複雑さが（課題のオープンエンドの性質とともに），新米の教師間で自己調整学習の過程を検討する（そして，しばしば足場をつくる）のに都合がよいことを理由にあげていた。こうした特定の目的をもつ自己調整学習の過程の足場づくりの研究があることで，自己調整学習の過程と教育についての分野固有の説明がほぼすべての研究のなかにみられた。

◆◆どのような個人差が取り上げられているか

4番目の下位問題は，自己調整学習の研究で個人の特性が取り上げられているかどうかであった。ここでは，個人差として測定された知識や興味のような変数を分類した。その際，あらかじめ測定された個人差についての分類型を定めることはせず，途中からでも変更ができるような分類を行なった。最初に設けた分類から，10のカテゴリーが現れた。それは，個人差にふれていないもの（個人の特性についての測定がまったく行なわれていないもの），能力（知能テストなど），態度（当該の話題や教科に対する態度など），信念（当該の話

表25.3 個人特性が測定されている自己調整学習研究の頻度と割合

個人差	論文数	%
測定なし	40	51.95
適性	1	1.30
態度	4	5.19
信念	3	3.90
教育歴	1	1.30
動機	9	11.69
事前の学力	7	9.09
事前の経験	1	1.30
既有知識	11	14.29
合計	77	100.00

注：数字を四捨五入しているため，表中のパーセンテージを加算しても100％にはならない。

題や教科についての信念），動機づけ（自己効力感や興味），事前の学力水準（GPAや標準化されたテストなど），先行経験（当該の話題や教科の受講経験など），そして既有知識（当該の教科や話題についてのテスト結果）などである。個人の特性が測定された研究の頻度と割合を，表25.3にまとめた。

個人の特性としていちばん高い割合で測定されていたのは，既有知識に関するものであった（14.29%）。この傾向は，とくに自己調整学習の情報処理モデルを使った研究で顕著であった（たとえば，Greene & Azevedo, 2009）。また，自己調整学習のモデル，とくに社会的認知モデルで動機づけが重視されていることを考えれば，動機づけ（通常，自己効力感や自己概念という形での動機づけ）を測定している研究の割合が，自己調整学習に関する個人の他の特性を測定した研究（集団調査法による測定や自己報告による測定を行なった研究）の割合よりもとくに高いことは意外ではなかった。情報処理モデルでの事前の知識や社会的認知モデルの動機づけへの着目がある一方，調査した研究のほぼ52%が個人差について特別な測定を行なっていなかった。ほとんどの自己調整学習の理論が特定の教科内での個人差の重要性を支持していることを考えれば，この結果は本章内での理論的な矛盾を示すものとなっている。

◆◆課題や測定方法と結果の間に整合性はあるのか

われわれの設定した5番目の下位問題は，当該の教科で使用された課題や使われた自己調整学習の測定方法が，実証的研究から得られた結果や結論と内的な一貫性を示しているかどうかであった。ここでは特定の分類の枠組みを用いる代わりに，途中からでも変更ができるようなやり方で検証を行なった。というのは，取り上げた教科と課題との間に不整合や矛盾があるかもしれなかったからである。とくに研究の対象者が，与えられた課題を遂行するのに，研究対象となった特定の教科の知識やスキルだけが必要な課題であったのか，それとも多様な教科の知識やスキルが必要な課題だったのかという問題があったからである。

われわれが特定した問題点は，課題に関する知識と教科に関する知識が，別個のものとして扱われていなかったことである。たとえば，読解を研究対象にした自己調整学習の研究では，（研究に使用する課題としての）文章はなんらかのトピックやストーリーについて述べたものであるべきである。しかしながら，読解分野の自己調整学習について調べたShake, Noh, & Stine-Morrow（2009）の例では，用いられた文章はロードアイランド州やコネチカット州に関するものであった。学習者の個人差をふまえると，解説的なトピックに関する事前の知識が，読解中の自己調整学習の説明を不明確で複雑なものにしてしまうことがある。統計学的に，あるいは実験的に（ブロック化をとおして）統制されていたとしてもそうであるし，この研究ではそれも行なわれていなかった。

反対に，読解以外の分野やその分野のトピックについての文章にかかわる課題を調査するなかで，逆の問題があることに気づいた。たとえば，Kirby & Downs（2007）は生物学分野の説明文作成課題を用いて，自己調整学習における自己評価の役割を調べた。この研究では，自己調整学習が教科固有のものであることを前提にしており，説明文作成におけるそれぞれの人の自己調整学習は，各自の生物学に関する自己調整学習の影響を受けているようであった。研究者たちにとって課題に関する知識や，教科に関する知識が研究結果にどのように影響するのかを検討したり，2つの知識間の相互作用をどう解明するのかについて検討を加えたりすることは，教科と自己調整学習の関連を理解しようとするとき，必要不可欠となる。

調査した一定数の研究のなかで，コンピュータ環境を使用した研究では同様の矛盾が生じていた。とくに，いくつかの研究は科学に関するトピックを生徒に学ばせるのに，ハイパーメディアを使わせていた（Greene & Azevedo, 2009; Moos & Azevedo, 2009）。そのようなコンピュータ環境を使用した過去の研究では，生徒たちがコンピュータを使う場合，多様な情報の表示とハイパーリンクの選択肢の多さのために，学習に困難をきたすことがあると報告されてきた（de Jong & van Joolingen, 1998; Lajoie & Azevedo, 2006）。そうしたコンピュータ環境を使って学ぶ生徒たちにとっ

ては，彼（女）ら自身が自らの学習に関して有能な調整者になることが求められる。生徒たちには，課題の査定，適切な目標の設定，その目標に到達するための方略やとくにスキルの選択と使用，そして学習の進捗状況や理解の状態についてのモニタリングが必要となる（Azevedo, 2005; Schraw, 2006; Schunk, 2005）。コンピュータという媒体を使った研究にとって，ハイパーメディアを使った学習に役立つような調整過程（たとえば，ハイパーリンクの選択やかける時間の管理）を解明することは，たとえば生物学のような特定の教科での調整と比較して，むずかしいことのように思われる。要するに，教科ごとの分析を試みる研究はほとんどなく，それはおもに自己調整学習の研究において課題に関する知識と教科に関する知識が容易に，また明確に分離できない性質をもつからである。

今回の自己調整学習に関する文献の網羅的な検討から，(a) 教科間の違いをきちんと調べた研究はほとんどないこと，(b) 社会認知的な考え方が，最も広く使われている研究の枠組みであること，(c) 特定の教科を取り上げた研究はたいてい，便宜的にその教科を選んでいること，そして最後に，(d) 教科を取り上げた研究で，課題の性質や課題に関する知識が，当該の教科のものと食い違っているかもしれないということ，という結論を得ることができた。われわれの調査から，要約のなかで自己調整学習という用語を用いている実証的な研究は大部分，教科の影響に対する配慮を欠いていることがわかった。そのうえ，われわれの調査対象となった研究の多くは，課題の違いに対応した教科レベルの分析よりも，むしろ課題の違いに焦点をあてた操作介入を行なっていた。

■ 教科の学習：今後の方向性

個人の信念や動機づけが，教科固有であることを実証的に支持する研究があり（Pintrich & De Groot, 1990; Stodolsky, Salk, & Glaessner, 1991 など），またさまざまな自己調整学習に関するモデルや理論が述べるように，個人の信念などの個人差と自己調整学習の能力との関連が考えられている一方で（たとえば，McCombs, 2001），自己調整学習の理論は自己調整学習の発達や遂行を決定する重要な要因としての教科に焦点をあてていない。このことが，自己調整に影響する可能性がある教科の課題や内容，そしてその他の特徴が，教科でそれぞれ異なるというわれわれの主張を，議論の余地を残すものにしているのかもしれない。また，自己調整学習を追究する研究者たちが教科固有の性質をほとんど顧みなかった理由の1つになっているのかもしれない。対照的に，MDLと略記される教科学習モデル（Model of Domain Learning; Alexander, 1997）では，個々の学習者の諸特性と学習との間の相互作用に関して発達的観点から，教科に焦点をあてている。教科学習モデルでは，当該の教科内での指導期間をとおした知識の構造，関心，方略的な情報処理の様相が変化すると予想しているのである。

ある種の知識は，自己調整学習の最終的な産物である（Zimmerman, 1989）。教科固有の知識と課題に関する知識もまた，プランニング，実行，ふり返りの進行過程に応じて必要になるのかもしれない。たとえば，ある数学の証明を完成するという課題の性質を見定めようとするには，学習者は数学の証明という課題の意味に関する知識や，証明の各段階で必要な数学の知識をもっていなくてはならない。自己調整学習にとって必要なものであるにもかかわらず，ほとんどの理論や研究の枠組みは，知識を概念的に定義することができていない（Pintrich, 2000）。しかし，それらの理論や枠組みは，既有知識を活性化する方略については取り上げている。その方略とは，課題に関連した教科の内容固有の知識や課題に関する知識をすぐに思い出すのに必要なものである。自己調整学習の研究とは対照的に，教科学習についての研究は，いくつかの知識のタイプや時間が経つにつれて知識がどう変化するかについて調べてきた。とくに教科の内容に関して2種の知識が検討されている。その1つは教科の知識であり，それは内容に関連する知識の幅や広がりのことをさし，もう1つのトピックに関する知識は，ある教科に関連した特定のトピックについての知識の深さのことをさ

している（Alexander, Murphy, Woods, Duhon, & Parker, 1997）。

　教科学習モデルのような発達的観点からのアプローチは，教科についての知識，およびトピックについての知識の量や質の変化を視野に入れて研究をしている（Murphy & Alexander, 2002）。自己調整学習について，さらにきめ細かなアプローチでは，そうした知識の変化を促進したり，抑制したりする特定のメカニズムを解明しようとしている（Winne & Hadwin, 1998）。これらを考え合わせると，2つのアプローチは，どのような知識が初学者と習熟した人との違いとなっているのか，またその移行をもたらす要因は何かについて多くの知見を提供している。

　知識とは異なり，興味については教科学習の理論と自己調整学習の理論とで，類似の役割をもつものとみている。Pintrich（2000）によれば，個人の興味は持続的で特定の教科やその教科と関連した課題と結びついて比較的安定した性質をもち（Hidi, 1990; Wade, 1992），自己調整の諸側面のうちの動機づけの一部であって，自己調整学習のプランニングにとってとても重要なものだという。

　「個人の興味」という用語は漠然としているが，教科学習モデルのなかで定義されている「あることを追究することへの長期にわたる1つのことへの集中，または深い関与」（Alexander et al., 1997, p.128）と同じ意味合いだと考えられる。教科学習モデルでは，持続的な興味は，より状況依存的で一時的な性質をもつ場面依存的な興味（Hidi, 1990; Wade, 1992）と好対照をなすものとして位置づけられている。

　個人の興味は，一般的に教科の学習の初期段階では低く（すなわち，適応の問題として），そして専門的な知識や技能を身につけていくにつれて高まっていくと考えられている。さらに，教科学習モデルではある教科の知識が増加することで，その教科の価値や有用性が感じやすくなったり，自己効力感やその教科の個人の興味も高まったりすることがあると考えている。また，自己調整学習の研究では，課題に取り組むときの自らへの動機づけ（Ainley & Patrick, 2006），メタ認知的なモニタリングの質や量（Dinsmore, Loughlin, & Parkinson, 2009），そして自分自身に対するふり返りの段階での信念への納得（van den Boom, Paas, & van Merriënboer, 2007）に，興味が与える影響を調べている。教科の学習を対象にする研究者たちと自己調整学習の研究者たちは，学習上の困難に直面したときに，興味は努力を集中するのに決定的に重要なものだという認識を共有している（Alexander et al., 1997; Pintrich, 2000）。

　最後に取り上げる方略的な情報処理は，自己調整学習と教科の学習のいずれでも鍵となる要素である。Pintrich（2000）は，彼の理論的な枠組みにある4つの側面のおのおのに対応した異なるタイプの方略的な情報処理について検討を加えている。そこでいう4つの側面とは，認知的プランニングと活性化（たとえば，既有知識の活性化），認知的モニタリング（たとえば，学習についての評価），認知的制御と調整（たとえば，方略の選択），そして認知的なふり返り（たとえば，帰属の判断）である。最近では，特定の課題の遂行中の方略的な情報処理の事例を収集するために，多くの研究が言語プロトコルを使ってきた（たとえば，Winters & Azevedo, 2005）。この方略的な情報処理という概念の幅広さは研究を進めるうえでは有用ではあるが，他の変数との関係でそれを測定しようとするときには，いくぶん面倒なものになる。

　一方，教科学習の研究は，方略的な情報処理について明快にとらえてきた。方略的な知識は，学習中に出合うやりがいのある課題をこなすのに使われる一種の手続き的知識である（Murphy & Alexander, 2002）。方略的知識は，課題にとりかかるときの認知方略（たとえば，再読や要約の作成）と，評価，モニタリング，そして認知の制御にかかわるメタ認知方略（たとえば，探究的な質疑や自己評価）の2つからなる。しかし，教科学習モデルでは教科固有の方略は，その教科の知識の一部と考えられている。それゆえ，長除法の問題で簡便な方法を知ることは，教科固有の方略を獲得したのではなく，教科に関するある種の知識を獲得したことになる。さらに，教科学習の研究では，精緻化のような深い水準の処理とテキストの一部をマーカーで着色するなどの浅い水準の処理を区別している。Alexander et al.（1997）が，深い処

理は学習者がその教科の専門的な能力を獲得するにつれて増加するのに対し，浅い処理は減少することを見いだしている。そうした研究があるにもかかわらず，自己調整学習の研究では2つの処理水準を分けて考えることを怠りがちである。

当該の領域内で年月をかけて検討されて，明確に定義された概念としての知識，興味，そして方略についてよく吟味してみることは，それらの変化を生じさせる過程の詳細をよく吟味してみることとともに，学習という現象を研究する者の力量を高めることにつながる。たとえば，Alexander et al.（1997）は教育心理学の分野で，学習初期の適応段階の生徒にとっては興味と方略は無関係であるが，いったん両者が関係づけられると学習者は専門的な能力を獲得することを見いだしている。これらの要因の関係性が変化する理由は，自己調整学習の検討をとおして解明できる可能性がある。

この関係性を調べるときの留意点の1つは，課題と教科がどのように関連しているかということである。たとえば，読解は1つの教科といえるが，それはまた他のすべての教科の課題とかかわりがある。読解に習熟した人は，未知の言葉が出てきた場合に使用する方略など，読解に関する知識をもっていると考えられる（Swanborn & de Glopper, 2002）。読解は必然的に対象となる教科の内容と入れ子の関係にあるので，その教科の要求に応じて性質が変わってしまう課題でもある。歴史の文献を読解するには，物理学のテキストの読解とは異なる知識が必要であるし，異なる興味や方略が必要になる（Alexander et al., in press; Alexander & Kulikowich, 1994）。このように，さまざまな教科の自己調整学習について研究するためには，用いる課題の目的をよく考えることが必要であるし，その教科の深い水準の処理と浅い水準の処理がどのような性質をもつのかについて考える必要がある。

■ 結論

この章の役割は，自己調整学習のような人の学習過程で生じる自己調整が，教科共通の性質をもつものと理解すればいいのか，それとも教科固有のものと考えるべきなのかという問題を明らかにすることであった。その役割を果たすために，教科共通か教科固有かという問題に関する説得力のある証拠が得られることを期待して，自己調整学習に関する一群の論文を調べ，その結果に基づき表を作成した。そして，教科学習モデルのような教科学習に関するモデルを対象に，主要な自己調整の考え方を調べた。ここで設けた指標では，調査対象となった論文が自己調整学習が教科固有であることを示す傾向にあることが明らかになったが，その傾向は一定ではなく，そのためここで設定された問題への解答は，はっきりしないままになってしまった。

◆◆研究の意義

この調査ではっきりしたことは，自己調整学習に関する実証的な研究は，学習者個人の認知や動機づけ，感情の調整に，教科あるいは教科固有の課題が潜在的な影響を与えていることに無頓着であり，重要なものとして考慮してこなかったということである。こうした現状は，自己調整学習の主要理論やモデルの根底にある前提に明らかに反しており，特定の教科での生徒たちの学力の伸長についての知見をも無に帰するものである。さらには，先行の研究論文で取り上げている習熟化の特徴に関する知見を無視するものである。このように，もし教育に関心をもつ研究者が，自己調整の性質そのものや，人の学習や発達における自己調整の役割について深く理解しようとするならば，自己調整学習に関する実証的研究において教科の固有性への留意がなされてこなかったことに対して，細心の注意を払う必要があるとわれわれは考えている。

◆◆実践上の意義

われわれは，教科というものの役割と自己調整の機能を体系的に，そして入念に調べることの意味は，理論的な研究そして実証的な研究の意義を拡張する点にあると主張したい。いやむしろ，教師が学習者たちに自己調整やセルフモニタリングをさせようとしたり，自己調整やセルフモニタリ

ングの過程の必要性や可能性のきっかけとなる学習環境をつくろうとしたりする場合に，教科と自己調整を追究することの潜在的な意味は，直接的に学級に波及し得る点にあると主張したい。教科はすべての工業社会そして脱工業化社会における公教育の中核であることは疑うべくもないことである。このように研究者や教師が，当該の教科の特徴について理解を深めるとともに，生徒たちの学習のモニタリングや調整を図っていく能力や意欲に及ぼす自らの影響力の大きさについて理解を深めれば深めるほど，生徒たちにその教科の専門的な能力の獲得や習熟化に向けて道を拓いていくことができるのである。

【原注】
★1：この章にはすべての執筆者が等しくかかわっており，氏名の記載はアルファベット順によった。

【訳注】
☆1：2013年9月の時点では閲覧不可となっている。
☆2：学習中の課題の同定，目標の設定とプランニング，方略の決定と実行，評価と評価結果に基づくメタ認知的な調整という4段階のそれぞれにおける諸条件（conditions），学習者の実際の取り組み（operations），取り組みの結果（products），結果に対するフィードバック（evaluations），結果に対して評価された基準（standards）の関係を表わした自己調整学習に関するモデル。COPESとはその頭文字をとっている。

第26章　情動，情動調整と学習の自己調整

Monique Boekaerts
Center for the Study of Learning and Instruction, Leiden University,
The Netherlands, and KU Leuven

岡田　涼（訳）

■ 教室における情動と感情の役割

　情動調整に関して論じる準備を整えるために，次のようなエピソードを考えてみたい。少し前に，私は何人かの青年に対して，なんらかの情動を引き起こすような状況を描いた短い文章を読んでもらった。そして，感じたことや考えたこと，その状況で自分ならどうするかについて，自分なりの言葉で書いてもらうことを求めた。そのとき示された状況の1つは，「数学の試験を受けなければいけない」という状況であった。ジュリーとルカは，その状況に対して次のように反応した。

ジュリー：数学の試験を受けなければいけないと考えると，私はいつも不安になります。最初に私がするのは，試験の問題をすべて読むことです。そうすると，いつも必ずむずかしいと感じる問題がいくつか見つかります。そういったむずかしい問題を読むと，鼓動が速くなるのを感じます。試験の最中に，父親をまたがっかりさせてしまうかもしれないと考えてしまうので，試験にはあまり集中することができません。私はそういった考えを防ごうとするし，試験が早く終わればいいのにと思ってしまいます。

ルカ：数学の試験を受けなければいけないと考えると，私は緊張します。私はまずすべての問題を読むことから始めます。そうすると，いつも自分に解けるだろうと思える問題がいくつか見つかります。私は，その解けることがわかっている問題からやり始めます。そうすることで，自信がもてるし，試験に合格できるという希望がわいてきます。むずかしい問題に取り組む段階では，すでに問題を半分解いたのだからと満足を感じています。残りの問題に正しく答えられなさそうでも，できる限り解けるように集中します。

　この例は，2人の生徒のそれぞれ異なったようすを示している。この2人の生徒は，いずれも数学の試験を始めたときには不安を感じているが，試験の最中にはそれぞれ違った情動を経験している。2つの短いストーリーからわかるのは，彼女たちがストレスフルな状況に対して違った対応のしかたをしていることと，その対応のしかたが課題への取り組みの質に影響するということである。明らかに，2人の生徒が数学の試験に関して経験する情動が，試験中の認知や行動に影響しているし，もしかしたら達成度にも影響するかもしれない。しかし，すべての差を生じさせているのは，彼女たちが自分の情動を調整する方法なのである。

　児童や生徒は，自分の情動を効果的に扱うようになれるのだろうか。情動調整は，学習の自己調整とどのようにかかわっているのだろうか。これらは本章で取り上げる問いである。まず始めに，自己調整学習という広い視点から情動調整につい

て論じる。次に，情動が生じるしくみについて少し詳しく論じ，情動調整の概念を紹介する。最後に，情動調整方略の例をいくつかあげ，情動調整を訓練する方法を示すこととする。

■ 情動調整と自己調整学習とのつながり

自己調整に関して，大部分の研究者は次の2点に関して同意するだろう（Baumeister, 2005 を参照）。1点目は，自己調整が人間の進化における重要な適応だということである。2点目は，目標に照らして自分の情動を自己調整する能力は，すべての生活領域で成功するための鍵となる重要なものだということである。次節では，教室で生徒がいかにして情動を調整するか，また情動調整が学習プロセスとどのように関連しているかについて述べる。

◆◆ Boekaertsによる自己調整の二重処理モデル

自己調整の二重処理モデル（詳細については，Boekaerts, 2006 を参照）では，自己調整を一連のダイナミックで相互作用的な調整プロセスとしてとらえている。図 26.1 は，その自己調整モデルを視覚的に表現したものである。図中にみられるように，学習課題や学習状況に意味を与えるという点で，評価がもっとも基本的な役割を担っている（モデルの上部分）。

生徒が学習課題や学習状況において自分自身に向き合うとき，その状況に関して心的表象を即座に形成する。そこでの学習課題が個人的目標や欲求，願望と一致しているというふうに学習状況を評価したとき，生徒は心から集中して課題に取り組み始めるだろう。そのような学習課題との一致は，よい気分を生じさせる。信頼や自信，課題への興味，コンピテンスを高めたいという意欲などで特徴づけられるような気分である。こういった学習状況に対する肯定的な認知と情動は，生徒が課題に取り組むことを促す。そのことは，図 26.1 のなかで，学習の意図と学習や熟達に向かう経路として示されている。図 26.1 の破線で示される学習や熟達に向かう経路は，知識とコンピテンスの拡張を確実なものにする認知的あるいは動機づけ

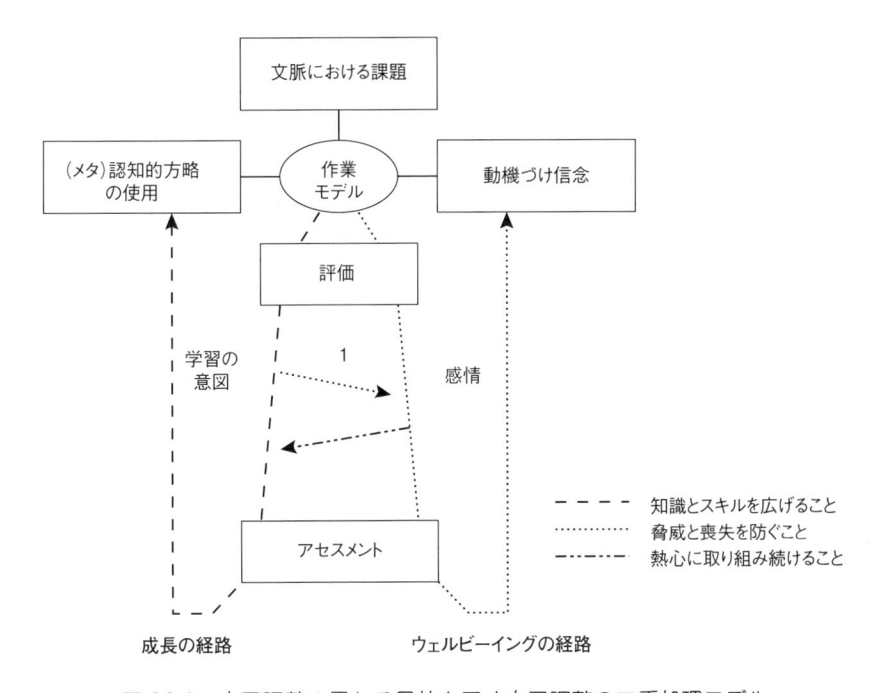

図 26.1　自己調整の異なる目的を示す自己調整の二重処理モデル

的な方略の活性化を示している。

　もし学習状況が最初にウェルビーイングに対して脅威的なものであると評価された場合には（それが，課題がむずかしくあいまいで複雑であると認知されたためであっても，生徒が十分な決定能力やサポートを知覚していないためであっても），否定的な認知と情動（不安，いらいら，落胆など）が引き起こされる。そのような否定的な感情状態は，すぐにウェルビーイングの経路を辿るような活動を開始させる。点線で示されたこの経路は，脅威や有害物，損失から自分を守ろうとする方略（回避，否定，あきらめ，注意散漫など）を示している。

　生徒が最初は課題に集中して取り組んでも，後からそれまでの学習状況がうまくいっていないことを思い起こさせる手がかりを見つける場合もあり得る。そのようなときに，生徒は課題を行なう能力に対する自信を失ったり（低い自己効力感），望ましい結果を獲得できるという期待を低下させたりする（低い結果期待）。また，課題があまりにも退屈であったり，重要な目標を達成するのに役立たないという理由から，課題を行なうことに対する興味を失うこともある。このような評価の変化は，否定的な情動を引き起こす。心配，恥ずかしさ，落胆，悲しさ，いらいら，退屈，無力感などが生じるのである。言い換えれば，課題とその文脈に対する絶え間ない評価が，課題に対する当初の心的表象を変化させ，情動を引き起こしたり，引き起こさなかったりするということである。本当にそのようなことが起こっているとするならば，課題やその文脈に対する評価は，生徒がもつ目標という点からうまく解釈することができるだろう。

　先に紹介した例で，ジュリーは数学の試験に取り組み始めるときに不安を感じていた。彼女は試験のなかに含まれている覚醒レベルを高めるような手がかりに注目していたのである。試験問題に対する彼女の解釈は，絶望感と恥ずかしさを引き出すものであった。別の言い方をすると，試験という状況に対する彼女の評価は否定的なものになっていき，そのことが認知や行動に好ましくない影響を及ぼしたのである。彼女が関心を向けていたのは，試験そのもの（課題焦点化）よりも，試験に落ちたり，面目がつぶれたり，恥ずかしい思いをしたりするという脅威（自己焦点化）に対してであった。

　それとは対照的に，ルカはジュリーと同じく数学の試験の最初には不安を感じていたが，別の手がかりに目を向けていた。そして，その手がかりに対する解釈は，評価のプロセスを肯定的なものにし，希望や満足感，誇りの感覚を引き出していた。言い換えると，ジュリーもルカも最初は数学の試験に関して不安になっていたが，彼女らが試験中に経験する情動のパターンは異なっていた。それは，それぞれ別の手がかりに注目していたからである。ルカは肯定的な情動を経験し，課題に焦点化していたが，ジュリーは全体として否定的な情動を経験し，自己に焦点化していた。そのため，ジュリーは，課題解決プロセスに干渉するような反すう思考を処理しなければならなかったのである。

■ 自己調整のさまざまな目的

　以下の点を明確に理解しておくことが重要である。それは，ダイナミックで継続的な評価は，学習活動自身に意味を与えるだけでなく，自己調整システムの焦点を次の3つの目的のいずれかに大きく移行させるという点である。3つの目的とは，(a) 知識とスキルを広げること（課題に対する焦点化をともなう熟達の経路における活動），(b) 自分のウェルビーイングが許容できる範囲に保たれるように，自己に対する脅威と資源の喪失を防ぐこと（自己に対する焦点化をともなうウェルビーイングの経路における活動），(c) ウェルビーイングの経路から熟達の経路に注意を戻すような活動によって，熱心に取り組み続けること（自己に対する焦点化から課題に対する焦点化に移すこと）である。

◆◆知識とスキルを広げること（課題に焦点化された活動）

　自己調整の1つ目の目的は，真に個人的だと感じられるような自己生成的な目標を追求すること

にかかわっている。たとえば，ある生徒は，エジプト人に関する知識を広げたいと思って，歴史の学習活動を心からやりたいと望んだり，それを選択したりするかもしれない。この種の自己調整は，「トップダウン式の自己調整」とよばれている。なぜなら，目標の追求が生徒自身の価値や欲求，目標によって導かれているからである。Higgins (1997) によると，このことは促進焦点の状態にあることを意味する。このことから示されるのは，生徒は学習課題に取り組んでおり，その取り組みを教師や仲間からのサポートなしに維持できるということである。言い換えれば，彼らは示された学習活動の内容に興味を示し，知識を広げることを楽しんでいるため，変化することに動機づけられている。彼らは，明らかな短期目標（たとえば，両親を喜ばせること）と長期目標（たとえば，認定されるという目標）を達成するための手段として学習活動をみなしているかもしれない。

　生徒が知識とスキルを広げることに動機づけられ，取り組みを維持できているときでも，教師やより進んでいる仲間からの共調整を多く必要とする可能性があることは頭に置いておかなければならない。なぜなら，生徒は学習プロセスを進めるためのメタ認知的知識を欠いていることもあれば，学習プロセスそのものに対して多くの処理能力を費やさないといけないこともあるからである（詳細な議論については，Winne, 1995 を参照）。

◆◆自己に対する脅威と有害物を防ぐ（自己に焦点化された活動）

　自己調整の2つ目の目的は，資源の喪失を防ぐことである。たとえば，ジュリーは安全や自信，満足感をもちたいと思っているし，尊敬されたり，守られていると感じたいと思っている。授業の間，これらの目標はうまく満たされていない状態になり，適切なレベルよりも貧弱な内的学習環境を生み出す。そのようなとき，ジュリーは課題よりも自己に関心を示すことになる。この種の自己調整は，「ボトムアップ式の自己調整」とよばれている。そのような自己調整は，学習環境における特別な手がかりが生徒自身の目標や欲求，願望と一致しているときに生じるものであり，手がかりに導かれた自己調整である。そのようなズレを知覚することによって，生徒は不一致がどのようなものかを考えるようになり，しばしば重要な目標に向かう途中で障害を見つけることになる。

　これらの途上の障害を知覚することは，否定的な情動と反すう思考を引き起こす。最初の例では，ジュリーは覚醒レベルを下げる必要があるし，侵入思考の記憶を消し去る必要がある。次のような例を想像してみよう。ジュリーは，午後5時に出るバスに乗るために数学のグループ課題を終えたいと思っている。しかし，グループのメンバーが昨夜テレビでやっていたコンサートについておしゃべりをしているために課題は終わりそうにない。ジュリーは，メンバーのおしゃべりを自分の目標に対する脅威であると評価する。そのバスに乗ることがジュリーにとって重要であれば，覚醒レベルが上昇し（それはいらだちの形をとる），そのことによって注意が数学の課題からそれてしまう。その怒りの強さを抑えることは簡単ではないかもしれないが，これは彼女の個人的な目標に対する脅威を取り去るためにできることを考えるうえで必要となる。

◆◆熱心に取り組み続ける

　自己調整の3つ目の目的は，資源に対する脅威やその喪失を経験した後に，ウェルビーイングの経路から成長の経路に活動の道筋を戻し，熱心に取り組み続けることである。生徒は次のような意図的な方略を活性化させ，使用する必要がある。それは，ものごとが途中でうまくいかなくなってきたとき，熟達の経路にとどまる方略であり，侵入思考を経験したり，課題と関係のない活動にのめりこんでしまった後で学習プロセスにもどるための方略である。生徒は，内的な力（たとえば，自己報酬的な思考）や外的な力（たとえば，教師や仲間からのプレッシャー）によって学習課題に切り替えるように強いられていると感じるかもしれない。たとえば，ジュリーのグループの生徒は，彼女の介入をプレッシャーとみなすかもしれないし，うまくいっていない意図的な方略に対するサポートとみなすかもしれない。ジュリーの介入は，数学の課題を時間通り終わらせるという彼女の目

標と午後5時のバスに間に合うという個人的目標の両方を守ることに役立つものである。同時に，ジュリーが介入することによって，彼女の仲間は課題を終えないことから生じる結果と，彼女を落ち込ませることの結果を考えることになる。

◆◆3タイプの自己調整方略を区別する

ここで述べた自己調整の3つの目的が，より大きな自己調整の概念に含まれていることは明らかである。また，これらのさまざまな目的に寄与する自己調整方略がお互いに作用し合い，生徒が自己調整システムのバランスをとる必要があることも明らかである。Carver & Scheier（2000）は次のように論じている。人は望ましい平衡状態を維持しようとすると同時に，新しい平衡状態が生じるようにシステムを拡張しようとする。彼らは，ホメオスタシスの原理は自己調整のシステムを安定的なものにし，ヘテロスタシスの原理は自己調整のシステムを柔軟なものにすると説明している。

教室では，生徒は教示による手がかりや社会的な手がかりに反応し，それに応じて自分の活動を調整できるようにならなければならない。つまり，さまざまな自己調整方略を使用できるようにならなければならないのである。Boekaerts（2006）は，さまざまなタイプの自己調整方略はそれぞれ異なるタイプの条件的知識を利用しているという点を強調している。その条件的知識には，メタ認知的知識や認知システムがどのように機能するのかという知識が含まれるし，いつ，どこで，どのようにして特定の認知的な自己調整方略をうまく使用できるかに関する知識が含まれる。同時に，多様な領域での自分の強さや弱さについての知識も含まれる。さらに，動機づけと情動システムがどのように機能するか，いつ，どこで，どのように特定の感情的自己調整方略がうまく使用できるかに関するメタ動機づけ的知識や信念も含まれる。さまざまな領域で自分を動機づけるのに何が役立ち，何が役立たないのかに関する知識や信念も含まれる。他にも，条件的知識は，教室での行動を規定している社会的ルールや，教師と仲間からのサポートが期待できるか否かに関するメタ対人的知識も含んでいる。条件的知識を構築し，更新するためには，かなりの訓練が必要である。しかし，自分の明らかな目標に役立つように行動を方向づける形で，この情報が自動的に活性化されることが報酬となる。

これまで，研究者はメタ動機づけ的な知識やメタ対人的知識に対してあまり注意を向けてこなかった。しかし，さまざまなタイプの条件的知識を記述しておくことは必要である。その条件的知識は，生徒が自己調整の3つの目的を達成しようとして使用するいくつかのタイプの自己調整方略を方向づけたり，差し向けたりするために生じたものである。条件的知識と同様に，生徒が教室でうまく使用できるような動機づけ方略や意思方略，情動方略に関して参考になる研究は多くない。数少ない例外はWolters（2003）の研究である。そこでは，生徒が自分の動機づけのレベルを高め，維持し，修正するための意思的な方略について記述されている。また，Röder et al.（2003）は，喘息がある小学生児童と喘息をもたない小学生児童がそれぞれ学校で困ったことがあった際に用いるコーピング方略を記述している。彼らは，否定的な感情を調整するために用いられる5つのコーピング方略を報告している。そのコーピング方略は，状況への接近，状況の回避，サポートの希求，攻撃行動，泣くことの5つである。

■ 情動，感覚，感情

「情動」という用語は，感情的な意味をもった認知や感覚，気分，感情，ウェルビーイングに対して日常的に用いられるものである。情動は，人が自分の明確な目標に向かって進むことができていないと気づいたときや，目標がうまくいっていないと気づいたときに生じる。たとえば，自己にとって中心的な目標（信用される娘になること）がうまくいっていなかったために，ジュリーはいらいらしていた。怒りとよばれるような高い自覚や，自分の妹の宿題を手伝うためにバスに乗らないといけないことをグループのメンバーに対してどのように伝えたらよいかというような思考は，数学の課題に集中することを妨げる。

第26章 ■ 情動，情動調整と学習の自己調整

　Frijda（1988）によると，情動はエネルギーを与え，注意や想起，出来事の解釈，意思決定，問題解決といったすべての認知プロセスに影響を与える。一度情動が活性化すると，たとえその適切さや長期的にみた場合の結果にかかわらず，目標や行動を無視してしまう傾向がある。情動は，独特の性質をもち，進行中の活動に影響を与えながら，なんらかの形で持続する。

◆◆情動としての性質を与えるのは何か

　Baumeister（2005）は，情動を自己調整の鍵となる側面だとみなしている。時代によってその機能は変化してきてはいるものの，情動は進化の過程を生き残ってきたと彼は論じている。情動が果たす主要な役割は，Damasio（1992）による脳損傷の研究でわかりやすく示されている。情動面での情報処理の損傷は，衝動的な行動をとったり，経験や失敗から学習できないといった自己破壊的な行動パターンに結びつくのである。

　心理学者は，「情動」という言葉を6つの主要な情動に限定して使ってきた。嫌悪感，恐れ，怒り，悲しみ，驚き，喜びの6つである（たとえば，Frijda, 1988）。教育心理学者は，生徒が教室で経験するような多くの情動，いわゆる二次的情動をそこに加えている。たとえば，希望や絶望，嫉妬，落胆，困惑，罪悪感，恥ずかしさ，安心，誇り，感謝，妬みなどである。これらの感情によって，生徒はFrijda（1988）が行動レディネスとよぶような行動をとる。

　情動の研究者は，いくつかの評価プロセスからなるものとして情動経験をとらえようとする（Frijda, 1988; Oatley & Johnson-Laird, 1996）。Oatley & Johnson-Laird（1996）は，評価プロセスによって脳は独自のモードになるとしている。その独自のモードによって，行動は一連の適切な行動群として方向づけられることになる。最初の評価プロセスは，非意識的な知覚プロセスを含んでいる。その知覚プロセスは，基本的な情動を生み出す脳の多重的な処理システムをとおして共鳴するような，独自の非命題的な信号を発する。その機能は，その信号を引き起こした出来事や状況を心のなかで明らかにすることである。

　2つ目の評価プロセスは，よりゆっくりしたものであるが，情動の現象学的な経験を生み出す。そのことによって，情動経験の性質と情動を生じた理由が決定される（つまり，喜びや恥ずかしさ，いらいら，誇り，落胆といった独自の肯定的あるいは否定的な経験である）。Oatley & Johnson-Laird（1996）は，さらに次のようにも論じている。2つの情動の信号は，ふつう人の心のなかでお互いにつながっているが，解離していることもある。そのため，生徒は現象学的な経験を引き起こす非命題的な情動の信号に気づいていることもあれば，気づいていないこともあり得るし，自分の経験がもつ感情的な特徴を言葉にできるときもあれば，それができないときもある。

◆◆情動の機能

　情動が適応的な機能をもつことを示している研究者もいる。たとえば，Frijda（1988）は，情動を一連のエピソードという観点からとらえ，情動がもつ2つの主要な機能を紹介している。その機能とは，(a) 警告の合図を出すこと，(b) 行動のために身体を準備させること，である。それぞれの情動的エピソードは，覚醒レベルを高めるような警告の合図で始まる一連の段階から構成される。優先度の高い警告の合図は，そのとき行なわれている活動や次にしようとしている活動をすべて中断させる。その中断を生じさせた出来事に気づかないということがないようにするためである。血流中のホルモンの分泌によって，活動に向けて身体が準備され，警告の合図に対する認知的評価が現象学的な経験の性質を決めるのである。

　さらに，Frijda（1988）は，情動が情報的な機能をもつと論じている。肯定的な情動は，すべてがうまくいっているということ，あるいは課題やその文脈の欠陥や障害を探す必要がないことを伝える。そのため，肯定的な情動が生じているときには，オープンな心的状態をもち，環境を探索し，実験的なことを試み，創造的になることができる。逆に，否定的な情動と気分は，人を警戒させ，その否定的な感情や気分を生じさせている原因を特定するために，課題や文脈を注意深く調べさせる。Bower & Forgas（2001）は気分一致効果にふれ，

そのなかで否定的な気分が否定的な情報を刺激し，肯定的な気分が肯定的な信念や期待，記憶を刺激することを示している。

また，肯定的な情動は人のパフォーマンスに対するより好ましい判断と同時に起こりやすいということや（このとき人は自分のパフォーマンスを過大評価しやすくなる），否定的な情動はより好ましくない判断といっしょに生じやすいこと（このとき人は自分のパフォーマンスを過小評価する傾向がある）が一般的に知られている。Carver & Scheier（2000）は，進歩の評価や努力する意志と情動を関連づけている。さらに，情動は人が自分の基準を超えているか下回っているかを伝える合図としても用いられることも論じている。前者のように基準を超えている場合には，停止規則を組み込むことができるし（いわゆる惰走行動），後者のように下回っている場合には，より努力を投入する必要がある。

Carver & Scheier（2000）の理論と一致して，Boekaerts（2007）は次のようなことを明らかにしている。肯定的な情動は，満足できる成績を超えていることを生徒に伝え，成績に対する好ましい判断が生じる。その一方で，否定的な情動は，基準に達していないことを伝え，そのことが自己評価を低下させることになる。Boekaertsの研究結果は，CarverとScheierの2つめの予測，つまり否定的な情動によって人がより努力を費やすように動機づけられ，肯定的な情動によって惰行運動が生じるという予測を支持しなかった。

Boekaerts（2007）の研究結果は，Fredrickson & Losada（2005）によって提唱された仮説を支持している。その仮説は，自分の目標を達成するための十分な資源をもっている状態もしくはもっていない状態として情動を解釈できるというものである。Boekaertsは次のようなことを明らかにしている。肯定的な情動が生じている状態で数学の宿題をしている生徒は，挑戦を受け入れる（つまり，努力を高めること）のに十分な資源をもっていることを伝える合図として自分の感情状態を解釈している。逆に，否定的な情動を経験している生徒は，課題に取り組むのに十分な資源をもっていないことを伝える合図として，自分の感情状態を解釈する。そういった生徒は，おそらく自分の情動を調整することに対して注意を向け直す必要があるため，課題に取り組む努力を控えてしまう。Boekaertsは，学習課題に対するポジティブさの感覚やネガティブさの感覚が，努力の配分や管理を決定するための認知的な情報を拡大したり，弱めたり，減じたり，結びつけたりすると結論づけている。言い換えれば，肯定的な情動と否定的な情動は，窓を開けたり閉めたりするため，生徒は学習の機会から利益を得たり，学習を控えたりすることができるのである。

◆◆達成に関連した情動

教育に関する研究者は，おもに数学の学習との関連で情動の研究を行なってきた。彼らは，生徒の学習や自己調整方略，学業達成に影響する肯定的な情動や否定的な情動を特定している。相関研究や構造方程式モデリングを用いた研究によって，否定的な情動が有害な結果（たとえば，数学の達成度の低さ）と関連していることや，数学の否定的な結果が否定的な感情と同時に生じることが明らかにされている（Sideridis, 2005）。

Pekrun et al.（2007）は，肯定的な情動と否定的な情動という伝統的な二分法を超えて，情動は活性化している，もしくは活性化していない認知的，生理的プロセスであると論じている。彼らは，学業関連の情動を4つに分けている。それは，活性化した肯定的情動（学習の楽しさ，成功への希望，誇りなど），不活性な肯定的情動（成功後の落ち着き，安堵感など），活性化した否定的情動（いらいら，恥ずかしさ，不安など），不活性な否定的情動（絶望感，退屈など）である。

Pekrun et al.（2007）は，これら4タイプの情動が動機づけや学習方略の使用，達成度に影響することを予測し，それを確認している。横断研究や縦断研究，日記研究によって，生徒は教室においてさまざまな自己に関する情動や課題に関する情動，社会的情動を経験することが示されている。理論的予測に合致して，活性化した否定的情動（不安，怒り，恥ずかしさ）よりも，不活性な否定的情動（絶望感と退屈）のほうが動機づけや学業達成の指標との間でより強い負の相関を示した。ま

た，肯定的情動はいずれも（安堵感を除く）学業達成の高さを予測した。

■ 情動調整

　情動調整が示唆するのは次のことである。人はルールにそって自分の情動を方向づけたいと思っており（regulaはラテン語でルールを意味する），そのことが情動をより規則的なものにする。情動調整は，自分自身の情動とその表出を**理解する**能力と，情動が重要な目標の追求や社会的相互作用に干渉するときに，情動経験の各側面を修正したり調節したりすることによって秩序をもたらす能力をさしている。生徒は情動がエネルギー源であることを理解しているかもしれないし，理解していないかもしれない。また，情動の力を無視することができるかもしれないし，できないかもしれない。しかし，情動的な喚起（心配や自責など）の強さや長さを増したり減じたりすることができなければ，成績や対人関係を妨げることになる。その一方で，自分の情動を調節する能力は，学業の文脈や社会的文脈での機能を促進する。

　実際，情動調整は，どの情動を経験するか，いつどのようにそれを経験するか，どのようにそれを伝えるかを操作する多様な統制プロセスのセットとしてみることができる。これらの統制プロセスは，意識的で計画的なものであるかもしれないし，あるいは潜在的で自動的なものかもしれない。Gross & Thompson（2007）は，情動調整はあいまいな概念であると指摘している。情動調整は，情動による調整（たとえば，情動が人の思考や行動，生理的反応を調整すること）をさしているかもしれないし，情動それ自身が調整される多様なプロセスのことをさしているかもしれない。「情動調整」という用語を使うことは，情動プロセス自体とそのプロセスの調整とを区別することを示している点が重要である。

　情動を調節することは，必ずしも情動を軽視しなければいけないということではない。情動を表出することは有益であることもある。情動を表出することによって，他者がその人の感情を考慮することができるからである。また，問題を避けたり，状況を再評価したり，ソーシャルサポートを引き出したりするために，情動を抑制することも重要である。情動を調節することは，否定的な情動についてだけあてはまるものでもない。社会的な相互作用が控えめな行動表出を求めるときに，誇りや喜び，幸福感といった肯定的な情動を抑えることも情動の調節に含まれる。人生のかなり早い段階から，子どもは情動の伝え方が親の行動に影響することに気づいている。子どもは成長するにつれて，状況に特有のやり方で情動を調整し，親や教師，仲間の反応に影響を及ぼし得ることを学んでいく。言い換えれば，肯定的な情動と否定的な情動を調整することが適応的な機能をもつことを学習するのである。

◆◆ストレスフルな状況に対するコーピングは情動調整と異なるのか

　研究の文脈において，否定的な感情を調節する生徒の能力に言及するものとして，さまざまな用語が互換的に使用されてきた。たとえば，感情調整，情動調整，コーピングである。

　Gross & Thompson（2007）は，情動調整とコーピングを感情調整の下位側面としてとらえている。ストレスフルな状況へのコーピングは，それがおもに**否定的な**感情を引き起こす逆境に対応することに焦点をあてているという点で，情動調整とは区別できる。コーピングに関する研究の大部分は，より長い時間間隔（たとえば，最愛の人を失ったことを受け入れることやくり返される失敗にコーピングすること）に焦点をあてているけれども，かなり情動調整と重なる部分もある。

　子どもや青年におけるコーピングの研究をまとめるために，Compas（1987）は特定のライフイベントによって生じる急な要求（たとえば，両親の離婚）と日常的なやっかいごとを区別している。日常的なやっかいごとは，教室や家庭，登下校中に起こるような出来事で，いらいら，欲求不満，不安を引き起こすようなものである。慢性的なストレッサーとは，家庭（貧困や母親の抑うつ，きょうだい間葛藤）や学校（いじめ，孤立）といった環境で，嫌悪的な状況を引き起こす継続的なス

トレス度の高いライフイベントのことである。学校ストレッサーは，社会的葛藤（仲間からの拒絶，いじめ，教師のハラスメントなど，不快な社会的経験）と学業的ストレッサー（失敗,学業不振,最適ではない学業状況,試験のストレス）に分けることができる。急性のストレッサーも慢性のストレッサーも，教室での生徒のふるまいに干渉する。その影響の程度は，生徒自身のストレッサーに対する解釈と問題のある状況に対して行なうコーピング方略によって決まる。

◆◆ストレスフルな状況の心的表象

Lazarus & Folkman（1984）は，ストレスフルな状況に対する個人の評価という観点からストレスを定義している。彼らは，なんらかの新しい予期せぬ状況は，一次的評価と二次的評価を生じさせるとしている。一次的評価は，その状況が自分のウェルビーイングに対してどの程度重要であるか（無害なものか,脅威的なものか,有害なものか）を決める。その状況が自分の目標や欲求，動機にとって重要であると考え，知覚された状況の要求とその要求に応じる自分の資源との間に差を検知した場合に，その状況は問題であると評価される。二次的評価は，ストレッサーに対するコーピング資源を考えることによって，脅威や挑戦，有害さの程度を決める。

Lazarus & Folkman（1984）は，特定のストレッサーに関係する先行経験（直接的な経験もあれば，代理的な経験もある）をもってストレスフルな状況に直面するとも論じている。この情報は，問題状況を解釈するための一連の内的な文脈を形成する。Perrez & Reicherts（1992）は，個人がストレスフルな状況に対して形成する心的な表象を明らかにし，ストレスフルな状況を類型化するための5つの特徴を見いだしている。その特徴は，あいまいさ（ストレッサーを解釈するのに十分な情報があるか），誘意性（その状況が自分にとってどの程度重要か），変化可能性（何か行動を起こさなくてもストレッサーはなくなるか），統制可能性（その状況をコントロールできるか），再現性（その状況が将来に再び起こるか）である。

◆◆適応的なコーピング方略と不適応的なコーピング方略

ストレスの研究者は，慢性的なストレッサーや日常的なやっかいごと，あるいは不特定のストレッサーに対して人が用いる多面的な方略を明らかにしてきた。研究者たちは，生徒が用いているコーピング方略について因子分析を行ない，まとまったコーピング方略のセットを作成している（レビューについては，Boekaerts & Röder, 1999を参照）。たとえば，Frydenberg（2004）は，青年が以下のような18種類のコーピング方略を共通して用いていることを報告している。それは，ソーシャルサポートの探求，社会的行動（同じ関心をもつ人々のところに参加すること），所属の探求（関係を改善すること），親友に対する投資，希望のある考え方，心配，一生懸命な取り組み，自己保身，リラックスできる気晴らしの探求，身体的なレクリエーション，肯定的な側面への焦点化，問題の無視，緊張の低減，専門的なサポートの探求，スピリチュアルなサポート，自己非難，コーピングしないこと，問題の解決である。Frydenbergはその年齢差と性差についても報告している。彼女の研究対象のなかで，年長の生徒（15歳から16歳）よりも年少の生徒（11歳から13歳）のほうが「一生懸命な取り組み」方略を多く用い，自己非難方略と緊張の低減方略を用いていなかった。女子は，男子よりもすぐに問題に取り組む傾向があり，ソーシャルサポートの探求方略，希望のある考え方方略，緊張の低減方略を用いる傾向があった。男子は，静観するような方略を採用し，ソーシャルサポートを求めるよりも自分自身で何とかすることを好む。

ストレスの研究者のなかには，次のように論じているものもいる。人が急性のストレッサーや慢性的なストレッサーに対応するために用いるさまざまな方略を記述していくことは有益であるが，個人が優先的に用いるコーピングスタイルを明らかにすることのほうがより有益である。たとえば，Lazarus & Folkman（1984）は，問題焦点型コーピング（ストレスの源に働きかけることによって状況を変化させようとする試み）と情動焦点型コ

ーピング（精神的に，もしくは，実際にストレスの源から離れることによって情緒的な落ち込みを減じようとする試み）という基本的な二分法を提唱している。これら2つのコーピング・スタイルを，接近型コーピングと回避型コーピング，一次的コーピングと二次的コーピングと名づけている研究者もいる（Boekaerts & Röder, 1999を参照）。

　研究者たちは，情動焦点型コーピングと問題焦点型コーピングの効果について述べているが，個人がもつ**コーピングの目標**と**知覚されたコーピングの効力感**を知らずして，コーピング・スタイル（もしくは問題に対する方略）の適切さを評価することはできない。たとえば，友だちがいっしょに宿題をするために放課後集まろうとしていることでジュリーがストレスを経験しているところを想像してほしい。彼女は友だちといっしょに勉強するのは好きだけれども，彼女がふだんからふるまっているほどには賢くないことを友だちに知られてしまうことを恐れている。このストレッサーは，人気者になりたいというジュリーの明確な目標に干渉するだけでなく，学業面での目標にも干渉する。恥ずかしい思いをしなくてすむように，ジュリーは勉強するのはかっこよくないし，優れた運動選手になるほうが重要だということを伝えながら学業を回避する。これは効果的でないコーピング資源の管理のしかたとして典型的な例である。

　ストレッサーにコーピングするためにコーピング方略を選択することは，一度きりの選択プロセスというわけではない。それは，一連の相互作用を含むダイナミックなプロセスである。たとえば，ジュリーが問題焦点型コーピング（たとえば，数学の問題の解き方を説明してくれるように親友に頼む）に切り替える前に，情動焦点型コーピング（たとえば，否定や心配）を用いるのはもっともなことである。ストレスフルな状況では，生徒は問題や葛藤を解決しようという長期的な意図と同時に，すぐに気分をよくしたいという直接的で性急な欲求をもつことがよくある。コーピングしている間，このような短期的な目標と長期的な目標とは，目標システムのなかで優先権をめぐって競合することになる。

◆◆コーピング方略を獲得することは通常の発達の一部である

　研究者のなかには次のように論じているものもいる。児童や青年は認知的，情動的，身体的，社会的発達の時期にあり，彼らが不安や怒り，抑うつを感じる状況は，数週間後あるいは数か月後にはそれほど問題であるとみなされないこともあり得る。たとえば，学校が変わったり，家が変わったりするような主要な移行期には，多くの若者が日常生活を混沌としていて問題が多いと評価する。彼らは，新たな状況に対して適切な心的表象を形成することができず，うまくストレッサーにコーピングすることに困難を感じる。彼らは新たな状況を，非常に重要で，再び起こる可能性があり，不変的で，統制不可能であり，あいまいであると特徴づける（たとえば，新しい学校でどのようにふるまったらよいのかわからない，私はルールを知らない，だれも私のことを理解したり気にかけたりしてくれない，など）。そのような移行は，通常の発達の一部であるけれども，不確かな経験や安全でない経験は，ストレッサーが生じたときに活性化されることがあり，そのために新しい状況を解釈するうえで好ましくない内的文脈を形成する。幸運なことに，大部分の生徒はこの移行期をスムーズに通りすぎていく。それはおもに，数週間後には彼らが習慣的に用いているコーピング方略が新しい文脈でも適切であることがわかったり，あるいは，その状況にコーピングするための新しい方略を学んだりするからである。

　しかしながら，新たな要求が通常の機能をひどく混乱させることもある（たとえば，糖尿病や喘息と診断されること）。うまくいかないコーピングの試みは，状況を慢性的なストレッサーに変化させてしまう場合がある。Boekaerts & Röder(1999)は，効果的なコーピング方略の欠如と結びついた有害な結果を紹介している。たとえば，心身症的な困難（不眠症，頭痛，腹痛，神経過敏，めまい，腰痛など），無断欠席，疲労感，退学，不適応的な社会行動である。

■ 情動調整方略

　学習プロセスを導くために情動と認知が同時に機能していることや，学習プロセスを進めるために生徒は自分の情動を調整できるようにならなければならないということが，しだいに明らかにされつつある（Pekrun et al., 2007）。これまでにいくつかの情動調整方略が示されている。たとえば，情動表出や情動抑制，状況の再評価，否定と気晴らし，回避とあきらめ，状況の選択と操作，ソーシャルサポートの提供と獲得である（たとえば，Gross & John, 2002）。情動調整方略は予防的なものにも治療的なものにもなり得ると研究者は論じている。生徒は情動が生成されるプロセスのいずれの時点においても情動を調整することがある。たとえば，彼らはある状況を選択し，他者を避けることによって，自覚が高まるのを回避するかもしれない。彼らは情動が生じたときに，情動抑制（たとえば，自分で冷静さを保つ）やひとりごと，状況の変容（たとえば，どこか他のところに行って座る）によって覚醒レベルを低下させるかもしれないし，あらかじめソーシャルサポートを求めたり，望まないアドバイスや評価的フィードバックを断ることによって否定的な感情を弱めたりするかもしれない。

　Eisenberg & Spinrad（2004）は，すべての生徒が自分の情動を方略的に調整できるわけではないと論じている。情動が引き起こされた時点で取り組んでいた（社会的）活動を続けるような方法で，情動を調節することはできない。Eisenberg & Spinradは，生徒が教室で用いる情動調整方略のタイプは，親のモデリングやコーチング，あるいは，親が与えるソーシャルサポートによって影響を受けることを示している。たとえば，強い夫婦間葛藤がある家庭で育った子どもは，攻撃的なコーピング方略や行動面での外在化問題を発達させるか（とくに男子に多い），急性の落ち込み反応を発達させる（とくに女子に多い）。

　Ramsden & Hubbard（2002）は，適切な構造をもち，ソーシャルサポートが得られるような家庭で育った子どもは，情動調整方略に関して幅広いレパートリーをもつことを示している。彼らの研究では，子どもの自己評定による情動調整は攻撃行動を最もよく予測することが示されている。子どもの情動に対する家族の受容は情動調整の高さと関連する一方で，家庭における情動の否定的な表出性は情動調整の低さと関連する。

◆◆情動の表出（発散）

　情動を表出することには，たとえ情動を強めたとしても，その人が感じていることに注意を向けさせるためにかなりの利点がある。たとえば，姉がテレビのスイッチを切ってしまったとき，小さい子どもは泣き叫ぶかもしれない。その子どもの情動の強さは，祖父の注意をひき，好きな番組を観るというその子どもの目標を達成するためのサポートを引き出すかもしれない。同様に，より年長の子どもであれば，状況を変化させるための方法として情動表出を使うだろう。グループのメンバーが自分の意見に耳を貸さなかったとき，ある生徒は落胆やいらいらを示すかもしれない。その生徒の情動表出は，即時的な社会的結果をもたらす。グループのメンバーは，その生徒が不意に青ざめて怒りだし，声を荒げるのを観察することになる。このことによって，メンバーの行動や状況は変化する。メンバーたちは，その生徒が課題に貢献している部分に注目し始めるかもしれない。Rimé（2007）は，情動を表出することによって状況の性質を変えてしまうのは，1つの情動調整の強力な方法であることを示している。

　情動の表出は，言語的な喜びや身体的な喜び，誇り，攻撃性，泣き，引きこもりなど，さまざまな形をとることがある。文化によっては，これらすべてのタイプの情動表出が適切なものとして受け入れられるわけではない。生徒は教師や仲間と情動を共有するようにすすめられるかもしれないが，情動の非言語的な表出をコントロールすることも期待される。年少の子どもは，落ち込んでいるときに，泣き叫んだり，他者を叩いたり蹴ったりすることによって非言語的な形で情動を発散する傾向がある。この行動をみた親は，自分が感じていることを表現するために言葉を使うこと，つまり，より受け入れられやすい情動表出の方法を

促そうとする。また，親は子どもの情動を共同調整するかもしれない。子どもの気をそらそうとしたり（たとえば，ストレッサーから注意を引き離す），子どもがいらいらするような課題を手伝ったり，脅威的な状況を再評価するように手助けするのである（たとえば，これはただの映画であって実際には人は死んでいないことを伝える）。親が適応的な情動表出をモデルとして示すことが不可欠である。発達的な研究では，子どもの情動表出に対する親の対応は，子どもが逆境に対してどのようにコーピングするかに強い影響を与えることが示されている。Eisenberg & Spinrad（2004）は，子どもの情動表出に対して親が支援的である場合に，子どもはあらゆる状況で否定的な情動にうまく対応できるということを報告している。子どもの情動表出を軽んじたり，罰しようとしたりする親は，効果的な情動調整を抑制しているのである。

◆◆情動の抑制

　情動の抑制とは，自分が感じていることを隠そうとする努力や，情動的な経験自体を禁じようとすることをさす。Grossとその共同研究者（たとえば，Gross & John, 2002; Gross & Thompson, 2007）は，情動を喚起するようなビデオを観ながら自分の情動を抑制するように言われた人々は，うまく表出行動を抑えられるということを明らかにしている。情動を抑制する教示は，肯定的な情動の主観的な経験を減じるが，否定的な情動に対しては効果をもたない。情動を抑制しようという試みは，共感的な喚起を減じるよりも，むしろ一貫して増加させてしまう。Gross & Thompson（2007）は，情動の抑制はコストを生じることを示している。情動の抑制は，コントロール喪失の感覚や抑うつ傾向と関連している。研究者たちは，抑制に関する研究知見から次のように結論づけている。この形態の情動調整は，自覚の経験それ自体を弱めるわけではないため，限られた価値しかない。さらに，情動の抑制は，情動のエピソードの間に連続的なモニタリングを必要とするが，そのことによって，その時取り組んでいる活動や以降に取り組む活動に必要な認知的資源を減じてしまう。

　学校では，強烈な情動はその時に取り組んでいる活動をじゃまするため，子どもは情動を弱められるようになることが不可欠である。このことは，子どもは教室での情動経験をいかにして管理するか（たとえば，教師から低い得点を渡されたときに怒りを抑えること，試験の始まりのときに不安を抑制すること，他の人が試験に失敗したときに自分のよい成績についての喜びを抑えること）を知る必要があるということを示唆している。年齢が低い児童や生徒は，自分の情動をすぐにコントロールすることはできないかもしれない。自分の情動調整のやり方が，受け入れられないものであるということにさえ気づかないかもしれない。それは，彼らの情動が，不適切な時に生じていたり，多すぎる頻度で生じていたり，不適切な文脈で生じていたりするためである。

◆◆否定と気晴らし

　Baumeister et al.（2007）は，ものごとがうまくいっていないことを伝える情報を無視すると，自己破滅的な行動や自己調整の失敗につながると論じている。彼らは，落ち込んでいる人々は自覚を不快なものであると経験していることや，その不快な経験によって自覚から逃れるように人は動機づけられることを明らかにしている。強調されている点は次のようなことである。それは，侵入思考はかなり強力であり，それを止めることはモニタリングのシステムによって妨害されるために，自覚から逃れるのは困難だということである。モニタリングを避けるための1つの方法は，具体的だけれどもあまり意味のないこと（たとえば，羊を数えたり，深呼吸をしたりすること）に注意を向けることで，自分自身の気を逸らすというものである。

　教師に叱られた生徒や仲間からバカにされていると感じている生徒は，自分の恥ずかしさやいらいらを隠すことで，その状況が存在することを否定することがある。彼らはその状況を避けることはできなくても，困った出来事から注意を逸らすことはできるかもしれない。人は情動を喚起させた刺激に注意を向けたり，そこから注意を逸らしたりすることで自分の情動を変化させることがで

きる。たとえば，医学部の1年生は，頭部に損傷を負った人々の教材DVDを観たときに気分が悪くなるかもしれない。自分の情動を変えるために，彼らは物理的に注意を逸らしたり（不快な画像を観るときに目を閉じるなど），楽しい記憶に注意を向けたりするかもしれない（心理的妨害）。このことによって刺激は弱まるが，それと同時に頭部の損傷について学習する機会を失ってしまう。

◆◆状況の再評価

肯定的な情動を増大させたり，否定的な情動を減じたりするための効果的な方法は，状況を再評価することである。Loewenstein（2007）は，肯定的な感情を促し，否定的な感情を抑制するような方法（つまり，希望の光を見いだす方法）で情動的な状況を構成する行為が再評価であると定義した。たとえば，ジュリーは試験の最初の問題が解けないために不安と不幸を感じていた。彼女はまわりを見回し，ふだんはよくできる親友も同じように困っていることに気づいた。そして，この問題はだれにとってもむずかしい問題であると思い，2番目の問題から取りかかった方がよいと判断した。この例で，ジュリーは直面している失敗を個人的な出来事と考えるのではなく，より客観的な方法で考える（だれにとってもむずかしいものとして考える）ことによって，学習課題を個人的なものだとはとらえなかったのである。

Loewenstein（2007）は，これまでの文献を要約し，再評価が一般的に情動調整のための効果的な方法であると結論づけている。彼は健康心理学に関する多くの研究に言及している。それらの研究では，自分の病気に肯定的な意味を見いだしている患者は，心理的な適応がよく，しばしば早期に回復することが示されている。Gross（1998）は，不快な映像を観る前に再評価の教示（たとえば，用いられているさまざまな手術のテクニックに対して，自分から切り離した形で情動的にならないように注目したり集中したりすることを指示する教示）を受けた医学生は，統制条件の学生に比べて不快感を経験することが少なく，非言語的にも不快感の兆候を示すことが少なかった。交感神経の活動には差がみられなかった。このことは，状況を再評価するように教示された生徒は，より客観的な方法で映像を再解釈できるようになる情報を得たことを意味している。

Mischel & Ayduk（2004）は，4歳の子どもであっても，情動を喚起するような状況に対して再評価を行なうことを促す教示が役立つことを示している。子どもたちは，小さいけれどもすぐ手に入る報酬（1個のマシュマロ）か，ベルを鳴らさずに実験者を待つことができたらもらえるもっと大きな報酬かという選択肢を与えられた。その誘惑に満ちた状況を，感情的でない方法（たとえば，マシュマロはふっくらとした白い雲であると考えたり，マシュマロのまわりに心理的な枠をつくり出したりする）で認知的に再構成するように促された子どもは，感情的な方法（たとえば，マシュマロはもちもちしておいしいものだと考える）で状況を認知的に再構成した子どもよりも，長く待つことができた。

Richards & Gross（2000）は，再評価が認知的な遂行にも有効であると予測し，それを確認している。学生は，否定的な感情を生じさせるようなスライドを観るようにいわれ，記憶すべき情報に集中するように求められた。すると，そのスライドを観る前に再評価の教示を受けた場合に，記憶テストの成績がよかった。この結果に対する1つの説明は，次のようなものである。再評価は情動が生起するプロセスのかなり初期の段階で起こるため，最初の段階で認知的に負荷をかける。しかし，その後はさらなるモニタリングが必要とされないため，記憶すべき情報に集中する処理能力が残されていたのである。さらに，Gross & Thompson（2007）は，状況の再評価は自己効力感や肯定的な気分，情動の共有，神経症傾向の低さと関連するため，学習を促すということも示している。

◆◆ソーシャルサポートの獲得と付与

Sarason et al.（1986）は，両親や教師，仲間とサポーティブな関係をもつことは安全基地を与えるものであり，その安全基地によって個人的な価値やコンピテンスの感覚が生じるとしている。この個人的な価値やコンピテンスの感覚によって，

生徒は新たな課題に向かっていくことができる。教室でうまくやっていくために，子どもは道具的なサポートや情緒的なサポートを獲得する（引き出す）方法，与える方法を学ばなければならない。**道具的**サポートは，適切な方法で援助や助言，フィードバックを引き出すことである。Karabenick & Newman（2009）は，「援助要請」という用語を用い，それは適応的な場合もあればそうではない場合もあるような自己調整方略だとしている。たとえば，生徒は過剰な援助を求めるかもしれないし，必要で利用可能なときにも援助を求めないかもしれない。あるいは，努力することを避けるために援助を引き出そうとするかもしれない（自分の知識やスキルを高めたいからではなく，たんに他者に課題をやってもらうことを期待する）。必要に応じて援助を与えたり，獲得したりするスキルをもつ生徒は，学習者として成功しやすい。なぜなら，そういった生徒は他者がもつ資源を使って自分の資源を拡張することができ，そのために課題焦点的になる機会をもつことできるからである。

Sarason et al.（1986）によると，自分が所属するコミュニティにうまく統合されている個人は，必要なときにソーシャルサポートが利用可能であることに気づいている。親密な関係は，**情緒的**サポートを与えたり，受けたりする機会を提供することをとおしてウェルビーイングに寄与する。情緒的サポートは，幅広い状況の共有を含んでいる。たとえば，問題を開示したり話し合ったりすること，関心を共有すること，肯定的な感情（尊敬，承認，共感，励ましなど）や否定的な感情（不承認など）を表現することである。そのような情動経験を共有することは，情緒的サポートを与える側にも受ける側にも情動を生じさせる。Rimé（2007）は，共有のセッションを開始した人が表出した情動の強さと聞き手の情動の強さの間に線形の関係があることを報告している。また，中程度の情動は，多くの場合に聞き手の言語的な行動を引き出す一方で，強烈な情動はおもにタッチングや身体接触，キスなどの非言語的な行動を引き出すことも示している。Rimé は情動を共有することは，人々をお互いに近づけ，信頼できる状況をつくり出すと説明している。情動の共有は，社会的きずなを維持したり新たにすること，あるいは，ウェルビーイングを高めることに役立つのである。

Zimmerman & Kitsantas（2002）の研究では，道具的サポートと情緒的サポートの組み合わせが情動調整にとっての鍵になることが示された。彼らは，ある種のスキル（ダーツを投げたり，文章の書き直す方略を使ったりすること）を練習する前にコーピング・モデルをみた学生は，新しいスキルを器用にこなしてしまうモデルをみた学生よりも遂行成績がよかった。この研究はZimmerman が考えている仮定を支持するものであった。その仮定とは次のようなものである。情動調整と意思的な方略を実行しようとして「努力する」コーピング・モデルを観察することによって，新しいスキルが複雑であることや，多くの困難によってスムーズに目標を追求できないこと，しかし，その状況は変化させたり，コントロールしたりできることを生徒は知ることができる（これらは，Perrez & Reicherts（1992）がストレッサーを分類するのに使った2つの特徴であることを思い出してほしい）。さらに，Zimmerman & Kitsantas（2002）は，熟達モデル条件や統制条件に比べて，コーピング・モデル条件では観察学習を改善し，事後テストセッションでスキル獲得が優れていることも明らかにしている。

Corno（2004）もまた，よい学習習慣をモデリングすることと，個人的な資源の最適な使用のしかたや困難と妨害に対する効果的な方法について議論することから生徒が得るものは多いことを示している。Gollwitzer（1999）と同じように，彼女は実行意図がいかにして形成され，実行計画に変換されていくかを説明している。Gollwitzer は，生徒が形作られた実行計画を事前にもっているとき（たとえば，学校から帰ったら，母親といっしょにお茶を飲むけれども，5時ちょうどになったら自分の部屋に行って宿題をし始めるなど），特定の環境上の手がかりの探索と注目が促されることを明らかにしている。実行計画は二重の意味で利点をもっている。1つ目に，実行計画はよい学習習慣の開始を特定の環境上の手がかりに結びつける。そのことによって，意識的な意図やモニタ

リングが必要でなくなるため，あらかじめ特定されたスクリプトが即時的なものになる。2つ目に，実行計画は一度決定的な状況が生じたら，望まない否定的な情動から生徒を守ることになる。

◆◆意識的な気づきをともなわない情動調整

先の節で述べた情動調整方略はすべて効果的なものかもしれない。どの方略がもっとも効果的であるかは，その時の生徒の目標によって異なる。否定的な自覚を感じている生徒は，すぐによい気分になりたがることが多い（予防焦点）。この切迫した要求は，知識やスキルを広げようとする努力（促進焦点）をあきらめるように求めるかもしれない。重要なことは，促進焦点から予防焦点への転換，あるいは，その逆の転換は，無意識的に生じ得るということである。

Barghとその共同研究者（Bargh & Williams, 2007）は，われわれがもつ目標の多くは，環境上の手がかりによって無意識的に引き起こされるものであり，いくつかの自己調整メカニズムは意識的な情報処理とは独立に働くことを示した。彼らは，意識的な情報処理が何か他のものに焦点化している間に無意識的に関与する無意図的な活動をいくつもあげている。入ってきた情報は，最初の選別のプロセスで，肯定的な誘意性をもつか否定的な誘意性をもつかという点から自動的に評価され，符号化されることが示されている。また，人はそれに気づいたり，そうする意図なしに，自分がかかわる相手のジェスチャーや姿勢，表情，行動をよく真似することも知られている。

興味深いことに，Bargh & Williams（2007）は，自動的に生じる情動調整はより信頼できるものであり，一貫性のある調整方法であるとしている。それは，見過ごしていた環境上の手がかりを利用しているからというのではなく，認知的負荷が高い状況でも効率的に働くからである。この点はBaumeister et al.（2007）によって報告された研究知見と照らし合わせても重要である。その研究知見は，情動調整と自己調整が限られた処理資源をめぐって競合するというものである。彼らは，否定的な情動を調整することが自己調整システムを枯渇させ，肯定的な情動がシステムを再充電する

ということを明らかにしている。

神経科学における近年の進歩によって（Ochsner & Gross, 2007参照），情動経験を生じさせる脳の中心部分と情動を調整する脳の中心部分を特定することが可能になった。これらは，情動調整方略に関する今後の研究を補う新たな興味深い研究領域である。

■ 実践への示唆

社会化のかなりの部分は，自分たちの文化のなかでどのような情動が適切であって，どのような情動が適切でないかを子どもに教えることに向けられている。たとえば，ほとんどの文化では，葬式のときに喜びや満足感を示すことは不適切であるし，結婚式のときに悲しみや落胆を示すことは不適切である。こういった情動を経験した人々は，それを調整することが求められる。ある文化のメンバーは，予測できるようなやり方でふるまうことが必要であり，ソーシャルサポートを与えてくれている人々に対してきちんと説明することが求められる。生徒は自分の情動を調整する能力についての暗黙の理論をもっており，情動調整の努力がさまざまな結果に与える効果について学ぶ機会から彼らは得るものがある。

効果的な情動調整を促そうとする親と教師は，生徒の情動の覚醒レベルを扱う能力を考慮したうえで，自分で何とかできるような情動的要求をともなう日課を生徒に与える必要がある。親や教師は情動の原因を説明する必要がある（たとえば，仲間は不公平な扱いを受けたから怒っているなど）。また，子どもに対して情動について話したり，効果的な情動調整の方略を真似たりすることが必要である。非難するような言い方や罰するような言い方，あるいは，軽蔑したような言い方にならないように，子どもの情動調整に応じることも必要である。生徒はしばしば否定的な情動を生じさせるような人や状況，場所を避けようとする。しかし，教室のなかで望ましくない状況をいつも避けられるとは限らず，そのことが欲求不満を生じさせるかもしれない。そのとき，不適応的な思考

や行動をより生産的なもので置き換えるようにやさしくすすめることで，生徒にとっては利益が得られる。

Zimmerman & Kitsantas（2002）は，よいコーピングモデルと適切な足場つくりによって生徒が利益を得るということを示している。教師は，コーピングモデルとしてふるまうべきであり，スキル獲得の間に直面する障害についての条件的知識と，それらの障害に効果的にコーピングする方法についての条件的知識を構築できるように促してやらなければならない。また，教師は，生徒が立てる実行計画に対してはっきりと注意を向ける必要がある。生徒があらかじめ具体的な実行計画を立てられるように支えてやることによって，教師は自己調整方略のすばやい活性化を保証し，そのことによって否定的な情動を減じることができるだろう。

私の立場は次のようなものである。効果的な教育実践は，ある領域での認知的発達をモデルとするべきであるだけでなく，情動調整と意思的な方略の発達についても足場づくりをすべきである。たとえば，生徒は安心が感じられ，自分の置かれている状況が統制可能だという自信をもつとき，学習に対して意味のある取り組み方をするだろう。

この目的のために，教師が職に就く前にも就いた後にも教育プログラムを受けられるようにすべきである。その教育プログラムでは，認知的な発達の最近接領域，そして動機づけ的・情動的な発達の最近接領域を見いだすことができるように訓練を受けることができる。教師は，どのようにして認知システムと動機づけ・情動システムが同時に機能するかを知らなければならない。そのことによって，学習状況が引き起こすような情動的な自覚状態を考慮したうえで，生徒が取り組める課題を計画することができる。生徒が否定的な情動がもつ好ましくない影響を受けなくてすむように，教師は課題と文脈の特徴を操作する訓練をすべきである。

■ 今後の研究の方向性

本章で示そうとしたのは，生徒が教室での自分の行動を調整する方法は，ある程度まで自分の情動を調整する能力に基づいているということであった。しかし，情動調整は自己調整学習の文脈ではあまり注意が向けられてこなかった。現在では，研究者が自己調整というラベルを与えているものにはかなりの多様性がある。研究者は，動機づけ的調整，意思的コントロール，コーピング，情動調整など，感情調整がもつ同じような側面に言及するために異なるラベルを用いている。もし学習の自己調整の研究にかかわる理論家のあいだで，それらのラベルに関して不可欠な区別とラベルのつけ方について研究上の合意が得られれば，かなり得るところは大きいだろう。自己調整がシステムを表わす概念として研究されれば，この研究領域にはメリットがある。

本章では，これまでに蓄積されてきた非意識的な情報処理に関する研究と神経科学に関する研究を少しだけ紹介した。神経科学は，情動調整を研究するための新しいツールと方法を生み出している。学習環境における多様な手がかりが自動的に情動を引き出し，生徒が気づくことなく遂行目標や社会的目標，自己評価の目標を意識づけていることは明らかである。非意識的な情動調整は，興味深い新たな研究領域であり，教育心理学者はそこから子どもや青年が教室での自分の情動を何とかしようとする方法に関して情報を得ることができる可能性がある。新しい神経科学の技術と方法を用いた認知的な情報処理と感情的な情報処理に関するデータは，行動面でのデータからは予想できないような学習プロセスと情動調整がいかにして相互作用するかについて，新たな洞察を与えるかもしれない。

【訳注】
☆1：目標志向的にではなく，惰性によって続けられる行動。

第27章　自己調整学習におけるジェンダーの影響

Kay Bussey
Macquarie University, Sydney, Australia

秋場　大輔（訳）

　大学卒業者総数に占める女子の割合は，年々増加の傾向にある。たとえばアメリカの場合，現在学士号の過半数以上が女子へ授与されているというデータが発表されている（National Science Foundation, 2007）。その一方，大学や大学院における理数系専攻および理数系の職業を考慮した場合，女子は影の薄い存在となっているという事実は否めない（Ceci, Williams, & Barnett, 2009; Hill, Corbett, & Rose, 2010）。女子の理数系能力が男子のそれにまったく劣らないものであるという研究結果が次々と発表されるなか，上記の性差は根強く残っている（Hyde, Lindberg, Linn, Ellis, & Williams, 2008）。この章では，理数系科目の学習プロセスと学習成果などを男女異なる形で左右すると思われる要素を分析していきたい。

　能動的に学習に取り組むことは，よい成績をめざす際にきわめて重要である。生徒各自は「学ぶプロセスの主役」として，予見，目標設定，結果予測，自己調整方略の検討と実施，自己評価などを行なう。それに際しての自己効力感（特定の課題に取り組むにあたっての自己の能力に関する信念）のたいせつさはいうまでもない（Bandura, 1997）。こういった自己概念がいかに自己調整学習や学習結果と関連するか，そして自己概念におけるジェンダーの影響をこの章の焦点とするが，まず自己調整学習に関する主要概念の定義を提示していきたい。

■ 自己効力感と自己調整学習

　自己調整学習の力量は，好ましい成績を残す鍵とされる。自己調整学習の理論的背景には，人間の機能を総体的に説明する社会的認知理論（Bandura, 1986）があげられる。この理論は認知のメカニズムや社会的要素，動機づけなどを幅広く包含することで知られる。能動的な学習を実現するには，自己調整学習のほか，適切な自己効力感もたいせつとされる。したがって能動的に自己調整学習に挑むに際し，思考の制御，動機づけ，感情，言動などに関し，高い自己効力感をもつことがたいせつとなる（Bandura, 1997; Caprara et al., 2008）。言い換えると，自己調整学習のスキル自体は真空のなかで習得されるものではなく，社会的に価値があると生徒に認知され，かつ生徒自身がマスターできると感じたときに伸びる傾向にある。もちろん，この「社会的価値」の認知や自己効力感が生徒の性別に大きく影響されることはいうまでもない。たとえば，女子に比べ男子は数学を学習するようすすめられるチャンスが多いうえ，たとえ実力は同等であっても女子に比べ男子のほうが自分の数学能力を過大評価する傾向にあるなどの研究結果が出ている（Britner & Pajares, 2006）。

　社会的認知理論の枠組みのなか，能動的学習は生徒の個人的要素，環境的要素，そして行動パターンの3体相互関係モデルに基づいた概念化がさ

れている（Bandura, 1986）。生徒自身の**個人的要素**が自己調整や自己効力感に関連する認知，感情，または生理学的プロセスなどを含む一方，**環境的要素**は社会的影響や物理的環境などさまざまな要素により成り立つ。社会的そして物理的な要素それぞれが生徒の能動的学習にプラスあるいはマイナスの影響をもたらす可能性があることは，ここで特筆に値する。この2種類の要素に加え，生徒たち自身の実際の行動や学習結果などが「**行動的パターン**」という第3カテゴリーを構成する。

このモデルは変動的なものであり，時と場合によりそれぞれの要素のもつ勢力がそれぞれ相対的に変化する傾向にある。たとえば，自己効力感のとくに強い生徒の場合（個人的要素），物理的あるいは社会的要素（環境的要素）がマイナスなものであってもがんばり続ける（行動パターン），というシナリオも考えられる。また，このような生徒の場合，環境のマイナス要素をものともせず，自ら環境的要素の改善を試みるなどの解決法を見いだすこともあるであろう[☆1]。

自己効力感や自己調整学習スキルの発達を司る社会的要素は数多く，さらにその多くはジェンダーと関連している。こういった社会的要素を詳しく紹介する前に，自己調整学習とジェンダーの関係に焦点をあてたい。

■ 自己調整学習と学業達成における性差

学力自体に顕著な性差はないとされるものの，職業選択，学校での専攻，学業達成などにおいて大きな性差がある。女子は男子に比べ読み書きに優れている一方，数学における男女差は思春期を迎えるまで発生しないとされる（Nowell & Hedges, 1998）。思春期の後になりようやく男子が数学で女子をしのぐようになり，その傾向はとくに高レベルな数学で顕著である[☆2]。もっとも，性差別的な価値観や態度を否定する女子が増えてきていることもあり，数学や生物などにおける性差は減少の傾向にあるというデータも提示されている（Hyde et al., 2008; Twenge, 1997）。

しかし，こういった性差の減少傾向にもかかわらず子どもたちは学校で学ぶ教科に関してなんらかの性役割的偏見をもっているようである。後に述べるとおり，このような偏見は親，教師，級友などにより助長され，年齢を重ねるとともに女子は「男子のほうが女子よりも数学や理系科目を得意とする」と思い込むようになり，その結果自己のもつ理数系科目の能力を疑問視するようになる（Else-Quest, Hyde, & Linn, 2010; Spencer, Steele, & Quinn, 1999）。

先に指摘された職業選択，学校での専攻選択，学業達成などの性差は，このような社会的要素や伝統的なジェンダー・ステレオタイプによって女子の動機づけが低下してしまった結果であると思われる。自分がどのような能力をもち合わせているかの認知，なかでもとくに自己効力感に関する認識は，動機づけや学習を大きく左右する。自己効力感は生徒の学業的な目標や将来の職業や大学の専攻などに関する展望や動機づけに大きな影響をもたらし，理数科目の成績の強力な指標とされる（Britner & Pajares, 2001; Hackett & Betz, 1989; Larose, Ratelle, Guay, Senécal, & Harvey, 2006; Pajares & Schunk, 2005）。男性優位とされる職業を考慮すると，生徒の成績よりも自己効力感が職業選択を左右しているという研究結果も出ており，興味深いところである（Bandura, Barbaranelli, Caprara, & Pastorelli, 2001）。次節では，この自己効力感をまず論じ，そこから自己効力感という概念を自己調整学習の枠組みのなかで検討していきたい。自己調整学習の個別の要素である目標設定，方略の選択や実施が自己効力感に誘導されることを考えると（Zimmerman & Cleary, 2006），自己効力感を先に理解することのたいせつさがわかるであろう。したがって学習課題や自己調整学習に関する自己効力感に性差をもたらすジェンダー関係の要素を理解することが，実際の学習や成績の性差を理解する際に重要である。

■ ジェンダーがもつ自己効力感への影響

能力検査の結果や過去の成績といったデータよりも，自己効力感のほうがより正確におのおの

生徒の将来の成績を予測できる。それは「自分がどの程度うまく課題達成できるか」という生徒自身の認識が，努力や失敗した際の再挑戦，自己調整スキルの使用の能力などに影響を与えるからである（Zimmerman & Cleary, 2006）。このように，自己効力感が能動的学習に欠かせないものであるというのが，社会的認知理論に基づいた見解である。また，自己効力感は過去の経験などの限られた要素ではなく，ジェンダーを含め幅広い情報源に基づいたものである。

まだ幼い児童や生徒においても自己効力感の性差は顕著である。たとえば小学5年生から中学2年生までの間，相対的に女子は男子よりも理系科目に優れているとされる。しかし，この比較的優秀な成績にもかかわらず，女子の理系科目に関する自己効力感は概して低いというデータが出ている（Britner & Pajares, 2001）。この成績と自己効力感のギャップが，長期的に女子の理系科目での成功の妨げになると断言して差し支えないであろう。これは，数学に関する自己効力感が数学の成績を強く予測するものであったというPajares & Miller（1994）の研究結果とも関連している。また，同じ研究では数学に関し女子は男子よりも低い自己効力感をもつこと，そして女子の数学問題の正解率が男子よりも低いことが判明した。この低い正解率は，数学試験に関する不安感や自己概念，または数学の有用性などよりも，明らかに自己効力感と関連している。同様に，Hackett & Betz（1989）の研究によると，大学での専攻の選択は数学への適性や苦手意識などよりも，自己効力感に大きく左右されるという。要するに，実際の理数科目の成績よりもこれらの科目に対する自己効力感の欠落が，大学の専攻や職業の選択において理数系分野を避けるという女子の傾向に関与していることが明白なのである。

強い自己効力感は，その科目の学習に際し生徒の努力を推進することにより，ときおりの挫折などの可能性にもかかわらず長期的に成績に対して促進効果をもたらす。また，自らの能力についての自信が高い生徒ほど，不安によって遂行が阻害されてしまうといった傾向はみられない（Bandura, 1997）。

■ 自己効力感の根源

自己効力感がどのようにはぐくまれるかという研究がさかんに行なわれいるという事実は，これまで述べてきた自己効力感と学力の密接な関係と関連している。Bandura（1997）は，過去の学習体験，代理経験，言語的説得，生理的状態の4つを情報源として提示している。これらのカテゴリーに関与する情報が生徒各自により総合的に分析され，自己効力感が形成されていくわけである。Banduraは，このうち**過去の学習体験**が最も勢力の大きいカテゴリーだとしている。たとえば，過去の学習体験において大きな成功を収めている生徒の自己効力感は高いものとなり，そうでない生徒の自己効力感は低いものとなる。教師との共同作業（英語ではguided participation）をとおして好ましい数学の学習体験を重ねた女子生徒の自己効力感が他の女子よりも高く，男子生徒のものに匹敵するレベルになったという研究結果からも，これは明白であろう（Schunk & Lilly, 1984）。さらに，Usher & Pajares（2006）の研究ではこの教師との共同作業をとおした学習体験における成功は，男女を問わずに生徒のその科目における自己効力感のみならず，自己調整学習者としての自己効力感をも高めることが判明している。ただし，ここでいう失敗や成功というのは主観的解釈に基づくものであり，生徒によりその受け止め方が異なる。要するに，同じレベルの成績であっても，それを成功とみなすか失敗とみなすかは各生徒の主観によって誘導されるのである（Lopez, Lent, Brown, & Gore, 1997）。個人的そして社会的要素がこの認知的解釈の差異に貢献しており，学習体験に費やした努力，成功や失敗などの結果に関する帰属，社会的比較などがその要因としてあげられる。

学習体験ほどの統制力はないとはいえ，**代理経験**は自己効力感を左右する要因の1つであり，その重要さは生徒が自分の能力と比べモデルの能力が生徒自身と同等あるいは生徒よりもわずかに優れていると認知した場合にとくに顕著である（Bandura, 1997; Schunk, 1987）。この「相似認知」

には，ジェンダーが関与している。テレビのニュースやドラマ，コマーシャルなどで女性が科学者，数学者として活躍するシーンは稀である。それをみて育った子どもたちは，理数系科目における女子の能力を疑問視するようになり，理数系科目に関する自己効力感は高まらないであろう。また，理数系分野での女性の存在が稀である現状を考慮すると，女子生徒が代理経験のモデルとして効果的な女性を見つけることは困難であり，代理的達成感をとおし自己効力感を高めるという経験もめったにないであろう。

　他者が生徒に直接話し掛けることにより，生徒の自己効力感を左右することを**言語的説得**とよび，その効果は生徒が信頼できると感じる他者の場合にとくに増加する。Bandura（1997）は，言語的説得は学習体験をともなった場合にとくに効果的であると説く。ただし，言語的説得はプラス，マイナス両方の効果をもっており，注意が必要である。生徒の能力や適性に関してプラスの説得をし応援する姿勢をみせれば，たとえ挫折を経験しても生徒はがんばりをみせ高い自己効力感をあらわにするであろう。また成功するためには頑張り強さが必要であり，学習体験が必ずしもスムーズに進まない場合，自己効力が低い生徒や学習自体を重要視しない生徒は，容易にあきらめ他の作業に焦点をあててしまうであろう。女子は理数系科目での成功を必ずしも好ましく思わず，友だちも女子の理数系科目における好成績を重要視しない傾向にある。したがって，女子はとくに理数系科目に関して否定的な言語的説得の被害を被るケースが多くなり，その結果，女子が理数系科目でのがんばりをみせなくなるのである。

　否定的な言語的説得は学習の妨げとなるが，肯定的な言語的説得は学習や自己効力感の育成の糧となる。そういった肯定的な言語的説得の効果は，それが適切，建設的で情報量が豊かな場合にとくに高まる。また，説得内容が現実的であることもたいせつである。それに加え，信頼のおける他者が説得を行なうこと，またその説得の内容も重要である。たとえば生徒の過去の学習における成功例を具体的に使った説得は，自己効力感の向上に有効とされる。一方，漠然とした説得は生徒の長所や短所，これからの課題点などに関する具体的情報に欠けるため効果的ではない。要するに，肯定的かつ具体的な言語的説得が生徒にさまざまな学習課題に取り組むよう意識を向けさせる効果をもち，これはとくに女子の理数系科目におけるプラスの学習体験と組み合わせると効果的である。男子が自己の能力を自発的に高めにとらえて過大評価さえ行なう傾向にあるのに対し，女子の自己効力感や自信は外的な言語的説得に大きく影響される（Watt, 2010; Zeldin & Pajares, 2000）。

　生理的状態が自己効力感の発達要因の第4のカテゴリーとされるが，不安感，ストレスや気分などがよい例である。たとえば学習課題を与えられた際に不安やストレスを感じない場合，生徒は自信をもって取り組むことができる。ストレスやマイナスな気分などは学業の妨げとなり，結果的に自己効力感の低下につながるとされる。むろん，ある程度の緊張感は難易度の比較的高い課題に取り組むにあたりプラスの効果があるとされるが，緊張という生理的状況は，生徒の解釈によってその効果がマイナスになる場合もある。女子は理系科目の学習課題に関し男子よりも高いレベルの不安を感じることが知られており，さらに女子はこの不安を自己の理系科目における学力不足に帰属する傾向がBritner & Pajares（2006）の研究で明らかになっている。女子生徒がモデルとして尊敬することのできる，理数系分野で活躍する女性像の存在が顕著になれば，女子生徒のもつこの非生産的な帰属の傾向も緩和され，女子の理数系科目に関する自己効力感も向上するのではなかろうか。

■ 自己効力感の形成

　上記のように，生徒は過去の熟達体験，代理経験，言語的説得，そして生理的状態という4項目に基づいた情報の評価をとおして自己効力感を形成していく。状況によっては4つの情報源が同等の影響力をもつとはいえ，そうでない場合も多々ある。それぞれの要素が異なった情報を提供する可能性はある一方，4つの情報源の間には一般的に正の強い相関があることがわかっている

（Anderson & Betz, 2001; Hampton, 1998; Klassen, 2004）。たとえば数学にとくに優れている男子生徒の場合，その家族は高学歴であり，家族はもとより教師たちや友人までが彼に高い期待を抱き学業を応援している。また，この生徒は数学系の学習課題に取り組むにあたり，ストレスや不安感を感じることはない。このように4項目すべてに恵まれた生徒は珍しくないにせよ，すべての要素が整わない生徒も存在する。理数系など一般的に女子が不得手とされる科目に取り組む女子生徒などが，そのよい例であるが，この4つの情報源がそれぞれ自己効力感の形成にもたらす影響の性差は，これまでさかんに研究されてきている（Anderson & Betz, 2001; Hampton, 1998; Lent, Lopez, Brown, & Gore, 1996; Zeldin & Pajares, 2000）。

代理経験や言語的説得の2種の要素は男子よりも女子の自己効力の形成に強く貢献し，またこの傾向は女子が不得手とする理数系科目で目だつことが研究により明らかになっている（Anderson & Betz, 2001; Lent et al., 1996; Zeldin & Pajares, 2000）。これは，それらの科目において女子生徒が自己の学習体験のみに基づいて自己効力感の形成がスムーズにできないことを示唆している。そのうえ，女子が不得手とされる理数系科目で好成績を収めた女子生徒は，その成功を自己の実力ではなく運や課題の困難度などの外的要因に帰属するという研究結果も出ている（Dweck, 2002）。したがって，プラスの学習体験に加え，女子生徒はそれを補足する代理経験や言語的説得をとおして自己効力感を形成していくようである。

これらの4つの情報源が自己効力感の性差にもたらす影響を考慮するにあたっては，ジェンダー・ステレオタイプなどを含めた課題そのものの問題，代理経験の対象となるモデルの性質，そして言語的説得を行なう人間の性質（エキスパートであるか，年齢，性別など）のように，生徒が自己効力感を高めていく際の活動とジェンダーとのつながりがどのようであるかが重要になってくる（Britner & Pajares, 2006）。たとえば，専門知識に富んだ人間は年齢や性別を問わず言語的説得をとおして効果的に生徒の自己効力感を高めるだけの信頼性をもち合わせているとされるが，実際には専門知識にとくに抜きん出てた男性よりも，専門知識ではこの男性には劣る女性モデルのほうが，女子生徒の自己効力感を高めるには効果的なのである。よって，生徒の性別により，自己効力感の向上に貢献できる人間の理想像が違ってくる。自己効力感による学習や学力，自己調整学習などへ与える影響を考慮すると，これは非常にたいせつな教訓である。

■ 自己効力感の自己調整学習への影響

自己調整学習は目標の設定や学習方略の活用，それに基づいた学業成績などを含む。自己調整学習に関する自己効力感のたいせつさは，テクノロジーの教育への応用にともなう教授法の大きな変容と関連している（Caprara et al., 2008）。学校の内外を問わずに膨大な量の情報にインターネットでアクセスできる昨今，いつ，どこで，どのようなタイミングで学習するかを自己調整するスキルは重要である。

社会的認知論によると，自己調整学習の知識をもつことと，実際にその知識が応用できることは似て非なるものである。とくに，挫折やストレス，競合した活動に直面した場合など，多くの生徒は自己調整学習の知識を実行に移すことができない。学習での自己調整の遂行に関する自己効力感は，学業におけるやる気を高めることにより学力の向上をもたらすとされる（Zimmerman, Bandura, & Martinez-Pons, 1992）。こういった自己効力感は生徒のおかれる環境に左右されるが，この環境には生徒に一方的に与えられたものだけでなく，生徒自身が選び，つくり出していくものも含まれる。

先に述べた4つの情報源（過去の学習体験，代理経験，言語的説得，そして生理的状況）が己力感の育成に与える影響の度合いは，生徒の性別によって異なる。Usher & Pajares（2006）の研究では，4種類のすべてが自己効力感や自己調整学習に関する自己効力感を左右したものの，女子生徒に限った解析では社会的説得の果たす役割がとくに大きなものであることが判明した。自己効力感を培っていくプロセスにおいて，女子生徒が自

分自身の学習体験そのものよりも他者の意見を重視するという傾向は，ここでも明白になっている。

自己調整学習の遂行にあたっては，自己効力感の他に生徒自身が目標設定や行動の自己制御を行なうことが必要になってくる（Schunk & Pajares, 2002）。社会的認知理論によると，自己調整は，①自己モニタリング（観察），②評価，そして③自己反応という3部分により構成されている。自己調整の過程は，まず学習などに関して自己の出来栄えをモニタリングすることに始まる。生徒の成長にともない，このモニタリングの過程においてより多くの要素が考慮されるようになる。たとえば，「学習初心者」のモニタリングは，問題集を何ページ終えたか，または科目の得手不得手といった漠然としたレベルであろう（Schunk, 1983; Zimmerman, 2000）。理数系科目のように性役割的偏見をともなう分野の場合，このモニタリングの過程における性差がとくに顕著となる。

生徒は，自分が設定した基準との照らし合わせをとおして自己の学習の成果を評価をする。その際使われる基準は，自らあるいは代理経験や他者による評価などをとおしつくり上げられる。とはいえ他人の評価を鵜呑みにするわけではなく，自己の体験などをも熟考することにより生徒はこういった評価基準を見いだす。後に紹介するとおり，学習に関する自己評価基準の発達プロセスには，ジェンダーの要素が大きく関与してくる。子どもたちはその発達の過程において，ジェンダーにより階層化された家庭内や職業上の役割分担をみて育つ（Bussey & Bandura, 1999）。また，友人たちのもつ学業達成，科目の選択，職業選択などに関してのジェンダーに基づいた価値観もさまざまであろう。

性差別は減少の傾向にあるとはいえ，とくに理数系科目での成績のよい女子生徒はいまだ敬遠されることがある。それにもかかわらずこういった科目に興味を見いだす女子生徒もいることは興味深い。女子生徒が効果的に上記の自己評価基準を設定するにあたり，必ずしもジェンダー・ステレオタイプにとらわれないさまざまなモデルと接し，また差別的でないジェンダー価値観にふれることが重要である。一方，男子生徒にとって性役割に準じないモデルや体験にふれることは，女子以上に困難かと思われる。これは，「男っぽい女子」に比べ「女っぽい男子」は，より他者に煙たがられる傾向が顕著なためである。興味深いことに，ジェンダーの壁を越えて活躍する女性の研究に比べると，女性的な分野で活躍する男子の経験に関する研究はほとんど見あたらない。このおもな理由としては，「男性的」とされる分野は，たいがい「女性的」とされる分野よりも社会的地位が高いとされ，女子が性差別を乗り越えて男性主体の分野に参入することの重要さが強調されていることがあげられる。しかしながら，幼児教育や看護などのケア重視の分野での男手不足は問題視されている（Watt, 2010）。モデル不在に加えてステータスの低さ，薄給などが男子のこれらの分野への参入の妨げとなっているが，そういった理由もあり男子生徒はこれらの分野に関連した科目に関しての自己評価基準を設定しがたい状況にあるといえる。

学習成果の自己評価は，多彩な機能を果たす。自分の目標や，他者との比較に基づいた自己評価を下す生徒は，そうでない生徒と比べて数学における自己効力感や自己決定のスキルに富んでいる（Schunk, 1983）。また，自己調整学習のスキルに優れた生徒は，テストの結果を待たずに的確な自己評価をすることも判明している（Zimmerman & Martinez-Pons, 1988）。さらに，数学において自己評価の的確な生徒は，そうでない生徒と比べて自己効力感が高いとの結果も出ている。自己効力感の高い生徒は，自分の問題解決のアプローチにミスの可能性が出た場合，臨機応変に方略の方向転換を図ることができる（Schunk, 1983）。

自己評価の最もたいせつな役割は，評価の結果にともなう方向性の決断にある。基準を満たした場合は自分を褒め，そうでない場合は自分を咎めるであろう。社会的認知理論の枠組みのなかでは，自己評価は遂行と基準との照合を行なうことであり，これに基づく評価的反応をとおして自己調整ややる気等を誘導するとされる（Bussey & Bandura, 1999）。

この自己反応は学習成果を司る大きな要素である（Zimmerman & Cleary, 2006）。あらゆる科目において，自己反応は他者による反応とともに自

己調整学習を左右する。自己反応と他者反応は同調する場合もあればそうでないケースもあるが，この2つのタイプの反応の相互関係が，生徒の自己調整学習を形成するのである。

■ 社会的反応と自己調整学習

学習の自己調整に取り組むに際し，生徒自身はもとより他者が生徒の学習成果に関しいかなる予想をしているかが関連してくると，社会的認知理論は提唱する。しかし自己調整学習の研究においては，前述のように，他者ではなく生徒自身がどのような評価基準で自己評価を下すかに焦点があてられることが多いうえ，自己評価の結果は自己調整学習の動機づけに大きな役割を果たす。とはいえ，生徒の学習成果や将来の目標などに関し他者が抱く期待はたいせつな要素である（Eccles & Wigfield, 2002; Lent, Brown, & Hackett, 1994）。

他者が生徒の学習成果に関してもつ期待は，生徒の成績だけではなく，その成績が社会的にいかに受け止められるかに関連する。仲間との調和，ステータス，金銭など外的な要素も学習成果に関連してくる（Bandura, 1986）。他者が生徒の学業における達成に示す反応はジェンダーと強い関係にあるため，生徒は，自己の成績や科目選択などに他者がいかなる反応をみせるかの予測をするようになる。社会的反応や金銭的利益が，生徒の将来の職業選択，自己効力感，そしてさまざまな学科への興味などを誘導する（Lent et al., 1994）。

Nauta & Epperson（2003）が発表した以下の縦断的調査が，学習成果への社会的反応の重要さを強く示唆している。理数系，工学系などの分野で活躍することによってプラスの結果を得ることが期待できると信じる女子高校生は，4年後にこれらの分野に関連した専攻を大学で選ぶ傾向にあった。期待された「結果」とは理数系や工学系の専攻は就職に有利であるという考え，そしてそういった分野に参入することによる社会生活への影響などを含む。要するに理数系科目に関し高い自己効力感をもち，かつその分野の勉強をすることに好ましい結果を期待した生徒が，数年後になり大学で理数系や工学系の専攻を選んだのである。また，これらの分野の専攻に大きな期待を抱いた学生は，自分がその分野でリーダー的存在になる可能性を夢みる傾向にあった。したがって，自己効力感のほか，結果に関する期待も専攻の選択や学習体験に大きな影響を与えたことが判明したのである。理数系の分野において高い自己効力感をもち，かつ上記の専攻を選んだ女子の場合，自分の選んだ分野一筋にがんばる傾向は，結果に対しプラスの期待をもつ者の間でとくに強かった。そのうえ，自分が将来的に専門分野でのリーダーとなると信じた学生が，その分野で成功することによって得られる利益は大きいものであると感じていたことも判明した。逆にいうと女子生徒や学生が理数系の分野へ参入しその道をきわめるにあたっては，家族や友人がそれに賛同するという予測，また仕事とプライベートのバランスをうまくとることができるという期待などをも考慮していると推測される。事実，女子生徒は，一般的に女性が理数系の分野で活躍することは社会的に受け入れられていないと述べる。端的にいえば，理数系分野での女性の活躍を促進するためには，まず女子生徒や学生が不安なくこれらの科目を追究できる性役割的偏見のない環境づくりが必要なのである。

◆◆社会的影響と自己調整学習

保護者や友人，教師などが生徒の自己調整学習にもたらす影響は計り知れない。特定の科目での学習体験や自己調整学習に関する自己効力感の形成に加え，科目や専攻の選択，将来の夢，そしてその夢が実現した際のさまざまなメリットやデメリットなどの予測などは生徒を取り巻くこれらの人々に左右される。また，そういった影響はジェンダーと密接な関係にある。

モデリング，遂行体験，直接指導などをとおし，さまざまな分野に関するジェンダーに基づいた認知がなされる（Bussey & Bandura, 1999）。友人や家族などをはじめ，メディアなどをとおして子どもたちはありとあらゆる**モデル**を観察し，どのような分野が性役割的に適切かを学んでいく。生徒自身が実際に多彩な分野に取り組むことにより，その分野で活躍することのもたらす結果を認知す

ることを**遂行体験**とよぶ。生徒がいろいろな分野にチャレンジするに際して他者がみせる反応は，ジェンダーと関連している。**直接指導**においては，どのような活動が性役割的に適切または不適切かという情報が生徒に直に提供される。

既述のように，これらの影響の規模は，生徒の年齢，活動自体の1つの性別への偏り加減などにより変動する（Bussey & Bandura, 1999）[☆6]。保護者，友人，そして教師がモデリング，行為経験，直接指導をとおして生徒の学習行為や結果に与える影響を以下に描写していく。

保護者の影響

保護者は，子どもと接するにあたり，モデリング，遂行体験，直接指導の3種類の影響をもたらす。ジェンダー・ステレオタイプが明白に構成されている文化では，保護者はとくに性役割に忠実なしつけ，教育を行なう（Baker & Jones, 1993）。たいていの家庭では，子どもは幼少のうちから保護者がさまざまな活動に取り組む姿を見て育つ。性役割に基づいた父母の家事分担に加え，男親はほとんどの場合，家庭内で支配的役割をもつ。共働きの家庭も多いとはいえ，一般的に女親が家事をこなし，男親の職場で過ごす時間は長い。その結果，子どもたちは職業の男女差や，男性の職業のたいせつさなどを認知するのである。

さらに保護者は性役割について子どもに直接的に説明する。幼児期から「女の子はお人形で遊びましょうね」，または「男の子はトラックで遊ぼうね」といった発言をとおし，母親は子どもの遊びを制約する（Bussey & Bandura, 1999）。子どもが大きくなると，こういった性役割に基づいた制約は，勉学にも及ぶようになり，保護者の子どもの能力に関する考えは，ジェンダーに大きく左右される。たとえば，保護者はたいがい息子の数学能力を過大評価し，娘の数学能力を過小評価する傾向をみせる（Eccles, Freedman-Doan, Frome, Jacobs, & Yoon, 2000）。時間が経つにつれ，子どもたちも親の考えと同調するようになる。数学能力における過小な自己評価の結果，女子は数学を避けるようになり，将来のキャリアの目標までが制約されてしまう。

子どもとの接触をとおし，保護者はあらゆる活動の性役割的適正さや不適正さを伝えている。男女を問わず子どもは科学的な活動に興味や能力をみせるものだが，父親が子どもと科学的な活動をする場合，息子に対しては科学用語などを織り込んだ会話をする一方，娘とは安易な会話をするにとどまる。科学的でない活動の際は，そういった子どもの性別による親のコミュニケーションの差異は見つからなかった（Tenenbaum & Leaper, 2003）。

このように学習成果なども含めたさまざまなシーンで，保護者が性役割に則ったコミュニケーションを取るということは明白である。こういった親の発言は子どもの自己効力感やその分野への参入がどのような結果をもたらすかなどの知覚を左右する（Bussey & Bandura, 1999）。先に述べたように，こういった知覚が生徒の学習成果を司ることは言うまでもない。

むろん，ジェンダー・ステレオタイプに従うことを重視する保護者が多い一方，そうでない保護者の存在も忘れてはならない。ジェンダー・ステレオタイプを露わにしない保護者に育てられた女子は，性役割的制約なしにさまざまな分野で活躍する。男女平等を強調する保護者に育てられた女子は，学校での成績も優れているという報告があるが，男子生徒に関してはこの効果はみられなかった（Updegraff, McHale, & Crouter, 1996）。また性役割分担に基づかない科目において，保護者が女子生徒の自己効力感に与える影響は大きい。Zeldin & Pajares（2000）が科学，数学，そしてテクノロジーの分野で活躍する女性による自伝的描写を解析したところ，子どものころに保護者が積極的に高い自己効力感の認知を奨励していたことが判明した。これらの女性たちは，保護者による応援や，母親が理科系の活動に取り組む姿を見ることなどが，理数系分野における高い自己効力感につながったとしている。言語的説得や代理経験などが，高い理数系分野の自己効力感の形成のきっかけとなり，それによって女子生徒はさまざまなハードルを乗り越えて理数系分野で活躍することができるのである。

友人の影響

　自己調整学習は友人と関連した要素にも左右される。3歳頃から男女の区別がされるようになり，年齢とともにその距離は増し，男子と女子は大きく異なった発達環境に置かれることとなる。このような性分離が明白な環境では，性役割のルールに従うことに対する友人からの圧力が顕著であり，友人と過ごす時間と性役割的に適切な行動とは正比例の関係にある（Martin & Fabes, 2001）。

　友人が性別により分離されている環境の場合，男子と女子では異なった遊びをする結果，必然的に男女間のスキルに相違が出てくる。男子がプラモデルやブロックなどの組み立て，スポーツやビデオゲームなどの遊びをさかんに行ない，理数系のスキルが助長される一方，女子は人形あそびやままごとをおもに行なうため家庭的かつ母性を強調するスキルが磨かれる（Leaper & Friedman, 2007）。ただし，テクノロジーの発達とともに，男女間の遊びの格差は縮小の傾向にある。携帯電話やソーシャルネットワーキングサイトなどを用いた活動は，男女を問わず人気である。それでも男子の場合，空間能力や競争，暴力などを強調したビデオゲームに取り組むという傾向が大きい。

　児童期から青年期にかけて，子どもの学習成果に友人のもつ影響は着実に増していく。成長とともに友人と過ごす時間が増え，また子どもは友人を比較基準とした自己評価を行なうようになる。前述のように男子と女子は分離された環境にあることが多く，こういった比較の対象はたいがい同性の友人である。他の女子生徒に比べ理数系科目の能力が高い女子は，友人の女子たちに異様な存在ととらえられ冷たくあしらわれる。この同性の友人が与える圧力は，児童期から青年期にとくに顕著だとされる。

　友人の反応が女子の学業達成の妨げとなっていると Bell（1989）は述べる。また，女子は自慢している印象を避けるため，自分の学力に関し卑下，謙遜する。逆に，理数科目の高い学力をもつことを友人から支持されていると感じた女子生徒は，6か月後の時点で，その分野で成功することに関して得るものは大きいと考える傾向にあるという研究結果を Stake & Nickens（2005）は出している。

　このように，友人は理数系科目の自己効力感に正の影響，負の影響の両方を与えるポテンシャルをもつのである。

　先ほど紹介した Zeldin & Pajares（2000）による理数系やテクノロジー分野で活躍する女性の研究では，これらの女性によるさまざまな考察が発表されているが，これらの分野への興味をサポートしてくれる友だちの輪を探すことの重要さが強調されている。数学クラブ，科学クラブなどのグループをとおし，これらの女性は理数系分野に興味をもつ他の女子生徒との交流をもち育つことができた。この女性たちが女子に不適切とされる分野で男性にも劣らない活躍をしている背景には，こういった友人グループをとおして培われた自信とスキルがあるのだ。

　男子生徒が学業成果に関して友人たちから大きな影響を受けるのも確かである。たとえば男子のなかには，成績がよいことは男性的でないと感じる者も多い。とくに黒人やラティーノ（＝ヒスパニック）の男子にその傾向が強く，学業において成功を収めることをよく思わない（Graham, Taylor, & Hudley, 1998）。その結果，自己調整学習や学業に対する自己効力感が弱まり，大学進学のチャンスを掴めないという結末を迎える。

教師の影響

　モデリングや直接指導，評価のフィードバックなどをとおして生徒の学習成果に影響を与えるとされる他者には，教師も含まれる。教師のなかには男女の学力などに関して性役割の偏見をもった人も多い。そういった偏見的な態度は生徒と接する際の言動に反映されるため，生徒の自己スキルの査定のプロセスに影響が出てくる（Jussim, Eccles, & Madon, 1996）。さらに，教師は男子生徒の好ましくない成績を努力不足に帰属する一方，女子の成績が芳しくない場合は能力不足を要因と考える。これも女子生徒の自己効力感の低下の原因となっている（Dweck, 2002）。

　教師が施す指導は，知識やスキルに限らず動機づけなどにも及ぶ（Kunter et al., 2008）。教師がいかに生徒と接するか，また褒め方や批評のしかたなどが，生徒のやる気に反映される。生徒の成績

を問わず，教師は一般的に女子生徒よりも男子生徒との接触が多い（Altermatt, Jovanovic, & Perry, 1998）。そして，女子に比べて男子のほうが教師から与えられる賛美や批判の情報量が多い。Eccles, Parson, Kaczala, & Meece（1982）による研究では，成績のよい女子生徒が最も褒められるチャンスが少ないことが判明している。教師が女子生徒よりも男子生徒に注意を向けることにより，生徒に男子のほうが女子よりもたいせつにされているという印象を与え，男子の自己効力感の向上と女子の自己効力感の低下をもたらしている（Eccles, 1987）。

女子生徒の自己効力感の低下は年齢とともに顕著になり，理科や数学系の高度な選択科目を避けるようになる。能力不足ではなく，これらの科目での成功を応援，援助する環境がないことが，女子のもつ低い理数系の自己効力感につながっているのである（Bussey & Bandura, 1999）。また，自己効力感の不足は，興味の低下を導き，女子生徒が大学で理数系の専攻を避けたり理数系分野に就職しないという結果を生んでいる（Ancis & Phillips, 1996）。テクノロジーの時代を迎えるとともに，強い個の重要性が強調されてきているなか，これは心配の種である。コンピュータを用いた生涯学習が主になるにつれ，知識やスキルに加え，自己調整学習のスキルと高い自己効力感などが，積極的な学習に必要となってくる。

これまで紹介してきた，年を重ねるごとに深刻化する女子生徒の自己効力感の低下は，頻繁にみられるとはいえ，まったく避けられないわけではない。女子生徒や成人女性のなかには，理数系分野で活躍をし，高いレベルの自己調整学習や自己効力感をもつ人もいる。既述のように，自己効力感を形成，維持するにあたって，女子生徒は代理経験と言語的説得にとくに反応する傾向にある。理科教師が女性であるというだけで，女子生徒の理科に対する興味が増すというデータもある。Zeldin & Pajares（2000）が実施した質的研究では，子どものころ，教師に理数系科目をがんばるように応援されたことを女性が非常に重要視していることがわかった。

これ以外にも，学級内の活動の構成のしかたを変えることも，教師が性役割的偏見を取り除くのに有効である。たとえば男女を分けずにさまざまな活動を行なうことにより，4週間後には子どもたちのジェンダー・ステレオタイプが減少したとBigler（1995）の研究は示す。また，教師が男女に同じ活動を割りあてた場合も，生徒の性役割的ステレオタイプが漸減した（Carpenter, Huston, & Holt, 1986）。そして，Eccles（1987）は，数学のたいせつさと利用価値を強調した教師に教わった生徒は，数学に関し高い自己効力感をもっていることを明らかにした。残念ながら社会レベルではジェンダーによる偏見がまだまだ残っているが，性差を減らし，男女を問わず生徒の自己効力感や学力を伸ばすために教師ができることは，このようにいろいろあるのだ。

■ 教育現場への応用

ここまで紹介してきた研究をみる限り，ジェンダー・ステレオタイプが学業，科目や専攻の選択，そして職業選択などに与える影響の性差は，生徒の能力以上のものであることがわかる。ジェンダー・ステレオタイプの基となるさまざまな社会的要素が生徒の自己効力感を左右し，それが学習や成績の違いにつながっていく。男女を問わず，低い自己効力感は理数系科目におけるやる気の低下の原因となる（Luzzo, Hasper, Albert, Bibby, & Martinelli, 1999）。中学校のころから，個々の生徒の成績にかかわらず女子生徒の理数系自己効力感は低下の傾向となる（Britner & Pajares, 2006）。この自己効力感低下が女子の理数系科目における成績低下や，のちのちの理数系キャリアへの参入の妨げとなる。したがって，低学年のうちからこれらの科目における女子の自己効力感の向上を図ることが重要となる。

ジェンダー・ステレオタイプが社会に根強く組み込まれているからこそ，生徒の男女を問わずに性役割に必ずしも準じない活動に関してのサポートをすることが必要なのである。自己の学習体験の自己効力感への作用はたいがい大きなものであるにもかかわらず，女子生徒の場合，「男子優勢」

とされる科目でいくら有意義な学習体験を積んでも自己効力感の向上には貢献しない（Britner & Pajares, 2006）。代わりに，学習体験をいかに解釈していくかが自己効力感を統御する。学習体験に関し，教師はスキル習得に焦点を置き，生徒の挫折感を最小限に抑える努力が必要である。また生徒がテストで芳しくない成績を収めるなどの挫折を経験した場合，教師においては生徒がその好ましくない学習体験に関し「能力不足」など自己効力にゆがみを与える形の帰属をしないよう努力すべきだ。さらに，教師は生徒が性役割的制約にかかわらず自己の学習をモニターし評価できるスキルを育成するなどの役割を果たすことが可能である。コンピュータなどのテクノロジーへの依存度の増加にともない，職業のみならず日常生活においても理数系の知識やスキルが以前にも増して必要となることを考慮すると，これらの科目のもつ将来のキャリアや生活への意義を女子生徒に説くのも効果的であろう。違う視点から述べると，生徒が理数系科目に関してもつ自己効力感の重要さは，職業的にも日常的にも増す一方である。学習にとどまらず人づきあいまでがバーチュアルな世界へ移行の途にあり，将来的には理数系の自己効力感なしにいかなる形でも「自己向上」をめざすことが困難になるであろうと予測される。

しかし，女子は男子に比べコンピュータへのアクセスが限られ，コンピュータの使用も男子ほど奨励されないという現実がある。コンピュータなどのテクノロジーにアクセスし，その知識やスキルを磨き，自己効力感を高めないと，女子はコンピュータ依存の社会において後れを取る一方となる。このように，インターネットが自己調整学習のおもな要素となるにつれ，自己調整学習のもつ意味は以前にも増して深くなっていくであろう。☆7

■ 研究の将来展望

ここまで紹介してきた研究の大多数が，西洋の先進国で実施されたものであるが，発展途上国やアジア諸国の人口増加を考慮すると，これらの対象をふまえた研究を展開していくことが重要である。性差別や性役割的偏見，ジェンダー・ステレオタイプなどはほぼ万国共通と考えて差し支えないであろうが，その程度には大きな文化間相違がある。性別的分離が激しい文化では男女の社会的地位の差も，ジェンダー・フリーな文化よりも大きいといえる。アフガニスタンのような性別的分離の顕著な国では，女子がどういった科目に焦点を置くか以前に，学校自体に行けないという現実がある。また西洋先進国では初等や中等教育で教師という職業が女性的とされ男性教師の減少が問題視されている一方，サハラ砂漠以南のアフリカ地域など性別的分離が目だつ地区では女性教師の不足が嘆かれる（Foster & Newman, 2005; United Nations Educational, Scientific and Cultural Organization, UNESCO, 2006）。UNESCOによると，後者の地域では，女子は家事手伝いや子守りの役割を与えられ就学のチャンスを与えられるケースが少ないうえ，仮に就学しても退学率が非常に高いものとなっている。こういった地区での女子の教養レベル向上のためには，まず経済的補助により女子の就学を促進し，女性教師の増加を図ることがたいせつであるとUNESCOは説いている。そうすることにより，親の性差別的価値観や信念も変わっていき，女子の退学率の低下にもつながっていくと思われる。

上記のように文化により初等や中等教育における教職の性役割が大きく異なることから，教育にみられる性差は男女の生物学的相違ではなく文化的要因に影響されていることは明白である。サハラ砂漠以南のアフリカ諸国で女子生徒が対面するハードルは，西洋先進国で男性教師が女性的職業とされる学校教師になるにあたって遭遇するチャレンジと同様に困難なものである。男子生徒が学校の教師になることをめざす際，性役割を破り，女性的かつ低階級とされる職種への参入という，大きな壁に突きあたる。一方，西洋文化の女子生徒は，理数系のキャリア参入に際し大きな挑戦に直面する。そういったキャリアは女性的とされる職種よりも社会的地位が高いとはいえ，理数系分野での女子生徒や女性の活躍が社会的に受け入れられないという実態があり，自己効力感やこれらの分野での成績に悪影響をもたらし，これらの職

種への参入の妨げとなっている。

■ 結論

　低い自己効力感や限られた自己調整学習が女子生徒の科学，テクノロジー，工学，数学などの分野での活躍に悪影響をおよぼしていることを，ここまで提示してきた。学習成果，科目や職業選択に影響を与える要因は，性別や文化によって異なる。性分離の顕著な文化ではジェンダー・ステレオタイプも目立つ。こういった環境で男女平等を確立するには，社会だけでなく個人が変わっていく必要がある。教師においては，子どもたちが学習する環境のなかでジェンダー・フリーを意識し，性役割的偏見に惑わされずに男女の生徒をサポートしていく姿勢がたいせつである。それにより生徒が選んだ分野内での自己効力感が高められ，自己調整学習を促進，そして学習結果の向上へと導くであろう。究極的には職業的な面だけでなくすべての性分離を社会レベルで減らすことにより，性役割の制約を受けることなくそれぞれの生徒が自分の能力に応じた選択をしていくことにつながる。そうすることにより，男女ともが性役割ではなく自己の能力に基づいた自己効力感や自己調整学習を行なうことが可能となる。

【訳注】
☆1：たとえば，進学校ではない高校に在籍し学術的な刺激や情報に欠ける環境にありながら高い志をもつ生徒が，インターネットなどをとおして自分と同じ目標をもつ他の学校の生徒たちと交友関係を深めるなど。
☆2：たとえば，高校では数学Ⅰよりも数学Ⅱ，数学Ⅱよりも数学Ⅲにおいて男女差が目立つようになる。
☆3：原書の随所で「高い」自己効力感という表現が使われているが，厳密にはBandura（1997）なども含め原著者の引用する自己調整学習の文献では，自己効力感は高く，かつ正確であることがたいせつであると強調されている。
☆4：ここでいう教師とは，学校の教師以外にも生徒を教える立場のものという意味合いが大きい。
☆5：ここでいう社会的説得は，言語的説得と同意であるとみなして差し支えない。
☆6：1つの性別にかたよった活動としては，理数系科目やアイスホッケー（男子寄り），家庭科やフィギュアスケート（女子寄り）などがあげられる。
☆7：この記述のもつ意味の解釈は容易ではないと見受けられるが，訳者の意見では，原著者は「インターネットなどのテクノロジーへ学習がますます依存するにつれ，生徒はテクノロジーを多彩に織り込んだ自己調整学習のスキルを磨く必要がある。そういった意味でも，テクノロジーに関連した分野での自己効力感は，将来的に今にも増してたいせつなものとなっていくであろう」という見解を示していると思われる。
☆8：ここで指摘される西洋先進国の初等，中等教育における傾向の一方，大学以上では深刻な女性教授不足が問題視されている。実際，訳者の所属する大学，大学院においても長年にわたり女性教授の積極的な人材発掘が行なわれており，興味深いところである。

第 28 章　文化と教育における自己調整：
文化的背景と自己調整に関する考察

Dennis M. McInerney
The Hong Kong Institute of Education, Hong Kong

秋場　大輔（訳）

■ 文化と自己調整の理論的背景

　学習目標の達成に向けた自発的な認知，感情，行動などを自己調整学習とよび，これにはプランニング，時間管理，授業への集中，体制化，リハーサル，情報の符号化，効果的な環境づくり，他者への援助要請などが含まれる（Zimmerman, 2000, 2004）。自己調整にはいくつかの理論的視点があるが（Puustinen & Pulkkinen, 2001; Schunk, 2001; Zimmerman & Schunk, 2001 など），Pintrich（2000）や Zimmerman（2001, 2004）の見解が主流とされる。Pintrich による自己調整学習のモデルでは，予見，プランニング，活動化，モニタリング，コントロール，反応，そして内省の 7 段階で成り立つ。またそれぞれの段階が，認知，動機づけ，行動，状況に関する自己調整活動をともなう。一方，Zimmerman は予見，実行，内省という周期的な 3 段階モデルを提唱している。取り組むに先立っての課題の分析や自己動機づけなどが予見段階に，自己コントロールや自己観察が実行段階に，そして自己評価や内省が内省段階に関連している。

　これらのモデルやそれと関連した理論は，自己調整学習のさまざまな特徴をあげている。自己調整学習の視点では，学習とは生徒が受け身な態度で先生から学ぶのではなく，生徒が能動的に取り組むものとされる。したがって，自己調整学習に優れた生徒は概して自発的である。また，そのような生徒はメタ認知，動機づけあるいは行動の面で自らの学習過程に積極的にかかわる学習者である。自己の学習の効率のよさ，方略の効果などのモニタリング，そしてそれに基づいた方向転換なども，自己調整学習スキルの優れた生徒の特長といえるであろう。自己調整学習は自発的に行なわれるという定義を考慮すると，自己効力感，結果予測，興味や価値観，目標，自己満足感などの動機づけ要因の重要性は明白である。モデリングや社会的指導，フィードバック等をとおして自己調整学習のスキルは習得される。したがって自己調整学習の発達やその性質を考慮するにあたり，文化は非常に重要な役割を果たしている（McInerney, 2008）。

　自己調整学習への文化的影響を分析するにあたり，まず文化とは何かを定義する必要性がある。理論的視点により，文化の定義は大きく変わる。しかし，独立変数として文化を掲げる研究には，文化を的確に定義しなかったり，なかにはまったく定義しないものも目だつ。文化は，物質的文化（例：芸術，科学技術）と主観的文化の両方を含む（Triandis, 2002）。

　主観的文化の定義には価値観，しきたりや信仰など，社会集団に属する人間の言動を仲介する要素が含まれ（Parsons, 2003），また社会環境の解釈に際するその集団独特の性質も主観的文化の定義に欠かせない（Triandis, 2002）。われわれがいかなる言動をするか，またそれにはどういった文化的背景があるか，現実をどのように解釈をするか，

真実とはどのようなものかと信じるか，創造しつくりあげていくもの，「善」をいかに定義，判断するかなども，主観的文化の一部である（Westby, 1993）。したがって文化の定義には，学習への取り組みや学習成果を潜在的に左右するであろう価値観や考え方などが織り込まれているうえに，動機づけや自己調整学習に関する理論や視点を評価する際の基準としての役割もある（McInerney, 2008）。

文化を独立変数として考慮する際にはこれらの複雑な定義上のニュアンスがある一方，これまで発表されてきた多くの研究では大ざっぱな文化カテゴリー（例：アジア人，ドイツ人など）をとりあげ，それらがあたかも文化そのものの定義であるかのように示唆するものが大多数である。このアプローチは，デザイン上，各カテゴリー内の多様性を無視しグループ間の差を強調する傾向にあるため好ましくない。多くの文化的研究は，この問題を抱えている。

文化に基づいた価値観や考え方などは自己調整学習のプロセスに多大なる影響をもたらすため（Salili, Fu, Tong, & Tabatabai, 2001; Eaton & Dembo, 1996; Zhu, Valcke, & Schellens, 2008 など），自己調整学習のどのような面が，文化や文化アイデンティティといかなる接点をもつかを考慮することがたいせつとなる。文化的枠組みのなかで，自己調整学習に関与する要素の数々は，いかなる意味合いをもつのであろうか，という点を McInerney（2008）は探った。こういった自己調整学習の異文化への適応性に関する研究をベースとし，本章ではアメリカ以外の文化における自己調整学習研究に焦点をあて，とくに自己調整学習の測定方法の比較をしていきたい。それにあたっては，自己調整学習のメタ認知（例：目標設定，学習方略の実行，自己モニタリングなど）の文化的側面をターゲットとした文献を検索対象とし，自己コントロールの発達などを含めた自己調整の文化的一般論を語る文献は多数あるが，それは割愛した。また，アメリカ国内の少数民族などを対象とした文化差を対象とした文献も，原則として除いた。このような制約のため，ERIC や PsycINFO などの文献検索エンジンにヒットした論文の数は意外に少なく，そのなかでも検索キーワードが誤用されたケースを除くことで，さらに少ない数の文献が確認された。むろん，条件を満たす文献のなかにも検索プロセスでリストされなかったものがある可能性は否めない。

この章は，5つの節からなる。まず，自己調整学習の性質と関連要素，そして学習成果との関係を考慮する。2番目に，自己調整学習に対する家族のもつ影響をみていき，3番目に，自己効力と自己調整学習の接点を分析する。そして4番目に研究批評をしていき，最後に教育現場への適用可能性や将来の研究の方向性について考えることとする。そのプロセスにおいて，西洋文化で確認された測定法の多文化への応用にあたって，構成概念妥当性について考慮していく。

■ 自己調整の性質と関連要素，および学習成果との関係

◆◆自己調整学習の方略

本節では，さまざまな文化的コンテクストのなかで，自己調整学習がいかなるものであり，どのような関連要素をもつか，そして学習成果とはどのように関係しているかをみていく。ここで紹介される研究は，とくに自己調整の性質や，自己調整に関連した概念の定義，測定などを文化的背景のなかで探るものである。そのなかでも，①自己調整の予測因子や関連要素に文化差はあるか，そして，②自己調整方略の実行と学習成果の関係に文化差はみられるか，の2点に焦点を置きたい。

自己調整の理論の異文化への応用に関し，非常にわかりやすい研究がある。Nota, Soresi, & Zimmerman（2004）は，卒業を控えたイタリアの高校生の自己調整学習方略の実行が，それ以降の学業成果とどのように関連しているかを分析した。それに際し，アメリカで制作，検証された面接法による測定法（Self-Regulated Learning Interview Schedule: SRLIS; Zimmerman & Martinez-Pons, 1986, 1988, 1990）が使われ，自己調整学習の方略の有効利用は，高校の成績のみならず大学進学後

の学業成果をも予測するという仮説が立てられた。バックトランスレーションをとおし，SRLISのイタリア語への翻訳の妥当性を確認後，面接によりデータが集められた。回答が自己調整学習の方略のそれぞれのカテゴリーをいかに反映するかの頻度を集計し，パラメトリックデータに変換し，多変量分散分析（MANOVA）を行なった。イタリア語や数学の成績，技術的科目の成績，大学進学希望の有無の4要素が従属変数とされ，性別と社会経済的地位の2項目も従属変数とされた。さまざまな自己調整学習の方略がイタリア語の成績，数学の成績，技術的科目の成績，そして大学進学希望の4つの要素に対してもつ予測力を明らかにするために，重回帰分析を行なった。

　この研究では，イタリア人生徒の自己調整学習方略のおもな特徴や側面について描写された。級友への援助要請，体制化と変換，教師への援助要請，自己評価などがイタリア人生徒が頻繁に使う方略としてあげられた。なかでも構成と変換は上記の科目における成績や2年後の大学での成績の予測因子であることが判明した。一方，自己報酬という方略は，大学進学の希望と高校卒業時の成績の予測因子となった。しかし，面接によって判明した14の方略は，従属変数のいずれとも関連していなかった。SRLISは一般サンプルにおいて学習成果の予測因子として有効に使われるかたわら，かたよったサンプルにおいてはその自己調整学習の予測力は限られるという研究結果が出ており，この研究の著者（Nota, Soresi, & Zimmerman, 2004）は，イタリアの高校生のなかでもとくに成績のよい生徒をサンプルとして使ったことがサンプルのかたよりとなり，裏目に出たとしている。その他にも，頻度集計に基づいた質的研究というアプローチが問題であるとも述べている。

　学習・勉強方略インベントリー（Learning and Study Strategies Inventory: LASSI; Weinstein, Palmer, & Schulte, 1987）を用いた研究が，Olaussen & Bråten（1999）によりノルウェーの大学生を対象に行なわれた。まずLASSIのデータを探索的因子分析を行なうことでこのサンプルにおける自己調整学習の方略利用が検討され，また確認的因子分析を行なうことにより同じ質問紙を使ったアメリカにおける研究結果との比較がなされた。アメリカとノルウェーの研究の両方をふまえ，Olaussenと Bråtenは自己調整学習のモデルを修正した。自己調整学習方略利用のほとんどの面でノルウェーとアメリカのサンプルは同等であったが，動機づけや態度の2点に関して文化的差異が検出された。ノルウェーの学生はアメリカの学生よりも教育を重視する傾向にあった一方，アメリカの学生はノルウェーの学生よりも努力に重点を置いた。OlaussenらはLASSIに基づいた自己調整学習の方略利用のデータに関し，総体的にノルウェーの大学生の回答はアメリカの過去のデータを再現するものであり，2文化は類似の関係にあるとの結論を出している。

　Bråten & Olaussen（1998）は，ノルウェーの教員養成課程に在籍する大学生176人を対象とし，自己効力感，知能に関する考え方，そして学習方略がいかに関連しているかを探った。自己調整学習の方略利用の測定にあたっては前出のLASSI（ノルウェー版，Weinstein et al., 1987）に基づき，情報処理，学習援助，自己テストの3点に焦点をおく思考活動という単一の指標が用いられた。知能が固定的なものであるか可変的なものであるかといった考え方は，知能観尺度（Conception of Intelligence Scale: CIS）をとおして，そして自己効力感は「学業はうまくいっていますか？」という単一の質問によって測定された。Bråtenらはこれらの測定法の妥当化に関し，クロンバックのα係数しか明らかにしていない。知能を変動的なものと概念化し，かつ高い自己効力感をもつ学生は，知能を固定的なものと考える学生（自己効力感にかかわりなく）に比べて自己調整学習の方略活用度が高いことが判明した。また，性別や年齢，自己効力感をコントロール変数として扱った検定においても知能を変動的と考える学生の自己調整学習方略の利用度は高いものであった。

　スケールは比較的小さな研究ではあったが，Ommundsen, Haugen, & Lund（2005）もノルウェーの教員養成課程に在籍する大学生の自己調整の特徴について調査した。この研究では，①前述のLASSIから抽出された効果的な自己調整学習方略3つ，②非効果的な自己調整学習の

方略とされるセルフハンディキャップ（Urdan, Midgley, & Anderman, 1998），③運動能力概念質問紙（Conception of the Nature of Athletic Ability Questionnaire: CNAAQ; Sarrazin et al., 1996）に基づく，知能が固定的あるいは可変的かの概念，そして④学業における自己概念（Song & Hattie, 1984 からの抜粋）の4尺度の間の関係が焦点とされた。CNAAQ に関して確認的因子分析が行なわれたのを除き，これらの測定法のノルウェーの大学生サンプルにおける妥当化の検証はクロンバックのα係数にとどまっている。これらの学生は，非効果的とされる自己調整学習方略よりも効果的とされるものに同意する傾向にあったほか，学業的自己概念と効果的な自己調整学習方略（動機づけとがんばり，集中，情報処理の3つ）との間に弱い関係がみられた一方，セルフハンディキャップは負の関係がみられている。また，暗黙の知能観は学業的自己概念とわずかながら正の相関があるという結果が出ている。

Blom & Severiens はアメリカで制作された学習の動機づけ方略質問紙（Motivated Strategies for Learning Questionnaire: MSLQ, Pintrich, Smith, Garcia, & McKeachie, 1993）を用いてオランダはアムステルダムの都心部の学校の高校1年次に在籍する移民を含めた生徒を対象に，自己調整学習に取り組む度合いを調べた（2008）。予備的研究の段階で MSLQ の「学習方略の下位尺度」の当該サンプルにおける信頼性と妥当性が疑問視されたため，この部分は現地文化に適応するよう改訂され，リハーサル，精緻化，体制化，批判的思考，メタ認知の5因子に基づく下位尺度となった。これら5つをベースとした因子分析の結果，①精緻化と批判的思考，そして②逐語的反復と体制化という2因子が抽出され，メタ認知は前者と後者の両方の因子に負荷をし，Blom らは前者を表層的自己調整学習，後者を深層的自己調整学習とした。上記の学習方略の下位尺度を除いては，アメリカ版 MSLQ が使われたと推測される。この研究の結果，深層的自己調整学習は，外発的目標志向，課題価値，自己効力感に対する関連よりも，学習の内発的目標志向性との間に有意な正の関連を示し，さらに，学校の成績（自己報告）の平均点との間にも有意な正の関連を示した。さらに，深層的自己調整学習とリソース管理方略の関係は強くはなかった。その反面，表層的自己調整学習は学習の外発的目標志向性，課題価値，リソース管理方略の他にも従属変数として考慮された語彙テストの得点等とも有意な負の関連を示した。この研究はもともとオランダ人とオランダへ移民した子どもたちの比較を目的としたものであったが，最も重要な結果をみる限り，オランダの高校1年生という文化的文脈では深層的自己調整学習に取り組む者は自信に満ち，内発的に動機づけられ成績も高い傾向にある反面，表層的自己調整学習に焦点をおく生徒においては自信に欠けると同時に不安感にさいなまれ，リソース管理方略に頼るという特質が顕著であった。

知識と学習に関する生徒の考え（認識論的信念）が，自己調整学習の動機づけおよび方略に関する側面（Zimmerman, 2000 の自己調整学習論の「予見段階」に相当する）に多大なる影響を及ぼすと Bråten & Strømsø（2005）は仮定し，ノルウェーでビジネスまたは教育学を学ぶ大学生を対象とした検証を行なった。自己効力感，熟達目標志向，興味や前述の MSLQ に基づいた自己調整学習の方略などさまざまな要素を広範囲にわたって網羅し，定義化した。このデータでは Schommer の認識論的信念質問紙（知識取得のスピード，知識の確実さ，知識の構成に関する考え，知識修正に対する見解，Schommer Epistemological Questionnaire: SEQ），固定的知能観と増大的知能観，ジェンダーなどが自己効力感と強く関連していることが判明したが，ここでは自己調整学習，なかでもメタ認知的自己調整学習に直接関連した結果のみを報告していく。教育学の学生の場合，知識の構成に関する考えと知識修正に対する見解の2つの要素のみが自己調整学習の予測変数であったが，ビジネスの学生においてはこの2つに加えて知識の確実さも自己調整学習を予測する要素であることが明らかになった。Schommer の SEQ のノルウェー人学生における妥当性を確立するため因子分析が行なわれたとはいえ，この研究では自己調整学習，自己効力感，動機づけ，興味などそれ以外の要素の測定に関し，その妥当性は翻訳の確認を除き検討されていない。

データの信頼性はクロンバックのαが報告されている。

Pintrich, Zusho, Schiefele, & Pekrun（2001）による研究は小規模ではあったものの，アメリカとドイツの大学生における目標や自己調整学習に関する要素を幅広く網羅した。目標や自己調整学習の方略は前述のMSLQ（Pintrich et al., 1993）をとおして測定された他，情緒，不安感，努力などの要素も測られた。この研究は，文化的差異の検出ではなく目標と自己調整学習の関係が2文化に共通するものであるかを探究することを目的としたが，いくつかの文化差が見つかった。ドイツの学生が反復を主方略としたのに対し，アメリカの学生は精緻化やメタ認知方略をおもに使うことが判明した。また，熟達目標が両国の大学生の自己効力感，興味，方略使用，遂行などを助長する傾向にあったことは，本章において特記に値する。一方，他者比較ベースの目標は自己調整学習方略利用とわずかに関連するにとどまった。これらの研究者は，熟達目標が効果的な自己調整学習と関連しているという関係が，米独を問わず非常に似たものであるという結論を出すとともに，この関係は比較的安定したものであると述べている。この研究ではドイツ語に翻訳されたMSLQがドイツの大学生に与えられた。しかし前出のノルウェーにおける研究同様，データの信頼性は公表されているものの，構成概念妥当性に関する検討はなされていない。

前述のLASSI（Weinstein et al., 1987），MSLQそしてSRLISを構造方程式モデリングを用いて解析したところ，熟達目標志向という3つの潜在変数が抽出されたという結果をYang（2005）が報告している。この研究では，韓国ソウル市の4つの高校の2年生757人が対象とされたが，残念ながら質問紙に含まれた質問に関しての詳細や翻訳プロセス等に関しての説明はなされていない。上記の構造方程式モデリングに先立ち，まず探索的因子分析をとおして尺度の洗練がなされた。認知コントロールという因子には思考やメタ認知に関連した質問が含まれ，動機づけコントロールには，熟達目標志向や自己効力感，成功に対する価値観などが含まれた。一方，行動面のコントロール，時間管理，援助要請などが行動コントロールとされた。Yangの報告した結果は，自己調整学習の3要素モデルと合致するものであった。前記の構造方程式モデリングに準じた測定法を用いたこの研究において，認知，動機づけ，行動の3次元をうまく調整できる韓国人高校生は学校の成績がよかったうえ，この3つの要素をとくに効果的に操ることのできる生徒の成績は，知能指数（IQ）が同程度の生徒たちのなかでも取り立てて高い傾向にあった。Yangは，知能指数が高い生徒でさえ，認知，動機づけ，行動の調整ができない生徒は学校の成績が低くなっており，知能指数よりも自己調整学習のほうが，学校成績の予測因子としてより優れているとの結論を述べている。

Shih（2005）による台湾の小学6年生を対象とした研究は自己調整学習を中心としたものではなかったが，自己調整学習や方略利用，成績などに関連するいくつかの興味深い結果が報告されている。ここでは達成目標質問紙（Elliot & Church, 1997）と前述のMSLQに準じた質問紙の2つが使われた。達成目標質問紙は主成分分析をとおしてその妥当性が確かめられ，MSLQベースの質問に関しては妥当性指標との相関を基にその妥当性が報告されている。熟達目標をもつ台湾の児童は，そうでない児童に比べて認知的およびメタ認知的な自己調整学習方略の利用の頻度が高いことが判明した。Shihは，この結果がLinnenbrink & Pintrich（2000）があげる「熟達目標は教材のマスターと理解という焦点を生徒に与えることにより，認知的処理が効果的になるとともに自己調整学習も活性化される」という仮説を裏付けるものであるとしている。また，認知的方略の利用は，回避動機ではなく遂行接近目標をもつ児童においても頻繁にみられたとの結果も報告されている。

フィリピンにおける自己調整学習方略の利用に関する準実験を，Camahalan（2006）が行なった。算数の成績が芳しくない4年生から6年生の児童を対象とし，半数の児童がZimmerman（1989）のあげた14の方略を含めた自己調整学習の方略を直接的に教わり（実験群），残りの半分はこれを教わらなかった（対照群）。ベースラインの算数の学力，算数自己調整学習尺度（Mathematics Self-

Regulated Learning Scale: MSRLS），学校における算数の成績を用い，データが取得された。6週間にわたり 30 回の自己調整学習方略に関するレッスン（自己調整学習プログラム，英語では Self-Regulated Learning Program: SRLP）を受けた実験群の児童は，対照群の児童に比べ算数力と算数自己調整学習の両方において格段に向上したと報告されている。この結果は自己調整学習の理論的枠組みの価値を示唆するものであり，算数が苦手なフィリピンの小学生の数学力を高めるにあたり，自己調整学習の秘める可能性は多大なものであると Camahalan は結論づけている。同時に今回の実験では算数の成績向上の傾向は確認されなかったのに加え，自己調整学習の実践の妨げとなるマクロレベルの要素（学校制度）の存在や，フィリピンでの算数の成績算出法などの問題点もあげている。しかし，カリキュラムの一環として自己調整学習の方略を教えることを Camahalan は推奨する。この論文では，妥当性や信頼性などのデータ，および利用言語などの詳細はいっさい発表されていない。

このフィリピンの研究結果とは対照的に，Rao, Moely, & Sachs（2000）は，前述の MSLQ（Pintrich, Smith, Garcia, & McKeachie, 1991）の中国語版（Rao, 1995）を用い，自己調整学習の下位尺度はもとよりすべての尺度は，香港の高校 1 年生と高校 2 年生の数学の点数と無関係であることを示し，またこの結果は数学の得手不得手に左右されないと報告した。Rao らは中国文化における努力のたいせつさ，教育のもつ価値，入学試験などにより高校に達するまでに生徒が振り分けられていることなどが，対象者すべてに自己調整学習方略の利用を促し，このような結果となったと推測している。他の研究者と異なり，Rao らは西洋で練り上げられた自己調整学習の概念では中国の高校生の学力の個人差が説明されない，また生徒の数学の学力を予測する主要な動機づけ概念も文化間によって異なる可能性があると述べている。

Law, Chan, & Sachs（2008）は，香港の小学校 5 年生と 6 年生を対象とした研究では，児童の学習に関する考え，自己調整学習の方略，そして読解力を測定した。この研究では，前述の MSLQ の中国語版に基づいた探索的因子分析の結果，認知的方略と自己調整学習方略の区別が認められなかったため，この分析で抽出された認知的方略と自己調整学習方略の下位尺度を併合し「自己調整尺度」という因子とし，質問の方向性などにより抽出されなかった残りの変数を 2 つ目の因子として扱った。確認的因子分析によると，自己調整尺度はわずかながら読解力と正の相関関係にあり，また成績の低い児童に比べ，成績の好ましい児童は自己調整学習尺度の得点も高い傾向にあった。

暗記について

数多くの研究論文では，暗記とその自己調整学習における役割などがくり返し議論されており，ここでも特記に値する。これまでの研究結果によると，儒教の考えに基づいた文化の生徒は，西洋の生徒に比べて自己調整学習の有効的な方略として暗記を使うことがあげられてきている。それに加え，一般的に集団主義の文化では受け身的な学習が多くみられ，理解を深めるという個人主義的な理由での学習は稀だとされている。

これらに基づき，Zhu et al.（2008）は暗記と理解の相互依存，そして暗記と理解の独立性という 2 つの視点を反映した研究を行なった。Zhu らは，集団主義で儒教の哲学を重んずる中国，北京師範大学の学生は学習に取り組むにあたり記銘，自己啓発，社会性などを重視する一方，フランダースにあるヘント大学のオランダ人学生は西洋の個人主義文化を反映し，学習を「理解を深めること」と概念化する傾向にあると仮定した。学習概念質問紙（Conceptions of Learning Inventory: COLI; Purdie & Hattie, 2002）と学習への取り組みとスキル質問紙（Approaches and Study Skills Inventory for Students または ASSIST; Tait, Entwistle, & McCune, 1998）がそれぞれの言語に翻訳され，確認的因子分析や構造方程式モデリングによって両文化において検証された。

予想に反し，想起の概念に関しては 2 国間の学生に差異がなかったうえ，理解を深めることでは中国人学生が西洋の学生を上回るという結果が出た。同様に，深い処理の方略あるいは計画的方略の利用に文化的な差異はみつからなかった一方，

（暗記学習のような）表面的な方略利用は西洋の学生により頻繁にみられた。本質的，表面的，そして計画的という3種類の方略利用の概念に関しての文化的差異はなく，両サンプルともに計画的，深い処理の方略，そして表面的の順に重要視すると判明した。学習に関する概念と学習方法の関係についても，予想された結果は得られなかった。たとえば，西洋の学生の場合，想起は表面的学習方略の利用と正の相関があったが，中国人学生においてそのような関係はみつからなかった。中国人サンプルだけに焦点をあてると，想起は本質的および計画的方略利用と正の相関を示し，理解を深めることは計画的方略利用と正の相関かつ表面的方略の利用とは負の相関があることが判明した。両サンプルにおいて，理解を深めることが本質的方略利用と正の相関関係にあった。暗記が表面的方略であるという考えは，文化的コンテクストを考慮すると単純すぎるとこれらの研究者は述べている。

Neber, He, Liu, & Schofield（2008）は，Pintrich & Schrauben（1992）の自己調整の統合モデルをベースとし，北京の高校で物理を学ぶ138人の高校生を対象とした研究を行ない，Stipek & Gralinski（1996）が概念化した能動的認知と表面的認知の2種の方略を測定した。また自己効力感と内発的価値の2要素も前述のMSLQをとおして測られ，課題目標志向性と学業回避目標という2タイプの目標認知も考慮された。ちなみに，目標志向性はCobb et al.（1991）による個人的目標尺度（Personal Goals Scales）を用いて測定された。これらの要素に加え，Teh & Fraser（1995）が掲げる「検証」「オープン形式の検証」そして「構造化された検証」（Neber, 1999より）の3種の「学習環境」も考慮された。これらの質問紙が中国語に翻訳されたこと，そしてこれらの質問紙の信頼性が報告された以外，この論文にバックトランスレーションなどの詳細や妥当性などに関しての記述はない。

この研究では，中国の高校生は比較的自己調整学習に優れており，①表面的学習方略よりも能動的学習方略を，②学業回避目標よりも課題目標志向性を，そして③構造化された検証よりもオープン形式の検証を好む傾向が明らかになった。この結果はアジア人生徒は単純な暗記に焦点をおくというステレオタイプを否定するとともに，ここまで紹介してきた文献同様に，西洋とアジアの高校生の自己調整学習の傾向に顕著な文化的差異はないという可能性を示唆するものである。

Chiu, Chow, & McBride-Chang（2007）が行なったPISA（Programme for International Student Assessment；生徒の国際学習到達度調査）を用いた研究においても，アジア人生徒が暗記を方略として頻繁に使う，アジアでは暗記が好成績と比例するなどのステレオタイプを否定する結果が出ている。15歳の生徒を対象とし34か国でデータ収集を行なったこの研究では，①国の特徴（収入，格差，価値観），②学習方略（丸暗記，精緻化，メタ認知），③学力（数学，読解力，理科）の3要素が考慮された。その結果，国や科目を問わず，暗記に頼る生徒の学力が相対的に劣っていることが判明した。上記の中国対西欧の研究同様，アジア諸国の生徒がその他の国の生徒に比べて暗記に頼ることはなく，またアジア諸国で暗記に頼ることが高学力と比例する傾向も確認されなかった。ここで分析されたすべての国において，これまでの数多くの自己調整学習の研究結果と同じくメタ認知方略の利用が高学力と正の相関関係にあることが明らかになっている。

ここまで紹介してきた研究が総じて「アジア系生徒が**非アジア系生徒に比べて暗記に頼らない**」という結果を出しているが，以下，アジア系と非アジア系の生徒の暗記に関する特徴の違いを指摘する研究に焦点をあてていく。

オーストラリア人，（日本の学校在籍の）日本人，そしてオーストラリアの学校で学ぶ日本人の3グループの高校生を対象とし，自己調整学習のプロセスの文化的差異や共通点に焦点をおく研究が，Purdie & Hattie（1996）によって行なわれている。前述のSRLIS（Zimmerman & Martinez-Pons, 1986）を用いて生徒たちの学習方略の利用を探る質問紙が作成された。日本国内の日本人参加者には日本語版が，それ以外には英語版の質問紙が使われ，インタビューによる補足的なデータ収集も行なわれた。日豪両国の高校での学習環境に詳し

い，オーストラリアの高校を卒業した日本人3人との会話をとおし，これらの筆記および口頭でアンケートの内容が日豪双方の高校生にあてはまるものであることが確認されたのと同時に，高校卒業間もない日本人を対象に事前のアンケートも行なわれた。

自己評価と環境構成の2つの方略がすべてのグループの高校生に顕著であるという共通点はあったものの，さまざまな文化的差異がPurdie & Hattie (1996) の分析によって確認された。たとえば，オーストラリアの生徒は自己評価，自己テスト，概要作成と下書き，ノート等の構成，目標設定とプランニング，テストや課題などの復習が，オーストラリア人生徒により比較的頻繁に報告された。一方，日本人生徒においては記憶方略や教科書の利用が顕著であった。オーストラリアで学ぶ日本人生徒は，さまざまな面において日本在住の日本人生徒よりもオーストラリア人に似た傾向をみせたが，暗記に関しては日本の学校で学ぶ日本人と同様に重要視する傾向にあった。しかし，この暗記重視の傾向がオーストラリアの学校での成績に悪影響を及ぼすことはないことが判明した。

また，オーストラリア人生徒は相対的に暗記に焦点をおかない傾向にあったとはいえ，高学力のオーストラリア人生徒はそうでないオーストラリア人生徒に比べ，暗記や実践練習などの方略を使うことが多かった。日本人生徒に対する口頭でのアンケートによると，日本人は暗記を低レベルな学習方略とみなさず，理解を深めるために必要なプロセスと考えていることが明白になった。どのグループにおいても，その種類にかかわらず方略の利用が多い生徒の成績が高い傾向にあることも判明した。

Purdie, Hattie, & Douglas (1996) のこれに関連した研究では，上記のSRLISに基づいた学習アンケート（Student Learning Survey）が行なわれ，日本人生徒はオーストラリア人生徒に比べて暗記や反復などの方略を頻繁に使う一方，学習を暗記や反復ではなく理解を深めるプロセスとみなす傾向にあること，そして日本人生徒にとって暗記や反復は理解を**深める**ツールとして高いレベルの自己調整学習方略として機能していることなどが示された。筆者たちは，日本人に顕著な暗記と理解の結びつきを儒教の教育に関する教えに則るものとしている。また，オーストラリア人生徒に比べ，日本人生徒のもつ「学習」という概念は，より幅広いものとなっていることが判明した。たとえば，オーストラリア人生徒が学習を教室内での勉強やそれにともなう言動として定義化した反面，日本人生徒は個人的充足感などを含めた総括的な見解をもつことが提示された。

「儒教文化対西洋文化」という枠組みは，Salili et al. (2001) の研究にもあてはまる。適応的学習傾向尺度（Patterns of Adaptive Learning Scale: PALS; Midgley et al., 2000）を使い，香港の中国人，中国系カナダ人，欧州系カナダ人の3グループの高校3年生と大学1年生における勉学に関する動機づけや自己調整についての，文化的コンテクストによる違いが探られた。ここでは香港の中国人生徒は儒教の教えを反映する言動をみせ，中国系カナダ人生徒は西洋文化での経験に影響されると仮定された。妥当性，信頼性などに関する分析は紹介されていないものの，探索的因子分析によりMidgley, Anderman, & Hicks (1995) と似た結果が得られた。中国系カナダ人や欧州系カナダ人生徒に比べ，香港の中国人生徒は自己調整学習，認知的方略，そして学習目標志向に関するスコアが低い一方，暗記の利用が目立った。また，香港の中国人生徒に，やや長時間勉強する，不安である，自己効力感に欠けるなどの特徴があることが判明した。しかし，すべてのグループにおいて自己調整学習と認知的方略は努力，自己効力感，学習目標の3要素と正の相関を示した。予想通り，中国系カナダ人生徒は，ありとあらゆる項目で香港の中国人生徒と欧州系カナダ人生徒の中間に位置し，中国系カナダ人はカナダの学校内でカナダ文化に同化する傾向にあることを示している。

前記のNeber et al. (2008) の研究に似たアプローチで，さらに多くの要素を考慮した研究をTang & Neber (2008) が実施した。仮説をともなわないこの探索的研究は，北京（中国），ミュンヘン（ドイツ），ニューヨーク（アメリカ）の3都市で科学を学ぶ高校1年から3年までのギフテッド教育プログラム在籍者を対象とし，自己調整

学習の方略の利用に文化差はあるかが焦点とされた。能動的思考，表面的思考，自己調整学習方略の利用の3つの要素が測定されたのとともに，自己効力感，内発的価値，テストに関する不安，4つの目標志向性（努力目標，自我目標，理解目標，そして回避的目標）など，さまざまな動機づけ信念も考慮された。これらの動機づけ信念は前述のMSLQの動機づけ下位尺度を用いて測定され，能動的および表面的認知方略に関してはStipek & Gralinski（1996）に基づいた測定法そして自己調整学習方略はMSLQの下位尺度を利用して測られた。個人的目標尺度（Personal Goals Scales; Cobb et al., 1991）が目標志向の測定に用いられた。バックトランスレーションが実施されたという以外に妥当性に関する記述はなく，またデータの信頼性はすべての尺度に関し示されているものの，中には非常に信頼性の低いものもあった。

ドイツや中国の生徒に比べ，アメリカの生徒の科学に関する自己効力感と内発的価値は高いという結果が出たうえ，努力や理解といった内発的目標を強調する傾向は，中国の生徒よりもアメリカの生徒に顕著であった。アメリカとドイツの生徒は中国の生徒よりも理解目標に重点をおいていた一方，中国の生徒はその他の2か国の生徒に比べて回避的目標の得点が低かった。動機づけ信念や自己調整学習方略に関しては，中国とドイツの生徒の化学の学習における自己調整学習に向かう傾向が，アメリカ人生徒に比べ弱いものであることが判明した。Tang & Neber（2008）はこれらの結果を説明するにあたり，動機づけ信仰がアジアの文化的傾向として低いものであることや，儒教の教えに基づいた「教師から学ぶ」という受け身の姿勢が，ドイツやアメリカの教師がもつ「自発的そして自己調整的な学習の促進」という役割と対照的なものであることをあげている。同時に，中国とドイツの生徒の共通点も多いため，このような文化に基づいた解釈は説得力に欠けるということも認めている。

◆◆**家族の影響**

失敗への恐れ

儒教の伝統，集団主義文化，家族が子どもの自己調整にもたらす影響，失敗への恐れ，家族による期待などを焦点とした研究がいくつかある。

シンガポールに住む中学1年生を対象に，いかに家族やコミュニティ，社会が自己概念の構成に影響を与えているか，かつこれらは思考や自己調整に関連しているかに関する研究を，Chong（2007）が実施した。このサンプルのうち，72％は華僑，19％はマレー系，6.4％はインド系，そして2.5％はユーラシア系であった。儒教の影響を受けて集団主義の社会では，生徒たちは親や社会の期待に応えるための努力を怠らないというステレオタイプがある。それに基づき，Chongはこれらの生徒は失敗を恐れ，その面子を保つため，家族の誇りとなるため，そして社会の期待に添えるよう，勉学に励む動機となっていると仮定した。さまざまな考えや，メタ認知，そして自己調整学習方略がいかに学校での勉強に活用されているかを検討することで，自己調整学習が測定された。前出のMSLQ（Pintrich et al., 1991）や主成分分析をとおして検証されたオリジナルの質問などをベースとし質問紙が用いられ，失敗への恐れは著者独自の質問紙によって測られた。

相関分析や回帰分析をとおし，自己調整学習と失敗への恐れとの間に正の相関が得られた。自己効力不足，自己の過小評価などが失敗への恐れの根元ではなく，ある程度自己評価の高い生徒の場合，失敗への恐れは必ずしも自己調整に悪影響をもたらさないとChong（2007）は強調する。さらに，外的期待に応えるため生徒はさまざまなプロセスをとおして自己調整を行なうと述べている。しかし，①文化的背景が劇的に違う4つのグループを総体的に分析していること，そして②実際の学力が考慮されなかったため，構造方程式モデリングをとおして失敗への恐れ，自己調整学習と学力の3要素の相互の関連を検討できなかったことなどの理由で，この研究のもつ意味合いは限られてしまう。たとえば，華僑，マレー，インドの3つのアジア文化を比較することにより，儒教や集団主義の影響がさらに詳しく分析できたと推測される。

Pillay, Purdie, & Boulton-Lewis（2000）の研究は，失敗への恐れや面子を保つことが，アジア系

第 28 章 ■ 文化と教育における自己調整：文化的背景と自己調整に関する考察

生徒の自己調整学習方略の使用に対し多大なる影響を及ぼすことを示唆した。MSLQ（Pintrich et al., 1991）に加えて COLI（Purdie, 1998）を用いオーストラリアとマレーシアの高校生を対象とした研究が行なわれた。本質的，表面的，義務的の3つの学習形式が考慮されたが，異文化の相違は義務的学習（例：学習は義務である，勉強はむずかしいがたいせつである，好き嫌いにかかわらず，勉強はしなくてはいけない等）にのみ検出された。この相違は，個人主義と集団主義の違いを反映するものだと Pillay らは唱え，（マレーシアにみられる）集団主義における「合わせる顔がない」という状況を避けることの重要さが根元にあると説明する。さらに，家族やコミュニティを失望させないことがアジア文化において学習の最も強力な影響要因の1つであるという結論はこのほかの研究結果と一致しており，また個々のオーストラリアの生徒にとって，家族やコミュニティに対する責任感というのは重要視されていないことも指摘されている（Rhee, Uleman, Lee, & Roman, 1995）。

さらに Pillay et al.（2000）の研究では，ここまで紹介してきたいくつかの研究と同様，外発的動機づけ，表面的学習方略，受動的学習などのアジアのステレオタイプに反して，マレーシアの生徒は MSLQ における自己調整学習の方略をオーストラリアの生徒よりもさかんに活用していることが判明した。さらに，両国において MSLQ が深い学習観よりも浅い学習観と一般に相関があることも明らかになっており，これらの研究者は浅い学習を悪者とみなし，深い学習に劣るものと断言するのは短絡的であると述べている。やる気にあふれ，学習方略も活発に駆使する傾向にある生徒は，深い学習観と浅い学習観の両方の特徴をもっていると結論づけている。

■ 養育スタイルと家族のきずな

これまで権威ある（Authoritative），権力主義（Authoritarian），許容的（Permissive）などの養育スタイル（Baumrind, 1991）と自己調整に関して，さまざまな研究が西洋で行なわれてきた。一般的に，権威ある両親に育てられた子どもは，権力主義あるいは許容的両親をもつ子どもよりも自己調整に優れているとされる。しかし，他の文化とは対照的に，中国では権力主義的な両親をもつ子どもが勉学において成功を収めるというデータも出ている（Huang & Prochner, 2004）。Huang と Prochner は，Baumrind の提唱する養育スタイルのカテゴリーは中国文化の歴史や儒教の教えを反映せず，Chao（1994）の研究を引用し「訓練的」という名称を推奨している。この訓練的養育スタイルでは，自分に厳しく，努力を惜しまず，強い責任感をもつように子どもを訓練しつつ，高い基準をかかげつつ冷淡とされる権力主義的養育スタイルと対照的に関心と温かみに満ちた家族環境がつくられる。

このような背景をふまえ Huang & Prochner（2004）は養育スタイルと自己調整学習の関係を検証すべく，Baumrind（1991）や Buri（1989）の親の権威性アンケート（Parental Authority Questionnaire: PAQ），そして Chao（1994）による訓練的養育スタイル指標（Training Questionnaire: TQ），Rule & Griesemer（1996）の自己調整学習アンケート（Self-Regulated Learning Questionnaire: SESRLQ）などに基づいた質問紙を使った研究を行なった。バックトランスレーションを含むプロセスで中国語への翻訳が行なわれ，クロンバックの α を除き妥当性に関する情報は報告されていない。この研究には中国北部の親たちが参加した。総体的に，これらの親たちは，自分の養育スタイルを権力主義や許容的ではなく，権威のある訓練的なものと特徴づけた。回帰分析により，自己調整学習と権威のある養育スタイルとの間に有意な正の関連，権力主義的養育スタイルとの間に有意な負の関連があることが明らかにされた。こういった意味では，他の研究と異なり自己調整学習と養育スタイルに関して西洋の親と中国の親に大差はないといって差し支えない。

台湾の短大生を対象者とした研究では，Lee, Hamman, & Lee（2007）が自己調整学習質問紙（Zimmerman, 1998, 2002）を用い，自己効力感，方略利用，時間管理，自己観察，環境構成，援助要請などの自己調整学習のさまざまな要素と

自己調整学習と家族のつながりの強さ（Family Closeness Scale: FCS; Strage, 1998）の関連を提示した。線形回帰分析により，家族のつながりの強さは台湾の学生の自己調整学習の重要な予測変数であることが判明した。筆者たちは強い家族のきずなの下に育った子どもは安心感に満ち，進んで自己調整学習のスキルを磨いていくと主張する。

Gorrell, Hwang, & Chung（1996）は，独自に構成した自己調整学習に関する口頭でのアンケートをとおし，韓国（ソウル）とアメリカ（アラバマ州オーバーン）の小学校1年，3年，そして5年生の自己調整学習などに関する相違点や共通点についての研究を行なった。この研究では，学校内外におけるさまざまな架空の場面の状況描写に基づき，自己調整学習方略利用（自己評価，目標設定，プランニング，情報検索，自己モニタリング，環境構成，反復と記憶，援助要請）に関する自己報告が得られた。その結果，両国サンプルともに自己調整学習方略の利用は活発なものである一方，韓国の児童は学校外での方略利用，アメリカの児童は学校内での方略利用がとくに盛んであることが判明した。文化に基づく学校と家庭の関係の違いがこの結果の根底にあるとGorrellらは指摘する。韓国の親たちは，子どもの課外活動での活躍を望むため，韓国の子どもたちは学校に上がる前の早期から学校外でのプランニングや問題解決の経験が豊富である。その一方，アメリカの児童は韓国人児童に比べて教室内で自由に学ぶ機会が多く与えられるため，教室内での自己調整学習のスキルや問題解決力が伸びるとしている。また，韓国の児童は学校外の活動において活発で能動的な姿勢をみせ，アメリカの児童は韓国の児童に比べより援助要請に頼る傾向にあるという結果も得られた。Gorrell et al.（1996）は，家族のサポートに強く頼る傾向のあるアメリカ人児童に比べると，韓国人児童は自己の成功や課題遂行に焦点を置く傾向がみられることを報告している。しかしながら，これらの文化差は質的ではなく量的な違いであることの重要性を強調し，より詳しい研究が必要だと結論づけている。

◆◆自己効力感

自己効力感に関する文化的要素を紹介する前に，その基礎となっているアメリカの研究をいくつかみていきたい。自己調整学習の枠組みのなかで，学力と最も密接な関係にあるとされる概念の1つが自己効力感である。Eaton & Dembo（1996, 1997）は，子どもの育て方と自己効力感の関係を探った。Eatonら自身が作成したものも含め，学力などさまざまな事項に関しての質問をとおし，文化的影響あるいは自己効力感のどちらがアジア系アメリカ人そして非アジア系アメリカ人の生徒（双方ともにカリフォルニア州の中学3年生）のやる気とより強く関連しているかを調査した。アジア系アメリカ人の生徒は，そうでない生徒に比べやや低めの自己効力感をもっていることが判明した。一方，学力はアジア系アメリカ人の生徒のほうが高かった。要するに，これまでみてきた研究と同様，自己効力感ではなく文化に根付いた考え方や失敗への恐れのほうがより生活に，そしてアジア系生徒のやる気に影響していることがわかったのである。Eatonらはアジア系生徒の高学力の原因として，生徒自身のやる気そのものよりも，権力主義的な家庭環境に育つアジア系の生徒は，たんに教師や両親の言いなりで勉強し，学校の課題をこなすことをあげている。さらに，アジア系アメリカ人生徒は両親が学校でよい成績を収めることに固執し，成績が芳しくなければ家族に批判され恥となることから，失敗を非常に恐れるとしている。要するに，両親からの圧力が，アジア系アメリカ人の勉学に取り組む動機づけとなっていると結論づけているのである。[☆6]

集団主義と個人主義の対照を仮説とし，Klassen（2004）はカナダの学校で中学1年生に在籍するインド系カナダ人（本人か父親がインドで生まれ，プンジャビ語のできる生徒）と白人カナダ人（おもに欧州系で移民ではなく，英語を話す生徒）[☆7]を対象に自己効力感とその情報源を調査した。それに際し，前述のEaton & Dembo（1997）が作成した失敗への恐れに関する質問紙や，Matsui, Matsui, & Ohnishi（1990）による数学自己効力感尺度などが因子分析により確認のうえ用いられ

た。

　自己効力，失敗への恐れ，（子どもの視点からの）親の教育重視度という3つの動機づけ変数に関し，インド系カナダ人生徒が白人系を大きく上回った。また，白人生徒が代理経験を自己効力感の強力な情報源としたのに比べ，インド系カナダ人は他者からの言語的説得をあげた。ただ，両グループとも過去の遂行経験が自己効力感と最も強い相関関係にあったことととともに，自己効力感は学力に大きな影響を及ぼすことが双方のサンプルで実証された。

　ハワイ遠隔地の先住ハワイ人コミュニティに住む高校生を中心とするサンプルを対象に，Yamauchi & Greene（1997）は民族，性別，学年，コミュニティにおける居住歴などが学業に関する自己効力感とどのように関連しているかを調査した。Bandura（1989）の子ども多次元自己効力感尺度（Children's Multidimensional Self-efficacy Scales）から自己調整学習に関する自己効力感と学力に関する自己効力の2つの下位尺度が用いられ，得られた結果が過去に Zimmerman, Bandura, & Martinez-Pons（1992）がアメリカ本土で報告したデータと比べられた。まず，ハワイの生徒は生物を除くすべての科目で学力に関する自己効力が本土の生徒よりも低いことが判明した。Yamauchi らは控えめで自慢を避けるというハワイ人の気質がここに表われていると説明する。

　また重回帰分析をとおし，性別，民族，島に住む年数，学年の4項目が，学力に関する自己効力感と自己調整学習に関する自己効力感とどのように関係するかが探られた。その結果，自己調整学習に関する自己効力感は上記の4要素に多大なる影響を受ける一方，学力に関する自己効力感はこれらとの関連が薄いことが明らかになった。性別と民族は自己調整学習に関する自己効力感と密接な関係にあり，ハワイ人男子生徒は際立って低い自己調整学習に関する自己効力感をもつことがわかった。その原因を説明すべく，Yamauchi らは社会文化的コンテクストが学校や家庭においてハワイ人男子と女子に異なったフィードバックを与えている可能性を主張する。家庭内において自分や家族の面倒をみたり，家族やコミュニティの円滑な運営のため大人との接触が多いハワイ人女子は，学校での自己調整学習に有効なスキルを早いうちに習得する。その一方，Yamauchi らはハワイ人男子は反骨精神に富み友情を重視するなどの特長が学校で裏目に出ていると推測する。これらの研究にみられるように，文化的そして社会的な要素が自己効力感や自己調整にもたらす影響は，明白である。

■ ここまで紹介してきた文献の批評

　この章で紹介された自己調整学習の研究は，おもに西洋ベースの理論に基づいており，西洋を起源としない自己調整学習の枠組みを基盤とする研究はないようすである。異文化における自己調整学習の概念の構成，そしてどのようにそれを測定するかなどの問題点をかかげる文献もいくつかあるものの，自己調整学習というコンセプトそのものの文化的普遍性は疑問視せずに，さまざまな理論的要素や学力との関係を調査している。

　前述の通り，多くの研究が SRLIS や MSLQ など Zimmerman や Pintrich の自己調整学習の理論的枠組みと測定法を利用している（表28.1参照のこと）。ただ，こういった研究では自己調整学習の理論的枠組みや測定法が総体的に応用されるのではなく，それぞれの研究者によって任意に選ばれた理論的一面や測定法のごく一部のみ，あるいはそれらをアレンジしたものが用いられ，統一性に欠ける。自己調整学習の理論や測定法は他にも多数あるので（例：ASSIST, COLI, LASSI, PALS, SESRLQ など），異文化研究の結果はその場しのぎで解釈されることが多く，総合的解釈からは程遠い（Neber et al., 2008; Tang & Neber, 2008; Yang, 2005）。MSLQ や SRLS, COLI 等の指標の他言語への翻訳や異文化での妥当性の検証のため，探索的または確認的因子分析が行なわれてきたが，その結果は確定的ではない（Blom & Severiens, 2008; Law et al., 2008; Zhu et al., 2008）。したがって，多数の測定法が寄せ集められ，結果の比較の妨げとなっている。中にはこの問題を根本から回避し，妥当性などを考慮せずに独自に翻訳を施した研究

表28.1 研究対象国，測定法と対象学年

研究	アジア諸国									欧州諸国					その他諸国				測定法					対象学年			
	中国本土	香港	日本	韓国	マレーシア	フィリピン	シンガポール	南アジア	台湾	オランダ	アイスランド	ドイツ	イタリア	ノルウェー	オーストラリア	カナダ	クウェイト	アメリカ	MSLQ	SRLIS(MSRLとSRLIS含む)	LASSI	COLI	その他	小学生	中学生	高校生	大学生
Nota et al. (2004)													✓							✓						✓	
Olaussen & Bråten (1999)														✓						✓	✓						✓
Bråten & Olaussen (1998)														✓						✓	✓						✓
Ommundsen et al. (2005)														✓						✓	✓						✓
Blom & Severiens (2008)										✓									✓							✓	
Bråten & Strømsø (2005)														✓					✓								✓
Pintrich et al. (1993)												✓						✓	✓						✓		
Yang (2005)				✓															✓				✓				
Shih (2005)									✓												✓			✓			
Camahalan (2006)						✓																	✓	✓			
Rao et al. (2000)		✓																	✓							✓	
Law et al. (2008)		✓																					✓	✓			
Zhu et al. (2008)	✓																					✓					
Neber et al. (2008)	✓																		✓						✓		
Chiu et al. (2007)		✓									✓										✓		✓		✓		
Purdie & Hattie (1996)			✓																				✓		✓		
Purdie et al. (1996)			✓												✓						✓		✓		✓		
Salili et al. (2001)		✓										✓				✓							✓		✓		
Tang & Neber (2008)	✓											✓						✓	✓							✓	
Chong (2007)							✓												✓				✓	✓			
Pillay et al. (2000)															✓							✓		✓			
Huang & Prochner (2004)	✓																		✓				✓	✓			
Lee et al. (2007)																				✓						✓	
Gorrell et al. (1996)				✓													✓										
Eaton & Dembo (1997)	✓																	✓					✓	✓			
Klassen (2004)								✓								✓							✓	✓			
Yamauchi (1997)			✓																				✓		✓		
小計	5	4	3	4	1	1	1	1	2	2	1	3	2	5	3	4	2	3	12	5	5	2	12	10	7	6	6
合計	22									13					12												

もある。

　一部を除き，自己調整学習の異文化研究を読むと，不備な研究方法や単純なデータ解析が目立つ。複数の文化の比較を目的として掲げた研究では，一概に「文化とは何か」あるいは何を根拠にグループを定義するか等の考慮がなされていない。そのうえ，測定法の異文化での妥当性の確立を目的とした文化間の不変性の検定も行なわれていない。MSLQ, LASSI, SRLIS, COLI, ASSIST をはじめとする測定法の妥当性の検定は，探索的因子分析や信頼性分析など基礎的なものとなっている。中には確認的因子分析や普遍的検定など高レベルの分析法を用いた文献もあるが，まったく妥当性にふれないものもある。

　これらの研究で使われた測定法は，西洋においてもその妥当性と信頼性の低さが問題視されてきている。ましてや異文化での応用となると，この問題はさらに悪化してしまう。したがって自己調整学習の測定法を抜本的に見直し，自己調整学習の理論や概念を的確に反映し，妥当性と信頼性に富んだ測定法をつくり出すべきである。これまでの文献で使われているという理由だけで，不十分な測定法を用いた研究を行なうべきではない。

　自己調整，動機づけ，自己効力感などの概念を測定する際に，これまでの研究ではその定義や境界線があいまいなため，どのような要素が測られているのかが不透明であった。多くの研究は，これらの概念を複数同時に調査したため，とくに解釈がむずかしくなっている。要するに概念的境界が確立されておらず，概念どうしの関係の解釈の妨げとなっている。

　これまで述べたように，文化という基盤をベースとする自己調整学習のモデルはこれまで出てきていない。また，これまでの研究では異文化研究には中国人をはじめとするアジア系を対象としたものが多く，スカンジナビアを中心とした欧州人をサンプルとした研究を上回る（表28.1参照のこと）。アジア人を研究する理論的理由としては西洋と違い集団主義を強調する文化であること，そして儒教の教えの影響を受けていることなどがあげられる。どちらにせよ，西洋文化と対照的な文化としてアジア人が自己調整学習の研究対象と

なってきている。しかし，実際にはこれらのステレオタイプとは反した結果が出ている。総体的にみると，自己調整学習に関してはアジア人生徒と非アジア人生徒とでは相違点よりも共通点が多く，自己調整学習の方略の質や利用頻度も例外ではない。

　この章で紹介してきた文献は異文化研究を焦点としているものの，文化的なトピックを専門に扱っているジャーナル（例：*Journal of Cross-Cultural Psychology, International Journal of Intercultural Relations, Journal of Intercultural Studies, International Journal of Educational Research* など）に掲載されたものは皆無である。しかし自己調整学習というテーマがこれらのジャーナルに適切でなかった，あるいは今回の文献検索に不備があり，そのような文献がみつからなかった等の可能性もある。

■ 研究の教育現場への応用と今後の研究展望

　ここまで述べてきた研究の質的問題点をふまえ，いくつかの傾向を抽出することができる。それぞれの文化において「効果的な自己調整学習」とはどのようなものであるかというニュアンスは変動するものの，自己調整学習理論の主要な点は普遍的であるように見受けられる。言いかえると，多くの面での自己調整学習がもつ活動や達成に対して重要な規定因になっているということが，文化を越えていえるであろう（例：Nota et al., 2004; Pintrich et al., 2001; また Tang & Neber, 2008 はそれに反する見解をなしている）。

　第2に，これまでの異文化研究の結果を総体的に解釈すると，その定義や解釈は一定でないものの，自己調整学習の方略利用は学力向上と正の相関関係にある模様だ。たとえば，定義はどうであれ，メタ認知（自己モニタリングなど），順応的な自己調整学習方略（例：体制化や情報変換など），そして表面的ではなく本質的学習などは，ほとんどの研究で高い学力達成レベルと密接な関係にある（Blom & Severiens, 2008; Camahalan, 2006;

Nota et al., 2004; Salili et al., 2001; Zhu et al., 2008)。そのうえ，自己調整の方略利用は学業的自己概念，自己効力感，知能の増大理論など，その他の数々の心理的要素と関連している（Bråten & Olaussen, 1998; Ommundsen et al., 2005）。

第3点としては，自己効力感，興味，方策の使用，成績などの健全な発達には，熟達目標志向が最も効果的な目標志向であることがあげられる。数々の研究において示されてきた「目標」と「自己調整学習」の関係は相似的であり，熟達目標志向が最も強力で安定した自己調整学習の予測変数となっている。文化の壁を越え，熟達目標志向は自己調整学習を促進する一方，遂行目標はその逆の効果をもつようだ（Blom & Severiens, 2008; Pintrich et al., 2001）。

第4に，西洋の研究では（Purdie & Hattie, 1996の研究を除けば）記憶は低学力の生徒が使う方略とされてきたが，この常識はアジアの文化の生徒たちにはあてはまらないようである。したがって，異文化研究を考慮すると，記憶が表面的学習方略と断言するのは短絡的である（Zhu et al., 2008; Chiu et al., 2007; Purdie & Hattie, 1996; Neber et al., 2008; Pillay et al., 2000）。中には，アジア系生徒と非アジア系生徒の記憶方略の利用頻度に差がないという結果を見いだした研究もある（Chiu et al., 2007; Zhu et al., 2008）。そして，アジア系生徒が暗記をより頻繁に使うと示す研究でも，それは表面的ではなく本質的学習として行なわれていると指摘されている（Neber et al., 2008; Purdie & Hattie, 1996; Salili et al., 2001）。

第5に，家族のつながりは自己調整学習の重要な予測変数であり，アジア，西洋を問わず指導的養育スタイルが自己調整学習の発達を促すようである（Huang & Prochner, 2004）。一部の文化では，家族のもつ影響は失敗への恐れや面子を保つこと等と関連しており，それらが学習への取り組みや学習そのものの原動力となる（Chong, 2007; Eaton & Dembo, 1997; Klassen, 2004）。また儒教の哲学や集団主義を文化的な相違点の基礎とする研究もある（Lee et al., 2007; Huang & Prochner, 2004; Pillay et al., 2000）。

第6に，自身の認知，動機づけや行動を調整できる生徒の成績は高い傾向にあるうえ，これらの面での自己調整のスキルに優れた生徒は，最も高いレベルの学習達成度に到達する[☆8]（Yang, 2005）。

最後に，これまでの研究結果にはこれらの共通点があるものの，多くの理論や研究文献にみられる「一定の文化では，特別な方略が顕著である」といった先入観に基づいたアプローチには問題がある。前述の暗記のケースも含め，こういった文化的ステレオタイプを肯定する結果を掲げる研究と否定するものが入り乱れており，注意が必要である（Chiu et al., 2007; Neber et al., 2008; Pillay et al., 2000; Rao et al., 2000; Zhu et al., 2008）。教育現場への応用が教育研究の重要な目標の1つであるにもかかわらず，この章でみてきた研究において，そのような応用法を具体的に示す論文は少ない。

◆◆まとめ

ここまでみてきた結果を考慮すると，文化を問わず自己調整学習のスキルを教えることの利点は多いといって差し支えないであろう。したがって，自己調整学習方略はカリキュラムの一部とされるべきである（Camahalan, 2006; Nota et al., 2004）。学校というコンテクストのなかでは，生徒の文化環境と自己調整学習方略の利用との関連に関しての過度な一般化は非生産的であるため，先入観に惑わされることなく綿密に調査することが重要である。記憶のような方略を「低レベル」と決めつけてしまうのは単純極まりないという研究結果が出ており，それぞれの自己調整学習方略の利用のもつ意味合いや影響は文化的枠組み内で理解されるべきだ。さらに，自己調整学習の性質や重要度には家族が大きな影響を及ぼすという結果も出ている。西洋以外の文化においては家族からのプレッシャーが西洋文化とは異なる作用をもち，学問的成功を促すため競争心に満ちた行動が奨励される[☆9]。しかしこれはアジア系文化のもつ「集団主義」という本質に反する矛盾点であり，さらなる調査が必要である。また非西洋文化において，失敗への恐れは自己調整学習方略の利用の動機づけとして有効である（Chong, 2007）。

◆◆ 今後の研究展望

　異文化研究の不足や研究法の問題点などを考慮すると，今後の自己調整学習研究はさらに多くの文化をより優れた研究法で探ることが必須である。前記のように，これまでの異文化研究の多くは集団主義文化，儒教文化という観点からアジア系文化に焦点をあてている。その他スカンジナビア諸国で行なわれた研究もあるものの，それ以外の文化を探索した研究はみあたらない。その原因としてはたんに今回の文献検索がうまく行かなかった，またそのような研究は存在するものの英文以外で発表されている等の可能性も考えられる。もしこれが言語上の問題なら，多言語に対応できる研究者たちが集い，これまでの文献を総括的に吟味，紹介していくべきであり，その自己調整学習と文化の接点の理解にもたらす影響は計り知れない。

　同時に，ここで紹介したすべての研究が，西洋ベースの理論的枠組みや測定法を用いている。それ自体は必ずしも欠陥ではないが，西洋の理論や研究法などが無批判に「輸入」されていることは問題視されるべきだ。自己調整学習のさまざまな側面が特定の現地の文化でもつ意味合いをイーミックな視点から検討した研究は稀である。同様に，確認的因子分析などの統計的手法を用いて異文化間妥当性を算出した研究も数少ない。したがって，今後の研究においてはよりクリティカルかつ高度な研究法が求められる。

　こういった意味でも，それぞれの文化での自己調整学習のモデルを構成していくためにはイーミック研究（とくに当初は質的研究）が有効であろう。そのような研究をとおしてはじめてエティックな視点から自己調整学習の多文化間共通点に関する考察をなすことが可能となる。現時点では，最初にこういった共通点に関した憶測がなされてからそれを検証する研究が行なわれている。自己調整学習がアジアなどの文化においてもつ意味合いを有効にとらえていくためには，まずしっかりとしたイーミック研究の実施が必要となる。そのようなイーミック研究を重ねることにより，自己調整学習のおのおのの文化特有の定義や構成が明確になるとともに，文化の壁を越えた普遍的側面も表面化してくるであろう。そうすれば，自己調整学習の文化相対性と普遍性の両方に関する研究結果が得られる。自己調整学習という自己プロセス研究をより色彩豊かなものとしていくには，このような研究が必須である。

【訳注】
☆1：日本国内ではアジアという概念は日本を含まない傾向にあるが，海外文献の場合，アジアには日本も含まれることをご留意いただきたい。実際，海外においてはアジアを代表する国として日本に焦点をあてる研究も多い。

☆2：原書では Conception of the Nature of Sport Ability Questionnaire と表記されているが，ここで示した名称が正しい。

☆3：原書では都心部は inner city と表記されており，これには「貧困者が多い」というニュアンスがある。

☆4：ここでは原著に忠実な訳をしたが，訳者の知識ではヘント大学（Universiteit Gent，ゲント大学とも表記される）はベルギーのヘントにあるオランダ語で授業を行なう公立大学である。ヘント地区ではオランダ語が公用語とされるが，ヘント大学はあくまでもベルギー人を対象とするベルギーの公立の高等教育機関であり，オランダの大学，あるいはオランダ人を主対象とする教育機関ではない。したがって，この研究ではオランダ人ではなくベルギー人学生が中国人学生の比較対象であった可能性が否定できない。

☆5：権威のある（Authoritative）養育スタイルは高い基準と温かさの両方を兼ね備えるものと定義され，筆者がここで記述している高い基準と冷淡さをもつ養育スタイルは，一般的に権力主義（ないし権威主義；Authoritarian）とされる。

☆6：アメリカでは，日系を含めアジア系の移民は非常に厳しく権力主義，時には非人道的な子育てをしているというステレオタイプが氾濫している。しかし，Chao（1994）が指摘するように，これは先入観や誤解に基づいたものであり，Eton らによる説明もその信憑性が疑わしい。また，Eton らの研究にもみられるように，その文化の内部者の解釈をともなわない文化的研究には，このような誤解が頻繁にみられるので注意が必要である。

☆7：読者もご存知と思われるがカナダには英語圏とフランス語圏があり，ここでは文化的背景が顕著に異なるとされるフランス系白人カナダ人と区別するために「英語を話す」という記述がなされたと推測される。

☆8：原著では，ここで「同じ学力の生徒と比べて」という記述が入っているが，論理的に矛盾があると思われるため，これまでの流れから判断してここでは割愛した。

☆9：筆者は文化的先入観に惑わされないことのたいせつさを説いているにもかかわらず，このようなステレオタイプに基づいた描写や憶測をしているのは興味深いところであるとともに，西洋におけるこのような文化的先入観の顕著さを示唆している。

■ 引用文献

■第 1 章

Bandura, A. (1986). *Social foundations of thought and action: A social cognitive theory*. Englewood Cliffs NJ: Prentice Hall.
Bandura, A. (2006). Guide for constructing self-efficacy scales. In F. Pajares & T. Urdan (Eds.), *Self-efficacy beliefs of adolescents* (pp. 307-337). Greenwich, CT: Information Age.
Bandura, A., & Mischel, W. (1965). The influence of models in modifying delay of gratification patterns. *Journal of personality and Social Psychology, 2,* 698-705.
Bandura, A., & Schunk, D. H. (1981). Cultivating competence, self-efficacy, and intrinsic interest through proximal self-motivation. *Journal of Personality and Social Psychology, 41,* 586-598.
Beneke, W. M., & Harris, M. B. (1972). Teaching self-control of study behavior. *Behavior Research and Therapy, 10,* 35-41.
Brown, A. L., Bransford, J. D., Ferrara, R. A., & Campione, J. C. (1983). Learning, remembering, and understanding. In J. H. Flavell & E. M. Markman (Eds.), *Handbook of child psychology, Vol. III, Cognitive development* (pp. 77-166). New York, Wiley.
Diaz, R. M., Neil, C. J., & Amaya-Williams, M. (1990). The social origins of self-regulation. In L. Moll (Ed.), *Vygotsky and education, Instructional implications and applications of sociohistorical psychology* (pp. 127-154). New York: Cambridge University Press.
Gallimore, R., & Tharp, R. (1990). Teaching mind in society: Teaching, schooling and literate discourse. ln L. Moll (Ed.), *Vygotsky and education, Instructional implications and applications of sociohistorical psychology* (pp. 175-205). New York: Cambridge University Press.
Hunter-Blanks, P., Ghatala, E. S., Pressley, M., & Levin, J. R. (1988). Comparisons of monitoring during study and during testing on a sentence learning task. *Journal of Educational Psychology, 80,* 279-283.
Jackson, B., & Van Zoost, B. (1972). Changing study behaviors through reinforcement contingencies. *Journal of Counseling Psychology, 19,* 192-195.
Meichenbaum, D. (1977). *Cognitive behavior modification*. New York: Plenum.
Meichenbaum, D., & Goodman, J. (1971). Training impulsive children to talk to themselves: A means of developing self-control. *Journal of Abnormal Child Psychology, 77,* 115-126.
Mischel, W. (1961). Preference for delayed reinforcement and social responsibility. *Journal of Abnormal and Social Psychology, 62,* 1-7.
Mischel, W., & Metzner, R. (1962). Preference for delayed reward as a function of age, intelligence and length of delay interval. *Journal of Abnormal and Social Psychology, 64,* 425-431.
Pintrich, P. R., Smith, D. A., Garcia, T. & McKeachie, W. J. (1993). Predictive validity and reliability of the Motivated Strategies for Learning Questionnaire (MSLQ). *Educational and Psychological Measurement, 53,* 801-813.
Pressley, M., Heisel, B. E., McCormick, C. G., & Nakamura, G. V. (1982). Memory strategy instruction with children. In C. J. Brainerd & M. Pressley (Eds.), *Progress in cognitive development research, Vol. 2, Verbal processes in children* (pp. 125-159). New York: Springer-Verlag.
Pressley, M., & McCormick, C. B. (1995). *Advanced educational psychology: For educators, researchers, and policymakers*. New York: Harper/Collins.
Rabinowitz, M., Freeman, K., & Cohen, S. (1992). Use and maintenance of strategies. The influence of accessibility on knowledge. *Journal of Educational Psychology, 84,* 211-218.
Schunk, D. H. (1981). Modeling and attributional feedback effects on children's achievement: A self-efficacy analysis. *Journal of Educational Psychology, 74,* 93-105.
Schunk, D. H. (1984). Sequential attributional feedback and children's achievement behaviors. *Journal of Educational Psychology, 76,* 1159-1169.
Schunk, D. H., & Gunn, T. P. (1986). Self-efficacy and skill development: Influence of task strategies and attributions. *Journal of Educational Research, 79,* 238-244.
Schunk, D. H., & Rice, J. M. (1986). Extended attributional feedback: Sequence effects during remedial reading instruction. *Journal of Early Adolescence, 6,* 55-66.
Schunk, D. H., & Zimmerman, B. J. (Eds.). (1994). *Self-regulation of learning and performance: Issues and educational applications*. Hillsdale, NJ: Erlbaum.
Schunk, D. H., & Zimmerman, B. J. (Eds.). (1998). *Self-regulated learning: From teaching to self-reflective practice*. New York: Guilford Press.
Schunk, D. H., & Zimmerman, B. J. (Eds.). (2007). *Motivation and self-regulated learning: Theory, research, and applications*. Mahwah, NJ: Erlbaum.
Thorsen, C. E., & Mahoney, M. J. (1974). *Behavioral self-control*. New York: Holt Rinehart & Winston.
Winne, P. H., & Jamieson-Noel, D. (2002). Exploring students: calibration of self reports about study tactics and achievement. *Contemporary Educational Psychology, 27,* 551-572.
Zimmerman, B. J. (1986a). Development of self-regulated learning: Which are the key subprocesses? *Contemporary Educational Psychology, 11,* 307-313.
Zimmerman, B. J. (Ed.). (1986b). Special issue on self-regulated learning. *Contemporary Educational Psychology 11,* 305-427.
Zimmerman, B. J. (1990). Self-regulated learning and academic achievement: An overview. *Educational Psychologist, 25,* 3-17.
Zimmerman, B. J., & Kitsantas, A. (1997). Developmental phases in self-regulation: Shifting from process goals to outcome goals. *Journal of Educational Psychology, 89,* 29-36.

■ 引用文献

Zimmerman, B. J., & Martinez-Pons, M. (1986). Development of a structured interview for assessing students' use of self-regulated learning strategies. *American Educational Research Journal, 23,* 614-628.
Zimmerman, B. J., Martinez-Pons, M. (1988). Construct validation of a strategy model of student self-regulated learning. *Journal of Educational Psychology, 80,* 284-290.
Zimmerman, B. J., & Ringle, J. (1981). Effects of model persistence and statements of confidence on children's self-efficacy and problem solving. *Journal of Educational Psychology, 73,* 485-493.
Zimmerman, B. J., & Schunk, D. H. (Eds.). (1989). *Self-regulated learning and academic achievement: Theory, research, and practice.* New York: Springer.
Zimmerman, B. J., & Schunk, D. H. (Eds.). (2001). *Self-regulated learning and academic achievement: Theoretical perspectives* (2nd ed.). Mahwah, NJ: Erlbaum.

■ 第2章

Anderson, J. R. (1991). The adaptive nature of human categorization. *Psychological Review, 98,* 409-429.
Bargh, J. A., & Williams, E. L. (2006). The automaticity of social life. *Current Directions in Psychological Science, 15,* 1-4.
Begg, I. M., Anas, A., & Farinacci, S. (1992). Dissociation of processes in belief: Source recollection statement familiarity, and the illusion of truth. *Journal of Experimental Psychology: General, 121,* 446-458.
Begg, I., Duft, S., Lalonde. P., Melnick, R., & Sanvito, J. (1989). Memory predictions are based on ease of processing. *Journal of Memory and Language, 28,* 610-632.
Bjork, R. A. (1994). Memory and metamemory considerations in the training of human beings. In J. Metcalfe & A. Shimamura, (Eds.), *Metacognition: Knowing about knowing* (pp. 185-205). Cambridge, MA: MIT Press.
Brown, A. L., & Day, J. D. (1983). Macrorules for summarizing texts: The development of expertise. *Journal of Verbal Learning and Verbal Behavior, 22,* 1-14.
Butler, D. L., & Winne, P. H. (1995). Feedback and self-regulated learning: A theoretical synthesis. *Review of Educational Research, 65,* 245-281.
Callender, A. A., & McDaniel, M. (2009). The limited benefits of rereading educational texts. *Contemporary Educational Psychology, 34,* 30-41.
Dunlosky, J., & Hertzog, C. (1998). Training programs to improve learning in later adulthood: Helping older adults educate themselves. In D. J. Hacker, J. Dunlosky, & A. C. Graesser (Eds.), *Metacognition in educational theory and practice* (pp. 249-275). Mahwah, NJ: Erlbaum.
Dunlosky, J., & Lipko, A. R. (2007). Metacomprehension: A brief history and how to improve its accuracy. *Current Directions in Psychological Science, 16,* 228-232.
Ericsson, K. A., Krampe, R. T., & Tesch-Römer, C. (1993). The role of deliberate practice in the acquisition of expert performance. *Psychological Review, 100,* 363-406.
Glenberg, A. M., Wilkinson, A. C., & Epstein, W. (1982). The illusion of knowing: Failure in the self-assessment of comprehension. *Memory & Cognition, 10,* 597-602.
Hacker, D. J., Dunlosky, J., & Graesser, A. C. (Eds.). (2009). *Handbook of metacognition in education.* New York: Routledge.
Haggard, P., & Tsakiris, M. (2009). The experience of agency: Feelings, judgments and responsibility. *Current Directions in Psychological Science, 18,* 242-246.
Hamilton, R. J. (1985). Adjunct questions and objectives. *Review of Educational Research, 55,* 47-85.
Igo, L. B., Bruning, R., & McCrudden, M. T. (2005). Exploring differences in students' copy-and-paste decision making and processing: A mixed-methods study. *Journal of Educational Psychology, 97,* 103-116.
Igo, L. B., Bruning, R. B., McCrudden, M., & Kauffman, D. F. (2003). InfoGather: Six experiments toward the development of an online, data-gathering tool. In R. Bruning, C. A. Horn, & L. M. Pytlik-Zillig (Eds.), *Web-based learning: What do we know? Where do we go?* (pp. 57-77). Greenwich, CT: Information Age.
Kiewra, K. A., Benton, S. L., Kim, S., Risch, N., & Christensen, M. (1995). Effects of note-taking format and study technique on recall and relational performance. *Contemporary Educational Psychology, 20,* 172-187.
Kintsch, W. (1988). The role of knowledge in discourse comprehension: A construction integration model. *Psychological Review, 95,* 163-182.
Koriat, A. (1997). Monitoring one's own knowledge during study: A cue-utilization approach to judgments of learning. *Journal of Experimental Psychology: General, 126,* 349-370.
Koriat, A. (2008). Easy comes, easy goes? The link between learning and remembering and its exploitation in metacognition. *Memory & Cognition, 36,* 416-428.
Kornell, N., & Bjork, R. A. (2007). The promise and perils of self-regulated study. *Psychonomic Bulletin & Review, 14,* 219-224.
Levy, B. A. (1993). Fluent rereading: An implicit indicator of reading skill development. In P. Graf & M. E. J. Masson (Eds.), *Implicit memory: New directions in cognition, development, and neuropsychology* (pp. 49-73). Hillsdale, NJ: Erlbaum.
Lin, L., & Zabrucky, K. M. (1998). Calibration of comprehension: Research and implications for education and instruction. *Contemporary Educational Psychology, 23,* 345-391.
Maki, R. H. (1998). Test predictions over text material. In D. J. Hacker, J. Dunlosky, & A. C. Graesser (Eds.), *Metacognition in educational theory and practice* (pp. 117-144). Hillsdale, NJ: Erlbaum.
Metcalfe, J., & Kornell, N. (2005). A region of proximal learning model of study time allocation. *Journal of Memory and Language, 52,* 463-477.
Metcalfe, J., Schwartz, B. L., & Joaquin, S. G. (1993). The cue-familiarity heuristic in metacognition. *Journal of Experimental Psychology: Learning, Memory and Cognition, 19,* 851-864.
Nelson, T. O., & Dunlosky, J. (1991). When people's judgments of learning (JOLs) are extremely accurate at predicting subsequent recall:

The "delayed JOL effect." *Psychological Science, 2,* 267-270.
Rawson, K., & Dunlosky, J., & Thiede, K. W. (2000). The rereading effect: Metacomprehension accuracy improves across reading trials. *Memory & Cognition, 28,* 1004-1010.
Salomon, G., & Perkins, D. N. (1989). Rocky roads to transfer: Rethinking mechanisms of a neglected phenomenon. *Educational Psychologist, 24,* 113-142.
Serra, M. J., & Metcalfe, J. (2009). Effective implementation of metacognition. In D. J. Hacker, J. Dunlosky, & A. C. Graesser (Eds.), *Handbook of metacognition in education* (pp. 278-298). New York: Routledge.
Schraw, G. (2009). Measuring metacognitive judgments. In D. J. Hacker, J. Dunlosky, & A. C. Graesser (Eds.), *Handbook of metacognition in education* (pp. 415-429). New York: Routledge.
Son, L. K. (2004). Spacing one's study: evidence for a metacognitive control strategy. *Journal of Experimental Psychology: Learning, Memory, and Cognition, 30,* 601-604.
Thiede, K., & Anderson, M. C. (2003). Summarizing can improve metacomprehension accuracy. *Contemporary Educational Psychology, 28,* 129-160.
Thiede, K. W., & Dunlosky, J. (1994). Delaying students' metacognitive monitoring improves their accuracy in predicting their recognition performance. *Journal of Educational Psychology, 86,* 290-302.
Thiede, K. W., & Dunlosky, J. (1999). Toward a general model of self-regulated study: An analysis of selection of items for study and self-paced study time. *Journal of Experimental Psychology: Learning, Memory and Cognition, 25,* 1024-1037.
Thiede, K. W., Dunlosky, J., & Griffin, T. D. (2005). Understanding the delayed-keyword effect on metacomprehension accuracy. *Journal of Experimental Psychology: Learning, Memory, and Cognition, 31,* 1267-1280.
Thiede, K. W., Griffin, T. D., Wiley, J., & Redford, J. (2009). Metacognitive monitoring during and after reading. In D. J. Hacker, J. Dunlosky, & A. C. Graesser (Eds.), *Handbook of metacognition in education* (pp. 85-106). New York: Routledge.
Weaver, C. A., Bryant, D. S., & Burns, K. D. (1995). Comprehension monitoring: Extensions of the Kintsch and van Dijk model. In C. A. Weaver, S. Mannes, & C. Fletcher (Eds.), *Discourse comprehension. Essays in honor of Walter Kintsch* (pp. 177-193). Hillsdale, NJ: Erlbaum.
Wiley, J., Griffin, T., & Thiede, K. W. (2005). Putting the comprehension in metacomprehension. *Journal of General Psychology, 132,* 408-428.
Winne, P. H. (1989). Theories of instruction and of intelligence for designing artificially intelligent tutoring systems. *Educational Psychologist, 24,* 229-259.
Winne, P. H. (1995). Self-regulation is ubiquitous but its forms vary with knowledge. *Educational Psychologist, 30,* 223-228.
Winne, P. H. (1996). A metacognitive view of individual differences in self-regulated learning. *Learning and Individual Differences, 8,* 327-353.
Winne, P. H. (2001). Self-regulated learning viewed from models of information processing. In B. J. Zimmerman & D. H. Schunk (Eds.), *Self-regulated learning and academic achievement: Theoretical perspectives* (2nd ed., pp. 153-189). Mahwah, NJ: Erlbaum.
Winne, P. H. (2006). How software technologies can improve research on learning and bolster school reform. *Educational Psychologist, 41,* 5-17.
Winne, P. H., & Hadwin, A. F. (1998). Studying as self-regulated learning. In D. J. Hacker, J. Dunlosky, & A. C. Graesser (Eds.), *Metacognition in educational theory and practice* (pp. 277-304). Mahwah, NJ: Erlbaum.
Winne, P. H., Jamieson-Noel, D. L., & Muis, K. (2002). Methodological issues and advances in researching tactics, strategies, and self-regulated learning. In P. R. Pintrich & M. L. Maehr (Eds.), *Advances in motivation and achievement: New directions in measures and methods* (Vol. 2, pp. 121-155). Greenwich. CT: JAI Press.
Winne, P. H., & Marx, R. W. (1982). Students' and teachers' views of thinking processes for classroom learning. *Elementary School Journal, 82,* 493-518.
Winne, P. H., & Nesbit, J. C. (2010). The psychology of school performance. *Annual Review of Psychology, 61,* 653-678.
Winne, P. H., & Perry, N. E. (2000). Measuring self-regulated learning. In M. Boekaerts, P. Pintrich, & M. Zeidner (Eds.), *Handbook of self-regulation* (pp. 531-566). Orlando, FL: Academic Press.

■第3章

Alexander, P. A., Graham, S., & Harris, K. R. (1998). A perspective on strategy research: Progress and prospects. *Educational Psychology Review, 10,* 129-154.
Anderman, L. H., & Anderman, E. M. (1999). Social predictors of changes in students' achievement goal orientations. *Contemporary Educational Psychology, 25,* 21-37.
Azmitia, M. (1992). Expertise, private speech, and the development of self-regulation. In R. M. Diaz & L. E. Berk (Eds.), *Private speech: From social interaction to self-regulation* (pp. 101-122). Hillsdale, NJ: Erlbaum.
Bandura, A. (1997). *Self-efficacy: The exercise of control.* New York: W. H. Freeman.
Bandura, A., & Schunk, D. H. (1981). Cultivating competence, self-efficacy, and intrinsic interest through proximal self-motivation. *Journal of Personality and Social Psychology, 41,* 586-598.
Bembenutty, H. (2009). Academic delay of gratification, self-regulation of learning, gender differences, and expectancy-value. *Personality and Individual Differences, 46,* 347-352.
Bembenutty, H., & Karabenick, S. A. (2004). Inherent association between academic delay of gratification, future time perspective, and self-regulated learning: Effects of time perspective on student motivation. *Educational Psychology Review, 76,* 35-57.
Berk, L. E. (1992). Children's private speech: An overview of theory and the status of research. In R. M. Diaz & L. E. Berk (Eds.), *Private speech: From social interaction to self-regulation* (pp. 17-53). Hillsdale, NJ: Erlbaum.

■ 引用文献

Berk, L., & Harris, S. (2003). Vygotsky, Lev. In L. Nadel (Ed.), *Encyclopedia of cognitive science* (Vol. 6, pp. 532-535). London: Macmillan.

Berk, L. E., & Landau, S. (1993). Private speech of learning disabled and normally achieving children in classroom academic and laboratory contexts. *Child Development, 64,* 556-571.

Blackwell, L. S., Trzesniewski, K., & Dweck, C. S. (2007). Implicit theories of intelligence predict achievement across an adolescent transition: A longitudinal study and an intervention. *Child Development, 78,* 246-263.

Boekaerts, M., Pintrich, P. R., & Zeidner, M. (Eds.). (2000). *Handbook of self-regulation.* San Diego, CA: Academic Press.

Bong, M. (2001). Role of self-efficacy and task value in predicting college students' course enrollments and intentions. *Contemporary Educational Psychology, 26,* 553-570.

Bouffard, T., Vezeau, C., & Bordeleau, L. (1998). A developmental study of the relation between combined learning and performance goals and students' self-regulated learning. *British Journal of Educational Psychology, 68,* 309-319.

Burhans, K. K., & Dweck, C. S. (1995). Helplessness in early childhood: The role of contingent worth. *Child Development, 66,* 1719-1738.

Busemeyer. J. R., & Townsend, J. T. (1993). Decision field theory: A dynamic cognitive approach to decision making in an uncertain environment. *Psychological Review, 100,* 432-459.

Byrnes, J. P. (1998). *The nature and development of decision-making: A self-regulation perspective.* Mahwah, NJ: Erlbaum.

Carver, C. S., & Scheier, M. F. (2000). On the structural of behavioral self-regulation. In M. Boekaerts, P. R. Pintrich, & M. Zeidner (Eds.), *Handbook of self-regulation* (pp. 41-84). San Diego: Academic Press.

Cleary, T. J., & Zimmerman, B. J. (2004). Self-regulation empowerment program: A school-based program to enhance self-regulated and self-motivated cycles of student learning. *Psychology in the Schools, 41,* 537-550.

Covington, M. J. (2009). Self-worth theory: Retrospection and prospects. In K. R. Wentzel & A. Wigfield (Eds.), *Handbook of motivation at school* (pp. 141-170). New York: Routledge.

Demetriou, A. (2000). Organization and development of self-understanding and self-regulation: Toward a general theory. In M. Boekaerts, P. R. Pintrich, & M. Zeidner (Eds.), *Handbook of self-regulation* (pp. 209-25l). San Diego, CA: Academic Press.

Dowson, M., & McInerney, D. M. (2003). What do students say about their motivational goals? Towards a more complex and dynamic perspective on student motivation. *Contemporary Educational Psychology, 28,* 91-113.

Duckworth, A. L., Peterson, C., Matthews, M. D., & Kelly. D. R. (2007). Grit: Perseverance and passion for long-term goals. *Journal of Personality and Social Psychology, 92,* 1087-1101.

Duckworth, A. L., & Quinn, P. D. (2009). Development and validation of the short grit scale (Grit-S). *Journal of Personality Assessment, 91,* 166-174.

Durik, A. M., Vida, M., & Eccles, J. S. (2006). Task values and ability beliefs as predictors of high school literacy choices: A developmental analysis. *Journal of Educational Psychology, 98,* 382-393.

Dweck, C. S., & Master, A. (2008). Self-theories motivate self-regulated learning. In D. H. Schunk & B. J. Zimmerman (Eds.), *Motivation and self-regulated learning: Theory, research, and applications* (pp. 31-5l). New York: Erlbaum.

Dweck, C. S., & Master, A. (2009). Self-theories and motivation: Students' beliefs about intelligence. In K. R. Wentzel & A. Wigfield (Eds.), *Handbook of motivation at school* (pp. 123-140). New York: Routledge.

Duncan, R. M., & Pratt, M. W. (1997). Microgenetic change in the quantity and quality of preschoolers' private speech. *International Journal of Behavioral Development, 20,* 367-383.

Elliot, A. J. (2005). A conceptual history of the achievement goal construct. In A. J. Elliot & C. S. Dweck (Eds.), *Handbook of competence and motivation* (pp. 52-72). New York: Guilford.

Feigenbaum, P. (1992). Development of the syntactic and discourse structures of private speech. In R. Diaz & L. Berk (Eds.), *Private speech: From social interaction to self-regulation* (pp. 181-198). Hillsdale, NJ: Erlbaum.

Graham, S., & Williams, C. (2009). An attributional approach to motivation in school. In K. R. Wentzel & A. Wigfield (Eds.), *Handbook of motivation at school* (pp. 11-34). New York: Routledge.

Goetz, T., Frenzel, A. C., Pekrun, R. H., Hall, N. C., & Lüdtke, O. (2007). Between-and within-domain relations of students' academic emotions. *Journal of Educational Psychology, 99,* 715-733.

Husman, J., & Shell, D. F. (2008). Beliefs and perceptions about the future: A measurement of future time perspective. *Learning and Individual Differences, 18,* 166-175.

Kron-Sperl, V., Schneider, W., & Hasselhorn, M. (2008). The development and effectiveness of memory strategies in kindergarten and elementary school: Finding from the Würzburg and Göttingen longitudinal memory studies. *Cognitive Development, 23,* 79-104.

Lens, W., & Vansteenkiste, M. (2008). Promoting self-regulated learning: A motivational analysis. In D. H. Schunk & B. J. Zimmerman (Eds.), *Motivation and self-regulated learning: Theory, research, and applications* (pp. 141-168). New York: Erlbaum.

Linnenbrink, E. A. (2006). Emotion research in education: Theoretical and methodological perspectives on the integration of affect, motivation, and cognition. *Educational Psychology Review, 18,* 307-314.

Lufi, D., & Cohen, A. (1987). A scale for measuring persistence in children. *Journal of Personality Assessment, 51,* 178-185.

Maehr, M. L., & Zusho, A. (2009). Achievement goal theory: Past, present, and future. In K. R. Wentzel & A. Wigfield (Eds.), *Handbook of motivation at school* (pp. 77-104). New York: Routledge.

Matuga, J. M. (2003). Children's private speech during algorithmic and heuristic drawing tasks. *Contemporary Educational Psychology, 28,* 552-572.

Meece, J. L., Wigfield, A., & Eccles, J. S. (1990). Predictors of math anxiety and its consequences for young adolescents' course enrollment intentions and performances in mathematics. *Journal of Educational Psychology, 82,* 60-70.

Mettalidou, P., & Vlachou, A. (2007). Motivational beliefs, cognitive engagement, and achievement in language and mathematics in elementary school children. *International Journal of Psychology, 42,* 2-15.

Miller, R. B., Greene, B. A., Montalvo, G. P., Ravindram, B., & Nichols, J. D. (1996). Engagement in academic work: The role of learning goals, future consequences pleasing others, and perceived ability. *Contemporary Educational Psychology, 21,* 388-442.

Mischel, W. (1958). Preference for delayed reinforcement: an experimental study of a cultural observation. *Journal of Abnormal Psychology,*

66, 57-61.
Mischel, W., & Gilligan. C. F. (1964). Delay of gratification, motivation for the prohibited gratification, and responses to temptation. *Journal of Abnormal and Social Psychology, 69,* 411-417.
Mischel, W., & Moore, B. (1973). Effects of attention to symbolically presented rewards on self-control. *Journal of Personality and Social Psychology, 28,* 172-179.
Nicholls, J. G. (1978). The development of the concepts of effort and ability, perceptions of academic attainment, and the understanding that difficult tasks require more ability. *Child Development, 49,* 800-814.
Nisan, M., & Koriat, A. (1984). The effect of cognitive restructuring on delay of gratification. *Child Development, 55,* 492-503.
Nolen, S. B. (1988). Reasons for studying: Motivational orientations and study strategies. *Cognition and Instruction, 5,* 269-287.
Nolen, S. B., & Ward, C. J. (2008). Sociocultural and situative approaches to studying motivation. In M. L. Maehr, S. Karabenick, & T. Urdan (Eds.), *Advances in motivation and achievement* (Vol. 15: Social psychological perspectives, pp. 425-461). Bingley, UK: Emerald Publishing Group.
Pajares, F. (2008). Motivational role of self-efficacy beliefs in self-regulated learning. In D. H. Schunk & B. J. Zimmerman (Eds.), *Motivation and self-regulated learning: Theory, research, and applications* (pp. 111-139). New York: Erlbaum.
Pajares, F., & Valiante, G. (2002). Students' self-efficacy in their self-regulated learning strategies: A developmental perspective. *Psychologia, 45,* 211-221.
Paris, S. G., Byrnes, J. P., & Paris, A. H. (2001). Constructing theories, identities, and actions of self-regulated learners. In D. H. Schunk & B. J. Zimmerman (Eds.), *Self-regulated learning and academic achievement: Theoretical perspectives* (2nd ed., pp. 253-287). Mahwah, NJ: Erlbaum.
Patrick, H., Ryan, A. M., & Pintrich, P. R. (1999). The differential impact of extrinsic and mastery goal orientations on males' and females' self-regulated learning. *Learning and Individual Differences, 11,* 153-171.
Peake, P. K., Hebl, M., & Mischel, W. (2002). Strategic attention deployment in waiting and working situations. *Developmental Psychology, 38,* 313-326.
Pekrun, R. (2009). Emotions at school. In K. R. Wentzel & A. Wigfield (Eds.), *Handbook of motivation in school* (pp. 575-604). New York: Routledge.
Pelletier, L. G., Fortier, M. S., Vallerand, R. J., & Brière, N. M. (2001). Associations among perceived autonomy support, forms of self-regulation, and persistence: a prospective study. *Motivation and Emotion, 25,* 279-306.
Perry, N. E., Turner, J. C., & Meyer, D. K. (2006). Classrooms as contexts for motivating learning. In P. A. Alexander & P. H. Winne (Eds.), *Handbook of educational psychology* (2nd ed., pp. 327-348). Mahwah, NJ: Erlbaum.
Peterson, C., & Seligman, M. E. P. (2004). Persistence. *In Character strengths and virtues: A handbook and classification* (pp. 229-247). Washington, DC: American Psychological Association.
Piaget, J. (1962). *The language and thought of the child.* (M. Gabain, Trans.). Cleveland, OH: Meridian. (Original work published 1923)
Pintrich, P. R. (2000a). Multiple pathways, multiple goals: The role of goal orientation in learning and achievement. *Journal of Educational Psychology, 92,* 544-555.
Pintrich, P. R. (2000b). The role of goal orientation in self-regulated learning. In M. Boekaerts, P. Pintrich, & M. Zeidner (Eds.), *Handbook of self-regulation* (pp. 451-502). San Diego, CA: Academic Press.
Pintrich, P., & De Groot, E. V. (1990). Motivational and self-regulated learning components of classroom academic performance. *Journal of Educational Psychology, 82,* 33-40.
Pintrich, P. R., Marx, R.W., & Boyle, R. A. (1993). Beyond cold conceptual change: The role of motivational beliefs and classroom contextual factors in the process of conceptual change. *Review of Educational Research, 63,* 167-199.
Pintrich, P. R., & Zusho, A. (2002). The development of academic self-regulation: the role of cognitive and motivational factors. In A. Wigfield & J. S. Eccles (Eds.), *Development of achievement motivation* (pp. 249-284). San Diego, CA: Academic Press.
Pressley, M., & Hilden, K. (2006). Cognitive strategies. In D. Kuhn & R. S. Seigler (Eds.), *Handbook of child psychology* (6th ed., Vol. 2, pp. 511-556). Hoboken, NJ: Wiley.
Rice, J. A., Levine. L. J., & Pizarro, D. A. (2007). "Just stop thinking about it": Effects of emotional disengagement on children's memory for educational material. *Emotion, 7,* 812-823.
Roth, G., Assor, A., Niemiec, C. P., Ryan, R. M., & Deci, E. L. (2009). The emotional and academic consequences of parental conditional regard: Comparing conditional positive regard, conditional negative regard, and autonomy support as parenting practices. *Developmental Psychology, 45,* 1119-1142.
Schunk, D. H. (1983). Reward contingencies and the development of children's skills and self-efficacy. *Journal of Educational Psychology, 73,* 93-105.
Schunk, D. H. (1984). Enhancing self-efficacy and achievement through rewards and goals: Motivational and informational effects. *Journal of Educational Research, 78,* 29-34.
Schunk, D. H. (2008). Attributions as motivators of self-regulated learning. In D. H. Schunk & B. J. Zimmerman (Eds.), *Motivation and self-regulated learning* (pp. 245-266). New York: Erlbaum.
Schunk, D. H., & Ertmer, P. A. (2000). Self-regulation and academic learning: Self-efficacy enhancing interventions. In M. Boekaerts, P. R. Pintrich, & M. Zeidner (Eds.), *Handbook of self-regulation* (pp. 631-649). San Diego, CA: Academic Press.
Schunk, D. H., & Pajares, F. (2009). Self-efficacy theory. In K. R. Wentzel & A. Wigfield (Eds.), *Handbook of motivation in school* (pp. 35-54). New York: Taylor Francis.
Schunk, D. H., & Rice, J. M. (1987). Enhancing comprehension skills and self-efficacy with strategy value information. *Journal of Reading Behavior, 19,* 285-302.
Schutz, P. A., & Davis, H. (2000). Emotion and self-regulation during test taking. *Educational Psychologist, 35,* 243-256.
Schutz, P. A., Hong, J. Y., Cross, D. I., & Osbon, J. N. (2006). Reflections on investigating emotions among educational contexts. *Educational Psychology Review, 18,* 343-360.

■ 引用文献

Schutz, P. A., & Lanehart, S. L. (2002). Emotion in education. *Educational Psychologist, 3,* 67-68.
Shoda, Y., Mischel, W., & Peake, P. K. (1990). Predicting adolescent cognitive and self-regulatory competencies from preschool delay of gratification: Identifying diagnostic conditions. *Developmental Psychology, 26,* 978-986.
Somers, C. L., Owens, D., & Piliawsky, M. (2008). Individual and social factors related to urban African American adolescents' school performance. *The High School Journal, 91,* 1-11.
Steinberg, L., Graham, S., O'Brien, L., Woolard, J., Cauffman, E., & Banich, M. (2009). Age differences in future orientation and delay discounting. *Child Development, 80,* 28-44.
Thompson, R. A. (1994). Emotional regulation: a theme in search for definition. In N. A. Fox, The development of emotion regulation: behavioral and biological considerations. *Monographs of the Society for Research in Child Development, 59,* 25-52.
Tobin, R. M., & Graziano, W. G. (in press). Delay of gratification: A review of fifty years of regulation research. In R. Hoyle (Ed.), *Handbook of self-regulation and personality.* Mahwah, NJ: Blackwell.
Vygotsky, L. S. (1987). Thinking and speech. In R. W. Rieber & A. S. Carton (Eds.), & N. Minick (Trans.), *The collected works of L.S. Vygotsky: Vol. 1. Problems of general psychology* (pp. 37-285). New York: Plenum. (Original work published 1934)
Weiner, B. (1979). A theory of motivation for some classroom experiences. *Journal of Educational Psychology, 71,* 3-25.
Wigfield, A. (1997, April). *Predicting children's grades from their ability beliefs and subjective task values: Developmental and domain differences.* Paper presented at the biennial meeting of the Society for Research in Child Development, Washington, DC.
Wigfield, A., Eccles, J. S., Schiefele, U., Roeser, R., & Davis-Kean, P. (2006). Development of achievement motivation. In W. Damon (Series ed.) & N. Eisenberg (Vol. ed.), *Handbook of child psychology* (6th ed., Vol. 3, pp. 933-1002). New York: Wiley.
Wigfield, A., Eccles, J. S., Yoon. K. S., Harold, R. D., Arbreton, A., Freedman-Doan, C., & Blumenfeld, P. C. (1997). Changes in children's competence beliefs and subjective task values across the elementary school years: A three-year study. *Journal of Educational Psychology, 89,* 451-469.
Wigfield, A., Hoa, L. W., & Klauda, S. L. (2008). The role of achievement values in the regulation of achievement behaviors. In D. H. Schunk & B. J. Zimmerman (Eds.), *Motivation and self-regulated learning: Theory, research, and applications* (pp. 169-195). New York: Erlbaum.
Wigfield, A., Tonks, S., & Klauda, S. L. (2009). Expectancy-value theory. In K. R. Wentzel & A. Wigfield (Eds.), *Handbook of motivation in school* (pp. 55-76). New York: Routledge.
Winsler, A. (2009). Still talking to ourselves after all these years: A review of current research on private speech. In A. Winsler, C. Fernyhough, & I. Montero (Eds.), *Private speech, executive functioning, and the development of verbal self-regulation* (pp. 3-41). New York: Cambridge University Press.
Winsler, A., & Naglieri, J. A. (2003). Overt and covert verbal problem-solving strategies: Developmental trends in use, awareness, and relations with task performance in children age 5 to 17. *Child Development, 74,* 659-678.
Wolters, C. A. (1999). The relation between high school students' motivational regulation and their use of learning strategies, effort, and classroom performance. *Learning & Individual Differences, 11,* 281-301.
Wolters, C. A. (2003). Regulation of motivation: Evaluating an underemphasized aspect of self-regulated learning. *Educational Psychologist, 38,* 189-205.
Wolters, C. A., & Pintrich, P. R. (1998). Contextual differences in student motivation and self-regulated learning in mathematics, English, and social studies classrooms. *Instructional Science, 26,* 27-47.
Wolters, C. A., Yu, S. L., & Pintrich, P. R. (1996). The relation between goal orientation and students' motivational regulation and their use of learning strategies, effort, and classroom performance. *Learning and Individual Differences, 8,* 211-239.
Yates, G. C., Lippett, R. M., & Yates, S. M. (1981). The effects of age, positive affect induction, and instructions on children's delay of gratification. *Journal of Experimental Child Psychology, 32,* 169-180.
Zimmerman, B. J. (2000). Attaining self-regulation: A social-cognitive perspective. In M. Boekaerts, P. R. Pintrich, & M. Zeidner (Eds.), *Handbook of self-regulation* (pp. 13-39). San Diego, CA: Academic Press.
Zimmerman, B. J. (2008). Goal setting: A key proactive source of academic self-regulation. In D. H. Schunk & B. J. Zimmerman (Eds.), *Motivation and self-regulated learning: Theory research, and applications* (pp. 267-295). New York: Erlbaum.
Zimmerman, B. J., & Cleary, T. J. (2009). Motives to self-regulate learning: A social cognitive account. In K. R. Wentzel & A. Wigfield (Eds.), *Handbook of motivation at school* (pp. 247-264). New York: Routledge.

■第4章

Bandura, A. (1997). *Self-efficacy: The exercise of control.* New York: Freeman.
Battle, A., & Wigfield, A. (2003). College women's value orientations toward family, career, and graduate school. *Journal of Vocational Behavior, 62,* 56-75.
Bembenutty, H., & Karabenick, S. A. (2004). Inherent association between academic delay of gratification, future time perspective, and self-regulated learning. *Educational Psychology Review, 16*(1), 35-57.
Blackwell, L. S., Trzesniewski, K., & Dweck, C. S. (2007). Implicit theories of intelligence predict achievement across an adolescent transition: A longitudinal study and an intervention. *Child Development, 78,* 246-263.
Bouffard-Bouchard, T., Parent, S., & Larivée, S. (1991). Influence of self-efficacy on self-regulation and performance among junior and senior high-school age students. *International Journal of Behavior Development, 14,* 153-164.
Brown, A. L., Bransford, J. D., Ferrara, R. A., & Campione, J. C. (1983). Learning, remembering, and understanding. In J. H. Flavell & E. H. Markman (Eds.), *Handbook of child psychology. Vol. III, Cognitive development* (pp. 77-166). New York: Wiley.
Cameron, J., & Pierce, W. D. (1994). Reinforcement, reward, and intrinsic motivation: A meta-analysis. *Review of Educational Research, 64,* 363-423.

Cleary, T. J., & Zimmerman, B. J. (2001). Self-regulation differences during athletic practice by experts, non-experts, and novices. *Journal of Applied Sport Psychology, 13,* 61-82.

Collins, J. L. (1982, March). *Self-efficacy and ability in achievement behavior.* Paper presented at the annual meeting of the American Educational Research Association, New York.

Corno, L. (2001). Volitional aspects of self-regulated learning. In B. J. Zimmerman & D. H. Schunk (Eds.), *Self-regulated learning and academic achievement* (pp. 191-225). Mahwah, NJ: Erlbaum.

Deci, E. L., & Ryan, R. M. (1987). *Intrinsic motivation and self-determination in human behavior.* New York: Plenum.

DeWitte, S., & Lens, W. (2000). Exploring volitional problems in academic procrastinators. *International Journal of Educational Research, 33,* 733-750.

Dignath, C., Buettner, G., & Langfeldt, H. (2008). How can primary school students learn self-regulated learning strategies most effectively? A meta-analysis on self-regulation training programmes. *Educational Research Review, 3,* 101-129.

Dweck, C. S. (2006). *Mindset: The new psychology of success.* New York: Random House.

Dweck, C. S., & Leggett, E. L. (1988). A social-cognitive approach to motivation and personality. *Psychological Review, 95,* 256-273.

Grant, H., & Dweck, C. S. (2003). Clarifying achievement goals and their impact. *Journal of Personality and Social Psychology, 85,* 541-553.

Hidi, S., & Ainley, M. (2008). Interest and self-regulation: Relationships between two variables that influence learning. In D. H. Schunk & B. J. Zimmerman (Eds.), *Motivation and self-regulated learning: Theory, research and application* (pp. 77-109). New York: Erlbaum.

Hidi, S., & Renninger, K. A. (2006). The four-phase model of interest development. *Educational Psychologist, 41,* 111-127.

Hunter-Blanks, P., Ghatala, E. S., Pressley, M., & Levin, J. R. (1988). Comparison of monitoring during study and during testing on sentence-learning task. *Journal of Educational Psychology, 80,* 279-283.

Kitsantas, A., & Zimmerman, B. J. (2006). Enhancing self-regulation of practice: Influence of graphing and self-evaluative standards. *Metacognition and Learning, 1*(3), 201-212.

Kuhl, J. (1985). Volitional mediators of cognition-behavior consistency: Self-regulatory processes and action versus state orientation. In J. Kuhl & J. Beckmann (Eds.), *Action control: From cognition to behavior* (pp. 101-128). Berlin: Springer-Verlag.

Lan, W. Y. (1998). Teaching self-monitoring skills in statistics. In D. H. Schunk & B. J. Zimmerman (Eds.), *Self-regulated learning: From teaching to self-reflective practice* (pp. 86-105). New York: Guilford.

Locke, E. A., & Latham, G. P. (2002). Building a practically useful theory of goal setting and task motivation: A 35-year odyssey. *American Psychologist, 57,* 705-717.

Mischel, W., & Ayduk, O. (2004). Willpower in a cognitive-affective processing system: The dynamics of delay of gratification. In R. F. Baumeister & K. D. Vohs (Eds.), *Handbook of self-regulation: Research, theory and applications* (pp. 99-129). New York: Guilford.

Mitchell, M. (1993). Situational interest: Its multifaceted structure in the second school mathematics classroom. *Journal of Educational Psychology, 85,* 424-436.

Newman, R. S. (2008). The motivational role of adaptive help seeking in self-regulated learning. In D. Schunk & B. Zimmerman (Eds.), *Motivation and self-regulated learning: Theory, research, and applications* (pp. 315-338). New York: Erlbaum.

Oettinger, G., Honig, G., & Gollwitzer, P. (2000). Effective self-regulation of goal attainment. International *Journal of Educational Research, 33,* 705-732.

Pajares, F. (2008). Motivational role of self-efficacy beliefs in self-regulated learning. In D. H. Schunk & B. J. Zimmerman (Eds.), *Motivation and self-regulated learning: Theory, research and applications* (pp. 111-139). New York: Erlbaum.

Pintrich, P. R., & De Groot, E. V. (1990). Motivational and self-regulated learning components of classroom academic performance. *Journal of Educational Psychology, 82,* 33-40.

Pressley, M., & McCormick, C. B. (1995). *Advanced educational psychology: For educators, researchers, and policymakers.* New York: Harper/Collins.

Pressley, M., & Woloshyn, V. (Eds.). (1995). *Cognitive strategy instruction that really improves children's academic performance* (2nd ed.). Cambridge, MA: Brookline.

Rabinowitz, M., Freeman, K., & Cohen, S. (1992). Use and maintenance of strategies. The influence of accessibility on knowledge. *Journal of Educational Psychology, 84,* 211-218.

Reeve, J., Ryan, R., Deci, E. L., & Jang, H. (2008). Understanding and promoting autonomous self-regulation: A self-determination theory perspective. In D. H. Schunk & B. J. Zimmerman (Eds.), *Motivation and self-regulated learning: Theory, research, and applications* (pp. 223-244). New York: Erlbaum.

Sansone, C., Weir, C., Harpster, L., & Morgan, C. (1992). Once a boring task always a boring task? Interest as a self-regulatory mechanism. *Journal of Personality and Social Psychology, 63,* 379-390.

Schiefele, U. (1992). Topic interest and levels of text comprehension. In K. A. Renninger, S. Hidi, & A. Krapp (Eds.), *The role of interest in learning and development* (pp. 151-182). Hillsdale, NJ: Erlbaum.

Schmitz, B., & Wiese, B. S. (2006). New perspectives for the evaluation of training sessions in self-regulated learning: Time-series analyses of diary data. *Contemporary Educational Psychology, 31,* 64-96.

Schunk, D. H. (1984). Self-efficacy perspective on achievement behavior. *Educational Psychologist, 19,* 48-56.

Schunk, D. H. (2001). Social cognitive theory and self-regulated learning. In B. J. Zimmerman & D. H. Schunk (Eds.), *Self-regulated learning and academic achievement: theory, research, and practice* (2nd ed., pp. 125-15l). Mahwah, NJ: Erlbaum.

Schunk, D. H., & Cox, P. D. (1986). Strategy training and attributional feedback with learning disabled students. *Journal of Educational Psychology, 78,* 201-209.

Schunk, D. H., & Gunn, T. P. (1986). Self-efficacy and skill development: Influence of task strategies and attributions. *Journal of Educational Research, 79,* 238-244.

Schunk, D. H., & Hanson, A. R., (1985). Peer models: Influence on children's self-efficacy and achievement behaviors. *Journal of Educational Psychology, 77,* 313-322.

Schunk, D. H., & Zimmerman, B. J. (1997). Social origins of self-regulatory competence. *Educational Psychologist, 32,* 195-208.

■ 引用文献

Shell, D. F., Murphy, C. C., & Bruning, R. H. (1989). Self-efficacy and outcome expectancy in reading and writing achievement. *Journal of Educational Psychology, 81,* 91-100.
Simons, J., DeWitte, S. S., & Lens, W. (2000). Wanting to have versus wanting to be: The effect of perceived instrumentalitiy on gal orientation. *British Journal of Educational Psychology, 91,* 335-351.
Vansteenkiste, M., Simons, J., Lens, W., Sheldon, K. M., & Deci, E. L. (2004). Motivating learning, performance, and persistence: The synergistic effects of intrinsic goal contents and autonomy-supportive contexts. *Journal of Personality and Social Psychology, 87,* 246-260.
Weiner, B. (1979). A theory of motivation for some classroom experiences. *Journal of Educational Psychology, 71,* 3-25.
Weiner, B. (1992). *Human motivation: Metaphors, theories, and research.* Newbury Park, CA: Sage.
Wigfield, A., & Eccles, J. S. (2000). Expectancy-value theory of motivation. *Contemporary Educational Psychology, 25,* 68-81.
Winne, P. H., & Jamieson-Noel, D. L. (2003). Self-regulating studying by objectives for learning: Students' reports compared to a model. *Contemporary Educational Psychology, 28,* 259-276.
Wolters, C. A. (1999). The relation between high school students' motivational regulation and their use of learning strategies, effort, and classroom performance. *Learning & Individual Differences, 11,* 281-301.
Wolters, C. A., & Pintrich, P. R. (1998). Contextual differences in student motivation and self-regulated learning in mathematics, English, and social studies classrooms. *Instructional Science, 26,* 27-47.
Wolters, C. A., & Rosenthal, H. (2000). The relation between students' motivational beliefs and their use of motivational regulation strategies. *International Journal of Educational Research, 33,* 801-820.
Wolters, C. A., Yu, S. L., & Pintrich, P. R. (1996). The relation between goal orientation and students' motivational beliefs and self-regulated learning. *Learning & Individual Differences, 8,* 211-239.
Zimmerman, B. J. (2000). Attainment of self-regulation: A social cognitive perspective. In M. Boekaerts, P. Pintrich, & M. Zeidner (Eds.), *Handbook of self-regulation* (pp. 13-39). San Diego, CA: Academic Press.
Zimmerman, B. J. (2008). Investigating self-regulation and motivation: Historical Background, methodological developments, and future prospects. *American Educational Research Journal, 45*(1), 166-183.
Zimmerman, B. J., & Bandura, A. (1994). Impact of self-regulatory influences on writing course attainment. *American Educational Research Journal, 31,* 845-862.
Zimmerman, B. J., & Kitsantas, A. (1999). Acquiring writing revision skill: Shifting from process to outcome self-regulatory goals. *Journal of Educational Psychology, 99,* 241-250.
Zimmerman, B. J., & Martinez-Pons, M. (1990). Student differences in self-regulated learning: Relating grade, sex, and giftedness to self-efficacy and strategy use. *Journal of Educational Psychology, 82,* 51-59.

■ 第5章

Azevedo, R., Cromley, J. G., & Seibert, D. (2004). Does adaptive scaffolding facilitate students' ability to regulate their learning with hypermedia. *Contemporary Educational Psychology, 29,* 344-370.
Bandura, A. (1986). *Social foundations of thought and action.* Englewood Cliffs, NJ: Prentice-Hall.
Barron, B. (2000). Achieving coordination in collaborative problem-solving groups. *The Journal of the Learning Sciences, 9*(4), 403-436.
Brown, A. L., & Campione, J. C. (1996). Psychological theory and design of innovative learning environments: On procedures, principles and systems. In L. Schauble & R. Glaser (Eds.), *Innovations in learning: New environments for education* (pp. 289-325). Mahwah, NJ: Erlbaum.
Bruning, R. H., Schraw, G. J., & Ronning, R. R. (1999). *Cognitive psychology and instruction.* Englewood Cliffs, NJ: Prentice-Hall.
Butler, D. L. (1992). Promoting strategic learning by learning disabled adults and adolescents. *Exceptionality Education Canada, 2,* 109-128.
Butler, D. L. (1993). *Promoting strategic learning by adults with learning disabilities: An alternative approach.* Unpublished doctoral dissertation, Simon Fraser University, Burnaby, British Columbia, Canada.
Butler, D. L. (1994). From learning strategies to strategic learning: Promoting self-regulated learning by postsecondary students with learning disabilities. *Canadian Journal of Special Education, 4,* 69-101.
Butler, D. L. (1995). Promoting strategic learning by postsecondary students with learning disabilities. *Journal of Learning Disabilities, 28,* 170-190.
Butler, D. L. (1998). The strategic content learning approach to promoting self-regulated learning: A summary of three studies. *Journal of Educational Psychology, 90,* 682-697.
Diaz, R. M., Neal, C. J., & Amaya-Williams, M. (1990). The social origins of self-regulation. In L. C. Moll (Ed.), *Vygotsky and education: Instructional implications and applications of sociohistorical psychology* (pp. 127-154). New York: Cambridge University Press.
Dillenbourg, P. (1999). Introduction: What do you mean by "collaborative learning"? In P. Dillenbourg (Ed.), *Collaborative learning: Cognitive and computational approaches* (pp. 1-19). Amsterdam: Pergamon.
Hadwin, A. F., Nesbit, J. C., Jamieson-Noel, D., Code, J., & Winne, P. H. (2007). Examining trace data to explore self-regulated learning. *Metacognition and Learning, 2,* 107-124.
Hadwin, A. F., & Oshige, M. (2011). Self-regulation, co-regulation, and socially shared regulation: Exploring perspectives of social in self-regulated learning theory. *Teachers College Record, 113*(2), 2-3.
Hadwin, A. F., Oshige, M., Miller, M., & Wilde, P. (2009, July). *Examining student and instructor task perceptions in a complex engineering design task.* Paper presented at the proceedings for the Sixth International Conference on Innovation and Practices in Engineering Design and Engineering Education (CDEN/C2E2), McMaster University, Hamilton, ON, Canada.
Hadwin, A. F., Wozney, L., & Pontin, O. (2005). Scaffolding the appropriation of self-regulatory activity: A social constructivist analysis of changes in student-teacher discourse about a graduate student portfolio. *Special Issue of Instructional Science, 33,* 413-450.
Harris, K. R., & Graham, S. (1992). *Helping young writers master the craft: Strategy instruction and self-regulation in the writing process.*

Cambridge, MA: Brookline.

Hurme, T-R., Merenluoto, K., & Järvelä, S. (2009). Socially shared metacognition of pre-service primary teachers in a computer-supported mathematics course and their feelings of task difficulty: A case study. *Educational Research and Evaluation, 15*(5), 503-524.

Hurme, T-R., Merenluoto, K., Salonen, P., & Järvelä, S. (2009). *Regulation of group problem solving—a case for socially shared metacognition*. Manuscript submitted for publication.

Iiskala, T., Vauras, M., & Lehtinen, E. (2004). Socially-shared metacognition in peer learning? *Hellenic Journal of Psychology, 2*, 147-178.

Järvelä, S., Järvenoja, H., & Veermans, M. (2008). Understanding dynamics of motivation in socially shared learning. *International Journal of Educational Research, 47*(1), 122-135.

Järvelä, S., Volet, S., & Järvenoja, H. (2010). Research on motivation in collaborative learning: Moving beyond the cognitive-situative divide and combining individual and social processes. *Educational Psychologist, 45*(1), 15-27.

Järvenoja, H., & Järvelä, S. (2005). How the students explain their social, emotional and motivational experiences during their learning processes. *Learning and Instruction, 15*, 465-480.

Järvenoja, H., & Järvelä, S. (2009). Emotion control in collaborative learning situations—Do students regulate emotions evoked from social challenges? *British Journal of Educational Psychology, 79*(3), 463-481.

Karasavvidis, I., Pieters, J. M., & Plomp, T. (2000). Investigating how secondary school students learn to solve correlational problems: Quantitative and qualitative discourse approaches to the development of self-regulation. *Learning and Instruction, 10*, 267-292.

Kempler, T., & Linnenbrink-Garcia, L. (2007, July). *Exploring self-regulation in group contexts*. Paper presented at the Computer Supported Collaborative Learning Conference, New Brunswick, New Jersey.

Kitsantas, A., Zimmerman, B. J., & Cleary, T. (2000). The role of observation and emulation in the development of athletic self-regulation. *Journal of Educational Psychology, 92*, 811-817.

Levine, J. M., Resnick, L. B., & Higgins, E. T. (1993). Social foundations of cognition. *Annual Review of Psychology, 44*, 585-612.

Locke, E. A., & Latham, G. P. (1990). *A theory of goal setting and task performance*. Englewood Cliffs, NJ: Prentice Hall.

Locke, E. A., & Latham, G. P. (2002). Building a practically useful theory of goal setting and task motivation: A 35-year odyssey. *American Psychologist, 57*(9), 705-717.

Manlove, S., Lazonder, A. W., & de Jong, T. (2006). Regulative support for collaborative scientific inquiry learning. *Journal of Computer Assisted Learning, 22*, 87-98.

McCaslin, M. (2009). Co-regulation of student motivation and emergent identity. *Educational Psychologist, 44*(2), 137-146.

McCaslin, M., & Burross, H. L. (2010). Research on individual differences within a sociocultural perspective: Co-regulation and adaptive learning. *Teachers College Record, 113*(2), 5-6.

McCaslin, M., & Good, T. L. (1996). The informal curriculum. In D. C. Berliner & R. C. Calfee (Eds.), *Handbook of educational psychology* (pp. 622-670). New York: Simon & Schuster Macmillan.

McCaslin, M., & Hickey, D. T. (2001). Self-regulated learning and academic achievement: A Vygotskian view. In B. J. Zimmerman & D. H. Schunk (Eds.), *Self-regulated learning and academic achievement: Theory, research, and practice, second edition* (pp. 227-252). Mahwah, NJ: Erlbaum.

Meyer, D. K., & Turner, J. C. (2002). Using instructional discourse analysis to study the scaffolding of student self-regulation. *Educational Psychologist, 37*, 17-25.

Neber, H., & Heller, K. A. (2002). Evaluation of a summer-school program for highly gifted secondary school students: The German Pupils Academy. *European Journal of Psychological Assessment, 18*(3), 214-228.

Pedersen, S., & Liu, M. (2001, April). *The effects of modeling expert cognitive strategies during problem-based learning*. Paper presented at the Annual Meeting of the American Educational Research Association, Seattle. WA.

Perry, N. E. (1998). Young children's self-regulated learning and contexts that support it. *Journal of Educational Psychology, 90*, 715-729.

Perry, N. E., VandeKamp, K. O., Mercer, L. K., & Nordby, C. J. (2002). Investigating teacher-student interactions that foster self-regulated learning. *Educational Psychologist, 37*, 5-16.

Pintrich, P. R., Smith, D. A. F., Garcia, T., & McKeachie, W. J. (1991). *A manual for the use of the Motivated Strategies for Learning Questionnaire (MSLQ)* (Technical Report No. 91-B-004). Ann Arbor: University of Michigan, School of Education.

Pintrich, P. R., Wolters, C., & Baxter, G. (2000). Assessing metacognition and self-regulated learning. In G. Schraw & J. Impara (Eds.), *Issues in the measurement of metacognition.* (pp. 43-97). Lincoln: The University of Nebraska Press.

Roschelle, J., & Teasley, S. (1995). The construction of shared knowledge in collaborative problem solving. In C. O'Malley (Ed.), *Computer supported collaborative learning* (pp. 69-97). Heidelberg, Germany: Springer.

Salomon, G., & Perkins, D. N. (1998). Individual and social aspects of learning. *Review of Research in Education, 23*, 1-24.

Schraw, G., & Dennison, R. S. (1994). Assessing metacognitive awareness. *Contemporary Educational Psychology, 19*, 460-475.

Schunk, D. H., & Zimmerman, B. J. (1997). Social origins of self-regulatory competence. *Educational Psychologist, 32*, 195-208.

Spörer, N., & Brunstein, J. C. (2009). Fostering the reading comprehension of secondary school students through peer-assisted learning: Effects on strategy knowledge, strategy use, and task performance. *Contemporary Educational Psychology, 34*, 289-297.

Stone, L. D., & Gutiérrez, K. D. (2007). Problem articulation and the processes of assistance: An activity theoretic view of mediation in game play. *International Journal of Educational Research, 46*(1-2), 43-56.

Summers, J. J. (2006). Effects of collaborative learning in math on sixth graders' individual goal orientations from a socioconstructivist perspective. *The Elementary School Journal, 106*, 273-290.

Turner, J. C., & Patrick, H. (2004). Motivational influences on student participation in classroom learning activities. *Teachers College Record, 106*, 1759-1785.

van den Boom, G., Paas, F., & van Merriënboer, J. G. (2007). Effects of elicited reflections combined with tutor or peer feedback on self-regulated learning and learning outcomes. *Learning and Instruction, 17*, 532-548.

Vauras, M., Iiskala, T., Kajamies, A., Kinnunen, R., & Lehtinen, E. (2003). Shared-regulation and motivation of collaborating peers: A case analysis. *Psychologia, 46*, 19-37.

■ 引用文献

Volet, S., Summers, M., & Thurman, J. (2009). High-level co-regulation in collaborative learning: How does it emerge and how is it sustained? *Learning and Instruction, 19,* 128-143.
Vygotsky, L. S. (1978). *Mind in society.* Cambridge, MA: Harvard University Press.
Weinstein, C. E., Schulte, A., & Palmer, D. (1987). *LASSI: Learning and study strategies inventory.* Clearwater, FL: H & H Publishing.
Wertsch, J., & Stone, C. (1985). The concept of internalization in Vygotsky's account of the genesis of higher mental functions. In J. Wertsch (Ed.), *Culture, communication, and cognition: Vygotskian perspectives* (pp. 162-182). New York: Cambridge University Press.
Whipp, J. L., & Chiarelli, S. (2004). Self-regulation in a web-based course: A case study. *Educational Technology Research and Development, 52*(4), 5-22.
Whitebread, D., Bingham, S., Grau, V., Pasternak, D. P., & Sangster, C. (2007). Development of metacognition and self-regulated learning in young children: Role of collaborative and peer-assisted learning. *Journal of Cognitive Education and Psychology, 6,* 433-455.
Winne, P. H. (1997). Experimenting to bootstrap self-regulated learning. *Journal of Educational Psychology 89,* 379-410.
Winne, P. H., & Hadwin, A. F. (1998). Studying as self-regulated engagement in learning. In D. Hacker, J. Dunlosky, & A. Graesser (Eds.), *Metacognition in educational theory and practice* (pp. 277-304). Mahwah, NJ: Erlbaum.
Winne, P. H., & Hadwin, A. F. (2008). The weave of motivation and self-regulated learning. In D. H. Schunk & B. J. Zimmerman (Eds.), *Motivation and self-regulated learning: Theory, research and applications* (pp. 298-314). New York: Erlbaum.
Winne, P. H., Jamieson-Noel, D. L., & Muis, K. (2002). Methodological issues and advances in researching tactics, strategies, and self-regulated learning. In P. R. Pintrich & M. L. Maehr (Eds.), *Advances in motivation and achievement: New directions in measures and methods* (Vol. 12, pp. 121-155). Greenwich, CT: JAI Press.
Winne, P. H., & Perry, N. E. (2000). Measuring self-regulated learning. In M. Boekaerts, P. R. Pintrich, & M. Zeidner (Eds.), *Handbook of self-regulation* (pp. 531-566). San Diego, CA: Academic Press.
Zimmerman, B. J. (1989a). A social cognitive view of self-regulated academic learning. *Journal of Educational Psychology, 81,* 329-339.
Zimmerman, B. J. (1989b). Models of self-regulated learning and academic achievement. In B. J. Zimmerman & D. H. Schunk (Eds.), *Self-regulated learning and academic achievement: Theory, research and practice* (pp. 1-25), New York: Springer Verlag.
Zimmerman, B. J. (1990). Self-regulated learning and academic achievement: An overview. *Educational Psychologist, 25,* 3-17.
Zimmerman, B. J. (2008). Investigating self-regulation and motivation: Historical background, methodological developments, and future prospects. *American Educational Research Journal, 45,* 166-183.
Zimmerman, B. J., & Kitsantas, A. (2002). Acquiring writing revision and self-regulatory skill through observation and emulation. *Journal of Educational Psychology, 94,* 660-668.

■ 第6章

Bandura, A. (1982). Self-efficacy mechanism in human agency. *American Psychologist, 37,* 122-147.
Bandura, A. (1991). Social cognitive theory of self-regulation. *Organizational Behavior & Human Decision Processes, 50,* 248-287.
Bandura, A. (1997). *Self-efficacy: The exercise of control.* New York: Freeman.
Bandura, A. (1998). Personal and collective efficacy in human adaptation and change. In J. G. Adair, D. Belanger, & K. L. Dion (Eds.), *Advances in psychological science: Vol. 1. Personal, social and cultural aspects* (pp. 51-71). Hove, UK: Psychology Press.
Boekaerts, M., Pintrich, P. R., & Zeidner, M. (2000). *Handbook of self-regulation.* San Diego, CA: Academic Press.
Bouffard-Bouchard, T., Parent, S., & Larivee, S. (1991). Influence of self-efficacy on self-regulation and performance among junior and senior high-school age students. *International Journal of Behavioral Development, 14,* 153-164.
Bronson, M. B. (2000). *Self-regulation in early childhood: Nature and nurture.* New York: Guilford Press.
Corno, L. (1993). The best-laid plans: Modern conceptions and educational research. *Educational Research, 22*(2), 14-22.
Covington, M. V., & Roberts, B. W. (1994). Self-worth and college achievement: Motivational and personality correlates. In P. R. Pintrich, D. R. Brown, & C. E. Weinstein (Eds.), *Student motivation, cognition, and learning: Essays in honor of Wilbert J. McKeachie* (pp. 157-187). Hillsdale, NJ: Erlbaum.
Dignath, C., & Buettner, G. (2008). Components of fostering self-regulated learning among students. A meta-analysis on intervention studies at primary and secondary school level. *Metacognition and Learning, 3*(3), 231-264.
Ellis, D. (1995, April). *The role of discrimination accuracy in self-monitoring of dialect acquisition.* Paper presented at the meeting of the American Educational Research Association, San Francisco, CA.
Ericsson, K. A., & Lehmann, A. C. (1996). Expert and exceptional performance: Evidence on maximal adaptations on task constraints. *Annual Review of Psychology, 47,* 273-305.
Hattie, J., Biggs, J., & Purdie, N. (1996). Effects of learning skills interventions on student learning: A meta-analysis. *Review of Educational Research, 66,* 507-542.
Kazdin, A. E. (1974). Self-monitoring and behavior change. In M. J. Mahoney & C. E. Thoresen (Eds.), *Self-control: Power to the person* (pp. 218-246). Monterey, CA: Brooks/Cole.
Keith, T. Z., Diamond-Hallam, C., & Fine, J. G. (2004). Longitudinal effects of in-school and out-of-school homework on high school grades. *School Psychology Quarterly, 19,* 187-211.
Kirschenbaum, D. S., & Karoly, P. (1977). When self-regulation fails: Tests of some preliminary hypotheses. *Journal of Consulting and Clinical Psychology, 45,* 1116-1125.
Klauer, K. J. (2001). Situiertes Lernen [Situated learning]. In D. H. Rost (Ed.), *Handwörterbuch Pädagogische Psychologie* [Handbook of pedagogical psychology] (pp. 635-641). Weinheim, Germany: Beltz.
McClelland, D. C. (1985). *Human motivation.* Glenview, IL.: Scott, Foresman and Co.
McCoach, D. B., & Siegle, D. (2003). Factors that differentiate underachieving gifted students from high-achieving gifted students. *Gifted Child Quarterly, 47,* 144-154.

Pajares, F., & Miller, M. D. (1994). The role of self-efficacy and self-concept beliefs in mathematical problem-solving: A path analysis. *Journal of Educational Psychology, 86,* 193-203.

Perels, F., Löb, M., Schmitz, B., & Haberstroh, J. (2006). Hausaufgaben aus der Perspektive der Selbstregulation [Homework from the perspective of self-regulation]. *Zeitschrift für Entwicklungspsychologie und Pädagogische Psychologie, 38,* 175-185.

Perry, N., Phillips, L., & Dowler, J. (2004). Examining features of tasks and their potential to promote self-regulated learning. *Teachers College Record, 106,* 1854-1878.

Pintrich, P. R. (2000a). The role of goal orientation in self-regulated learning. In M. Boekaerts, P. R. Pintrich, & M. Zeidner (Eds.), *Handbook of self-regulation* (pp. 451-502). San Diego, CA: Academic Press.

Pintrich, P. R. (2000b). An achievement goal theory perspective on issues in motivation terminology, theory and research. *Contemporary Educational Psychology, 25,* 92-104.

Salomon, G., & Perkins, D. N. (1989). Rocky roads to transfer: Rethinking mechanisms of a neglected phenomenon. *Educational Psychologist, 24*(2), 113-142.

Schmitz, B. (2001). Self-Monitoring zur Unterstützung des Transfers einer Schulung in Selbstregulation für Studierende: Eine prozessanalytische Untersuchung [Self-monitoring to support transfer in a study on self-regulation in students: a process-analytical analysis]. *Zeitschrift für Pädagogische Psychologie, 15,* 181-197.

Schmitz, B., & Wiese, B. S. (1999). Zeitreihenanalysen als Instrumentarium der Prozessforschung [Time series analysis as a measure of process research]. *Zeitschrift für Soziologie der Erziehung und Sozialisation, 19,* 215-218.

Schneider, W., & Lockl, K. (2002). The development of metacognitive knowledge in children and adolescents. In T. Perfect & B. L. Schwartz (Eds.), *Applied Metacognition* (pp. 224-257). Cambridge, UK: Cambridge University Press.

Schunk, D. H. (1986). Verbalization and children's self-regulated learning. *Contemporary Educational Psychology, 11,* 347-369.

Schunk, D. H., & Ertmer, P. (2000). Self-regulation and academic learning: Self-efficacy enhancing interventions. In M. Boekaerts, P. R. Pintrich, & M. Zeidner (Eds.), *Handbook of self-regulation* (pp. 631-649). San Diego, CA: Academic Press.

Schunk, D. H., Hanson, A. R., & Cox, P. D. (1987). Strategy self-verbalization during remedial listening comprehension instruction. *Journal of Educational Psychology, 53,* 54-61.

Schunk, D. H., & Zimmerman, B. J. (Eds.). (1998). *Self-regulated learning: From teaching to self-reflective practice.* New York: Guilford Press.

Shadish, W. R., & Haddock, C. K. (1994). Combining estimates of effect size. In H. Cooper & L. V. Hedges (Eds.), *The handbook of research synthesis* (pp. 261-281). New York: Russell Sage Foundation.

Sontag, C., & Stoeger, H. (2010). *Self-evaluation and goal setting in fourth-grade children: An interview study.* Manuscript in preparation.

Stoeger, H., Sontag, C., & Ziegler, A. (2009, September). *Teaching self-regulated learning and text understanding in primary school.* Paper presented at the 18th Biennial Conference of the World Council for Gifted and Talented Children (WCGT), Vancouver, Canada.

Stoeger, H., & Ziegler, A. (2005). Evaluation of an elementary classroom self-regulated learning program for gifted math underachievers. *International Education Journal, 6,* 261-271.

Stoeger, H., & Ziegler, A. (2006). On the influence of motivational orientations on a training to enhance self-regulated learning skills. *Educational Sciences and Psychology, 9,* 13-27.

Stoeger, H., & Ziegler, A. (2008). Evaluation of a classroom based training to improve self-regulated learning in time management tasks during homework activities with fourth graders. *Metacognition and Learning, 3,* 207-230.

Stoeger, H., & Ziegler, A. (in press). Are pupils with differing cognitive abilities able to profit similarly from a training to mediate self-regulated learning and homework skills? *Gifted Education International.*

Trautwein, U., & Köller, O. (2003). Was lange währt, wird nicht immer gut. Zur Rolle selbstregulativer Strategien bei der Hausaufgabenerledigung [What lasts long, doesn't always become good. About the role of self-regulation strategies in doing one's homework]. *Zeitschrift für Pädagogische Psychologie, 17,* 199-209.

Trautwein, U., Lüdtke, O., Schnyder, I., & Niggli, A. (2006). Predicting homework effort: Support for a domain-specific, multilevel homework model. *Journal of Educational Psychology, 98*(2), 448-456.

Weinstein, C. E., Husman, J., & Dierking, D. R. (2000). Self-regulation interventions with a focus on learning strategies. In M. Boekaerts, P. R. Pintrich, & M. Zeidner (Eds.), *Handbook of self-regulation* (pp. 727-747). San Diego, CA: Academic Press.

Weinstein, C. E., & Meyer, D. K. (1994). Learning strategies, teaching and testing. In T. Husen & T. N. Postlethwaite (Eds.), *The international encyclopedia of Education* (2nd ed., pp. 3335-3340). Oxford, UK: Pergamon Press.

Ziegler, A., Dresel, M., & Stoeger, H. (2008). Addressees of performance goals. *Journal of Educational Psychology, 100,* 643-654.

Ziegler, A., & Stoeger, H. (2005). *Trainingshandbuch selbstreguliertes Lernen* [A training handbook for self-regulated learning]. Lengerich, Germany: Pabst.

Zimmerman, B. J. (1986). Development of self-regulated learning: Which are the key subprocesses? *Contemporary Educational Psychology, 16,* 307-313.

Zimmerman, B. J. (1989). A social cognitive view of self-regulated academic learning. *Journal of Educational Psychology, 81,* 329-339.

Zimmerman, B. J. (2000). Attaining self-regulation: A social cognitive perspective. In M. Boekaerts, P. R. Pintrich, & M. Zeidner (Eds.), *Handbook of self-regulation* (pp. 13-39). San Diego, CA: Academic Press.

Zimmerman, B. J., & Bandura, A. (1994). Impact of self-regulatory influences on writing course attainment. *American Educational Research Journal, 31,* 845-862.

Zimmerman, B. J., Bonner, S., & Kovach, R. (1996). *Developing self-regulated learners: Beyond achievement to self-efficacy.* Washington, DC: American Psychological Association.

Zimmerman, B. J., & Kitsantas, A. (2005). Students' perceived responsibility and completion of homework: The role of self-regulatory beliefs and processes. *Contemporary Educational Psychology, 30,* 397-417.

Zimmerman, B. J., & Martinez-Pons, M. (1990) Student differences in self-regulated learning: Relating grade, sex, and giftedness to self-efficacy and strategy use. *Journal of Educational Psychology, 82,* 51-59.

■引用文献

Zimmerman, B. J., & Martinez-Pons, M. (1992). Perceptions of efficacy and strategy use in the self-regulation of learning. In D. H. Schunk & J. L. Meece (Eds.), *Student perceptions in the classroom: Causes and consequences* (pp. 185-207). Hillsdale, NJ: Erlbaum.

■第7章

Aleven, V., McLaren, B., Roll, I., & Koedinger, K. (2010). Automated, unobtrusive, action-by-action assessment of self-regulation during learning with an intelligent tutoring system. *Educational Psychologist, 45,* 224-233.

Azevedo, R. (2008). The role of self-regulation in learning about science with hypermedia. In D. Robinson & G. Schraw (Eds.), *Recent innovations in educational technology that facilitate student learning* (pp. 127-156). Charlotte, NC: Information Age.

Azevedo, R. (2009). Theoretical, methodological, and analytical challenges in the research on metacognition and self-regulation: A commentary. *Metacognition & Learning, 4,* 87-95.

Azevedo, R., & Aleven, V. (Eds.). (2010). *International handbook of metacognition and learning technologies.* Amsterdam, The Netherlands: Springer.

Azevedo, R., Cromley, J. G., Winters, F. I., Moos, D. C., & Greene, J. A. (2005). Adaptive human scaffolding facilitates adolescents' self-regulated learning with hypermedia. *Instructional Science, 33,* 381-412.

Azevedo, R., & Hadwin, A. F. (2005). Scaffolding self-regulated learning and metacognition: Implications for the design of computer-based scaffolds. *Instructional Science [Special Issue on Scaffolding Self-Regulated Learning and Metacognition: Implications for the Design of Computer-Based Scaffolds], 33,* 367-379.

Azevedo, R., Johnson, A., Chauncey, A., & Burkett, C. (2010). Self-regulated learning with MetaTutor: Advancing the science of learning with MetaCognitive tools. In M. Khine & I. Saleh (Eds.), *New science of learning, Computers, cognition, and collaboration in education* (pp. 225-247). Amsterdam: Springer.

Azevedo, R., Moos, D. C., Greene, J. A., Winters, F. I., & Cromley, J. G. (2008). Why is externally-facilitated regulated learning more effective than self-regulated learning with hypermedia? *Educational Technology, Research and Development, 56,* 45-72.

Azevedo, R., Moos, D., Johnson. A., & Chauncey, A. (2010). Measuring cognitive and metacognitive regulatory processes used during hypermedia learning: Issues and challenges. *Educational Psychologist, 45*(4), 210-223.

Azevedo, R., & Witherspoon, A. M. (2009). Self-regulated use of hypermedia. In D. J. Hacker, J. Dunlosky, & A. C. Graesser (Eds.), *Handbook of metacognition in education* (pp. 319-339). New York: Routledge.

Azevedo, R., Witherspoon, A., Graesser, A., McNamara, D., Chauncey, A., Siler, E., Cai, Z., Rus, V., & Lintean, M. (2009). MetaTutor: Analyzing self-regulated learning in a tutoring system for biology. In *Proceedings of the International Conference on Artificial Intelligence in Education.* IOS Press.

Baker, R. S. J. d. (in press). Data mining for education. In B. McGaw, P. Peterson, & E. Baker (Eds.), *International encyclopedia of education* (3rd ed.). Oxford, U.K.: Elsevier.

Biswas, G., Leelawong, K., Schwartz, D., & the Teachable Agents Group at Vanderbilt. (2005). Learning by teaching: A new agent paradigm for educational software. *Applied Artificial Intelligence, 19,* 363-392.

Boekaerts, M., Pintrich, P., & Zeidner, M. (2000). *Handbook of self-regulation.* San Diego, CA: Academic Press.

Chi, M. T. H., Siler, S. A., & Jeong, H. (2004). Can tutors monitor students' understanding accurately? *Cognition and Instruction, 22,* 363-387.

Dunlosky, J., & Bjork, R. (Eds.). (2008). *Handbook of metamemory and memory.* New York: Taylor & Francis.

Graesser, A. C., Jeon, M., & Dufty, D. (2008). Agent technologies designed to facilitate interactive knowledge construction. *Discourse Processes, 45,* 298-322.

Graesser, A. C., McNamara, D., & VanLehn, K. (2005). Scaffolding deep comprehension strategies through Point&Query, AutoTutor and iSTART. *Educational Psychologist, 40,* 225-234.

Greene, J. A., & Azevedo, R. (2009). A macro-level analysis of SRL processes and their relations to the acquisition of a sophisticated mental model of a complex system. *Contemporary Educational Psychology, 34*(1), 18-29.

Greene, J. A., & Azevedo, R. (2010). Introduction: The measurement of learners' self-regulated cognitive and metacognitive processes while using computer-based learning environments. *Educational Psychologist, 45,* 203-209.

Greene, J. A., Moos, D. C., Azevedo, R., & Winters, F. I. (2008). Exploring differences between gifted and grade-level students' use of self-regulatory learning processes with hypermedia. *Computers & Education, 50,* 1069-1083.

Hacker, D. J., Dunlosky, J., & Graesser, A. C. (Eds.). (2009). *Handbook of metacognition in education.* New York: Routledge.

Hadwin, A., Winne, P., & Stockley, D. (2001). Context moderates students' self-reports about how they study. *Journal of Educational Psychology, 93,* 477-487.

Jacobson, M. (2008). A design framework for educational hypermedia systems: Theory, research, and learning emerging scientific conceptual perspectives. *Educational Technology Research & Development, 56,* 5-28.

Jamieson-Noel, D. L., & Winne, P. H. (2003). Comparing self-reports to traces of studying behavior as representations of students' studying and achievement. *German Journal of Educational Psychology, 17,* 159-171.

Koedinger, K. R., & Corbett, A. T. (2006). Cognitive tutors: Technology bringing learning science to the classroom. In K. Sawyer (Ed.), *The Cambridge handbook of the learning sciences* (pp. 61-78). New York: Cambridge University Press.

Koole, S. (2009). The psychology of emotion regulation. *Cognition and Emotion, 23,* 4-41.

Lajoie, S. P., & Azevedo, R. (2006). Teaching and learning in technology-rich environments. In P. Alexander & P. Winne (Eds.), *Handbook of educational psychology* (2nd ed., pp. 803-821). Mahwah, NJ: Erlbaum.

Leelawong, K., & Biswas, G. (2008). Designing learning by teaching agents: The Betty's Brain System. *International Journal of Artificial Intelligence in Education, 18*(3), 181-208.

Metcalfe, J. (2009). Metacognitive judgments and control of study. *Current Directions in Psychological Science, 18,* 159-163.

Metcalfe, J., & Dunlosky, J. (2008). Metamemory. In H. Roediger (Ed.), *Cognitive psychology of memory* (Vol. 2, pp. 349-362). Oxford, U.K.: Elsevier.

Moos, D. C., & Azevedo, R. (2008). Monitoring, planning, and self-efficacy during learning with hypermedia: The impact of conceptual scaffolds. *Computers in Human Behavior, 24*(4), 1686-1706.

Paris, S. G., & Paris, A. H. (2001). Classroom applications of research on self-regulated learning. *Educational Psychologist, 36*(2), 89-101.

Pea, R. D. (2004). The social and technological dimensions of scaffolding and related theoretical concepts for learning, education, and human activity. *Journal of the Learning Sciences, 13*(3), 423-451.

Pekrun, R. (2009). Global and local perspectives on human affect: Implications of the control-value theory of achievement emotions. In M. Wosnitza, S. A. Karabenick, A. Afklides, & P. Nenninger (Eds.), *Contemporary motivation research: From global to local perspectives* (pp. 97-115). Toronto, Canada: Hogrefe.

Pieschl, S. (2009). Metacognitive calibration—An extended conceptualization and potential applications. *Metacognition and Learning, 4,* 3-31.

Pintrich, P. R. (2000). The role of goal orientation in self-regulated learning. In M. Boekaerts, P. Pintrich, & M. Zeidner (Eds.), *Handbook of self-regulation* (pp. 451-502). San Diego, CA: Academic Press.

Puntambekar, S., & Hübscher, R. (2005). Tools for scaffolding students in a complex learning environment: What have we gained and what have we missed? *Educational Psychologist, 40*, 1-12.

Quintana, C., Zhang, M., & Krajcik, J. (2005). A framework for supporting metacognitive aspects of online inquiry through software-based scaffolding. *Educational Psychologist, 40,* 235-244.

Rus, V., Lintean, M., & Azevedo, R. (2009, July). *Automatic detection of student mental models during prior knowledge activation in MetaTutor.* Paper presented at the Annual Meeting of the Educational Data Mining Conference, Cordoba, Spain.

Rus, V., Lintean, M., Cai, Z., Johnson, A., Graesser, A., & Azevedo, R. (in press). Computational aspects of the intelligent tutoring systems MetaTutor. In P. McCarthy & C. Boonthum (Eds.), *Applied natural language processing and content analysis: Identification, investigation, and resolution.* Hershey, PA: IGI Global.

Schraw, G. (2007). The use of computer-based environments for understanding and improving self-regulation. *Metacognition and Learning, 2*(2-3), 169-176.

Schunk, D. (2001). Social cognitive theory of self-regulated learning. In B. Zimmerman & D. Schunk (Eds.), *Self-regulated learning and academic achievement: Theoretical perspectives* (pp. 125-152). Mahwah, NJ: Erlbaum.

Schunk, D. (2005). Self-regulated learning: The educational legacy of Paul R. Pintrich. *Educational Psychologist, 40*(2), 85-94.

Schunk, D., & Zimmerman, B. (2001). *Self-regulated learning and academic achievement: Theoretical perspectives.* Mahwah, NJ: Erlbaum.

Schunk, D., & Zimmerman, B. (2008). *Motivation and self-regulated learning: Theory, research, and applications.* Mahwah, NJ: Erlbaum.

Schwartz, D. L., Chase, C., Chin, D. B., Oppezzo, M., Kwong, H., Okita, S., et al. (2009). Interactive metacognition: Monitoring and regulating a teachable agent. In D. J. Hacker, J. Dunlosky, & A. C. Graesser (Eds.), *Handbook of metacognition in education* (pp. 340-358). New York: Routledge.

Shute, V. (2008). Focus on formative feedback. *Review of Educational Research, 7,* 153-189.

Shute, V. J., & Zapata-Rivera, D. (2008). Adaptive technologies. In J. M. Spector, D. Merrill, J. van Merriënboer, & M. Driscoll (Eds.), *Handbook of research on educational communications and technology* (3rd ed., pp. 277-294). New York: Erlbaum.

VanLehn, K., Graesser, A. C., Jackson, G. T., Jordan, P., Olney, A., & Rose, C. P. (2007). When are tutorial dialogues more effective than reading? *Cognitive Science, 31*(1), 3-62.

Veenman, M. (2007). The assessment and instruction of self-regulation in computer-based environments: A discussion. *Metacognition and Learning, 2,* 177-183.

White, B., Frederiksen, J., & Collins, A. (2009). The interplay of scientific inquiry and metacognition: More than a marriage of convenience. In D. J. Hacker, J. Dunlosky, & A. C. Graesser (Eds.), *Handbook of metacognition in education* (pp. 175-205). New York: Routledge.

Wigfield, A., Eccles, J., Schiefele, U., Roeser, R., & Davis-Kean, P. (2006). Development of achievement motivation. In W. Damon, R. Lerner, & N. Eisenberg (Eds.), *Handbook of child psychology* (6th ed., Vol. 3, pp. 933-1002). New York: Wiley.

Winne, P. H. (2001). Self-regulated learning viewed from models of information processing. In B. Zimmerman & D. Schunk (Eds.), *Self-regulated learning and academic achievement: Theoretical perspectives* (pp. 153-189). Mahwah, NJ: Erlbaum.

Winne, P. (2005). Key issues on modeling and applying research on self-regulated learning. *Applied Psychology: An International Review, 54*(2), 232-238.

Winne, P., & Hadwin, A. (2008). The weave of motivation and self-regulated learning. In D. Schunk & B. Zimmerman (Eds.), *Motivation and self-regulated learning. Theory, research, and applications* (pp. 297-314). Mahwah, NJ: Erlbaum.

Winne, P. H., & Nesbit, J. C. (2009). Supporting self-regulated learning with cognitive tools. In D. J. Hacker, J. Dunlosky, & A. C. Graesser (Eds.), *Handbook of metacognition in education* (pp. 259-277). New York: Routledge.

Witherspoon, A. M., Azevedo, R., Cai, Z., Rus, V., & Lintean, M. (2009, July). *Learners' exploratory behavior within MetaTutor.* Paper presented at the Biennial Meeting on Artificial Intelligence and Education, Brighton, U.K.

Witherspoon, A., Azevedo, R., & D'Mello, S. (2008). The dynamics of self-regulatory processes within self- and externally-regulated learning episodes. In B. Woolf, E. Aimeur, R. Nkambou, & S. Lajoie (Eds.), *Proceedings of the International Conference on Intelligent Tutoring Systems: Lecture Notes in Computer Science* (LNCS 5091) (pp. 260-269). Berlin: Springer.

Woolf, B. (2009). *Building intelligent interactive tutors: Student-centered strategies for revolutionizing e-learning.* Amsterdam: Elsevier.

Zimmerman, B. (2006). Development and adaptation of expertise: The role of self-regulatory processes and beliefs. In K. Ericsson, N. Charness, P. Feltovich, & R. Hoffman (Eds.), *The Cambridge handbook of expertise and expert performance* (pp. 705-722). New York: Cambridge University Press.

Zimmerman, B. (2008). Investigating self-regulation and motivation: Historical background, methodological developments, and future prospects. *American Educational Research Journal, 45*(1), 166-183.

■ 引用文献

■ 第8章

Corno, L. (2001). Volitional aspects of self-regulated learning. In B. J. Zimmerman & D. H. Schunk (Eds.), *Self-regulated learning and academic achievement* (2nd ed., pp. 191-225). Mahwah, NJ: Erlbaum.

Dewey, J. (1922). *Human nature and conduct: An introduction to social psychology.* New York: Henry Holt. [Republished as Boydston, J. A. (Ed.). *John Dewey: The middle works, 1899-1924. Volume 14*: 1922. Carbondale, IL: Southern Illinois University Press.]

Dewey, J., & Bently, A. F. (1949). *Knowing and the known.* Boston: Beacon.

Hadwin, A. F., Winne, P. H., Stockley, D. B., Nesbit, J. C., & Woszczyna, C. (2001). Context moderates students' self-reports about how they study. *Journal of Educational Psychology, 93,* 477-487.

Hadwin, A. F., Miller, M., Gendron, A., Webster, E., & Helm, S. (2009, August). *Social aspects in the regulation of learning: Measuring co-regulation and shared regulation.* Paper presented at the European Association for Research on Learning and Instruction, Amsterdam.

Hadwin, A. F., Oshige, M., Gress, C., & Winne, P. H. (2010). Innovative ways for using gStudy to orchestrate and research social aspects of self-regulated learning. *Computers in Human Behavior, 26,* 794-805.

Martin, J. (2006). Social cultural perspectives in educational psychology. In P. A. Alexander & P. H. Winne (Eds.), *Handbook of Educational Psychology* (pp. 595-614). Mahwah, NJ: Erlbaum.

Martin, J. (2007). The selves of educational psychology: Conceptions, contexts, and critical considerations. *Educational Psychologist, 42,* 79-89.

McCaslin, M. (2004). Coregulation of opportunity, activity, and identity in student motivation: Elaborations on Vygotskian themes. In D. M. McInerney & S. Van Etten (Eds.), *Sociocultural influences on motivation and learning: Vol. 4. Big theories revisited* (pp. 249-274). Greenwich, CT: Information Age.

McCaslin, M. (2009). Co-regulation of student motivation and emergent identity. *Educational Psychologist, 44,* 137-146.

McCaslin, M., & Good, T. L. (1996). The informal curriculum. In D. Berliner & R. Calfee (Eds.), *Handbook of educational psychology* (pp. 622-673). New York: Macmillan.

McCaslin, M., & Hickey, D. T. (2001). Self-regulated learning and academic achievement: A Vygotskian view. In B. J. Zimmerman & D. H. Schunk (Eds.), *Self-regulated learning and academic achievement* (2nd ed, pp. 227-252). Mahwah, NJ: Erlbaum.

Oyserman, D. (2007). Social identity and self-regulation. In A. W. Kruglanski & E. T. Higgins (Eds.), *Social psychology: Handbook of basic principles* (pp. 432-453). New York: Guilford Press.

Perry, N. E. (1998). Young children's self-regulated learning and the contexts that support it. *Journal of Educational Psychology, 90,* 715-729.

Perry, N. E., Hutchinson, L., & Thauberger, C. (2007). Talking about teaching self-regulated learning: Scaffolding student teachers' development and use of practices that promote self-regulated learning. *International Journal of Educational Research, 47,* 97-108.

Perry, N., Tumer, J., & Meyer, D. (2006). Classrooms as contexts for motivating learning. In P. A. Alexander & P. H. Winne (Eds.), *Handbook of Educational Psychology* (pp. 327-348). Mahwah, NJ: Erlbaum.

Perry, N. E., & VandeKamp, K. O. (2000). Creating classroom contexts that support young children's development of self-regulated learning. *International Journal of Educational Research, 33,* 821-843.

Perry, N. E., VandeKamp, K. O., Mercer, L. K., & Nordby, C. J. (2002). Investigating teacher-student interactions that foster self-regulated learning. *Educational Psychologist, 37,* 5-15.

Perry, N. E., & Winne, P. H, (2006). Learning from learning kits: gStudy traces of students' self-regulated engagements with computerized content, *Educational Psychology Review, 18,* 211-228.

Rogoff, B. (1995). Observing sociocultural activity on three planes: Participatory appropriation, guided participation, and apprenticeship. In J. V. Wertsch, P. D. Rio, & A. Alvarez (Eds.), *Sociocultural studies of mind* (pp. 139-164). Cambridge, UK: Cambridge University Press.

Rogoff, B. (2003). *The cultural nature of human development.* New York: Oxford University Press.

Rohrkemper, M., & Corno, L. (1988). Success and failure on classroom tasks: Adaptive Learning and classroom teaching. *Elementary School Journal, 88,* 296-312.

Schunk, D. (2001). Social cognitive theory and self-regulated learning. In B. J. Zimmerman & D. H. Schunk (Eds.), *Self-regulated learning and academic achievement* (2nd ed., pp. 125-151). Mahwah, NJ: Erlbaum.

Taylor, I. M., & Ntoumanis, N. (2007). Teacher motivational strategies and student self-determination in physical education. *Journal of Educational Psychology, 99,* 747-760.

Turner, J. C. (1995). The influence of classroom contexts on young children's motivation for literacy. *Reading Research Quarterly, 30,* 410-441.

Turner, J. C., & Patrick, H. (2008). How does motivation develop and why does it change? Reframing motivation research. *Educational Psychologist, 43,* 119-131.

Turner, J. C., Meyer, D. K., Cox, K. E., Logan, C., DiCintio, M., & Thomas, C. (1998). Creating contexts for involvement in mathematics. *Journal of Educational Psychology, 90,* 730-745.

Veenman, M. V. J., Van Hout-Wolters, B. H. A. M., & Afflerbach, P. (2006). Metacognition and learning: Conceptual and methodological considerations. *Metacognition and Learning, 1,* 3-14.

Walker, R. A., Pressick-Kilborn, K., Arnold, L. S., & Sainsbury, E. J. (2004). Investigating motivation in context: Developing sociocultural perspectives. *European Psychologist, 9,* 245-256.

Whitebread, D., Bingham, S., Grau, V., Pasternak, D. P., & Sangster, C. (2007). Development of metacognition and self-regulated learning in young children: Role of collaborative and peer-assisted learning. *Journal of Cognitive Education and Psychology, 6,* 433-455.

Whitebread, D., Coltman, P., Pasternak, D. P., Sangster, C., Grau, V., Bingham, S., et al. (2009). The development of two observational tools for assessing metacognition and self-regulated learning in young children. *Metacognition and Learning, 4,* 63-85.

Winne, P. H. (2001). Self-regulated learning viewed from models of information processing. In B. J. Zimmerman & D. H. Schunk (Eds.), *Self-regulated learning and academic achievement* (2nd ed,. pp. 153-189). Mahwah, NJ: Erlbaum.

Winne, P. H., Jamieson-Noel, D. L., & Muis, K. (2002). Methodological issues and advances in researching tactics, strategies, and self-regulated learning. In P. R. Pintrich & M. L. Maehr (Eds.), *Advances in motivation and achievement: New directions in measures and methods* (Vol. 12, pp. 121-155). Greenwich, CT: JAI Press.

Winne, P. H., & Perry, N. E. (2000). Measuring self-regulated learning. In M. Boekarts, P. Pintrich, & M. Zeidner (Eds.), *Handbook of self-regulation* (pp. 532-566). Orlando, FL: Academic Press.

Zimmerman, B. J. (1986a). Becoming a self-regulated learner: Which are the key subprocesses? *Contemporary Educational Psychology, 11,* 307-313.

Zimmerman, B. J. (Ed.). (1986b). Special issue on self-regulated learning [Special issue]. *Contemporary Educational Psychology, 11,* 305-427.

Zimmerman, B. J. (2008). Investigating self-regulation and motivation: Historical background, methodological developments, and future prospects. *American Educational Research Journal, 45,* 166-183.

■第9章

Allen, T. D., & Eby, L. T. (Eds.). (2007). *The Blackwell handbook of mentoring: A multiple perspectives approach*. Malden, MA: Blackwell.

Allen, T. D., & Poteet, M. L. (1999). Developing effective mentoring relationships: Strategies from the mentor's viewpoint. *Career Development Quarterly, 48,* 59-73.

Arnabile, T. (1996). *Creativity in context: Update to the social psychology of creativity*. Boulder, CO: Westview.

Atkinson, D. R., Neville, H., & Casas, A. (1991). The mentorship of ethnic minorities in professional psychology. *Professional Psychology: Research and Practice, 22*(4), 336-338.

Bandura, A. (1986). *Social foundations of thought and action: A social cognitive theory*. Englewood Cliffs, NJ: Prentice Hall.

Bennouna, S. (2003). *Mentors' emotional intelligence and performance of mentoring functions in graduate doctoral education*. Unpublished doctoral dissertation, University of South Florida, Tampa.

Boyle, P., & Boice, B. (1998). *Best practices for enculturation: Collegiality, mentoring, and structure*. Thousand Oaks, CA: Jossey-Bass.

Carnegie Foundation for the Advancement of Teaching. (2007). *Educating lawyers: Preparation for the profession of law*. Stanford, CA: Jossey-Bass.

Clark, R. A., Harden, S. L., & Johnson, W. B. (2000). Mentor relationships in clinical psychology doctoral training: Results of a national survey. *Teaching of Psychology, 27*(4), 262-268.

Council of Graduate Schools [CGS]. (2006). Advocacy, research, and innovation: Ph.D. completion project. Washington, DC. Retrieved May 24, 2010, from http://www.cgsnet.org/Default.aspx?tabid=157

Council of Graduate Schools [CGS]. (2008). Promising practices: Mentoring and advising. Washington, DC. Retrieved May 3, 2010, from http://www.phdcompletion.org/promising/mentoring.asp

de Janasz, S. C., & Sullivan, S. E. (2004). Multiple mentoring in academe: Developing the professorial network. *Journal of Vocational Behavior, 64,* 263-283.

Dewey, J. (1897). "My pedagogic creed." *School Journal, 54,* 77-80. Retrieved May 6, 2010, from http:// dewey.pragmatism.org/creed.htm

Dorn, S. M., Papalewis, R., & Brown, R. (1995). Educators earning their doctorates: Doctoral student perceptions regarding cohesiveness and persistence. *Education, 116*(2), 305-314.

Dweck, C. S. (2006). *Mindset: The new psychology of success*. New York: Random House.

Ehrenberg, R. G., Zuckerman, H., Groen, J. A., & Brucker, S. M. (2009, October 16). How to help graduate students reach their destination. *The Chronicle of Higher Education, 56*(8), A38.

Freire, P. (Ed.). (1997). *Mentoring the mentor: A critical dialogue with Paulo Freire*. New York: Peter Lang.

Galbraith, M. W. (2003). The adult education professor as mentor: A means to enhance teaching and learning. *Perspectives: The New York Journal of Adult Learning, 1*(1), 9-20.

Gallimore, R. G., Tharp, R. G., & John-Steiner, V. (1992). *The developmental and sociocultural foundations of mentoring*. New York: Institute for Urban Minority Education. (ERIC Document Reproduction Service No. ED 354292)

Golde, C. M., & Dore, T. M. (2001). *At cross purposes: What the experiences of doctoral students reveal about doctoral education*, 1-60. Philadelphia, PA: The Pew Charitable Trusts. Retrieved May 26, 2010, from http://www.phd-survey.org/report%20final.pdf

Gross, R. A. (2002, February 28). From 'old boys' to mentors. *The Chronicle of Higher Education*, 1-5. Retrieved May 23, 2010, from http://chronicle.com/jobs/2002/02/200202280lc

Hansman, C. A. (2003). Power and learning in mentoring relationships. In R. Cervero, B. Courtenay, & M. Hixson (Eds.), *Global perspectives, 3* (pp. 102-122). Athens, GA: University of Georgia. Retrieved May 4, 2010, from http://www.coe.uga.edu/hsp/pdf/year3/hansman.pdf

Head, F. A., Reiman, A. J., & Thies-Sprinthall, L. (1992). The reality of mentoring: Complexity in its process and function. In T. Bey & C. T. Holmes (Eds.), *Mentoring: Contemporary principles and issues* (pp. 5-34). Reston, VA: Association of Teacher Educators.

Johnson, D. W., & Johnson, R. T. (1998). Cooperative learning and social interdependence theory. *Social psychological applications to social issues*. Retrieved May 10, 2010, from http://www.co-operation.org/pages/SIT.html

Johnson-Bailey, J., & Cervero, R. M. (2004). Mentoring in black and white: The intricacies of cross-cultural mentoring. *Mentoring & Tutoring: Partnership in Learning, 12*(1), 7-21.

Johnson, W. B., & Ridley, C. R. (2004). *The elements of mentoring*. New York: Palgrave MacMillan.

Johnson, W. B. (2007). *On being a mentor: A guide for higher education faculty*. Mahwah, NJ: Erlbaum.

Kram, K. E. (1985). *Mentoring at work: Developmental relationships in organizational life*. Lanham, MD: University Press of America.

Krathwohl, D. R., & Smith, N. L. (2005). *How to prepare a dissertation proposal: Suggestions for students in education and the social and behavioral sciences*. New York: Syracuse University Press.

Maki, P. L., & Borkowski, N. A. (Eds.). (2006). *The assessment of doctoral education: Emerging criteria and new models for improving out-*

■ 引用文献

comes. Sterling, VA: Stylus.
Mullen, C. A. (2007a). Confessions of a doctoral supervisor: Valuing interdependence rooted in a mentoring creed. In C. A. Mullen, T. Creighton, F. L. Dembowski, & S. Harris (Eds.), *The handbook of doctoral programs in educational leadership: Issues and challenges* (pp. 148-160). Miami, AZ: Northern Arizona University: The NCPEA Press/Rice University.
Mullen, C. A. (2007b). Trainers, illusionists, tricksters, and escapists: Changing the doctoral circus. *Educational Forum, 71*(4), 300-315.
Mullen, C. A. (2009). Re-imagining the human dimension of mentoring: A framework for research administration and the academy. *Journal of Research Administration, 40*(1), 10-31.
Nora, A., & Crisp, G. (2008). Mentoring students: Conceptualizing and validating the multi-dimensions of a support system. *Journal of College Student Retention, 9,* 337-356.
Nyquist, J. D., & Woodford, B. J. (2000). *Re-envisioning the Ph.D.: What concerns do we have?* Seattle: Center for Instructional Development and Research/University of Washington.
Pajares, F. (2002). *Overview of social cognitive theory and of self-efficacy.* Retrieved May 1, 2010, from http://www.emory.edu/education/mfp/eff.html
Renninger, K. A., & Shumar, W. (Eds.). (2002). *Building virtual communities: Learning and change in cyberspace.* Cambridge, UK: Cambridge University Press.
Ritzer, G. (2004). *The McDonaldization of society* (4th ed.). Thousand Oaks, CA: Sage.
Rose, G. L. (2003). Enhancement of mentor selection using the Ideal Mentor Scale. *Research in Higher Education, 44*(4), 473-494.
Saphier, J. (2005). Masters of motivation. In R. Dufour, R. Eaker, & R. DuFour (Eds.), *On common ground: The power of professional learning communities* (pp. 85-113). Bloomington, IN: Solution Tree.
Schunk, D. H. (2003). Self-efficacy for reading and writing: Influence of modeling, goal setting, and self-evaluation. *Reading & Writing Quarterly, 19,* 159-172.
Schunk, D. H. (2008). *Learning theories: An educational perspective* (5th ed.). Upper Saddle River, NJ: Prentice Hall.
Schunk, D. H., & Pajares, F. (2009). Self-efficacy theory. In K. R. Wentzel & A. Wigfield (Eds.), *Handbook of motivation at school* (pp. 35-53). New York: Routledge.
Schunk, D. H., Pintrich, P. R., & Meece, J. (2008). *Motivation in education: Theory, research, and applications* (3rd ed.). Upper Saddle River, NJ: Prentice Hall.
Senge, P. (1990). *The fifth discipline: The art and practice of the learning organization.* New York: Doubleday.
Stripling, L. (2004). *All-But-Dissertation non-completion of doctoral degrees in education.* Unpublished doctoral dissertation, University of South Florida, Tampa.
Tenenbaum, H. R., Crosby, F. J., & Gliner, M. D. (2001). Mentoring relationships in graduate school. *Journal of Vocational Behavior, 59,* 326-341.
Waldeck, J. H., Orrego, V. O., Plax, T. G., & Kearney, P. (1997). Graduate student/faculty mentoring relationships: Who gets mentored, how it happens, and to what end. *Communication Quarterly, 45*(3), 93-110.
Yosso, T. J. (2005). Whose culture has capital? A critical race theory discussion of community cultural wealth. *Race, Ethnicity and Education, 8*(1), 69-91.
Young, J. P., Alvermann, D., Kaste, J., Henderson, S., & Many, J. (2004). Being a friend and a mentor at the same time: A pooled case comparison. *Mentoring & Tutoring: Partnership in Learning, 12*(1), 23-36.
Zimmerman, B. J. (1986). Becoming a self-regulated learner: Which are the key subprocesses? *Contemporary Educational Psychology, 11,* 307-313.
Zuckerman, H. (1977). *Scientific elite: Nobel laureates in the United States.* New York: Free Press.

■ 第10章

Anderson, L. M., Stevens, D. D., Prawat, R. S., & Nickerson, J. (1988). Classroom task environments and students' task-related beliefs. *The Elementary School Journal, 88,* 281-295.
Bandura, A. (1986). *Social foundations of thought and action: A social cognitive theory.* Englewood Cliffs, NJ: Prentice Hall.
Baroody, A. J., & Dowker, A. (Eds.). (2003). *The development of arithmetic concepts and skills: Constructing adaptive expertise.* Mahwah, NJ: Erlbaum.
Barron, K. E., & Harackiewicz, J. M. (2001). Achievement goals and optimal motivation: Testing multiple goal models. *Journal of Personality and Social Psychology, 80,* 706-722.
Biemiller, A., Shany, M., Inglis, A., & Meichenbaum, D. (1998). Factors influencing children's acquisition and demonstration of self-regulation on academic tasks. In D. H. Schunk & B. J. Zimmerman (Eds.), *Self-regulated learning: From teaching to self-reflective practice* (pp. 203-224). New York, NY: Guilford Press.
Blair, C., & Razza, R. P. (2007). Relating effortful control, executive function, and false belief understanding to emerging math and literacy ability in kindergarten. *Child Development, 78,* 647-663.
Boaler, J., & Greeno, J. (2000). Identity, agency, and knowing in mathematical worlds. In J. Boaler (Ed.), *Multiple perspectives on mathematical teaching and learning* (pp. 171-200). Westport, CT: Ablex.
Boekaerts, M. (1999). Self-regulated learning: Where we are today. *International Journal of Educational Research, 31,* 445-457.
Bransford, J., Stevens, R., Schwartz, D., Meltzoff, A., Pea, R., Roschelle, J., et al. (2006). Learning theories and education: Toward a decade of synergy. In P. A. Alexander & P. H. Winne (Eds.), *Handbook of educational psychology* (2nd ed., pp. 209-244). Mahwah, NJ: Erlbaum.
Calkins, S., & Williford, A. P. (2009). Taming the terrible twos: Self-regulation and school readiness, In O. A. Barbarin & B. H. Wasik (Eds.), *Handbook of developmental science and early education* (pp. 172-198). New York, NY: Guilford.
Cobb, P., & Yackel, E. (1998). A constructivist perspective on the culture of the mathematics classroom. In F. Seeger, J. Voigt, & U. Was-

chescio (Eds.), *The culture of mathematics classroom* (pp. 158-190). Cambridge, UK: Cambridge University Press.
De Corte, E., Op't Eynde, P., Depaepe, F., & Verschaffel, L. (2010). The reflexive relation between student's mathematics-related beliefs and the mathematics classroom culture. In L. D. Bendixen & F. C. Feucht (Eds.), *Personal epistemology in the classroom: Theory, research, and implications for practice* (pp. 292-327). Cambridge, UK: Cambridge University Press.
De Corte, E., Op't Eynde, P., & Verschaffel, L. (2002). Knowing what to believe: The relevance of students' mathematical beliefs for mathematics education. In B. K. Hofer & P. R. Pintrich (Eds.), *Personal epistemology. The psychology of beliefs about knowledge and knowing* (pp. 297-320). Mahwah, NJ Erlbaum.
De Corte, E., & Verschaffel, L. (2006). Mathematical thinking and learning. In K. A. Renninger & I. E. Sigel (Series Eds.); W. Damon & R. M. Lerner (Eds.-in-Chief), *Handbook of child psychology. Volume 4: Child psychology and practice* (6th ed., pp. 103-152). Hoboken, NJ: Wiley.
De Corte, E., Verschaffel, L., & Masui, C. (2004). The CLIA-model: A framework for designing powerful learning environments for thinking and problem solving. *European Journal of Psychology of Education, 19,* 365-384.
De Corte, E., Verschaffel, L., & Op't Eynde, P. (2000). Self-regulation: A characteristic and a goal of mathematics education. In M. Boekaerts, P. R. Pintrich, & M. Zeidner (Eds.), *Handbook of self-regulation* (pp. 687-726). San Diego, CA: Academic Press.
Depaepe, F., De Corte, E., & Verschaffel, L. (2007). Unreveiling the culture of the mathematics classroom: A videobased study in sixth grade. *International Journal of Educational Research, 46,* 266-279.
Depaepe, F., De Corte, E., & Verschaffel, L. (2010). Teachers' metacognitive and heuristic approaches to word problem solving: Analysis and impact on students' beliefs and performance. *ZDM—The International Journal on Mathematics Education, 42,* 205-218.
Dignath, C., Büttner, G., & Langfeldt, H. (2008). How can primary school students learn self-regulated learning strategies most effectively? A meta-analysis on self-regulation training programmes. *Educational Research Review, 3,* 101-129.
Dignath, C., & Büttner, G. (2008). Components of fostering self-regulated learning among students. A meta-analysis on intervention studies at primary and secondary school level. *Metacognition and Learning, 3,* 231-264.
Dinsmore, D. L., Alexander, P. A., & Loughlin, S. M. (2008). Focusing the conceptual lens on metacognition, self-regulation, and self-regulated learning. *Educational Psychology Review, 20,* 391-409.
Eccles, J., Adler, T. F., Futterman, R., Goff, S. B., Kaczala. C. M., Meece. J. L., et al. (1983). Expectancies, values, and academic behaviors. In J. T. Spence (Ed.), *Achievement and achievement motivation* (pp. 75-146). San Francisco, CA: Freeman.
Elliot, A. J. (1997). Integrating "classic" and "contemporary" approaches to achievement motivation: A hierarchical model of approach and avoidance achievement motivation. In P. R. Pintrich & M. Maehr (Eds.), *Advances in motivation and achievement* (Vol. 10, pp. 143-179). Greenwich, CT: JAI Press.
Elliot, A. J. (2005). A conceptual history of the achievement goal construct. In A. Elliott & C. Dweck (Eds.), *Handbook of competence and motivation* (pp. 52-72). New York, NY: Guilford Press.
Frank, M. L. (1988). Problem solving and mathematical beliefs. *Arithmetic Teacher, 35,* 32-34.
Fuchs, L. S., Fuchs, D., Prentice, K., Burch, M., Hamlett, C. L., Owen, R., et al. (2003). Explicitly teaching for transfer: Effects on third-grade students' mathematical problem solving. *Journal of Educational Psychology, 95,* 293-305.
Garofalo, J. (1989). Beliefs and their influence on mathematical performance. *Mathematics Teacher, 82,* 502-505.
Gaskill, P. J., & Murphy, P. K. (2004). Effect of a memory strategy on second-graders' performance and self-efficacy. *Contemporary Educational Psychology, 29,* 27-49.
Hatano, G., & Inagaki, K. (1986). Two courses of expertise. In H. Stevenson, H. Azuma, & K. Hakuta (Eds.), *Child development and education in Japan* (pp. 262-272). New York, NY: Freeman.
Hamman, D., Berthelot, J., Saia, J., & Crowley, E. (2000). Teachers' coaching of learning and its relation to students' strategic learning. *Journal of Educational Psychology, 92,* 342-348.
Kelly, A. E. (2008). Reflections on the National Mathematics Advisory Panel Final Report. *Educational Researcher, 37,* 561-564.
Kitsantas, A., & Zimmerman, B. J. (2009). College students' homework and academic achievement: The mediating role of self-regulatory beliefs. *Metacognition and Learning, 2,* 97-110.
Kloosterman, P. (2002). Students' beliefs about knowing and learning mathematics: Implications for motivation. In M. Carr (Ed.), *Motivation in mathematics* (pp. 131-156). Cresskill, NJ: Hampton Press.
Lampert, M. (1990). When the problem is not the question and the solution is not the answer: Mathematical knowing and teaching. *American Educational Research Journal, 27,* 29-63.
Lucangeli, D., Coi, G., & Bosco, P. (1997). Metacognitive awareness in good and poor math problem solvers. *Learning Disabilities. Research & Practice, 12,* 209-212.
Maggioni, L., & Parkinson, M. M. (2008). The role of teacher epistemic cognition, epistemic beliefs, and calibration of instruction. *Educational Psychology Review, 20,* 445-461.
Marcou, A., & Philippou, G. (2005). Motivational beliefs, self-regulated learning and mathematical problem solving. In H. L. Chick & J. L. Vincent (Eds.), *Proceedings of the 29th Conference of the International Group for the Psychology of Mathematics Education* (Vol. 3, pp. 297-304). Melbourne, Australia: PME.
Mason, L. (2003). High school students' beliefs about maths, mathematical problem solving and their achievement in maths: A cross-sectional study. *Educational Psychology, 23,* 73-85.
Mason, L., & Scrivani, L. (2004). Enhancing students' mathematical beliefs: An intervention study. *Learning and Instruction, 14,* 153-176.
Mevarech, Z. R., & Amrany, C. (2008). Immediate and delayed effects of meta-cognitive instruction on regulation of cognition and mathematics achievement. *Metacognition and Learning, 3,* 147-157.
Mevarech, Z. R., & Kramarski, B. (1997). IMPROVE: A multidimensional method for teaching mathematics in heterogeneous classrooms. *American Educational Research Journal, 34,* 365-394.
McClain, K., & Cobb, P. (2001). An analysis of development of sociomathematical norms in one first-grade classroom. *Journal for Research in Mathematics Education, 32,* 236-266.

■ 引用文献

Muis, K. R. (2004). Personal epistemology and mathematics: A critical review and synthesis of research. *Review of Educational Research, 74,* 317-377.
Muis, K. R. (2007). The role of epistemic beliefs in self-regulated learning. *Educational Psychologist, 42,* 173-190.
Muis, K. R. (2008). Epistemic profiles and self-regulated learning: Examining relations in the context of mathematics problem solving. *Contemporary Educational Psychology, 33,* 177-208.
National Research Council. (2001). *Adding it up: Helping children learn mathematics.* J. Kilpatrick, J. Swafford, & B. Findell (Eds.), Mathematics Learning Study Committee, Center for Education, Division of Behavioral and Social Sciences and Education. Washington, DC: National Academy Press.
Nelissen, J. M. C. (1987). *Kinderen leren wiskunde. Een studie over constructie en reflectie in het basisonderwijs* [Children learn mathematics. A study concerning construction and reflection in elementary school education]. Gorinchen, The Netherlands: De Ruiter.
Nicholls, J. G. (1992). Students as educational theorists. In D. H. Schunk & J. L. Meece (Eds.), *Student perceptions in the classroom* (pp. 267-286). Hillsdale, NJ: Erlbaum.
Nota, L., Soresi, S., & Zimmerman, B. J. (2004). Self-regulation and academic achievement and resilience: A longitudinal study. *International Journal of Educational Research, 41,* 198-215.
O'Donnell, A. M. (2006). The role of peers and group learning. In P. A. Alexander & P. H. Winne (Eds.), *Handbook of educational psychology* (2nd ed., pp. 781-802). Mahwah, NJ: Erlbaum.
Pajares, F. (2008). Motivational role of self-efficacy beliefs in self-regulated learning. In D. H. Schunk & B. J. Zimmerman (Eds.), *Motivation and self-regulated learning* (pp. 111-139). Mahwah, NJ: Erlbaum.
Pajares, F., & Graham, L. (1999). Self-efficacy, motivation constructs, and mathematics performance of entering middle school students. *Journal of Educational Psychology, 91,* 50-61.
Paris, S. G., & Newman, R. S. (1990). Developmental aspects of self-regulated learning. *Educational Psychologist, 25,* 87-102.
Pekrun, R., Goetz, T., Titz, W., & Perry, R. P. (2002). Academic emotions in students' self-regulated learning and achievement: A program of qualitative and quantitative research. *Educational Psychologist, 37,* 91-105.
Perels, F., Dignath, C., & Schmitz, B. (2009). Is it possible to improve mathematical achievement by means of self-regulation strategies? Evaluation of an intervention in regular math classes. *European Journal of Psychology of Education, 24,* 17-31.
Perels, F., Gürtler, T., Schmitz, B. (2005). Training of self-regulatory and problem-solving competence. *Learning and Instruction, 15,* 123-139.
Pintrich, P. R. (1999). Taking control over research on volitional control. Challenges for future theory and research. *Leaning and Individual Differences, 11,* 335-354.
Pintrich, P. R. (2000a). The role of goal orientation in self-regulated learning components of academic performance. *Journal of Educational Psychology, 83,* 33-40.
Pintrich, P. R. (2000b). The role of goal orientation in self-regulated learning. In M. Boekaerts, P. R. Pintrich, & M. Zeidner (Eds.), *Handbook of self-regulation* (pp. 451-502). San Diego, CA: Academic Press.
Pintrich, P. R., Wolters, C. A., & Baxter, G. P. (2000). Assessing metacognition and self-regulated learning. In G. Schraw & C. P. Impara (Eds.), *Issues in the measurement of metacognition* (pp. 43-97). Lincoln, NE: Buros Institute of Mental Measurements.
Puustinen, M., & Pulkkinen, L. (2001). Models of self-regulated learning: A review. *Scandinavian Journal of Educational Research, 45,* 269-286.
Schoenfeld, A. H. (1983). Beyond the purely cognitive: Beliefs system, social cognition, and metacognition as driving forces in intellectual performance. *Cognitive Science, 7,* 329-363.
Schoenfeld, A. H. (1985). *Mathematical problem solving.* New York, NY: Academic Press.
Schoenfeld, A. H. (1991). On mathematics as sense making: An informal attack on the unfortunate divorce of formal and informal mathematics. In J. F. Voss, D. N. Perkins, & J. W. Segal (Eds.), *Informal reasoning and education* (pp. 311-343). Hillsdale, NJ: Erlbaum.
Schoenfeld, A. H. (1992). Learning to think mathematically: Problem solving, metacognition, and sense-making in mathematics. In D. A. Grouws (Ed.), *Handbook of research on mathematics teaching and learning* (pp. 334-370). New York, NY: Macmillan.
Schommer-Aikins, M. (2008). Applying the theory of an epistemological belief system to the investigation of students' and professors' mathematical beliefs. In M. S. Khine (Ed.), *Knowing, knowledge and beliefs: Epistemological studies across diverse cultures* (pp. 303-323). New York, NY: Springer.
Schunk, D. H. (1998). Teaching elementary students to self-regulate practice of mathematical skills with modeling. In D. H. Schunk & B. J. Zimmerman (Eds.), *Self-regulated learning: From teaching to self-reflective practice* (pp. 137-159). New York, NY: Guilford Press.
Schunk, D. H. (2001). Social cognitive theory and self-regulated learning. In B. J. Zimmerman & D. H. Schunk (Eds.), *Self-regulated learning and academic achievement: Theoretical perspectives* (pp. 125-151). Mahwah, NJ: Erlbaum.
Schunk, D. H. (2005). Commentary on self-regulation in school contexts. *Learning and Instruction, 15,* 173-177.
Schunk, D. H. (2008a). Attributions as motivators of self-regulated learning. In D. H. Schunk & B. J. Zimmerman (Eds.), *Motivation and self-regulated learning* (pp. 245-266). Mahwah, NJ: Erlbaum.
Schunk, D. H. (2008b). Metacognition, self-regulation, and self-regulated learning: Research recommendations. *Educational Psychology Review, 20,* 463-467.
Schunk, D. H., & Ertmer, P. A. (2000). Self-regulation and academic learning: Self-efficacy enhancing interventions. In M. Boekaerts, P. R. Pintrich, & M. Zeidner (Eds.), *Handbook of self-regulation* (pp. 631-649). San Diego, CA: Academic Press.
Seegers, G., & Boekaerts, M. (1993). Task motivation and mathematics achievement in actual task situations. *Learning and Instruction, 3,* 133-150.
Silver, E. A. (1985). Research in teaching mathematical problem solving: Some underrepresented themes and directions. In E. A. Silver (Ed.), *Teaching and learning mathematical problem solving: Multiple research perspectives* (pp. 247-266). Hillsdale, NJ: Erlbaum.
Strømsø, H. I., & Bråten, I. (2010). The role of epistemological beliefs in the self-regulation of Internet-based learning. *Metacognition and Learning, 5,* 91-111.

Urdan, T. C. (1997). Achievement goal theory: Past results, future directions. In M. Maehr & P. Pintrich (Eds.), *Advances in motivation and achievement* (Vol. 10, pp. 243-269). Greenwich, CT: JAI Press.
Veenman, M. V. J., Van Hout-Wolters, B. H. A. M., & Afflerbach, P. (2006). Metacognition and learning: Conceptual and methodological considerations. *Metacognition and Learning, 1,* 3-14.
Vermeer, H. J., Boekaerts, M., & Seegers, G. (2000). Motivational and gender differences: Sixth-grade students' mathematical problem-solving behavior. *Journal of Educational Psychology, 92,* 308-315.
Verschaffel, L., De Corte, E., Lasure, S., Van Vaerenbergh, G., Bogaerts, H., & Ratinckx, E. (1999). Learning to solve mathematical application problems: A design experiment with fifth graders. *Mathematical Thinking and Learning, 1,* 195-229.
Verschaffel, L., Greer, B., & De Corte, E. (2000). *Making sense of word problems.* Lisse, The Netherlands: Swets & Zeitlinger.
Weiner, B. (1979). A theory of motivation for some classroom experiences. *Journal of Educational Psychology, 71,* 3-25.
Weiner, B. (2005). Motivation from an attributional perspective and the social psychology of perceived competence. In A. J. Elliot & C. S. Dweck (Eds.), *Handbook of competence and motivation* (pp. 73-84). New York, NY: Guilford Press.
Whitebread, D., Coltman, P., Pasternak, D. P., Sangster, C., Grau, V., Bingham, S., et al. (2009). The development of two observational tools for assessing metacognition and self-regulated learning in young children. *Metacognition and Learning, 4,* 63-85.
Wigfield, A., & Eccles, J. S. (2002). The development of competence beliefs and values from childhood through adolescence. In A. Wigfield & J. S. Eccles (Eds.), *Development of achievement motivation* (pp. 92-120). San Diego, CA: Academic Press.
Wigfield, A., Hoa, L. W., & Klauda, S. L. (2008). The role of achievement values in the regulation of achievement behaviors. In D. H. Schunk & B. J. Zimmerman (Eds.), *Motivation and self-regulated learning* (pp. 169-195). Mahwah, NJ: Erlbaum.
Winne, P. H. (1995). Self-regulation is ubiquitous but its forms vary with knowledge. *Educational Psychologist, 30,* 223-228.
Wolters, C. A., & Pintrich, P. R. (1998). Contextual differences in student motivation and self-regulated learning in mathematics, English, and social studies classrooms. *Instructional Science, 26,* 27-47.
Wolters, C. A., & Rosenthal, H. (2000). The relation between students' motivational beliefs and their use of motivational regulation strategies. *International Journal of Educational Research, 33,* 801-820.
Zimmerman, B. J. (1989). A social cognitive view of self-regulated academic learning. *Journal of Educational Psychology, 81,* 329-339.
Zimmerman, B. J. (1990). Self-regulated learning and academic achievement: An overview. *Educational Psychologist, 25,* 3-17.
Zimmerman, B. J. (1995). Self-regulation involves more than metacognition: A social cognitive perspective. *Educational Psychologist, 30,* 217-221.
Zimmerman, B. J. (2000). Attaining self-regulation: A social cognitive perspective. In M. Boekaerts, P. R. Pintrich, & M. Zeidner (Eds.), *Handbook of self-regulation* (pp. 13-39). San Diego, CA: Academic Press.
Zimmerman, B. J. (2001). Theories of self-regulated learning and academic achievement: An overview and analysis. In B. J Zimmerman & D. H. Schunk (Eds.), *Self-regulated learning and academic achievement: Theoretical perspectives* (pp. 1-37). Mahwah, NJ: Erlbaum.
Zimmerman, B. J., & Risemberg, R. (1997). Self-regulatory dimensions of academic learning and motivation. In G. D. Phye (Ed.), *Handbook of academic learning: Construction of knowledge. The educational psychology series* (pp. 105-125). San Diego, CA: Academic Press.

■第11章

Baker, L. (2002). Metacognition in comprehension instruction. In C. C. Block & M. Pressley (Eds.), *Comprehension instruction: Research-based best practices* (pp. 77-95). New York: Guilford.
Baker, L., Afflerbach, P., & Reinking, D. (Eds.). (1996). *Developing engaged readers in school and home communities.* Mahwah, NJ: Erlbaum.
Capeci, A., & Speirs, J. (2004). *Food chain frenzy.* New York: Scholastic.
Cataldo, M. G., & Oakhill, J. (2000). Why are poor comprehenders inefficient searchers? An investigation into the effects of text representation and spatial memory on the ability to locate information in text. *Journal of Educational Psychology, 92,* 791-799.
Davis, M. H., & Tonks, S. M. (2004). Diverse texts and technology for reading. In J. T. Guthrie, A. Wigfield, & K. C. Perencevich (Eds.), *Motivating reading comprehension: Concept-oriented reading instruction* (pp. 143-171). Mahwah, NJ: Erlbaum.
Duke, N., & Pearson, D. (2002). Effective practices for developing reading comprehension. In A. Farstrup & S. J. Samuels (Eds.), *What research has to say about reading instruction* (pp. 205-242). Newark, DE: International Reading Association.
Gersten, R., Fuchs, L. S., Williams, J. P., & Baker, S. (2001). Teaching reading comprehension strategies to students with learning disabilities: A review of the research. *Review of Educational Research, 71,* 279-320.
Gibbons, G. (1991). *Monarch butterfly.* New York: Holiday House.
Graesser, A. C., & Bertus, E. L. (1998). The construction of causal inferences while reading expository texts on science and technology. *Scientific Studies of Reading, 2,* 247-271.
Guthrie, J. T., Coddington, C. S., & Wigfield, A. (2009). Profiles of reading motivation among African American and Caucasian students. *Journal of Literacy Research, 41,* 317-353.
Guthrie, J. T., & Humenick, N. (2004). Motivating students to read: Evidence for classroom practices that increase reading motivation and achievement. In P. McCardle & V. Chhabra (Eds.), *The voice of evidence in reading research* (pp. 329-354). Baltimore: Brookes.
Guthrie, J. T., McRae, A., & Klauda, S. L. (2007). Contributions of concept-oriented reading instruction to knowledge about interventions for motivations in reading. *Educational Psychologist, 42,* 237-250.
Guthrie, J. T., Van Meter, P., McCann, A., Wigfield, A., Bennett, L., Poundstone, C., et al. (1996). Growth of literacy engagement: Changes in motivations and strategies during concept-oriented reading instruction. *Reading Research Quarterly, 31,* 306-332.
Guthrie, J. T., & Wigfield, A. (2000). Engagement and motivation in reading. In M. L. Kamil, P. B. Mosenthal, P. D. Pearson, & R. Barr (Eds.), *Handbook of reading research* (Vol. III, pp. 403-422). Mahwah, NJ: Erlbaum.
Guthrie, J. T., Wigfield, A., & Perencevich, K. C. (Eds.). (2004a). *Motivating reading comprehension: Concept-oriented reading instruction.* Mahwah, NJ: Erlbaum.

■ 引用文献

Guthrie, J. T., Wigfield, A., & Perencevich, K. C. (2004b). Scaffolding for motivation and engagement in reading. In J. T. Guthrie, A. Wigfield, & K. C. Perencevich (Eds.), *Motivating reading comprehension: Concept-oriented reading instruction* (pp. 55-86). Mahwah, NJ: Erlbaum.

Hidi, S., & Harackiewicz, J. M. (2000). Motivating the academically unmotivated: A critical issue for the 21st century. *Review of Educational Research, 70,* 151-179.

Hidi, S., & Renninger, K. A. (2006). The four-phase model of interest development. *Educational Psychologist, 41,* 111-127.

Housand, A., & Reis, S. M. (2008). Self-regulated learning in reading: Gifted pedagogy and instructional settings. *Journal of Advanced Academics, 20,* 108-136.

Massey. D. D. (2009). Self-regulated comprehension. In S. E. Israel & G. D. Duffy (Eds.), *Handbook of research on reading comprehension* (pp. 389-399). New York: Routledge.

National Reading Panel. (2000). *Teaching children to read: An evidence-based assessment of the scientific research literature on reading and its implications for reading instruction* (NIH Pub. No. 00-4769). Jessup, MD: National Institute for Literacy.

Novak, J., & Musonda, D. (1991). A twelve-year longitudinal study of science concept learning. *American Educational Research Journal, 28,* 1153-1171.

Parker, S. (1999). *It's a frog's Life: My story of life in a pond.* Pleasantville, NY: Reader's Digest Young Families.

Pajares, F. (2008). Motivational role of self-efficacy beliefs in self-regulated learning. In D. H. Schunk & B. J. Zimmerman (Eds.), *Motivation and self-regulated learning* (pp. 111-139). New York: Erlbaum.

Pintrich, P. R. (1994). Continuities and discontinuities: Future directions for research in educational psychology. *Educational Psychologist, 29,* 137-148.

Pressley, M., & Harris, K. R. (2006). Cognitive strategies instruction: From basic research to classroom application. In P. A. Alexander & P. Winne (Eds.), *Handbook of educational psychology* (2nd ed., pp. 265-286). New York: MacMillan.

Pressley, M., Schuder, T., & Bergman, J. L. (1992). A researcher-educator collaborative interview study of transactional comprehension strategies instruction. *Journal of Educational Psychology, 84,* 231-246.

Randi, J., & Corno, L. (2000). Teacher innovations in self-regulated learning. In M. Boekaerts, P. R. Pintrich, & M. Zeidner (Eds.), *Handbook of self-regulation* (pp. 651-685). San Diego, CA: Academic Press.

Rosenshine, B., Meister, C., & Chapman, S. (1996). Teaching students to generate questions: A review of the intervention studies. *Review of Educational Research, 66,* 181-221.

Reeve, J., Ryan, R. M., Deci, E. L., & Jang, H. (2008). Understanding and promoting autonomous self-regulation: A self-determination theory perspective. In D. H. Schunk & B. J. Zimmerman (Eds.), *Motivation and self-regulated learning: Theory, research, and applications* (pp. 223-244), New York: Erlbaum.

Ryan, R. M., & Deci, E. L. (2000). Intrinsic and extrinsic motivations: Classic definitions and new directions. *Contemporary Educational Psychology, 25,* 54-67.

Schunk, D. H., & Ertmer, P. A. (2000). Self-regulation and academic learning: Self-efficacy enhancing interventions. In M. Boekaerts, P. R. Pintrich, & M. Zeidner (Eds.), *Handbook of self-regulation* (pp. 631-649). San Diego, CA: Academic Press.

Schunk, D. H., & Zimmerman, B. J. (2007). Influencing children's self-efficacy and self-regulation of reading and writing through modeling. *Reading & Writing Quarterly, 23,* 7-25.

Smith, L. E., Borkowski, J. G., & Whitman, T. L. (2008). From reading readiness to reading competence: The role of self-regulation in at-risk children. *Scientific Studies of Reading, 12,* 131-152.

Souvignier, E., & Mokhlesgerami, J. (2006). Using self-regulation as a framework for implementing strategy instruction to foster reading comprehension. *Learning & Instruction, 16,* 57-71.

Spires, H. A., & Donley, J. (1998). Prior knowledge activation: Inducing engagement with informational texts. *Journal of Educational Psychology, 90,* 249-260.

Swan, E. A. (2003). *Concept-oriented reading instruction: Engaging classrooms, lifelong learners.* New York: Guilford.

Taboada, A., & Guthrie, J. T. (2006). Contributions of student questioning and prior knowledge to construction of knowledge from reading information text. *Journal of Literacy Research, 38,* 1-35.

Trabasso, T., & Bouchard, E. (2002). Teaching readers how to comprehend text strategically. In C. C. Collins & M. Pressley (Eds.), *Comprehension instruction: Research-based best practices* (pp. 176-200). New York: Guilford.

Vansteenkiste, M., Simons, J., Lens, W., Soenens, B., & Matos, L. (2005). Examining the motivational impact of intrinsic versus extrinsic goal framing and autonomy-supportive versus internally controlling communication style on early adolescents' academic achievement. *Child Development, 76,* 483-501.

Wigfield, A., Guthrie, J. T., Perencevich, K. C., Taboada, A., Klauda, S. L., McRae, A., et al. (2008). The role of reading engagement in mediating effects of reading comprehension instruction on reading outcomes. *Psychology in the Schools, 45,* 432-445.

Wigfield, A., & Tonks, S. M. (2004). The development of motivation for reading and how it is influenced by CORI. In J. T. Guthrie, A. Wigfield, & K. C. Perencevich (Eds.), *Motivating reading comprehension: Concept-oriented reading instruction* (pp. 249-272). Mahwah, NJ: Erlbaum.

Zimmerman, B. J. (2000). Attaining self-regulation: A social cognitive perspective. In M. Boekaerts, P. R. Pintrich, & M. Zeidner (Eds.), *Handbook of self-regulation* (pp. 13-39). San Diego, CA: Academic Press.

Zimmerman, B. J., & Cleary, T. J. (2009). Motives to self-regulate learning: A social cognitive account. In K. R. Wentzel & A. Wigfield (Eds.), *Handbook of motivation at school* (pp. 247-264). New York: Routledge.

Zimmerman, B. J., & Schunk, D. H. (2008). Motivation: An essential dimension of self-regulated learning. In D. H. Schunk & B. J. Zimmerman (Eds.), *Motivation and self-regulated learning: Theory research, and applications* (pp. 1-30). New York: Erlbaum.

■第12章

Association for Supervision and Curriculum Development (ASCD). (2002). *Teaching students with learning disabilities in the regular classroom: Using learning strategies* [videotape 2]. Retrieved March 1, 2009, from http://shop.ascd.org/productdisplay.cfm?productid=602084

Asaro, K., & Saddler, B. (2009). *The effects of planning instruction and self-regulation training on the writing performance of young writers with autism spectrum disorders*. Manuscript submitted for publication.

Bandura, A. (1988). Self-regulation of motivation and action through goal systems. In V. Hamilton, G. H. Browder, & N. H. Frijda (Eds.), *Cognitive perspectives on emotion and motivation* (pp. 37-61). Dordrecht, The Netherlands: Kluwer Academic.

Bereiter, C., & Scardamalia, M. (1987). *The psychology of written composition*. Hillsdale, NJ: Erlbaum.

Cornoldi, C., Barbieri, A., Gaiani, C., & Zocchi, S. (1999). Strategic memory deficits in attention deficit disorder with hyperactivity participants: The role of executive processes. *Developmental Neuropsychology, 15*, 53-71.

Delano, M. E. (2007). Improving written language performance of adolescents with Asperger syndrome. *Journal of Applied Behavior Analysis, 40*, 345-351.

De La Paz, S., Swanson, P. N., & Graham, S. (1998). The contribution of executive control to the revising of students with writing and learning difficulties. *Journal of Educational Psychology, 90*, 448-460.

Deshler, D. D., & Schumaker, J. B. (2006): *Teaching adolescents with disabilities: Accessing the general education curriculum*. Thousand Oaks, CA: Corwin Press.

Englert, C. S., Raphael, T. E., Anderson, L. M., Anthony, H. M., & Stevens, D. D. (1991). Making writing strategies and self-talk visible: Cognitive strategy instruction in writing in regular and special education classrooms. *American Educational Research Journal, 28*, 337-372.

Ferretti, R. P., Lewis, W. E., & Andrews-Weckerly, S. (2009). Do goals affect the structure of students' argumentative writing strategies? *Journal of Educational Psychology, 101*, 577-589.

Graham, S. (1997). Executive control in the revising of students with learning and writing difficulties. *Journal of Educational Psychology, 89*, 223-234.

Graham, S. (2006a). Writing. In P. Alexander & P. Winne (Eds.), *Handbook of educational psychology* (2nd ed., pp. 457-478). Mahwah, NJ: Erlbaum.

Graham, S. (2006b). Strategy instruction and the teaching of writing: A meta-analysis. In C. MacArthur, S. Graham, & J. Fitzgerald (Eds.), *Handbook of writing research* (pp. 187-207). New York: Guilford.

Graham, S., & Harris, K. R. (1996). Self-regulation and strategy instruction for students who find writing and learning challenging. In C. M. Levy & S. Randall (Eds.), *The science of writing: Theories, methods, individual differences, and applications* (pp. 347-360). Mahwah, NJ: Erlbaum.

Graham, S., & Harris, K. R. (2000). The role of self-regulation and transcription skills in writing and writing development. *Educational Psychologist, 35*, 3-12.

Graham, S., & Harris, K. R. (2003). Students with learning disabilities and the process of writing: A meta-analysis of SRSD studies. In H. L. Swanson, K. R. Harris, & S. Graham (Eds.), *Handbook of learning disabilities* (pp. 323-344). New York: Guilford.

Graham, S., & Harris, K. R. (2009). Almost 30 years of writing research: Making sense of it all with the Wrath of Khan. *Learning Disabilities Research & Practice, 24*, 58-68.

Graham, S,, Harris, K. R., & Reid, R. (1992). Developing self-regulated learners. *Focus on Exceptional Children, 24*, 1-16.

Graham, S., Harris, K. R., & Zito, J. (2005). Promoting internal and external validity: A synergism of laboratory experiments and classroom-based research. In G. Phye, D. Robinson, & J. Levin (Eds.), *Empirical methods for evaluating educational interventions* (pp. 235-265). San Diego, CA: Elvieser.

Graham, S., & MacArthur, C. (1988). Improving learning disabled students' skills at revising essays produced on a word processor: Self-instructional strategy training. *Journal of Special Education, 22*, 133-152.

Graham, S., MacArthur, C., & Schwartz, S. (1995). The effects of goal setting and procedural facilitation on the revising behavior and writing performance of students with writing and learning problems. *Journal of Educational Psychology, 87*, 230-240.

Graham, S., & Perin, D. (2007). A meta-analysis of writing instruction for adolescent students. *Journal of Educational Psychology, 99*, 445-476.

Guzel-Ozmen, R. (2006). The effectiveness of modified cognitive strategy instruction in writing with mildly mentally retarded Turkish students. *Exceptional Children, 72*, 281-296.

Harris, K. R. (1982). Cognitive-behavior modification: Application with exceptional students. *Focus on Exceptional Children, 15*(2), 1-16.

Harris, K., & Graham, S. (1992). *Helping young writers master the craft: Strategy instruction and self-regulation in the writing process*. Cambridge, MA: Brookline Books.

Harris, K. R., & Graham, S. (1996). *Making the writing process work: Strategies for composition and self-regulation* (2nd ed.). Cambridge, MA: Brookline Books.

Harris, K. R., & Graham, S. (2009). Self-regulated strategy development in writing: Premises, evolution, and the future. *British Journal of Educational Psychology* (monograph series), 6, 113-135.

Harris, K. R., & Graham, S. (in press). "An adjective is a word hanging down from a noun": Learning to write and students with learning disabilities. *Annals of Dyslexia*.

Harris, K. R., Graham, S., Brindle, M., & Sandmel, K. (2009). Metacognition and children's writing. In D. Hacker, J. Dunlosky, & A. Graesser (Eds.), *Handbook of metacognition in education* (pp. 131-153). Mahwah, NJ: Erlbaum.

Harris, K. R., Graham, S., Mason, L., & Friedlander, B. (2008). *Powerful writing strategies for all students*. Baltimore, MD: Brookes.

Harris, K. R., Graham, S., Reid, R., McElroy, K., & Hamby, R. (1994). Self-monitoring of attention versus self-monitoring of performance: Replication and cross-task comparison. *Learning Disability Quarterly, 17*, 121-139.

Harris, K. R., & Pressley, M. (1991). The nature of cognitive strategy instruction: Interactive strategy construction. *Exceptional Children, 57*, 392-405.

■ 引用文献

Harris, K. R., Reid, R., & Graham, S. (2004). Self-regulation among students with LD and ADHD. In B. Wong (Ed.), *Learning about learning disabilities* (3rd ed., pp. 167-195). Orlando, FL: Academic Press.
Harris, K. R., Santangelo, T., & Graham, S. (2008). Self-regulated strategy development in writing: An argument for the importance of new learning environments. *Instructional Sciences, 36,* 395-408.
Harris, K., Santangelo, T., & Graham, S. (2010). Metacognition and strategies instruction in writing. In H. S. Waters & W. Schneider (Eds.), *Metacognition, strategy use, and instruction* (pp. 226-256). New York: Guilford.
Hayes, J. (1996). A new framework for understanding cognition and affect in writing. In M. Levy & S. Ransdell (Eds.), *The science of writing: Theories, methods, individual differences, and applications* (pp. 1-27). Mahwah, NJ: Erbaum.
Hayes, J. (2004). What triggers revision? In L. Allal, L. Chanqouy, & P. Largy (Eds.), *Revision: Cognitive and instructional processes* (Vol. 13, pp. 9-20). Boston, MA: Kluwer.
Hayes, J., & Flower, L. (1980). Identifying the organization of writing processes. In L. Gregg & E. Steinberg (Eds.), *Cognitive processes in writing* (pp. 3-30). Hillsdale, NJ: Erlbaum.
Hillocks, G. (1986). *Research on written composition: New directions for teaching.* Urbana, IL: National Council of Teachers of English.
Holliway, D. R., & McCutchen, D. (2004). Audience perspective in young writers' composing and revising. In L. Allal, L. Chanqouy, & P. Largy (Eds.), *Revision: Cognitive and instructional processes* (Vol. 13, pp. 87-101). Boston, MA: Kluwer.
Hopman, M., & Glynn, T. (1989). The effect of correspondence training on the rate and quality of written expression of four low achieving boys. *Educational Psychology, 9,* 197-213.
Jacobson, L., & Reid, R. (in press). Improving the persuasive essay writing of high school students with ADHD. *Exceptional Children.*
Kofman, O., Larson, J. G., & Mostofsky, S. H. (2008). A novel task for examining strategic planning: Evidence for impairment in children with ADHD. *Journal of Clinical and Experimental Neuropsychology, 30*(3), 261-271.
Lane, K. L., Graham, S., Harris, K. R., Little, M. A., Sandmel, K., & Brindle, M. (in press). Story writing: The effects of self-regulated strategy development for second grade students with writing and behavioral difficulties. *Journal of Special Education.*
Lane, K., Harris, K. R., Graham. S., Driscoll, S., Sandmel, K., Morphy, P., Hebert, M., & House, E. (2009). *The effects of self-regulated strategy development for second-grade students with writing and behavioral difficulties: A randomized control trial.* Manuscript Submitted for Publication.
Lane, K. L., Harris, K., Graham, S., Weisenbach, J., Brindle, M., & Morphy, P. (2008). The effects of self-regulated strategy development on the writing performance of second grade students with behavioral and writing difficulties. *Journal of Special Education, 41,* 234-253.
Lewis, B. A., O'Donnell, B., Freebairn, L. A., & Taylor, H. G. (1998). Spoken language and written expression: interplay of delays. *American Journal of Speech-Language Pathology, 7,* 77-84.
Lienemann, T. O., & Reid, R. (2008). Using self-regulated strategy development to improve expository writing with students with attention deficit hyperactivity disorder. *Exceptional Children, 74,* 1-16.
MacArthur, C. A., Graham, S., Schwartz, S. S., & Schafer, W. (1995). Evaluation of a writing instruction model that integrated a process approach, strategy instruction, and word processing. *Learning Disabilities Quarterly, 18,* 278-291.
MacArthur, C. A., Schwartz, S. S., & Graham, S. (1991). Effects of a reciprocal peer revision strategy in special education classrooms. *Learning Disabilities Research and Practice, 6,* 201-210.
Mace, F. C., Belfiore, P. J., & Hutchinson, J. M. (2001). Operant theory and research on self-regulation. In B. Zimmerman & D. Schunk (Eds.), *Self-regulated learning and academic achievement* (pp. 39-65). Mahwah, NJ: Erlbaum.
Mason, L. H., & Graham, S. (2008). Writing instruction for adolescents with learning disabilities: Programs of intervention research. *Learning Disabilities Research and Practice, 23,* 103-112.
Mason, L. H., & Shriner, J. G. (2008). Self-regulated strategy development for writing an opinion essay: Effects for six students with emotional/behavioral disorders. *Reading and Writing: An Interdisciplinary Journal, 21,* 71-93.
McCutchen, D. (2006). Cognitive factors in the development of children's writing. In C. A. MacArthur, S. Graham, & J. Fitzgerald (Eds.), *Handbook of writing research* (pp. 115-130). New York: Guilford.
Meichenbaum, D. (1977). *Cognitive behavior modification: An integrative approach.* New York: Plenum Press.
Nelson, R., Benner, G., Lane, K., & Smith, B. (2004). Academic achievement of K-12 students with emotional and behavioral disorders. *Exceptional Students, 7,* 159-173.
Nelson, R. O., & Hayes, S. C. (1981). Theoretical explanations for reactivity in self-monitoring. *Behavior Modification, 5,* 3-14.
Nystrand, M. (2006). The social and historical context for writing research. In C. A. MacArthur, S. Graham, & J. Fitzgerald (Eds.), *Handbook of writing research* (pp. 11-27). New York: Guilford.
Page-Voth, V., & Graham, S. (1999). Effects of goal-setting and strategy use on the writing performance of students with writing and learning problems. *Journal of Educational Psychology, 91,* 230-240.
Prior, P. (2006). A sociocultural theory of writing. In C. A. MacArthur, S. Graham, & J. Fitzgerald (Eds.), *Handbook of writing research* (pp. 54-66). New York: Guilford.
Re, A. M., Pedron, M., & Cornoldi, C. (2007). Expressive writing difficulties in children described as exhibiting ADHD symptoms. *Journal of Learning Disabilities, 40,* 244-255.
Reid, R. (1996). Self-monitoring for students with learning disabilities: The present, the prospects, the pitfalls. *Journal of Learning Disabilities, 29,* 317-331.
Reid, R., & Lienemann, T. O. (2006). Improving the writing performance of students with ADHD. *Exceptional Children, 71,* 361-377.
Reid, R., Trout, A., & Schwartz, M. (2005). Self-regulation interventions for children with attention deficit hyperactivity disorder. *Exceptional Children, 71,* 361-377.
Resta, S., & Eliot, J. (1994). Written expression in boys with attention deficit disorder. *Perceptual & Motor Skills, 79,* 1131-1138.
Rijlaarsdam, G., Couzijn, M., Janssen, T., Braaksma, M., & Kieft, M. (2006). Writing experiment manuals in science education: The impact of writing, genre, and audience. *International Journal of Science Education, 28,* 203-233.
Rogers, L., & Graham, S. (2008). A meta-analysis of single-subject design writing research. *Journal of Educational Psychology, 100,* 879-906.

Ross, J. A., Rolheiser, C., & Hogaboam-Gray, A. (1999). Effects of self-evaluation training on narrative writing. *Assessing Writing, 6,* 107-132.
Sager, C. (1973). Improving the quality of written composition through pupil use of rating scale. *Dissertation Abstracts International, 34*(4), 1496A.
Sandmel, K., Brindle, M., Harris. K. R., Lane, K., Graham, S., Little, A., Nackel, J., & Mathias, R. (in press). Making it work: Differentiating tier two writing instruction with self-regulated strategies development in tandem with schoolwide positive behavioral support for second graders. *Teaching Exceptional Children.*
Sawyer, R. J., Graham, S., & Harris, K. R. (1992). Direct teaching, strategy instruction, and strategy instruction with explicit self-regulation: Effects on learning disabled students' composition skills and self-efficacy. *Journal of Educational Psychology, 84,* 340-352.
Schmidt, J. L., Deshler, D. D., Schumaker, J. B., & Alley, G. R. (1988). Effects of generalization instruction on the written language performance of adolescents with learning disabilities in the mainstream classroom. *Reading, Writing, and Learning Disabilities, 4,* 291-309.
Schunk, D. (2001). Social cognitive theory and self-regulated learning. In B. Zimmerman & D. Schunk (Eds.), *Self-regulated learning and academic achievement* (pp. 125-151). Mahwah, NJ: Erlbaum.
Shapiro, E. S., & Cole, C. L. (1994). *Behavior change in the classroom.* New York: Guilford.
Shapiro, E. S., DuPaul, G. J., & Bradley-Klug, K. L. (1998). Self-management as a strategy to improve the classroom behavior of adolescents with ADHD. *Journal of Learning Disabilities, 31,* 545-555.
Stoddard, B., & MacArthur, C. A. (1993). A peer editor strategy: Guiding learning disabled students in response and revision. *Research in the Teaching of English, 27,* 76-103.
Tracy, B., Reid, R., & Graham, S. (2009). Teaching young students strategies for planning and drafting stories. *Journal of Educational Research, 102,* 323-331.
Zimmerman, B. J. (1998). Developing self-fulfilling cycles of academic regulation: An analysis of exemplary instructional models. In D. Schunk & B. J. Zimmerman (Eds.), *Self-regulated Learning: From teaching to self-reflective practice* (pp. 1-19). New York: Guilford.
Zimmerman, B., & Risemberg, R. (1997). Becoming a self-regulated writer: A social cognitive perspective. *Contemporary Educational Psychology, 22,* 73-101.

■第13章

American Association of Colleges and Universities. (2006). Science and health. Retrieved from http://www. aacu.org/issues/sciencehealth/index.cfm
Anderman, E. M., & Sinatra, G. M. (2009, February). *The challenges of teaching and learning about science in the 21st century: Exploring the abilities and constraints of adolescent learners.* Invited presentation at the National Academy of Education, Washington, DC.
Asterhan, C. S. C., & Schwarz, B. B. (2007). The effects of monological and dialogical argumentation on concept learning in evolutionary theory. *Journal of Educational Psychology, 99*(3), 626-639.
Bargh, J. A., & Chartrand, T. L. (1999). The unbearable automaticity of being. *American Psychologist, 54*(7), 462-479.
Beardsley, P. M., Bloom, M. V., & Wise, S. B. (in press). Challenges and opportunities for teaching and designing effective K-12 evolution curricula. In K. S. Rosengren, E. Evans, S. Brem, & G. M. Sinatra (Eds.), *Evolution challenges: Integrating research and practice in teaching and learning about evolution.* London: Oxford Press.
Bereiter, C. (1990). Aspects of an educational learning theory. *Review of Educational Research, 60,* 603-624.
Bereiter, C., & Scardamalia, M. (1989). Intentional learning as a goal of instruction. In L. B. Resnick (Ed.), *Knowing, learning and instruction: Essays in honour of Robert Glaser* (pp. 361-392). Hillsdale, NJ: Erlbaum.
Briscoe, C., & Prayaga, C. S. (2004). Teaching future K-8 teachers the language of Newton: A case study of collaboration and change in university physics teaching. *Science Education, 88,* 947-969.
Broughton, S. H., Sinatra, G. M., & Nussbaum, E. M. (2010). *"Pluto has been a planet my whole life!" Emotions, attitudes, and conceptual change in elementary students learning about Pluto's reclassification.* Manuscript submitted for publication.
Case, J., & Gunstone, R. (2006). Metacognitive development: A view beyond cognition. *Research in Science Education, 36,* 51-67.
Chi, M. T. H. (2006). Two approaches to the study of experts' characteristics. In K. A. Ericsson, N. Charness, P. J. Feltovich, & R. R. Hoffman (Eds.), *The Cambridge handbook of expertise and expert performance* (pp. 21-30). New York, NY: Cambridge University Press.
Chi, M. T. H., de Leeuw, N., Chiu, M-H., & LaVancher, C. (1994). Eliciting self-explanations improves understanding. *Cognitive Science, 18*(3), 439-477.
Corno, L. (1993). The best-laid plans: Modem conceptions of volition and educational research. *Educational Researcher, 22*(2), 14-22.
Crouch, C. H., & Mazur, E. (2001). Peer Instruction: Ten year of experience and results. *American Journal of Physics, 59,* 970-977.
Davis, E. A. (2003). Prompting middle school science students for productive reflection: Generic and directed prompts. *The Journal of Learning Sciences, 12,* 91-142.
Dinsmore, D. L., Alexander, P. A., & Loughlin, S. M. (2009). Focusing the conceptual lens on metacognition, self-regulation, and self-regulated learning. *Educational Psychology Review, 20,* 391-409.
Dole, J. A., & Sinatra, G. M. (1998). Reconceptualizing change in the cognitive construction of knowledge. *Educational Psychologist, 33*(2/3), 109-128.
Duggan, S., & Gott, R. (2002). What sort of science education do we really need? *International Journal of Science Education, 24,* 661-679.
Ericsson, K. A. (2006). The influence of experience and deliberate practice on the development of superior expert performance. In K. A. Ericsson, P. Charness, N. Feltovich, & R. Hoffman (Eds.), *Cambridge handbook of expertise and expert performance* (pp. 685-706). Cambridge, UK: Cambridge University Press.
Ericsson, K. A., Krampe, R. T., & Tesch-Römer, C. (1993). The role of deliberate practice in the acquisition of expert performance. *Psychological Review, 100*(3), 363-406.

■ 引用文献

Geary, D. C. (2008). An evolutionarily informed education science. *Educational Psychologist, 43*, 279-295.
Glynn, S. M., & Koballa, T. R. (2006). Motivation to learn in college science. In J. Mintzes & W. H. Leonard (Eds.), *Handbook of college science Teaching* (pp. 25-32). Arlington, VA: National Science Teachers Association Press.
Hewitt, P. G. (2006). *Conceptual physics*. Boston, MA: Prentice Hall.
Jonassen, D. H. (2008). Model building for conceptual change. In S. Vosniadou (Ed.), *International handbook of conceptual change research* (pp. 676-693). London: Oxford University Press.
Kang, N., & Wallace, C. S. (2005). Secondary science teachers' use of laboratory activities: Linking epistemological beliefs, goals, and practices. *Science Education, 89*, 140-165.
Kelemen, D. (1999). Why are rocks pointy? Children's preference for teleological explanations of the natural world. *Developmental Psychology, 35*, 1440-1452.
Kilpatrick, J., & Quinn, H. (2009). *Science and mathematics education: Education policy white paper*. Washington, DC: National Academy of Education.
Koballa, T. R., & Glynn, S. M. (2007). Attitudinal and motivational constructs in science education. In S. K. Abell & N. Lederman (Eds.), *Handbook of research in science education* (pp. 75-102). Mahwah, NJ: Erlbaum.
Koch, A. (2001). Training in metacognition and comprehension of physics texts. *Science Education, 85*, 758-768.
Kruglanski, A. W. (1990). Lay epistemic theory in social-cognitive psychology. *Psychological Inquiry, 1*(3), 181.
Marx, R. W., & Harris, C. J. (2006). No Child Left Behind and science education: Opportunities, challenges, and risks. *Elementary School Journal, 106*(5), 467-477.
Murphy, P., & Mason, L. (2006). Changing knowledge and beliefs. In P. Alexander & P. Winne (Eds.), *Handbook of educational psychology* (pp. 305-324). Mahwah, NJ: Erlbaum.
National Center for Educational Statistics. (2007). Trends in international mathematics and science study. Retrieved from http://nces.ed.gov/timss/results07_science07.asp
National Research Council. (2001). *Assessment in practice. Knowing what students know: The science and design of educational assessment*. Washington, DC: National Academy Press.
Neto, A. J., & Valente, M. O. (1997, April). *Problem solving in physics: Towards a synergetic metacognitively developed approach*. Paper presented at the National Association for Research in Science Teaching.
Nussbaum, E. M., & Sinatra, G. M. (2003). Arugment and conceptual engagement. *Contemporary Educational Psychology, 28*, 384-395.
Pekrun, R., Goetz, E. T., Titz, W., & Perry, R. P. (2002). Academic emotions in students' self-regulated learning and achievement: A program of qualitative and quantitative research. *Educational Psychologist, 37*, 91-105.
Petty, R. E., & Cacioppo, J. T. (1986). The elaboration likelihood model of persuasion. In L. Berkowitz (Ed.), *Advances in experimental social psychology* (Vol. 19, pp. 123-205). New York, NY: Academic.
Pintrich, P. R., Marx, R. W., & Boyle, R. B. (1993). Beyond cold conceptual change: The role of motivational beliefs and classroom contextual factors in the process of conceptual change. *Review of Educational Research, 63*, 167-199.
Posner, G., Strike, K., Hewson, P., & Gertzog, W. (1982). Accommodation of a scientific conception: Towards a theory of conceptual change. *Science Education, 67*(4), 489-508.
Reiner, M., Slotta, J. D., Chi, M. T. H., & Resnick, L. B. (2000). Naïve physics reasoning: A commitment to substance-based conceptions. *Cognition and Instruction, 18*, 1-34.
Rozencwaig, P. (2003). Metacognitive factors in scientific problem-solving strategies. *European Journal of Psychology of Education, 18*, 281-294.
Schraw, G., Crippen, K. J., & Hartley, K. D. (2006). Promoting self-regulation in science education: Metacognition as part of a broader perspective on learning. *Research in Science Education, 36*, 111-139.
Schunk, D., Pintrich, P. R., & Meece, J. (Eds.). (2008). *Motivation in education: Theory, research, and applications*. Upper Saddle, NJ: Pearson Hall.
Shin, N., Jonassen, D. H., & McGee, S. (2003). Predictors of well-structured and ill-structured problem solving in an astronomy simulation. *Journal of Research in Science Teaching, 40*, 6-33.
Sinatra, G. M. (2005). The "warming trend" in conceptual change research: The legacy of Paul R. Pintrich. *Educational Psychologist, 40*(2), 107-115.
Sinatra, G. M., Kardash, C. A., Taasoobshirazi, G., & Lombardi, D. (in press). Students' view of global climate change: Promoting a commitment to action through persuasive text and pictures. *Instructional Science*.
Sinatra, G. M., & Pintrich, P. R. (2003). *Intentional conceptual change*. Mahwah, NJ: Erlbaum.
Snyder, J. L. (2000). An investigation of the knowledge structures of experts, intermediates, and novices in physics. *International Journal of Science Education, 22*, 979-992.
Sperling, R. A., Howard, B. C., Miller, L. A., & Murphy, C. (2002). Measures of children's knowledge and regulation of cognition. *Contemporary Educational Psychology, 27*, 51-79.
Stanovich, K. E. (1999). *Who is rational? Studies of individual differences in reasoning*. Mawah, NJ: Erlbaum.
Sternberg, R. J., & Williams, W. M. (2002). *Educational psychology*. Boston, MA: Allyn & Bacon.
Swanson, H. L. (1990). Influence of metacognitive knowledge and aptitude on problem solving. *Journal of Educational Psychology, 82*, 306-341.
Taasoobshirazi, G., & Carr, M. (2009). A structural equation model of expertise in college physics. *Journal of Educational Psychology, 101*(3), 630-643.
Thagard, P. (1992). *Conceptual revolutions*. Princeton, NJ: Princeton University Press.
Vosniadou, S., & Brewer, W. F. (1992). Mental models of the earth: A study of conceptual change in childhood. *Cognitive Psychology, 24*, 535-585.
White, R., & Gunstone, R. (2008). The conceptual change approach and the teaching of science. In S. Vosniadou (Ed.), *International hand-

book of research on conceptual change (pp. 619-628), New York, NY: Routledge.
Winne, P. H., & Perry, N. E. (2000). Measuring self-regulated learning. In M. Boekaerts, P. R. Pintrich, & M. Zeidner (Eds.), *Handbook of self-regulation* (pp. 531-566). San Diego, CA: Academic Press.
Wolters, C. (2003). Regulation of motivation: Evaluating an underemphasized aspect of self-regulated learning. *Educational Psychologist, 38*, 189-205.
Zembal-Saul, C., Blumenfeld, P., & Krajcik, J. (2000). Influence of guided cycles of planning, teaching, and reflection on prospective elementary teachers' science content representations. *Journal for Research in Science Teaching, 37*, 318-339.
Zimmerman, B. J. (1995). Self-regulation involves more than metacognition: A social cognitive perspective. *Educational Psychologist, 30*, 217-221.
Zimmerman, B. J. (2002). Becoming a self-regulated learner: An overview. *Theory Into Practice, 41*, 64-70.
Zimmerman, B. J., & Campillo, M. (2003). Motivating self-regulated problem solvers. In J. E. Davidson & R. Sternberg (Eds.), *The psychology of problem solving* (pp. 233-262). New York, NY: Cambridge University Press.
Zimmerman, B. J., & Schunk, D. (2008). Motivation: An essential dimension of self-regulated learning. In D. Schunk & B. J. Zimmerman (Eds.), *Motivation and self-regulated learning: Theory, research, and applications* (pp. 1-30). Mahway, NJ: Erlbaum.

■第14章

Ainley, M., Corrigan, M., & Richardson, N. (2005). Students, tasks and emotions: Identifying the contribution of emotions to students' reading of popular culture and popular science texts. *Learning and Instruction, 15*, 433-447.
Ames, C. (1992) Classrooms: Goals, structures, and student motivation. *Journal of Educational Psychology, 84*(3), 261-271.
Balaguer, I., Duda, J. L., & Crespo, M. (1999). Motivational climate and goal orientations as predictors of perceptions of improvement, satisfaction and coach ratings among tennis players. *Scandinavian Journal of Medicine and Science in Sports, 9*, 381-388.
Bandura, A. (1997). *Self-efficacy: The exercise of control*. New York: Freeman & Company.
Beauchamp, M., Bray, S., & Albinson, J. (2002). Pre-competitive imagery, self-efficacy and performance in collegiate golfers. *Journal of Sports Science, 20*, 697-705.
Cleary, T., & Zimmerman, B. (2001). Self-regulation differences during athletic practice by experts, non-experts, and novices. *Journal of Applied Sport Psychology, 13*(2), 185-206.
Chase, M. A. (2001). Children's self-efficacy, motivational intentions, attributions in physical education and sport. *Research Quarterly for Exercise and Sport, 72*, 47-54.
Crews, D. J., Lochbaum, M. R., & Karoly, P. (2001). Self regulation: Concepts, methods, and strategies in sport and exercise. In R. N. Singer, H. A. Hausenblas, & C. M. Janelle (Eds.), *Handbook of sport psychology* (pp. 566-581). New York: Wiley.
Devonport, T. J. (2006). Perceptions of the contribution of psychology to succeed in elite kickboxing. *Journal of Sports Science and Medicine, 5*, 99-107.
Donovan, J., & Williams, K. (2003). Missing the mark: Effects of time and causal attributions on goal revision in response to goal-performance discrepancies. *Journal of Applied Psychology, 88*(3), 379-390.
Dweck, C. S. (1986). Motivational processes affecting learning. *American Psychologist, 41*(10), 1040-1048.
Dweck, C. S., & Leggett, E. L. (1988). A social-cognitive approach to motivation and personality. *Psychological Review, 95*, 256-273.
Elliot, A. J. (1999). Approach and avoidance motivation and achievement goals. *Educational Psychologist, 34*, 169-189.
Ericsson, K. (2007). Deliberate practice and the modifiability of body and mind: Toward a science of the structure and acquisition of expert and elite performance. *International Journal of Sport Psychology, 38*(1), 4-34.
Ericsson, K. A., Krampe, R. T., & Tesch-Römer, C. (1993). The role of deliberate practice in the acquisition of expert performance. *Psychological Review, 100*, 363-406.
Gano-Overway, L. (2008). The effect of goal involvement on self-regulatory processes. *International Journal of Sport and Exercise Psychology, 6*(2), 132-156.
Green-Demers, I., Pelletier, L. G., Stewart, D. G., & Gushue, N. R. (1998). Coping with the less interesting aspects of training: Toward a model of interest and motivation enhancement in individual sports. *Basic and Applied Social Psychology, 20*(4), 251-261.
Harwood, C. G., Cumming, J., & Hall, C. (2003). Imagery use in elite youth sport participants: Reinforcing the applied significance of achievement goal theory. *Research Quarterly for Exercise and Sport, 3*, 292-300.
Harwood, C., Cumming, J., & Fletcher, D. (2004). Motivational profiles and psychological skills use within elite youth sport. *Journal of Applied Sport Psychology, 16*(4), 318-332.
Hatzigeorgiadis, A., Theodorakis, Y., & Zourbanos, N. (2004). Self-talk in the swimming pool: The effects of self-talk on thought content and performance on water-polo tasks. *Journal of Applied Sport Psychology, 16*, 138-150.
Hatzigeorgiadis, A., Zourbanos, N., Goltsios, C., & Theodorakis, Y. (2008). Investigating the functions of self-talk: The effects of motivational self-talk on self-efficacy and performance in young tennis players. *The Sport Psychologist, 22*, 458-471.
Jourden, F. J., Bandura, A., & Banfield, J. T. (1990). The impact of concepts of ability on self-regulatory factors and motor skill acquisition. *Journal of Sport & Exercise Psychology, 13*, 213-226.
Kavussanu, M., & Roberts, G. C. (1996). Motivation in physical activity contexts: The relationship of perceived motivational climate to intrinsic motivation and self-efficacy. *Journal of Sport & Exercise Psychology, 18*(3), 264-280.
Kirschenbaum, D. S., Owens, D., & O'Connor, A. (1998). Smart golf: Preliminary evaluation of a simple, yet comprehensive, approach to improving and scoring the mental game. *The Sport Psychologist, 12*(3), 271-282.
Kitsantas, A., & Zimmerman, B. J. (1998). Self-regulation of motoric learning: A strategic cycle view. *Journal of Applied Sport Psychology, 10*, 220-239.
Kitsantas, A., Zimmerman, B. J., & Cleary, T. (2000). The role of observation and emulation in the development of athletic self-regulation.

■ 引用文献

Journal of Educational Psychology, 92(4), 811-817.
Kitsantas, A., & Zimmerman, B. J. (2006). Enhancing self-regulation of practice: The influence of graphing and self-evaluative standards. *Metacognition and Learning, 3*(1), 201-212.
Kitsantas, A., & Zimmerman, B. (2002). Comparing self-regulatory processes among novice, non-expert, and expert volleyball players: A microanalytic study. *Journal of Applied Sport Psychology, 14*(2), 91-105.
Lan, W. Y., & Morgan, J. (2003). Videotaping as a means of self-monitoring to improve theater students' performance. *Journal of Experimental Education, 71*(4), 371-381.
Lerner, B., & Locke, E. A. (1995). The effects of goal setting, self-efficacy, competition, and personal traits on the performance of an endurance task. *Journal of Sport & Exercise Psychology, 17,* 138-152.
Locke, E. A., & Latham, G. P. (2002). Building a practically useful theory of goal setting and task motivation. *American Psychologist, 57*(9), 705-717.
Magill. R. A. (2000). *Motor learning: Concepts and applications.* New York: McGraw Hill.
Martin. K. A., & Hall, C. R. (1995). Using mental imagery to enhance intrinsic motivation. *Journal of Sport & Exercise Psychology, 17*(1), 54-69.
Mills, K. D., Munroe, K. J., & Hall, C. R. (2001). The relationship between imagery and self-efficacy in competitive athletes. *Imagination, Cognition and Personality, 20,* 33-39.
Moritz, S. E., Feltz, D. L., Fahrbach, K. R., & Mack, D. E. (2000). The relation of self-efficacy measures to sport performance: A meta-analytic review. *Research Quarterly for Exercise and Sport, 71,* 280-294.
Nicholls, J. G. (1989). *The competitive ethos and democratic education.* Cambridge, MA: Harvard University Press.
Nideffer, R. M. (1993). Attentional control training. In R. N. Singer, M. Murphey, & L. K. Tennant (Eds.), *Handbook of research on sport psychology* (pp. 542-556). New York: Macmillan.
Ommundsen, Y. (2003). Implicit theories of ability and self-regulation strategies in physical education classes. *Educational Psychology, 23*(2), 141-157.
Ommundsen, Y. (2006). Pupils' self-regulation in physical education: The role of motivational climates and differential achievement goals. *European Physical Education Review, 12*(3), 289-315.
Papaioannou, A., & Kouli, O. (1999). The effect of task structure, perceived motivational climate and goal orientations on students' task involvement and anxiety. *Journal of Applied Sport Psychology, 11*(1), 51-71.
Pintrich, P. R., & Zusho, A. (2002). The development of academic self-regulation: The role of cognitive and motivational factors. In A. Wigfield & J. S. Eccles (Eds.), *Development of achievement motivation* (pp. 249-284). San Diego, CA: Academic Press.
Polaha, J., Allen, K., & Studley, B. (2004). Self-monitoring as an intervention to improve swimmers' stroke efficiency. *Behavior Modification, 27,* 1-15.
Ryska, T. (1998). Cognitive-behavioral strategies and precompetitive anxiety among recreational athletes. *The Psychological Record, 48*(4), 697-708.
Schiefele, U. (1992). Topic interest and levels of text comprehension. In K. A. Renninger, S. Hidi, & A. Krapp (Eds.), *The role of interest in learning and development* (pp. 151-182). Hillsdale, NJ: Erlbaum.
Schunk, D., Pintrich, P., & Meece, J. (2008). *Motivation in education: Theory, research, and applications.* Upper Saddle River, NJ: Pearson/Merrill Prentice Hall.
Schunk, D. H., & Zimmerman, B. J. (2008). *Motivation and self-regulated learning: Theory, research, and applications.* New York: Taylor & Francis.
Theodosiou, A., & Papaioannou, A. (2006). Motivational climate, achievement goals and metacognitive activity in physical education and exercise involvement in out-of-school settings. *Psychology of Sport and Exercise, 7,* 361-379.
Theodorakis, Y. (1995). Effects of self-efficacy, satisfaction, and personal goals on swimming performance. *The Sport Psychologist, 9,* 245-253.
van de Pol, P. K. C., & Kavussanu, M. (in press). Achievement goals and motivational responses in tennis: Does context matter? *Psychology of Sport and Exercise* (2010), doi: 10.1016/j.psychsport.2010.09.005.
Vealey, R. S., & Greenleaf, C. A. (1998). Seeing is believing: Understanding and using imagery in sport. In J. M. Williams (Ed.), *Applied sport psychology: Personal growth to peak performance* (4th ed., pp. 247-272). Mountain View, CA: Mayfield.
Zimmerman, B. (2006). Development and adaptation of expertise: The role of self-regulatory processes and beliefs. *The Cambridge handbook of expertise and expert performance* (pp. 705-722). New York: Cambridge University Press.
Zimmerman, B. J. (2008). Investigating self-regulation and motivation: Historical background, methodological developments, and future prospects. *American Educational Research Journal, 45*(1), 166-183.
Zimmerman, B., & Kitsantas, A. (1996). Self-regulated learning of a motoric skill: The role of goal setting and self-monitoring. *Journal of Applied Sport Psychology, 8*(1), 60-75.
Zimmerman, B., & Kitsantas, A. (1997). Developmental phases in self-regulation: Shifting from process goals to outcome goals. *Journal of Educational Psychology, 89,* 29-36.
Zimmerman, B. J., & Kitsantas, A. (1999). Acquiring writing revision skill: Shifting from process to outcome self-regulatory goals. *Journal of Educational Psychology, 91*(2), 241-250.
Zimmerman, B. J., & Kitsantas, A. (2005). The hidden dimension of personal competence: Self-regulated learning and practice. In A. J. Elliot & C. S. Dweck (Eds.), *Handbook of competence and motivation* (pp. 204-222). New York: Guilford Press.
Zimmerman, B. J., & Schunk, D. H. (2008). Motivation: An essential dimension of self-regulated learning. In D. H. Schunk & B. J. Zimmerman (Eds.), *Motivation and self-regulated learning: Theory, research, and applications* (pp. 1-30). Mahwah, NJ: Erlbaum.

■第15章

Altenmüüller, E., & McPherson, G. E. (2008). Motor learning and instrumental training. In W. Gruhn & F. Rauscher (Eds.), *Neurosciences in music pedagogy* (pp. 121-144). New York: Nova Biomedical Books.

Austin, J. R., & Berg, M. H. (2006). Exploring music practice among sixth-grade band and orchestra students. *Psychology of Music, 34*, 535-558.

Austin, J. R., & Vispoel, W. P. (1998). How American adolescents interpret success and failure in classroom music: Relationships among attributional beliefs, self-concept and achievement. *Psychology of Music, 26*, 26-45.

Bandura, A. (1991). Self-regulation of motivation through anticipatory and self-reactive mechanism. In R. A. Dienstbier (Ed.), *Nebraska Symposium on Motivation: Vol. 38. Perspectives on motivation* (pp. 69-164). Lincoln: University of Nebraska Press.

Bandura, A. (1997). *Self-efficacy: The exercise of control*. New York: Freeman.

Bloom, B. S. (1985). Generalizations about talent development. In B. S. Bloom (Ed.), *Developing talent in young people* (pp. 507-549). New York: Ballantine Books.

Campbell, P. S. (1995). Of garage bands and song-getting: The musical development of young rock musicians. *Research Studies in Music Education, 4*, 12-20.

Chaffin, R., & Logan, T. (2006). Practicing perfection: How concert soloists prepare for performance. *Advances in Cognitive Psychology, 2*(2-3), 113-130.

Chase, W. G., & Ericsson, K. A. (1982). Skill and working memory. In G. H. Bower (Ed.), *The psychology of learning and memory: Advances in research and theory* (Vol. 16, pp. 1-58). San Diego, CA: Academic Press.

Csikszentmihalyi, M., Rathunde, K., & Whalen, S. (1997). *Talented teenagers: The roots of success and failure*. Cambridge, England: Cambridge University Press.

Elliot, A. J., McGregor, H. A., & Gable, S. (1999). Achievement goals, study strategies, and exam performance: A mediational analysis. *Journal of Educational Psychology, 91*, 549-563.

Ericsson, K. A., Charness, N., Feltovich, P. J., & Hoffman, R. R. (Eds.). (2006). *The Cambridge handbook of expertise and expert performance*. New York: Cambridge University Press.

Ericsson, K. A., Krampe, R. T., & Tesch-Römer, C. (1993). The role of deliberate practice in the acquisition of expert performance. *Psychological Review, 100*, 363-406.

Forgeard, M., Winner, E., Norton, A., & Schlaug, G. (2008). Practicing a musical instrument in childhood is associated with enhanced verbal ability and nonverbal reasoning. *PLoS ONE. 3*, e3566. doi: 10.1371/ journal.pone.0003566

Garcia, T., & Pintrich, P. R. (1994). Regulating motivation and cognition in the classroom: The role of self-schemas and self-regulatory strategies. In D. H. Schunk & B. J. Zimmerman (Eds.), *Self-regulation of learning and performance: Issues and educational applications* (pp. 127-153). Hillsdale, NJ: Erlbaum.

Green, B., & Gallwey, W. T. (1986). *The inner game of music*. Garden City, NY: Anchor Press/Doubleday.

Green, L. (2001). *How popular musicians learn: A way ahead for music education*. Aldershot, England: Ashgate.

Gruson, L. M. (1988). Rehearsal skill and musical competence: Does practice make perfect? In J. A. Sloboda (Ed.), *Generative processes in music: The psychology of performance, improvisation, and composition* (pp. 91-112). Oxford, England: Clarendon Press.

Hallam, S. (1995). Professional musicians' approaches to the learning and interpretation of music. *Psychology of Music, 23*, 111-128.

Hallam, S. (2001). The development of expertise in young musicians: Strategy use, knowledge acquisition and individual diversity. *Music Education Research, 3*, 7-23.

Hargreaves, D. J. (1986). *The developmental psychology of music*. Cambridge, England: Cambridge University Press.

Hargreaves, D. J. (1996). The development of artistic and musical competence. In I. Deliège & J. A. Sloboda (Eds.), *Musical beginnings: Origins and development of musical competence* (pp145-170). Oxford, England: Oxford University Press.

Hewitt, M. P. (2001). The effects of modeling, self-evaluation, and self-listening on junior high instrumentalists' music performance and practice attitude. *Journal of Research in Music Education, 49*, 307-322.

Kitsantas, A., & Zimmerman, B. J. (2002). Comparing self-regulatory processes among novice, non-expert, and expert volleyball players: A microanalytic study. *Journal of Applied Sport Psychology, 14*, 91-105.

Lehmann, A. C. (1997). The acquisition of expertise in music: Efficiency of deliberate practice as a moderating variable in accounting for sub-expert performance. In I. Deliège & J. A. Sloboda (Eds.), *Perception and cognition of music* (pp. 161-187). Hove, England: Psychology Press.

Lehmann, A. C., & Ericsson, K. A. (1997). Research on expert performance and deliberate practice: Implications for the education of amateur musicians and music students. *Psychomusicology, 16*, 40-58.

Martin, A. J. (2008). Motivation and engagement in music and sport: Testing a multidimensional framework in diverse performance settings. *Journal of Personality, 76*, 135-170.

McCormick, J., & McPherson, G. E. (2003). The role of self-efficacy in a musical performance examination: An exploratory structural equation analysis. *Psychology of Music, 31*, 37-51.

McCormick, J., & McPherson, G. E. (2007). Expectancy-value motivation in the context of a music performance examination. *Musicæ Scientiæ, Special issue*, 37-50.

McPherson, G. E. (1994). Factors and abilities influencing sightreading skill in music. *Journal of Research in Music Education, 42*, 217-231.

McPherson, G. E. (2005). From child to musician: Skill development during the beginning stages of learning an instrument. *Psychology of Music, 33*, 5-35.

McPherson, G. E., & Davidson. J. W. (2006). Playing an instrument. In G. E. McPherson (Ed.), *The child as musician: A handbook of musical development* (pp. 331-351). Oxford, England: Oxford University Press.

McPherson, G. E., Davidson, J. W., & Faulkner, R. (2012). *Music in our lives: Redefining musical ability, development and identity*. Oxford, England: Oxford University Press.

■ 引用文献

McPherson, G. E., & McCormick, J. (2000). The contribution of motivational factors to instrumental performance in a music examination. *Research Studies in Music Education, 15,* 31-39.
McPherson, G. E., & McCormick, J. (2006). Self-efficacy and music performance. *Psychology of Music, 34,* 322-336.
McPherson, G. E., & O'Neill, S. (2010). Children's and adolescent's motivation to learn music as compared to other school subjects: An eight country mapping exercise. *Research Studies in Music Education, 32*(2), 1-37.
McPherson, G. E., & Renwick, J. M. (2001). A longitudinal study of self-regulation in children's musical practice. *Music Education Research, 3,* 169-186.
McPherson, G. E., & Zimmerman, B. J. (2002). Self-regulation of musical learning: A social cognitive perspective. In R. Colwell & C. Richardson (Eds.), *The new handbook of research on music teaching and learning* (pp. 327-347). New York: Oxford University Press.
McPherson, G. E., & Zimmerman, B. J. (2011). Self-regulation of musical learning: A social cognitive perspective on developing performance skills. In R. Colwell & P. Webster (Eds.), *MENC handbook of research on music learning, Volume 1: Strategies*. New York: Oxford University Press.
Merrick, B. M. (2006). *The relationship between self-efficacy and self-regulated behaviour within a secondary school music technology based creative learning environment* (Doctoral dissertation, University of New South Wales, Sydney, Australia). Retrieved from http://handle.unsw.edu.au/1959.4/25768
Miklaszewski, K. (1989). A case study of a pianist preparing a musical performance. *Psychology of Music, 17,* 95-109.
Miksza, P. (2006). Relationships among impulsiveness, locus of control, sex, and music practice. *Journal of Research in Music Education, 54,* 308-323.
Miksza, P. (2007). Effective practice: An investigation of observed practice behaviors, self-reported practice habits, and the performance achievement of high school wind players. *Journal of Research in Music Education, 55,* 359-375.
Nielsen, S. G. (1999a). Learning strategies in instrumental music practice. *British Journal of Music Education, 16,* 275-291.
Nielsen, S. G. (1999b). Regulation of learning strategies during practice: A case study of a single church organ student preparing a particular work for a concert performance. *Psychology of Music, 27,* 218-229.
Nielsen, S. G. (2001). Self-regulating learning strategies in instrumental music practice. *Music Education Research, 3,* 155-167.
Nielsen, S. G. (2004). Strategies and self-efficacy beliefs in instrumental and vocal individual practice: A study of students in higher music education. *Psychology of Music, 32,* 418-431.
Nielsen, S. G. (2008). Achievement goals, learning strategies and instrumental performance. *Music Education Research, 10,* 235-247.
North, A. C., Hargreaves, D. J., & Hargreaves, J. J. (2004). Uses of music in everyday life. *Music Perception, 22,* 41-77.
Pintrich, P. R., & De Groot, E. V. (1990). Motivational and self-regulated learning components of classroom academic performance. *Journal of Educational Psychology, 82,* 33-40.
Pintrich, P. R., Smith, D. A. F., Garcia, T., & McKeachie, W. J. (1993). Reliability and predictive validity of the Motivated Strategies for Learning Questionnaire (MSLQ). *Educational and Psychological Measurement, 53,* 810-813.
Renwick, J. M. (2008). *Because I love playing my instrument: Young musicians' internalised motivation and self-regulated practising behaviour* (Doctoral dissertation, University of New South Wales, Sydney, Australia). Retrieved from http://handle.unsw.edu.au/1959.4/36701
Renwick, J. M., McCormick, J., & McPherson, G. E. (2009, August). *Defining relationships between motivational beliefs and self-regulated practising behaviours using a structural equation model*. Paper presented at the 7th triennial conference of the European Society for the Cognitive Sciences of Music, Jyväskylä, Finland.
Renwick, J. M., & McPherson, G. E. (2002). Interest and choice: Student-selected repertoire and its effect on practising behaviour. *British Journal of Music Education, 19,* 173-188.
Renwick, J. M., McPherson, G. E., & McCormick, J. (2008, July). *Effort management, self-monitoring and corrective strategies in the practising behaviour of intermediate instrumentalists: Observations and retrospective think-aloud protocols*. Paper presented at the International Society for Music Education world conference, Bologna, Italy.
Ryan, R. M., & Connell, J. P. (1989). Perceived locus of causality and internalization: Examining reasons for acting in two domains. *Journal of Personality and Social Psychology, 57,* 749-761.
Schellenberg, E. G. (2006). Exposure to music: The truth about the consequences. In G. E. McPherson (Ed.), *The child as musician: A handbook of musical development* (pp. 111-134). Oxford, England: Oxford University Press.
Schunk, D. H., & Zimmerman, B. J. (Eds.). (1998). *Self-regulated learning: From teaching to self-reflective practice*. New York: Guilford Press.
Sloboda, J. A. (1984). Experimental studies in music reading: A review. *Music Perception, 2,* 222-236.
Sloboda, J. A., Davidson, J. W., Howe, M. J. A., & Moore, D. G. (1996). The role of practice in the development of performing musicians. *British Journal of Psychology, 87,* 287-309.
Smith, B. P. (2005). Goal orientation, implicit theory of ability, and collegiate instrumental music practice. *Psychology of Music, 33,* 36-57.
Vygotsky, L. S. (1986). *Thought and language* (Rev. ed.). Cambridge, MA: MIT Press.
Weisberg, R. W. (1999). Creativity and knowledge: A challenge to theories. In R. J. Sternberg (Ed.), *Handbook of creativity* (pp. 226-250). Cambridge, England: Cambridge University Press.
Welch, G., & Adams, P. (2003). *How is music learning celebrated and developed?* Southwell, England: British Educational Research Association.
Zimmerman, B. J. (1995). Self-efficacy and educational development. In A. Bandura (Ed.), *Self-efficacy in changing societies* (pp. 202-231). New York: Cambridge University Press.
Zimmerman, B. J. (2000). Attaining self-regulation: A social cognitive perspective. In M. Boekaerts, P. R. Pintrich, & M. Zeidner (Eds.), *Handbook of self-regulation* (pp. 13-39). San Diego, CA: Academic Press.
Zimmerman, B. J., & Campillo, M. (2003). Motivating self-regulated problem-solvers. In J. E. Davidson & R. J. Sternberg (Eds.), *The psychology of problem solving* (pp. 233-262). New York: Cambridge University Press.
Zimmerman, B. J., & Kitsantas, A. (2005). Homework practices and academic achievement: The mediating role of self-efficacy and perceived

responsibility beliefs. *Contemporary Educational Psychology, 30,* 397-417.

Zimmerman, B. J., & Martinez-Pons, M. (1992). Perceptions of efficacy and strategy use in the self-regulation of learning. In D. H. Schunk & J. L. Meece (Eds.), *Student perceptions in the classroom* (pp. 185-207). Hillsdale, NJ: Erlbaum.

■第 16 章

Allport, G. W. (1942). *The use of personal documents in psychological science.* New York: Social Science Research Council.

Bandura, A. (1982). Self-efficacy mechanism in human agency. *The American Psychologist, 37*(2), 122-147.

Bandura, A. (1991). Social cognitive theory of self-regulation. *Organizational Behavior and Human Decision Processes, 20,* 248-287.

Baumeister, R. F., Heatherton, T. F., & Tice, D. M. (1994). *Losing control: How and why people fail at self-regulation.* San Diego: Academic Press.

Broderick, J. E., & Stone, A. A. (2006). Paper and electronic diaries: Too early for conclusions on compliance rates and their effects—Comment on Green, Rafaeli, Bolger, Shrout, and Reis (2006). *Psychological Methods, 11*(1), 106-111.

Campbell, D. T., & Stanley, J. C. (1963). *Experimental and quasi-experimental designs for research.* Chicago: Rand McNally.

Carver. C. S., & Scheier, M. F. (2000). On the structure of behavioral self-regulation. In M. Boekaerts, P. Pintrich, & M. Zeidner (Eds.), *Handbook of self-regulation* (pp. 41-84). San Diego, CA: Academic Press.

de la Harpe, B., & Radloff, A. (2000). Informed teachers and learners: The importance of assessing the characteristics needed for lifelong learning. *Studies in Continuing Education, 22*(2), 169-182.

Ebner-Priemer, U. W., & Sawitzki, G. (2007). Ambulatory assessment of affective instability in borderline personality disorder. *European Journal of Psychological Assessment, 23*(4), 238-247.

Fahrenberg, J., Myrtek, M., Pawlik, K., & Perrez, M. (2007). Ambulatory assessment-monitoring behavior in daily life settings. A behavioral-scientific challenge for psychology. *European Journal of Personality Assessment, 23,* 206-213.

Green, A. S., Rafaeli, E., Bolger, N., Shrout, P. E., & Reis, H. T. (2006). Paper or plastic? Data equivalence in paper and electronic diaries. *Psychological Methods, 11,* 87-105.

Haberstroh, J., Franzmann, J., Krause, K., & Pantel, J. (in press). The influence of social competence on occupational stress of nursing home staff caring for dementia patients. In R. V. Schwarthoffer (Ed.), *Psychology of burnout: Predictors and coping mechanisms.* New York: Nova Science.

Heckhausen, H., & Kuhl, J. (1985). From wishes to actions: The dead ends and short cuts on the long way to action. In M. Frese & J. Sabini (Eds.), *Goal-directed behavior: The concept of action in psychology* (pp. 134-159). Hillsdale, NJ: Erlbaum.

Hertzog, C., & Nesselroade, J. R. (2003). Assessing psychological change in adulthood: An overview of methodological issues. *Psychology and Aging, 18,* 639-657.

Kanfer, R., Reinecker, H., & Schmelzer, D. (1996). *Selbstmanagement-Therapie* [Self-management therapy] (2nd ed.). Berlin: Springer.

Korotitsch, W., & Nelson-Gray, R. O. (1999). An overview of self-monitoring research in assessment and treatment. *Psychological Assessment, 11*(4), 415-425.

Kuhl, J. (1987). Ohne guten Willen geht es nicht [Without good will it won't work] In H. Heckhausen, P. Gollwitzer, & F. E. Weinert (Eds.), *Jenseits des Rubikon: Der Wille in den Humanwissenschaften* [Beyond the rubicon: The will in human science] (pp. 101-120). Berlin: Springer.

Lan, W. Y. (1996). The effects of self-monitoring on students' course performance, use of learning strategies, attitude, self-judgement ability, and knowledge representation. *The Journal of Experimental Education, 64*(2), 101-115.

Landmann, M., & Schmidt, M. (2010). Tagebücher [Diaires]. In H. Holling & B. Schmitz (Hrsg.), *Handbuch Statistik, Methoden und Evaluation* [Handbook of statistic, methods, and evaluation]. Göttingen, Germany: Hogrefe.

Landmann, M., & Schmitz, B. (2007). Welche Rolle spielt Self-Monitoring bei der Selbstregulation und wie kann man mit Hilfe von Tagebüchern die Selbstregulation fördern [Which role plays self-monitoring for self-regulation and how can self-regulation be fostered by means of diaries?]. In M. Gläser-Zikuda & T. Hascher (Eds.), *Lernprozesse dokumentieren, reflektieren und beurteilen. Lerntagebuch und Portfolio in Bildungsforschung und Bildungspraxis* [Record, reflect and assess learning processes. Learning diaries and portfolios in educationals research and educational practice] (pp. 149-169). Bad Heilbrunn, Germany: Klinkhardt.

Mervis, C. B., Mervis, C. A., Johnson, K. E., & Bertrand, J. P. (1992). Studying early lexical development: The value of the diary method. In C. Rovee-Collier & L. Lipsitt (Eds.), *Advances in infancy research* (Vol. 7, pp. 291-378). Norwood, NJ: Ablex.

Pekrun, R., Goetz, T., Titz, W., & Perry, R. P. (2002). Academic emotions in students' self-regulated learning and achievement: A program of qualitative and quantitative research. *Educational Psychologist, 37,* 91-106.

Perels, F., Merget-Kullmann, M., Wende, M., Schmitz, B., & Buchbinder, C. (2009). Improving self-regulated learning of preschool children. Evaluation of training for kindergarten teachers. *British Journal of Educational Psychology, 79,* 311-327.

Perels, F., Otto, B., Landmann, M., Hertel, S., & Schmitz, B. (2007). Self-regulation from the process perspective. *Zeitschrift für Psychologie / Journal of Psychology, 215,* 194-204.

Perels, F., & Schmidt, M. (2009). *Process evaluation of a training program for students to improve self-regulated learning.* Manuscript submitted for publication.

Pintrich, P. R., Smith, D., Garcia, T., & McKeachie, W. (1991). *The motivated strategies for learning questionaire (MSLQ).* Ann Arbor: University of Michigan.

Raudenbush, S. W., & Bryk, A. S. (2002). *Hierarchical linear models. Application and data analysis methods* (2nd ed.). Thousand Oaks, CA: Sage.

Ryan, R. M., & Deci, E. L. (2000). Intrinsic and extrinsic motivations: Classic definitions and new directions. *Contemporary Educational Psychology, 25,* 54-67.

Schmidt, M. (2009). *How to manage your PhD thesis? Development of a process model of self-regulation to foster postgraduate students.* Ham-

■ 引用文献

burg, Germany: Dr. Kovac.
Schmitz, B. (1990). Univariate and multivariate time-series models: The analysis of intraindividual variability and intraindividual relationships. In A. v. Eye (Ed.), *Statistical methods in longitudinal research, Vol. II: Time series and categorical longitudinal data* (pp. 351-368). New York: Academic Press.
Schmitz, B. (2000). Auf der Suche nach dem verlorenen Individuum: Vier Theoreme zur Aggregation von Prozessdaten [In search of the lost individual: Four theorems regarding the aggregation of processes]. *Psychologische Rundschau, 51*(2), 83-92.
Schmitz, B. (2001). Self-Monitoring zur Unterstützung des Transfers einer Schulung in Selbstregulation für Studierende [Self-monitoring to support the transfer of a training in self-regulation for students]. *Zeitschrift für Pädagogische Psychologie, 15*(3/4), 181-197.
Schmitz, B. (2006). Advantages of studying processes in educational research. *Learning and Instruction, 16*, 433-449.
Schmitz, B., Landmann, M., & Perels, F. (2007). Das Selbstregulationsprozessmodell und theoretische Implikationen [The process model of self-regulation and theoretic implications]. In M. Landmann & B. Schmitz (Eds.), *Selbstregulation erfolgreich fördern. Praxisnahe Trainingsprogramme für effektives Lernen* [Fostering self-regulation with practical relevant training programs for effective learning] (pp. 312-326). Stuttgart, Germany: Kohlhammer.
Schmitz, B., & Skinner, E. (1993). Perceived control, effort, and academic performance. Interindividual, intraindividual, and multivariate time-series analyses. *Journal of Personality and Social Psychology, 64*(6), 1010-1028.
Schmitz, B., & Wiese, B. (2006). New perspectives for the evaluation of training sessions in self-regulated learning: Time-series analyses of diary data. *Contemporary Educational Psychology, 31*, 64-96.
Schunk, D. H., & Ertmer, P. A. (2000). Self-regulation and academic learning: Self-efficacy enhancing interventions. In M. Boekaerts, P. R. Pintrich, & M. Zeidner (Eds.), *Handbook of self-regulation* (pp. 631-651). San Diego, CA: Academic Press.
Spörer, N., & Brunstein, J. C. (2006). Erfassung selbstregulierten Lernens mit Selbstberichtsverfahren. Ein Überblick zum Stand der Forschung [Assessing self-regulated learning with self-report measurements: A state-of-the-art review]. *Zeitschrift für Pädagogische Psychologie, 20*(3), 147-160.
Veenman, M. V. J., Van Hout-Wolters, B. H. A. M., & Afflerbach, P. (2006). Metacognition and learning: Conceptual and methodological considerations. *Metacognition and Learning, 1*, 3-14.
von Eye, A., & Bergman, L. R. (2003). Research strategies in developmental psychopathology: Dimensional identity and the person-oriented approach. *Development and Psychopathology, 15*, 553-580.
Wallace, D. B., Franklin, M. B., & Keegan, R. T. (1994). The observing eye: A century of baby diaries. *Human Development, 37*, 1-29.
Webber, J., Scheuermann, B., McCall, C., & Coleman, M. (1993). Research on self-monitoring as behavior management technique in special education classrooms: A descriptive review. *Remedial and Social Education, 14*, 38-56.
Yaffee, R. A., & McGee, M. (2000). *Introduction to time series analyses and forecasting. With applications of SAS and SPSS.* San Diego, CA: Academic Press.
Zimmerman, B. J. (2000). Attaining self-regulation. A social cognitive perspective. In M. Boekaerts, P. R. Pintrich, & M. Zeidner (Eds.), *Handbook of self-regulation* (pp. 13-39). San Diego, CA: Academic Press.
Zimmerman, B. J. (2008). Investigating self-regulation and motivation: Historical background, methodological developments, and future prospects. *American Educational Research Journal, 45*(1), 166-183.
Zimmerman, B. J., & Kitsantas, A. (2005). The hidden dimension of personal competence. Self-regulated learning and practice. In A. J. Elliot & C. S. Dweck (Eds.), *Handbook of competence and motivation* (pp. 509-526). New York: Guilford Press.
Zimmerman, B. J., & Paulsen, A. S. (1995). Self-monitoring during collegiate studying: An invaluable tool for academic self-regulation. *New directions of Teaching and Learning, 63*, 13-27.

■第17章

Aleven, V., McLaren, B., & Koedinger, K. (2006). Toward computer-based tutoring of help-seeking skills. In S. A. Karabenick & R. S. Newman (Eds.), *Help seeking in academic settings: Goals, groups and contexts* (pp. 259-296). Mahwah, NJ: Erlbaum.
Aleven, V., Stahl, E., Schworm, S., Fischer, F., & Wallace, R. M. (2003). Help seeking and help design in interactive learning environments. *Review of Educational Research, 73*(2), 277-320.
Ames, R. (1983). Help seeking and achievement orientation: Perspectives from attribution theory. In B. M. DePaulo, A. Nadler, & J. D. Fisher (Eds.), *New directions in helping: Vol. 2. Help seeking* (pp. 165-186). New York: Academic.
Ames, C., & Archer, J. (1988). Achievement goals in the classroom: Students' learning strategies and motivation processes. *Journal of Educational Psychology, 80*, 260-267.
Arbreton, A. (1998). Student goal orientation and help-seeking strategy use. In S. A. Karabenick (Ed.), *Strategic help seeking: Implications for learning and teaching* (pp. 95-116). Mahwah, NJ: Erlbaum.
Bong, M. (2008). Effects of parent-child relationships and classroom goal structures on motivation, help-seeking avoidance, and cheating. *The Journal of Experimental Education, 76*(2), 191-217.
Butler, R. (1998). Determinants of help seeking: Relations between perceived reasons for classroom help-avoidance and help-seeking behaviors in an experimental context. *Journal of Educational Psychology, 90*, 630-644.
Butler, R. (2006). An achievement goal perspective on student help seeking and teacher help giving in the classroom: Theory, research, and educational implications. In S. A. Karabenick & R. S. Newman (Eds.), *Help seeking in academic settings: Goals, groups, and contexts* (pp. 15-44). Mahwah, NJ: Erlbaum.
Butler, R. (2007). Teachers' achievement goal orientations and associations with teachers' help seeking: Examination of a novel approach to teacher motivation. *Journal of Educational Psychology, 99*(2), 241-252.
Butler, R., & Neuman, O. (1995). Effects of task and ego achievement goals on help-seeking behaviors and attitudes. *Journal of Educational Psychology, 87*, 261-271.

引用文献

Dickhauser, O., Butler, R., & Toenjes, B. (2007). Achievement goals and attitudes to help seeking among pre-service teachers. *Zeitschrift fuer Entwicklungspsychologie und Paedagogische Psychologie, 39,* 120-126.

Dillon, J. T. (1988). The remedial status of student questioning. *Journal of Curriculum Studies, 20,* 197-210.

Dunlosky, J., & Hertzog, C. (1998). Training programs to improve learning in later adulthood: Helping adults educate themselves. In D. J. Hacker, J. Dunlosky, & A. C. Graesser (Eds.), *Metacognition in educational theory and practice* (pp. 249-276). Hillsdale, NJ: Erlbaum.

Eccles, J. S., & Midgley, C. M. (1989). Stage-environment fit: Developmentally appropriate classrooms for young adolescents. In C. Ames & R. Ames (Eds.), *Research on motivation in education* (Vol. 3, pp. 139-186). San Diego, CA: Academic Press.

Fishbein, M., & Ajzen, I. (2010). *Predicting and changing behavior: The reasoned action approach.* New York: Psychology Press.

Elliot, A. J., & Thrash, T. M. (2002). Approach-avoidance motivation in personality: Approach and avoidance temperaments and goals. *Journal of Personality & Social Psychology, 82,* 804-818.

Fisher, J. D., Nadler, A., & Whitcher-Alagna, S. (1982). Recipient reactions to aid. *Psychological Bulletin, 91,* 27-54.

Frey, K. S., & Ruble, D. N. (1985). What children say when the teacher is not around: Conflicting goals in social comparison and performance assessment in the classroom. *Journal of Personality and Social Psychology, 48*(3), 550-562.

Fulmer, S. M., & Frijters, J. C. (2009). A review of self-report and alternative approaches in the measurement of student motivation. *Educational Psychology Review, 21,* 219-246.

Goldstein, A., & McGinnis, E. M. (1997). *Skillstreaming the adolescent* (Revised ed.). Champaign, IL: Research Press.

Good, T. L., Slavings, R. L., Harel, K. H., & Emerson, H. (1987). Student passivity: A study of question-asking in K-12 classrooms. *Sociology of Education, 60,* 181-199.

Gross, A. E., & McMullen, P. A. (1983). Models of the help-seeking process. In J. D. Fisher, N. Nadler, & B. M. DePaulo (Eds.), *New directions in helping: Vol. 2. Help seeking* (pp. 45-61). New York: Academic Press.

Järvelä, S., Volet, S., & Järvenoja, H. (2010). Research on motivation in collaborative learning: Moving beyond the cognitive-situative divide and combining individual and social processes. *Educational Psychologist, 45*(1), 15-27.

Karabenick, S. A. (1996). Social influences on metacognition: Effects of co-learner questioning on comprehension monitoring. *Journal of Educational Psychology, 88,* 689-703.

Karabenick, S. A. (Ed.). (1998). *Strategic help seeking: Implications for learning and teaching.* Mahwah, NJ: Erlbaum.

Karabenick, S. A. (2003). Help seeking in large college classes: A person-centered approach. *Contemporary Educational Psychology, 28,* 37-58.

Karabenick, S. A. (2004). Perceived achievement goal structure and college student help seeking. *Journal of Educational Psychology, 96,* 569-581.

Karabenick, S. A., & Dembo, M. (in press). The self-regulation of seeking help: Theory, research and application. *New Directions for Teaching and Learning.*

Karabenick, S. A., & Knapp, J. R. (1988a). Effects of computer privacy on help-seeking. *Journal of Applied Social Psychology, 18*(6), 461-472.

Karabenick, S. A., & Knapp, J. R. (1988b). Help-seeking and the need for academic assistance. *Journal of Educational Psychology, 80,* 406-408.

Karabenick, S. A., & Knapp, J. R. (1991). Relationship of academic help seeking to the use of learning strategies and other instrumental achievement behavior in college students. *Journal of Educational Psychology, 83*(2), 221-230.

Karabenick, S. A., & Newman, R. S. (Eds.). (2006). *Help seeking in academic settings: Goals, groups, and contexts.* Mahwah, NJ: Erlbaum.

Karabenick, S. A., & Newman, R. S. (2009). Seeking help: Generalizable self-regulatory process and social-cultural barometer. In M. Wosnitza, S. A. Karabenick, A. Efklides, & P, Nenninger (Eds.), *Contemporary motivation research: From global to local perspectives* (pp. 25-48). Göttingen, Germany: Hogrefe & Huber.

Karabenick, S. A., & Newman, R. S. (2010). Seeking help as an adaptive response to learning difficulties: Person, situation, and developmental influences. In B. McGaw, P. L. Peterson, & Eva Baker (Eds.), *International encyclopedia of education* (3rd ed., pp. 653-659). Amsterdam: Elsevier.

Karabenick, S. A., & Sharma, R. (1994). Perceived teacher support of student questioning in the college classroom: Its relation to student characteristics and role in the classroom questioning process. *Journal of Educational Psychology, 86,* 90-103.

Karabenick, S. A., Zusho, A., & Kempler, T. M. (2005, August). *Help seeking and perceived classroom context.* Paper presented at the biennial meeting of the European Association for Research on Learning and Instruction, Nicosia, Cyprus.

Keefer, J. A., & Karabenick, S. A. (1998). Help seeking in the information age. In S. A. Karabenick (Ed.), *Strategic help seeking: Implications for learning and teaching* (pp. 219-250). Mahwah, NJ: Erlbaum.

Knapp, J. R., & Karabenick, S. A. (1988). Incidence of formal and informal academic help-seeking in higher education. *Journal of College Student Development, 29*(3), 223-227.

Kozanitis, A., Desbiens, J-F., & Chouinard, R. (2007). Perception of teacher support and reaction towards questioning: Its relation to instrumental help-seeking and motivation to learn. *International Journal of Teaching and Learning in Higher Education 19*(3), 238-250.

Luckin, R. (in press). *Re-designing learning contexts.* London: Routledge.

Midgley, C. (Ed.). (2002). *Goals, goal structures, and patterns of adaptive learning.* Mahwah, NJ: Erlbaum.

Mäkitalo-Siegl, K., Kohnle, C., & Fischer, F. (in press). Embedding computer-supported collaborative inquiry learning in differently structured classroom scripts: Effects on help-seeking processes and learning outcomes. *Learning and Instruction.*

Nadler, A. (1998). Relationship, esteem, and achievement perspectives on autonomous and dependent help seeking. In S. A. Karabenick (Ed.), *Strategic help seeking: Implications for learning and teaching* (pp. 61-93). Mahwah, NJ: Erlbaum.

Neitzel, C., & Stright, A. D. (2004). Parenting behaviours during child problem solving: The roles of child temperament, mother education and personality, and the problem-solving context. *International Journal of Behavioral Development, 28*(2), 166-179.

Nelson, T. O., & Narens, L. (1990). Metamemory: A theoretical framework and some new finding. In G. H. Bower (Ed.), *The psychology of learning and motivation* (pp. 125-173). New York: Academic Press.

Nelson-Le Gall, S. (1981). Help seeking: An understudied problem-solving skill in children. *Developmental Review, 1,* 224-246.

引用文献

Nelson-Le Gall, S. (1985). Help seeking behavior in learning. *Review of research in education* (Vol. 12, pp. 55-90). Washington, DC: American Educational Research Association.
Nelson-Le Gall, S. (1987). Necessary and unnecessary help-seeking in children. *Journal of Genetic Psychology, 148*(1), 53-62.
Nelson-Le Gall, S., & Gumerman, R. A. (1984). Children's perceptions of helpers and helper motivation. *Journal of Applied Developmental Psychology, 5*(1), 1-12.
Nelson-Le Gall, S., Gumerman, R. A., & Scott-Jones, D. (1983). Instrumental help-seeking and everyday problem-solving: A developmental perspective. In B. DePaulo, A. Nadler, & J. Fisher (Eds.), *New directions in helping: Vol. 2. Help seeking* (pp. 265-284). New York: Academic Press.
Nelson-Le Gall, S., Kratzer, L., Jones, E., & DeCooke, E. (1990). Children's self-assessments of performance and task-related help seeking. *Journal of Experimental Child Psychology, 49,* 245-263.
Newman, R. S. (1990). Children's help-seeking in the classroom: The role of motivational factors and attitudes. *Journal of Educational Psychology, 82,* 71-80.
Newman, R. S. (1998a). Adaptive help seeking: A role of social interaction in self-regulated learning. In S. A. Karabenick (Ed.), *Strategic help seeking: Implications for learning and teaching* (pp. 13-37). Mahwah, NJ: Erlbaum.
Newman, R. S. (1998b). Students' help seeking during problem solving: Influences of personal and contextual achievement goals. *Journal of Educational Psychology, 90,* 644-658.
Newman, R. S. (2000). Social influences on the development of children's adaptive help seeking: The role of parents, teachers, and peers. *Developmental Review, 20,* 350-404.
Newman, R. S. (2002). What do I need to do to succeed... when I don't understand what I'm doing!?: Developmental influences on students' adaptive help seeking. In A. Wigfield & J. Eccles (Eds.), *Development of achievement motivation* (pp. 285-306). San Diego, CA: Academic.
Newman, R. S. (2008). The motivational role of adaptive help seeking in self-regulated learning. In D. Schunk & B. Zimmerman (Eds.), *Motivation and self-regulated learning: Theory, research, and application* (pp. 315-337). Mahwah, NJ: Erlbaum.
Newman, R. S., & Gauvain, M. (1996, April). *Mathematical communication and thinking: The role of peer collaboration in the classroom.* Paper presented at the annual meeting of the American Educational Research Association, New York.
Newman, R. S., & Goldin, L. (1990). Children's reluctance to seek help with schoolwork. *Journal of Educational Psychology, 82,* 92-100.
Newman, R. S., & Schwager, M. T. (1993). Student perceptions of the teacher and classmates in relation to reported help seeking in math class. *Elementary School Journal, 94,* 3-17.
Perrine, R. M., Lisle, J., & Tucker, D. L. (1995). Effects of a syllabus offer of help, student age, and class size on college students' willingness to seek support from faculty. *Journal of Experimental Education, 64,* 41-52.
Pintrich, P. R. (2000). Multiple goals, multiple pathways: The role of goal orientations in learning and achievement. *Journal of Educational Psychology, 92,* 544-555.
Pintrich, P. R., & Zusho, A. (2002). Student motivation and self-regulated learning in the college classroom. In J. C. Smart & W. G. Tierney (Eds.), *Higher education: Handbook of theory and research* (Vol. XVII, pp. 731-810). New York: Agathon.
Puustinen, M., & Bernicot, J. (2009, August). *The form and the function of French students' technology-mediated requests for help: The complementary contribution of two theoretical approaches.* Paper presented at the European Association for Learning & Instruction, Amsterdam.
Puustinen, M., Volckaert-Legrier, O., Coquin, D., & Bernicot, J. (2009). An analysis of students' spontaneous computer-mediated help seeking: A step toward the design of ecologically valid supporting tools. *Computers & Education, 53,* 1040-1047.
Roll, I., Aleven, V., McLaren, B., & Koedinger, K. (2007, August). *Modeling and tutoring help seeking with a cognitive tutor.* Paper presented at the Biennial Meeting of the European Association for Research on Learning and Instruction, Budapest.
Ryan, A. M., Gheen, M., & Midgley, C. (1998). Why do some students avoid asking for help? An examination of the interplay among students' academic efficacy, teachers' social-emotional role, and classroom goal structure. *Journal of Educational Psychology, 90,* 528-535.
Ryan, A. M., Hicks, L., & Midgley, C. (1997), Social goals, academic goals, and avoiding help in the classroom. *Journal of Early Adolescence, 17,* 152-171.
Ryan, A. M., Patrick, H., & Shim, S. O. (2005). Differential profiles of students identified by their teacher as having avoidant, appropriate or dependent help-seeking tendencies in the classroom. *Journal of Educational Psychology, 97*(2), 275-285.
Ryan, A. M., & Pintrich, P. R. (1997). "Should I ask for help?" The role of motivation and attitudes in adolescents' help seeking in math class. *Journal of Educational Psychology, 89,* 329-341.
Ryan, A. M., & Pintrich, P. R. (1998). Achievement and social motivational influences on help seeking in the classroom. In S. A. Karabenick (Ed.), *Strategic help seeking: Implications for learning and teaching* (pp. 117-139). Mahwah, NJ: Erlbaum.
Ryan, A. M., Pintrich, P. R., & Midgley, C. (2001). Avoiding help seeking in the classroom: Who and why? *Educational Psychology Review, 13,* 93-114.
Ryan, A. M., & Shim, S. S. (2008). An exploration of young adolescents' social achievement goals and social adjustment in middle school. *Journal of Educational Psychology, 100,* 672-687.
Schofield, J. W. (1995). *Computers and classroom culture.* Cambridge, MA: Cambridge University Press.
Shapiro, E. G. (1983). Embarrassment and help seeking. In B. M. DePaulo, A. Nadler, & J. D. Fisher (Eds.), *New directions in helping: Vol. 2. Help seeking* (pp. 143-163). New York: Academic.
Skaalvik, S., & Skaalvik, E. M. (2005). Self-concept, motivational orientation and help-seeking behavior in mathematics: A study of adults returning to high school. *Social Psychology of Education, 8*(3), 285-302.
Tobias, S. (2006). The importance of motivation, metacognition, and help seeking in web-based learning. In H. F. O'Neil & R. S. Perez (Eds.), *Web-based learning: Theory, research, and practice* (pp. 203-220). Mahwah, NJ: Erlbaum.
Turner, J. C., Midgley, C., Meyer, D. K., Gheen, M., Anderman, E. M., Kang, Y., & Patrick, H. (2002). The classroom environment and students' reports of avoidance strategies in mathematics: A multimethod study. *Journal of Educational Psychology, 94,* 88-106.
van der Meij, H. (1998). The great divide between teacher and student questioning. In S. A. Karabenick (Ed.), *Strategic help seeking: Impli-*

cations for learning and teaching (pp. 194-218). Mahwah, NJ: Erlbaum.

Vauras, M., Iiskala, T., Kajamies, A., Kinnunen, R., & Lehtinen, E. (2003). Shared regulation and motivation of collaborating peers. A case study. *Psychologia, 46,* 19-37.

Volet, S. E., & Ang, G. (1998). Culturally mixed groups on international campuses: An opportunity for intercultural learning. *Higher Education Research & Development, 17,* 5-23.

Webb, N. M., Ing, M., Kersting, N., & Nemer, K. M. (2006). Help seeking in cooperative learning groups. In S. A. Karabenick & R. S. Newman (Eds.), *Help seeking in academic settings: Goals, groups, and contexts* (pp. 65-121). Mahwah, NJ: Erlbaum.

Wentzel, K. R. (1996). Social and academic motivation in middle school: Concurrent and longterm relations to academic effort. *Journal of Early Adolescence, 16,* 390-406.

Winne, P. H., & Hadwin, A. F. (1998). Studying as self-regulated learning. In D. J. Hacker, J. Dunlosky, & A. C. Graesser (Eds.), *Metacognition in educational theory and practice* (pp. 277-304). Mahwah, NJ: Erlbaum.

Winne, P. H., & Perry, N. E. (2000). Measuring self-regulated learning. In M. Boekaerts, P. R. Pintrich, & M. Zeidner (Eds.), *Handbook of self-regulation* (pp. 531-566). San Diego, CA: Academic Press.

Winne, P. H., Nesbit, J. C., Kumar, V., Hadwin, A. F., Lajoie, S. P., Azevedo, R., et al. (2006). Supporting self-regulated learning with gStudy software: The learning kit project. *Technology, Instruction, Cognition and Learning, 3,* 105-113.

Wolters, C., Pintrich, P. R., & Karabenick, S. A. (2005). Measuring academic self-regulated learning. In K. A. Moore & L. Lippman (Eds.), *Conceptualizing and measuring indicators of positive development: What do children need to flourish?* (pp. 251-270). New York: Kluwer Academic/Plenum Press.

Wood, H. A., & Wood, D. J. (1999). Help seeking, learning and contingent tutoring. *Computers and Education, 33,* 153-169.

Yudelson, M., Medvedeva, O., Legowski, E., Castine, M., Jukic, D., & Crowley, R. S. (2006, December). *Mining student learning data to develop high level pedagogic strategy in a medical ITS.* Paper presented at the Workshop on Educational Data Mining at The Twenty-First National Conference on Artificial Intelligence (AAAI 2006). Boston. Massachusetts.

Zimmerman, B. J. (2008). Investigating self-regulation and motivation: Historical background, methodological developments, and future prospects. *American Educational Research Journal, 45*(1), 166-183.

Zimmerman, B. J., & Martinez-Pons, M. (1990). Student differences in self-regulated learning: Relating grade, sex, and giftedness to self-efficacy and strategy use. *Journal of Educational Psychology, 82,* 51-59.

Zusho, A., Karabenick, S. A., Bonney, C. R., & Sims, B. C. (2007). Contextual determinants of motivation and help seeking in the college classroom. In R. P. Perry & J. C. Smart (Eds.), *The scholarship of teaching and learning in higher education: An evidence-based perspective* (pp. 611-659). Dordrecht, The Netherlands: Springer.

■第18章

Bandura, A. (1977). Self-efficacy: Toward a unifying theory of behavioral change. *Psychological Review, 84,* 191-215.

Bandura, A. (1986). *Social foundations of thought and action: A social cognitive theory.* Englewood Cliffs, NJ: Prentice Hall.

Bandura, A. (1997). *Self-efficacy: The exercise of control.* New York: Freeman.

Bandura, A. (2006). Guide for constructing self-efficacy scales. In F. Pajares & T. Urdan (Eds.), *Adolescence and education, Vol. 5: Self-efficacy and adolescence* (pp. 307-337). Greenwich, CT: Information Age.

Bandura, A., Adams, N. E., & Beyer, J. (1977). Cognitive processes mediating behavioral change. *Journal of Personality and Social Psychology, 35,* 125-139.

Bandura, A., Barbaranelli, C., Caprara, G. V., & Pastorelli, C. (1996). Multifaceted impact of self-efficacy beliefs on academic functioning. *Child Development, 67,* 1206-1222.

Bandura, A., Barbaranelli, C., Caprara, G. V., & Pastorelli, C. (2001). Self-efficacy beliefs as shapers of children's aspirations and career trajectories. *Child Development, 72,* 187-206.

Bandura, A., Caprara, G. V., Barbaranelli, C., Gerbino, M., & Pastorelli, C. (2003). Role of affective self-regulatory efficacy in diverse spheres of psychosocial functioning. *Child Development, 74,* 769-782.

Bong, M. (2001). Role of self-efficacy and task-value in predicting college students' course performance and future enrollment intentions. *Contemporary Educational Psychology, 26,* 553-570.

Bong, M., & Skaalvik, E. M. (2003). Academic self-concept and self-efficacy: How different are they really? *Educational Psychology Review, 15,* 1-40.

Bouffard-Bouchard, T., Parent, S., & Larivée, S. (1991). Influence of self-efficacy on self-regulation and performance among junior and senior high-school age students. *International Journal of Behavioral Development, 14,* 153-164.

Caprara, G. V., Fida, R., Vecchione, M., Del Bove, G., Vecchio, G. M., Barbaranelli, C., & Bandura, A. (2008). Longitudinal analysis of the role of perceived efficacy for self-regulated learning in academic continuance and achievement. *Journal of Educational Psychology, 100,* 525-534.

Chapman, J. W., & Tunmer, W. E. (1995). Development of young children's reading self-concepts: An examination of emerging subcomponents and their relationship with reading achievement. *Journal of Educational Psychology, 87,* 154-167.

Choi, N., Fuqua, D. R., & Griffin, B. W. (2001). Exploratory analysis of the structure of scores from the Multidimensional Scales of Perceived Self-Efficacy. *Educational and Psychological Measurement, 61,* 475-489.

Garavalia, L. S., & Gredler, M. E. (2002). An exploratory study of academic goal setting, achievement calibration and self-regulated learning. *Journal of Instructional Psychology, 29,* 221-230.

Gredler, M. E., & Schwartz, L. S. (1997). Factorial structure of the Self-Efficacy for Self-Regulated Learning Scale. *Psychological Reports, 81,* 51-57.

Klassen, R. M. (2004). Optimism and realism: A review of self-efficacy from a cross-cultural perspective. *International Journal of Psychology,*

■ 引用文献

39, 205-230.
Klassen, R. M., Krawchuk, L. L., & Rajani, S. (2008). Academic procrastination of undergraduates: Low self-efficacy to self-regulate predicts higher levels of procrastination. *Contemporary Educational Psychology, 33*, 915-931.
Licht, B. G., & Kistner, J. A. (1986). Motivational problems of learning-disabled children: Individual differences and their implications for treatment. In J. K. Torgesen & B. W. L. Wong (Eds.), *Psychological and educational perspectives on learning disabilities* (pp. 225-255). Orlando, FL: Academic Press.
Marsh, H. W., & Hau, K. (2003). The big-fish-little-pond effect on academic self-concept: A cross-cultural (26-country) test of the negative effects of academically selective schools. *American Psychologist, 58*, 364-376.
Marsh, H. W., & Shavelson, R. (1985). Self-concept: Its multifaceted, hierarchical structure. *Educational Psychologist, 20*, 107-123.
Multon, K. D., Brown, S. D., & Lent, R. W. (1991). Relation of self-efficacy beliefs to academic outcomes: A meta-analytic investigation. *Journal of Counseling Psychology, 38*, 30-38.
Pajares, F. (1996a). Role of self-efficacy beliefs in the mathematical problem-solving of gifted students. *Contemporary Educational Psychology, 21*, 325-344.
Pajares, F. (1996b). Self-efficacy beliefs in achievement settings. *Review of Educational Research, 66*, 543-578.
Pajares, F. (1997). Current directions in self-efficacy research. In M. Maehr & P. R. Pintrich (Eds.), *Advances in motivation and achievement* (Vol. 10, pp. 1-49). Greenwich, CT: JAI Press.
Pajares, F. (2007). Culturalizing educational psychology. In F. Salili & R. Hoosain (Eds.), *Culture, motivation, and learning* (pp. 19-42). Charlotte, NC: Information Age.
Pajares, F., & Kranzler, J. (1995). Self-efficacy beliefs and general mental ability in mathematical problem-solving. *Contemporary Educational Psychology, 20*, 426-443.
Pajares, F., & Miller, M. D. (1994). The role of self-efficacy and self-concept beliefs in mathematical problem-solving: A path analysis. *Journal of Educational Psychology, 86*, 193-203.
Pajares, F., & Miller, M. D. (1995). Mathematics self-efficacy and mathematics performances: The need for specificity of assessment. *Journal of Counseling Psychology, 42*, 190-198.
Pajares, F., & Schunk, D. H. (2001). Self-beliefs and school success: Self-efficacy, self-concept, and school achievement. In R. J. Riding & S. G. Rayner (Eds.), *Self-perception* (pp. 239-265). Westport, CT: Ablex.
Pajares, F., & Schunk, D. H. (2002). Self and self-belief in psychology and education: A historical perspective. In J. Aronson (Ed.), *Improving academic achievement: Impact of psychological factors on education* (pp. 3-21). San Diego, CA: Academic Press.
Pintrich, P. R., & De Groot, E. V. (1990). Motivational and self-regulated learning components of classroom academic performance. *Journal of Educational Psychology, 82*, 33-40.
Relich, J. D., Debus, R. L., & Walker, R. (1986). The mediating role of attribution and self-efficacy variables for treatment effects on achievement outcomes. *Contemporary Educational Psychology, 11*, 195-216.
Ryan, R. M. (1993). Agency and organization: Intrinsic motivation, autonomy, and the self in psychological development. In J. E. Jacobs (Ed.), *Nebraska Symposium on Motivation 1992* (pp. 1-56). Lincoln: University of Nebraska Press.
Schack, G. D. (1989). Self-efficacy as a mediator in the creative productivity of gifted children. *Journal for the Education of the Gifted, 12*, 231-249.
Schunk, D. H. (1981). Modeling and attributional effects on children's achievement: A self-efficacy analysis. *Journal of Educational Psychology, 73*, 93-105.
Schunk, D. H. (1995). Self-efficacy and education and instruction. In J. E. Maddux (Ed.), *Self-efficacy, adaptation, and adjustment: Theory, research, and application* (pp. 281-303). New York: Plenum Press.
Schunk, D. H., & Ertmer, P. A. (2000). Self-regulation and academic learning: Self-efficacy enhancing interventions. In M. Boekaerts, P. R. Pintrich, & M. Zeidner (Eds.), *Handbook of self-regulation* (pp. 631-649). San Diego, CA: Academic Press.
Schunk, D. H., & Gunn, T. P. (1986). Self-efficacy and skill development: Influence of task strategies and attributions. *Journal of Educational Research, 79*, 238-244.
Schunk, D. H., & Pajares, F. (2004). Self-efficacy in education revisited: Empirical and applied evidence. In D. M. McInerney & S. Van Etten (Eds.), *Big theories revisited* (pp. 115-138). Greenwich, CT: Information Age.
Schunk, D. H., & Pajares, F. (2009). Self-efficacy theory. In K. R. Wentzel & A. Wigfield (Eds.), *Handbook of motivation at school* (pp. 35-53). New York: Routledge.
Schunk, D. H., & Zimmerman, B. J. (2003). Self-regulation and learning. In W. M. Reynolds & G. E. Miller (Eds.), *Handbook of psychology. Vol. 7: Educational psychology* (pp. 59-78). Hoboken, NJ: Wiley.
Schunk, D. H., & Zimmerman, B. J. (2006). Competence and control beliefs: Distinguishing the means and ends. In P. A. Alexander & P. H. Winne (Eds.), *Handbook of educational psychology* (2nd ed., pp. 349-367). Mahwah, NJ: Erlbaum.
Shavelson, R., & Bolus, R. (1982). Self-concept: The interplay of theory and methods. *Journal of Educational Psychology, 74*, 3-17.
Silver, B. B., Smith, E. V., & Greene, B. A. (2001). A study strategies self-efficacy instrument for use with community college students. *Educational and Psychological Measurement, 61*, 849-865.
Skinner, E. A., Wellborn, J. G., & Connell, J. P. (1990). What it takes to do well in school and whether I've got it: A process model of perceived control and children's engagement and achievement in school. *Journal of Educational Psychology, 82*, 22-32.
Smith, R. E. (1989). Effects of coping skills training on generalized self-efficacy and locus of control. *Journal of Personality and Social Psychology, 56*, 228-233.
Stajkovic, A. D., & Luthans, F. (1998). Self-efficacy and work-related performances: A meta-analysis. *Psychological Bulletin, 124*, 240-261.
Stoeger, H., & Ziegler, A. (2008). Evaluation of a classroom based training to improve self-regulation in time management tasks during homework activities with fourth graders. *Metacognition and Learning, 3*, 207-230.
Usher, E. L. (2009). Sources of middle school students' self-efficacy in mathematics: A qualitative investigation of student, teacher, and parent perspectives. *American Educational Research Journal, 46*, 275-314.

Usher, E. L., & Pajares, F. (2008a). Self-efficacy for self-regulated learning: A validation study. *Educational and Psychological Measurement, 68*, 443-463.
Usher, E. L., & Pajares, F. (2008b). Sources of self-efficacy in school: Critical review of the literature and future directions. *Review of Educational Research, 78*, 751-796.
Wigfield, A., Tonks, S., & Eccles, J. S. (2004). Expectancy value theory in cross-cultural perspective. In D. M. McInerney & S. Van Etten (Eds.), *Big theories revisited* (pp. 165-198). Greenwich, CT: Information Age.
Zimmerman, B. J. (1998). Academic studying and the development of personal skill: A self-regulatory perspective. *Educational Psychologist, 33*, 73-86.
Zimmerman, B. J. (2000). Attaining self-regulation: A social cognitive perspective. In M. Boekaerts, P. R. Pintrich, & M. Zeidner (Eds.), *Handbook of self-regulation* (pp. 13-39). San Diego, CA: Academic Press.
Zimmerman, B. J. (2008). Investigating self-regulation and motivation: Historical background, methodological developments, and future prospects. *American Educational Research Journal, 45*, 166-183.
Zimmerman, B. J., & Bandura, A. (1994). Impact of self-regulatory influences on writing course achievement. *American Educational Research Journal, 31*, 845-862.
Zimmerman, B. J., Bandura, A., & Martinez-Pons, M. (1992). Self-motivation for academic attainment: The role of self-efficacy beliefs and personal goal setting. *American Educational Research Journal, 29*, 663-676.
Zimmerman, B. J., & Cleary, T. J. (2009). Motives to self-regulate learning: A social cognitive account. In K. R. Wentzel & A. Wigfield (Eds.), *Handbook of motivation at school* (pp. 247-264). New York: Routledge.
Zimmerman, B. J., & Kitsantas, A. (2005). Homework practices and academic achievement: The mediating role of self-efficacy and perceived responsibility beliefs. *Contemporary Educational Psychology, 30*, 397-417.
Zimmerman, B. J., & Martinez-Pons, M. (1986). Development of a structured interview for assessing student use of self-regulated learning strategies. *American Educational Research Journal, 23*, 614-628.
Zimmerman, B. J., & Martinez-Pons, M. (1988). Construct validation of a strategy model of student self-regulated learning. *Journal of Educational Psychology, 80*, 284-290.

■第19章

Bembenutty, H. (2007). Self-regulation of learning and academic delay of gratification: Gender and ethnic differences among college students. *Journal of Advanced Academics, 18*, 586-616.
Boekaerts, M. (1992). The adaptable learning process: Initiating and maintaining behavioral change. *Applied Psychology: An International Review, 41*, 377-397.
Boekaerts, M. (1996). Self-regulated learning at the junction of cognition and motivation. *European Psychologist, 1*, 100-112.
Boekaerts, M., & Corno, L. (2005). Self-regulation in the classroom: A perspective on assessment and intervention. *Applied Psychology: An International Review, 54*, 199-231.
Butler, D., & Winne, P. H. (1995). Feedback and self-regulated learning: A theoretical synthesis. *Review of Educational Research, 65*, 245-281.
Cheng, W., & Ickes, W. (2009). Conscientiousness and self-motivation as mutually compensatory predictors of university-level GPA. *Personality and Individual Differences, 47*, 817-822.
Cleary, T., & Zimmerman, B. (2004). Self-Regulation Empowerment Program: A school-based program to enhance self-regulated and self-motivated cycles of student learning. *Psychology in the Schools, 41*, 537-550.
Cooper, C., & Corpus, J. (2009). Learners' developing knowledge of strategies for regulating motivation. *Journal of Applied Developmental Psychology, 30*, 525-536.
Corno, L. (2001). Volitional aspects of self-regulated learning. In B. Zimmerman & D. Schunk (Eds.), *Self-regulated learning and academic achievement: Theoretical perspectives* (2nd ed., pp. 191-225). Mahwah, NJ: Erlbaum.
Dishman, R., Ickes, W., & Morgan, W. (1980). Self-motivation and adherence to habitual physical activity. *Journal of Applied Social Psychology, 10*, 115-132.
Dishman, R., & Ickes, W. (1981). Self-motivation and adherence to therapeutic exercise. *Journal of Behavioral Medicine, 4*, 421-438.
Fredricks, J., & Blumenfeld, P. (2004). School engagement: Potential of the concept, state of the evidence. *Review of Educational Research, 74*, 59-109.
Garcia, T., & Pintrich, P. (1994). Regulating motivation and cognition in the classroom: The role of self-schemas and self-regulatory strategies. In D. Schunk & B. Zimmerman (Eds.), *Self-regulation of learning and performance: Issues and educational applications* (pp. 127-153). Hillsdale, NJ: Erlbaum.
Graham, S., & Weiner, B. (1996). Theories and principles of motivation. In D. Berliner & R. Calfee (Eds.), *Handbook of Educational Psychology* (pp. 63-84). New York: Simon and Schuster Macmillan.
Greene, J. A., Moos, D. C., Azevedo, R., & Winters, F. I. (2008). Exploring differences between gifted and grade-level students' use of self-regulatory learning processes with hypermedia. *Computers & Education, 50*, 1069-1083.
Heiby, E. (1983). Toward the prediction of mood change. *Behavior Therapy, 14*, 110-115.
Heiby, E., Onorato, V., & Sato, R. (1987). Cross-validation of the Self-Motivation Inventory. *Journal of Sport Psychology, 9*, 394-399.
Heiby, E., Ozaki, M., & Campos, P. (1984). The effects of training in self-reinforcement and reward: Implications for depression. *Behavior Therapy, 15*, 544-549.
Hong, E., & Peng, Y. (2008). Do Chinese students' perceptions of test value affect test performance? Mediating role of motivational and metacognitive regulation in test preparation. *Learning & Instruction, 18*, 499-512.
Hong, E., Sas, M., & Sas, J. (2006). Test-taking strategies of high and low mathematics achievers. *Journal of Educational Research, 99*, 144-

■ 引用文献

155.

Husman, J., McCann, E., & Crowson, H. (2000). Volitional strategies and future time perspective: Embracing the complexity of dynamic interactions. *International Journal of Educational Research, 33,* 777-799.

Järvenoja, H., & Järvelä, S. (2005). How students describe the sources of their emotional and motivational experiences during the learning process: A qualitative approach. *Learning and Instruction, 15,* 465-480.

Kuhl, J., & Kraska, K. (1989). Self-regulation and metamotivation: Computational mechanisms, development and assessment. In R. Kanfer, P. Ackerman, & R. Cudeck (Eds.), *Abilities, Motivation, and Methodology* (pp. 343-375). Hillsdale, NJ: Erlbaum.

Martin, A. J., Marsh, H. W., & Debus, R. L. (2003). Self-handicapping and defensive pessimism: A model of self-protection from a longitudinal perspective. *Contemporary Educational Psychology, 28,* 1-36.

Martin, A., Marsh, H., & Debus, R. (2001). Self-handicapping and defensive pessimism: Exploring a model of predictors and outcomes from a self-protection perspective. *Journal of Educational Psychology, 93,* 87-102.

McCann, E., & Garcia, T. (1999). Maintaining motivation and regulating emotion: measuring individual differences in academic volitional strategies. *Learning & Individual Differences, 11,* 259-279.

McCann, E., & Turner, J. (2004). Increasing student learning through volitional control. *Teachers College Record, 106,* 1695-1714.

Messick, S. (1989). Validity. In R. L. Linn (Ed.), *Educational Measurement* (3rd ed., pp. 13-104). New York: Macmillan.

Motl, R., Dishman, R., Felton, G., & Pate, R. (2003). Self-motivation and physical activity among black and white adolescent girls. *Medicine and Science in Sports and Exercise, 35,* 128-136.

Nelson, T. (1996). Consciousness and metacognition. *American Psychologist, 51,* 102-116.

Norem, J. (2008). Defensive pessimism, anxiety, and the complexity of evaluating self-regulation. *Social and Personality Psychology Compass, 2,* 121-134.

Norem, J., & Cantor, N. (1986). Defensive pessimism: Harnessing anxiety as motivation. *Journal of Personality and Social Psychology, 51,* 1208-1217.

Patrick, H., & Middleton, M. (2002). Turning the Kaleidoscope: What we see when self-regulated learning is viewed with a qualitative lens. *Educational Psychologist, 37,* 27-39.

Perry, N., & VandeKamp, K. (2000). Creating classroom contexts that support young children's development of self-regulated learning. *International Journal of Educational Research, 33,* 821-843.

Perry, N., VandeKamp, K., Mercer, L., & Nordby, C. (2002). Investigating teacher-student interactions that foster self-regulated learning. *Educational Psychologist, 37,* 5-15.

Pintrich, P. (2004). A conceptual framework for assessing motivation and self-regulated learning in college students. *Educational Psychology Review, 16,* 385-407.

Pintrich, P., & De Groot, E. (1990). Motivational and self-regulated learning components of classroom academic performance. *Journal of Educational Psychology, 82,* 33-40.

Pintrich, P., Smith, D., Garcia, T., & McKeachie, W. (1991). *A manual for the use of the Motivated Strategies for Learning Questionnaire (MSLQ).* Ann Arbor, MI: NCRIPTAL, School of Education, The University of Michigan.

Pintrich, P., Wolters, C., & Baxter, G. (2000). Assessing metacognition and self-regulated learning. In G. Schraw (Ed.), *Metacognitive assessment* (pp. 43-97). Lincoln: University of Nebraska Press.

Pintrich, P., & Zusho, A. (2002). The development of academic self-regulation: The role of cognitive and motivational factors. In A. Wigfield & J. Eccles (Eds.), *Development of achievement motivation* (pp. 249-284). San Diego, CA: Academic Press.

Sansone, C., & Thoman, D. (2006). Maintaining activity engagement: Individual differences in the process of self-regulating motivation. *Journal of Personality, 74,* 1697-1720.

Sansone, C., Wiebe, D., & Morgan, C. (1999). Self-regulating interest: The moderating role of hardiness and conscientiousness. *Journal of Personality, 67,* 701-733.

Schmitz, B., & Wiese, B. (2006). New perspectives for the evaluation of training sessions in self-regulated learning: Time-series analyses of diary data. *Contemporary Educational Psychology, 31,* 64-96.

Schunk, D. (1998). Teaching elementary students to self-regulate practice of mathematical skills with modeling. In D. Schunk & B. Zimmerman (Eds.), *Self-regulated learning: From teaching to self-reflective practice* (pp. 137-159). New York: Guilford Press.

Schunk, D. H., Pintrich, P. R., & Meece, J. L. (2008). *Motivation in education: Theory, research, applications* (3rd ed.). Upper Saddle River, NJ: Pearson Education.

Schunk, D., & Zimmerman, B. (Eds.). (1998). *Self-regulated learning: From teaching to self-reflective practice.* New York: Guilford Press.

Theodorakis, Y., Hatzigeorgiadis, A., & Chroni, S. (2008). Self-talk: It works, but how? Development and preliminary validation of the functions of Self-Talk Questionnaire. *Measurement in Physical Education and Exercise Science, 12,* 10-30.

Thoman, D., Sansone, C., & Pasupathi, M. (2007). Talking about interest: exploring the role of social interaction for regulating motivation and the interest experience. *Journal of Happiness Studies, 8,* 335-370.

Tuckman, B. (2003). The effect of learning and motivation strategies training on college students' achievement. *Journal of College Student Development, 44,* 430-437.

Weinstein, C., Palmer, D., & Schulte, A. (1987). *Learning and Study Strategies Inventory.* Clearwater, FL: H&H Publishing.

Winne, P. (2004). Comments on motivation in real-life, dynamic, and interactive learning environments: Theoretical and methodological challenges when researching motivation in context. *European Psychologist, 9,* 257-263.

Winne, P., & Hadwin, A. (2008). The weave of motivation and self-regulated learning. In D. Schunk & B. Zimmerman (Eds.), *Motivation and self-regulated learning: Theory, research, and applications* (pp. 297-314). New York: Taylor & Francis.

Winne, P., & Jamieson-Noel, D. (2002). Exploring students' calibration of self-reports about study tactics and achievement. *Contemporary Educational Psychology, 27,* 551-572.

Winne, P., & Perry, N. (2000). Measuring self-regulated learning. In M. Boekaerts, P. Pintrich, & M. Zeidner (Eds.), *Handbook of self-regulation* (pp. 531-566). San Diego, CA: Academic Press.

Wolters, C. (1998). Self-regulated learning and college students' regulation of motivation. *Journal of Educational Psychology, 90,* 224-235.
Wolters, C. (1999a). College students' motivational regulation during a brief study period. *Journal of Staff, Program, and Organization Development, 16,* 103-111.
Wolters, C. (1999b). The relation between high school students' motivational regulation and their use of learning strategies, effort, and classroom performance. *Learning and Individual Differences, 11,* 281-299.
Wolters, C. (2003). Regulation of motivation: Evaluating an underemphasized aspect of self-regulated learning. *Educational Psychologist, 38,* 189-205.
Wolters, C. (in press). Regulation of motivation: Contextual and social aspects. *Teacher's College Record.*
Wolters, C., Pintrich, P., & Karabenick, S. (2005). Assessing academic self-regulated learning. In K. Moore & L. Lippman (Eds.), *What do children need to flourish?: Conceptualizing and measuring indicators of positive development* (pp. 251-270). New York: Springer.
Yamawaki, N., Tschanz, B., & Feick, D. (2004). Defensive pessimism, self-esteem instability, and goal strivings. *Cognition and Emotion, 18,* 233-249.
Zimmerman, B. (2000). Attaining self-regulation: A social cognitive perspective. In M. Boekaerts, P. R. Pintrich, & M. Zeidner (Eds.), *Handbook of self-regulation: Theory, research, and applications* (pp. 13-29). San Diego, CA: Academic Press.
Zimmerman, B. (2008). Investigating self-regulation and motivation: Historical background, methodological developments, and future prospects. *American Educational Research Journal, 45,* 166-183.
Zimmerman, B., & Martinez-Pons, M. (1986). Development of a structured interview for assessing student use of self-regulated learning strategies. *American Educational Research Journal, 23,* 614-628.
Zimmerman, B., & Martinez-Pons, M. (1988). Construct validation of a strategy model of student self-regulated learning. *Journal of Educational Psychology, 80,* 284-290.
Zimmerman, B., & Martinez-Pons, M. (1990). Student differences in self-regulated learning: Relating grade, sex, and giftedness to self-efficacy and strategy use. *Journal of Educational Psychology, 82,* 51-59.
Zimmerman, B., & Schunk, D. (2008). Motivation: An essential dimension of self-regulated learning. *Motivation and self-regulated learning: Theory, research, and applications* (pp. 1-30). Mahwah, NJ: Erlbaum.

■第20章

Azevedo, R. (2005). Computer environments as metacognitive tools for enhancing learning. *Educational Psychologist, 40,* 193-197.
Azevedo, R., & Cromley, J. G. (2004). Does training on self-regulated learning facilitate students' learning with hypermedia? *Journal of Educational Psychology, 96*(3), 523-535.
Azevedo, R., Cromley, J. G, Winters, F. I., Moos, D. C., & Greene, J. A. (2005). Adaptive human scaffolding facilitates adolescents' self-regulated learning. *Instructional Science, 33,* 381-412.
Azevedo, R., Guthrie, J. T., & Seibert, D. (2004). The role of self-regulated learning in fostering students' conceptual understanding of complex systems with hypermedia. *Journal of Educational Computing Research, 30,* 87-111.
Azevedo, R., Winters, F. I., & Moos, D. C. (2004). Can students collaboratively use hypermedia to learn science? The dynamics of self-and other-regulatory processes in an ecology classroom. *Journal of Educational Computing Research, 31*(3), 215-245.
Bannert, M., & Mengelkamp, C. (2008). Assessment of metacognitive skills by means of instruction to think aloud and reflect when prompted. Does the verbalisation method affect learning? *Metacognition and Learning, 3*(1), 39-58.
Baker, L., & Brown, A. L. (1984). Metacognitive skills and reading. In P. D. Pearson (Ed.), *Handbook of reading research* (pp. 353-394). New York: Longman.
Bouffard-Bouchard, T., Parent, S., & Larivée, S. (1993). Self-regulation on a concept-formation task among average and gifted students. *Journal of Experimental Child Psychology, 56,* 115-134.
Chi, M. T. H. (2006). Laboratory methods for assessing experts' and novices' knowledge. In K. A. Ericsson, N. Charness, R. R. Hoffman, & P. J. Feltovich (Eds.), *The Cambridge handbook of Expertise and expert performance* (pp. 167-184). Cambridge, MA: Cambridge University Press.
Chi, M. T. H., de Leeuw, N., Chiu, M-H., & LaVancher, C. (1994). Eliciting self-explanations improves understanding. *Cognitive Science, 18,* 439-477.
Cotton, D., & Gresty, K. (2006). Reflecting on the think-aloud method for evaluating e-learning. *British Journal of Educational Technology, 37*(1), 45-54.
Cotton, D. R. E., & Gresty, K. A. (2007). The rhetoric and reality of e-learning: Using the think-aloud method to evaluate an online resource. *Assessment & Evaluation in Higher Education, 32*(5), 583-600.
Davidson, G., Feldman, P., & Osborn, C. (1984). Articulated thoughts, irrational beliefs, and fear of negative evaluation. *Cognitive Therapy and Research, 8,* 349-362.
Davison, G. C., Navarre, S. G., & Vogel, R. S. (1995). The articulated thoughts in simulated situations paradigm: A think-aloud approach to cognitive assessment. *Current Directions in Psychological Science, 4*(1), 29-33.
Donald, J. (1990). University professors' views of knowledge and validation process. *Journal of Educational Psychology, 82,* 242-249.
Duncan, T. G., & McKeachie, W. J. (2005). The making of the motivated strategies for learning questionnaire. *Educational Psychologist, 40*(2), 117-128.
Ericsson, K. A. (2006). Protocol analysis and expert thought: Concurrent verbalizations of thinking during experts' performance on representative tasks. In K. A. Ericsson, N. Charness, R. R. Hoffman, & P. J. Feltovich (Eds.), *The Cambridge handbook of expertise and expert performance* (pp. 223-242). Cambridge, MA: Cambridge University Press.
Ericsson, K. A., & Simon, H. A. (1980). Verbal reports as data. *Psychological Review, 87,* 215-251.
Ericsson, K. A., & Simon, H. A. (1984). *Protocol analysis: Verbal reports as data.* Cambridge, MA: The MIT Press.

■ 引用文献

Ericsson, K. A., & Simon, H. A. (1993). *Protocol analysis: Verbal reports as data (revised edition)*. Cambridge, MA: The MIT Press.
Eveland, J., W. P., & Dunwoody, S. (2000). Examining information processing on the world wide web using think aloud protocols. *Media Psychology, 2*(3), 219-244.
Fox, E. (2009). The role of reader characteristics in processing and learning from informational text. *Review of Educational Research, 79*(1), 197-261.
Gagné, R. M., & Smith, E. C. (1962). A study of the effects of verbalization on problem solving. *Journal of Experimental Psychology, 63,* 12-18.
Gerjets, P., Scheiter, K., & Schuh, J. (2008). Information comparisons in example-based hypermedia environments: Supporting learners with processing prompts and an interactive comparison tool. *Educational Technology Research and Development, 56*(1), 73-92.
Greene, J. A., & Azevedo, R. (2007). Adolescents' use of self-regulatory processes and their relation to qualitative mental model shifts while using hypermedia. *Journal of Educational Computing Research, 36*(2), 125-148.
Greene, J. A., & Azevedo, R. (2009). A macro-level analysis of SRL processes and their relations to the acquisition of sophisticated mental models. *Contemporary Educational Psychology, 34,* 18-29.
Greene, J. A., Bolick, C. M., & Robertson, J. (2010). Fostering historical knowledge and thinking skills using hypermedia learning environments: The role of self-regulated learning. *Computers & Education, 54,* 230-243.
Hofer, B. K. (2004). Epistemological understanding as a metacognitive process: Thinking aloud during online searching. *Educational Psychologist, 39*(1), 43-55.
Hoppmann, T. K. (2009). Examining the 'point of frustration'. The think-aloud method applied to online search tasks. *Quality & Quantity, 43*(2), 211-224.
Keith, N., & Frese, M. (2005). Self-regulation in error management training: Emotion control and metacognition as mediators of performance effects. *Journal of Applied Psychology, 90*(4), 677-691.
Moos, D. C., & Azevedo, R. (2008). Exploring the fluctuation of motivation and use of self-regulatory processes during learning with hypermedia. *Instructional Science, 36,* 203-231.
Muis, K. (2008). Epistemic profiles and self-regulated learning: Examining relations in the context of mathematics problem solving. *Contemporary Educational Psychology, 33,* 177-208.
Newell, A., & Simon, H. A. (1972). *Human problem solving*. Englewood Cliffs, NJ: Prentice-Hall.
Nisbett, R. E., & Wilson, T. D. (1977). Telling more than we can know: Verbal reports on mental processes. *Psychological Review, 84,* 231-259.
Paris, S. G., & Paris, A. H. (2001). Classroom applications of research on self-regulated learning. *Educational Psychologist, 36*(2), 89-101.
Pintrich, P. R. (2000). The role of goal orientation in self-regulated learning. In M. Boekaerts, P. Pintrich, & M. Zeidner (Eds.), *Handbook of self-regulation* (pp. 451-502). San Diego, CA: Academic Press.
Schraw, G. (2006). Knowledge: Structures and processes. In P. A. Alexander & P. H. Winne (Eds.), *Handbook of educational psychology, 2nd Edition* (pp. 245-264). Mahwah, NJ: Erlbaum.
Short, E. J., Evans. S. W., Friebert, S. E., & Schatschneider, C. W. (1991). Thinking aloud during problem solving: Facilitation effects. *Learning and Individual Differences, 3*(2), 109-122.
Short, E. J., Schatschneider, C., Cuddy, C. L., & Evans, S. W. (1991). The effect of thinking aloud on the problem-solving performance of bright, average, learning disabled, and developmentally handicapped students. *Contemporary Educational Psychology, 16*(2), 139-153.
Simpson, S. A., & Gilhooly, K. J. (1997). Diagnosing thinking processes: Evidence from a constructive interaction study of electrocardiogram (ECG) interpretation. *Applied Cognitive Psychology, 11,* 543-554.
VanSledright, B. A., & Limón, M. (2006). Learning and teaching social studies: A review of cognitive research in history and geography. In P. A. Alexander & P. H. Winne (Eds.), *Handbook of educational psychology* (2nd ed., pp. 545-570). Mahwah, NJ: Erlbaum.
Veenman, M. V. J., Elshout, J. J., & Groen, M. G. M. (1993). Thinking aloud: Does it affect regulatory processes in learning. *Tijdschrift voor Onderwijsresearch, 18,* 322-330.
White, J., Davidson, G. C., Haaga, D. A., & White, K. (1992). Cognitive bias in the articulated thoughts of depressed and nondepressed psychiatric patients. *Journal of Nervous and Mental Diseases, 180,* 77-81.
Willis, G. B. (2005). *Cognitive interviewing: A tool for improving questionnaire design*. Thousand Oaks, CA: Sage.
Wineburg, S. S. (1991). Historical problem solving: A study of the cognitive processes used in the evaluation of documentary and pictorial evidence. *Journal of Educational Psychology, 83,* 73-87.
Winne, P. H., & Hadwin, A. F. (1998). Studying as self-regulated learning. In D. J. Hacker, J. Dunlosky, & A. Graesser (Eds.), *Metacognition in educational theory and practice* (pp. 277-304). Hillsdale, NJ: Erlbaum.
Winne, P., & Jamieson-Noel, D. (2002). Exploring students' calibration of self reports about study tactics and achievement. *Contemporary Educational Psychology, 27,* 551-572.
Winne, P. H., & Perry, N. E. (2000). Measuring self-regulated learning. In M. Boekaerts, P. Pintrich, & M. Zeidner (Eds.), *Handbook of self-regulation* (pp. 531-566). San Diego, CA: Academic Press.
Zimmerman, B. (2000). Attaining self-regulation: A social cognitive perspective. In M. Boekaerts, P. Pintrich, & M. Zeidner (Eds.), *Handbook of self-regulation* (pp. 13-39). San Diego, CA: Academic Press.
Zimmerman, B. (2008). Investigating self-regulation and motivation: Historical background, methodological developments, and future prospects. *American Educational Research Journal, 45*(1), 166-183.

■ 第 21 章

Azevedo, R. (2005). Using hypermedia as a metacognitive tool for enhancing student learning? The role of self-regulated learning. *Educational Psychologist, 40,* 199-209.

Bandura, A. (1977). Self-efficacy: Toward a unifying theory of behavior change. *Psychological Review, 84*, 191-215.
Bandura, A. (1997). *Self-efficacy: The exercise of self-control.* New York: W.H. Freeman.
Bandura, A. (2001). Social cognitive theory: An agentic perspective. *Annual Review of Psychology 52*, 1-29.
Bandura, A. (2006). Guide for creating self-efficacy scales. In F. Pajares & T. Urdan (Eds.), *Self-efficacy beliefs of adolescents* (307-338). Greenwich, CT: Information Age.
Bandura, A., & Adams, N. E. (1977). Analysis of self-efficacy theory of behavioral change. *Cognitive Therapy and Research, 1*, 287-310.
Bandura, A., & Reese, L., & Adams, N. (1982). Microanalysis of action and fear arousal as a function of differential levels of perceived self-efficacy. *Journal of Personality and Social Psychology, 43*, 5-21.
Beck, A. T. (1963). Thinking and depression. *Archives of General Psychiatry, 9*, 324-333.
Butler, D., & Cartier, S. C. (2004). Promoting effective task interpretation as an important work habit: A key to successful teaching and learning. *Teachers College Record, 106*, 1729-1758.
Chen, P. P. (2002). Exploring the accuracy and predictability of the self-efficacy beliefs of seventh grade mathematics students. *Learning and Individual Differences, 14*, 77-90.
Cleary, T. J. (2009). Monitoring trends and accuracy of self-efficacy beliefs during interventions: Advantages and potential applications to school-based settings. *Psychology in the Schools, 46*, 154-171.
Cleary. T. J., Platten, P., & Nelson, A. (2008). Effectiveness of the Self-Regulation Empowerment Program (SREP) with urban high school youth: An initial investigation. *Journal of Advanced Academics, 20*, 70-107.
Cleary, T. J., & Zimmerman, B. J. (2001). Self-regulation differences during athletic practice by experts, non-experts, and novices. *Journal of Applied Sport Psychology, 13*, 185-206.
Cleary, T. J., & Zimmerman, B. J. (2004). Self-regulation empowerment program: A school-based program to enhance self-regulated and self-motivated cycles of student learning. *Psychology in the Schools, 41*, 537-550.
Cleary, T. J., Zimmerman, B. J., & Keating, T. (2006). Training physical education students to self-regulate during basketball free-throw practice. *Research Quarterly for Exercise and Sport, 77*, 251-262.
Curtis, M. J., Hunley, S. A., & Grier, J. E. C. (2002). Relationships among the professional practices and demographic characteristics of school psychologists. *School Psychology Review, 31*, 30-42.
Cutrona, C. E. (1986). Behavioral manifestation of social support: A microanalytic investigation. *Journal of Personality and Social Psychology, 51*, 201-208.
Ellis, A. (1970). *The essence of rational psychotherapy: A comprehensive approach in treatment.* New York: Institute for Rational Living.
Ericsson, K. A., & Simon, H. A. (1980). Verbal reports as data. *Psychological Review, 87*, 215-251.
Fuchs, L. S., Fuchs, D., Prentice, K., Burch, M., Hamlett, C. L., Owen, R., & Schroeder, K. (2003). Enhancing third-grade students' mathematical problem solving with self-regulated learning strategies. *Journal of Educational Psychology 95*, 306-315.
Goh, D. S., Teslow, C. J., & Fuller, G. B. (1981). The practice of psychological assessment among school psychologists. *Professional Psychology, 12*, 696-706.
Goldman, S. R., & Duran, R. P. (1988). Answering questions from oceanography texts: Learner, task, and text characteristics. *Discourse Processes, 11*, 373-412.
Gordon, I., & Feldman, R. (2008). Synchrony in the triad: A microlevel process model of co-parenting and parent-child interactions. *Family Processes, 47*, 465-479.
Graham, S., & Harris, K. R. (2005). Improving the writing performance of young struggling writers: Theoretical and programmatic research from the center on accelerating student learning. *The Journal of Special Education, 39*(1), 19-33.
Hacker, D. J., Bol, L., Horgan, D. D., & Rakow, E. A. (2000). Test prediction and performance in a classroom context. *Journal of Educational Psychology, 92*, 160-170.
Hadwin, A. F., Winne, P. H., Stockley, D. B., Nesbit, J. C., & Woszczyna, C. (2001). Context moderates students' self-reports about how they study. *Journal of Educational Psychology, 93*, 477-487.
Hane, A. A., Feldstein, S., & Dernetz, V. H. (2003). The relation between coordinated interpersonal timing and maternal sensitivity in four month old infants. *Journal of Psycholinguistic Research, 32*, 525-539.
Hutton, J. B., Dubes, R., & Muir, S. (1992). Assessment practices of school psychologists: Ten years later. *School Psychology Review, 21*, 271-284.
Kilmer, R. P., Cowen, E. L., & Wyman, P. A. (2001). A micro-level analysis of developmental, parenting, and family milieu variables that differentiate stress-resilient and stress-affected children. *Journal of Community Psychology, 29*, 391-416.
Kitsantas, A., & Zimmerman, B. J. (2002). Comparing self-regulatory processes among novice, non-expert, and expert volleyball players: A microanalytic study. *Journal of Applied Sport Psychology, 14*, 91-105.
Kitsantas, A., Zimmerman, B. J., & Cleary, T. (2000). The role of observation and emulation in the development of athletic self-regulation. *Journal of Educational Psychology, 91*, 241-250.
Klassen, R. M. (2006). Too much confidence? The self-efficacy of adolescents with learning disabilities. In F. Pajares & T. Urdan (Eds.), *Self-efficacy beliefs of adolescents* (pp. 181-200) Greenwich, CT: Information Age.
Leiman, M., & Stiles, W. B. (2001). Dialogical sequence analysis and the zone of proximal development as conceptual enhancements to the assimilation model: The case of Jan revisited. *Psychotherapy Research, 11*, 311-330.
Meichenbaum, D. H. (1974). Self-instructional training: A cognitive prosthesis for the aged. *Human Development, 17*, 273-280.
Mace, F. C., & Kratochwill, T. R. (1988). Self-monitoring. In J. C. Witt, S. N. Elliot, & F. Gresham (Eds.), *Handbook of behavior therapy in education* (pp. 489-522). New York: Plenum Press.
Nesbit, J. C., Winne, P. H., Jamieson-Noel, D., Code, J., Shou. M., MacAllister, K., et al. (2006). Using cognitive tools in gStudy to investigate how study activities covary with achievement goals. *Journal of Educational Computing Research, 35*, 339-358.
Noell, G. H., & Gansle, K. A. (2009). Introduction to functional behavioral assessment. In A. Akin-Little, S. Little, M. A. Bray, & Kehle, T. (Eds.), *Behavioral interventions in schools: Evidence-based positive strategies* (pp. 45-58). Washington, DC: American Psychological As-

■ 引用文献

sociation.
Pajares, F., & Graham, L. (1999). Self-efficacy, motivation constructs, and mathematics performance of entering middle school students. *Contemporary Educational Psychology, 24,* 124-139.
Pajares, F., & Kranzler, J. (1995). Self-efficacy beliefs and general mental ability in mathematical problem-solving. *Contemporary Educational Psychology, 20,* 426-443.
Peck, S. D. (2003). Measuring sensitivity moment-by-moment: A microanalytic look at the transmission of attachment. *Attachment and Human Development, 5,* 38-63.
Perry, N. E. (1998). Young children's self-regulated learning and the contexts that promote it. *Journal of Educational Psychology, 90,* 715-729.
Perry, N. E., VandeKamp, K. O., Mercer, L. K., & Nordby, C. J. (2002). Investigating teacher-student interactions that foster self-regulated learning. *Educational Psychologist, 37,* 5-15.
Perry, N. E., & Winne, P. H. (2006). Learning from learning kits: gStudy traces of students' self-regulated engagements with *Computerized content. Educational Psychology Review, 18,* 211-228.
Pintrich, P. R., Smith, D. A., & Garcia, T. (1993). Reliability and predictive validity of the Motivated Strategies for Learning Questionnaire (MSLQ). *Educational and Psychological Measurement, 53,* 801-813.
Reschly, D. J. (2008). School psychology paradigm shift and beyond. In A. Thomas & J. Grimes (Eds.), *Best practices in school psychology* (5th ed., pp. 3-15). Bethesda, MD: National Association of School Psychologists.
Schmitz, B., & Wiese, B. S. (2006). New perspectives for the evaluation of training sessions in self-regulated learning: Time series analyses of diary data. *Contemporary Educational Psychology, 31,* 64-96.
Schunk, D. H., Pintrich, P. R., & Meece, J. L. (2008). *Motivation in education: Theory, research, and applications* (3rd ed.). Upper Saddle River, NJ: Pearson Education.
Sexton, M., Harris. K. R., & Graham, S. (1998). Self-Regulated Strategy Development and the writing process: Effects on essay writing and attributions. *Exceptional Children, 64,* 295-311.
Shinn, M. R. (2002). Best practices in using curriculum-based measurement in a problem-solving model. In A. Thomas & J. Grimes (Eds.), *Best practices in school psychology* (4th ed., pp. 671-698). Washington, DC: National Association of School Psychologists.
Stage, S. A., Jackson, H. G., Jensen, M. J., Moscovitz, K. K., Bush, J. W., Violette, H. D., et al. (2008). A validity study of functionally-based behavioral consultation with students with emotional/behavioral disabilities. *School Psychology Quarterly, 23,* 327-353.
Stiles, W. B., Leiman, M., Shapiro, D. A., Hardy, G. E., Barkham, M., Detert, N. B., & Llewelyn, S. P. (2006). What does the first exchange tell? Dialogical sequence analysis and assimilation in very brief therapy. *Psychotherapy Research, 16,* 408-421.
Strong, T., Zeman, D., & Foskett, A. (2006). Introducing new discourses into counseling interactions: A microanalytic and retrospective investigation. *Journal of Constructivist Psychology, 19,* 67-89.
Tilly, W. D. (2002). Best practices in school psychology as a problem-solving enterprise. In A. Thomas & J. Grimes (Eds.), *Best practices in school psychology* (4th ed., pp. 21-36). Washington, DC: National Association of School Psychologists.
Weiner, B. (1986). *An attribution theory of motivation and emotion.* New York: Springer-Verlag.
Winne, P. H., & Jamieson-Noel, D. L. (2002). Exploring students' calibration of self-reports about study tactics and achievement. *Contemporary Educational Psychology, 28,* 259-276.
Winne, P. H., & Perry, N. E. (2000). Measuring self-regulated learning. In M. Boekaerts, P. Pintrich, & M. Zeidner (Eds.), *Handbook of self-regulation.* (pp. 532-568). Orlando, FL: Academic Press.
Weinstein, D. E., & Palmer, D. R. (1990). *Learning and Study Strategies Inventory: High school version user manual.* Clearwater, FL: Holt Publishing, Co.
Ysseldyke, J., & Bolt, D. M. (2007). Effects of technology-enhanced continuous progress monitoring on math achievement. *School Psychology Review, 36,* 453-467.
Zimmerman, B. J. (1989). A social cognitive view of self-regulated academic learning. *Journal of Educational Psychology, 81,* 329-339.
Zimmerman, B. J. (2000). Attaining self-regulation: A social-cognitive perspective. In M. Boekaerts, P. R. Pintrich, & M. Zeidner (Eds.), *Handbook of self-regulation* (pp. 13-39). San Diego, CA: Academic Press.
Zimmerman, B. J. (2008a). Investigating self-regulation and motivation: Historical background, methodological developments, and future prospects. *American Educational Research Journal, 45,* 166-183.
Zimmerman, B. J. (2008b). Goal-setting: A key proactive source of academic self-regulation. In D. Schunk and B. J. Zimmerman (Eds.), *Motivation and self-regulated learning: Theory, research, and applications* (pp. 267-296). New York: Taylor and Francis Group.
Zimmerman, B. J., & Kitsantas, A. (1996). Self-regulated learning of a motoric skill: The role of goal-setting and self-monitoring. *Journal of Applied Sport Psychology, 8,* 60-75.
Zimmerman, B. J., & Kitsantas, A. (1997). Developmental phases in self-regulation: Shifting from process to outcome goals. *Journal of Educational Psychology 89,* 29-36.
Zimmerman, B. J., & Martinez-Pons, M. (1988). Construct validation of a strategy model of student self-regulated learning. *Journal of Educational Psychology, 80,* 284-290.

■ 第22章

Agar, M. H. (1996). *The professional stranger: An informal introduction to ethnography* (2nd ed.). Toronto: Academic Press.
Alvermann, D. E., Young, J. P., Weaver. D., Hinchman, K. A., Moore, D. W,, Phelps, S. F., et al. (1996). Middle and high-school students' perceptions of how they experience text-based discussions: A multicase study. *Reading Research Quarterly, 31*(3), 244-267.
Aulls, M. W. (2002). The contributions of co-occurring forms of classroom discourse and academic activities to curriculum events and instruction. *Journal of Educational Psychology, 94,* 520-538.

Bandura, A. (2000). Exercise of human agency through collective efficacy. *Current Directions in Psychological Science, 9*(3), 75-78.
Bandura, A. (2006). Toward a psychology of human agency. *Perspectives on Psychological Science, 1*(2), 164-180.
Baumann, J. F., & Ivey, G. (1997). Delicate balances: Striving for curricular and instructional equilibrium in a second-grade, literature/strategy-based classroom. *Reading Research Quarterly, 32*(3), 244-275.
Behrens, J. T., & Smith, M. (1996). Data and data analysis. In D. C. Berliner & R. C. Calfee (Eds.), *Handbook of educational psychology* (pp. 945-989). New York: Simon & Schuster MacMillan.
Butler, D. L. (1995). Promoting strategic learning by postsecondary students with learning disabilities. *Journal of Learning Disabilities, 28,* 170-190.
Butler, D. L. (1998). The Strategic Content Learning approach to promoting self-regulated learning: A summary of three studies. *Journal of Educational Psychology, 90,* 682-697.
Butler, D. L. (2002). Qualitative approaches to investigating self-regulated learning: Contributions and challenges. *Educational Psychologist, 37*(1), 59-63.
Butler, D. L. (2006). Frames of inquiry in educational psychology: Beyond the quantitative-qualitative divide. In P. A. Alexander & P. H. Winne (Eds.), *Handbook of educational psychology* (2nd ed., pp. 903-929). Washington, DC: APA.
Creswell, J. W. (2007). *Qualitative inquiry & research design: Choosing among five approaches* (2nd ed.). Thousand Oaks, CA: Sage.
Driscoll, M. P., Moallem, M., Dick, W., & Kirby, E. (1994). How does the textbook contribute to learning in a middle school science class? *Contemporary Educational Psychology, 19,* 79-100.
Evensen, D. H., Salisbury-Glennon, J. D., & Glenn, J. (2001). A qualitative study of six medical students in a problem-based curriculum: Toward a situated model of self-regulation. *Journal of Educational Psychology, 93,* 659-676.
Greeno, J. G. (1989). A perspective on thinking. *American Psychologist, 44,* 134-141.
Hadwin, A. F., Winne, P. H., Stockley, D. B., Nesbit, J. C., & Woszczyna, C. (2001). Context moderates students' self-reports about how they study. *Journal of Educational Psychology, 93,* 477-487.
Harris, K. R., & Graham, S. (1996). *Making the writing process work: Strategies for composition and self-regulation.* Cambridge, MA: Brookline.
Hopwood, N. (2004). Research design and methods of data collection and analysis: Researching students' conceptions in a multiple-method case study. *Journal of Geography in Higher Education, 28*(2), 347-353.
Ivey, G. (1999). A multicase study in the middle school: Complexities among young adolescent readers. *Reading Research Quarterly, 34*(2), 172-192.
Jensen, J. L., & Rodgers, R. (2001). Cumulating the intellectual gold of case study research. *Public Administration Review, 61,* 235-246.
Karabenick, S. A. (Ed.). (1998). *Strategic help seeking: Implications for learning and teaching.* Mahwah, NJ: Erlbaum.
McCormick, S. (1994). A nonreader becomes a reader: A case study of literacy acquisition by a severely disabled reader. *Reading Research Quarterly, 29*(2), 156-176.
Merriam, S. B. (1988). *Case study research in education: A qualitative approach.* San Francisco: Jossey-Bass.
Merriam, S. B. (1998). *Qualitative research and case study applications in education.* San Francisco: Jossey-Bass.
Meyer, D. K., & Turner, J. C. (2002). Using instructional discourse analysis to study the scaffolding of student self-regulation. *Educational Psychologist, 37,* 5-13.
Miles, M. B., & Huberman, A. M. (1994). *Qualitative data analysis: An expanded sourcebook* (2nd ed.). Thousand Oaks, CA: Sage.
Paris, S. G., & Paris, A. H. (2001). Classroom applications of research on self-regulated learning. *Educational Psychologist, 36,* 89-101.
Perry, N. E. (1998). Young children's self-regulated learning and contexts that support it. *Journal of Educational Psychology, 90,* 715-729.
Ross, M. E., Salisbury-Glennon, J. D., Guarino, A., Reed, C. J., & Marshall, M. (2003). Situated self-regulation: Modeling the interrelationships among instruction, assessment, learning strategies, and academic performance. *Educational Research and Evaluation, 9,* 189-209.
Schnellert, L., Butler, D. L., & Higginson, S. (2008). Co-constructors of data, co-constructors of meaning: Teacher professional development in an age of accountability. *Teaching and Teacher Education, 24*(3), 725-750.
Schuh, K. L. (2003). Knowledge construction in the learner-centered classroom. *Journal of Educational Psychology, 95,* 426-442.
Schunk, D. H. (1994). Self-regulation of self-efficacy and attributions in academic settings. In D. H. Schunk & B. J. Zimmerman (Eds.), *Self-regulation of learning and performance: Issues and educational applications* (pp. 75-99). Hillsdale, NJ: Erlbaum.
Schunk, D. H. (2008). Metacognition, self-regulation, and self-regulated learning: Research recommendations. *Educational Psychology Review, 20,* 463-467.
Stake, R. E. (1988). Case study methods in educational research: Seeking sweet water. In R. M. Jaeger (Ed.), *Complementary methods for research in education* (pp. 253-276). Washington, DC: AERA.
Stake, R. E. (2006). *Multiple case study analysis.* New York: Guilford.
Stevenson, R. B. (2004). Constructing knowledge of educational practices from case studies. *Environmental Education Research, 10*(1), 39-51.
Strauss, A., & Corbin, J. (1994). Grounded theory methodology: An overview. In N. K. Denzin & Y. S. Lincoln (eds.), *Handbook of qualitative research* (pp. 273-285). Thousand Oaks, CA: Sage.
Suter, L. E. (2005). Multiple methods: Research methods in education projects at NSF. *International Journal of Research & Method in Education, 28,* 171-181.
Tang, A. (2009). ESL students' academic help seeking and help avoidance: An exploratory multiple-case study in secondary classrooms. Unpublished Masters Thesis, University of British Columbia.
Turner, J. C. (2006). Measuring self-regulation: A focus on activity. *Educational Psychology Review, 18,* 293-296.
Volet, S., Summers, M., & Thurman, J. (2009). High level co-regulation in collaborative learning: How does it emerge and how is it sustained? *Learning and Instruction, 19,* 128-143.
Vygotsky, L. S. (1978). *Mind in society.* Cambridge, MA: Harvard University Press.
Whipp, J. L., & Chiarelli, S. (2004). Self-regulation in a web-based course: A case study. *Educational technology research and development,*

52(4), 5-22.
Winne, P. H., & Perry, N. E. (2000). Measuring self-regulated learning. In P. Pintrich, M. Boekarts, & M. Zeidner (Eds.), *Handbook of self-regulation* (pp. 531-566). Orlando, FL: Academic Press.
Wittrock, M. C. (2003). Contemporary methodological issues and future directions in research on the teaching of English. In J. Flood, D. Lapp, J. R. Squire, & J. M. Jensen (Eds.), *Handbook of research on teaching the English language arts* (pp. 273-281). Mahwah, NJ: Erlbaum.
Wolters, C. A., & Pintrich, P. R. (1998). Contextual differences in student motivation and self-regulated learning in mathematics, English, and social studies classrooms. *Instructional Science, 26,* 27-47.
Yin, R. K. (1994). *Case study research: Design and methods* (2nd ed.). Thousand Oaks, CA: Sage.
Yin, R. K. (2003). *Case study research: Design and methods* (3rd ed.). Thousand Oaks, CA: Sage.
Zimmerman, B. J. (2002). Becoming a self-regulated learner: An overview. *Theory into Practice, 41,* 64-70.
Zimmerman, B. (2008). Investigating self-regulation and motivation: Historical background, methodological developments, and future prospects. *American Educational Research Journal, 45,* 166-183.
Zimmerman, B. J., & Schunk, D. H. (2001) (Eds.). *Self-regulated learning and academic achievement: Theoretical perspectives* (2nd Ed.). Hillsdale, NJ: Erlbaum.

■第 23 章

Barron, B. (2010). Conceptualizing and tracing learning pathways over time and setting. In K. O'Connor & W. R. Penuel (Eds.), *Learning research as a human science. National Society for the Study of Education Yearbook, 109*(1), 113-127.
Baumeister, R. F., Vohs, K. D., & Tice, D. M. (2007). The strength model of self-control. *Current Directions in Psychological Science, 16,* 351-355.
Benderly, B. L. (2004). Looking beyond the SAT: Psychological research examines the merit and future of the high stakes test. *Association for Psychological Science Observer, 17,* 12-15.
Bidjerano, T., & Dai, D. Y. (2007). The relationship between the big-five model of personality and self-regulated learning strategies. *Learning and Individual Differences, 17,* 69-81.
Boekaerts, M., & Corno, L. (2005). Self-regulation in the classroom: A perspective on assessment and intervention. *Applied Psychology: An International Review, 54,* 99-232.
Coiro, J., & Dobbler, E. (2007). Exploring the online reading comprehension strategies Used by sixth-grade skilled readers to search for and locate information on the Internet. *Reading Research Quarterly, 42*(2), 214-257.
Cooper, H., Lindsay, J. J., Nye, B., & Greathouse, S. (1998). Relationships among attitudes about homework, amount of homework assigned and completed, and student achievement. *Journal of Educational Psychology, 90,* 70-83.
Corno, L. (1993). The best-laid plans: Modern conceptions of volition and educational research. *Educational Researcher, 22,* 14-22.
Corno, L. (2008). Work habits and self-regulated learning: Helping students to find a "will" from a "way." In B. J. Zimmerman & D. H. Schunk (Eds.), *Motivation and self-regulated learning: Theory, research, and applications* (pp. 197-222). New York: Erlbaum.
Corno, L., & Mandinach, E. B. (1983). The role of cognitive engagement in classroom learning and motivation. *Educational Psychologist, 18*(2), 88-108.
Dannefer, E. F., Henson, L. C., Bierer, S. B., Grady-Weliky, T. A., Meldrum, S., Nofziger, A. C., Barclay, C., et al. (2005). Peer assessment of professional competence. *Medical Education, 39,* 713-722.
Dewitte, S., & Lens, W. (2000). Procrastinators lack a broad perspective. *European Journal of Personality, 15,* 391-406.
Diamond, A., Barnett, W. S., Thomas, J., & Munro, S. (2007). Preschool program improves cognitive control. *Science, 318,* 1387-1388.
Duckworth, A. L., & Seligman, M. E. P. (2005). Self-discipline outdoes IQ in predicting academic performance of adolescents. *Psychological Science, 16,* 939-944.
Eisenberger, R. (1992). Learned industriousness. *Psychological Review, 99,* 248-267.
Eisenberg, N., Sadovsky, A., Spinrad, T. L., Fabes, R. A., Losoya, S. H., Valiente, C., et al. (2005). The relations of problem behavior status to children's negative emotionality, effortful control, and impulsivity: Concurrent relations and prediction of change. *Developmental Psychology, 41*(1), 193-211.
Fitzsimmons, G. M., & Bargh, J. A. (2004). Automatic self-regulation. In R. F. Baumeister & K. D. Vohs (Eds.), *Handbook of self-regulation: Theory, research, and applications* (pp. 151-170). New York: Guilford Press.
Fujita, K., & Han, H. A. (2009). Moving beyond deliberative control of impulses: The effect of construal levels on evaluative associations in self-control conflicts. *Psychological Science, 20,* 799-804.
Gestsdottir, S., & Lerner, R. M. (2008). Positive development in adolescence: The development and role of intentional self-regulation. *Human Development, 51,* 202-224.
Gollwitzer, P. M., & Sheeran, P. (2006). Implementation intentions and goal achievement: A meta-analysis of effects and processes. *Advances in Experimental Social Psychology, 38,* 69-199.
Hofer, B. K. (2004). Epistemological understanding as a metacognitive process: Thinking aloud during online searching. *Educational Psychologist, 39,* 43-56.
Hofmann, W., Friese, M., & Strack, F. (2009). Impulse and self-control from a dual-systems perspective. *Perspectives on Psychological Science, 4,* 162-176.
Jaffe, E. (2004). Future standardized exams will focus on informing instruction. *Association for Psychological Science Observer, 17,* 14-15.
Kochanska, G., Murray, K. T., & Harlan, E. T. (2000). Effortful control in early childhood: Continuity and change, antecedents, and implications for social development. *Developmental Psychology, 36,* 220-232.
Kuhl, J. (2000). The volitional basis of personality systems interaction theory: Applications in learning and treatment contexts. *International*

Journal of Educational Research, 33, 665-704.
Marzano, R. J., Pickering, D. J., & Pollock, J. E. (2001). *Classroom instruction that works: Research-based strategies for increasing student achievement*. Alexandria, VA: Association for Supervision and Curriculum Development.
McCaslin, M., & Burross, H. L. (2008). Research on individual differences within a sociocultural perspective: Co-regulation and adaptive learning. *Teachers College Record, 110*(1), 2452-2463.
Metcalfe, J. (2009). Metacognitive judgments and control of study. *Current Directions in Psychological Science, 18*, 159-163.
Miller, M. J., Woehr, D. J., & Hudspeth, N. (2002). The meaning and measurement of work ethic: Construction and initial validation of a multidimensional inventory. *Journal of Vocational Behavior, 60*(3), 451-489.
Noble, C. G., & Nolan, J. D. (1976). Effect of student verbal behavior on classroom teacher behavior. *Journal of Educational Psychology, 68*, 342-346.
Pekrun, R., Goetz, T., Titz, W., & Perry, R. P. (2002). Academic emotions in students' self-regulated learning and achievement: A program of qualitative and quantitative research. *Educational Psychologist, 37*(2), 91-106.
Pintrich, P. R. (1999). Taking control of research on volitional control: Challenges for future theory and research. *Learning and Individual Differences, 11*, 335-354.
Randi, J. (2009). I think I can: Developing children's concept of themselves as self-regulated learners. *New England Reading Association Journal, 45*(1), 53-61.
Randi, J., & Corno, L. (2000). Teacher innovations in self-regulated learning. In M. Boekaerts, P. R. Pintrich, & M. Zeidner (Eds.), *Handbook of self-regulation* (pp. 651-686). San Diego, CA: Academic Press.
Reeve, J. (2009). Why teachers adopt a controlling motivation style toward students and how they can become more autonomy supportive. *Educational Psychologist, 44*, 159-175.
Renear, A. H., & Palmer, C. L. (2009). Strategic reading, ontologies, and the future of scientific publishing. *Science, 325*, 828-832.
Rogers, D., & Swan, K. (2004). Self-regulated learning and Internet searching. *Teachers College Record, 106*, 1804-1824.
Ryan, A. M., & Patrick, H. (2001). The classroom social environment and changes in Adolescents' motivation and engagement during middle school. *American Educational Research Journal, 38*(2), 437-460.
Schmitt, N., Billington, A., Keeney, J., Oswald, F. L., Pleskac, T. J., Sinha, R., & Zorzie, M. (2009). Prediction of four-year college student performance using cognitive and noncognitive predictors and the impact on demographic status of admitted students. *Journal of Applied Psychology, 94*(6), 1479-1497.
Shoda, Y., Mischel, W., & Peake, P. (1990). Predicting adolescent cognitive and self-regulatory competencies from preschool delay of gratification: Identifying diagnostic conditions. *Developmental Psychology, 26*, 978-986.
Smith, M. S. (2009). Opening education. *Science, 323*, 89-93.
Snow, R. E. (1974). Representative and quasi-representative designs for research on teaching. *Review of Educational Research, 44*, 265-291.
Spiro, R. J., Coulson, R. L., Feltovich, P. J., & Anderson, D. K. (2004). Cognitive flexibility theory: Advanced knowledge acquisition in ill-structured domains. In R. B. Ruddell & N. Unrau (Eds.), *Theoretical models and processes of reading* (5th ed., pp. 640-653). Newark, DE: International Reading Association.
Turner, J. C., & Patrick, H. (2004). Motivational influences on student participation in classroom learning activities. *Teachers College Record, 106*, 1759-1785.
Willingham, W. (1985). *Success in college*. New York: College Board.
Winne, P. H. (2006). How software technologies can improve research on learning and bolster school reform. *Educational Psychologist, 41*, 5-18.
Winne, P. H., & Hadwin, A. F. (1998). Studying as self-regulated learning. In D. J. Hacker, J. Dunlosky, & A. C. Graesser (Eds.), *Metacognition in educational theory and practice* (pp. 277-304). Mahwah, NJ: Erlbaum.
Winne, P. H., Hadwin, A. F., Nesbit, J. C., Kumar, V., & Beaudoin, L. (2005). *gSTUDY: A toolkit for developing computer-supported tutorials and researching learning strategies and instruction* (Version 2.0.3). Burnaby, BC, Canada: Simon Fraser University, Faculty of Education.
Winne, P. H., & Jamieson-Noel, D. L. (2003). Self-regulating studying by objectives for learning: Students' reports compared to a model. *Contemporary Educational Psychology, 28*, 259-276.
Winne, P. H., & Perry, N. E. (2000). Measuring self-regulated learning. In M. Boekaerts, P. Pintrich, & M. Zeidner (Eds.), *Handbook of self-regulation* (pp. 531-566). Orlando, FL: Academic Press.
Xu, J. (2004). Family help and homework management in urban and rural secondary schools. *Teachers College Record, 106*, 1786-1803.
Xu, J, (2008a). Validation of scores on the Homework Management Scale for high school students. *Educational and Psychological Measurement, 68*, 304-324.
Xu, J. (2008b). Validation of scores on the Homework Management Scale for middle school students. *Elementary School Journal, 109*, 82-95.
Xu, J. (2008c). Models of secondary school students' interest in homework: A multi-level analysis. *American Educational Research Journal, 45*, 1180-1205.
Xu, J., & Corno, L. (1998). Case studies of families doing third grade homework. *Teachers College Record, 100*, 402-436.
Xu, J., & Corno, L. (2003). Family help and homework management reported by middle school students. *Elementary School Journal, 103*, 503-516.
Xu, J., & Yuan, R. (2003). Doing homework: Listening to students', parents', and teachers' voices in one urban middle school community. *School Community Journal, 13*, 25-44.
Zimmerman, B. J., & Kitsantas, A. (2005). Homework practices and academic achievement: The mediating role of self-efficacy and perceived responsibility beliefs. *Contemporary Educational Psychology, 30*, 397-417.

■ 引用文献

■第24章

Alexander, P. A. (2008). Why this and why now? Introduction to the special issue on metacognition, self-regulation, and self-regulated learning. *Educational Psychology Review, 20,* 369-372.

Alexander, P. A., Carr, M., & Schwanenflugel, P. J. (1995). Development of metacognition in gifted children: directions for future research. *Developmental Review, 15,* 1-37.

Bangert-Drowns, R. L., & Rudner, L. M. (1991). *Meta-analysis in educational research*. Paper presented to ERIC Clearinghouse on Tests, Measurement, and Evaluation. Washington, DC. (ERIC Document Reproduction Service No. ED 339748).

Boekaerts, M., Pintrich, P. R., & Zeidner, M. (2000). *Handbook of self-regulated learning*. San Diego: Academic.

Borenstein, M., Hedges, L. V., Higgins, J. P. T., & Rothstein, H. R. (2009). *Introduction to meta-analysis*. Chichester, UK: Wiley.

Cohen, J. (1988). *Statistical power analysis for the behavioral sciences*. Hillsdale, NJ: Erlbaum.

Cohn, L. D., & Becker, B. J. (2003). How meta-analysis increases statistical power. *Psychological Methods, 8*(3), 243-253.

Davies, P. (2000). The relevance of systematic reviews to educational policy and practice. *Oxford Review of Education, 26,* 365-378.

DeCorte, E. (2000). Marrying theory building and the improvement of school practice: a permanent challenge for instructional psychology. *Learning and Instruction, 10,* 249-266.

Dignath, C., & Büttner, G. (2008). Components of fostering self-regulated learning among students. A meta-analysis on intervention studies at primary and secondary school level. *Metacognition & Learning, 3,* 231-264.

Dignath, C., Büttner, G., & Langfeldt, H.-P. (2008). How can primary school students learn self-regulated learning strategies most effectively? A meta-analysis on self-regulation training programmes. *Educational Research Review, 3,* 101-129.

Dinsmore, D. L., Alexander, P. A., & Loughlin, S. M. (2008). Focusing the conceptual lens on metacognition, self-regulation, and self-regulated learning. *Educational Psychology Review, 20,* 391-409.

Eysenck, H. J. (1978). An exercise in mega-silliness. *American Psychologist, 33,* 517.

Fraser, B. J., Walberg, H. J., Welch, W. W., & Hattie, J. A. (1987). Synthesis of educational productivity research. *International Journal of Educational Research, 11,* 145-252.

Glass, G. V. (1976). Primary, secondary, and meta-analysis. *Educational Researcher, 5,* 3-8.

Glass, G. V. (2000). Meta-analysis at 25. Retrieved June, 17, 2009, from http://glass.ed.asu.edu/gene/papers/meta25.html

Glass, G. V., Cahen, L., Smith, M. L., & Filby, N. (1982). *School class size*. Beverley Hills, CA: Sage.

Hattie, J. A. (1992). Measuring the effects of schooling. *Australian Journal of Education, 36,* 5-13.

Hattie, J. A. (2009). *Visible learning. A synthesis of over 800 meta-analyses relating to achievement*. New York: Routledge.

Hattie, J. A., Biggs, J., & Purdie, N. (1996). Effects of learning skills interventions on student learning: A meta-analysis. *Review of Educational Research, 66,* 99-136.

Hattie, J. A. C., Rogers, H. J., & Swaminathan, H. (in press). The role of meta-analysis in educational research. In M. Peters (Ed.), *Contextualising Educational Research*. Beverly Hills, CA: Sage.

Hedges, L. V., & Olkin, I. (1986). *Statistical methods for meta-analysis*. San Diego, CA: Academic.

Kulik, J. A., & Kulik, C.-L.C. (1989). The concept of meta-analysis. *International Journal of Educational Research, 13,* 221-340.

Lipsey, M. W., & Wilson, D. B. (2001). *Practical meta-analysis*. Thousand Oaks, CA: Sage.

Schneider, W., & Sodian, B. (1997). Memory strategy development: Lessons from longitudinal research. *Developmental Review, 17,* 442-461.

Sipe, T. A., & Curlette, W. L. (1997). A meta-synthesis of factors related to educational achievement: A methodological approach to summarizing and synthesizing meta-analyses. *International Journal of Educational Research, 25,* 583-698.

Slavin, R. E. (1984). Meta-analysis in education: How has it been used? *Educational Researcher, 13,* 6-15.

Smith, M. L., Glass, G. V., & Miller, T. I. (1980). *The benefits of psychotherapy*. Baltimore: Johns Hopkins University Press.

Stock, W. A. (1994). Systematic coding for research synthesis. In H. Cooper & L. V. Hedges (Eds.), *The handbook of research synthesis* (pp. 125-138). New York: Sage.

Veenman, M. V. J. (2005). The assessment of metacognitive skills: What can be learned from multi-method designs? In C. Artelt & B. Moschner (Eds.), *Lernstrategien und Metakognition. Implikationen für Forschung und Praxis* [Learning strategies and metacognition. Implications for research and practice] (pp. 77-100). Münster, Germany: Waxmann.

Veenman, M. V. J., Wilhelm, P., & Beishuizen, J. J. (2004). The relation between intellectual and metacognitive skills from a developmental perspective. *Learning & Instruction, 14,* 89-109.

Weinstein, C. E., Husman, J., & Dierking, D. R. (2000). Self-Regulation Interventions with a Focus on Learning Strategies. In M. Boekaerts, P. R. Pintrich, & H. Zeidner (Eds.), *Handbook of self-regulated learning* (pp. 728-749). San Diego, CA: Academic.

Whitebread, D. (2000). Interpretations of independent learning in the early years. *International Journal of Early Years Education, 8,* 243-252.

Wilson, D. B., & Lipsey, M. W. (2001). The role of method in treatment effectiveness research: evidence from meta-analysis. *Psychological Methods, 4,* 413-429.

Zeidner, M., Boekaerts, M., & Pintrich, P. (2000). Self-regulation: directions and challenges for future research. In M. Boekaerts, P. Pintrich, & M. Zeidner (Eds.), *Handbook of self-regulation* (pp. 750-768). San Diego, CA: Academic.

Zimmerman, B. J. (2001). Theories of self-regulated learning and academic achievement: An overview and analysis. In B. J. Zimmerman & D. H. Schunk (Eds.), *Self-regulated learning and academic achievement: Theoretical perspectives* (pp. 1-37). Mahwah, NJ: Erlbaum.

Zimmerman, B. J. (2002). Achieving academic excellence: A self-regulatory perspective. In M. Ferrari (Ed.), *The pursuit of excellence through education* (pp. 85-110). Mahwah, NJ: Erlbaum.

Zimmerman, B. J. (2008). Investigating self-regulation and motivation: Historical background, methodological developments, and future prospects. *American Educational Research Journal, 1,* 166-183.

Zimmerman, B. J., & Schunk, D. H. (Eds.). (1989). *Self-regulated learning and academic achievement: Theory, research and practice*. New York: Springer-Verlag.

第25章

Ainley, M., & Patrick, L. (2006). Measuring self-regulated learning processes through tracking patterns of student interaction with achievement activities. *Educational Psychology Review, 18,* 267-286.

Alexander, P. A. (1997). Mapping the multidimensional nature of domain learning: The interplay of cognitive, motivational, and strategic forces. In M. L. Maehr & P. R. Pintrich (Eds.), *Advances in motivation and achievement* (Vol. 10, pp. 213-250). Greenwich, CT: JAI Press.

Alexander, P. A. (2003). The development of expertise: The journey from acclimation to proficiency. *Educational Researcher, 32,* 10-14.

Alexander, P. A., Dinsmore, D. L., Fox, E., Grossnickle, E. M., Loughlin, S. M., Maggioni, L., et al. (in press). Higher-order thinking and knowledge: Domain-general and domain-specific trends and future directions. In G. Schraw (Ed.), *Assessment of higher order thinking skills.* Charlotte, NC: Information Age.

Alexander, P. A., & Jetton, T. L. (2000). Learning from text: A multidimensional and developmental perspective. In M. L. Kamil, P. B. Mosenthal, P. D. Pearson, & R. Barr (Eds.), *Handbook of reading research* (Vol. 3, pp. 285-310). Mahwah: Erlbaum.

Alexander, P. A., & Kulikowich, J. M. (1994). Learning from physics text: A synthesis of recent research. *Journal of Research in Science Teaching* [Special Issue on Print Based Language Arts and Science Learning], 31, 895-911.

Alexander, P. A., Murphy, P. K., & Kulikowich, J. M. (2009). Expertise and the adult learner: A historical, psychological, and methodological exploration. In M. C. Smith & N. DeFrates-Densch (Eds.), *The handbook of research on adult learning and development* (pp. 484-523). New York: Routledge.

Alexander, P. A., Murphy, P. K., Woods, B. S., Duhon, K. E., & Parker, D. (1997). College instruction and concomitant changes in students' knowledge, interest, and strategy use: A study of domain learning. *Contemporary Educational Psychology, 22,* 125-146.

Alexander, P. A., Schallert, D., & Hare, V. (1991). Coming to terms: How researchers in learning and literacy talk about knowledge. *Review of Educational Research, 61,* 315-343.

Anderman, E. M., & Midgley, C. (1997). Changes in achievement goal orientations, perceived academic competence, and grades across the transition to middle-level schools. *Contemporary Educational Psychology, 22,* 269-298.

Azevedo, R. (2005). Computers as metacognitive tools for enhancing learning. *Educational Psychologist, 40*(4), 199-209.

Bandura, A. (1986). *Social foundations of thought and action: A social cognitive theory.* Englewood Cliffs: Prentice-Hall.

Boekaerts, M., Pintrich, P. R., & Zeidner, M. (2000). *Handbook of self-regulation.* San Diego, CA: Academic Press.

Bråten, I., & Strømsø, H. I. (2005). The relationship between epistemological beliefs, implicit theories of intelligence, and self-regulated learning among Norwegian postsecondary students. *British Journal of Educational Psychology, 75,* 539-565.

Cho, M., & Jonassen, D. (2009). Development of the human interaction dimension of the self-regulated learning questionnaire in asynchronous online learning environments. *Educational Psychology, 29,* 117-138.

de Jong, T., & van Joolingen, W. R. (1998). Scientific discovery learning with computer simulations of conceptual domains. *Review of Educational Research, 68*(2), 179-201.

Dinsmore, D. L., Alexander, P. A., & Loughlin, S. M. (2008). Focusing the conceptual lens on metacognition, self-regulation, and self-regulated learning. *Educational Psychology Review, 20,* 391-409.

Dinsmore, D. L., Loughlin, S. M., & Parkinson, M. M. (2009, April). *The effects of persuasive and expository text on metacognitive monitoring and control.* Paper presented at the annual meeting of the American Educational Research Association, San Diego, CA.

Ericsson, K. A. (2006). An introduction to the Cambridge handbook of expertise and expert performance: Its development, organization, and content. In K. A. Anders, N. Charness, P. J. Feltovich, & R. R. Hoffman (Eds.), *The Cambridge handbook of expertise and expert performance* (pp. 3-19). New York: Cambridge University Press.

Flavell, J. H. (1979). Metacognition and cognitive monitoring: A new area of cognitive-developmental inquiry. *American Psychologist, 34,* 906-911.

Gordon, S. C., Dembo, M. H., & Hocevar, D. (2007). Do teachers' own learning behaviors influence their classroom goal orientation and control ideology. *Teaching and Teacher Education, 23,* 36-46.

Greene, J. A., & Azevedo, R. (2009). A macro-level analysis of SRL processes and their relations to the acquisition of a sophisticated mental model of a complex system. *Contemporary Educational Psychology, 34,* 18-29.

Hidi, S. (1990). Interest and its contribution as a mental resource for learning. *Review of Educational Research, 60,* 549-571.

Kirby, N. F., & Downs, C. T. (2007). Self-assessment and the disadvantaged student: Potential for encouraging self-regulated learning? *Assessment & Evaluation in Higher Education, 32,* 475-494.

Kramarski, B., & Misrachi, N. (2006). Online discussion and self-regulated learning: Effects of instructional methods on mathematical literacy. *The Journal of Educational Research, 99,* 218-230.

Lajoie, S. P., & Azevedo, R. (2006). Teaching and learning in technology-rich environments. In P. A. Alexander & P. H. Winne (Eds.), *Handbook of educational psychology* (2nd ed., pp. 803-824). Mahwah, NJ: Erlbaum.

Maggioni, L., & Alexander, P. A. (in press). Knowledge domains and domain learning. In B. McGaw, P. L. Peterson, & E. Baker (Eds.), *International encyclopedia of education* (3rd ed.). Amsterdam, The Netherlands: Elsevier.

Marsh, H. W. (1990). *Self-Description Questionnaire (SDQ) II: A theoretical and empirical basis for the measurement of multiple dimensions of adolescent self-concept.* San Antonio, TX: Psychological Corp.

McCombs, B. L. (2001). Self-regulated learning and academic achievement: A phenomenological view. In B. Zimmerman & D. H. Schunk (Eds.), *Self-regulated learning and academic achievement: Theoretical perspectives* (2nd ed., pp. 67-123). Mahwah, NJ: Erlbaum.

Mettalidou, P., & Vlachou, A. (2007). Motivational beliefs, cognitive engagement, and achievement in language and mathematics in elementary school children. *International Journal of Psychology, 42,* 2-15.

Moos, D. C., & Azevedo, R. A. (2009). Self-efficacy and prior domain knowledge: To what extent does monitoring mediate their relationship with hypermedia learning? *Metacognition and Learning, 4*(3), l97-216.

Moshman, D. (1982). Exogenous, endogenous, and dialectal constructivism. *Developmental Review, 2,* 371-384.

Murphy, P. K., & Alexander, P. A. (2002). What counts? The predictive powers of subject-matter knowledge, strategic processing, and inter-

■ 引用文献

est in domain-specific performance. *Journal of Experimental Education, 70,* 197-214.

Pintrich, P. R. (2000). The role of goal orientation in self-regulated learning. In M. Boekaerts, P. Pintrich, & M. Zeidner (Eds.), *Handbook of self-regulation* (pp. 451-502). San Diego, CA: Academic Press.

Pintrich, P. R., & De Groot, E. V. (1990). Motivational and self-regulated learning components of classroom academic performance. *Journal of Educational Psychology, 82,* 33-40.

Pintrich, P. R., Roeser, R. W., & De Groot, E. A. M. (1994). Middle grades schooling and early adolescent development: Early adolescents' psychological characteristics, relationships with others, and school performance. *The Journal of Early Adolescence, 14,* 139-161.

Pintrich, P. R., Smith, D. A., Garcia, T., & McKeachie, W. J. (1993). Reliability and predictive validity of the Motivated Strategies for Learning Questionnaire (MSLQ). *Educational and Psychological Measurement, 53,* 801-813.

Schraw, G. (2006). Knowledge: Structure and processes. In P. A. Alexander & P. H. Winne (Eds.), *Handbook of educational psychology* (2nd ed. pp. 245-264). Mahwah, NJ: Erlbaum.

Schunk, D. H. (1991). Self-efficacy and academic motivation. *Educational Psychologist, 26,* 207-231.

Schunk, D. H. (2001). Social cognitive theory of self-regulated learning. In B. Zimmerman & D. Schunk (Eds.), *Self-regulated learning and academic achievement: Theoretical perspectives* (pp. 125-152). Mahwah, NJ: Erlbaum.

Schunk, D. H. (2005). Commentary on self-regulation in school contexts. *Learning and Instruction, 15*(2), 173-177.

Schunk, D. H., & Zimmerman, B. J. (1998). *Self-regulated learning: From teaching to self-reflective practice.* New York: Guilford.

Shake, M. C., Noh, S. R., & Stine-Morrow, E. A. L. (2009). Age differences in learning from text: Evidence for functionally distinct text processing systems. *Applied Cognitive Psychology, 23,* 561-578.

Stahl, E., Pieschl, S., & Bromme, R. (2006). Task complexity, epistemological beliefs and metacognitive calibration: An exploratory study. *Journal of Educational Computing Research, 35,* 319-338.

Stodolsky, S. S., Salk, S., & Glaessner, B. (1991). Student views about learning math and social studies. *American Educational Research Journal, 28,* 89-116.

Sungur, S., & Tekkaya, C. (2006). Effects of problem-based learning and traditional instruction on self-regulated learning. *The Journal of Educational Research, 99,* 307-317.

Swalander, L., & Taube, K. (2007). Influences of family based prerequisites, reading attitude, and self-regulation on reading ability. *Contemporary Educational Psychology, 32,* 206-230.

Swanborn, M. S. L., & de Glopper, K. (2002). Impact of reading purpose on incidental word learning from context. *Language Learning, 52,* 95-117.

Tang, S. Y. F., & Chow, A. W. K. (2007). Communicating feedback in teaching practice supervision in a learning-oriented field experience assessment framework. *Teaching and Teacher Education, 23,* 1066-1085.

van den Boom, G., Paas, F., & van Merriënboer, J. J. G. (2007). Effects of elicited reflections combined with tutor or peer feedback on self-regulated learning and learning outcomes. *Learning and Instruction, 17,* 532-548.

Vighnarajah, Luan, W. S., & Bakar, K. A. (2009). Qualitative findings of students' perception on practice of self-regulated strategies in online community discussion. *Computers & Education, 53,* 94-103.

Wade, S. E. (1992). How interest affects learning from text. In K. A. Renninger, S. Hidi, & A. Krapp (Eds.), *The role of interest in learning and development* (pp. 255-277). Hillsdale, NJ: Erlbaum.

Wigfield, A., Eccles, J. S., Yoon, K. S., Harold, R. D., Arbreton, A., Freedman-Doan, C., et al. (1997). Changes in children's competence beliefs and subjective task values across the elementary school years: A three-year study. *Journal of Educational Psychology, 89,* 451-469.

Winne, P. H. (2001). Self-regulated learning viewed from models of information processing. In B. Zimmerman & D. H. Schunk (Eds.), *Self-regulated learning and academic achievement: Theoretical perspectives* (2nd ed., pp. 153-190). Mahwah, NJ: Erlbaum.

Winne, P. H., & Hadwin, A. F. (1998). Studying as self-regulated learning. In D. J. Hacker, J. Dunlosky, & A. C. Graesser (Eds.), *Metacognition in educational theory and practice* (pp. 277-304). Hillsdale, NJ: Erlbaum.

Winters, F. I., & Azevedo, R. (2005). High-school students' regulation of learning during computer-based science inquiry. *Journal of Educational Computing Research, 33,* 189-217.

Wolters, C. (1998). Self-regulated and college students' regulation of motivation. *Journal of Educational Psychology, 90,* 224-235.

Wolters, C., & Pintrich, P. R. (1998). Contextual differences in student motivation and self-regulated learning in mathematics, English, and social studies classrooms. *Instructional Science, 26*(1), 27-47.

Yoon, C. (2009). Self-regulated learning and instructional factors in the scientific inquiry of scientifically gifted Korean middle school students. *Gifted Child Quarterly, 53,* 203-216.

Zeidner, M. (1998). *Test anxiety: The state of the art.* New York: Plenum.

Zimmerman, B. J. (1989). A social-cognitive view of academic self-regulated learning. *Journal of Educational Psychology, 81*(3), 329-339.

Zimmerman, B. J. (2000). Self-efficacy: An essential motive to learn. *Contemporary Educational Psychology, 25,* 82-91.

Zimmerman, B. J. (2001). Theories of self-regulated learning and academic achievement: An overview and analysis. In B. Zimmerman & D. H. Schunk (Eds.), *Self-regulated learning and academic achievement: Theoretical perspectives* (2nd ed., pp. 1-38). Mahwah, NJ: Erlbaum.

Zimmerman, B. J. (2002). Becoming a self-regulated learner: An overview. *Theory Into Practice, 41,* 64-70.

Zimmerman, B. J., & Martinez-Pons, M. (1986). Development of a structured interview for assessing student use of self-regulated learning strategies. *American Educational Research Journal, 23,* 614-628.

Zimmerman, B. J., & Schunk, D. H. (1994). *Self-regulation of learning and performance: Issues and educational applications.* Hillsdale, NJ: Erlbaum.

Zimmerman, B. J., & Schunk, D. H. (1998). *Self-regulated learning: From teaching to reflective practice.* New York: Guilford.

■第26章

Bargh, J. A., & Williams, L. E. (2007). The nonconscious regulation of emotion. In J. J. Gross (Ed.), *Handbook of emotion regulation* (pp. 429-445). New York: Guilford.

Baumeister, R. F. (2005). *The cultural animal: Human nature, meaning, and social life*. London: Oxford University Press.

Baumeister, R. F., Zell, A. L., & Tice, D. M. (2007). How emotions facilitate and impair self-regulation. In J. J. Gross (Ed.), *Handbook of emotion regulation* (pp. 408-428). New York: Guilford.

Boekaerts, M. (2006). Self-regulation and effort investment. In E. Sigel & K. A. Renninger (Vol. Eds.), *Handbook of child psychology, vol. 4, child psychology in practice* (pp. 345-377). Hoboken, NJ: Wiley.

Boekaerts, M. (2007). Understanding Students' affective processes in the classroom. In P. Schutz, R. Pekrun, & G. Phye (Eds.), *Emotion in education* (pp. 37-56). San Diego, CA: Academic Press.

Boekaerts, M., & Röder, I. (1999). Stress, coping, and adjustment in children with a chronic disease: A review of the literature. *Disability and Rehabilitation, 21*(7), 311-337.

Bower, G. H., & Forgas, J. P. (2001). Mood and social memory. In J. P. Forgas (Ed.), *The handbook of affect and social cognition* (pp. 95-120). Mahwah, NJ: Erlbaum.

Carver, C. S., & Scheier, M. F. (2000). On the structure of behavioral self-regulation. In M. Boekaerts, P. R. Pintrich, & M. Zeidner (Eds.), *Handbook of self-regulation* (pp. 41-84). San Diego, CA: Academic Press.

Compas, B. E. (1987). Coping with stress during childhood and adolescence. *Psychological Bulletin, 101*(3), 393-403.

Corno, L. (2004). Work habits and work styles: Volition in education. *Teachers College Record, 106*, 1669-1694.

Damasio, A. R. (1992). Aphasia. *New England Journal of Medicine, 326*, 531-539.

Eisenberg, N., & Spinrad, T. L. (2004). Emotion-related regulation: Sharpening the definition. *Child Development, 75*(2), 334-339.

Fredrickson, B. L., & Losada, M. F. (2005). Positive affect and the complex dynamics of human flourishing. *American Psychologist, 60*(7), 678-686.

Frijda, N. H. (1988). The laws of emotion. *American Psychologist, 43*, 349-358.

Frydenberg, E. (2004). Coping competencies: What to teach and when. *Theory Into Practice, 43*, 14-22.

Gollwitzer, P. M. (1999). Implementation intentions: Strong effects of simple plans. *American Psychologist, 54*, 493-503.

Gross, J. J. (1998). The emerging field of emotion regulation: An integrative review. *Review of General Psychology, 2*, 271-299.

Gross, J. J., & John, O. P. (2002). Wise emotion regulation. In L. F. Barrett & P. Salovey (Eds.), *The wisdom of feelings: Psychological processes in emotional intelligence* (pp. 297-318). New York: Guilford.

Gross, J. J., & Thompson, R. A. (2007). Emotion regulation: Conceptual foundations. In J. J. Gross (Ed.), *Handbook of emotion regulation* (pp. 3-26). New York: Guilford.

Higgins, E. T. (1997). Beyond pleasure and pain. *American Psychologist, 52*, 1280-1300.

Karabenick, S. A., & Newman, R. S. (2009). Help seeking as a behavioral strategic learning strategy. In E. Anderman & L. Anderman (Eds.), *Psychology of classroom learning: An encyclopedia* (Vol. I, pp. 457-461). Farmington Hills, MI: Thompson Gale.

Lazarus, R. S., & Folkman, S. (1984). *Stress, appraisal and coping*. New York: Springer.

Loewenstein, G. (2007). Affect regulation and affective forecasting. In J. J. Gross (Ed.), *Handbook of emotion regulation* (pp. 180-203). New York: Guilford.

Mischel, W., & Ayduk, O. (2004). Willpower in a cognitive-affective-processing system: The dynamics of delay of gratification. In R. F. Baumeister & K. D. Vohs (Eds.), *Handbook of self regulation: Research, theory, and applications* (pp. 99-129). New York: Guilford.

Oatley, K., & Johnson-Laird, P. N. (1996). The communicative theory of emotions: Empirical tests, mental models, and implications for social interaction. In L. L. Martin & A. Tesser (Eds.), *Striving and feeling: Interactions among goals, affect, and self-regulation* (pp. 363-393). Hillsdale, NJ: Erlbaum.

Ochsner, K. N., & Gross, J. J. (2007). The neural architecture of emotion regulation. In J. J. Gross (Ed.), *Handbook of emotion regulation* (pp. 87-109). New York: Guilford.

Pekrun, R., Frenzel, A. C., Goetz, T., & Perry, R. P. (2007). Theoretical perspectives on emotions in education. In P. A. Schutz & R. Pekrun (Eds.), *Emotion in edacation* (pp. 13-37). San Diego, CA: Academic.

Perrez, M., & Reicherts, M. (1992). *Stress, coping, and health*. Seattle, WA: Hogrefe and Huber.

Ramsden, S., & Hubbard, J. (2002). Family expressiveness and parental emotion coaching: Their role in children's emotion regulation and aggression. *Journal of Abnormal Child Psychology, 30*, 657-667.

Richards, J. M., & Gross, J. J. (2000). Emotion regulation and memory: The cognitive costs of keeping one's cool. *Journal of Personality and Social Psychology, 79*, 410-424.

Rimé, B. (2007). Interpersonal emotion regulation. In J. J. Gross (Ed.), *Handbook of emotion regulation* (pp. 466-487). New York: Guilford.

Sarason, I. G., Sarason, B. R., & Shearin, E. N. (1986). Social support as an individual difference variable: It's stability, origins, and relational aspects. *Journal of Personality and Social Psychology, 50*, 845-855.

Sideridis, G. D. (2005). Goal orientation, academic achievement, and depression: Evidence in favor of a revised goal theory framework. *Journal of Educational Psychology, 97*, 366-375.

Winne, P. H. (1995). Inherent details in self-regulated learning. *Educational Psychologist, 30*(4), 173-187.

Wolters, C. (2003). Regulation of motivation: Evaluating an underemphasized aspect of self-regulated learning. *Educational Psychologist, 38*, 189-205.

Zimmerman, B., & Kitsantas, A. (2002). Acquiring writing revision and self regulatory skill through observation and emulation. *Journal of Educational Psychology, 94*(4), 660-668.

■ 引用文献

■ 第 27 章

Altermatt, E. R., Jovanovic, J., & Perry, M. (1998). Bias or responsivity? Sex and achievement-level effects on teachers' classroom questioning practices. *Journal of Educational Psychology, 90,* 516-527.
Ancis, J. R., & Phillips, S. D. (1996). Academic gender bias and women's behavioral agency self-efficacy. *Journal of Counseling and Development, 75,* 131-137.
Anderson, S. L., & Betz, N. E. (2001). Sources of social self-efficacy expectations: Their measurement and relation to career development. *Journal of Vocational Behavior, 58,* 98-117.
Baker, D. P., & Jones, D. P. (1993). Creating gender equality: Cross-national gender stratification and mathematical performance. *Sociology of Education, 66,* 91-103.
Bandura, A. (1986). *Social foundations of thought and action: A social cognitive theory.* Englewood Cliffs, NJ: Prentice Hall.
Bandura, A. (1997). *Self-efficacy: The exercise of control.* New York: Freeman.
Bandura, A., Barbaranelli, C., Caprara, G., & Pastorelli, C. (2001). Self-efficacy beliefs as shapers of children's aspirations and career trajectories. *Child Development, 72,* 187-206.
Bell, L. A. (1989). Something's wrong here and it's not me: Challenging the dilemmas that block girls' success. *Journal for the Education of the Gifted, 12,* 118-130.
Bigler, R. S. (1995). The role of classification skill in moderating environmental influences on children's gender stereotyping: A study of the functional use of gender in the classroom. *Child Development, 66,* 1072-1087.
Britner, S. L., & Pajares, F. (2001). Self-efficacy beliefs, motivation, race, and gender in middle school science. *Journal of Women and Minorities in Science and Engineering, 7,* 271-285.
Britner, S. L., & Pajares, F. (2006). Sources of science self-efficacy beliefs of middle school students. *Journal of Research in Science Teaching, 43,* 485-499.
Bussey, K., & Bandura, A. (1999). Social cognitive theory of gender development and differentiation. *Psychological Review, 106,* 676-713.
Caprara, G. V., Fida, R., Vecchione, M., Del Bove, G., Vecchio, G. M., Barbaranelli, C., & Bandura, A. (2008). Longitudinal analysis of the role of perceived self-efficacy for self-regulated learning in academic continuance and achievement. *Journal of Educational Psychology, 100,* 525-534.
Carpenter, C. J., Huston, A. C., & Holt, W. (1986). Modification of preschool gender-typed behaviors by participation in adult-structured activities. *Sex Roles, 14,* 603-615.
Ceci, S. J., Williams, W. M., & Barnett, S. M. (2009). Women's underrepresentation in science: Sociocultural and biological considerations. *Psychological Bulletin, 135,* 218-261.
Dweck, C. S. (2002). Beliefs that make smart people dumb. In R. J. Sternberg (Ed.), *Why smart people can be so stupid* (pp. 24-41). New Haven, CT: Yale University Press.
Eccles, J. S. (1987). Gender roles and women's achievement-related decisions. *Psychology of Women Quarterly, 11,* 135-172.
Eccles, J. S., Freedman-Doan, C., Frome, P., Jacobs, J., & Yoon, K. S. (2000). Gender-role socialization in the family: A Longitudinal approach. In T. Eckes & H. Trautner (Eds.), *The developmental social psychology of gender* (pp. 333-360). Mahwah, NJ: Erlbaum.
Eccles, J. S., & Wigfield, A. (2002). Motivational beliefs, values, and goals. *Annual Review of Psychology, 53,* 109-132.
Eccles, J. S., Parsons, J., Kaczala, M., & Meece, J. L. (1982). Socialization of achievement attitudes and beliefs: Classroom influences. *Child Development, 53,* 322-339.
Else-Quest, N. M., Hyde, J. S., & Linn, M. C. (2010). Cross-national patterns of gender differences in mathematics: A meta-analysis. *Psychological Bulletin, 136,* 103-127.
Foster, T., & Newman, E. (2005). Just a knock back? Identity bruising on the route to becoming a male primary teacher. *Teachers and Teaching, 11,* 341-358.
Graham, S., Taylor, A., & Hudley, C. (1998). Exploring achievement values among ethnic minority early adolescents. *Journal of Educational Psychology, 90,* 606-620.
Hackett, G., & Betz, N. E. (1989). An exploration of the mathematics self-efficacy/mathematics performance correspondence. *Journal of Research in Mathematics Education, 20,* 261-273.
Hampton, N. Z. (1998). Sources of academic self-efficacy scale: An assessment tool for rehabilitation counselors. *Rehabilitation Counseling Bulletin, 41,* 260-277.
Hill, C., Corbett, C., & Rose, A. (2010). *Why so few? Women in science, technology, engineering, and mathematics.* Washington, D.C.: AAUW.
Hyde, J. S., & Kling, K. C. (2001). Women, motivation, and achievement. *Psychology of Women Quarterly, 25,* 364-378.
Hyde, J. S., Lindberg, S. M., Linn, M. C., Ellis, A., & Williams, C. (2008, July 25). Gender similarities characterize math performance. *Science, 321,* 494-495.
Jacobs, J. E., Lanza, S., Osgood, D. W., Eccles, J. S., & Wigfield, A. (2002). Changes in children's self-competence and values: Gender and domain differences across grades one through twelve. *Child Development, 73,* 509-527.
Jussim, L., Eccles, J., & Madon, S. (1996). Social perception, social stereotypes, and teacher expectations: Accuracy and the quest for the powerful self-fulfilling prophecy. In M. P. Zanna (Ed.), *Advances in experimental social psychology* (pp. 281-388). San Diego, CA: Academic Press.
Klassen, R. M. (2004). A cross-cultural investigation of the efficacy beliefs of South Asian immigrant and Anglo non-immigrant early adolescents. *Journal of Educational Psychology, 96,* 731-742.
Kunter, M., Tsai, Y-M., Klusmann, U., Brunner, M., Krauss, S., & Baumert, J. (2008). Students' and mathematics teachers' perceptions of teacher enthusiasm and instruction. *Learning and Instruction, 18,* 468-482.
Larose, S., Ratelle, C. F., Guay, F., Senécal, C., & Harvey, M. (2006). Trajectories of science self-efficacy beliefs during the college transition and academic and vocational adjustments in science and technology programs. *Educational Research and Evaluation, 12,* 373-393.
Leaper, C., & Friedman, C. K. (2007). The socialization of gender. In J. Grusec & P. Hastings (Eds.), *Handbook of socialization: Theory and*

research (pp. 561-587). New York: Guilford Press.

Lent, R. W., Brown, S. D., & Hackett, G. (1994). Toward a unifying social cognitive theory of career and academic interest, choice, and performance. *Journal of Vocational Behavior, 45,* 79-122.

Lent, R. W., Lopez, F. G., Brown, S. D., & Gore, P. A., Jr. (1996). Latent structure of the sources of mathematics self-efficacy. *Journal of Vocational Behavior, 49,* 292-308.

Lopez, F. G., Lent, R. W., Brown, S. D., & Gore, P. A. (1997). Role of social-cognitive expectations in high school students' mathematics-related interest and performance. *Journal of Counseling Psychology, 44,* 44-52.

Luzzo, D. A., Hasper, P., Albert, K. A., Bibby, M. A., & Martinelli, E. A., Jr. (1999). Effects of self-efficacy-enhancing interventions on the math/science self-efficacy and career interests, goals, and actions of career undecided college students. *Journal of Counseling Psychology, 46,* 233-243.

Martin, C. L., & Fabes, R. A. (2001). The stability and consequences of young children's same-sex peer interactions. *Developmental Psychology, 37,* 431-446.

National Science Foundation. (2007). *Science and engineering degrees: 1966-2004* (NSF Publication No. 07-307). Arlington, VA: Author.

Nauta, M. M., & Epperson, D. L. (2003). A longitudinal examination of the social-cognitive model applied to high school girls' choices of non-traditional college majors and aspirations. *Journal of Counseling Psychology, 50,* 448-457.

Nowell, A., & Hedges, L. V. (1998). Trends in gender differences in academic achievement from 1960 to 1994: An analysis of differences in mean, variance and extreme scores. *Sex Roles, 39,* 21-43.

Pajares, F., & Miller, D. (1994). Role of self-efficacy and self-concept beliefs in mathematical problem solving: A path analysis. *Journal of Educational Psychology, 86,* 193-203.

Pajares, F., & Schunk, D. (2005). Self-efficacy and self-concept beliefs: Jointly contributing to the quality of human life. In H. W. Marsh, R. G. Graven, & D. McInerney (Eds.), *International advances in self research* (Vol. 2, pp. 287-305). Greenwich, CT: Information Age.

Schunk, D. H. (1983). Reward contingencies and the development of children's skills and self-efficacy. *Journal of Educational Psychology, 75,* 511-518.

Schunk, D. H. (1987). Peer models and children's behavioural change. *Review of Educational Research, 57,* 149-174.

Schunk, D. H., & Lilly, M. W. (1984). Sex differences in self-efficacy and attributions: Influence of performance feedback. *Journal of Early Adolescence, 4,* 203-213.

Schunk, D., & Pajares, F. (2002). The development of academic self-efficacy. In A. Wigfield & J. S. Eccles (Eds.), *Development of academic achievement* (pp. 15-31). San Diego, CA: Academic Press.

Spencer, S. J., Steele, C. M., & Quinn, D. M. (1999). Stereotype threat and women's math performance. *Journal of Experimental Social Psychology, 35,* 4-28.

Stake, J. E., & Nickens, S. D. (2005). Adolescent girls' and boys' science peer relationships and perceptions of the possible self as scientist. *Sex Roles, 52,* 1-11.

Tenenbaum, H. R., & Leaper, C. (2003). Parent-child conversations about science: The socialization of gender inequities? *Developmental Psychology, 39,* 34-47.

Twenge, J. M. (1997). Attitudes towards women, 1970-1995: A meta-analysis. *Psychology of Women Quarterly, 21,* 35-51.

United Nations Educational, Scientific and Cultural Organization (UNESCO). (2006). *Advocacy brief: The impact of women teachers on girls' education.* Bangkok: UNESCO.

Updegraff, K. A., McHale, S. M., & Crouter, A. C. (1996). Egalitarian and traditional families: What do they mean for girls' and boys' achievement in math and science? *Journal of Youth and Adolescence, 25,* 73-88.

Usher, E. L., & Pajares, F. (2006). Sources of academic and self-regulatory efficacy beliefs of entering middle school students. *Contemporary Educational Psychology, 31,* 125-141.

Watt, H. M. G. (2010). Gender and occupational choice. In J. Chrisler & D. McCreary (Eds.), *Handbook of gender research in psychology* (Vol. 2, pp. 379-400). New York: Springer.

Zeldin, A. L., & Pajares, F. (2000). Against the odds: Self-efficacy beliefs of women in mathematical, scientific, and technological careers. *American Educational Research Journal, 37,* 215-246.

Zimmerman, B. J. (2000). Attaining self-regulation: A social cognitive perspective. In M. Boekaerts, P. R. Pintrich, & M. Zeidner (Eds.), *Handbook of self-regulation* (pp. 13-39). San Diego, CA: Academic Press.

Zimmerman, B. J., Bandura, A., & Martinez-Pons, M. (1992). Self-motivation for academic attainment: The role of self-efficacy beliefs and personal goal setting. *American Educational Research Journal, 29,* 663-676.

Zimmerman, B. J., & Cleary, T. J. (2006). Adolescents' development of personal efficacy: The role of self-efficacy beliefs and self-regulatory skill. In F. Pajares & T. Urdan (Eds.), *Self-efficacy beliefs of adolescents* (pp. 45-69). Greenwich, CT: Information Age.

Zimmerman, B. J., & Martinez-Pons, M. (1988). Construct validation of a strategy model of student self-regulated learning. *Journal of Educational Psychology, 80,* 284-290.

■第28章

Bandura, A. (1989). Multidimensional scales of perceived self-efficacy. Unpublished test, Stanford University, Stanford, CA.

Baumrind, D. (1991). The influence of parenting style on adolescent competence and substance used. *Journal of Early Adolescence, 11,* 56-95.

Blom, S., & Severiens, S. (2008). Engagement in self-regulated deep learning of successful immigrant and non-immigrant students in inner city schools. *European Journal of Psychology of Education, 23,* 41-58.

Bråten, I., & Olaussen, B. S. (1998). The relationship between motivational beliefs and learning strategy use among Norwegian college students. *Contemporary Educational Psychology, 23,* 182-194.

Bråten, I., & Strømsø, H. I. (2005). The relationship between epistemological beliefs, implicit theories of intelligence, and self-regulated

■ 引用文献

learning among Norwegian postsecondary students. *British Journal of Educational Psychology, 75,* 539-565.
Buri, J. R. (1989, May). *An instrument for the measurement of parental authority prototypes.* Paper presented at the Annual Meeting of the Midwestern Psychological Association, Chicago. ERIC Document Reproduction Service No. ED 400517.
Camahalan, F. M. G. (2006). Effects of self-regulated learning on mathematics achievement of selected Southeast Asian children. *Journal of Instructional Psychology, 33,* 194-205.
Chao, R. K. (1994). Beyond parental control and authoritarian parenting style. Understanding Chinese parenting through the cultural notion of training. *Child Development, 65,* 1111-1119.
Chiu, M. M., Chow, B. W-Y., & McBride-Chang, C. (2007). Universals and specifics in learning strategies: Explaining adolescent mathematics, science, and reading achievement across 34 countries. *Learning and Individual Differences, 17,* 344-365.
Chong, W. H. (2007). The role of personal agency beliefs in academic self-regulation. An Asian perspective. *School Psychology, 28,* 63-76.
Cobb, P., Wood, T., Yackel, E., Nicholls, J., Wheatley, G., Trigatti, B., et al. (1991). Assessment of a problem-centered second-grade mathematics project. *Journal for Research in Mathematics in Education, 22,* 3-19.
Eaton, M. J., & Dembo, M. H. (1996, April). *Difference in the motivational beliefs of Asian American and non-Asian students.* Paper presented at the Annual Meeting of the American Educational Research Association, New York, NY.
Eaton, M. J., & Dembo, M. H. (1997). Differences in the motivational beliefs of Asian American and non-Asian students. *Journal of Educational Psychology, 89*(3), 433-440.
Elliot, A. J., & Church, M. A. (1997). A hierarchical model of approach and avoidance achievement motivation. *Journal of Personality and Social Psychology, 72,* 218-232.
Gorrell, J., Hwang, Y. S., & Chung, K. S. (1996, April). *A comparison of self-regulated problem-solving awareness of American and Korean children.* Paper presented at the Annual Meeting of the American Educational Research Association, New York, NY.
Huang, J., & Prochner, L. (2004). Chinese parenting styles and children's self-regulated learning. *Journal of Research in Childhood Education, 18,* 227-238.
Klassen, R. M. (2004). A cross-cultural investigation of the efficacy beliefs of south Asian immigrant and Anglo Canadian non-immigrant early adolescents. *Journal of Educational Psychology, 96,* 731-742.
Law, Y-K., Chan, C. K. K., & Sachs, J. (2008). Beliefs about learning, self-regulated strategies and text comprehension among Chinese children. *British Journal of Educational Psychology, 78,* 51-73.
Lee, P-L., Hamman, D., & Lee, C. C. (2007). The relationship of family closeness with college students' self-regulated learning and school adjustment. *College Student Journal, 41,* 779-788.
Linnenbrink, E. A., & Pintrich, P. R. (2000). Multiple pathways to learning and achievement: The role of goal orientation in fostering adaptive motivation, affect, and cognition. In C. Sansone & J. M. Harackiewicz (Eds.), *Intrinsic and extrinsic motivation: The search for optimal motivation and performance* (pp. 195-227). San Diego, CA: Academic Press.
Matsui, T., Matsui, K., & Ohnishi, R. (1990). Mechanisms underlying math self-efficacy learning of college students. *Journal of Vocational Behavior, 37*(2), 225-238.
McInerney, D. M. (2008). The motivational roles of cultural differences and cultural identity in self-regulated learning. In D. Schunk & B. J. Zimmerman (Eds.), *Motivation and self-regulated learning: Theory, research, and applications* (pp. 368-400). New York: Erlbaum.
Midgley, C., Anderman, E., & Hicks, L. (1995). Differences between elementary and middle school teachers and students: A goal theory approach. *Journal of Early Adolescence, 15,* 90-113.
Midgley, C., Maehr, M. L., Hruda, L., Anderman, E. M., Anderman, L., Freeman, K. E., et al, (2000). *Manual for the Patterns of Adaptive Learning Scales (PALS).* Ann Arbor: University of Michigan Press.
Neber, H. (1999). *Preferences for experimentation: The development of the questionnaire.* Munich: Department of Psychology at the University of Munich.
Neber, H., He, J., Liu, B-X., & Schofield, N. (2008). Chinese high-school students in physics classroom as active, self-regulated learners: Cognitive, motivational and environmental aspects. *International Journal of Science and Mathematics Education, 6,* 769-788.
Nota, L., Soresi, S., & Zimmerman, B. J. (2004). Self-regulation and academic achievement and resilience: A Longitudinal study. *International Journal of Educational Research, 41,* 198-215.
Olaussen, B. S., & Bråten, I. (1999). Students' use of strategies for self-regulated learning: cross-cultural perspectives. *Scandinavian Journal of Educational Research, 43,* 409-432.
Ommundsen, Y., Haugen, R., & Lund, T. (2005). Academic self-concept, implicit theories of ability, and self-regulation strategies. *Scandinavian Journal of Educational Research, 49*(5), 461-474.
Parsons, E. C. (2003). Culturalizing Instruction: Creating a more inclusive context for learning for African American students. *High School Journal, 86*(4), 23-30.
Pillay, H., Purdie, N., & Boulton-Lewis, G. (2000). Investigating cross-cultural variation in conceptions of learning and the use of self-regulated strategies. *Educational Journal, 28,* 65-84.
Pintrich, P. R. (2000). The role of goal orientation in self-regulated learning. In M. Boekaerts, P. R. Pintrich, & M. Zeidner (Eds.), *Handbook of self-regulation* (pp. 452-502). San Diego, CA: Academic Press.
Pintrich, P. R., & Schrauben, B. (1992). Students' motivational beliefs and their cognitive engagement in classroom academic tasks. In D. H. Schunk & Z. L. Meece (Eds.), *Student perception in the classroom* (pp. 149-183). Hillsdale, NJ: Erlbaum.
Pintrich, P. R., Smith, D. A., Garcia, T., & McKeachie, W. J. (1991). *A Manual for the use of the Motivated Strategies for Learning Questionnaire (MSLQ)* (Technical Report No. 91-B-004). Ann Arbor: University of Michigan Press.
Pintrich, P. R., Smith, D. A., Garcia, T., & McKeachie, W. J. (1993). Reliability and predictive validity of the Motivated Strategies for Learning Questionnaire (MSLQ). *Educational and Psychological Measurement, 53*(3), 801-813.
Pintrich, P. R., Zusho, A., Schiefele, U., & Pekrun, R. (2001). Goal orientation and self-regulated learning in the college classroom: A cross-cultural comparison. In F. Salili, C-Y. Chiu, & Y-Y. Hong (Eds.), *Student motivation: The culture and context of learning* (pp. 149-169). New York: Kluwer Academic.

■ 引用文献

Purdie, N. (1998, August). *Conceptions of learning in different cultures*. Paper presented at the XIVth International Congress of the International Association for Cross-Cultural Psychology, Bellingham, WA.

Purdie, N., & Hattie, J. (1996). Cultural differences in the use of strategies for self-regulated learning. *American Educational Research Journal, 33*(4), 845-871.

Purdie, N., & Hattie, J. (2002). Assessing students' conceptions of learning. *Australian Journal of Educational and Developmental Psychology, 2,* 17-32.

Purdie, N., Hattie, J., & Douglas, G. (1996). Student conceptions of learning and their use of self-regulated learning strategies: A cross-cultural comparison. *Journal of Educational Psychology, 88*(1), 87-100.

Puustinen, M., & Pulkkinen, L. (2001). Models of self-regulated learning: A review. *Scandinavian Journal of Educational Research, 45,* 269-286.

Rao, N. (1995). *Motivational beliefs, study strategies and examination performance in Chinese high and low achievers*. Paper presented at the Society for Research in Child Development Conference, Indianapolis, IN.

Rao, N., Moely, B. E., & Sachs, J. (2000). Motivational beliefs, study strategies, and mathematics attainment in high-and low-achieving Chinese secondary school students. *Contemporary Educational Psychology, 25,* 287-316.

Rhee, E., Uleman, J. S., Lee, H. K., & Roman, R. J. (1995). Spontaneous self-descriptions and ethnic identities in individualistic and collectivistic cultures. *Journal of Personality and Social Psychology, 69,* 142-152.

Rule, D. L., & Griesemer, B. A. (1996, February). *Relationships between Harter's scale of intrinsic versus extrinsic orientation and Bandura's Scale of self-efficacy for self-regulated learning*. Paper presented at the Annual Meeting of the Eastern Educational Research Association, Cambridge, MD. ERIC Document Reproduction Service No. ED4093555.

Salili, F., Fu, H-Y., Tong, Y-Y., & Tabatabai, D. (2001). Motivation and self-regulation: A cross-cultural comparison of the effect of culture and context of learning on student motivation and self-regulation. In C-Y. Chiu, F. Salili, & Y-Y. Hong (Eds.), *Multiple competencies and self-regulated learning: Implications for multicultural education* (Vol. 2, pp. 123-140). Greenwich, CT: Information Age.

Sarrazin, P., Biddle, S., Famose, J. P., Cury, F., Fox, K., & Durand, M. (1996). Goal orientations and conceptions of the nature of sport ability in children: A social cognitive approach. *British Journal of Social Psychology, 35,* 399-414.

Schunk, D. (2001). Social cognitive theory and self-regulated theory. In B. J. Zimmerman & D. Schunk (Eds.), *Self-regulated learning and academic achievement: theoretical perspectives* (pp. 125-151). Mahwah, NJ: Erlbaum.

Shih, S-S. (2005). Taiwanese sixth graders' achievement goals and Tteir motivation, strategy use, and grades: An examination of the multiple goal perspective. *Elementary School Journal, 106*(1), 39.

Song, I. S., & Hattie, J. (1984). Home environments, self-concept, and academic achievement: A causal modeling approach. *Journal of Educational Psychology, 76,* 1269-1281.

Stipek, D., & Gralinski, J. D. (1996). Children's beliefs about intelligence and school performance. *Journal of Educational Psychology, 88,* 397-407.

Strage, A. A. (1998). Family context variables and the development of self-regulation in college students. *Adolescence, 33,* 17-31.

Tait, H., Entwistle, N. J., & McCune, V. (1998). ASSIST: A reconceptualization of the approaches to study inventory. In C. Rust (Ed.), *Improving student learning* (pp. 262-271). Oxford, UK: The Oxford Centre for Staff and Learning Development, Oxford Brookes University.

Tang, M., & Neber, H. (2008). Motivation and self-regulated science learning in high-achieving students: differences related to nation, gender, and grade level. *High Ability Studies, 19,* 103-116.

Teh, G. P., & Fraser, B. J. (1995). Development and validation of an instrument for assessing the psychosocial environment of computer assisted learning classrooms. *Journal of Educational Computing Research, 12,* 177-193.

Triandis, H. C. (2002). Subjective culture. In W. J. Lonner, D. L. Dinnel, S. A. Hayes, & D. N. Sattler (Eds.), *Online readings in psychology and culture* (unit 15, chapter 1). Bellingham, WA: Center for Cross-Cultural Research, Western Washington University. Retrieved March 4, 2006. from http://www.wwu. edu/~culture

Urdan, T., Midgley, C., & Anderman, E. M. (1998). The role of classroom goal structure in students' use of self-handicapping strategies. *American Educational Research Journal, 35,* 101-122.

Weinstein, C. E., Palmer, D. R., & Schulte, A. C. (1987). *LASSI: Learning and Study Strategies Inventory*. Clearwater, FL: H & H Publishing.

Westby, C. (1993). Developing cultural competence: Working with culturally/linguistically diverse families. In *Teams in early intervention introductory module*. Albuquerque, NM: Training and Technical Assistance Unity, University of New Mexico School of Medicine.

Yamauchi, L. A., & Greene, W. L. (1997, March). *Culture, gender, and the development of perceived self-efficacy among Hawaiian adolescents*. Paper presented at the annual meeting of the American Educational Research Association, Chicago, IL.

Yang, M. (2005). Investigating the structure and the pattern in self-regulated learning by high school students. *Asia Pacific Education Review, 6,* 162-169.

Zhu, C., Valcke, M., & Schellens, T. (2008). A cross-cultural study of Chinese and Flemish university students: Do they differ in learning conceptions and approaches to learning? *Learning and Individual Differences, 18,* 120-127.

Zimmerman, B. J. (1989). A social cognitive view of self-regulated academic learning. *Journal of Educational Psychology, 81,* 329-339.

Zimmerman, B. J. (1998). Developing self-fulfilling cycles of academic regulation: An analysis of exemplary instructional models. In D. H. Schunk & B. J. Zimmerman, (Eds.), *Self-regulated learning: From teaching to self-reflective practice* (pp. 1-19). New York: Guilford.

Zimmerman, B. J. (2000). Attaining self-regulation: A social cognitive perspective. In M. Boekaerts, P. R. Pintrich, & M. Zeidner (Eds.), *Handbook of self-regulation* (13-39). San Diego, CA: Academic Press.

Zimmerman, B. J. (2002). Becoming a self-regulated learner: An overview. *Theory into Practice, 41*(2), 64-71.

Zimmerman, B. J. (2004). Sociocultural influence and students' development of academic self-regulation: A social-cognitive perspective. In D. M. McInerney & S. Van Etten (Eds.), *Big theories revisited. Research on sociocultual influences on motivation and learning* (Vol. 4, 139-164). Greenwich, CT: Information Age.

Zimmerman, B. J., Bandura, A., & Martinez-Pons, M. (1992). Self-motivation for academic attainment: The role of self-efficacy beliefs and

■ 引用文献

personal goal setting. *American Educational Research Journal, 29*(3), 663-676.

Zimmerman, B. J., & Martinez-Pons, M. (1986). Development of a structured interview for assessing student use of self-regulated learning strategies. *American Educational Research Journal, 23,* 614-628.

Zimmerman, B. J., & Martinez-Pons, M. (1988). Construct validation of a strategy model of student self-regulated learning. *Journal of Educational Psychology, 80,* 284-290.

Zimmerman, B. J., & Martinez-Pons, M. (1990). Student difference in self-regulated learning: Relating grade, sex, and giftedness to self-efficacy and strategy use. *Journal of Educational Psychology, 82,* 51-59.

Zimmerman, B. J., & Schunk, D. H. (2001). *Self-regulated learning and academic achievement.* Theoretical perspectives (2nd ed.). Mahwah, NJ: Erlbaum.

■ 人名索引

◆ A

Adams, N. E.　　226, 259, 262
Adams, P.　　185
Afflerbach, P.　　101, 126, 139, 208
Agar, M. H.　　274, 281
Ainley, M.　　40, 178, 317
Ajzen, I.　　212, 213
Albert, K. A.　　345
Albinson, J.　　174
Aleven, V.　　80, 88, 210, 212, 217
Alexander, P. A.　　9, 31, 126, 160, 302, 304, 308, 309, 316-318
Allen, K.　　174
Allen, T. D.　　108, 109, 111, 112
Alley, G. R.　　154
Allport, G. W.　　198
Altenmuüller, E.　　185
Altermatt, E. R.　　345
Alvermann, D. E.　　112, 270, 272
Amaya-Williams, M.　　3, 57
Ames, C.　　175, 180, 181, 216
Ames, R.　　211
Amrany, C.　　132
Anas, A.　　19
Ancis, J. R.　　345
Anderman, E. M.　　29, 169, 170, 310, 351, 355
Anderman, L. H.　　29
Anderson, D. K.　　290
Anderson, J. R.　　15
Anderson, L. M.　　130, 153
Anderson, M. C.　　24
Anderson, S. L.　　340
Andrews-Weckerly, S.　　149
Ang, G.　　214
Anthony, H. M.　　153
Arbreton, A.　　212, 215
Archer, J.　　216
Arnabile, T.　　114, 115, 118
Arnold, L. S.　　104
Arroyo-Giner, C.　　7
Asaro, K.　　157
Asterhan, C. S. C.　　167, 169
Atkinson, D. R.　　117
Aulls, M. W.　　270
Austin, J. R.　　192, 193
Ayduk, O.　　42, 332
Azevedo, R.　　5, 55, 57, 78-83, 88, 89, 92, 93, 236, 245, 248-252, 254-256, 261, 313-317
Azmitia, M.　　27, 28

◆ B

Bakar, K. A.　　311
Baker, D. P.　　343
Baker, L.　　139, 250, 251
Baker, R. S. J. d.　　89
Baker, S.　　140
Balaguer, I.　　181
Bandura, A.　　2, 3, 7, 28, 29, 33, 42, 44-46, 50, 69, 70, 110, 128, 149, 177, 178, 182, 189, 192, 201, 220-229, 258-262, 264, 268, 276, 278, 308, 310, 336-343, 345, 347, 359
Banfield, J. T.　　177
Bangert-Drowns, R. L.　　296
Bannert, M.　　250
Barbaranelli, C.　　228, 337
Barbieri, A.　　157
Bargh, J. A.　　14, 165, 284, 334
Barnett, S. M.　　336
Barnett, W. S.　　284
Baroody, A. J.　　124
Barron, B.　　60, 293, 294
Barron, K. E.　　128
Battle, A.　　41
Baumann, J. F.　　274, 276
Baumeister, R. F.　　201, 284, 321, 325, 331, 334
Baumrind, D.　　357
Baxter, G.　　57, 126, 233
Beardsley, P. M.　　167
Beauchamp, M.　　174
Beaudoin, L.　　289
Beck, A. T.　　260
Becker, B. J.　　303
Begg, I. M.　　19, 21
Behrens, J. T.　　272
Beishuizen, J. J.　　302
Belfiore, P. J.　　149
Bell, L. A.　　344
Bembenutty, H.　　32, 42, 236, 242
Benderly, B. L.　　292
Beneke, W. M.　　3
Benner, G.　　157
Bennouna, S.　　116-118
Bently, A. F.　　100
Benton, S. L.　　19
Benzon, M. B.　　7
Bereiter, C.　　147, 150, 152, 166
Berg, M. H.　　192
Bergman, J. L.　　140
Bergman, L. R.　　202
Berk, L. E.　　27, 28
Bernicot, J.　　216, 217
Berthelot, J.　　133

Bertrand, J. P.　　199
Bertus, E. L.　　140
Betz, N. E.　　337, 338, 340
Beyer, J.　　226
Bibby, M. A.　　345
Bidjerano, T.　　283
Biemiller, A.　　130
Biggs, J.　　66, 299
Bigler, R. S.　　345
Bingham, S.　　59, 98
Biswas, G.　　80, 84, 88, 89
Bjork, R. A.　　21, 25, 79
Blackwell, L. S.　　33, 40
Blair, C.　　130
Blom, S.　　351, 359-361, 362
Bloom, B. S.　　186
Bloom, M. V.　　167
Blumenfeld, P.　　169, 236
Boaler, J.　　131
Boekaerts, M.　　9, 26, 66, 67, 79, 126, 129, 130, 133, 232, 234, 237-240, 284, 295, 304, 308, 321, 324, 326, 328, 329
Boice, B.　　120
Bol, L.　　268
Bolger, N.　　209
Bolick, C. M.　　249
Bolt, D. M.　　267
Bolus, R.　　224
Bong, M.　　35, 224, 228
Bonner, S.　　69
Bonney, C. R.　　210
Borenstein, M.　　298, 299
Borkowski, J. G.　　138
Borkowski, N. A.　　108, 114
Bosco, P.　　127
Bouchard, E.　　140
Bouffard, T.　　31
Bouffard-Bouchard, T.　　42, 70, 225, 251
Boulton-Lewis, G.　　356
Bower, G. H.　　325
Boyle, P.　　120
Boyle, R. B.　　162
Braaksma, M.　　153
Bradley-Klug, K. L.　　151
Bransford, J. D.　　2, 38, 124
Bråten, I.　　128, 312, 350, 351, 360, 362
Bray, S.　　174
Brewer, W. F.　　165
Brindle, M.　　147
Briscoe, C.　　168
Britner, S. L.　　336-340, 345, 346
Broderick, J. E.　　209
Bromme, R.　　311
Bronson, M. B.　　66

■ 人名索引

Broughton, S. H.　169
Brown, A. L.　2, 13, 38, 50, 250, 251
Brown, R.　108
Brown, S. D.　220, 338, 340, 342
Brucker, S. M.　108
Bruning, R. H.　24, 42, 50
Brunstein, J. C.　56, 208
Bryant, D. S.　20
Bryk, A. S.　209
Buchbinder, C.　209
Buettner, G.　47, 66, 67
Burhans, K. K.　33
Buri, J. R.　357
Burkett, C.　79, 93
Burns, K. D.　20
Burross, H. L.　59, 60, 286, 287
Busemeyer, J. R.　35
Bussey, K.　9, 341-343, 345
Butler, D. L.　8, 25, 56, 57, 234, 268, 270, 272, 273, 278, 279, 281, 282
Butler, R.　210-216
Büttner, G.　130-134, 295, 298, 300, 303
Byrnes, J. P.　35

◆ C

Cacioppo, J. T.　164
Cahen, L.　296
Cai, Z.　83, 93
Calkins, S.　130
Callender, A. A.　22
Camahalan, F. M. G.　352, 353, 360-362
Cambria, J.　4
Cameron, J.　48
Campbell, D. T.　204
Campbell, P. S.　194
Campillo, M.　44, 160, 161, 186, 187, 191, 192
Campione, J. C.　2, 38, 50
Campos, P.　232
Cantor, N.　235, 236
Capeci, A.　135
Caprara, G. V.　228, 336, 337, 340
Carpenter, C. J.　345
Carr, M.　160, 302
Cartier, S. C.　268
Carver, C. S.　35, 201, 324, 326
Casas, A.　117
Case, J.　168
Cataldo, M. G.　140
Ceci, S. J.　336
Cervero, R. M.　114, 118
Chaffin, R.　188, 192
Chan, C. K. K.　353
Chao, R. K.　357, 363
Chapman, J. W.　224
Chapman, S.　140
Charness, N.　186
Chartrand, T. L.　165
Chase, M. A.　178

Chase, W. G.　186
Chauncey, A.　5, 79
Chen, P. P.　268
Cheng, W.　232, 242
Chi, M. T. H.　92, 160, 168, 169, 247, 249, 255, 256
Chiarelli, S.　56, 57, 272, 274, 276
Chiu, M. M.　354, 360, 362
Chiu, M-H.　169, 247
Cho, M.　312
Choi, N.　228
Chong, W. H.　356, 360, 362
Chouinard, R.　216
Chow, A. W. K.　311
Chow, B. W-Y.　354
Christensen, M.　19
Chroni, S.　237
Chung, K. S.　358
Church, M. A.　352
Clark, R. A.　112, 115
Cleary, T. J.　8, 26, 29, 30, 36, 46, 55, 137, 179-182, 220, 221, 241, 259, 261-269, 337, 338, 341
Cobb, P.　127, 132, 354, 356
Coddington, C. S.　145
Code, J.　57
Cohen, A.　33
Cohen, J.　297
Cohen, S.　2, 39
Cohn, L. D.　303
Coi, G.　127
Coiro, J.　290, 291
Cole, C. L.　151
Coleman, M.　201
Collins, A.　80
Collins, J. L.　42
Compas, B. E.　327
Connell, J. P.　189, 224
Cooper, C.　243
Cooper, H.　288
Coquin, D.　216
Corbett, A. T.　80, 89, 92
Corbett, C.　336
Corbin, J.　277
Corno, L.　8, 43, 69, 96, 144, 166, 232, 237-240, 283-285, 287, 288, 290-292, 294, 333
Cornoldi, C.　157
Corpus, J.　243
Corrigan, M.　178
Costa, L-J. C.　8
Cotton, D. R. E.　246, 248, 250
Coulson, R. L.　290
Couzijn, M.　153
Covington, M. J.　29
Covington, M. V.　69
Cowen, E. L.　259
Cox, M.　93
Cox, P. D.　43, 71

Crespo, M.　181
Creswell, J. W.　270-274, 280
Crews, D. J.　171, 173, 174, 184
Crippen, K. J.　160
Crisp, G.　110, 112
Cromley, J. G.　55, 80, 81, 250, 251
Crosby, F. J.　115
Crouch, C. H.　167
Crouter, A. C.　343
Crowley, E.　133
Crowson, H.　235
Csikszentmihalyi, M.　190
Cuddy, C. L.　246
Cumming, J.　176
Curlette, W. L.　297
Curtis, M. J.　258
Cutrona, C. E.　259

◆ D

D'Mello, S.　80
Dai, D. Y.　283
Damasio, A. R.　325
Dannefer, E. F.　294
Davidson, G.　251
Davidson, J. E.　44
Davidson., J. W.　185-187
Davies, P.　298, 303
Davis, E. A.　169
Davis, H.　34
Davis, M. H.　143
Davis-Kean, P.　79
Davison, G. C.　250
Day, J. D.　13
De Corte, E.　6, 124-134, 303
De Groot, E. V.　31, 41, 190, 225, 233, 310, 316
De La Paz, S.　152
de Glopper, K.　318
de Janasz, S. C.　114
de Jong, T.　55, 315
de la Harpe　209
de Leeuw, N.　169, 247
Debus, R. L.　226, 235, 236
Deci, E. L.　40, 41, 45, 48, 142, 200
DeCooke, E.　211
Delano, M. E.　157
Dembo, M. H.　218, 313, 349, 358, 360, 362
Demetriou, A.　27
Dennison, R. S.　57
Depaepe, F.　6, 130, 131, 133, 134
Dernetz, V. H.　259
Desbiens, J-F.　216
Deshler, D. D.　154, 154
Devonport, T. J.　172
Dewey, J.　100, 119
DeWitte, S.　42, 43, 284
Diamond, A.　284, 294
Diamond-Hallam, C.　67

418

Diaz, R. M.　3, 57
Dick, W.　270
Dickhauser, O.　213
Dierking, D. R.　67, 300
Dignath, C.　8, 47, 66, 67, 130-134, 295, 298, 300, 303
Dillenbourg, P.　61
Dillon, J. T.　210, 212
Dinsmore, D. L.　9, 126, 160, 304, 308, 312, 317
Dishman, R.　232, 236, 242
Dobbler, E.　290, 291
Dole, J. A.　162, 165
Donald, J.　253
Donley, J.　140
Donovan, J.　172
Dore, T. M.　114, 115, 118
Dorn, S. M.　108, 111, 115
Douglas, G.　355
Dowker, A.　124
Dowler, J.　66
Downs, C. T.　315
Dowson, M.　29, 35
Dresel, M.　74
Driscoll, M. P.　270
Dubes, R.　258
Duckworth, A. L.　33, 292
Duda, J. L.　181
Duft, S.　21
Dufty, D.　83
Duggan, S.　169
Duhon, K. E.　317
Duke, N.　140
Duncan, R. M.　27, 28
Duncan, T. G.　244, 254
Dunlosky, J.　20, 21, 23, 24, 79, 211
Dunwoody, S.　246, 248, 250
DuPaul, G. J.　151
Duran, R. P.　261
Durik, A. M.　30, 35
Dweck, C. S.　33, 39, 40, 45, 111, 175, 177, 340, 344

◆ E

Eaton, M. J.　349, 358, 360, 362
Ebner-Priemer, U. W.　199
Eby, L. T.　108, 109, 111
Eccles, J. S.　30, 41, 45, 79, 128, 214, 223, 342-345
Ehrenberg, R. G.　108, 114
Eisenberg, N.　330, 331
Eisenberger, R.　284
Eliot, J.　157
Elliot, A. J.　29, 127, 176, 191, 215, 352
Ellis, A.　260, 336
Ellis, D.　69
Else-Quest, N. M.　337
Elshout, J. J.　250
Emerson, H.　210

Englert, C. S.　153, 154
Entwistle, N. J.　353
Epperson, D. L.　342
Epstein, W.　19
Ericsson, K. A.　14, 69, 161, 183, 185, 186, 191, 245-251, 253-255, 260, 261, 266, 309
Ertmer, P. A.　26, 35, 36, 74, 134, 141, 200, 222, 225
Evans, S. W.　246, 248, 250
Eveland, J., W. P.　246, 248, 250
Evensen, D. H.　274, 277
Eysenck, H. J.　296

◆ F

Fabes, R. A.　344
Fahrbach, K. R.　178
Fahrenberg, J.　208
Farinacci, S.　19
Faulkner, R.　186
Feick, D.　235
Feigenbaum, P.　28
Feldman, P.　251
Feldman, R.　259
Feldstein, S.　259
Felton, G.　236
Feltovich, P. J.　186, 290
Feltz, D. L.　178
Ferrara, R. A.　2, 38
Ferretti, R. P.　149, 150
Fike, A.　93
Filby, N.　296
Fine, J. G.　67
Fischer, F.　217
Fishbein, M.　212, 213
Fisher, J. D.　212
Fitzsimmons, G. M.　284
Flavell, J. H.　308
Fletcher, D.　176
Flower, L.　147, 149
Folkman, S.　328
Forgas, J. P.　325
Forgeard, M.　185
Foskett, A.　259
Foster, T.　346
Fox, E.　252
Frank, M. L.　127
Franklin, M. B.　198
Franzmann, J.　209
Fraser, B. J.　297, 354
Frederiksen, J.　80
Fredricks, J.　236
Frederickson, B. L.　326
Freebairn, L. A.　157
Freedman-Doan, C.　343
Freeman, K.　2, 39
Freire, P.　110
Frese, M.　251, 256
Frey, K. S.　211

Friebert, S. E.　246
Friedlander, B.　150, 155
Friedman, C. K.　344
Friese, M.　284
Frijda, N. H.　325
Frijters, J. C.　210
Frome, P.　343
Frydenberg, E.　328
Fu, H-Y.　349
Fuchs, L. S.　131, 140
Fujita, K.　284
Fuller, G. B.　258
Fulmer, S. M.　210
Fuqua, D. R.　228

◆ G

Gable, S.　191
Gagné, R. M.　245
Gaiani, C.　157
Galbraith, M. W.　113, 114
Gallimore, R. G.　3, 111, 116
Gallwey, W. T.　191
Gano-Overway, L.　176
Gansle, K. A.　258
Garavalia, L. S.　228
Garcia, T.　9, 57, 189, 193, 200, 232, 233, 235, 237, 241, 261, 310, 351, 353
Garofalo, J.　127
Gaskill, P. J.　129
Gauvain, M.　213
Geary, D. C.　166
Gendron, A.　99
Gerbino, M.　228
Gerjets, P.　248
Gersten, R.　140
Gertzog, W.　163
Gestsdottir, S.　283
Ghatala, E. S.　2, 39
Gheen, M.　216
Gibbons, G.　135
Gilhooly, K. J.　249
Gilligan. C. F.　33
Glaessner, B.　310, 316
Glass, G. V.　296, 304, 305
Glenberg, A. M.　19
Glenn, J.　274
Gliner, M. D.　115
Glynn, S. M.　161
Glynn, T.　150
Goetz, T.　35, 128, 169, 200, 284
Goh, D. S.　258
Golde, C. M.　114, 115, 118
Goldin, L.　210, 213
Goldman, S. R.　261
Goldstein, A.　218
Gollwitzer, P. M.　43, 284, 333
Goltsios, C.　174
Good, T. L.　53, 96, 97, 210
Goodman, J.　3

Gordon, I.   259
Gordon, S. C.   313
Gore, P. A.   338, 340
Gorrell, J.   358, 360
Gott, R.   169
Graesser, A. C.   5, 24, 79, 80, 83, 92, 93, 140
Graham, L.   129, 268
Graham, S. (Sandra)   34, 232, 344
Graham, S. (Steve)   6, 56, 57, 147-158, 269, 280
Gralinski, J. D.   354, 356
Grant, H.   45
Grau, V.   59, 98
Graziano, W. G.   32
Greathouse, S.   288
Gredler, M. E.   228
Green, A. S.   209
Green, B.   191
Green, L.   194
Green-Demers, I.   179
Greene, B. A.   228
Greene, J. A.   5, 8, 78-82, 93, 236, 239, 248-256, 313-315
Greene, W. L.   359
Greenleaf, C. A.   173
Greeno, J. G.   131, 277
Greer, B.   127
Gress, C.   97
Gresty, K. A.   246, 248, 250
Grier, J. E. C.   258
Griesemer, B. A.   357
Griffin, B. W.   228
Griffin, T. D.   21, 24, 25
Groen, J. A.   108
Groen, M. G. M.   250
Gross, A. E.   210
Gross, J. J.   327, 330-332, 334
Gross, R. A.   108
Gruson, L. M.   192
Guarino, A.   271
Guay, F.   337
Gumerman, R. A.   212, 213
Gunn, T. P.   3, 43, 226
Gunstone, R.   168
Gürtler, T.   126
Gushue, N. R.   179
Guthrie, J. T.   136, 139-145, 250, 254
Gutiérrez, K. D.   58, 60
Guzel-Ozmen, R.   157

◆ H

Haaga, D. A.   251
Haberstroh, J.   209
Hacker, D. J.   24, 79, 268
Hackett, G.   337, 338, 342
Hadwin, A. F.   5, 17, 50, 57, 59, 60, 62, 63, 78-80, 82, 86, 88, 92, 97-100, 102, 107, 210, 232, 233, 249, 255, 258, 261, 271, 277, 289, 311, 317
Haggard, P.   24
Hall, C.   176
Hall, C. R.   173
Hallam, S.   188
Hamby, R.   151
Hamilton, R. J.   19
Hamman, D.   133, 357
Hampton, N. Z.   340
Han, H. A.   284
Hane, A. A.   259
Hansman, C. A.   113, 114, 118
Hanson, A. R.   42, 47, 71
Harackiewicz, J. M.   128, 142, 143
Harden, S. L.   112
Hare, V.   308
Harel, K. H.   210
Hargreaves, D. J.   185, 186, 189
Hargreaves, J. J.   185
Harlan, E. T.   284
Harpster, L.   40
Harris, C. J.   159
Harris, K. R.   6, 56, 57, 140, 147-151, 154-158, 269, 280
Harris, M. B.   3
Harris, S.   27
Hartley, K. D.   160
Harvey, M.   337
Harwood, C. G.   176
Hasper, P.   345
Hatano, G.   124
Hattie, J. A.   66, 67, 297-301, 305, 351, 353-355, 360, 362
Hatzigeorgiadis, A.   174, 237
Hau, K.   224
Haugen, R.   350
Hayes, J.   147, 149, 152, 153
Hayes, S. C.   151
He, J.   354
Head, F. A.   113
Heatherton, T. F.   201
Heckhausen, H.   200
Hedges, L. V.   298, 299, 302, 337
Heiby, E.   232, 236
Heisel, B. E.   2
Heller, K. A.   57
Helm, S.   99
Henderson, S.   112
Hertel, S.   208
Hertzog, C.   23, 199, 211
Hewitt, M. P.   192
Hewitt, P. G.   167
Hewson, P.   163
Hickey, D. T.   57, 96
Hicks, L.   215, 355
Hidi, S.   40, 45, 142, 143, 317
Higgins, E. T.   60, 323
Higgins, J. P. T.   298
Higginson, S.   278, 282

Hilden, K.   31
Hill, C.   336
Hillocks, G.   152, 153
Hoa, L. W.   129
Hocevar, D.   313
Hofer, B. K.   248, 251, 290
Hoffman, R. R.   186
Hofmann, W.   284
Hogaboam-Gray, A.   153
Holliway, D. R.   153
Holt, W.   345
Hong, E.   236, 242
Hopman, M.   150
Hoppmann, T. K.   245, 248, 250
Hopwood, N.   270, 272
Horgan, D. D.   268
Honig, G.   43
Housand, A.   139
Howard, B. C.   160
Howe, M. J. A.   185
Huang, J.   357, 360, 362
Hubbard, J.   330
Huberman, A. M.   273, 274
Hübscher, R.   92
Hudley, C.   344
Hudspeth, N.   284
Humenick, N.   141
Hunley, S. A.   258
Hunter-Blanks, P.   2, 39
Hurme, T-R.   61
Husman, J.   28, 32, 67, 235, 242, 300
Huston, A. C.   345
Hutchinson, J. M.   149
Hutchinson, L.   103
Hutton, J. B.   258
Hwang, Y. S.   358
Hyde, J. S.   270, 336, 337

◆ I

Ickes, W.   232, 242
Igo, L. B.   24
Iiskala, T.   58, 59, 214
Inagaki, K.   124
Ing, M.   214
Inglis, A.   130
Ivey, G.   274, 276

◆ J

Jackson, B.   3
Jacobs, J.   343
Jacobson, L.   157
Jacobson, M.   89
Jaffe, E.   292
Jamieson-Noel, D. L.   4, 15, 48, 57, 80, 98, 238, 240, 244, 258, 261, 289
Jang, H.   41, 142
Janssen, T.   153
Järvelä, S.   5, 57, 60-62, 214, 238
Järvenoja, H.   50, 57, 61, 62, 214, 238

Jensen, J. L.   270, 274
Jeon, M.   83
Jeong, H.   92
Joaquin, S. G.   21
John, O. P.   330, 331
Johnson, A.   5, 79-82, 88
Johnson, D. W.   108, 119
Johnson, K. E.   199
Johnson, R. T.   119
Johnson, W. B.   109, 111, 112, 114-116, 118
Johnson-Bailey, J.   114, 118
Johnson-Laird, P. N.   325
John-Steiner, V.   111
Jonassen, D. H.   160, 169, 312
Jones, D. P.   343
Jones, E.   211
Jourden, F. J.   177
Jovanovic, J.   345
Jussim, L.   344

◆ K

Kaczala, M.   345
Kajamies, A.   58, 214
Kanfer, R.   202
Kang, N.   168
Karabenick, S. A.   7, 32, 42, 210-212, 214-218, 233, 276, 333
Karasavvidis, I.   57, 59
Kardash, C. A.   164
Karoly, P.   69, 171
Kaste, J.   112
Kauffman, D. F.   24
Kavussanu, M.   6, 7, 176, 181
Kazdin, A. E.   69
Kearney, P.   111
Keating, T.   262
Keefer, J. A.   216, 217
Keegan, R. T.   198
Keith, N.   251, 256
Keith, T. Z.   67
Kelemen, D.   166
Kelly, A. E.   124
Kempler, T. M.   61, 62, 215
Kersting, N.   214
Kieft, M.   153
Kiewra, K. A.   19
Kilmer, R. P.   259
Kilpatrick, J.   169
Kim, S.   19
Kinnunen, R.   58, 214
Kintsch, W.   22
Kirby, E.   270
Kirby, N. F.   315
Kirschenbaum, D. S.   69, 174
Kistner, J. A.   221
Kitsantas, A.   2, 6, 7, 46, 55-57, 67, 128, 129, 171-175, 178-182, 189, 194, 199, 228, 259, 261, 266, 288, 333, 335

Klassen, R. M.   228, 230, 268, 340, 358, 360, 362
Klauda, S. L.   4, 129, 144
Klauer, K. J.   74
Kloosterman, P.   127, 129
Klug, J.   7
Knapp, J. R.   211, 214, 215, 217
Koballa, T. R.   161
Koch, A.   169
Kochanska, G.   284
Koedinger, K. R.   80, 88, 89, 92, 210, 217
Kofman, O.   157
Kohnle, C.   217
Köller, O.   67
Koole, S.   93
Koriat, A.   14, 18, 21, 32
Kornell, N.   23, 25
Korotitsch, W.   201, 203
Kouli, O.   176, 181
Kovach, R.   69
Kozanitis, A.   216
Krajcik, J.   80, 169
Kram, K. E.   112, 116
Kramarski, B.   132, 313
Krampe, R. T.   14, 161, 183, 185
Kranzler, J.   223, 225, 226
Kraska, K.   232, 234, 236
Krathwohl, D. R.   111
Kratochwill, T. R.   266
Kratzer, L.   211
Krause, K.   209
Krawchuk, L. L.   228
Kron-Sperl, V.   31
Kruglanski, A. W.   164
Kuhl, J.   43, 200, 232, 234, 236, 284
Kulik, C.-L.C.   297, 304
Kulik, J. A.   297, 304
Kulikowich, J. M.   309, 318
Kumar, V.   289
Kunter, M.   344

◆ L

Lajoie, S. P.   83, 315
Lalonde, P.   21
Lampert, M.   127
Lan, W. Y.   46, 175, 201, 202
Landau, S.   27
Landmann, M.   199, 201, 202, 208
Lane, K. L.   157
Lanehart, S. L.   34
Langfeldt, H.-P.   47, 130, 300
Larivée, S.   42, 70, 225, 251
Larose, S.   337
Larson, J. G.   157
Latham, G. P.   48, 51, 172
LaVancher, C.   169, 247
Law, Y-K.   353, 359, 360
Lazarus, R. S.   328

Lazonder, A. W.   55
Leaper, C.   343, 344
Lee, C. C.   357
Lee, H. K.   357
Lee, P-L.   357, 360, 362
Leelawong, K.   80, 89
Leggett, E. L.   39, 177
Lehmann, A. C.   69, 186, 191
Lehtinen, E.   58, 214
Leiman, M.   259
Lens, W.   33, 41-43, 141, 284
Lent, R. W.   220, 338, 340, 342
Lerner, B.   178
Lerner, R. M.   283
Levin, J. R.   2, 39
Levine, J. M.   60
Levy, B. A.   23
Lewis, B. A.   157
Lewis, W. E.   149
Licht, B. G.   221
Lienemann, T. O.   151, 157
Lilly, M. W.   338
Limón, M.   253
Lin, L.   20
Lindberg, S. M.   336
Lindsay, J. J.   288
Linn, M. C.   336, 337
Linnenbrink, E. A.   34, 352
Linnenbrink-Garcia, L.   61, 62
Lintean, M.   83, 89, 93
Lipko, A. R.   20
Lipsey, M. W.   297, 299, 301
Lisle, J.   218
Liu, B-X.   354
Liu, M.   57
Lochbaum, M. R.   171
Locke, E. A.   48, 51, 172, 178
Lockl, K.   66
Loewenstein, G.   332
Logan, T.   188, 192
Lombardi, D.   164
Lopez, F. G.   338, 340
Losada, M. F.   326
Loughlin, S. M.   126, 160, 304, 308, 317
Lucangeli, D.   127
Luckin, R.   214
Lufi, D.   33
Lund, T.   350
Luthans, F.   220
Luzzo, D. A.   345

◆ M

MacArthur, C.   6, 150, 153
Mace, F. C.   149, 266
Mack, D. E.   178
Madon, S.   344
Maehr, M. L.   29
Maggioni, L.   134, 309
Magill, R. A.   171

■ 人名索引

Mahoney, M. J.　3
Maki, P. L.　108, 114
Maki, R. H.　20
Mäkitalo-Siegl, K.　217
Mandinach, E. B.　290, 291
Manlove, S.　57, 64
Many, J.　112
Marcou, A.　129, 130
Marsh, H. W.　224, 224, 235, 236, 310
Marshall, M.　271
Martin, A. J.　185, 235, 236
Martin, C. L.　344
Martin, J.　98
Martin. K. A.　173
Martinelli, E. A., Jr.　345
Martinez-Pons, M.　1, 2, 42, 46, 70, 193, 210, 211, 227-229, 235-238, 264, 308, 340, 341, 349, 354, 359
Marx, R. W.　21, 159, 162
Marzano, R. J.　289
Mason, L. H.　6, 129, 133, 150, 154, 155, 157, 161
Massey. D. D.　138
Master, A.　33
Masui, C.　124
Matos, L.　141
Matsui, K.　358
Matsui, T.　358
Matuga, J. M.　28
Mazur, E.　167
McBride-Chang, C.　354
McCall, C.　201
McCann, E.　232, 235-237, 241
McCaslin, M.　53, 57, 59, 60, 96, 97, 99-101, 106, 286, 287
McClain, K.　127
McClelland, D. C.　69
McCoach, D. B.　76
McCombs, B. L.　309, 316
McCormick, C. B.　2, 38
McCormick, C. G.　2
McCormick, J.　188-190
McCormick, S.　279
McCrudden, M.　24
McCune, V.　353
McCutchen, D.　148, 153
McDaniel, M.　22
McElroy, K.　151
McGee, M.　204
McGee, S.　160
McGinnis, E. M.　218
McGregor, H. A.　191
McHale, S. M.　343
McInerney, D. M.　9, 29, 35, 348, 349
McKeachie, W. J.　9, 57, 189, 200, 235, 244, 254, 310, 351, 353
McLaren, B.　80, 88, 210, 217
McMullen, P. A.　210
McNamara, D.　80, 93

McPherson, G. E.　7, 185-192
McRae, A.　144
Meece, J. L.　30, 35, 108, 161, 172, 232, 266, 345
Meichenbaum, D. H.　3, 130, 150, 260
Meister, C.　140
Melnick, R.　21
Mengelkamp, C.　250
Mercer, L. K.　56, 103, 239, 261
Merenluoto, K.　61
Merget-Kullmann, M.　209
Merriam, S. B.　271-274
Merrick, B. M.　189
Mervis, C. A.　199
Mervis, C. B.　199
Messick, S.　242, 243
Metallidou, P.　31
Metcalfe, J.　21, 23, 25, 79, 289
Mettalidou, P.　312
Metzner, R.　3
Mevarech, Z. R.　132
Meyer, D. K.　50, 67, 99, 278
Middleton, M.　238
Midgley, C.　214-216, 310, 351, 355
Miklaszewski, K.　192
Miksza, P.　192
Miles, M. B.　273, 274
Miller, L. A.　160
Miller, M.　5, 60, 99
Miller, M. D.　70, 225, 230, 338
Miller, M. J.　284, 292
Miller, R. B.　31
Miller, T. I.　296
Mills, K. D.　173
Mischel, W.　3, 4, 32, 33, 42, 284, 332
Misrachi, N.　313
Mitchell, M.　48
Moallem, M.　270
Moely, B. E.　353
Mokhlesgerami, J.　139
Moore, B.　32
Moore, D. G.　185
Moos, D. C.　78-81, 89, 236, 250, 252, 254, 315
Morgan, C.　40, 235
Morgan, J.　175
Morgan, W.　232
Moritz, S. E.　178
Moshman, D.　308
Mostofsky, S. H.　157
Motl, R.　236, 242
Muir, S.　258
Muis, K. R.　15, 57, 98, 125-128, 130, 252, 253, 255
Mullen, C. A.　5, 6, 108, 109, 111-117, 119-121
Multon, K. D.　220
Munro, S.　284
Munroe, K. J.　173

Murphy, C. C.　42, 160
Murphy, P. K.　129, 161, 309, 317
Murray, K. T.　284
Musonda, D.　140
Myrtek, M.　208

◆ N

Nadler, A.　212
Naglieri, J. A.　27
Nakamura, G. V.　2
Narens, L.　211
Nauta, M. M.　342
Navarre, S. G.　250
Neal, C. J.　57
Neber, H.　57, 354-356, 359-362
Neil, C. J.　3
Neitzel, C.　213
Nelissen, J. M. C.　129
Nelson, A.　259
Nelson, R.　157
Nelson, R. O.　151
Nelson, T.　234
Nelson, T. O.　20, 211
Nelson-Gray, R. O.　201, 203
Nelson-Le Gall, S.　210-213
Nemer, K. M.　214
Nesbit, J. C.　25, 57, 80, 98, 258, 271, 289
Nesselroade, J. R.　199
Neto, A. J.　169
Neuman, O.　211, 215
Neville, H.　117
Newell, A.　245, 246
Newman, E.　346
Newman, R. S.　48, 130, 210, 212, 213, 216, 333
Nicholls, J. G.　34, 127, 175
Nickens, S. D.　344
Nickerson, J.　130
Nideffer, R. M.　173
Nielsen, S. G.　188, 189, 191, 193, 194
Nisan, M.　32
Nisbett, R. E　245
Noble, C. G.　285
Noell, G. H.　258
Noh, S. R.　315
Nolan, J. D.　285
Nolen, S. B.　31, 36
Nora, A.　110, 112
Nordby, C. J.　56, 103, 239, 261
Norem, J.　235, 236
North, A. C.　185
Norton, A.　185
Nota, L.　129, 349, 350, 360-362
Novak, J.　140
Nowell, A.　337
Ntoumanis, N.　99
Nussbaum, E. M.　169
Nye, B.　288

Nyquist, J. D.　109, 114, 115
Nystrand, M.　147

◆ O
O'Connor, A.　174
O'Donnell, B.　157
O'Neill, S.　186
Oakhill, J.　140
Oatley, K.　325
Ochsner, K. N.　334
Oettinger, G.　43
Ohnishi, R.　358
Olaussen, B. S.　350, 360, 362
Olkin, I.　298, 299, 302
Ommundsen, Y.　177, 181, 184, 350, 360, 362
Onorato, V.　236
Op't Eynde, P.　124, 127, 130
Orrego, V. O.　111
Osborn, C.　251
Oshige, M.　50, 60, 97
Otto, B.　208
Owens, D.　174
Oyserman, D.　106
Ozaki, M.　232

◆ P
Paas, F.　56, 317
Page-Voth, V.　150
Pajares, F.　29, 30, 42, 70, 109, 110, 113, 128, 129, 141, 221-228, 230, 268, 336-341, 343-346
Palmer, C. L.　290, 291
Palmer, D.　57, 237, 261, 350
Pantel, J.　209
Papaioannou, A.　176, 180, 181, 184
Papalewis, R.　108
Parent, S.　42, 70, 225, 251
Paris, A. H.　79, 255, 270, 275, 277
Paris, S. G.　36, 79, 130, 255, 270, 275, 277
Parker, D.　317
Parker, S.　135
Parkinson, M. M.　9, 134, 317
Parsons, E. C.　348
Parsons, J.　345
Pasternak, D. P.　59, 98
Pastorelli, C.　228, 337
Pasupathi, M.　235
Pate, R.　236
Patrick, H.　56, 57, 99-101, 106, 212, 238, 285-287
Patrick, L.　317
Paulsen, A. S.　198
Pawlik, K.　208
Pea, R. D.　92
Peake, P.　32, 284
Pearson, D.　140
Peck, S. D.　259

Pedersen, S.　57
Pedron, M.　157
Pekrun, R.　34, 93, 128, 169, 200, 284, 326, 330, 352
Pelletier, L. G.　33, 179
Peng, Y.　236, 242
Perels, F.　67, 126, 130, 132, 201, 208, 209
Perencevich, K. C.　136, 142
Perin, D.　154
Perkins, D. N.　18, 61, 67, 71, 76
Perrez, M.　208, 328, 333
Perrine, R. M.　218
Perry, M.　345
Perry, N. E.　5, 25, 36, 51, 56, 57, 63, 64, 66, 94, 95, 98-101, 103, 104, 107, 159, 210, 236-240, 243, 244, 251, 258, 261, 270, 272, 275-278, 282, 284
Perry, R. P.　128, 169, 200, 284
Peterson, C.　33
Petty, R. E.　164
Philippou, G.　129, 130
Phillips, L.　66
Phillips, S. D.　345
Piaget, J.　27
Pickering, D. J.　289
Pierce, W. D.　48
Pieschl, S.　88, 311
Pieters, J. M.　57
Pillay, H.　356, 357, 360, 362
Pintrich, P. R.　9, 26-29, 31-33, 36, 41, 57, 66, 74, 79, 82, 108, 126, 128, 129, 146, 161, 162, 165, 166, 172, 178, 189, 190, 193, 200, 210, 212, 214, 215, 225, 232-235, 237, 244, 249, 253, 254, 261, 266, 277, 284, 295, 308-312, 316, 317, 348, 351-354, 356, 357, 359-362
Platten, P.　259
Plax, T. G.　111
Plomp, T.　57
Polaha, J.　174
Pollock, J. E.　289
Pontin, O.　57
Posner, G.　163, 164
Poteet, M. L.　112
Pratt, M. W.　27, 28
Prawat, R. S.　130
Prayaga, C. S.　168
Pressick-Kilborn, K.　104
Pressley, M.　2, 31, 38, 39, 45, 140, 154
Prior, P.　148
Prochner, L.　357, 360, 362
Pulkkinen, L.　126, 348
Puntambekar, S.　92
Purdie, N.　66, 299, 353-357, 360, 362
Puustinen, M.　126, 216, 217, 348

◆ Q
Quinn, D. M.　337

Quinn, H.　169
Quinn, P. D.　33
Quintana, C.　80

◆ R
Rabinowitz, M.　2, 39
Radloff, A.　209
Rafaeli, E.　209
Rahim, A.　5
Rajani, S.　228
Rakow, E. A.　268
Ramsden, S.　330
Randi, J.　144, 293, 294
Rao, N.　353, 360, 362
Raphael, T. E.　153
Ratelle, C. F.　337
Rathunde, K.　190
Raudenbush, S. W.　209
Rawson, K.　21
Razza, R. P.　130
Re, A. M.　157
Redford, J.　25
Reed, C. J.　271
Reese, L.　262
Reeve, J.　41, 142, 285
Reicherts, M.　328, 333
Reid, R.　6, 149-151, 157
Reiman, A. J.　113
Reinecker, H.　202
Reiner, M.　168
Reinking, D.　139
Reis, H. T.　209
Reis, S. M.　139
Relich, J. D.　226
Renear, A. H.　290, 291
Renninger, K. A.　40, 45, 111, 115, 116, 143
Renwick, J. M.　7, 185, 188-193
Reschly, D. J.　258, 267
Resnick, L. B.　60, 168
Resta, S.　157
Rhee, E.　357
Rice, J. M.　3, 34, 35
Richards, J. M.　332
Richardson, N.　178
Ridley, C. R.　109, 118, 119
Rijlaarsdam, G.　153
Rimé, B.　330, 333
Ringle, J.　2
Risch, N.　19
Risemberg, R.　129, 147-149
Roberts, B. W.　69
Roberts, G. C.　181
Robertson, J.　8, 249
Röder, I.　324, 328, 329
Rodgers, R.　270, 274
Roeser, R. W.　79, 310
Rogers, D.　290
Rogers, H. J.　297

■ 人名索引

Rogers, L. 154, 157
Rogoff, B. 100, 101, 103, 106
Rohrkemper, M. 96
Rolheiser, C. 153
Roll, I. 80, 88, 217
Roman, R. J. 357
Ronning, R. R. 50
Roschelle, J. 61
Rose, A. 336
Rose, G. L. 112
Rosenshine, B. 140
Rosenthal, H. 45, 125, 128
Ross, J. A. 153
Ross, M. E. 271
Roth, G. 35
Rothstein, H. R. 298
Rozencwaig, P. 160, 168
Ruble, D. N. 211
Rudner, L. M. 296
Rule, D. L. 357
Rus, V. 83, 89, 93
Ryan, A. M. 210, 212, 214-216, 219, 285
Ryan, R. M. 40, 41, 45, 48, 142, 189, 200, 225
Ryska, T. 173

◆ S

Sachs, J. 353
Saddler, B. 157
Sager, C. 152
Saia, J. 133
Sainsbury, E. J. 104
Salili, F. 349, 355, 360, 362
Salisbury-Glennon, J. D. 271, 274
Salk, S. 310, 316
Salomon, G. 18, 61, 67, 71, 76
Sandmel, K. 147, 157
Sangster, C. 59, 98
Sansone, C. 40, 45, 232, 235-237, 240, 242
Santangelo, T. 147, 148, 154, 155
Sanvito, J. 21
Saphier, J. 110
Sarason, I. G. 332, 333
Sarrazin, P. 351
Sas, J. 236
Sas, M. 236
Sato, R. 236
Sawitzki, G. 199
Sawyer, R. J. 150
Scardamalia, M. 147, 150, 152, 166
Schallert, D. 308
Schatschneider, C. W. 246, 248, 250
Schaw, G. 25
Scheier, M. F. 35, 201, 324, 326
Scheiter, K. 248
Schellenberg, E. G. 185
Schellens, T. 349
Scheuermann, B. 201

Schiefele, U. 40, 79, 178, 352
Schlaug, G. 185
Schmelzer, D. 202
Schmidt, J. L. 154
Schmidt, M. 7, 199, 202, 204, 209
Schmitt, N. 292
Schmitz, B. 7, 38, 67, 76, 126, 132, 200, 201, 202-206, 208, 209, 238, 261
Schneider, W. 66, 302
Schnellert, L. 278, 282
Schoenfeld, A. H. 126, 127, 129
Schofield, J. W. 217
Schofield, N. 354
Schommer, M. 351
Schommer-Aikins, M. 127
Schrauben, B. 354
Schraw, G. 50, 57, 78, 160, 167, 256, 316
Schuder, T. 140
Schuh, J. 248
Schuh, K. L. 270
Schulte, A. 57, 237, 350
Schumaker, J. B. 154
Schunk, D. H. 1-3, 7, 26, 28-30, 34-36, 42-44, 47, 50, 51, 64, 66, 67, 70, 71, 74, 76, 79, 82, 84, 96, 108-111, 113, 119, 124-126, 128-132, 134, 138, 139, 141, 149, 150, 161, 172, 173, 175, 181, 194, 200, 220-227, 230-232, 234, 241, 266, 270, 272, 275, 278, 282, 295, 309-311, 316, 337, 338, 341, 348
Schutz, P. A. 34, 35
Schwager, M. T. 211-213, 216
Schwanenflugel, P. J. 302
Schwartz, B. L. 21
Schwartz, D. L. 80, 84
Schwartz, L. S. 228
Schwartz, M. 150
Schwartz, S. S. 153
Schwarz, B. B. 167, 169
Schworm, S. 217
Scott-Jones, D. 212
Scrivani, L. 129, 133
Seegers, G. 129
Seibert, D. 55, 250, 254
Seligman, M. E. P. 33, 293
Senécal, C. 337
Senge, P. 110, 112
Serra, M. J. 25
Severiens, S. 351, 359-362
Sexton, M. 269
Shake, M. C. 315
Shany, M. 130
Shapiro, E. G. 212
Shapiro, E. S. 151
Shavelson, R. 224
Sheeran, P. 284
Sheldon, K. M. 41
Shell, D. F. 28, 32, 42, 45

Shih, S-S. 352, 360
Shim, S. O. 212
Shim, S. S. 219
Shin, N. 160, 168
Shinn, M. R. 258
Shoda, Y. 32, 284
Short, E. J. 246, 248, 250
Shriner, J. G. 157
Shrout, P. E. 209
Shumar, W. 111, 115, 116
Shute, V. J. 92
Sideridis, G. D. 326
Siegle, D. 76
Siler, S. A. 92
Silver, B. B. 228
Silver, E. A. 127
Simon, H. A. 245-251, 253, 254, 260, 261, 266
Simons, J. 41, 43, 141
Simpson, S. A. 249
Sims, B. C. 210
Sinatra, G. M. 6, 162, 164-166, 169, 170
Sipe, T. A. 297
Skaalvik, E. M. 215, 224
Skaalvik, S. 215
Skinner, E. A. 203, 224
Slavin, R. E. 297, 304
Slavings, R. L. 210
Sloboda, J. A. 185, 191
Slotta, J. D. 168
Smith, B. 157
Smith, B. P. 191
Smith, D. A. F. 9, 57, 189, 200, 235, 261, 310, 351, 353
Smith, E. C. 245
Smith, E. V. 228
Smith, L. E. 138
Smith, M. 272
Smith, M. L. 296
Smith, M. S. 293, 294
Smith, N. L. 111
Smith, R. E. 227
Snow, R. E. 284
Snyder, J. L. 168
Sodian, B. 302
Soenens, B. 141
Somers, C. L. 33
Son, L. K. 23
Song, I. S. 351
Sontag, C. 76
Soresi, S. 129, 349, 350
Souvignier, E. 139
Speirs, J. 135
Spencer, S. J. 337
Sperling, R. A. 160
Spinrad, T. L. 330, 331
Spires, H. A. 140
Spiro, R. J. 290
Spörer, N. 56, 208

424

Stage, S. A.　258
Stahl, E.　217, 311
Stajkovic, A. D.　220
Stake, J. E.　344
Stake, R. E.　270-274, 277, 282
Stanley, J. C.　204
Stanovich, K. E.　165
Steele, C. M.　337
Steinberg, L.　32
Sternberg, R. J.　44, 160, 187
Stevens, D. D.　130, 153
Stevenson, R. B.　272, 274
Stewart, D. G.　179
Stiles, W. B.　259
Stine-Morrow, E. A. L.　315
Stipek, D.　354, 356
Stock, W. A.　301
Stockley, D. B.　80, 98, 258, 271
Stoddard, B.　153
Stodolsky, S. S.　310, 316
Stoeger, H.　5, 70, 71, 74-76, 229
Stone, A. A.　209
Stone, C.　57
Stone, L. D.　58, 60
Strack, F.　284
Strauss, A.　277
Stright, A. D.　213
Strike, K.　163
Stripling, L.　108, 115, 116, 118
Strømsø, H. I.　128, 312, 351, 360
Strong, T.　259
Studley, B.　174
Sullivan, S. E.　114
Summers, J. J.　61
Summers, M.　51, 278
Sungur, S.　311, 313
Suter, L. E.　270
Swalander, L.　313
Swaminathan, H.　297
Swan, E. A.　136
Swan, K.　290
Swanborn, M. S. L.　318
Swanson, H. L.　168
Swanson, P. N.　152

◆T

Taasoobshirazi, G.　6, 160, 164
Tabatabai, D.　349
Taboada, A.　6, 140
Tait, H.　353
Tang, A.　277
Tang, M.　355, 356, 359-361
Tang, S. Y. F.　311
Taube, K.　313
Taylor, A.　344
Taylor, H. G.　157
Taylor, I. M.　99
Teasley, S.　61
Teh, G. P.　354

Tekkaya, C.　311, 313
Tenenbaum, H. R.　115-117, 343
Tesch-Römer, C.　14, 161, 183, 185
Teslow, C. J.　258
Thagard, P.　163
Tharp, R. G.　3, 111
Thauberger, C.　103
Theodorakis, Y.　174, 178, 237, 241
Theodosiou, A.　176, 180, 184
Thiede, K. W.　21, 23-25
Thies-Sprinthall, L.　113
Thoman, D.　232, 235, 236, 242
Thomas, J.　284
Thompson, R. A.　34, 327, 331, 332
Thorsen, C. E.　3
Thrash, T. M.　215
Thurman, J.　51, 278
Tice, D. M.　201, 284
Tilly, W. D.　267
Titz, W.　128, 169, 200, 284
Tobias, S.　218
Tobin, R. M.　32
Toenjes, B.　213
Tong, Y-Y.　349
Tonks, S. M.　6, 141, 143, 223
Toulmin, S. E.　19
Townsend, J. T.　35
Trabasso, T.　140
Tracy, B.　151
Trautwein, U.　67
Triandis, H. C.　348
Trout, A.　149
Trzesniewski, K.　40
Tsakiris, M.　24
Tschanz, B.　235
Tucker, D. L.　218
Tuckman, B.　241
Tunmer, W. E.　224
Turner, J. C.　50, 56, 57, 98-101, 106, 107, 216, 232, 236, 270, 275, 276, 278, 285-287
Twenge, J. M.　337

◆U

Uleman, J. S.　357
Updegraff, K. A.　343
Urdan, T. C.　127, 351
Usher, E. L.　7, 222, 228, 338

◆V

Valcke, M.　349
Valente, M. O.　169
Valiante, G.　30
Van Hout-Wolters, B. H. A. M.　101, 126, 208
Van Zoost, B.　3
van de Pol, P. K. C.　176
van den Boom, G.　56, 57, 317
van der Meij, H.　212

van Joolingen, W. R.　315
van Merriënboer, J. J. G.　56, 317
VandeKamp, K. O.　56, 98, 100, 103, 261, 236, 239
VanLehn, K.　80, 89, 92
VanSledright, B. A.　253
Vansteenkiste, M.　33, 41, 141
Vauras, M.　58, 59, 214
Vealey, R. S.　173
Veenman, M. V. J.　78, 101, 126, 129-132, 208, 250, 251, 302, 305
Veermans, M.　61
Verschaffel, L.　6, 124, 125, 127, 130, 131, 133, 134
Vighnarajah, Luan, W. S.　311
Vispoel, W. P.　193
Vlachou, A.　31, 312
Vogel, R. S.　250
Vohs, K. D.　284
Volckaert-Legrier, O.　216
Volet, S.　50, 51, 59, 214, 278
von Eye, A.　202
Vosniadou, S.　165
Vygotsky, L. S.　3, 27, 55, 57, 191, 278

◆W

Wade, S. E.　317
Walberg, H. J.　297
Waldeck, J. H.　111, 115, 117
Walker, R. A.　104, 105, 226
Wallace, C. S.　168
Wallace, D. B.　198
Wallace, R. M.　217
Ward, C. J.　36
Watt, H. M. G.　339, 341
Weaver, C. A.　20
Webb, N. M.　214
Webber, J.　201
Webster, E.　99
Weiner, B.　34, 43, 44, 46, 128, 232, 264
Weinstein, C. E.　57, 66, 67, 70, 71, 76, 237, 300, 350, 352
Weinstein, D. E.　261
Weir, C.　40
Weisberg, R. W.　186
Welch, G.　185
Welch, W. W.　297
Wellborn, J. G.　224
Wende, M.　209
Wentzel, K. R.　214
Wertsch, J.　57
Westby, C.　349
Whalen, S.　190
Whipp, J. L.　56, 57, 272, 274, 276
Whitcher-Alagna, S.　212
White, B.　80, 84
White, J.　251
White, K.　251
White, R.　169

Whitebread, D.　59, 64, 98, 100-102, 130, 302
Whitman, T. L.　138
Wiebe, D.　235
Wiese, B. S.　38, 76, 199, 200, 202, 204, 206, 208, 209, 238, 261
Wigfield, A.　4, 29, 30, 33, 35, 41, 45, 79, 128, 129, 136, 139, 141, 142, 144, 145, 223, 310, 342
Wilde, P.　60
Wiley, J.　21, 25
Wilhelm, P.　302
Wilkinson, A. C.　19
Williams, C.　34, 336
Williams, E. L.　14
Williams, J. P.　140
Williams, K.　172
Williams, L. E.　334
Williams, W. M.　160, 336
Williford, A. P.　130
Willingham, W.　291, 292
Willis, G. B.　249
Wilson, D. B.　297, 299, 301
Wilson, T. D.　245
Wineburg, S. S.　249
Winne, P. H.　4, 13, 15-17, 21, 25, 48, 50, 57, 63, 78-80, 82, 85, 88, 94, 96-98, 107, 126, 159, 210, 217, 232-224, 237-240, 243, 244, 249, 251, 255, 258, 261, 270, 271, 275, 276, 282, 284, 289-291, 311, 312, 317, 323
Winner, E.　185
Winsler, A.　27
Winters, F. I.　9, 80, 81, 236, 250, 252, 254, 317
Wise, S. B.　167
Witherspoon, A. M.　79-83
Wittrock, M. C.　282
Woehr, D. J.　284
Woloshyn, V.　45
Wolters, C. A.　7, 31, 35, 41, 45, 46, 57, 125, 126, 128, 129, 160, 161, 212, 232-237, 242, 243, 308, 277, 324
Wood, D. J.　211, 217
Wood, H. A.　211, 217
Woodford, B. J.　109, 114, 115
Woods, B. S.　317
Woolf, B.　89
Woszczyna, C.　98, 258, 271
Wozney, L.　57
Wyman, P. A.　259

◆ X

Xu, J.　287, 288

◆ Y

Yackel, E.　127, 132
Yaffee, R. A.　204
Yamauchi, L. A.　359, 360

Yamawaki, N.　235
Yang, M.　352, 360, 362
Yates, G. C.　32
Yin, R. K.　270-278
Yoon, C.　313
Yoon, K. S.　343
Yosso, T. J.　110, 111, 118
Young, J. P.　112, 114-117
Ysseldyke, J.　267
Yu, S. L.　41
Yuan, R.　288
Yudelson, M.　217

◆ Z

Zabrucky, K. M.　20
Zapata-Rivera, D.　92
Zeidner, M.　66, 79, 295, 304, 308
Zeldin, A. L.　339, 340, 343-345
Zeman, D.　259
Zembal-Saul, C.　169
Zhang, M.　80
Zhu, C.　349, 353, 359, 360, 362
Ziegler, A.　5, 70, 71, 74-76, 229
Zimmerman, B. J.　1, 2, 4, 26, 28-30, 36, 42, 44, 46-48, 50, 51, 55-57, 64, 66-71, 73, 74, 76, 78, 79, 82, 84, 88, 94, 95, 111, 117, 126, 128-130, 137-141, 147-150, 160, 161, 171-175, 178-183, 185-187, 189, 191-194, 198, 199-201, 210, 211, 220, 221, 224-229, 232, 233, 235-239, 241, 243, 244, 249, 255, 257, 267, 270, 272, 275, 276, 278, 281, 282, 288, 295, 296, 303, 305, 308-311, 316, 333, 335, 337, 338, 340, 341, 348-352, 354, 357, 359
Zito, J.　158
Zocchi, S.　157
Zourbanos, N.　174
Zuckerman, H.　108, 120
Zusho, A.　26, 27, 29, 31, 33, 36, 178, 210, 215, 233, 352

■ 事項索引

◆ A〜Z

ADHD　157
ASCD　155
ASSIST（学習への取り組みとスキル質問紙）　353
CBLE（コンピュータに基づく学習環境）　83
CE（内容の評価）　81
CIS（知能観尺度）　350
CLIA　124
CLIA モデル　124
CNAAQ（運動能力概念質問紙）　352
COPES　80
COPES モデル　311
CORI（概念志向型読解指導）　136
CSIW（ライティングにおける認知的方略の指導）　153
EBD　157
EQ　116
ETS（Educational Testing Service）　291
FoA（エージェンシーの感覚）　24, 221
FOK（既知感）　81
FTP（将来展望）　42
GPA　291
gSTUDY　217
HLE（ハイパーメディア学習環境）　248
HLM（階層線形モデリング法）　209
ICT（情報通信技術）　216
IF-THEN-ELSE（もし…そのとき…そうでないとき）　13, 22
IMPROVE　132
iSTUDY　217
JOL（学習判断）　19, 81
LASSI（学習・勉強方略インベントリー）　57, 261, 350
LD（学習障害）　152
MAI（メタ認知尺度）　57
MANOVA（多変量分散分析）　350
MSLQ（学習の動機づけ方略質問紙）　57, 189, 244, 254, 261, 310, 351
MSRLS（算数自己調整尺度）　352
nStudy　289
PAL（仲間に援助された学習）　56
PALS プログラム　56
PAQ（親の権威性アンケート）　357
PISA（生徒の国際学習到達度調査）　354
PTSQ（質問に対する教師サポート尺度）　216
RTI（Response-to-Intervention）　268
SAT　291
SCL（方略的内容学習）　56

SEQ（Schommer の認識論的信念質問紙）　351
SESRLQ（自己調整学習アンケート）　357
SIM（方略指導モデル）　154
SMA 注意の自己モニタリング　151
SMP（パフォーマンスの自己モニタリング）　151
SREP（自己調整向上プログラム）　36, 267
SRL（自己調整学習）　1, 38, 50, 108, 110, 125, 126, 159
SRLIS（面接法による測定法）　349
SRLP（自己調整学習プログラム）　353
SRSD（自己調整方略の育成モデル）　153
SSD（the Self-Regulated Strategic Development）　269
TAPs（発話思考プロトコル）　8, 48, 57, 193
TQ（訓練的養育スタイル指標）　357
UNESCO　346
ZPD（発達の最近接領域）　3, 57

◆ あ

アイデンティティ　59, 106
アクション・コントロール　43
浅い水準の処理　317
足場づくり　55, 80, 104
アスペルガー症候群　157
アセスメント　124
熱い情動的システム　32
アフォーダンス　17, 101
暗記　353
安定性　43
安定性の次元　43

◆ い

言い換え　16
イーミック　363
意思　43, 45, 166
意思決定過程　43
意思決定モデル　43
意思に関する自己調整　125
意思方略　129
意思理論　283
一次的評価　328
一次的メンターシップ　110
一般性自己効力感　227
一般的自己概念　224
意図性　165
意図的な概念変化　159
イメージ化　191
イメージ法　173

インターネット検索課題　290
インターフェイス　82
インテリジェントシステム　217

◆ う

運動感覚的な方略　188
運動スキルの学習　171
運動選手　171
運動能力概念質問紙（CNAAQ）　351

◆ え

エージェンシーの感覚（FoA）　24, 221
エージェント　79
エティック　363
援助　112
援助のソース　213
援助要請　7
援助要請回避　216
援助要請にかかるコスト　212
援助要請の利益　212

◆ お

大幅な修正　18
オープンエンド　238
教え子（protégé）　108
落ちこぼれゼロ法　159
親の権威性アンケート（PAQ）　357
音楽　7, 185
音楽教育　185
音楽スキル　185
音楽的に洗練された方略　188

◆ か

回帰分析　204
解釈的スキル　195
階層線形モデリング法（HLM）　62, 209
階層線形モデル　75
外的調整　130
外的調整力　81
外的統制　41
概念志向型読解指導（CORI）　136
概念の知識　160
概念変化　159
外発的動機づけ　40, 141, 190
科学教育　159
科学的リテラシー　159
学業的自己効力感　227, 229
学業的満足遅延　42
学習基準　211
学習形態別自己効力感尺度　229
学習者（learner）　108
学習者の間接的調整　58
学習者の直接調整　58

427

事項索引

学習習慣　67, 130
学習障害（LD）　152
学習障害の児童に対する学習方略の指導　155
学習日記　72
学習の動機づけ方略質問紙（MSLQ）　57, 189, 244, 310, 351
学習の輪　71
学習判断（JOL）　19, 81
学習への取り組みとスキル質問紙（ASSIST）　353
学習・勉強方略インベントリー（LASSI）　57, 350
学習方策　24
学習方略　1, 24, 81, 84, 128, 193
学習目標　1, 39, 74
学習目標志向性　45
獲得価値　30
楽譜の初見演奏方略　188
学問共同体　120
過去の学習体験　338
過小評価　73
仮説生成法　281
課題価値　30, 41, 190
課題関与　176
課題志向性　176
課題焦点化　322
課題選択　39
課題に関する方略　173
課題の価値づけ　189
課題の定義　17, 80
過大評価　73
課題への興味　178
課題方略　45, 191
課題目標志向　191
語り　62
学校ストレッサー　328
活性化した肯定的情動　326
活性化した否定的情動　326
活性伝播　14
活動　100
活動理論　60, 100
カッパ計数　266
家庭環境　67
間隔学習　23
環境構成　46
環境的要素　337
環境の設定　148
観察　181
感情知性　116
感情的反応　34
関与する読み手　136

◆き

記憶　156
機会　97, 106
技術的スキル　195
基準　19, 80
帰属　34

帰属理論　43
期待　41
期待－価値理論　41
既知感（FOK）　81
気分一致効果　325
義務的学習　357
キャリブレイター法　268
キャリブレーション　20, 60, 226
既有知識　9, 162
教科学習モデル（Model of Domain Learning）　316
教科共通　308
教科固有　308
強固さ　163
教室環境　5, 130
教室の規範　133
教室文化　133
教師の間接的調整　58
教師の直接調整　57
強制選択法　237
共調整（co-regulation）　5, 52, 57, 83, 96, 97, 99, 100-104, 107
共調整学習　50
協働　61
協同　61
協働学習　61
協働学習課題　60
協働的な学習課題文脈　64
協働的なモデリング　156
協働の機会　104
協働メンターシップ（co-mentorship）　113
協働メンタリング　112
興味　40, 81, 189
興味価値　30, 128
興味促進　46
興味や価値づけ　45
共有された調整　54, 96, 97, 100-102, 104, 107
共有されたメタ認知　54, 58
協力　61
記録　148
記録の見直し　148
議論方略　167
近接性　149
近接領域学習モデル　23

◆く

具体性　149
組み立て　16, 16
グラウンデッド・セオリー　239
クラスター分析　290
クリティカル・シンキング　159
訓練的養育スタイル　357
訓練的養育スタイル指標（TQ）　357

◆け

経験　12
結果期待　39, 42, 45, 128, 189, 223

結果目標　172, 182, 184
原因帰属　43, 46, 127, 179, 192
言語的説得　339
言語発達　27
現時点での学習状態　211

◆こ

行為主体　50
効果的な目標　149
効果量　132, 299
公共性　118
交差相関　203
高次のプランニング　188
向社会的スキル　218
構成概念　63
構成概念妥当性　238, 242
構成主義　5
構成主義的アプローチ　124
構造化　148
構造化された日誌法　49
構造方程式モデリング　189, 352
肯定的な情動　326
行動　3, 51, 66, 233
行動コントロール　4
行動的スキル　185
行動と意思のコントロール　137
コーチ　180
コーチング　112, 180
コーディング・スキーマ　249
コーピング・スタイル　329
コーピング方略モデル　231
コーピング・モデル　55, 333
誤概念　161
個人　48, 100, 337
個人主義　357
個人的アイデンティティ　106
個人的エージェンシー　224
個人的興味　40
個人的構成主義　50
個人的目標尺度（Personal Goals Scales）　354, 356
個人の興味　317
個人の水準　103-106
コスト　41, 128
固定的な足場づくり　80
固定理論　39, 177
子どもの多次元自己効力感尺度　359
コミュニティ　100
コミュニティの水準　104, 105, 107
コントロール　3, 26, 31, 63, 233
コントロール信念　225
困難さ　149
コンピテンス　124
コンピテンスの知覚　29
コンピュータ追跡データ　57
コンピュータとライティングのプロジェクト　153
コンピュータに基づく学習環境（CBLE）　83

428

■ 事項索引

コンプライアンス　208

◆ さ

再学習　23
再帰属訓練　34
サポート　156
参加　100
参加者の視点　99
三項相互性（triadic reciprocality）　220
産出　13
産出システム　13
算数自己調整尺度（MSRLS）　352
産物　80
サンプリングの決定　273

◆ し

支援　112
ジェンダー　9
ジェンダー差　9
ジェンダー・ステレオタイプ　340, 341, 343, 345
ジェンダー・フリー　346
視覚的なオーガナイザー　156
自我回避目標　191
自我関与　176
自我志向性　176
自我接近目標　191
時間管理　46
時間管理方略　201
時間的なズレのある交差相関（lagged cross-correlation）　206
時間のプランニング　148
識別　84
時系列　199
時系列データ　203
自己概念　224
自己観察　46, 69, 191, 201
自己観察測度　49
自己管理　149
自己強化　148-150
自己教示　46, 148-150, 191
自己記録　46, 69, 149
自己結果　45
自己決定の感覚　142
自己決定理論　41, 189
自己効力　7, 110, 149
自己効力感　1, 29, 34, 42, 45, 128, 177, 189
自己効力感尺度　227
自己効力信念　128
自己効力の認知　70
自己コントロール　182, 191
自己焦点化　322
自己診断　149
自己説明　169
自己対話　174
自己知覚　224
自己調整　83, 94, 101, 102, 107, 125, 126, 130, 171, 182
自己調整学習（SRL）　1, 38, 50, 108, 110, 125, 126, 159
自己調整学習アンケート（SESRLQ）　357
自己調整学習の循環的段階モデル　140
自己調整学習の方略利用に関する質問紙（LASSI）　350
自己調整学習プログラム（SRLP）　353
自己調整過程　1
自己調整サイクル　1
自己調整信念　128
自己調整スキル　125, 140, 183, 186
自己調整的自己効力感　227
自己調整的読み手　137
自己調整の下位プロセス　138
自己調整の自己効力感　229
自己調整のプロセスの転移　76
自己調整プロセス　26, 171, 179
自己調整方略　69, 147, 155
自己調整方略の育成モデル（SRSD）　153
自己調整メンタリング　108
自己調整モデル　126
自己調整力向上プログラム（SREP）　36, 267
自己動機づけ信念　145, 189
自己統制　69
自己内省（self-reflection）　5, 70, 126, 137, 179, 186, 192
自己内省段階　68, 221
自己判断　46, 179, 192
自己反応　46, 70, 179, 180, 193, 341
自己評価　46, 69, 72, 137, 148, 149, 151, 152, 174, 192
自己報告測度　286
自己満足　39, 46
自己満足／感情　192
自己メンタリング　112
自己モニタリング　148, 149, 151, 174
事後段階　200
自信　225
事前 - 事後デザイン　203
事前段階　200
持続可能な学習共同体　109
持続性　33
自尊感情　224
下書き　148
実行　18
実体理論　33
質問　140
指導　112
シナリオ　213
自閉症　157
社会化　112
社会関係資本（social capital）　118
社会感情的メンタリング　116
社会数学的基準　127
社会 - 数学的な規範　133

社会的アイデンティティ　106
社会的基準　132
社会的強化　61
社会的共有調整学習　51
社会的構成主義　50, 124
社会的自己効力感　227
社会的説得　223, 340
社会的相互作用　55
社会的な援助要請　148
社会的に共有された調整　5, 50
社会的認知モデル　55, 84, 137
社会的認知理論　42, 52, 67, 109, 126, 177, 336
社会的モデリング　120
社会的モデル　110
集合的な事例研究　272
修正　148, 149, 152
修正方略　189
集団主義　357
集団討議　169
集団の自己効力　110
集中学習　23
十分条件　24
主観的文化　348
儒教文化　363
儒教文化対西洋文化　355
宿題　5, 66
宿題管理質問票　288
宿題管理尺度　288
宿題の習慣　71
宿題のスキル　70
熟達志向的（mastery-oriented）　127
熟達した書き手　152
熟達者　182
熟達目標　29, 31
熟達目標志向性　235
熟達（目標的な）動機づけ雰囲気　181
熟達モデル　55
手段的な事例研究　272
準備　112
状況的学習　74
状況的興味　40, 143
状況の動機づけ　142
条件　80
情緒的サポート　333
情動　9
情動焦点型コーピング　328
情動調整　34, 62
情動のエピソード　325
情動の自己調整　192
情報　12
情報選択方略　168
情報探索　140
情報通信技術（ICT）　216
情報的機能　40
情報の探索　148
将来展望（FTP）　42
女子っぽい男子　341
初心者　182

429

■ 事項索引

Schommerの認識論的信念質問紙（SEQ） 351
自律性　189
自律性支援　99
自律性支援方略　99
自律性の知覚　189
自律的援助要請　212
自律的自己調整　41
事例研究　8, 194
人工知能　89
深層的自己調整学習　351
身体的指標　222
診断　241
心的表象モデル　191
信念（beliefs）　126
心理的スキル　185

◆す

遂行　5, 179, 180, 186
遂行および意思のコントロール段階　68
遂行回避目標　29, 74
遂行志向的（performance-oriented）　127
遂行接近目標　29, 74
遂行段階　200, 221
遂行に対する内省の段階　26
遂行目標　29, 31, 39
遂行目標志向性　45, 235
遂行（目標的な）動機づけ雰囲気　180
遂行モニタリング　26
遂行モニタリングの段階　26, 31
遂行や意思のコントロール（performance or volitional control）　126
推測　140
数学　6
数学戦争（math wars）　124
数学における意味理解の欠如　127
数学に対する肯定的情動　125
数学の学習コミュニティ　133
スキーマ　13
図による構造化　140
スペクトル分析　203
スポーツ　6, 171
SMART　17

◆せ

制御プロセス　51
整合性　163
精神遅滞　157
生態学的妥当性　238
精緻化プロンプト　238
生徒の国際学習到達度調査（PISA）　354
制約　101
性役割　343
西洋文化圏外　230
生理的状態　339
折半法　203

セルフ・ハンディキャッピング　19, 236
宣言的知識　13, 81, 160
選択　35
先導　112

◆そ

相互交流　136
操作　80
相似認知　338
創造的な協働　113
想像方略　45
増大理論　33, 39, 177
創発的な交流　52
ソーシャルサポート　330
促進焦点　334
組織的メンタリング　112
即効の援助要請　215
素朴物理学　167
素朴理論　166

◆た

体育教師　180
大学入学試験委員会　291
対人　100
対人の水準　103-106
代理経験　222, 338
対話交流のマイクロ分析　60
対話順序分析　259
他者調整方略　62
他者の観察　222
惰走行動　326
達成価値　30, 41, 128
達成目標志向性　127
多変量分散分析（MANOVA）　350
多目標志向性　128
探究活動　159
探索　16, 84
男子っぽい女子　341

◆ち

小さな池の大きな魚効果（big-fish-little-pond effect）　224
チーム　180
近い目標　28
知識　12
知識の認知的再構成モデル（Cognitive Reconstruction of Knowledge Model）　162
知的学習環境　216
知能観　33
知能観尺度（CIS）　350
チャンク　13
注意　39
注意コントロール　173
注意の自己モニタリング（SMA）　151
注意の焦点化　191
チューリングテスト　217
長除法　226

調整　63, 78
直接援助のアプローチ　124
直接観察法　238
直接指導法　241
直接的体験　142

◆つ

追跡　48
追跡データ　240
追跡法　240
冷たい認知的システム　32

◆て

データ・マイニング　89
手がかり利用仮説　20
適応　192
適応の援助要請　215
適応的学習（adaptive learning）　96
適応的熟達（adaptive expertise）　124
適応的推論　46, 70, 193
適応的な足場づくり　80
適応的な数学の能力　129
適応的なメタチューター　84
適応的メタチューター・システム　88
出来事　48, 78, 100-102, 106, 244, 261
テキストベースレベル　135
弟子（mentee）　108
手続き的知識　13, 14, 81
転移　38, 67, 152
伝統的メンタリング　112

◆と

同一化的調整　41
動機づけ　2, 4, 38, 51, 66, 94, 136, 159, 160, 234
動機づけ過程　2
動機づけ信念（motivational beliefs）　125
動機づけスキル　134
動機づけ調整　232, 233
動機づけ調整方略　61, 129, 237
動機づけ的な自己調整スキル　125
動機づけと感情　233
動機づけに関するメタ認知　134
動機づけの自己調整　161, 232-234
動機づけの自己調整方略　233, 237
動機づけの自己調整方略アセスメント　237
動機づけの調整　7, 8
動機づけのメタレベルの認識　234
動機づけ雰囲気　180
動機づけ方略　7, 47
同期的MC　216
道具的援助要請　212, 215
道具的サポート　333
統制可能性　43
統制可能性次元　43
統制的機能　40
統制の位置　43

■ 事項索引

遠い目標　28
独語　27
独語の特徴　27
独語の発達　27
読解　6
読解自己概念　224
読解における効力感　141
読解発達の関与モデル（Engagement Model of Reading Development）　136
読解方略　136
トップダウン式の自己調整　323
トライアンギュレーション　254, 274
トランザクション　57, 100, 107
取り入れ的調整　41
努力　39
努力不足　34

◆ な
内省　78, 233
内省と反省の段階　34
内的統制　41
内発的価値　41
内発的興味　190
内発的動機づけ　40, 141, 190
内容妥当性　242
内容の評価（CE）　81
長い将来展望　42
仲間との修正方略　153
仲間に援助された学習（PAL）　56

◆ に
二次的評価　328
日誌法　7, 238
認識論的信念（epistemic beliefs）　125
認知　2, 4, 16, 51, 126, 136, 159, 160, 233
認知されたコントロール　224
認知障害　157
認知処理　250
認知的コントロール　18
認知的自己調整　125
認知的操作　12
認知的な自己調整スキル　125
認知的バイアス　166
認知的負荷　4, 18
認知的問題解決方略　188
認知に関する知識　160, 168
認知の調整　160
認知の必要性　164
認知プロセス　38
認知（的）方略　31, 189
認知療法　260

◆ ね
粘り強く　39

◆ の
能力　27
能力信念　224
能力不足　34

◆ は
バーチャル学習共同体　115
背景知識　135
背景知識の活性化　140
ハイパーメディア　5, 78
ハイパーメディア学習環境（HLE）　248
博士課程教育　108
発語思考プロトコル　85
発達　3, 4
発達−回避目標　29
発達−接近目標　29
発達の最近接領域（ZPD）　3, 57
発達を促す学習（developmental learning）　120
発話思考プロトコル（TAPs）　8, 48, 57, 193
発話思考法　239
パフォーマンス　1, 183, 184
パフォーマンスの自己モニタリング（SMP）　151
般化　98, 152, 156
反応性効果　201
反応と内省　26

◆ ひ
ピア・グループ　214
ピア・チューター　241
ピア・メンタリング　108, 116
ピア・モデリング　116, 241
ピア・モデル　156
必要条件　24
否定的な情動　326
非適応的なメタチューター　84
非同期的なコンピュータを媒介したコミュニケーション　216
非方略的なグループ　215
ヒューリスティクスの方法　125
評価　63, 80, 160
表層的自己調整学習　351

◆ ふ
フィードバック　68, 241
不一致低減モデル　23
深い水準の処理　317
不活性な肯定的情動　326
不活性な否定的情動　326
物質的文化　348
不特定のストレッサー　328
不満足感　69
プラグマティック　280
プラセボ群　76
プランニング　81, 148, 160
プランニング過程　84

フレーム　13
プロセス目標　182, 172, 184
プロセスデータ　208
文化　9
文化アイデンティティ　349
文化差　9
文章構造の検討　140
文章産出スキル　208
文脈　48, 98, 101, 103, 106, 233

◆ へ
ベースライン期　204
ヘテロスタシスの原理　324
変換　148

◆ ほ
防衛的推論　46, 70, 193
防衛的悲観主義　236
方略　94
方略指導モデル（SIM）　154
方略使用の発達　31
方略信念　224
方略プランニング　45, 69, 187
方略の内容学習（SCL）　56
方略的な情報処理　317
方略による学習　80
方略の転移　56
方略のフィードバック　69
方略のプロンプト　98
ポートフォリオ　95, 104, 201
ポジティブ感情　205
母集団効果　303
補償　112
ボトムアップ式の自己調整　323
ホメオスタシスの原理　324
本質的な事例研究　272

◆ ま
マイクロ・アナリティック　182
マイクロ・アナリティック研究　182
マイクロ分析　8, 49, 57, 182, 194
マイクロ分析研究　226
マイノリティ　117
前に進める転移　18
マクロレベルの足場づくり　89
マルチエージェント型　78
マルチメソッド・アプローチ　60
慢性的なストレッサー　328
満足感　69
満足遅延理論　42
満足の遅延　31

◆ み
ミクロレベルの足場づくり　89
短い将来展望　42

◆ む
無作為実験　293
無力感　67

■ 事項索引

◆ め

メタ意思スキル　129
メタチューター（Meta Tutor）　78
メタ的（な）意思スキル　125
メタ動機づけ的な知識　234
メタ認知　2, 4, 38, 51, 66, 94, 111, 125, 126, 159, 160, 234
メタ認知訓練プログラム　132
メタ認知尺度（MAI）　57
メタ認知的　16
メタ認知的活動　168
メタ認知的コントロール　21, 24
メタ認知的スキル　125, 126
メタ認知的操作　13
メタ認知的知識　125
メタ認知的なインタビュー　153
メタ認知的な質問　98
メタ認知的判断　24
メタ認知的ふり返り　134
メタ認知的プロセス　31
メタ認知的モニタリング　18, 19, 23, 24, 46, 78, 128, 191
メタ認知に対して適応　80
メタ認知能力　101
メタ認知プロセス　39
メタ認知方略　189
メタ分析　8, 66, 132, 144
メタ理解　20
メタ理解精度　20
面接法　238
面接法による測定法（SRLIS）　349
メンター　108, 109
メンターシップ　108
メンタリング　5, 108
メンタリング信条（The Mentoring Creed）　119
メンタルモデル　81

◆ も

目標　51
目標基準　51
目標志向　189
目標志向性　28, 39, 45, 175, 176
目標設定　28, 45, 111, 148, 149, 172, 187
目標設定とプランニング　80
目標と計画の設定　17
目標の困難度　178
もし…そのとき…そうでないとき (IF-THEN-ELSE)　13, 22
モデリング　48, 55, 84, 110, 139, 156
モデル形成　169
モデルの自己選択　148
モニタリング　16, 26, 31, 51, 63, 72, 81, 111, 160, 189, 233
モニタリング過程　84
模倣　182
問題解決プロセス　152
問題解決プロセスとしての自己評価 152
問題解決方略　168
問題焦点型コーピング　328
問答的な議論　167

◆ ゆ

有用性価値　30, 41, 128

◆ よ

養育スタイル　357
要約　140
予見（forethought）　5, 26, 126, 137, 179, 180, 186, 233
予見段階　68, 221
予見と計画の段階　26, 27
予防焦点　334

◆ ら

ラーニングキッド　289
ライティング　6, 147
ライティング指導　147
ライティングにおける自己調整学習プロセス　147
ライティングにおける認知的方略の指導（CSIW）　153
ライティング・プロセス　147
ライティング方略　155

◆ り

理科　6
理解モニタリング　135, 140
理科の問題解決　159
リソースの管理　290
リッカート尺度　206
リハーサル　16, 17
略歴測定　292
領域固有の知識基盤　125
領域知識　9

◆ る

累積的な目的的サンプリング　282
ルーチン的熟達（routine expertise）　124

◆ ろ

ログ・ファイル　290
ログ・ファイル・データ　85

◆ わ

ワーキングメモリ　13, 191
私の教育学的信条（My Pedagogic Creed）　119
質問に対する教師サポート尺度（PTSQ）　216

■ 訳者あとがき

　本書は，バリー・J・ジマーマンとディル・H・シャンク編 "Handbook of Self-Regulation of Learning and Performance" Routledge, 2011 年の全訳である。
　1960 年代に登場し，1980 年代に総合的研究としての基礎を築いた自己調整学習は，理論的基礎を固めながら，広範な分野で実践を積み重ね，巨大な理論として研究者たちの世界的な関心と支持を集めながら展開し進化し続けている。その代表的な立場のメンバーであるのが本書の編者ジマーマンとシャンクである。彼らはすでに自己調整学習研究シリーズとして 5 冊の著作を出版してきた。その内の 3 冊は筆者たちによって翻訳され北大路書房から刊行されている。本ハンドブックはそれらの先行的諸著作の集大成である。
　筆者はジマーマンから本書の構想段階から内容についての紹介を受けていた。その構想がほとんどそのままに，2011 年に予定通り出版されたことにも研究の充実ぶりを汲み取ることができるように思われる。本書は 5 部構成であるが，その内容をかいつまんで紹介しよう。
　1 部では，自己調整学習の基本領域をテーマとし，自己調整学習研究の 4 つの基本領域，認知とメタ認知，発達，動機づけ，社会的・環境的問題が扱われている。とくに社会的・環境的問題では，Hadwin たちは，構成主義的観点から学校の社会的雰囲気と生徒の自己調整過程を検討し，また共有された知識構成の観点から自己調整学習を論じ，学習の自己調整，共調整，社会的に共有された調整に及ぶ社会的な学習の多様なモデルを討論していることがこれまでの著作と異なる顕著な新たな展開である。
　2 部では，自己調整学習における指導をテーマとし，宿題の完遂，ハイパーメディアによる自己調整学習，教室における学習，メンタリングが取り上げられている。ここで展開されているほとんどの討論は，いずれも従来のテキストでは扱われてこなかったものである。
　3 部では，個別領域における自己調整学習のテーマで，数学，読解，ライティング，理科，スポーツ，音楽の指導における自己調整過程が論じられた。スポーツ，音楽などの運動や芸術領域が取り上げられていることが印象的である。
　4 部では，自己調整学習を評価する方法論が取り上げられ，日誌法，援助要請の測定，自己調整学習における自己効力感の測定，動機づけ調整の問題などが論じられ，さらに，発話思考法，マイクロ分析，量的／質的測度を扱う事例研究，自己調整学習の習慣の測度，メタ分析による効果の検証などが検討されている。これらの方法論として述べられている論文は，いずれも我が国の今後の研究に大きなインパクトを与えるものとなるであろう。
　5 部では，自己調整学習における個人差と集団差が扱われ，さまざまな教科，感情とその調整，ジェンダー，文化の違いがもたらす自己調整学習への影響が論じられた。ここで扱われている論考は，従来の自己調整学習研究で不足していたとジマーマンが指摘しているが，もとより我が国における学習研究にもあてはまることである。
　このように，自己調整学習研究はその対象としてメタ認知と動機づけ領域から社会的，発達的領域までを組み込み多岐にわたる。具体的対象は，理科と数学のような学習の問題から，音楽とスポーツまでの多くの活動であり，そのなかで膨大な研究が産出されてきている。また方法には，個人の日誌法，質問紙法，事例研究，直接観察に加えて発話思考法，マイクロ分析，メタ分析，文脈に根ざした測度のような多様な方法論までが含まれるようになっている。こうした研究の到達点が明らかにされていることとそれをふま

■ 訳者あとがき

えて，多様な角度から，自己調整学習研究の到達点と今後の研究方向が明示されていることが本ハンドブックの特徴といえよう。本書によって自己調整学習研究の現在と展望のある将来像を読者は明確にとらえることができるはずである。

　筆者たちは，これまでも自己調整学習研究の流れを追ってきたが，自己調整学習研究の理論的な進化と，個別具体的な研究の多様さと内容の豊かさを改めて理解することができた。その意味で翻訳，編集に費やした労力は十分に報われた気がしている。

　筆者は，2013年8月，EARLI（ヨーロッパ学習・教授研究学会）のミュンヘンで開催されたカンファレンスに6年ぶりに参加し，自己調整学習研究の進展が着実に成果を上げていることに印象づけられた。2007年，ブタペストで開催されたカンファレンスでは，自己調整学習研究はいわば先導的研究者によるレクチャー，シンポジウムなどの概論レベルだったのが，今回は，分科会での個々の研究成果として展開しているという実感である。それはまさに本ハンドブックの充実した内容と一致しているのである。

　本書は2人が監訳者となり，全部の翻訳原稿を2人が二重にかなり詳細に目を通した。これによって翻訳担当者と監訳者との緊張感をもった交渉が行なわれ，原稿を巡っての互いに研鑽する機会ができた。訳業にかかわったもののみが味わう貴重な経験であった。翻訳担当者の方々には尽力していただいたことに加えて訳業を通して研究者どうしの真摯な討論ができたことに感謝している。なお担当者の訳文は，原文を最大限尊重するようにし，章ごとの表現の統一は控えたものにしている。このことの是非は読者の評価を待ちたい。担当者の方々へは心から御礼申し上げる。

　北大路書房の方々とりわけ奥野浩之さんにはお世話になった。長期間に及ぶ作業，とくに校正段階での常に穏やかな対応で有益な示唆をいただき気持ちよく仕事を終えることができた。

　本書は，教育心理学，学習心理学，発達心理学，教育工学，教育方法学，教科教育学などの研究者および教育研究者たち，大学院生，学部生，教育や心理学に関心をもつ人々を対象にしている。執筆者一同できうる限りの力を尽くしたつもりだが，評価は読者の方々の手に委ねられている。ご批判，ご叱正を寄せられることを切望している。

　本ハンドブックが，自己調整学習や学習心理学研究，教育研究に携わる方々への研究の道標としていくらかでも役に立つことがあれば私ども監訳者，翻訳者としての喜びこれにまさるものはない。

2014年7月
塚野州一・伊藤崇達

■ 訳者紹介

塚野　州一（つかの・しゅういち）　監訳　第1章・第2章・第20章・第22章・第24章 
　　1970年　東北大学大学院教育学研究科教育心理学専攻博士課程中退
　　現　在　聖徳大学講師・富山大学名誉教授　博士（心理学）
　　主　著　『新しい学習心理学』（共訳）北大路書房　2005年
　　　　　　『自己調整学習の理論』（編訳）北大路書房　2006年
　　　　　　『自己調整学習の実践』（編訳）北大路書房　2007年
　　　　　　『自己調整学習の指導』（共訳）北大路書房　2008年
　　　　　　『自己調整学習と動機づけ』（編訳）北大路書房　2009年
　　　　　　『自己調整学習―理論と実践の新たな展開へ―』（分担執筆）北大路書房　2012年

伊藤　崇達（いとう・たかみち）　監訳　第8章・第14章・第19章 
　　1998年　名古屋大学大学院教育学研究科教育心理学専攻博士後期課程中退
　　現　在　九州大学大学院人間環境学研究院教授　博士（心理学）
　　主　著　『［改訂版］やる気を育む心理学』（編著）北樹出版　2010年
　　　　　　『発達・学習の心理学』（分担執筆）北樹出版　2010年
　　　　　　『自己調整学習―理論と実践の新たな展開へ―』（分担執筆）北大路書房　2012年
　　　　　　『コンピテンス』（分担執筆）ナカニシヤ出版　2012年
　　　　　　『ピア・ラーニング―学びあいの心理学―』（共編著）金子書房　2013年
　　　　　　『授業の心理学』（分担執筆）福村出版　2014年

岡田　涼（おかだ・りょう）　第3章・第26章 
　　2008年　名古屋大学大学院教育発達科学研究科博士課程後期課程修了
　　現　在　香川大学教育学部准教授　博士（心理学）
　　主　著　小学生から大学生における学習動機づけの構造的変化―動機づけ概念間の関連性についてのメタ分析―　教育心理学研究, 58, 414-425.　2010年
　　　　　　『自己愛の心理学―概念・測定・パーソナリティ・対人関係―』（分担執筆）金子書房　2011年
　　　　　　『仮想的有能感の心理学―他人を見下す若者を検証する―』（分担執筆）北大路書房　2012年
　　　　　　『友だちとのかかわりを促すモチベーション―自律的動機づけからみた友人関係―』北大路書房　2013年

中谷　素之（なかや・もとゆき）　第4章・第18章 
　　1998年　名古屋大学大学院教育学研究科教育心理学専攻博士後期課程中退
　　現　在　名古屋大学大学院教育発達科学研究科教授　博士（心理学）
　　主　著　『社会的責任目標と学業達成過程』風間書房　2006年
　　　　　　『学ぶ意欲を育む人間関係づくり―動機づけの教育心理学―』（編著）金子書房　2007年
　　　　　　『やる気をひきだす教師―学習動機づけの心理学―』（監訳）金子書房　2011年
　　　　　　『コンピテンス』（共編著）ナカニシヤ出版　2012年
　　　　　　A Multilevel Analysis of Classroom Goal Structures' Effects on Intrinsic Motivation and Peer Modeling: Teachers' Promoting Interaction as a Classroom Level Mediator. *Psychology*, 4, 629-637. doi.org/10.4236/psych.2013.48090
　　　　　　『ピア・ラーニング―学びあいの心理学―』（共編著）金子書房　2013年

■ 訳者紹介

佐藤　礼子（さとう・れいこ）　第5章・第15章
- 2005年　広島大学大学院教育学研究科文化教育開発専攻博士課程後期修了
- 現　在　東京工業大学リベラルアーツ研究教育院准教授　博士（教育学）
- 主　著　日本語学習者の協同的読解活動としての問題作りにおける発話事例の分析　留学生教育, 15, 55-64, 2010年
  - 聴解力を評価する─習熟度に即した聴解力測定方法の導入─（共著）　第二言語としての日本語の習得研究, 14, 20-37, 2011年
  - 『自己調整学習─理論と実践の新たな展開へ─』（分担執筆）北大路書房　2012年
  - Japanese language teachers' beliefs about ideal language teachers: A case study in New South Wales, Australia（共著）JALT Journal of Japanese Language Education, Vol.12, 1-17. 2013年

篠ヶ谷　圭太（しのがや・けいた）　第6章・第12章
- 2011年　東京大学大学院教育学研究科博士課程単位取得退学
- 現　在　学習院大学文学部教授　博士（教育学）
- 主　著　学習方略の展開と展望─学習フェイズの関連づけの視点から─　教育心理学研究, 60(1), 92-105. 2012年
  - 予習時の質問生成への介入および解答作成が授業理解に与える影響とそのプロセスの検討　教育心理学研究, 61(4), 351-361. 2013年
  - 『自己調整学習─理論と実践の新たな展開へ─』（分担執筆）　北大路書房　2012年

沖林　洋平（おきばやし・ようへい）　第7章
- 2002年　広島大学大学院教育学研究科博士課程後期修了　博士（教育学）
- 現　在　山口大学教育学部准教授
- 主　著　ガイダンスとグループディスカッションが学術論文の批判的な読みに及ぼす影響　教育心理学研究, 53(2), 241-254. 2004年
  - 『学習科学ハンドブック』（分担執筆）培風館　2009年
  - 『児童・生徒のための学校環境適応ガイドブック─学校適応の理論と実践』（共著）共同出版　2009年
  - 『心理学へのいざない─研究テーマから語るその魅力』（分担執筆）北大路書房　2012年
  - 「批判的思考」の編集にあたって（共著）認知科学, 19(1), 3-8. 2012年
  - The effect of collaborative learning over developmental student instruction in the junior high school in Japan. The Anuual conference of Australian Psychological Society. 2012年

伊藤　秀子（いとう・ひでこ）　第9章
- 1976年　早稲田大学大学院文学研究科博士課程心理学専攻単位取得退学
- 現　在　独立行政法人メディア教育開発センター名誉教授
- 主　著　『教育情報科学3』（分担執筆）第一法規　1988年
  - 『自己意識心理学への招待─人とその理論─』（分担執筆）有斐閣　1994年
  - 『ガイドブック大学授業の改善』（共編著）有斐閣　1999年
  - Self-regulation in improving university education. Academic Exchange Quarterly, 10, 55-59. 2006年
  - 『自己調整学習─理論と実践の新たな展開へ─』（分担執筆）北大路書房　2012年
  - 『心理学教育の視点とスキル』（分担執筆）ナカニシヤ出版　2012年

■ 訳者紹介

瀬尾　美紀子（せお・みきこ）　第10章・第17章

2006年　東京大学大学院教育学研究科総合教育科学専攻博士課程単位取得退学
現　在　日本女子大学人間社会学部教授　博士（教育学）
主　著　『メタ認知―学習力を支える高次認知機能―』（分担執筆）北大路書房　2008年
　　　　『現代の認知心理学5　発達と学習』（分担執筆）北大路書房　2010年
　　　　『自己調整学習―理論と実践の新たな展開へ―』（分担執筆）北大路書房　2012年
　　　　『ピア・ラーニング―学びあいの心理学―』（分担執筆）金子書房　2013年
　　　　『認知心理学ハンドブック』（分担執筆）有斐閣　2013年
　　　　『学力と学習支援の心理学』（分担執筆）放送大学教育振興会　2014年

犬塚　美輪（いぬづか・みわ）　第11章

2004年　東京大学大学院教育学研究科博士課程単位満了退学
現　在　東京学芸大学教育学部准教授　博士（教育学）
主　著　『メタ記憶―記憶のモニタリングとコントロール―』（分担執筆）北大路書房　2009年
　　　　『現代の認知心理学5　発達と学習』（分担執筆）北大路書房　2010年
　　　　『自己調整学習―理論と実践の新たな展開へ―』（分担執筆）北大路書房　2012年
　　　　『ピア・ラーニング―学び合いの心理学―』（分担執筆）金子書房　2013年
　　　　『論理的読み書きの理論と実践』（共著）北大路書房　2014年

進藤　聡彦（しんどう・としひこ）　第13章・第25章

1987年　東北大学大学院教育学研究科教育心理学専攻博士課程後期単位取得満期退学
現　在　放送大学教養学部教授　博士（教育学）
主　著　『一枚ポートフォリオ評価―中学校編―』（共著）日本標準　2006年
　　　　『社会科領域における学習者の不十分な認識とその修正』（共著）東北大学出版会　2008年
　　　　『探究 教育心理学の世界』（分担執筆）新曜社　2017年
　　　　『教育・学校心理学』（共著）放送大学教育振興会　2020年
　　　　『人間教育の教授学』（分担執筆）ミネルヴァ書房　2021年
　　　　『思考力を育む知識操作の心理学』（共著）新曜社　2022年

深谷　達史（ふかや・たつし）　第16章

2013年　東京大学大学院教育学研究科総合教育科学専攻博士課程修了
現　在　広島大学大学院人間社会科学研究科准教授　博士（教育学）
主　著　学習内容の説明が文章表象とモニタリングに及ぼす影響　心理学評論, 54, 179-196. 2011年
　　　　科学的概念の学習における自己説明訓練の効果―SBF理論に基づく介入―　教育心理学研究, 59, 342-354. 2011年
　　　　Explanation generation, not explanation expectancy, improves metacomprehension accuracy. *Metacognition and Learning*, 8, 1-18. 2013年

■ 訳者紹介

杉谷　乃百合（すぎたに・のゆり）　第21章
- 2014年　Seattle Pacific University 教育学博士課程（後期課程）修了
- 現　在　社会福祉法人四恩会 昭和保育園理事長・施設長　博士（教育学）（心理学）（宗教教育学）
- 主　著　Effects of metacognitive training on the academic self-regulation of Japanese college students. Seattle Pacific University. 2018 年
  Self-regulation and on-campus living experience. The Humanitarian Analyses of Condition and Perspectives of Development of Higher Education Conference: Sochi, Russia. 2006 年
  東京基督教大学における自己調整学習理論に基づく学習支援の取り組み　キリストと世界, 25 号　2015 年

梅本　貴豊（うめもと・たかとよ）　第23章
- 2013年　名古屋大学大学院教育発達科学研究科心理発達科学専攻博士課程後期課程修了
- 現　在　京都外国語大学外国語学部准教授　博士（心理学）
- 主　著　CAMI（Control, Agency, and Means-Ends Interview）による期待信念と学習行動の関連―努力と方略の信念の弁別―（共著）教育心理学研究, 58, 313-324. 2010 年
  メタ認知的方略，動機づけ調整方略が認知的方略，学習の持続性に与える影響　日本教育工学会論文誌, 37, 79-87. 2013 年
  専門学校生を対象にした方略保有感の促進による深い処理方略の教授介入の効果　日本教育工学会論文誌, 37, 177-186. 2013 年

秋場　大輔（あきば・だいすけ）　第27章・第28章
- 2000年　ブラウン大学大学院博士課程修了
- 現　在　ニューヨーク市立大学大学院センター（発達心理学）および同大学クィーンズ・カレッジ大学院（教育心理学）にて Associate Professor（兼任）　Ph.D.（発達心理学）
- 主　著　Ethnic retention as a predictor of academic success: Lessons from the children of immigrant families and Black children. Journal of Educational Strategies, Issues and Ideas, 80(5), 223-225. 2007 年
  Cambodian Americans and education: Understanding the intersections between cultural tradition and U.S. schooling. The Educational Forum, 74(4), 328-333. 2010 年
  Educating your child while you drive: Assessing the efficacy of early childhood audiovisual materials. Childhood Education, 86(2), 113-117. 2010 年
  Learning: The relationship between a seemingly mundane concept and classroom practices. Journal of Educational Strategies, Issues and Ideas, 83(2). 2010 年

自己調整学習ハンドブック

2014 年 9 月 20 日　初版第 1 刷発行	定価はカバーに表示
2025 年 6 月 20 日　初版第 3 刷発行	してあります。

　　　　　編　者　　バリー・J・ジマーマン
　　　　　　　　　　ディル・H・シャンク
　　　　　監訳者　　塚　野　州　一
　　　　　　　　　　伊　藤　崇　達
　　　　　発行所　　㈱　北　大　路　書　房
　　　　〒 603-8303　京都市北区紫野十二坊町 12-8
　　　　　　　　　　電　話　(075) 431-0361㈹
　　　　　　　　　　Ｆ Ａ Ｘ　(075) 431-9393
　　　　　　　　　　振　替　01050-4-2083

Ⓒ 2014　　DTP 製作／T.M.H.　印刷・製本／創栄図書印刷㈱
　　　　　検印省略　落丁・乱丁本はお取り替えいたします。
　　　　　ISBN978-4-7628-2874-4　　　　　Printed in Japan

・ JCOPY〈㈳出版者著作権管理機構 委託出版物〉
本書の無断複写は著作権法上での例外を除き禁じられています。
複写される場合は，そのつど事前に，㈳出版者著作権管理機構
(電話 03-5244-5088, FAX 03-5244-5089, e-mail: info@jcopy.or.jp)
の許諾を得てください。